湖南赣语词汇研究

代少若 著

清华语言学博士丛书

中西書局 上海辭書出版社

图书在版编目(CIP)数据

湖南赣语词汇研究 / 代少若著. —上海：上海辞书出版社，2020
(清华语言学博士丛书)
ISBN 978-7-5326-5639-4

Ⅰ. ①湖… Ⅱ. ①代… Ⅲ. ①赣语—词汇—方言研究—湖南 Ⅳ. ①H175

中国版本图书馆 CIP 数据核字(2020)第 147789 号

湖南赣语词汇研究

HUNAN GANYU CIHUI YANJIU

代少若 著

责任编辑 马 沙
装帧设计 梁业礼

出版发行 上海世纪出版集团
上海辞书出版社(www.cishu.com.cn)
地　　址 上海市陕西北路 457 号(邮编 200040)
印　　刷 常熟市文化印刷有限公司
开　　本 890×1240 毫米 1/32
印　　张 19.5
字　　数 500 000
版　　次 2020 年 8 月第 1 版 2020 年 8 月第 1 次印刷
书　　号 ISBN 978-7-5326-5639-4/ H·711
定　　价 85.00 元

总　　序

近二十年来，我国博士生培养事业有了很大进展，在各个领域都培养出了一大批优秀的博士生；在语言学领域也是这样。这些新培养出来的博士生，大多视野开阔，思想敏锐，既有扎实的专业基础，又有强烈的创新意识，是我国语言学事业继往开来的生力军。博士论文和出站报告是他们刻苦攻读、悉心研究所取得的成果，有些优秀的博士论文达到了学术前沿的水平，体现了语言学研究的新思路、新成就。面对这些学术新人和学术新成果，我们由衷地感到高兴。

众所周知，一门学问要能生根，要能茁壮地成长发展，必须不断挖掘和发现新的材料，必须不断进行理论更新，必须不断涌现大批新的研究人员。语言学是一门既古老又相对年轻的学科。中国是拥有语言富矿的国家，汉语历史悠久，语言多种多样；有优良的语言研究传统，新的语言研究成果不断涌现。现在由于国力日益强盛，更引发各国青年人学习汉语的热潮。这对我国语言学科发展来说，既是一种机遇，又是一种挑战。只要我们海峡两岸暨香港、澳门地区语言学同仁合力研究，让我国语言学科走到世界学术的尖端，这是可望也可及的目标。正是从这一思想出发，并为了使得这些学术新成果更快地和读者见面，为了帮助这些新人更迅速地成长，以便为语言学注入新的活力，我们创办了《清华语言学博士丛书》。现在计划每年出版一辑，每辑选收1—5种海峡两岸暨香港、澳门地区语言学博士的优秀论文、出站报告和其他著作。我们希望《丛书》能聚集一批优秀的年轻学者，这些年轻人将来能带领中国的语言学迈着稳健的步伐前进。

《清华语言学博士丛书》创办以来，得到了海峡两岸暨香港、澳门地区语言学界同仁和有关单位的大力支持。很多著名的语言学家担任了顾问和编委，很多博士生踊跃投稿，很多专家不辞辛劳负责审稿。清华大学提供了经费，上海中西书局负责出书。大家的热忱支持进一步坚定了我们办好《清华语言学博士丛书》的决心，我们一定使之成为展示我国语言学新思想、新成果的平台，成为语言学新苗茁壮成长的园地。

希望大家对《清华语言学博士丛书》不断提出意见和建议。让我们共同努力，把《清华语言学博士丛书》办好！

蒋绍愚

2013年6月

序

代少若的《湖南赣语词汇研究》即将付梓。我作为他的导师，先后细读了博士论文和修改后的书稿，感觉该书长处不少，特点鲜明。作者在大量田野调查的基础上，对湖南境内18县19点的赣语方言词汇做了详尽的描写，比较了湘东赣语带和湘西南赣语片的异同，展现了湖南赣语词汇的整体面貌及其内、外关系，阐述了自己对有关方言词汇问题的观察与思考。其中描写如湖南赣语的构词法与造词法，词汇与词义的对称与不对称，湖南赣语词汇包含的民俗文化意义等。比较包括宏观微观、区内区外、东片西南片、赣语湘语。数据与词条相得益彰，细致入微，新见迭出。通过这部书，读者可以详尽地了解湖南赣语的词汇面貌，感受到它的丰富性和复杂性。书后的附录包括3项内容：1 248条湖南赣语方言词；湖南赣语5个代表方言点的音系；湖南赣语5个代表方言点的3 000余条词语对照表。这些材料都可供学界做进一步的研究。

该书的特点十分突出，可以略陈数端。

一、研究方法得当，路径正确。方言词汇系统性不够显著，研究难度大，尤其是区域性的方言词汇调查研究，尚未形成比较成熟的研究范式。写什么、怎样写，都颇费踌躇。我鼓励前后几位博士毕业生以区域方言词汇作为学位论文题目，就是希望他们能在这方面蹚出一条路来，推动方言词汇研究。代少若根据湖南省内赣语方言的特殊地域环境，充分吸收前人的研究成果，在方言词汇的内外比较上用足了功夫。在书中，他提出和运用“方言共用词”的概念，对方言共用词数量、占比进行统计与比较，从统计、比较的结果中做定量分析，从宏观到微观，深入观察湖南赣语内部东西两片之间、不同方言点之间、湖南赣语与江西赣语之间、湖南赣语与湘语之间的关系。得出了一些有价值的结论。比如第七章“湖南赣语词汇与江西赣语、湘语的关系对比”，通过湖南赣语与江西赣语特征词(110 条)、湘语特色词(96 条)等已有研究成果的比较，采取方言共用词的数量统计办法，分析湖南赣语与江西赣语、湘语的关系。比较分析显示，从湖南赣语同湘语、江西赣语之间共用词的绝对数量来看，跟湘语特色词相同的词 78 条，占比为 81%；跟江西赣语特征词一致的词 71 条，占比为 63%。而从两种特色词在湖南赣语各方言中出现的频次来看，湘语特色词为每条词语平均分布在 4.64 个方言点，江西赣语特征词为每条词语平均分布在 5.1 个方言点。说明在词语的影响深度上，湖南赣语受江西赣语的影响要更大(它们是同类方言)；但从词汇接受数量，即词语影响的广度来看，湘语对湖南赣语的词汇贡献更多。换句话说，湖南赣语在词汇上保留了较多赣语特征，但也呈现出不少湘语特色，且湘语在词汇上对湖南赣语的影响逐步加深。这些情况，作者均在书中用具体数字和词语一一道来，不着半句虚言。对“共用词”等词语的计量分析，加深了我们对湖南赣语乃至赣语和湘语之间关系的认识，也说明方言词汇比较是一种有效的研究途径。

二、书中提出了不少有价值的见解。比如“大方言共用词”，作者认为具有以下三个特征：(一) 非特征性。这是与“方言特征词”相对的特点；(二) 土语性。这类词尽管没有特征词那样的对外排他性，但本地人仍然觉得是自己方言固有的、地道的说法。即便这些方言词在多个大方言中使用，但在不同方言中的语音形式或运用条件并不完全相同，所以造成了当地人的“土语感”。(三) 沉淀性。指这些词一般是较早出现并沿袭到今天的，而不是较晚时期从外方言借入的，是经过沉淀的、相对“古老”的词。以笔者浅见，作者归纳的这“三性”是站得住脚的。比如，“炭、娃、耍、瓜”等词，晋语、西北官话、西南官话中都用，各地的人都认为是地道的本方言词，其实它们在方言中分布相当广泛，而且都有较长的历史。可见他的见解可以在更大的范围内得到验证。作者对方言共用词的观察是细致的，分析有理有据，可能会改变学界对范围较广的“大方言共用词”的一般印象。

三、注重方言文化的展示。作者特设了第九章“湖南赣语词汇反映的民俗文化——以民居词汇为例”，以“屋、房”之别、“起屋”和当地典型的民居结构“四封三间”为中心，描写了湖南赣语的民居建筑词汇，并揭示出词汇里所反映的农村社会组织、家庭观念、民风民俗等情况。其中“四封三间”的传统建筑格局内，父子、兄弟之间住屋的分配，儿子成家后的父子“分家”，读来令人兴味盎然。俗话说“好朋友清算账”，这里是“好父子清算账”，分家后父子两家分别住在两个偏屋，“一般是父母家住‘大边’(大屋——引者)，儿子家住‘细边’(小屋——引者)。至于两兄弟各住‘偏屋’,就没有分那么严格。但多数情况是弟弟住‘大边’,哥哥住‘细边’。这也可能是父母老迈了后按习惯是跟着小儿子住,所以弟弟就占了‘大边’了”。已成家的儿子与父母分家后,既有共同的“厅屋”和大门,也可以开侧门单独进出,既保证了家庭内部的和谐与互相照护,又留下了各自独立的自由空间。这有点类似现在父母和子女家住在同一个小区的情形。这种风俗里,隐藏着中国乡村民间的大智慧。在这里,我们体会到该地区“四封三间”的传统民居和居住格局里所包含的浓重的人文、生活气息,所凝聚的深厚的人生智慧,凝固的建筑在读者眼中鲜活了起来!这不就是值得我们研究、继承和弘扬的中华传统文化吗?

当下,中华优秀传统文化传承工程将“保护方言文化”作为重要内容,对语言文化研究提出了国家层面的需求,语言文化资源的保护、挖掘正在成为方言调查研究的热点。该书第九章的内容恰恰回应了这种需求。它将建筑类词汇、建筑过程、建筑的使用及其所反映的丰富社会文化内涵融为一体,可以视为对方言文化研究范式的一种探索,因此具有方法论的意义。

四、说老实话,做老实学问。在湖南赣语的词汇比较中有些特殊情况,作者把其中的“内幕”交代得清清楚楚,避免误导读者,更没有以此为据,做惊人之语,得出“雷人”的结论。比如:在对湖南赣语内部点对点之间共用词的数量做统计时,出现一个异常现象:永兴点与其他点共用词的数值都比较高。这是不是说明永兴方言比其他方言的历史更老,或者其他方言是从永兴分化出去的的勤奋和成绩感到由衷的欣慰，同时也希望他在贵州这座语言文化资源的富矿上，挖出更多的宝藏来，为中华优秀传统文化的传承和弘扬，做出语言学者应有的贡献。相信少若不会让老师失望。我期待着。

是为序。

邢向东

2020年11月17日于西安俗雅斋

内容提要

湖南赣语，指分布于湖南境内18个县(市)的带有极强赣语特征的方言；是湖南省内除湘语之外，与西南官话具有同等重要地位的两大方言之一。历史上有几次大规模的江西移民进入湖南境内，江西移民的语言发展成了今天的湖南赣语；与此同时，江西移民的语言也对湘语带来不小的冲击。历经数百年的融合演变，如今的湖南赣语，既保存了江西赣语的许多重要特征，又表现出不少差异；与湘语之间的相互影响，又使得湖南赣语带上了一定的湘语特征。

湖南赣语发展至今，自身呈现出何种特点，与源头的江西赣语还有多少共同点，与湘语又有多少相通之处，这些都是研究湖南赣语的人们所关心的问题。

本书从湖南赣语18个县(市)里选取了19个方言点，以这些点的方言词汇作为研究对象，通过田野调查、数据统计及比较分析，旨在揭示湖南赣语词汇的面貌特征。

本书共十章。

第一章“导言”，主要介绍湖南赣语地区的人文历史、沿革概况以及湖南赣语的形成与发展。第二章“湖南赣语内部词汇的计量统计与对比分析”，选取了湖南赣语词汇 1 248 条方言词，并在此基础上，对湖南赣语 19 个方言点共用方言词的数据情况进行统计分析。根据各点共用词数量的双向比较，将湖南赣语内部大致分为“华容、岳阳市、岳阳县”“临湘、岳阳柏祥”“浏阳、醴陵”“炎陵、常宁、耒阳、永兴”“洞口、隆回”等 5 个小片；剩下的几个点中，根据共用词数量单向比较的情况，平江可附于“浏阳、醴陵”小片，攸县、茶陵、安仁、资兴可附于“炎陵、常宁、耒阳、永兴”小片，其中资兴与永兴在共同词上关系较亲密，绥宁附于“洞口、隆回”小片。

第三章至第七章，为本书的主要内容。第三章、第四章“湖南赣语词汇的构词法与造词法（上、下）”，从词汇本体角度对湖南赣语词汇的构词法与造词法进行了分析，描述了湖南赣语词汇的基本面貌及相关特点。第五章“湖南赣语词汇的内、外片联系词”，先将湖南赣语与区外大方言的共用词进行了统计，提炼出了 31 个多方言共用词，并部分分析了各大方言在词语使用上的差异；继而对湖南赣语区域内各点共用词的情况做了统计，得出了 7 条全片共用词，85 条分属于四个小分片的分片方言词；最后还根据每个方言点具有多点共用方言词的数量，分别进行统计，以观察各点在湖南赣语区内部的词汇差异。第六章“湖南赣语湘东带和湘西南区的词汇比较”，是针对湖南赣语区内地理分布上不相连的两个部分，即湘东赣语带与湘西南赣语区两个部分，而进行的词汇比较研究。由于地理的隔阂，两个地区在词汇上有较明显的差异；基于两个地区词汇的异同点，重点考察了湘西南赣语区的“殊异”词语及其用法，并与周边相关的湘语点做共用词比较。第七章“湖南赣语词汇与江西赣语、湘语的关系对比”，通过与其他学者的研究成果“江西赣语特征词”“湘语特色词”的比较，采取共同词的数量统计办法，对湖南赣语与江西赣语、湘语的关系进行了分析；得出的结论是，湖南赣语在词汇上保留了较多赣语特征，但也呈现出不少湘语的特色，且湘语在词汇上对湖南赣语的影响逐步加深。

第八章“湖南赣语词汇、词义的对称与不对称”，从“对称性”的角度，探讨了湖南赣语人称词、名物词里，存在的“性别、大小、内外、上下”等多种二元、三元对立、对称现象，以及因对称项缺失而造成的不对称现象。

第九章“湖南赣语词汇反映的民俗文化——以民居词汇为例”，以湖南赣语区较为典型的民居结构“四封三间”为中心，讨论了湖南赣语的民居建筑词汇，并论及了词汇里所反映的农村社会组织、家庭观念、民风民俗等情况。

第十章“结语”，在前九章的基础上对全文进行总结。据前文，湖南赣语内部各点，在词汇保留赣语特征、受湘语影响两方面，视与江西地缘相接与否，存在“近赣”“近湘”两种表现，说明地理位置、语言环境对词汇发展的影响深刻。从历时角度看，历史上江西向湖南几次大规模的移民活动，促成了湘语和赣语深层的接触与融合；江西移民再以湖南为起点向西、北、南进发，进而使得赣语与大部分南方方言在词汇上有相通的地方；再者，历史上最早期的南方方言“楚语”的底层，在湘语和赣语里都有所反映。这些共时、历时的因素，都在湖南赣语词汇里有所表现，也是湖南赣语词汇最显著的特点。此外，湖南赣语词汇除了内部一致性外，还存在分片间的疏离性、分片内部的统一性。最终得出，湖南赣语词汇具有赣语与湘语混合性的特点，并预测未来湖南赣语会向湘语进一步靠拢，而词汇将率先而动。

关键词：湖南赣语　方言词　共用词　词汇计量分析

目　　录

第四章　湖南赣语词汇的构词法与造词法(下)——词缀

第五章　湖南赣语词汇的内、外片联系词

第六章　湖南赣语湘东带和湘西南区的词汇比较

第七章　湖南赣语词汇与江西赣语、湘语的关系对比

第八章　湖南赣语词汇、词义的对称与不对称

第九章　湖南赣语词汇反映的民俗文化——以民居词汇为例

第十章　结　　语

第一章

导　　言

1.1　湖南赣语地区概述

1.1.1　地理、行政

"湖南赣语"指湖南省境内的赣方言，主要分布在湖南的18个县(市)[①]。其中有15个县(市)分布在湖南东部与江西接壤的区域，由北至南连延成一个纵长地带，这15个县(市)由北向南依次为：华容、临湘、岳阳市区、岳阳县、平江、浏阳、醴陵、攸县、茶陵、炎陵、安仁、耒阳、常宁、永兴、资兴。其中，华容、临湘、岳阳县、平江属岳阳市所辖，浏阳属于长沙市所辖，醴陵、攸县、茶陵、炎陵属于株洲市所辖，耒阳、常宁属衡阳市所辖，安仁、永兴、资兴属郴州市所辖。湘西南有3个县：隆回、洞口、绥宁，属邵阳市所辖。

1.1.2　历史沿革

湖南赣语区18个县(市)的历史沿革纷繁复杂，隶属关系代有变更；有的县建置时间较晚，历史上长期分并于周边的其他县(市)。湘西南的3个点中，隆回、洞口是近、现代始建县，绥宁则长期被视为"苗疆"。理清各县(市)有史以来的建置沿革关系，有助于我们观察方言

---

① 按《中国语言地图集》(2012)的方言划分结果。

图 1-1 湖南赣语分布示意图

的发展变化与行政规划、周边语言环境的关系。以下分别就 18 个县(市)的历史沿革做简略的介绍。

华容古属郢楚地，隋文帝开皇十八年(598)以前属于荆州或荆州孱陵(今湖北公安)、武陵(今常德)，开皇十八年以后才隶属岳州(今岳阳)。

临湘置县始于五代，宋淳化五年(994)年为王朝县，宋至道二年

(996)改为临湘县,隶属岳州(今岳阳)。1949 年 7 月至 1952 年 9 月,隶属长沙专区,后因长沙专区改名转属湘潭专署;1964 年 8 月划归新成立的岳阳专区(今岳阳)至今。

岳阳县战国时代属楚国地域,秦属长沙郡罗县,南朝宋元嘉十六年(439)后,历属巴陵郡、巴州、岳州、岳州路、岳州府;1947 年 7 月属长沙专署,后因长沙专署改名转属湘潭专署;1964 年起属岳阳专区(今岳阳市)至今。

岳阳市区为楚文化的发祥地之一,战国时代,岳阳市境已成为楚国腹地。公元 280 年,晋武帝于岳阳建巴陵县。隋唐以下,直至清朝,岳阳作为郡(或州、府)的治所,辖管长江、洞庭湖接口处数县的地位一直未变。1664 年,清光绪年间,岳阳划归湖南布政使司,自此,岳阳归属湖南。进入当代,今岳阳市洞庭湖以东地区曾属长沙专区(后改名湘潭专区),洞庭湖以西地区曾属常德专区。1964 年,分湘潭专区的岳阳、平江、临湘、湘阴和常德地区的华容建岳阳地区,自此,岳阳市所辖区域维持至今。

平江自秦起属长沙郡;明朝平江降州为县后始属岳州;1949 年 8 月,湖南人民政府设专区,平江属长沙专区,后转属湘潭专区;1964 年至今,平江属岳阳市(1986 年 1 月以前称"岳阳专区、岳阳地区")。

浏阳在秦、汉时期属临湘县,其后几度析出又并入临湘县;唐景龙二年浏阳县复县,后朝沿袭至今。至晚在东汉建安二十二年(207),浏阳属长沙郡,至今未变。

醴陵战国时属楚黔中郡,秦汉时期亦属长沙郡临湘县;东汉初,醴陵由临湘县析出单独置县。历史上很长一段时间,醴陵县基本保持隶属于长沙的行政地位;1983 年 2 月之后,醴陵划归株洲市管辖,至今未变。

攸县春秋战国时期亦属楚黔中郡;秦时攸县属桂阳郡阴山县;西汉高祖五年(公元前 202)始属长沙国;其后,攸县或属于长沙辖区,或属于衡州辖区;1938 年至 1983 年 7 月,攸县属衡阳辖区,1983 年 7 月之后，攸县划归株洲管辖。

茶陵的建制沿革与攸县相似，春秋战国时期属楚地，其后的历史时间基本属于长沙辖区或衡州辖区；1938 年至 1983 年 7 月，茶陵属衡阳辖区，1983 年 7 月之后，茶陵划归株洲管辖。

炎陵置县始于宋嘉定四年(1211)，县名酃县。此后，炎陵长期隶属衡州(衡阳地区)；1952 年至 1958 年不长的时间内，酃县隶属今郴州辖区，1958 年改属湘潭辖区，1983 年 7 月改属株洲市至今。

常宁战国时属楚国，秦属长沙郡耒阳县，汉属桂阳郡耒阳县；唐贞观以降至宋朝，常宁多数时期属衡州辖区；1952 年至 1954 年约两年时间属郴州辖区；1954 年复属衡阳管辖至今。

耒阳战国时属楚，汉高祖五年(公元前 202)属桂阳郡；隋文帝开皇九年(589)起改属衡山郡(约同今天的衡阳辖区)；1954 年至 1983 年近 30 年间，耒阳属郴县区(约同今天的郴州辖区)，1983 年 7 月改属衡阳市至今。

安仁在唐武德年间(618—626)始从其他县治分立，置安仁镇；北宋初期(965)始升为安仁县，属衡州。1952 年，安仁划归今郴州辖区至今。

永兴在西汉高祖五年(公元前 202)始置便县(以境内便江得名)，属桂阳郡；此后于南北朝宋永初元年(420)及隋开皇九年(589)两次并入郴州，合计达 270 余年。自置县以来至今，永兴基本隶属于郴州辖区，仅民国时期(1914—1922)约七年时间属衡阳辖区。

资兴春秋战国时期属楚地，秦、西汉时期属郴县至今，1959 年 3 月至 1961 年 7 月两年多时间并入郴县，后又复县，隶属郴州辖区未曾变动。

洞口于 1949 年以后的 1952 年 4 月始建县；其所辖地域秦时属长沙郡，两汉时期属零陵郡，后一直属邵阳辖区。

绥宁隋朝之前被视为蛮荒之地，唐朝四年(621)始建置，宋朝元丰四年(1081)始建县置，宋朝崇宁二年(1103)始有绥宁县名。清代视绥宁为“苗疆”，并被列为“苗疆要区”。

隆回在民国三十六年(1947)前未建置，今所辖区域秦时属长沙郡所辖的昭陵县，东汉时属零陵郡，隋唐至民国曾分属于武冈、邵阳、新化等县；1947年8月建隆回县，属邵阳辖区。

以上18个县(市)的历史沿革大致可以总结如下：

(1) 湘东北的华容历史上与湖北近邻的县、市曾同属一区，是18个县(市)中唯一归属过外省(湖北)的县。

(2) 从湘东的北部往南，至湘东的中部，临湘、岳阳市、岳阳县、平江、浏阳、醴陵等6个县(市)，在建制沿革上长期都隶属于长沙辖区；浏阳、醴陵曾并入临湘，醴陵从长沙辖区归并入株洲辖区仅有30余年时间。

(3) 攸县和茶陵历史上隶属于长沙或衡阳辖区。

(4) 炎陵历史上长期属于衡阳辖区，短期归属过长沙辖区、郴州辖区。

(5) 安仁历史上长期属于衡阳辖区，归属于郴州仅60余年时间。

(6) 常宁、耒阳历史上分属于衡阳辖区、郴州辖区，其中耒阳于现代有近30年时间归属郴州辖区。

(7) 永兴、资兴历史上长期属于郴州辖区。

(8) 洞口、隆回建制时间短，但在秦时就已经属于长沙辖区，历史上长期属于邵阳辖区；绥宁则长期被视为“苗疆”。

1.1.3 历史上的人口来源

关于湖南人的来源，谭其骧(1931)在其《湖南人由来考》里有一段著名的“五曰”论断，择录之，“一曰：湖南人来自天下，江、浙、皖、闽、赣东方之人居其什九；江西一省又居东方之什九；而庐陵一道，南昌一府，又居江西之什九。……三曰：江西南部之人大都移湖南南部，江西北部之人大都移湖南北部，而湖南南北部之分，以湘阴、平江作之界。四曰：湖南人来自历古，五代、两宋、元、明居其什九；元、明又居此诸代之什九；而元末明初六七十年间，又居元、明之什九。五曰：五代以前，湖南人多来自北方；五代以后，湖南人多来自东方。南宋以前，移民之祖籍单纯，几尽是江西人；……江西移民与其他外省相较，其他外省相差悬如；至清代而湖北、福建之人，有崛起而与江西并驾齐驱之势……”谭先生的“五曰”论断说明了这样一个事实，江西是湖南人口来源最主要的输出地。

据吴正东(2012)研究表明，湖南有史以来至明，人口一直稀少，经济发展水平一般；而邻近的赣、江、浙、闽、皖等地经济发展水平较高，人多地少，这是湖南吸引移民的“拉力”。官府移民的政策及经济发达省份的战乱、税役繁重，是外省向湖南移民的重要“推力”。相比其他省份，江西因与湖南接壤，二省之间交接线由南至北绵延近700千米；因此，江西向湖南移民的规模及频次皆居首位，也在情理之中。而处于湘赣交界的湖南赣语区15个县(市)成为江西移民西行的首站，这也是客观条件使然。

图1-2　湖南、江西地缘关系示意图

据各县(市)的县(市)志及民间谱牒记载,处于湘赣交界的湖南赣语区 15 个县(市),大部分姓氏宗族的来源都为江西。又据曹树基(1990)的考证,在 1947 年的湘北人口里,63%强是江西移民后裔。考虑到湘北赣语区历史上接纳过较多北方中原地区移民的事实,湘中、湘南的湖南赣语区人口中,江西移民的数量相比湘北赣语区来说,应该要多很多。

湘西南的洞口、绥宁、隆回 3 县的赣语区连成一片,未见到详细的资料显示其江西移民的状况,最大可能应是历史上受官府移民政策驱使,江西移民成批、集体迁居当地所形成的,且离现代时间不会太久远。

1.2 湖南赣语概述

1.2.1 湖南赣语的形成

1.2.1.1 湖南赣语区的方言概况

从方言的形成与移民情况综合分析,江西移民带来的语言是湖南赣语的前身,这是毋庸置疑的。在江西向湖南移民的较长期历史中,尤以宋与金辽交战期、元末明初、明末清初等几个战乱阶段最为重要,这几个时期中的江西移民奠定了湖南赣语早期的人口基础。除此之外,另一个值得注意的人口流动现象是,在历史各个时期,因为战乱与官方移民政策如"湖广填四川、江西填湖广"等,湖南人口不断迁出,江西移民不断输入,这是一个连续的过程。所以,湖南赣语区靠近湘赣边界的 15 个县(市)能维持赣语特征,主要是由其人口来源决定的。

湖南赣语区内各县(市),因行政区域的隶属关系,经济、日常生活中都与湖南境内的其他非赣语区密切接触,在语言上势必要受到湖南其他方言的影响。其中,湘语对湖南赣语的影响是全方位的。具体来说,湘东北部、湘东中部的华容、岳阳、临湘、平江、浏阳、醴陵等受湘语长沙话、株洲话影响最深，攸县、茶陵、炎陵等受湘语衡阳话影响较大；而湘南的安仁、耒阳、常宁除受湘语影响外，还受到西南官话的影响（华容也受湖北境内的西南官话一定影响）；永兴、资兴则主要受到西南官话的影响；湘西南的洞口、绥宁、隆回3点在湘语娄邵片的包围之中，3县境内又都有湘语点与赣语点并存，受湘语的高度影响在所难免；除此之外，西南官话、当地少数民族语言如苗语、瑶语及侗语等，都与洞口、绥宁、隆回的赣语具有一定的接触。

除湘语、西南官话外，湖南赣语区部分县（市）还有客家话，如平江、浏阳、醴陵、炎陵、安仁、耒阳、资兴等县（市）都有一定数量说客家话的村落；而资兴还有少量的湘南土话点、绥宁又有平话点。

以上情况表明，湖南赣语区的语言背景复杂多样，湖南赣语身处于多方言（语言）的环境中，再加上历史上各时期人口频繁流动对方言的冲击，就形成今日之湖南赣语现状。

1.2.1.2　湖南赣语的分区

湖南赣语区复杂的历史沿革、人文背景，使得湖南赣语内部也具有较大差异，在方言特征上表现出一定的区域性。依据一定的标准，对方言进行分区，可以宏观地反映方言之间的差异。关于湖南赣语的分区，前贤时彦多有讨论。其中周振鹤、游汝杰（1985）的《湖南省方言区画及其历史背景》，鲍厚星、颜森（1986）的《湖南方言的分区》，李蓝（1994）的《湖南方言分区述评及再分区》等论文，是将湖南赣语区各县（市）置于湖南方言的大范围里进行区划的；而第一版的《中国语言地图集》（1987）的分区，则是将湖南赣语置于整个赣语的大格局中进行划分的。《中国语言地图集》（1987）的分区将湖南赣语划归六个赣语片：

大通片：临湘、岳阳、华容

昌靖片：平江

宜浏片：浏阳、醴陵

吉茶片：攸县、茶陵、炎陵

耒资片： 常宁、耒阳、安仁、永兴、资兴

洞绥片： 洞口、绥宁、隆回

李冬香（2005）在其博士论文《湖南赣语语音研究》中，根据自己的研究结果将湖南赣语分为四个片，又在四个片中分出四个小片：

岳醴片：

华容、临湘、岳阳市区、岳阳县、平江（岳州小片）

浏阳、醴陵（浏醴小片）

攸炎片：

攸县、茶陵、炎陵

耒洞片：

安仁、常宁、耒阳（安常小片）

洞口、绥宁、隆回（洞绥小片）

永资片：

永兴、资兴

《中国语言地图集》（1987）与李冬香（2005）的分片，都主要是以语音特征为依据对湖南赣语进行划分的。本书将通过湖南赣语词汇使用的情况，主要与上述两种分区结果进行印证。

1.2.2 湖南赣语的研究现状[①]

目前以湖南赣语作为一个整体进行研究的，只有李冬香的博士论文《湖南赣语语音研究》（2005）。其他研究则或将湖南赣语、湘语做比较研究，或将湖南赣语作为参照进行土话、乡话等研究，或就湖南赣语的某一个方言点进行单点语言研究。以下从湖南赣语及湖南赣语词汇两方面进行研究综述。

1.2.2.1 湖南赣语研究综述

对湖南赣语最早的语言调查，当追溯到1935年秋，是由民国中央

① 本节内容对李冬香（2004：18—21）一文多有参考借鉴，特此对该文作者致以谢忱。

研究院历史语言研究所组织，赵元任、丁声树、董同龢、吴宗济、杨时逢等先生对湖南境内方言所作的普查，这次普查共设75个点，湖南赣语有15个点位列其中。1974年杨时逢先生将此次普查结果集结成文，即《湖南方言调查报告》。1960年由彭秀模、曾少达主编的《湖南省方言普查总结报告》(石印本)描写了16个赣语点方言，是1949年后最早对湖南赣语进行综合研究的成果。此后，涉及湖南赣语的研究日益增多。可按语音、语法、综合研究、方言分区等四个方面分述。

语音方面最早研究湖南赣语的论文是1957年杨时逢的《湖南方言声调分布》，文中纳入了13个湖南赣语点进行声调研究；其次是杨道经1958年的《湖南临湘方言与北京语音的比较》。之后，夏剑钦1982年在《中国语文》上发表了《中古开口一等韵在浏阳方言有"i"介音》；《湘潭大学学报》及《湖南师范大学学报》分别于1983年及1985年出版了增刊——《湖南方言专辑》，共收录了李新梯的《安仁音系简介》，喻深根的《平江方言音系及其归属问题》、夏剑钦的《浏阳南乡方言声韵调与广韵比较的演变概貌》、董正谊的《攸县音系简介》、钟隆林的《湖南耒阳方言的文白异读》和《耒阳方言的唇齿浊擦音声母》。除此之外，还有刘道锋的《湘语和赣语的混血儿——隆回高坪话》(2003)、刘唯力的《平江话来母变读规律》(1986)等，都是很重要的研究湖南赣语语音的文章。

语法方面的论文有，杨耐思(1957)的《临湘方言里的动词补足语》、吴启主(1995)的《常宁方言的语法特点》、李冬香(2000)的《浏阳方言的"到"》、刘祥友(2001)的《浏阳方言的"吖"》、陈满华(1993)的《湖南安仁方言的句段关联助词》、张伟然(1999)的《关于湖南安仁方言中句段关联助词的讨论》、胡斯可(2009)的《湖南永兴方言中的"有"》等。还有部分研究湖南赣语语法的文章集录入论文集里，如伍云姬(2009)主编的"湖南方言语法系列"中，收录了研究湖南赣语语法的多篇文章；胡明扬(1996)主编的《汉语方言体貌论文集》收录了陈满华的《安仁方言结构助词和动态助词》一文。

湖南赣语综合研究的论文则有发表于《方言》的几篇，如夏剑钦(1983)的《浏阳南乡方言记略》、钟隆林(1987)的《湖南省耒阳方言记略》、董正谊(1990)的《湖南省攸县方言记略》等。

湖南赣语单点专著有吴泽顺、张作贤(1989)的《华容方言志》，陈满华(1995)的《安仁方言》，李志藩(1996)的《资兴方言》，吴启主(1998)的《常宁方言研究》，夏剑钦(1997)的《浏阳方言研究》，方平权(1999)的《岳阳方言研究》，言岚(2007)的《醴陵(板杉)方言研究》，彭志瑞(2010)的《炎陵方言》；李永明 2016 年出版了“湖南方言系列”丛书，其中《岳阳方言》《临湘方言》两册属湖南赣语单点研究专著。

湖南方言分片涉及湖南赣语以及湖南赣语内部分片的文章有：辻伸久(1979)的《湖南诸方言的分类及分布——根据全浊声母变化的初步试验》，周振鹤、游汝杰(1986)的《湖南省方言区画及其历史背景》，鲍厚星、颜森(1986)的《湖南方言的分区》，中国社会科学院、澳大利亚人文科学院(1987)主持的《中国语言地图集》中“江西省与湖南省的汉语方言”，李蓝(1994)的《湖南方言分区述评及再分区》等。此外，湖南赣语所在各县(市)的方志也对本县市的方言进行了归类，有的方志把本县(市)的方言归为赣语，也有的方志将本地方言定为湘语、赣语的混合语。

把湖南赣语作为一个独立对象，集中进行对比研究的，有如下几部研究成果：

一是李冬香(2005)的《湖南赣语语音研究》。该研究立足于湖南赣语所分布的 18 个县市，从声母、韵母、声调三个方面对湖南赣语的语音进行了研究，最后得出如下结论：湖南赣语内部一方面有比较强的一致性，但也有一定的差异性。文中概括出了 18 条湖南赣语语音方面的一致性特点，又根据内部差异性将湖南赣语分为“岳醴、攸炎、耒洞、永资”4 个片。通过内外部的音韵比较，探讨了湖南赣语部分方言的归属；同时还探讨了湖南赣语的形成等问题。这是首部以整体湖南赣语为研究对象的著作。

二是罗昕如(2010)的《湘语与赣语的比较研究》。该书基于湘语与赣语的特殊关系,结合历史人文背景尤其是移民背景探讨湘语与赣语的密切联系,作者从语音、词汇、语法三方面对湘语与赣语进行全方位的比较研究,揭示二者在发展演变过程中体现出来的共同特点与差异,重点关注两大方言在长期的接触中体现出来的共同特征。在实际操作中,作者主要选择湖南赣语作为赣语的代表与湘语进行比较,如在语音比较中,选择了湖南洞口赣语、临湘赣语进行比较。该书在词汇比较中,主要对名词词缀、小称、自感形容词、状态形容词、否定词及量词等词汇现象做了湘语、赣语的较全面的对比,从中总结了湖南赣语的部分词汇特色。

罗昕如(2001)的另一本著作《湖南方言与地域文化研究》则力图在湖南方言与湖南地域文化中找到联系,该书所涉及的湖南赣语有浏阳方言、常宁方言和安仁方言。

1.2.2.2 方言词汇的研究及湖南赣语词汇研究现状

方言词汇研究,近年来逐渐成了学术研究的热点;在研究方法与着眼点上,也呈现多样化趋势。总的来看,比较研究与特征词研究是近年来方言词汇研究的两个主流。

近几年出版的几部关于方言词汇比较研究的专著有:董绍克(2002)的《汉语方言词汇差异比较研究》、涂良军(2001)的《云南方言词汇比较研究》、赵红梅(2011)的《汉语方言词汇语义比较研究》等。这些以词汇比较为主要内容的书,在比较对象上,有将方言词汇与普通话词汇进行比较的,有将不同方言间的词汇进行比较的,比较的内容则涉及词义及构词法等多个方面。这几本著作都为方言词汇的研究提供了宝贵的借鉴。

方言特征词也是从方言间的比较归纳出来的,因方言特征词对方言分区和汉语史的研究都具有特殊的意义,所以成为方言词汇研究的新方向。不过,学术界对方言特征词的确定标准有分歧:以李如龙先生(2002:前言 3)为代表的观点认为特征词是“一定、批量的”；以张振兴先生（2013：113）为代表的观点，认为特征词是相对的概念，对特征词的选择数量上“不宜太过宽泛”。虽然观点上有争鸣，但争鸣的双方通过自身的学术实践，客观上都促进了词汇研究的发展。方言特征词的研究也促生了一批词汇研究成果。

湖南赣语词汇的研究成果主要有方言专著中的词汇部分、硕士论文及单篇论文三种形式。

上述湖南赣语各单点方言专著中均有词汇部分，其中陈满华（1995，1996）曾把专著里词汇部分摘出，以《湖南安仁方言词汇》为题连续4期刊登在《方言》期刊上。这些单点方言专著里词汇内容，是进行湖南赣语词汇研究宝贵的第一手资料依据。

近年来研究方言词汇的硕士论文屡见不鲜，关于湖南赣语词汇研究的论文有：

徐芳（2010）的《湖南洞口赣方言词汇的初步研究》、陈芳芳（2011）的《湖南省洞口县山门镇赣方言特色词法研究》、李民媛（2011）的《湖南永兴毛家话词汇研究》、颜艳莎（2012）的《醴陵方言词汇研究》等，这些论文的作者利用母语者的优势，较好地记录了自己母语的方言词汇，并以国际音标注音，具有一定参考价值。

湖南赣语词汇研究的论文分为两类，第一类是介绍方言词汇或考求方言中的本字和古语词的，如张胜男（1985）的《平江方言词汇》①、杨时逢（1967）的《湖南方言极常用的语汇》②、钟隆林（1989，1993）的《耒阳方言词本字考》及《湖南耒阳方言中的三个古语词》、夏剑钦（1989）的《浏阳南乡方言本字考》。第二类是方言之间词汇比较的，如夏剑钦（1983）的《浏阳方言词语漫谈》③、李新梯（1986）的《“细前日”和“外后日”》、鲍厚星（1985）的《方言词汇比较与湖南方言分

---

① 该论文被收录入《湖南方言专集》（湖南师范大学学报增刊，1985）。

② 该论文被收录入李方桂主编的《庆祝李济先生七十岁论文集（下册）》（1967），北京：清华学报社出版（记录了部分湖南赣语词汇）。

③ 该论文被收录入《湖南方言专辑》（湘潭大学学报增刊，1983）。

区》、王箕裘(2008)的《耒阳方言的词汇特点》等;罗昕如也发表了一系列湘方言与赣方言词汇比较研究的论文。这些论文或描述记录了方言词汇的原貌,或运用音义结合法考证了方言词的本字或来源,或通过方言间的词汇比较揭示方言间的联系,都颇具参考价值及启发性。

湖南赣语词汇的研究到目前为止已经描写了不少的语言事实,也进行了一定的理论探讨,特别是在与湘语语汇的比较上取得了一定的成就。但整体上还存在以下不足:

(1) 单点词汇材料多,缺乏以整体湖南赣语词汇为对象的全面、系统的区域比较研究。

(2) 没有基于湖南赣语特殊的地缘位置,考虑其在词汇上与江西赣语、湘语存在的区别与联系;而是或把它定位为湖南方言的一种,或在研究中把它作为一般赣语对待,淡化了它在赣语中的个性地位。

(3) 对湖南赣语的特点还挖掘得不够;缺乏对湖南赣语词汇内部的比较研究,与区外的比较也有待加强;湖南赣语词汇的面貌还未充分揭示出来。

1.3 本书研究的意义、内容和方法

1.3.1 研究的意义

1.3.1.1 为方言词汇研究提供事实依据

方言词汇是"开放性很强的系统,词的语音、形式、指称对象之间,存在着错综复杂的关系"(邢向东 2007),做好词汇的调查,立足于整个语言系统的词汇研究,对"拓展方言学、词汇学研究视野,对汉语的规范化、推广普通话都很有意义的"(邢向东 2007)。所以,方言词汇研究无论从语言学理论上还是语言应用上来看,其重要性都是不言而喻的。为此,方言词汇的研究应得到学界进一步地重视,在研究方法、研究理论及研究视域等方面也需要研究者不断丰富与深化。

对湖南赣语词汇的研究，在方言事实方面有助于汉语方言词汇学理论体系的建立、丰富和完善。

1.3.1.2 突出湖南赣语的方言个性与价值

作为赣语的一个重要组成部分，湖南赣语无论语音、词汇还是语法上，都有自己鲜明的特色。与江西赣语相比较，既有共同的特点，又有一定的差异。就词汇而言，湖南赣语有些词是与江西赣语一致的；有些词是江西赣语所没有，而又与湘语一致；有少量词江西赣语、湘语都不用，是湖南赣语与周边其他方言共用的。这些特点，使湖南赣语在语言接触这个领域内具有独特的研究价值。

就赣语研究来说，多数学者在进行与赣语相关的研究时，极少引用湖南赣语的材料，或苦于找不到全面的湖南赣语词汇资料。而像湖南赣语这样重要的赣语支系，在做方言比较研究时，又是不可或缺的参照对象；否则，难免出现以偏概全的缺憾，客观上降低研究结论的说服力。

1.3.1.3 构建湖南赣语研究的完整体系

对湖南赣语的研究，语音方面已经有李冬香(2005)的《湖南赣语语音研究》；语法方面，陈山青的国家社科项目“湘、赣语毗连地带方言语法研究”已完成，成果即将出版。如果再加上湖南赣语的词汇研究，就构成了对湖南赣语较完整的研究体系。

1.3.2 研究的内容

湖南赣语词汇的研究，相对于语音、语法，是比较滞后与单薄的。目前主要的成果集中于各单一方言点的词汇研究中，将整体湖南赣语纳入研究范围进行考察的尚未见到。在研究方法上，现有研究则以描述记录为主，方法较为单一。就词汇研究的具体内容来看，词汇的历时特征、共时特征的分析比较都还不够；词汇的区域分布特点缺少专门讨论，以词汇标准对湖南赣语进行内部区分基本上没有涉及；湖南赣语词汇与其他大方言比较，更是没有得到过重视。另外，对整个湖南赣语区的词汇调查、材料收集整理工作，尚属空白；而这一工作对湖南赣语词汇研究来说，又是最基础性的工作。所以，湖南赣语词汇的研究，是一项繁复的大工程，有许多工作内容需要按部就班地去完成。

据上，本书第一步工作是对湖南赣语的词汇进行全面调查，并收集湖南赣语词汇的相关资料，以掌握足够的材料为下一步研究打基础；进而，结合前贤时彦的研究成果，对上述所提及的湖南赣语词汇研究方面的问题进行研究和补充，并提出自己相应的看法。

1.3.3 研究的方法

在田野调查的基础上，以共时描写的理论与方法为主，辅之以历史比较法、方言地理学的理论与方法、计量分析法，全面展示湖南赣语词汇的共时面貌、特点，以及语源、流变等历时演变的情况。

1.3.3.1 调查

以表格调查为主要方法。本书所用的调查表为中国社会科学院语言研究所(2003)编的《汉语方言词语调查条目表》(以下简称《条目表》)，以此表的词语条目为依据进行调查。同时，搜集、记录其他具有特色的方言词语。

1.3.3.2 描写

词汇语音的描写侧重各方言点与词汇语义相关的特别发音，为后期进行的词语比较工作做好准备。词义的描写除基本意义外，还有针对性地记录词汇的感情色彩意义及同义词使用上的区别。词语结构方面，则对较有特色的构词法加强描写。

1.3.3.3 比较

比较是本书最主要的研究方法。在比较方面，本研究力求做到内外并进，古今兼顾。通过全面的比较数据及占总比率，揭示湖南赣语内部各点的特点及它与江西赣语、湘语的亲疏关系，确定其在汉语方言历时、共时发展的纵横坐标轴上的独特地位。

1.4 方言代表点及发音合作人情况简介

1.4.1 方言点的选择

湖南赣语按《中国语言地图集》(2012)的分区，共涉及18个县(市)(排列顺序由北而南再西)：

华容、临湘、岳阳市、岳阳县、平江、浏阳、醴陵、攸县、茶陵、炎陵、常宁、耒阳、安仁、永兴、资兴、绥宁、洞口、隆回。

我们于上述18个县(市)中各确定一个赣语点进行词汇调查、收集，将所得到的词汇资料作为研究、比较的基础。另外，李冬香(2007)的研究成果《岳阳柏祥方言》收录了岳阳县柏祥镇较详尽的词汇材料，本着"多布点、多比较"的原则，增加一个"岳阳柏祥"点于岳阳县城关镇点(简称"岳阳县")之前，以增强研究的客观性。这样，本书所考察的湖南赣语点就达到19个，以下是具体各个点的地名：

华容(城关镇)、临湘(源潭)、岳阳柏祥(柏祥镇)、岳阳县(城关镇)、岳阳市(云溪区)、平江(长寿)、浏阳(南乡)、醴陵(板杉)、攸县(新市)、茶陵(思聪)、炎陵(县城)、常宁(兰江)、耒阳(市区)、安仁(县城)、永兴(城关镇)、资兴(市区)、洞口(洞口镇)、绥宁(桃坪)、隆回(六都寨)。

在进行词汇调查过程中，笔者限于时间、精力，未能做到每一个点都亲自去调查，因此，部分点使用了其他学者已有的调查结果；同时，笔者亲自调查过的点，又参考已发表的相关成果。在此，一并对所有的作者及其劳动致以敬意。

1.4.2 发音合作人情况简介及材料来源

1.4.2.1 发音合作人及调查时间

表1-1是笔者亲自调查过的赣语点发音合作人简介。调查过程

中，这些调查人给予了极大的支持与配合，特意抽出时间来进行发音合作，付出了辛勤的劳动。对于他们的付出，笔者表示诚挚的谢意！

表 1－1

姓　名	年龄	性别	文化程度	职　业	调查代表点	调 查 时 间
彭飞雄	56	男	高中	农民	临湘源潭	2015/06/23—2015/07/19
沈维世	83	男	初小	退休干部	临湘源潭	2015/06/23—2015/07/19
雷　蕾	45	女		大学教师	岳阳市区	2015/07/22—2020/05/11
方华生	76	男	初中	退休干部	平江长寿	2015/07/22—2015/08/14
方明希	73	男	初中	退休工人	平江长寿	2015/09/21—2015/10/07
方　嵩	41	男	高中	经商	平江长寿	2015/09/21—2015/10/07
张乙强	62	男	初中	退休工人	茶陵县城	2015/10/11—2015/10/24
贺海莉	20	女	大学	学生	茶陵思聪	2015/10/11—2015/10/24
谭伊琳	20	女	大学	学生	茶陵枣市	2015/10/11—2015/10/24
占升平	50	男		大学教师	常宁城区	2014/07/30—2014/08/22
周传凡	32	女	高中	职员	耒阳城区	2014/07/06—2014/07/16
周文武	43	男	大专	干部	安仁县城	2014/06/13—2014/07/02
曹秋菊	82	女	文盲	农民	永兴城关	2014/01/13—2014/01/27
曹　恂	72	男	高中	教师	资兴市区	2015/01/07—2015/01/21
向　姨	56	女	初中	经商	绥宁桃坪	2015/05/09—2015/05/23
向　艳	23	女	大学	学生	绥宁桃坪	2015/05/09—2015/05/23

1.4.2.2　材料来源

笔者未亲赴当地调查的点，词汇材料来源于时贤的科研成果，具体为：华容材料来自吴泽顺、张作贤（1989）《华容方言志》；岳阳县材料来自易本新（1991）《岳阳方言志》；岳阳县柏祥镇材料来自李冬香（2007）《岳阳柏祥方言研究》；浏阳材料来自夏剑钦（1997）《浏阳方言研究》；醴陵材料来自言岚（2007）《醴陵（板杉）方言研究》；炎陵的材料来自彭志瑞（2010）《炎陵方言》。

此外，其他点也参考了时贤的著作，岳阳市区参考了方平权

(1999)《岳阳方言研究》、李永明(2016)《岳阳方言》;临湘参考了李永明(2016)《临湘方言》,平江参考了朱道明(2009)《平江方言研究》、张盛开(2009)《汉语平江方言的语音及语法的系统性研究》;常宁参考了吴启主(1998)《常宁方言研究》;耒阳参考了王箕裘、钟隆林(2008)《耒阳方言研究》;安仁参考了陈满华(1995)《安仁方言》;资兴参考了李志藩(1996)《资兴方言》。

同时,也参考了部分硕士论文中的方言词汇表,他们为邓莉(2012)《攸县(新市)语音研究》;刘婷婷(2013)《洞口县洞口镇话与黄桥镇话的实词比较研究》;张蔚波(2013)《隆回南北部方言的词汇比较研究》。

除上述资料外,文中还引用了大量其他方言的资料,具体引用情况随文标注。

第二章

湖南赣语内部词汇的计量统计及对比分析

本研究以2003年《方言》第1期刊登的《条目表》的29个大类为基础进行调查，根据实际情况又增补了部分条目，共涉及词语3 261条。具体到各大类的词语条目数分别为：

壹　天文78条；贰　地理86条；叁　节令时间145条；肆　农业92条；伍　植物188条；陆　动物176条；柒　房舍89条；捌　器具用品163条；玖　称谓105条；拾　亲属92条；拾壹　身体153条；拾贰　疾病医疗109条；拾叁　衣服穿戴101条；拾肆　饮食147条；拾伍　红白大事103条；拾陆　日常生活90条；拾柒　讼事77条；拾捌　交际49条；拾玖　商业交通119条；贰拾　文化教育102条；贰拾壹　文体活动85条；贰拾贰　动作144条；贰拾叁　位置74条；贰拾肆　代词63条；贰拾伍　形容词117条；贰拾陆　副介词57条；贰拾柒　量词187条；贰拾捌　附加成分38条；贰拾玖　数字等232条。

2.1　湖南赣语词汇的总体数据统计分析

2.1.1　词汇条目在湖南赣语19个点的说法数量统计

以上3 261条调查词汇条目，在湖南赣语的19个点的说法数目是不等的，有的条目在 19 点只有一个说法，显示了湖南赣语词汇内部的统一性。这类只有一个说法的词语条目，以新生事物类词汇、标准计量类词汇、专业领域类词汇为主，如交通、颜色、数字、计量单位、法律用词等；也有方言词汇，如“日头（太阳）”“吃茶、吃酒（喝茶、喝酒）”等，但这部分方言词汇相对来说较少。一个条目在 19 个点对应的最多说法是 21 个，出现 21 个说法，是因为有些条目一个点就有好几个说法。具体数据统计见表 2－1：

表 2－1

一个条目对应的说法数量	1	2	3	4	5	6	7	8	9	10	11	12	13	18	21
条目数量	940	1 216	633	257	119	34	18	17	7	7	4	4	2	2	1

2.1.2　词条对应说法的数量类型及特点分析

上述数据显示，所有 3 261 条词汇条目的说法，共有 15 种数量类型。其中，有 2 个说法的条目最多，计 1 216 条；只有 1 个说法的次之，达 940 条；有 3 个说法的有 633 条，有 4 个说法的有 257 条，有 5 个说法 119 条；有 6—21 个说法的词条为少数。一个词汇条目拥有 1—5 个说法，这是湖南赣语作为一个整体在词汇异同方面的主体特点；而有 1—3 个说法的条目又是这个主体特点的基础。

2.1.2.1　全区只有 1 个说法的词语条目的特点

一个词语条目只有 1 种说法的，应该代表了湖南赣语词汇的统一性。不过，从只有 1 个说法的具体条目来看，这些条目主要集中在某几个大类里，如第贰拾玖类“数字等”。除了浏阳的阿拉伯字“2”读作［y^{11}］；华容指数量的“十”用“炮［$p^{h}au^{24}$］”；表估量的“-上下”用“-把唧”，如“百个左右、一斤左右”等说成“百把唧、斤把唧”、浏阳“两半儿”说“两下”比较特殊外，其他说法与《条目表》所列的说法相差无儿。此外，第拾柒类“讼事”、第贰拾类“文化教育”类的条目，多数说法与《条目表》所列条目名称一样，显示出方言对专业领域的词语“照搬套用”的特点。再如，颜色、身体部位、医疗疾病、方位、动植物等类，也有部分条目出现19点只有1个说法的现象。

综合地说，这些一个词条只有1个说法的情况，多数是受共同语统一说法的影响造成的。具体表现如“时令时间”类的二十四节气的说法各点就基本统一，也与《条目表》相同；“植物”类的“麦、荞麦、小米、高粱、棉花”等本地不常种植的农作物、“土豆、西红柿、胡椒、荔枝、芒果、菠萝、橄榄”等属于较近期“舶来品”的蔬果，以及“白菜、萝卜、苹果、菊花、仙人掌”等这些名称通用性强的植物类词语，各点的说法也与《条目表》的一致。

少量条目全区19个点只有1个方言说法。这类全区统一的方言说法，属于湖南赣语本身的词汇，真正体现了湖南赣语内部的一致性。虽然数量不多，但反映了湖南赣语作为一个特定区域在语言方面的联系。

2.1.2.2 全区有两个说法的词语条目的特点

有2种说法的词条条目，情况又不同，可以分两大类。

第一类表现出各方言点对某条目新、旧说法选择的倾向性，如“城市”这个条目，醴陵、浏阳选择了“城里”的说法，而其余的点则选择了“街上”的说法；再如条目“肾”，有说“肾”的，有说“腰子”的；“城里、肾”的说法代表了较新兴的称说，而“街上、腰子”则保留了较老式的说法，以及传统观念对特定概念的认知。

第二类为各不同地区对同一条目的不同称说，如“稻草”这一条目，有的点说“秆”有的说“草”；又如“今天”，有的说“今日”，有的说“今晡”，等等。

第一类大概占四分之一少，其余的皆为第二类。

2.1.2.3 全区有3—5个说法的词语条目的特点

有3—5个说法的条目，多数情况是，各说法主要语素是相同的，差异处多表现在附加性或区别性语素。如条目“帽檐儿”的3个说法为“帽子铲子”“帽檐”“帽子舌子”；又如条目“出殡”的5个说法为“出丧”“出灵”“出柩”“出门”“出葬”。当然也有语素完全不同的情况，如条目“汤圆”的3个说法为“汤圆”“水坨崽”“吊哩”。后一种情况相对较少。

有3—5个说法的词语条目，有的条目是其中的一种说法占优势，相对会有较多的点用，如上面列举的“帽檐”“汤圆”；有的条目是各说法分布在区内不同的地区，如“出门”主要在湘东中部、湘南地区的浏阳、常宁、耒阳、安仁、永兴、资兴等点使用；而“出葬”“出丧”则在湘东北地区的临湘、岳阳柏祥、岳阳县、岳阳市等点使用。

2.1.2.4　全区有6—8个说法的词语条目的特点

有6—8个说法的条目，除了具有“持3—5个说法的条目”的特点外，另有一个十分突出的特点，即部分动词类条目，有多个单音节说法。如条目“看”有“看、望、睰、瞒、相、瞻”等6个说法，条目“投(用清水漂洗)”有“浸、敨、摆、趟、散、漂、清”等7个说法。这部分单音节动词，是湖南赣语词汇在共时平面上表现出的历时层次性。

2.1.2.5　全区有9—21个说法的词语条目的特点

有9—21个说法的条目相对较少，主要是一些与生活、生产息息相关的抽象时间概念或自然现象。这些众多的说法，是在相关的书面词语没有普及时，各点所在的社会按照自己的认知“创造”出来的。描述性、修辞性是这些说法的特点。如条目“凌晨(天快亮的时候)”，在意义上是个模糊的时间点，湖南赣语相关的说法有21个，居方言说法数量之冠：

点乌屎光唧、天光八早、天开口、天光边唧、打麻雀眼、摵丝光儿、蒙蒙光、蒙沙蒙沙、东边敞烺、点麻叽光、凌晨、清晨八早、天哒光、一黑早、东方打露、麻色亮、墨墨亮、天快光哒、天刚亮、日头还没出来滴时候、天蒙蒙光子。

一个词语条目有多种说法的情况，反映了湖南赣语词汇系统在某些概念方面的词语缺失，这种缺失是促进词语创造的客观力量。从语言的经济原则来说，这种现象是消极的，但从语言生动性来看，又具有一定的积极意义。

2.2 湖南赣语方言词汇的数据统计分析

上一节的数据统计，是以《条目表》所有的词条为基础进行统计分析的；正如我们上文所说，在这些条目里，有许多说法是受近期共同语、书面语的影响，直接借用、套用的结果，这些“借用、套用”的词语，并不能反映湖南赣语词汇的真正特色与方言特点。真正能代表湖南赣语词汇方言特点的，是那些长久在方言里使用的、具有地域特色的方言说法。

我们对所调查的 3 261 条词语进行归纳、分析，整理出 1 248 条具有方言特色的词语。这 1 248 条方言词语，都符合两个条件：第一，非借自于近期的书面语及普通话，而是属于方言本身的说法；第二，这些词语必须是有两个及以上的点共用。第一个条件保证了词语的方言特性，第二个条件保证了词语使用上的广泛性。

有两点需要指出。第一，这 1 248 条词语，与《条目表》的词条，并非一对一的关系；是从湖南赣语语汇里实际存在的说法里，按实归纳出来的。所以，会出现不少几条词语对应《条目表》里一个条目的情况。第二，所归纳出来的 1 248 条词语中，有的词语，不在《条目表》所列的词条范围之内，是在依据《条目表》进行调查的过程中，通过延伸调查获得的。

2.2.1 湖南赣语方言词语列举

为便于说明，我们将这 1 248 条方言词语，按照《条目表》壹—贰拾玖的顺序列举。每条词语后括号里是词语的简单释义，小号字体的地名表示用这个词的方言点。详见“附录一”。

2.2.2 湖南赣语各点共用词的计量比较

数据统计、计量研究在词汇研究中的重要性，有多位研究词汇语义的学者强调过。张志毅、张庆云（2015：12）认为，“定性→定量→定性往复循环的研究方法”是现代语义学的方法。并认为，“计量研究是现代词汇学研究的特色”（张志毅，张庆云 2007：11）。一定范围内的方言词语的数据，可以为解决与词语相关的一些问题提供具体、可靠的依据。

基于上述认识，本书通过对方言“共用词”数量进行统计与比较，进而从统计与比较的结果中进行定量分析，获得湖南赣语相关方面的实际状况。

对“共用词”数量的统计与比较，是本书最主要的计量研究方法，除本章外，其他章节里还会用到。

2.2.2.1 共用词分布的地点组合类型统计及共用词数量统计

附录一的 1 248 条湖南赣语词语，每条词语后面的地名表示使用这条词的方言点，即该条词语是其后所列各方言点的共用词。每条词语后面的方言点名称，实际上反映了湖南赣语词汇的许多信息。

首先，每条词语后面的方言点越多，当然就表示这条词语在湖南赣语区使用的地域范围较广；反之，就表示这条词是少数几个点使用，并非全区通用性的用法。这是词语后列方言点所反映的最直观的信息。

还有些信息是需要归纳总结才能得出的。

比如，各条方言词语后面的方言点，多数是不一样的，少数是一样的。多数词语后面的方言点不一样，说明这些词语在湖南赣语区里的分布是不一致的；少数词语后面的方言点一样，说明这些词语在湖南赣语区里分布的方言点一样，即这少数的词语是特定几个方言点的共用词语。

再如，有些方言词后面的方言点，不完全一样，但有部分方言点是一样的；例如“么人（谁）临湘、岳阳柏祥、岳阳县、平江”“夷（这）岳阳柏祥、岳阳县、浏阳”这两条方言词语，其后的方言点不完全一样，但都有“岳阳柏祥、岳阳县”这两个方言点，这说明，这两个点有两个共用词“么人（谁）”和“夷（这）”。这种方言词语后面的部分方言点相同的情况很重要，如果这种部分方言点相同的词语很多，比如含有“岳阳柏祥、岳阳县”两个方言点的词语很多，那就说明，这两个方言点有很多相同的词语，在词汇上具有很强的共同性。

以下，根据湖南赣语 1 248 条方言词语及各自分布的点，我们做了两个数据的统计。一是 1 248 条方言词语后具有的相同方言点的数据；二是 19 个方言点，每两个点拥有相同方言词的数据。

1）地点组合类型的数据统计方法说明

湖南赣语的 1 248 条方言词语中，哪些词语是由某几个点共用的，这几个点共用的词语共有多少条，这种情况需要对每条词语后面的方言点名称组合的类型进行统计。比如“么人（谁）临湘、岳阳柏祥、岳阳县、平江”，由四个方言点“临湘、岳阳柏祥、岳阳县、平江”共用，我们就在 1 248 条方言词语中统计由这“临湘、岳阳柏祥、岳阳县、平江”四个点共用的词有多少条。

在 1 248 条词语中，多数词语所分布的点不同，那么，1 248 条词语后的方言点的组合也会有很多种。比如“么人（谁）临湘、岳阳柏祥、岳阳县、平江”这个词后面的四个方言点“临湘、岳阳柏祥、岳阳县、平江”，是其中的一种组合；我们按这个四个点组合的标准，在 1 248 条词语里进行统计，看共有多少条词语后的方言点是这种组合，即由这四个点共用的词有多少条。又如“么哩（什么，疑问代词）岳阳柏祥、岳阳县、平江”这个词后面的三个方言点“岳阳柏祥、岳阳县、平江”，比词语“么人（谁）临湘、岳阳柏祥、岳阳县、平江”少一个“临湘”点，是另一种组合，我们再按这三个点组合的标准，对 1 248 条词语进行统计，看共有多少条词语后的方言点是这三个点组合，即由这三个点共用的词有多少条。

这样，按照 1 248 条词语后面的方言点组合的实际情况进行穷尽式的统计,有多少种方言点的组合,就用多少种标准进行数据统计。最终的统计结果,可以得出共有多少种方言点的组合,哪种方言点组合的共用方言词语最多。

2）数据统计结果

我们按照以上方法,对湖南赣语 1 248 条词语后的方言点组合进行了统计,统计的结果是：在 1 248 条词语后的 1 248 组方言点名称中,共有 848 种"方言点的组合";这 848 种方言点的组合,拥有 2 条以上(含 2 条)方言词语的"方言点组合"共有 119 个。

以上的计算、统计步骤都比较复杂,我们可以直接看以下详细的统计数据。根据我们对 1 248 条湖南赣语方言词后的"方言点组合"的情况统计,拥有 2 条以上(含 2 条)方言词语的 119 种"方言点组合",每种"方言点组合"所拥有的共用词语数量的数据如下(按每个"方言点组合"所拥有的共用词数量,由高到低进行排序;序数后面为"方言点组合";其后的数字,为该组合所拥有的共用词数量)：

(1) 炎陵、永兴;28
(2) 浏阳、醴陵;23
(3) 华容、岳阳市;14
(4) 常宁、耒阳;14
(5) 耒阳、永兴;14
(6) 永兴、资兴;14
(7) 安仁、永兴;13
(8) 岳阳县、岳阳市;12
(9) 华容、岳阳县、岳阳市;10
(10) 华容、岳阳县;10
(11) 常宁、永兴;10
(12) 常宁、耒阳、永兴;9
(13) 洞口、绥宁、隆回;9
(14) 茶陵、炎陵;9

(15) 华容、永兴;8
(16) 洞口、隆回;8
(17) 华容、临湘、岳阳柏祥、岳阳县、岳阳市、平江、浏阳、醴陵、攸县、茶陵、炎陵、常宁、耒阳、安仁、永兴、资兴、洞口、绥宁、隆回;7
(18) 茶陵、永兴;7
(19) 华容、临湘、岳阳柏祥、岳阳县、岳阳市;6
(20) 岳阳柏祥、岳阳县、岳阳市;6
(21) 炎陵、永兴、资兴;6
(22) 茶陵、炎陵、永兴;6
(23) 岳阳县、岳阳柏祥;6
(24) 岳阳柏祥、岳阳市;6
(25) 常宁、耒阳、安仁、永兴、资兴;5
(26) 岳阳县、华容、永兴;5
(27) 常宁、永兴、资兴;5
(28) 耒阳、安仁、永兴;5
(29) 耒阳、永兴、资兴;5
(30) 华容、临湘;5
(31) 临湘、岳阳柏祥;5
(32) 炎陵、耒阳;5
(33) 炎陵、常宁、安仁、永兴;4
(34) 常宁、耒阳、安仁、永兴;4
(35) 华容、岳阳柏祥、岳阳县、岳阳市;4
(36) 临湘、岳阳柏祥、岳阳县;4
(37) 浏阳、醴陵、常宁;4
(38) 浏阳、醴陵、永兴;4
(39) 炎陵、耒阳、永兴;4
(40) 炎陵、常宁、永兴;4
(41) 安仁、永兴、资兴;4
(42) 岳阳柏祥、浏阳;4
(43) 岳阳柏祥、炎陵;4
(44) 岳阳县、永兴;4

(45) 耒阳、安仁;4

(46) 临湘、岳阳柏祥、岳阳县、岳阳市、平江、浏阳、醴陵、攸县、茶陵、炎陵、常宁、耒阳、安仁、永兴、资兴、洞口、绥宁、隆回;3

(47) 茶陵、炎陵、常宁、耒阳、安仁、永兴、资兴;3

(48) 炎陵、常宁、安仁、永兴、资兴;3

(49) 华容、岳阳县、岳阳市、永兴;3

(50) 临湘、岳阳柏祥、岳阳县、平江;3

(51) 临湘、岳阳柏祥、浏阳、醴陵;3

(52) 岳阳市、炎陵、永兴、资兴;3

(53) 炎陵、常宁、耒阳、永兴;3

(54) 炎陵、耒阳、永兴、资兴;3

(55) 常宁、耒阳、永兴、资兴;3

(56) 耒阳、安仁、永兴、资兴;3

(57) 华容、临湘、岳阳县;3

(58) 临湘、岳阳柏祥、浏阳;3

(59) 华容、岳阳市、永兴;3

(60) 华容、岳阳柏祥、岳阳县;3

(61) 攸县、茶陵、永兴;3

(62) 常宁、耒阳、安仁;3

(63) 岳阳柏祥、永兴;3

(64) 岳阳市、永兴;3

(65) 平江、永兴;3

(66) 浏阳、永兴;3

(67) 茶陵、安仁;3

(68) 炎陵、常宁;3

(69) 洞口、绥宁;3

(70) 浏阳、醴陵、攸县、茶陵、炎陵、常宁、耒阳、永兴、资兴、洞口、绥宁、隆回;2

(71) 醴陵、攸县、茶陵、炎陵、常宁、耒阳、安仁、永兴、资兴;2

(72) 华容、岳阳柏祥、岳阳县、岳阳市、浏阳;2

(73) 华容、岳阳柏祥、岳阳县、岳阳市、炎陵;2

(74) 华容、岳阳县、岳阳市、炎陵、永兴;2
(75) 华容、岳阳县、岳阳市、耒阳、资兴;2
(76) 华容、岳阳县、浏阳、醴陵、永兴;2
(77) 临湘、岳阳柏祥、岳阳县、浏阳、醴陵;2
(78) 浏阳、醴陵、炎陵、耒阳、永兴;2
(79) 浏阳、常宁、耒阳、永兴、资兴;2
(80) 炎陵、常宁、耒阳、永兴、资兴;2
(81) 华容、岳阳柏祥、醴陵、茶陵;2
(82) 华容、岳阳县、岳阳市、资兴;2
(83) 临湘、岳阳柏祥、岳阳县、耒阳;2
(84) 临湘、岳阳柏祥、洞口、隆回;2
(85) 岳阳县、岳阳市、炎陵、永兴;2
(86) 岳阳县、常宁、耒阳、永兴;2
(87) 浏阳、醴陵、炎陵、永兴;2
(88) 浏阳、醴陵、安仁、永兴;2
(89) 浏阳、炎陵、耒阳、永兴;2
(90) 茶陵、炎陵、永兴、资兴;2
(91) 炎陵、常宁、永兴、资兴;2
(92) 常宁、安仁、永兴、资兴;2
(93) 华容、茶陵、炎陵;2
(94) 临湘、岳阳柏祥、岳阳市;2
(95) 临湘、浏阳、醴陵;2
(96) 临湘、常宁、耒阳;2
(97) 临湘、炎陵、永兴;2
(98) 岳阳柏祥、岳阳县、平江;2
(99) 岳阳县、浏阳、耒阳;2
(100) 岳阳县、常宁、耒阳;2
(101) 浏阳、醴陵、资兴;2
(102) 醴陵、炎陵、常宁;2
(103) 攸县、茶陵、安仁;2
(104) 攸县、炎陵、洞口;2

(105) 茶陵、安仁、永兴;2
(106) 常宁、耒阳、资兴;2
(107) 华容、岳阳柏祥;2
(108) 华容、耒阳;2
(109) 临湘、资兴;2
(110) 岳阳柏祥、醴陵;2
(111) 岳阳柏祥、常宁;2
(112) 平江、浏阳;2
(113) 醴陵、永兴;2
(114) 茶陵、常宁;2
(115) 攸县、茶陵;2
(116) 攸县、安仁;2
(117) 炎陵、醴陵;2
(118) 炎陵、安仁;2
(119) 常宁、资兴;2

3) 湖南赣语方言词语"方言点组合"共用词统计数据分析

上文"方言点组合"共用词数量统计数据显示,按"方言点组合"包含的方言说法数量来看,"炎陵、永兴"两个方言点共用词数量最多,共28条;地理位置相邻的"浏阳、醴陵"共用词数量次之,共23条。有多条共用词的"方言点组合"是少数,多数"方言点组合"共用词数量较少。各有2条共用词的有50个"方言点组合";各有3条共用词的"方言点组合"有23个,各有4条共用词的"方言点组合"有13个,各有5条共用词的"方言点组合"有8个,各有6条共用词的"方言点组合"有6个,各有7条共用词的"方言点组合"有2个,各有8条共用词的"方言点组合"有2个,各有9条共用词的"方言点组合"有3个,各有10条共用词的"方言点组合"有3个,各有12条共用词的"方言点组合"有1个,各有13条共用词的"方言点组合"有1个,各有14条共用词的"方言点组合"有4个。

为便于比较,将上述内容列如表2-2:

表 2－2

相同"方言点组合"共用词数量	28	23	14	13	12	10	9	8	7	6	5	4	3	2
"方言点组合"类型的数量	1	1	4	1	1	3	3	2	2	6	8	13	23	50

如果说，一个"方言点组合"共用词的数量多，表示"方言点组合"里各点的关系比较紧密的话，那么表 2－2 显示，多数"方言点组合"里各点的关系不是那么紧密的。

按"方言点组合"里方言点数量来算，最"庞大"的"方言点组合"包含了整个湖南赣语区的 19 个点，这个最大"方言点组合"共含有 7 条共用词①；第二大"方言点组合"包含了除华容之外的 18 个点，共有 4 条共用词②；最小的"方言点组合"仅含 2 个点，有 45 种组合类型，每种组合类别都有较多的共用词。为便于比较，列如表 2－3：

表 2－3

"方言点组合"里的方言点数量	2 点	3 点	4 点	5 点	7 点	9 点	12 点	18 点	19 点
含 2 条共用词的"方言点组合"	13	14	12	9	—	1	1	—	—
含 3 条共用词的"方言点组合"	7	6	8	1	1	—	—	—	—
含 4 条共用词的"方言点组合"	4	6	3	—	—	—	—	1	—
含 5 条共用词的"方言点组合"	3	4	—	1	—	—	—	—	—
含 6 条共用词的"方言点组合"	4	1	—	1	—	—	—	—	—
含 7 条共用词的"方言点组合"	1	—	—	—	—	—	—	—	1
含 8 条共用词的"方言点组合"	2	—	—	—	—	—	—	—	—
含 9 条共用词的"方言点组合"	1	3	—	—	—	—	—	—	—
含 10 条共用词的"方言点组合"	1	1	—	—	—	—	—	—	—

① 7 条共用词为：日头（太阳，阳光）、禾（水稻）、蚊（苍蝇）、叫化子（乞丐）、喫茶（喝茶）、喫酒（喝酒）、睏（睡觉）。

② 4 条共用词为：虹[kɔ¹³]（彩虹，永兴音）、狗窠（猪窝）、吃烟（抽烟）、炙火（烧火，暖身子）。

续　表

"方言点组合"里的方言点数量	2点	3点	4点	5点	7点	9点	12点	18点	19点
含12条共用词的"方言点组合"	1	—	—	—	—	—	—	—	—
含13条共用词的"方言点组合"	1	—	—	—	—	—	—	—	—
含14条共用词的"方言点组合"	4	—	—	—	—	—	—	—	—
含23条共用词的"方言点组合"	1	—	—	—	—	—	—	—	—
含28条共用词的"方言点组合"	1	—	—	—	—	—	—	—	—
"方言点组合"类别小计	44	35	23	12	1	1	1	1	1

表2-3显示，方言点较少的"方言点组合"数量最多。2个点的"方言点组合"是44个，3个点的"方言点组合"是35个，4个点的"方言点组合"是23个，5个点的"方言点组合"是12个。表2-3反映的湖南赣语词汇分布规律是，共用方言词最多的"方言点组合"，一般也是方言点较少的"方言点组合"，这从表2-3中第2—5列的数据就可以看出。

这个统计数据的功能是反映方言词的使用在地域上的通行广度，从统计结果来看，湖南赣语的多数词语并非大范围通用，大范围通用的只是少数几条的方言词语。

2.2.2.2　湖南赣语19个点每两点共用词的数据统计及分组

上一部分的统计，是严格按照各条词语后面实际的"方言点组合"标准进行的数据统计，该统计方法可以直接观察到某一种"方言点组合"有多少条共用词，进而反映这种组合的几个方言点在方言共用词方面的一致性。但该统计方法有一个不足，就是不能反映在不同的"方言点组合"里，部分相同方言点的共用词情况。

我们仍以"么人(谁)临湘、岳阳柏祥、岳阳县、平江""夷(这)岳阳柏祥、岳阳县、浏阳""么哩(什么，疑问代词)岳阳柏祥、岳阳县、平江"三个方言词为例，这三个词后的"方言点组合"不同，在上一部分的统计中，就分别进行了三次统计。这三次统计的结果忽略了一个事实，那就是这三条词语后的“方言点组合”里，都有“岳阳柏祥”“岳阳县”两个点；亦即，“岳阳柏祥”“岳阳县”共现了3次。如果仅以上一部分统计数据中“方言点组合”的共用词数量来分析方言点之间的关系，“岳阳柏祥”“岳阳县”两个点共现了3次，也就是有三个共用词的事实，在统计数据中就显现不出来了。也就是说，按照上一部分的统计数据，“岳阳柏祥”“岳阳县”拥有较多相同方言词的紧密关系，不能被揭示。

为使统计结果能客观地、精确地反映方言词汇的实际情况，我们决定在848个“方言点组合”共用词统计数据的基础上，仍以1 248条方言词为对象，统计湖南赣语的19个点中，每两个点共用词的数量，以避免上述“岳阳柏祥”“岳阳县”有3条共用词却被忽略的情况。

本部分的统计分析分两步走。第一步，先统计19个点中每两个点的方言说法相同情况；第二步，从第一步的统计结果中归纳出区域性的分组。

1）湖南赣语19个点各两点共用词数量统计

湖南赣语的19个点，每2个点进行比较，一共得到171个比较数据。为便于查询比较，我们将171个比较数据，做成阶梯表格；表格的查询方法与一般的阶梯表格一样，两个点的横、竖直线相交的方框内的数字，就是两个点共用词的数量。

表2-4涵括了湖南赣语19点所有的两个点共用方言词的数据。

这个数据表里有一个异常现象，永兴点与其他点共用词的数值都比较高，最低的是永兴与绥宁，也有112条共用词。这里需要解释一下，永兴点是笔者的母语，在调查过程中，收集的词条相对要详尽些，数量也多。这种情况也存在于炎陵点。炎陵点的依据材料《炎陵方言》，是一本以词汇描写为主的著作，收集的方言词较丰富；所以炎陵点与其他点共用方言词的数值也相对较高，尤其是与永兴共用词竟达300条。永兴、炎陵因为收词多而表现特别，还会在其他相关比较中出现，详情在具体比较中说明。

表 2-4　湖南赣语 19 个点各两点共用词数量统计

	临湘	柏祥	岳阳县	岳阳市	平江	浏阳	醴陵	攸县	茶陵	炎陵	常宁	耒阳	安仁	永兴	资兴	洞口	绥宁	隆回
华容	85	114	166	138	55	82	89	42	66	97	94	80	52	143	42	38	35	37
临湘		163	121	68	89	125	141	77	85	98	116	122	80	148	75	88	67	85
柏祥			189	109	118	155	150	83	95	129	132	139	76	186	88	91	73	87
岳阳县				135	85	120	121	58	65	108	111	106	67	162	67	65	48	60
岳阳市					46	62	64	39	41	83	70	60	48	105	46	41	34	41
平江						120	115	72	69	88	96	109	64	132	69	67	58	73
浏阳							273	98	102	148	159	174	96	205	103	100	69	93
醴陵								113	120	150	173	182	110	228	101	105	83	107
攸县									108	108	114	119	82	138	69	76	71	87
茶陵										150	133	131	102	189	86	76	75	82
炎陵											186	190	118	300	131	93	65	85
常宁												272	156	291	146	122	88	116
耒阳													167	328	167	130	90	123
安仁														214	121	68	57	71
永兴															249	139	112	135
资兴																79	53	81
洞口																	98	158
绥宁																		96
隆回																		

上述永兴、炎陵的相关情况也表明，各点的调查材料的深度及词汇数量会影响到表 2－4 的数值。但我们在做各点共用词对比、进而从共用词数量上推测出各点之间方言亲疏关系的过程中，主要以相对的对比数据而定，不能完全以绝对数值而定。

比如说处于湘东北部的华容与处于湘南的永兴，有 143 条共用词，而华容与邻近的岳阳市与岳阳柏祥，分别只有 138 条与 114 条共用词，那么是否说明，华容方言与永兴方言在词汇上就更亲近，而华容方言与岳阳市及岳阳柏祥反而疏远一些呢？答案显然是否定的。因为如果从永兴这一方面来看，与华容有 143 条共用词，在表 2－4 里，这个数值并不是永兴点与其他点两两对比的最高值。按数值由高到低排列，与华容的 143 条共用词，仅排列在 11 位。也就是说，永兴点与另外 10 个点共用词数量要高于与华容拥有的 143 条相同说法。所以，从永兴方面来说，与华容共用的方言词并不是最多；也可以说，二者之间的方言词汇关系，并不是最紧密的。

在 19 个点每两点的关系对比中，从对比的两方面来考察各自在对方"每两点共用词数量排序"的位置，将成为我们确定两个方言点之间亲疏关系的一个重要参数。

2）湖南赣语 19 点依据方言共用词标准的分组

这部分内容牵涉到方言分区的理论与方法。方言学术界对于方言分区，主要以语音标准为依据；这也是目前为止，最行之有效的分区办法。有些学者在方言分区时，在"语音标准"之外，会加入词汇标准作为参考；有的学者还将能否通话、行政区划、历史人文背景及地理等因素等纳入考虑范围。① 学者们对方言分区进行的多种尝试，从侧面反映了这样一个事实：方言本身所具有的历时层次性、共时平面的交互性，使得方言表现出来的复杂语言特征，不是可以简单地用一两种标准就能截然分开的。

---

① 以上内容综合了李蓝(1994)的相关内容。

这部分我们准备就湖南赣语19个点每两个点的共用词数量，进行归纳分组，观察湖南赣语区共用词的地域分布，是否有一定的规律。如前所述，方言词汇不是学术界方言分区的主要依据标准；在方言词汇研究中，特征词、分片词等概念，也是在方言主要依据语音标准已经分区的前提下，再行归纳出来的。我们这里的归纳分组，也不以方言分区为目的；只是尝试着用词汇资料，进行与区域分布相关的分析，看其中是否具有一定的规律。

A. 分组的方法与原则

分组以19个点每两个点的共用词数量为基础。

先将每一个点与其他各点"两两"共用词的数量，按由高至低的顺序进行排列，居前5位的点可作为词汇亲密关系参考项。

取前5位的依据是，在《中国语言地图集》(1987)及李冬香(2005)对湖南赣语的两个分片结果里，各分片方言点的数量最多都是5个点。为保证本书用共用词数量标准的分组，能与以上两个以语音标准分片的结果，客观上相契合，特确定"前5位属词汇亲密关系"原则。

如果两个点互相都在对方的前5名排序里，则说明二者的关系是亲密的，可划归为一组；只有一个点处于对方点的前5名排序，而另一个点处于对方点的前5名排序之外，则说明二者的关系是不够亲密的，不能划归为一组。

B. 每两点共用词数量统计结果排序

以下是各点与其他点共用词数量由高到低的具体排序。

"华容"与其他18个点共同词数量：岳阳县166、永兴143、岳阳市138、岳阳柏祥114、炎陵97、常宁94、醴陵94、临湘85、浏阳82、耒阳80、茶陵66、平江55、攸县42、资兴42、洞口38、隆回37、绥宁35；

"临湘"与其他18个点共同词数量：岳阳柏祥163、永兴148、醴陵141、浏阳125、耒阳122、岳阳县121、常宁116、炎陵98、平江89、洞口88、华容85、茶陵85、隆回85、安仁80、攸县77、资兴75、岳阳市68、绥宁67；

“岳阳柏祥”与其他18个点共同词数量：岳阳县189、永兴186、临湘163、浏阳155、醴陵150、耒阳139、常宁132、炎陵129、平江118、岳阳市109、茶陵95、洞口91、资兴88、隆回87、华容85、攸县83、安仁76、绥宁73；

“岳阳县”与其他18个点共同词数量：岳阳柏祥189、华容166、永兴162、岳阳市135、临湘121、醴陵121、浏阳120、常宁111、炎陵108、耒阳106、平江85、安仁67、资兴67、茶陵65、洞口65、隆回60、攸县58、绥宁48；

“岳阳市”与其他18个点共同词数量：华容138、岳阳县135、岳阳柏祥109、永兴105、炎陵83、常宁70、临湘68、醴陵64、浏阳62、耒阳60、安仁48、平江46、资兴46、茶陵41、洞口41、隆回41、攸县39、绥宁34；

“平江”与其他18个点共同词数量：永兴132、浏阳120、岳阳柏祥118、醴陵115、耒阳109、常宁96、临湘89、炎陵88、岳阳县85、隆回73、攸县72、茶陵69、资兴69、洞口67、安仁64、绥宁58、华容55、岳阳市46；

“浏阳”与其他18个点共同词数量：醴陵273、永兴205、耒阳174、常宁159、岳阳柏祥155、炎陵148、临湘125、岳阳县120、平江120、资兴103、茶陵102、攸县98、安仁96、隆回93、华容82、绥宁69、岳阳市62；

“醴陵”与其他18个点共同词数量：浏阳273、永兴228、耒阳182、常宁173、岳阳柏祥150、炎陵150、临湘141、岳阳县121、茶陵120、平江115、攸县113、安仁110、隆回107、洞口105、资兴101、华容89、绥宁83、岳阳市64；

“攸县”与其他18个点共同词数量：永兴138、耒阳119、常宁114、醴陵113、茶陵108、炎陵108、浏阳98、隆回87、岳阳柏祥83、安仁82、临湘77、洞口76、平江72、绥宁71、资兴69、岳阳县58、华容42、岳阳市39；

“茶陵”与其他 18 个点共同词数量：永兴 189、炎陵 150、常宁 133、耒阳 131、醴陵 120、攸县 108、浏阳 102、安仁 102、岳阳柏祥 95、资兴 86、临湘 85、隆回 82、洞口 76、绥宁 75、平江 69、华容 66、岳阳县 65、岳阳市 41；

“炎陵”与其他 18 个点共同词数量：永兴 300、耒阳 190、常宁 186、醴陵 150、茶陵 150、浏阳 148、资兴 131、岳阳柏祥 129、安仁 118、岳阳县 108、攸县 108、临湘 98、华容 97、洞口 93、平江 88、隆回 85、岳阳市 83、绥宁 65；

“常宁”与其他 18 个点共同词数量：永兴 291、耒阳 272、炎陵 182、醴陵 173、浏阳 159、安仁 156、资兴 146、岳阳柏祥 132、茶陵 133、洞口 122、临湘 116、隆回 116、攸县 114、岳阳县 111、平江 96、华容 94、绥宁 88、岳阳市 70；

“耒阳”与其他 18 个点共同词数量：永兴 328、常宁 272、炎陵 190、醴陵 182、浏阳 174、安仁 167、资兴 167、岳阳柏祥 139、茶陵 131、洞口 130、隆回 123、临湘 122、攸县 119、平江 109、岳县 106、绥宁 90、华容 80、岳阳市 60；

“安仁”与其他 18 个点共同词数量：永兴 214、耒阳 167、常宁 156、资兴 121、炎陵 118、醴陵 110、茶陵 102、浏阳 96、攸县 82、临湘 80、岳阳柏祥 76、隆回 71、洞口 68、岳阳县 67、平江 64、绥宁 57、华容 52、岳阳市 48；

“永兴”与其他 18 个点共同词数量：耒阳 328、炎陵 300、常宁 291、资兴 249、醴陵 228、安仁 214、浏阳 205、茶陵 189、岳阳柏祥 186、岳阳县 162、临湘 148、华容 143、洞口 139、攸县 138、隆回 135、平江 132、绥宁 112、岳阳市 105；

“资兴”与其他 18 个点共同词数量：永兴 249、耒阳 167、常宁 146、炎陵 131、安仁 121、浏阳 103、醴陵 101、岳阳柏祥 88、茶陵 86、隆回 81、洞口 79、临湘 75、平江 69、攸县 69、岳阳县 67、绥宁 53、岳阳市 46、华容 42；

“洞口”与其他 18 个点共同词数量：隆回 158、永兴 139、耒阳 130、常宁 122、醴陵 105、浏阳 100、绥宁 98、炎陵 93、岳阳柏祥 91、临湘 88、资兴 79、攸县 76、茶陵 76、安仁 68、平江 67、岳阳县 65、岳阳市 41、华容 38；

“绥宁”与其他 18 个点共同词数量：永兴 112、洞口 98、隆回 96、耒阳 90、常宁 88、醴陵 83、茶陵 75、岳阳柏祥 73、攸县 71、浏阳 69、临湘 67、炎陵 65、平江 58、安仁 57、资兴 53、岳县 48、华容 35、岳阳市 34；

“隆回”与其他 18 个点共同词数量：洞口 158、永兴 135、耒阳 123、常宁 116、醴陵 107、绥宁 96、浏阳 93、岳阳柏祥 87、攸县 87、临湘 85、炎陵 85、茶陵 82、资兴 81、平江 73、安仁 71、岳阳县 60、岳阳市 41、华容 37。

C. 分组结果

以上各点与其他 18 个点“两两”共用词数量及排序，按互相处于对方的前五名排序位置归类，共有五个大组：

(1) 华容、岳阳县、岳阳市
(2) 临湘、岳阳柏祥
(3) 浏阳、醴陵
(4) 炎陵、耒阳、常宁、永兴
(5) 隆回、洞口

除了这五个大组之外，还有另外三个特殊情况。

第一个情况是以下两组，各组的成员也互在同组成员排序的前五名内，但各成员又兼在上述五个大组的某一组中占有一席之地：

醴陵、常宁、耒阳
岳阳柏祥、岳阳县
(岳阳柏祥、岳阳县同属于一个县，所以不将此组列入上面的大组行列里。)

第二个情况是以下一组，资兴未能在上述五个大组中的其中一组占有一席之地，但与永兴互为排序的前五名：

永兴、资兴

第三个情况是，以下有 5 个点，每个点都没能与其他 18 点互为排序的前五名：

平江、攸县、茶陵、安仁、绥宁

可以再结合上一部分"方言点组合"共用词统计数据的结果，来进一步分析这三个特殊情况。

"方言点组合"的"浏阳、醴陵"有 23 个对外"排他性"的共用词，占第二位。所以相对来说，上面的"浏阳、醴陵"组要比"醴陵、常宁、耒阳"组要更紧密些。

"方言点组合"中"永兴、资兴"有 14 个对外"排他性"的共用词；再加上"两两"共用词对比，在对方的排序中互为前五名，所以，永兴与资兴在词汇上的关系，实际上是比较紧密的。

"方言点组合"中"安仁、永兴"有 13 个对外"排他性"的共用词；在"两两"共用词对比的排序中，永兴排在安仁的第一位，但安仁排在永兴的第六位。也就是说，从安仁这方面来看，安仁与永兴共用词最多；但从永兴这方面来看，安仁与永兴共用词不是最多的，仅列第六名。

平江、攸县、茶陵、绥宁四点的情况比较特殊。它们不跟其他点互为排序前 5 名，彼此之间也不能互为排序的前 5 名，所以不能组成一组。

从这 4 点的各自的情况来分析，平江的"两两"对比共用词数量排序前 5 名的分别是永兴 132、浏阳 120、岳阳柏祥 118、醴陵 115、耒阳 109；这样来看，平江与湘东北部的岳阳柏祥、浏阳、醴陵及湘南的耒阳、永兴在词汇上都有一定联系。

攸县的"两两"对比排序前 5 名是永兴 138、耒阳 119、常宁 114、醴陵 113、茶陵 108；这其中，攸县与醴陵、茶陵在地缘上是相连的，共用词表现了一定的地域性。

茶陵"两两"对比排序前 5 名是永兴 189、炎陵 150、常宁 133、耒阳 131、醴陵 120；这其中，茶陵仅与南边的炎陵地缘上相连，而与北边的攸县共用词数量排第 6 位。

绥宁"两两"对比排序前 5 名是永兴 112、洞口 98、隆回 96、耒阳 90、常宁 88；这其中，绥宁与洞口、隆回是湘西南部的三个相连的赣语点，与其他 16 个赣语点在地缘上隔得很远。所以从绥宁这方面来看，与洞口、隆回的共用词上比较多，是很自然的。

综合上面的数据结果及分析，湖南赣语内部各点的词汇在共用词数量方面的联系上，大致是这样的情况：

首先，湖南赣语区内部从词汇共用情况来区分，可分为五个大组，即：

第一大组：华容、岳阳县、岳阳市
第二大组：临湘、岳阳柏祥
第三大组：浏阳、醴陵
第四大组：炎陵、耒阳、常宁、永兴
第五大组：隆回、洞口

这五个大组在地缘上是相连的。

其次，永兴、资兴在共用词方面具有较高的一致性，可在第四大组之外独列为一个小组。

再次，平江、攸县、茶陵、安仁、绥宁五个点，作为"客位"与其他点进行共用词比较，在数量上表现不是很突出。但作为"主位"，在与其他点共用词的数量方面，又有一定倾向性。

平江与地缘相连的岳阳柏祥、浏阳、醴陵等 3 个比较靠近。

攸县与永兴、常宁、耒阳共用词最多，又与醴陵、茶陵地缘相连，共用词较多；茶陵与炎陵共用词较多，二者地缘相连，又与永兴、常宁、耒阳、醴陵共用词较多。安仁与永兴、耒阳、常宁、资兴、炎陵 5 个点共用词最多，且与这 5 个点在地缘上相连。醴陵、攸县、茶陵、炎陵、安仁、永兴、资兴、耒阳、常宁等9个地缘上连成一片的点，其实从大面来说，在词汇共用上是有一定的连续性的。

绥宁在共用词方面归附于洞口、隆回；与永兴、常宁、耒阳也有较多共用词。

D. 分组结果的评价与验证

本书用方言共用词的标准进行分组，实际上是粗疏的。首先从布点来看，仅有19点参与比较，不一定能将湖南赣语区内部词汇的大小差异全部考虑到；再从共用词标准来看，在《条目表》以外的词，有些点是没有收录的。所以，这个比较分组的结果肯定不是十分完善。

正因为如此，在整个比较过程中，对于词汇材料选取、数据统计、划分大组的原则等都严格按照方言实际材料及统一标准进行。根据比较结果划分出来的五大组，在地缘上都是相连的；这个结果说明，本书以词组为标准的分组及方法，一定程度上还是符合方言实际的。

可以将我们的分组结果与前贤时彦按各种标准对湖南赣语分区的结果进行对比，来验证一下按词汇标准分组的客观性，以及与语音分区是否有内在联系。

我们以《中国语言地图集》(1987)和李冬香(2005)对湖南赣语的分区结果来进行对比。

《中国语言地图集》(1987)将湖南赣语各点划归六片，分别是：

大通片：华容、岳阳、临湘

宜浏片：浏阳、醴陵

昌靖片：平江

吉茶片：攸县、茶陵、炎陵

耒资片：常宁、耒阳、安仁、永兴、资兴

洞绥片：洞口、绥宁、隆回

李冬香(2005)则依语音标准将湖南赣语各点分成以下几片：

岳醴片：

华容、岳阳市区、临湘、岳阳县、平江(岳州小片)

浏阳、醴陵（浏醴小片）

攸炎片： 攸县、茶陵、炎陵

耒洞片：

安仁、常宁、耒阳（安常小片）

洞口、绥宁、隆回（洞绥小片）

永资片： 永兴、资兴

通过与上述两种分区结果对比，可以发现，本书按共用词的分组结果，与《中国语言地图集》(1987)分区结果比较接近。不同点在于，本书的分组将炎陵从《中国语言地图集》(1987)的攸炎片中提出来，归到第五大组“炎陵、耒阳、常宁、安仁、永兴、资兴”中了。李冬香(2005)的分区，将“洞口、绥宁、隆回”与“安仁、常宁、耒阳”归并为一个“耒洞片”，与本书共用词分组的分歧还是较大的，不过李冬香(2005)的分区强调了“永兴、资兴”在语音上的一致性，而本书的分析结果，永兴与资兴可以在第四大组之外独立为一个小组。在这一点上，本书的分组跟李冬香(2005)的分区又是相呼应的。

第三章

湖南赣语词汇的构词法与造词法(上)

本章从词汇的结构、语音造词、词汇中的修辞现象即语义造词等三个部分讨论湖南赣语词汇构词、造词的特征。

3.1 湖南赣语词汇的构词法

湖南赣语词汇的构词法主要表现为五个较为突出的特征。一是词缀丰富,包括前缀、后缀、中缀,有大量的词缀附加式合成词[湖南赣语词缀较多,情况复杂,独立一章讨论,详见“第四章 湖南赣语词汇的构词法与造词法(下)—词缀”];二是“打-”类词的词类较广;三是存在部分逆序词;四是处于湘西一隅的洞口、绥宁、隆回3点多用重叠词;五是有大量四字格词语。以下就后四个特征分别介绍。

3.1.1 “打-”类词

“打-”类词是现代汉语词汇中,在构词及词义方面最具特色的词类,如“打酱油”“打毛衣”等;“打-”可说是汉语里最活跃的一个动词性语素。前彦时贤对“打-”类词已有颇多著述,本书仅对湖南赣语里的“打-”类词进行概括性的介绍。

3.1.1.1 “打-”类词的在湖南赣语区的分布

湖南赣语19个点所调查、收集到的词汇资料中,全部收录了“打”类词;其中收录数量最多的点为炎陵点,共108条“打”类词;收录数量最少的为绥宁点，为 15 条。

3.1.1.2 “打-”的意义

从意义上来分析，“打-”的意义主要有保留一定动词实义与不保留动词实义之分。保留一定实义是指“打-”还保有“打”这个动作的部分含义；而不保留实义的“打-”类词，“打”的动作意义已经不存在了，“打-”基本上是作为构词成分出现。

湖南赣语的“打-”类词，有些词可视作为保留了一定“打”的动词实义，如“打土墙（筑墙）、打谷打禾（手工脱谷粒）、打油（榨油）”；再如“打箪子（编竹席）、打菜（酒席上菜）炎陵、永兴、打灶（做灶）、打坯子（采石灰岩烧石灰）、打冰雹（下冰雹）”等，这类词动作性很强，可按词法将“打-”后的语素作为其间接宾语看待，这样“打”保留的是作及物动词的部分语法功能。

真正能凸显“打-”类词的词汇特色的，是那些“打”的动作、动词意义已经虚化的词。这些词里的“打-”作为构词语素所表现出来的灵活性、多样性甚至随意性，同时也是汉语构词的一大特色。湖南赣语词汇里为数众多的“打-”类词里，“打-”与其他语素的组合以及构成的意义，颇为特别，值得一提。

3.1.1.3 “打-”类词分类

以下我们将湖南赣语“打-”类词按“打-”后所跟语素的意义、性质分类，并进行讨论（词语后不加地名的为多点共用，加了地名的为仅见录于该些点）。

1）“打-”加名词

A. 表“生、长”

打麻毛（鹅、鸭等的细禽开始长出羽毛）炎陵

打花打朵（植物长出花蕾）炎陵、资兴

B. 表做某事

打对岁（做周岁生日酒）资兴、打生日（祝寿辰）资兴、打坐场（形容某人

事事到场)资兴、打脉(号脉)、打夜工(加夜班)、打时(占卜,根据时辰推算事情的结果)平江、炎陵、打沕(潜水)、打新房(闹新房)、打标枪(急性腹泻)、打冤家(双方引起纠纷)炎陵、打眼拐(暗送秋波)炎陵、打门(开门)炎陵、打中火(吃中饭)、打谜子(出谜)、打会(旧时民间经济活动)耒阳、永兴、打结婚证(办结婚证)、打伙计(合伙做某事)、打圈(转圈)

C. 表与穿着相关的行为

打赤脚、打撑脚(不穿袜子只穿鞋)炎陵、打赤膊子(裸上身)、打徒背(裸上身)华容、打掉胯(下半身不穿衣服)华容、打长俩胯(全身赤裸)临湘、打敞(棉衣上不加罩衣叫～穿)华容、岳阳柏祥、打单穿(只穿一件单衣)永兴

D. 表说话的腔调及内容

打声(说外地话)平江、打白话(说谎)、打野话(胡说)茶陵、打梦讲(说梦话)、打本地(说本地话)炎陵、打客家(说客家话)炎陵、打"哦"(描述某地人把"我"说成"哦")永兴、打细话(说悄悄话)

E. 表性质

打秤(相同体积的东西分量更重)炎陵

2)"打-"加动词

A. 表做某事或从事一定职业

打屠(以杀猪为业)炎陵

打炝(整地)临湘、打团转(绕圈走或跑)、打鹞子翻身(翻跟斗)、打浮泅(游泳)、打较议(合计)浏阳、打荐引(推荐)、打建言(建议)、打圝吞(不加咀嚼就吞下肚)、打拥堂(拥挤)、打总成(赞成)、打脱离(离婚)、打赖死(赖皮)、打干呕(干哎呕)

B. 作为构词语素,构成动词双音节

打掌(用木棍或竹竿将农作物藤蔓架起来)、打遁(停顿)、打止(停止)、打讲(聊天)、打则(测量,做衣服)、打赊(赊账)、打估(猜测)、打哄(哄骗)、打吵(吵闹)、打住(住下来)、打踔(趄趔)、打出(露出)

3)"打-"加形容词

A. "打-"后语素表动作的结果或目的

打野(思想不集中或眼睛乱转)、打破(劝阻)岳阳柏祥

B. 表行为的方式或行事的风格

打粗(吃饭不挑食)、打生(认生)、打准(指说话准数)

C. 表性状

打膀(鼻子很灵,"膀"指腐臭味儿)

4)"打-"加短语

A. 加动宾表做某事或遭受了某件意外

打饿肚(饿肚子)、打飞脚(跑)、打空手(手里没拿东西)
打蹩脚(脚踝扭了)

B. 加主谓短语,表行为的目的

打口干(止渴)

C. 加偏正短语,表行为的方式

打平伙(凑份子做饭吃)

5)"打-"加拟声词

表某种行为,带修辞义

打哇哇(信口说话)、打喔嗬(原指集体劳动的号子,后喻指只在旁边动口不动手)

3.1.2 逆序词

"逆序词",在本书有两种含义。一是与现代汉语复合词惯常的词序相逆,比如偏正结构的名词,现代汉语的词序一般是限定性语素在前、主要意义语素在后,如"大碗、小碗"等,而湖南赣语某些偏正结

构名词的词序则与之相反;二是湖南赣语词汇里一个复合词的各个语素,存在两种词序。这种多词序情况也存在于现代汉语里,如“毁谤”“谤毁”,“倍加”“加倍”等。

关于方言词的词序,桥本万太郎(1985)、项梦冰(1988)的著述中已有颇多见解,本书仅描述湖南赣语词汇中所出现的“逆序”现象。以下将湖南赣语的“逆序词”分两类列出。

3.1.2.1　与现代汉语惯常语序相逆的“逆序词”

① 月大、月细(大建、小建,即农历三十天的月份、二十九天的月份)耒阳、常宁、平江、岳阳柏祥、洞口、隆回

② 篾黄、篾青、篾白(黄色的竹篾、绿色的竹篾、白色的竹篾)资兴、攸县

③ 油榨(榨油)华容、临湘、炎陵、耒阳、永兴

④ 人客(客人)醴陵、耒阳、常宁

⑤ 闹热(热闹)常宁、耒阳、洞口、隆回、绥宁

⑥ 定必(必定)资兴

⑦ 该应(应该)华容

⑧ (不)睏敞(睡不着,“敞”指睡着、睡实的状态)隆回

3.1.2.2　两种词序互为“逆序词”

1) 家畜类表性别的“逆序词”(“/”前后为词序相逆的两种词)

① 牯牛/牛牯(公牛)多点共用

② 狗公/公狗、牯狗/狗牯(公狗)多点共用

③ 狗婆/牸狗(母狗)多点共用

④ 婆鸭岳阳县/鸭婆(母鸭)多点共用

⑤ 牛牸(小雌牛)/牸牛(母牛)炎陵、永兴(又指被阉过的牛)

2) 其他类“逆序词”

① 生芽临湘、浏阳、耒阳/芽生(庄稼)茶陵

② 面灰攸县、茶陵、常宁、耒阳、安仁、永兴/灰面(面粉)临湘、岳阳柏祥、岳阳县、岳阳市、平江、浏阳、醴陵、常宁、耒阳

③ 抵针平江/针抵(做针线活时戴的顶针)多点共用

④ 扎齐/齐扎(整齐)岳阳柏祥、岳阳县、浏阳、醴陵、常宁、耒阳、安仁、洞口、隆回

⑤ 牙虫浏阳/虫牙(蛀牙)多点共用

⑥ 天晴/晴天、天阴/阴天多点共用

⑦ 宵夜/夜宵攸县

⑧ 挖耳/耳挖(耳挖子)多点共用

⑨ 包面(馄饨)岳阳县、岳阳市/面包(包子)常宁

⑩ 侧门永兴、常宁、炎陵、醴陵、平江、隆回耳门常宁、耒阳、临湘/门边(指开在房屋左右外墙的边门)攸县

湖南赣语里还有个别词,改变语序后词性也随之改变,词义变为相关的意义。如动宾结构的"涂糊(涂刷糨糊)",变序后为"糊涂(糨糊)临湘"等。

另外,湖南赣语里存在的一些"自感形容词"如"爱人(让人心生怜爱)、怄人(令人怄气)、冷人/冰人/清人(使人感到冰冷)、𤆵人(烫人)、腰人(肥肉腻人)"等,也与词序有关。

3.1.3 重叠词

湖南赣语的重叠词从形式与表义来看,有一定的区域特征。湘西南洞口、绥宁、隆回 3 个点,多名物重叠词;除湘西南 3 点之外的 16 个点(以下简称为"其他多点")的重叠词,其重叠形式多变,表义功能多样,有描摹状态及表达色彩义等功能。另外"儿语词"多取单音语素重叠表达可爱、亲昵语气。

3.1.3.1 洞口、绥宁、隆回的名物重叠词

这三个点的重叠词按内容来分,有几大类比较突出(以下重叠词,3 点相差无几,不再标注地点名)。

第一类是地貌自然类重叠词,如:① 山坳坳、② 山塘塘(山谷)、③ 山坡坡、④ 山窝窝、⑤ 山顶顶、⑥ 山壳壳中间(山沟村里)、⑦ 山隘隘、⑧ 坑坑(壕沟)、⑨ 构构(冰)、⑩ 冰构构(冰锥)、⑪ 阴阴天

(阴天)。

第二类是庄稼植物类重叠词,如:① 秆秆(甘蔗)、② 落花生皮皮、③ 花生肉肉、④ 花生壳壳、⑤ 高粱秆秆、⑥ 豆子杆杆、⑦ 菜蕻蕻(白菜、油菜长出的新芽)、⑧ 树桍桍、⑨ 树蔸蔸、⑩ 树叶叶、⑪ 树干干、⑫ 树尖尖、⑬ 笋壳叶叶、⑭ 笋壳壳、⑮ 竹叶叶、⑯ 花苞苞、⑰ 花瓣瓣、⑱ 花芯芯,等等。

第三类是人体部位类重叠词,如:① 眼珠沿沿(眼眶)、② 眼珠子子、③ 眼珠珠珠(眼珠)、④ 鼻子尖尖、⑤ 鼻子间间、⑥ 鼻屎痂痂、⑦ 嘴巴皮皮、⑧ 口水沫沫、⑨ 尖尖牙齿、⑩ 笮笮脑壳、⑪ 搭搭毛(刘海)、⑫ 手指弄弄(手指缝)、⑬ 手背背、⑭ 屁股瓣瓣、⑮ 脚浪浪(脚后跟)、⑯ 脚弯弯(脚踝)、⑰ 刮条口口(划了伤口)、⑱ 起皱皱(起鸡皮)、⑲ 起痂痂(结痂)、⑳ 白板板(老公嘴)、㉑ 卵浆浆(精液)。

其他的重叠词如日常用品、食物名词等常见重叠词,如:① 布襻襻、② 裤带带、③ 帽子边边、④ 猪脚爪爪、⑤ 箩箩、⑥ 瓶子盖盖、⑦ 索索(绳)、⑧ 洗脸盆架架、⑨ 鱼冻冻、⑩ 鱼卡卡(鱼刺)、⑪ 笔盖盖、⑫ 笔筒筒、⑬ 墨盒盒、⑭ 擦擦(橡皮擦)、⑮ 香炉钵钵,等等;以及人品称呼词:① 细细子(小孩)、② 哈哈/煞煞(傻子)、③ 哑哑(哑巴)等;也有重叠词是表"小、可爱"类意义,如"牛崽崽唧、羊崽崽唧、鸡崽崽唧"。

以上重叠词里结构上比较特别的,是地貌自然类里的"阴阴天(阴天)",和人品称呼词"细细子(小孩)"。其他重叠词的重叠都发生在位于中心语上,这两个词的重叠发生在限定语上。

总体来看,洞口、绥宁、隆回 3 点的重叠词表"小、可爱"等之类的功能意义不突出,更多的是一种构词模式。3 个方言点名词重叠词使用频率之高,为其他赣语点所罕见,湘语点也不多见。按其所处地理位置来分析,这 3 点多用重叠词的特点,有可能是受周边西南官话重叠词的影响而形成的。

3.1.3.2　其他多点的重叠词

其他多点在使用名物重叠词方面不如洞口、绥宁、隆回等三点典型；但与洞口、绥宁、隆回三点的重叠词相比，其他各点的重叠词又有自己的特色，表现在“重叠形式呈现多样化，重叠词的范围也不限于名物词，重叠词具有描摹状态及表达色彩意义的功能”等三方面。下面从结构、词性及表义功能三方面分别进行描述。

1）重叠词的结构形式

A. AAB 式

AAB 式的重叠词，在湖南赣语重叠词里，是结构较为特殊的一类。

如：估估势儿（粗略估计）华容、活活对（松动而不稳固的）浏阳、醴陵、争争乎（努力承担的样子）岳阳市、虎虎响（形容某人威风八面的样子；或家庭很兴旺）炎陵、篾篾碎（细碎）永兴、点点大（很小）常宁、梆梆硬炎陵、双双门（两扇对开的门）岳阳柏祥、滑滑线（蜗牛）攸县、涎涎虫（蜗牛）永兴、资兴、溜溜食（容易事、轻松活）华容、夜夜崽（每夜）耒阳、勫勫滚（从高处滚落）浏阳。

B. ABB 式

如：软搭搭（软溜溜）岳阳县、坢打打（皱，蔫）、膔叽叽（肥肉腻人）炎陵、白厦厦（颜色太白，多指菜没油水）永兴。

C. ABA 式

如：“日似日（整天）/夜似夜（整夜）平江、年打年（一整年）耒阳、永兴、月往月（每个月）耒阳、隻呱隻（每一个）永兴、粒咯粒（每一粒）常宁、日之日（每一天）安仁、恰叽恰（恰好）茶陵、炎陵、暴哒暴（最初，刚开始）岳阳柏祥、岳阳市、回有回（总是）常宁、明打明（明明）岳阳市、掉哒掉（反正）华容、整打整（整整）资兴、单打单（独自）岳阳市、白打白（白白地）炎陵、先不先（抢先）资兴、永兴、三不三（偶尔）岳阳市、炎陵、永兴”。

（另有“ABAB”“AABB”等四字格重叠式，在下一部分内容“四字格”中统一讨论。）

2) 重叠词的词性

相对洞口、绥宁、隆回 3 点,“其他多点”重叠词的范围不限于名物词,副词、形容词、动词使用重叠形式的也较多。

A. 动词

如“眼鼓鼓(鼓起眼睛)永兴、资兴、挪挪搓搓(双脚或双手不停地搓挪)炎陵、唧唧哝哝(说悄悄话,私相议论)华容、肉跳跳(浑身肉都动起,一般说‘嬉起肉跳跳’,指玩得来浑身都放松了,形容很安逸、很轻松等)茶陵”。

B. 形容词

如“溜溜跐跐(下雨路滑)华容、白厦厦(颜色太白,多指菜没油水)永兴、齐齐哩(整齐)炎陵、硬撑撑/硬翘翘/硬邦邦炎陵”等。

C. 副词

如“先先(预先)岳阳柏祥、背背(背地)醴陵、私私叽(瞒着别人)炎陵”等。

3) 虚义语素的重叠

洞口、绥宁、隆回 3 点名物词重叠,多为实义的中心语素的重叠;而“其他多点”重叠的对象有时并非实义语素,而是虚义语素重叠。

如:“团啰啰(很圆)岳阳市、火哇哇哩(火很旺)炎陵、膘叽叽哩(肥肉肥而腻人)炎陵、痨浸浸哩(植物失去水分而萎缩的样子;人没有精打采的样子)炎陵”等。

3.1.3.3　重叠词的表义功能

相对于洞口、绥宁、隆回 3 点重叠词的功能单一性,“其他多点”的重叠词具有描摹状态及表达色彩意义的功能。

1) 表强调

岳阳柏祥“索利”表漂亮、整洁,而重叠形式“索索利利”则意义在程度上加强了,同时含有极强的主观褒扬的态度;同样,岳阳市的“道静”指安静,强调的说法是“道道静静”。另如“黄宣宣叽、白厦厦叽”等都是利用重叠来表强调且带有较强烈的主观情感。

2）描摹状态

炎陵有“眯眯摸摸（动作重复、迟缓的样子）、撕撕扒扒（为积聚家财而辛苦劳作）”，茶陵有“生赖赖死赖赖（纠缠不休）”，结构上重叠加反复；永兴有“懵冲冲（茫然不知的样子）、烂布筋吊吊（衣衫褴褛）、眼泪含含（含着眼泪，委屈貌）、汗滴滴（满头大汗的样子）、泥巴浆浆（满地泥泞的状况）”等。通过重叠形式生动地表现事物的具体状态。

当然，“其他多点”也存在有名物词的重叠形式，如“凳凳（小板凳）”“狗崽崽（小狗儿）”、“大大（比妈妈大的舅父、舅母）、毛毛（婴儿）、双双（双胞胎）”等，主要表示“小、可爱、亲昵”等意义，但数量不多，且与多数汉语方言的用法相通，不赘述。

另外，湖南赣语各点都有一定数量的单音节词重叠的“儿语词”，这种重叠形式符合幼儿用语的特点。如“饭饭[man^{33} man^{0}]（饭，岳阳柏祥音）岳阳柏祥、永兴、嘎嘎[ka^{21} ka^{0}]（蛋，永兴音）茶陵、安仁、永兴、吸吸[tɕi^{5} tɕi^{5}]（母乳，岳阳县音）岳阳县、华容、哺哺（母乳）永兴、嘎嘎[ka^{35} ka^{0}]（肉，岳阳柏祥音）岳阳柏祥、临湘、巴巴（肉）醴陵、浏阳、羔羔（肉）永兴”等。

3.1.4 四字格词语

四字格是汉语里最符合对称审美的词语结构形式，以成语为典型代表。汉语成语是汉民族传统文化的重要载体之一，成语的基本格式为四字格，其意义蕴涵丰富而深刻、构词形式洗炼而工整，非常切合汉民族对均衡审美观的要求。以成语为代表的四字格词，作为汉语语言美的传承者，对汉语方言的影响至为深远。各地方言都存在不少的四字格词，体现了汉语体系在构词方式上的一致性。

湖南赣语词汇里的四字格词数量较多，分布遍及19个点；在功能方面，四字格词的词性多为形容词性及副词性，亦有部分动词性的。我们通过对湖南赣语各点的四字格词进行综合分析，根据结构特点总结出如下类别。

3.1.4.1　并列对举式

并列对举是指四字格的前二字与后二字属并列关系：AaBb。A 与 B、a 与 b 又具有结构平行的对举关系；且 A 与 B、a 与 b 词性相同，或互为近义、或互为反义。这类词的分布在部分点比较集中，按点分别列举。

华容：

① 鼓眼迪睛[ku^{21} ŋan^{21} tʰi^{45} tɕin^{53}](睁大眼睛)

② 横睛鼓眼(瞪眼)亦见于岳阳县

③ 青肤黑脸(生气时的脸相)

④ 眼橐鼻肿[ŋan^{21} pʰau^{53} pʰi^{45} tsoŋ^{21}](痛哭后眼鼻状，又病态)

⑤ 眼喵鼻见[ŋan^{21} mau^{13} pʰi^{45} tɕiɛn^{24}](明明看见)

⑥ 摛脚舞手[tsʰɿ^{53} tɕio^{45} u^{21} sou^{21}](动脚动手)

⑦ 遮天盖地(大声吵闹，或包揽一切)

⑧ 唆是撼非(挑拨是非)

⑨ 捏脚捻手[liɛ^{45} tɕio^{45} liɛn^{21} sou^{21}](拘谨)

⑩ 羞肉薄脸(害羞貌)

⑪ 流脓搭水(拖泥带水，或物件上脏水流溢)

⑫ 拖屎揽片[ho^{53} sɿ^{21} lan^{21} pʰiɛn^{24}](不讲卫生)

⑬ 笼鞋靸袜[loŋ^{13} xai^{13} sa^{45} ua^{45}](形容人游手好闲)

⑭ 拖渣敹草[ho^{53} tsa^{53} iɛn^{33} tsʰau^{21}](不整洁)

⑮ 夹幔蒸帙[tɕia^{45} mũ^{24} tsən^{53} fu^{53}](喻人不明白事理，令人生气)

⑯ 擂槌钻鼓[lei^{13} tɕʰyei^{13} tsũ^{24} ku^{21}](形容天资低做事总不能成功，如“他复读两年还考不上大学，擂槌钻鼓硬不得穿嘿”)

⑰ 鸡鼻狗脸(形容人小气)又见于岳阳市

⑱ 紧绑细扎(形容人做事精细；又指生活节俭)

⑲ 爬楼上壁(调皮，如“这伢儿爬楼上壁滑”)

⑳ 讲经说法(不服安排，讲价还价)

㉑ 摛奸抱滑[tsʰɿ^{53} kan^{53} pau^{21} xua^{45}](耍滑头，如“他非摛奸抱滑的”，意为“很耍滑头”)

岳阳县：

① 拖鞋靸拔[tʰo^{33} xa^{13} sa^{5} pʰa^{5}](形容人游手好闲)

② 拖衣搭尸(穿着不讲究整洁)、

③ 扎脚勒手(摩拳擦掌)

④ 摛脚动手[tsʰi^{33} tɕio^{5} təŋ^{21} sou^{53}](动手动脚)

⑤ 空脚卤手(空手走路)

⑥ 烂泥滑水(下雨道路泥泞)

⑦ 肏白算经[ȵia^{31} pʰa^{31} son^{25} tɕin^{33}](说大话,吹牛皮)

⑧ 油皮厚脸(不讲脸面)

⑨ 磨垫踩枕[mo^{13} tiɛn^{21} tsʰai^{25} tsən^{53}](睡不安寝)

⑩ 装聋卖哑(装傻、装蒜)

⑪ 肏娘捣辈[ȵia^{31} ȵiaŋ^{13} tao^{53} pi^{25}](代指骂人)

⑫ 横睛鼓眼(样子凶,不讲理)

岳阳市:

① 阴死阳生(两边使坏,如"他有点～,调起人家扯麻烦")

② 拍桌打椅(指发怒时用手拍打桌椅)

③ 通娘捣屄[tʰoŋ^{45} iaŋ^{14} tao^{42} pi^{33}](骂粗话)

④ 惊言打语(言语中含有影射的成分)

⑤ 麻搭伙交[ma^{14} ta^{55} xo^{42} tɕiao^{45}](指经济上或两性关系上纠缠不清,如"他哩两个麻搭伙交不晓得是么哩关系",意为"他俩人纠缠在一起不知道是什么关系")

⑥ 撩风惹骚(挑逗,招惹风流之事,也指招惹麻烦)

⑦ 紧打细摸/慢打细摸(形容做事慢)

⑧ 东搭西撂(指东西随手乱丢,不注意收拾)

⑨ 润皮瘷筋[yn^{33} pʰi^{14} tɕiəu^{324} tɕin^{45}](食物韧性强,比喻人难对付)

⑩ 无莬冇事[u̍^{14} təu^{45} mao^{33} sɿ^{33}]/无故冇事(无缘无故地)

浏阳:

① 趋嘴进舌(用言语搬弄是非)

② 鼓眼爆睛(发怒时瞪眼的神态)又见于醴陵

③ 讨好卖拐(一边做好,一边做歹)

④ 村口野嘴(说话不文明,粗话满口)

攸县:

眼小鼻窄(小气)

炎陵：

① 蹀垅打坎[lei^{34} ləŋ^{212} ta^{51} k^{h}uaŋ^{33}](骂人的话，跌跤)

② 啱头戳脑[ŋan^{51} t^{h}ou^{212} ts^{h}uo^{33} nau^{51}](一个劲地点头)

③ 开声打啼(极度伤心情况下的号啕痛哭)

④ 催魂取命(形容催促得十分紧迫)

⑤ 諻锣颤鼓[xən^{34} lo^{212} tsan^{33} ku^{51}](大喊大叫)

⑥ 屙脓刮痢[o^{34} nəŋ^{212} kua^{24} li^{13}](骂人的话，多指某人净讲污言秽语)

⑦ 跳天舞地(小孩不停地耍闹；或形容忙上忙下)

⑧ 跳长舞短(小孩耍闹)

⑨ 蛇声蝈叫[sa^{212} san^{34} kuai^{51} tɕiau^{33}](乱喊乱叫)

⑩ 生情捏怪[sən^{34} tɕ^{h}in^{212} ȵiɛ^{24} kuai^{33}](无事生非、制造矛盾)

⑪ 清汤寡水(形容菜汤里面没有几片菜叶或稀饭里面没有几粒米)

⑫ 翻坛打庙(形容小孩打闹得厉害)

⑬ 尖斩利诈(刻薄吝啬)

⑭ 璺头滑耳[ko^{24} t^{h}ou^{212} ua^{22} ɛ^{51}](形容器具缺损利害，璺，指器物磨损程度，如"鞋底磨璺唧"，指鞋底快磨穿了)

⑮ 天聋地哑(本意是又聋又哑，形容一个人反应迟钝)

⑯ 四方八面(指人的脸形的方正匀称)

⑰ 刁筋拨卵[tiau^{34} tɕin^{34} po^{34} laŋ^{51}](用种种借口来推诿某事)

⑱ 横打直杠(横竖不愿意)

常宁：

① 逢红踩黑(对权高位重者趋炎附势走运的，对落难者落井下石)

② 开张发市(指生意开张，又指刚开始做一件事)亦用于永兴

③ 杀屋倒灶(大发脾气)

④ 千风百劲(点子多，花样百出)

⑤ 寡肝冇肺(死心眼儿)

耒阳：

① 屙脓滴血[o^{55} lɯ̃^{35} tɕia^{35} ɕye^{35}](红白痢疾)

② 同笼周转[t^{h}ɯ̃^{35} lɯ̃^{0} ȶiɯ^{55} ȶyẽ^{213}](周围)

安仁：

① 扯鸡骂狗(指桑骂槐)

② 扯颈割舌[tʃʰa^{51} tʃoŋ^{51} kua^{313} ʃe^{44}](搬弄是非)

永兴：

咙嘴呱舌[loŋ^{35} tɕy^{41} kua^{11} ɕie^{44}](因不满意，而在一旁说三道四)

隆回：

打福惊骇[ta^{312} fu^{13} tʃẽ^{33} xai^{51}](巫师作法的仪式)

3.1.4.2 重叠式

四字格的重叠在结构上分为两大类，第一类是四字格的四个字两两重叠，且前二字与后二字结构上相对称，如“AABB 式”“ABAB 式”。第二类是四字格只有两个字有重叠关系，且前二字与后二字在结构上不相对称，如“AABC 式”“ABAC 式”等。

1) AABB 式

① 扁扁歪歪/扁扁拉拉(不圆不正)华容

② 溜溜跐跐(下雨路滑)华容

③ 细细末末(节俭)华容

④ 蔫蔫踢踢(疲疲沓沓)华容

⑤ 明明彰彰(明明白白)华容

⑥ 伶伶俐俐(很干净)浏阳

⑦ 简简洁洁(很干净)醴陵

⑧ 黑黑黯黯(黑，多指人脸色)醴陵

⑨ 茅茅草草(未计损耗的数量)炎陵

⑩ 浮浮泮泮[fou^{212} fou^{212} pʰaŋ^{33} pʰaŋ^{33}](在水中上下沉浮的样子；又喻指一个人城府深，使人难以捉摸)炎陵

⑪ 摛摛嫌嫌[tʂʰʅ^{34} tʂʰʅ^{34} ɕiɛn^{212} ɕiɛn^{21}](取笑打闹)炎陵

⑫ 淋淋沛沛[lin^{212} lin^{212} tsʰa^{33} tsʰa^{33}](水往往下滴个不停)炎陵

⑬ 黏黏黪黪[ȵia^{212} ȵia^{212} ta^{34} ta^{34}](黏黏糊糊)炎陵

⑭ 撕撕揠揠[sɿ^{34} sɿ^{34} ya^{51} ya^{51}](为积聚家财而辛苦劳作；或心里烦躁、难受)炎陵

⑮ 敲敲打打(旁敲侧击)炎陵

⑯ 眯眯摸摸(动作重复、迟缓的样子)炎陵

⑰ 横横杠杠(横七竖八)炎陵

⑱ 横横戗戗[uaŋ^{212} uaŋ^{212} tɕiaŋ^{33} tɕ^{h}iaŋ^{33}](横七竖八;或事情办得不伦不类;"戗"为歪斜之义)炎陵

⑲ 倒倒敹敹[tau^{51} tau^{51} iɛn^{33} iɛn^{33}](洒得满地都是)炎陵

⑳ 隆隆空空(指被包裹物体与包裹物间的空隙大)炎陵

㉑ 烨烨帖帖[iɛ^{24} iɛ^{24} t^{h}iɛ^{34} t^{h}iɛ^{34}](干净整洁)炎陵

㉒ 商商统统[saŋ^{34} saŋ^{34} t^{h}əŋ^{51} t^{h}əŋ^{51}](私下商量,多指不正大光明的事)炎陵

㉓ 捡捡俾俾[tɕi^{21} tɕi^{21} paŋ^{215} paŋ^{215}](偷偷地)资兴

㉔ 稀稀拉拉(很稀、疏)隆回

2) ABAB 式

① 伺下伺下[sɿ^{53} xa^{21} sɿ^{53} xa^{21}](拘谨)华容

② 趙下趙下[liəu^{24} xa^{21} liə^{24} xa^{21}](形容行走缓慢)华容

③ 跍家跍家[tɕ^{h}io^{55} tɕia^{45} tɕ^{h}io^{55} tɕia^{45}](指做事只在边上相机插插手;跍,为机灵狡诈之义)岳阳市

④ 跉家跉家[nin^{45} tɕia^{45} nin^{45} tɕia^{45}](跉,走路蹑手蹑脚的样子,岳阳市音)岳阳市、临湘

⑤ 活愣活愣(灵活,活络)平江

⑥ 巴哒巴哒/连哒连哒(接二连三地)常宁

3.1.4.3　结构对称式

1) ABAC 式

(a) B、C 是同类近义或反义词并举关系

① 气鼓气胀(生气时的模样)华容、岳阳县

② 心上心下(犹疑)岳阳柏祥

③ 吓心吓胆(提心吊胆)浏阳、醴陵

④ 觅心觅意(一心想着某件事情)炎陵

⑤ 巴皮巴肉(物体相附着得很合适;比喻人说的话近情理、感人)华容

⑥ 啱头啱脑[ŋan^{51} t^{h}ou^{212} ts^{h}uo^{33} nau^{51}](一个劲地点头,同"啱头戳脑")炎陵

⑦ 眼眩眼眸[ŋan^{51} uən^{212} ŋan^{51} liou^{51}](愠怒地看人)炎陵

⑧ 眨眼眨鼻(眨动眼睛,向对方传递信息)常宁

⑨ 鼓眼鼓睛(睁大眼睛)岳阳县

⑩ 学舌学鼻(模仿别人说话的腔调和神态)炎陵

⑪ 插嘴插舌(插嘴多言)华容、岳阳县

⑫ 擦言擦语[tsʰa^{45} liɛn^{13} tsʰa^{45} y^{21}](指桑骂槐,华容音)华容、岳阳市

⑬ 唆是唆非(撩拨)岳阳柏祥

⑭ 话零话星(说三道四)炎陵

⑮ 喊死喊埋(要死要活地喊叫着)炎陵

⑯ 鬼扯鬼叫(高声怪叫)炎陵

⑰ 细声细意(轻言细语)炎陵

⑱ 冇声冇气[mau^{13} san^{34} mau^{13} ɕi^{33}](不声不响,形容平时话少,炎陵音)炎陵、资兴

⑲ 唔声唔气[ŋ̍^{13} sa^{34} ŋ̍^{13} ɕi^{33}](不作声,炎陵音)炎陵、永兴

⑳ 唔齿唔答[ŋ̍^{13} tʂʰʅ^{51} ŋ̍^{13} ta^{24}]/唔回唔答(不理不睬)炎陵、永兴

㉑ 不声不气(沉默不语,或指不爱说话)安仁、永兴

㉒ 黄腔黄调(不知天高地厚,说无知的话)华容

㉓ 大手大脚(形容人不惜俭)耒阳

㉔ 骿脚骿手[ho^{21} tɕio^{45} ho^{21} sou^{21}](空脚空手,或不抬手不抬脚)华容

㉕ 揎手揎脚[ɕya^{53} sou^{21} ɕya^{53} tɕio^{45}](动手动脚貌)华容

㉖ 亲手亲脚(喜欢动手动脚,多指小孩)岳阳县

㉗ 捞手捞脚[nao^{324} tɕio^{55} nao^{324} səu^{42}](指习惯顺手牵羊,小偷小摸)岳阳市

㉘ 掿脚掿手[io^{55} tɕio^{55} io^{55} səu^{42}](挥脚舞手)岳阳市

㉙ 搞手搞脚[tʂʰʅ^{34} ʂou^{51} tʂʰʅ^{34} tɕyo^{24}](开玩笑地动手动脚)炎陵

㉚ 毛手毛脚(动作不老练,多形容办事不沉稳)炎陵

㉛ 快手快脚(手脚麻利)炎陵

㉜ 冇里冇面/冇脑冇鼻/冇底冇面(衣服或鞋脏得分不出里子和面子)炎陵

㉝ 冇徛冇坐[mau^{13} tɕʰi^{34} mau^{13} tsʰuo^{34}](形容人多杂乱,站坐不安;或形容客人被冷落)炎陵

㉞ 无瓤无底[u^{212} naŋ^{212} u^{212} ti^{51}](没有底细或不清不白)炎陵

㉟ 冇早冇暗(没有定时)炎陵

㊱ 冇情冇事(没有的事;或无缘由地)华容、炎陵

㊲ 原幅原效[yɛn^{13} fu^{25} yɛn^{13} ɕiau^{21}](指某事物没发生什么变化)岳阳县

㊳ 原凭原据(原封不动)炎陵

㊴ 原服原旧(原样)华容

㊵ 圞桌圞围[lɔ̃^{13} tsuɤ^{0} lɔ̃^{13} ueɪ^{312}](全部;完全)茶陵

㊶ 闷高闷大[mən^{11} kau^{33} mən^{11} t^{h}ai^{11}](很高大)浏阳

㊷ 土头土脑(没见过世面、土气)炎陵

㊸ 唔痒唔臭(即“不痒不臭、不痒不痛”,形容事情没办好)炎陵

㊹ 鱼汤鱼水[ŋ̍^{212} t^{h}aŋ^{34} ŋ̍^{212} ɕy^{51}](吞吞吐吐,态度含糊)炎陵

㊺ 磨神磨骨[mo^{13} sən^{13} mo^{13} kuei^{45}](辛苦)华容

㊻ 过磨过难(经历磨难)炎陵

㊼ 摞死摞命[p^{h}ɤan^{25} si^{53} p^{h}ɤan^{25} miaŋ^{21}](拼死拼活,岳阳县音)岳阳县、炎陵、永兴

㊽ 停鼓停𫔀[t^{h}in^{212} ku^{51} t^{h}in^{212} t^{h}a^{22}](形容一件事做做停停,没有抓紧)炎陵

㊾ 逞强逞霸(占强,欺人)炎陵

㊿ 恶形恶相(凶恶的样子)炎陵

51 生雄生恶(咄咄逼人的样子)炎陵

52 泼屎泼尿(泼辣)岳阳市

53 乱事乱为(不按要求或规矩办事)炎陵

54 正满正数(正正当当)资兴

55 溢沿溢钵[p^{h}in^{34} ɕiɛn^{212} p^{h}in^{34} pa^{24}](盆满钵满)炎陵

56 发纳发市(指生意开张,又指刚开始做一件事)常宁、耒阳

57 过时过节(逢年过节)永兴

58 间三间四(隔三岔五)炎陵

(b) B、C不为同类并举关系

① 敞行敞面(不遮掩)华容

② 七古七样(指骂人骂出各种花样来)岳阳市

③ 寡纸寡白(形容脸色苍白、毫无血色)岳阳市

2) ABCB 式

(a) A、C 是同类近义或反义词并举关系

① 迷儿糊儿(形容人不清醒)华容

② 镗儿冬儿[$t^{h}aŋr^{53}$ $toŋr^{21}$]=镗下镗下(指人迷糊不懂事理,做事不慌不忙)华容

③ 扯筋绊筋(纠缠不休)岳阳县

④ 结筋绊筋(纠缠扯皮)岳阳市

⑤ 密儿挨儿(形容挤得很密)岳阳市

⑥ 这里那里(啰唆)茶陵

⑦ 云里雾里(弄不明白)炎陵、安仁

⑧ 倒下顺下(东西摆设显得杂乱无章)炎陵

(b) A、C 不是同类近义或反义词并举关系

① 温下稳下[$uən^{53}$ xa^{12} $uən^{21}$ xa^{21}](形容做事不性急)华容

② 假搞之搞(假搞;做假)华容

③ 几晏巴晏[$tɕi^{51}$ an^{33} pa^{34} an^{33}](很迟)炎陵

3.1.4.4 结构不对称式

1) AACB 式

周周四围(周围)资兴

2) ABCC 式

① 气行炎炎[$tɕ^{h}i^{324}$ $ɕin^{14}$ ian^{14} ian^{14}](指气喘吁吁的样子,或指垂暮的状态,气息奄奄)岳阳市

② 垟死打打[$iɔ^{35}$ $sɿ^{41}$ ta^{41} ta^{41}](皱巴巴)永兴

3) AABC 式

果果不然(用于反问句表语气,相当于"怎么样? 没错吧";也可用于肯定句,同"果然"义)岳阳市

3.1.4.5　含构词虚语素“O”的四字格

湖南赣语的四字格词，有的语素是为了构成四字格而增加的音节，属无实义的虚语素；其在四字格里是作为构词语素而存在的，如“妖里妖气”的“里”，我们称这类虚语素为构词虚语素。

为便于称说，四字格里的虚语素以字母“O”为标记；四字格词实义语素以 A、B、C 标记。若实义语素中有双音节复合词的，则以“AB”表示双音复合词，C 为其他语义成分。

含构词虚语素“O”的四字格词也可以分为两类，第一类为含单个构词虚语素“O”的四字格词，即类似于“AOAB”式的；第二类为含两或三个构词虚语素的四字格词，虚语素标为“O_1、O_2、O_3”，实义语素或仅一个 A，或为两个，即 A 和 B。

1）含双音节复合词 AB 的四字格

(a) AOAB 式

① 瑞里瑞气[ɕyei^{33} li^{0} ɕyei^{33} tɕʰi^{24}](傻里傻气)华容

② 张里张气[tsaŋ^{53} li^{0} tsaŋ^{53} tɕʰi^{24}](好动、莽撞)华容

③ 亥里亥气[xai^{53} li^{0} xai^{53} tɕʰi^{24}](蠢里蠢气)华容

④ 浮里浮气(指心气浮动，做事不踏实)岳阳市

⑤ 憨里憨气[xon^{33} li^{0} xon^{33} tɕʰi^{55}](傻气)平江

⑥ 琐里琐气[ɕio^{53} li^{35} ɕio^{53} ɕi^{11}](粗俗)攸县

⑦ 鸟哩鸟气[tiau^{51} li^{0} tiau^{51} tɕʰi^{33}](痞里痞气，炎陵音)炎陵、永兴

⑧ 哈里哈气(犯傻)炎陵

⑨ 土里土气(没见过世面、土气)炎陵

⑩ 蠢里蠢气/紧里紧气[tɕin^{41} li^{10} tɕin^{41} ɕi^{10}](发傻)永兴

⑪ 死里死气(呆板)常宁

⑫ 活里活荡[xue^{11} li^{0} xue^{11} tʰɔ̃^{0}](宽松、活络)茶陵

⑬ 灰里灰汤[xuɪ^{34} li^{0} xuɪ^{34} tʰɔ̃^{34}](轻松)茶陵

⑭ 哪里哪糊[na^{42} ni^{0} na^{42} xu^{0}](岳阳市音)/泻哩泻糊[ɕia^{25} li^{53} ɕia^{25} fu^{33}](岳阳县音)(不讲卫生)岳阳县、岳阳市

⑮ 邋里邋遢/龌里龌龊(脏；或为人不齿)炎陵

⑯ 懵里懵懂[mõ^{44} li^{44} mõ^{44} tõ^{44}](糊涂)平江、炎陵、常宁、永兴

⑰ 閉里閉厏[ŋa^{45} ni^{0} ŋa^{45} tsa^{45}](胡乱地)岳阳市

⑱ 纰离纰赖[p^{h}i^{34} li^{212} p^{h}ai^{13} lai^{13}](凌乱不堪的样子)炎陵

⑲ 坡事坡拉[p^{h}o^{45} sɿ^{33} p^{h}o^{45} na^{0}](量多,足够)岳阳市

⑳ 熨事熨贴[y^{11} sɿ^{24} y^{11} t^{h}ie^{33}](摆设整齐,做事周全,茶陵音)多点共用

㉑ 笔打笔直/笔工笔直(形容很直,径直;或品行正直)岳阳市、平江

㉒ 正古正经(地道)醴陵、炎陵

㉓ 黏古黏擦[nia^{31} ku^{0} nia^{31} ca^{31}](黏黏糊糊)茶陵

㉔ 细哒细末[ɕi^{324} ta^{0} ɕi^{324} mo^{0}](指过日子省俭)岳阳市

㉕ 满打满算(将所有的因素都计算进来)炎陵

㉖ 泥古泥猴[ȵi^{212} ku^{51} ȵi^{212} xou^{212}](浑身泥浆的样子)炎陵

㉗ 普走普实[p^{h}u^{44} lɔ^{44} p^{h}u^{44} sɿ^{33}](很朴实)常宁

(b) AOBO 式

① 索家利家[so^{45} ka^{53} li^{21} ka^{53}](很整洁干净)华容

② 零家里家[lin^{13} ka^{0} li^{21} ka^{0}](零零碎碎)华容

③ 拍咚满咚[p^{h}a^{55} toŋ^{0} man^{42} toŋ^{0}](很满)岳阳市

④ 嘻哩哼哩[ɕi^{45} ni^{0} xoŋ^{33} ni^{0}](形容态度不严肃,轻视)岳阳市

2) 有三个实语素 A、B、C 的四字格

(a) AOBC 式

① 巴睖不得[pa^{53} lin^{13} pu^{45} te^{45}](巴不得)华容

② 花巴柳绿[xua^{53} pa^{53} liou^{21} lou^{45}](色彩斑斓不谐或表面不洁净)华容

③ 弯古绊筋(不讲理,纠缠不清)岳阳县

④ 黄古扎计[uaŋ^{13} ku^{53} tsa^{5} tɕi^{25}](面黄肌瘦)岳阳县

⑤ 流里野荡(不务正业,四处流荡)炎陵

⑥ 黄里稀糊(糊里糊涂)华容

(b) ABOC 式

① 滥嘶拐哚[lan^{13} sɿ^{34} kuai^{51} to^{33}]大喊大叫炎陵

② 吱哚拐叫[tʂʅ^{34} to^{33} kuai^{51} tɕiau^{33}](乱喊乱叫,多用于对不同意见的贬称)炎陵

(c) CAOB式(C为双音节词"AB"的修饰性成分)

① 死呆八板[sɿ^{42} ŋai^{14} pa^{55} pan^{42}](形容非常呆板,岳阳市音)华容、岳阳市、醴陵

② 死眼巴掉[sɿ^{51} ŋan^{51} pa^{34} tʰiau^{13}]/死眼巴摇(形容人反应迟钝,"掉"即"摇")炎陵

③ 时年巴节[sɿ^{35} lĩ^{35} pa^{44} tsie^{313}](逢年过节)安仁

(d) CABO式

① 无清白里[u^{13} tɕʰin^{53} pʰe^{45} li^{0}](不清不白地)华容

② 软皮搭弄[yɛn^{53} pʰi^{13} ta^{5} ləŋ^{21}](软溜溜)岳阳县

3) 有两个构词虚语素"O_1O_2"的四字格

(a) AO_1O_2B式

① 黏家巴胶[lia^{53} ka^{53} pa^{53} tɕieu^{53}](很黏)华容

② 梆古煞硬[paŋ^{34} ku^{51} sa^{34} ŋan^{33}](很硬)炎陵

③ 零里巴碎(零零碎碎)华容、炎陵

④ 稀罢斯烂[ɕi^{53} pʰa^{13} sɿ^{53} lan^{33}](很烂;很乱;很糟)华容

⑤ 黎哩巴赖[li^{55} li^{30} pa^{30} lai^{11}](很脏)浏阳

⑥ 屎里巴屍[sɿ^{44} li^{33} pa^{44} sõ^{45}](很脏)常宁

⑦ 乌黢巴黑[u^{33} tʃu^{33} pa^{33} xiɛ^{33}](很黑)隆回

⑧ 乌七抹黑(很黑)岳阳市

⑨ 恶里巴燠[ŋuɤ^{13} li^{0} pa^{45} ŋɔ^{11}](很热)茶陵

⑩ 闷十八高[mən^{11} ʂʅ^{44} pa^{44} kau^{33}]/闷十八大/闷十八长/闷十八宽(非常高/长/大/宽)浏阳

⑪ 笔古拉直(笔直)炎陵

⑫ 笔弓溜直(很直)常宁

⑬ 几时八晏[tɕi^{31} sɿ^{13} pa^{35} ŋan^{11}](很晚、很迟;醴陵音)浏阳、醴陵

⑭ 小哩巴气(吝啬;心胸不开阔)炎陵

⑮ 兹沙巴人[tsɿ^{33} sa^{33} pa^{0} ɲin^{55}](难看,令人恶心)浏阳

⑯ 死垟答气[sɿ^{31} ioŋ^{13} t^{h}a^{35} tɕ^{h}i^{11}](无精打采,萎靡不振的样子)浏阳

⑰ 赦斯巴人[sɛ^{25} si^{33} pa^{33} ȵin^{13}](令人觉得可怜)岳阳县

⑱ 吓沙巴人[xa^{44} sa^{33} pa^{0} ɲin^{55}](感到可怕)浏阳、醴陵

⑲ 正古巴经(一本正经)炎陵

⑳ 阔古卵神[k^{h}o^{24} ku^{51} laŋ^{51} sən^{212}](很神气)炎陵

㉑ 吱里八嗫[tʂɿ^{34} li^{0} pa^{34} tʂɛ^{33}](喋喋不休的样子)炎陵

㉒ 时头巴节[sɿ^{35} tə^{35} pa^{44} tsie^{313}](逢年过节)安仁

(b) ABO$_1$O$_2$式

① 搭家巴业[ta^{5} ka^{33} pa^{33} ȵiɛ^{31}](形容人生气时,手脚动作很重)岳阳县

② 吓人巴煞(让别人害怕;自己害怕)炎陵

③ 作孽巴沙[tso^{44} ɲie^{44} pa^{0} sa^{0}](可怜,浏阳音)浏阳、醴陵

④ 眼泪巴沙(眼泪汪汪)浏阳、炎陵

⑤ 老实巴交(很老实)华容、浏阳

⑥ 烂泥叽呱[lan^{13} ȵi^{212} tɕi^{212} kua^{212}](泥浆泛滥的样子)炎陵

⑦ 倒头拉叉[tau^{33} t^{h}ou^{212} la^{34} ts^{h}a^{34}](摆设杂乱无序)炎陵

(c) AO$_1$AO$_2$式

① 奇斯奇里[tɕ^{h}i^{13} li^{0} tɕ^{h}i^{13} sɿ^{0}](突然)华容

② 乍么乍斯[ts^{h}a^{33} mo^{0} ts^{h}a^{33} sɿ^{0}](乍然)华容

③ 突头突脑[hou^{45} hou^{13} hou^{45} lau^{21}](突然)华容

④ 泻里泻夫[ɕia^{25} li^{53} ɕia^{25} fu^{33}](不讲卫生)岳阳县

⑤ 给里给拉[ke^{34} li^{0} ke^{34} la^{0}](说话不流畅、说话不地道、不爽快)茶陵

⑥ 魔里魔搭[muɤ^{31} li^{0} muɤ^{31} ta^{0}](魔鬼一样)茶陵

(d) O$_1$AO$_2$A 式

① 嘿多八多[xɤ^{55} to^{45} pa^{55} to^{45}](很多)岳阳市

② 嘿大八大[xɤ^{55} ta^{33} pa^{55} ta^{33}](很大)岳阳市

4）有三个构词虚语素“$O_1O_2O_3$”的四字格

① 假儿马家[tɕiar^{21} ma^{33} ka^{0}](很假)华容

② 白之拉卡[p^{h}ɤ^{55} tsɿ^{42} na^{0} ka](苍白无血色，岳阳市音)华容、岳阳市

③ 乌焦巴弓[u^{53} tɕieu^{53} pa^{53} koŋ^{53}](很脏)华容

④ 乱叽呱啦[lʉ^{215} tɕi^{44} kua^{44} la^{44}](乱七八糟)资兴

⑤ 粘咯滴答[ȵiɛn^{13} ka^{33} ti^{5} ta^{5}](黏糊糊的样子)岳阳县

⑥ 淡巴捞烧[t^{h}an^{33} pa^{0} nao^{0} sao^{0}](形容缺盐少味的状态)岳阳市

⑦ 憨不打瞰[xon^{33} pø^{42} ta^{35} ɕin^{21}](傻)平江

⑧ 憨巴斯哩[xø^{45} pa^{50} sɿ^{33} li^{0}](傻子)临湘

⑨ 神古隆东[sɛ̃^{312} ku^{33} ləŋ^{34} təŋ^{34}](神经兮兮)茶陵

⑩ 兴古拉叉[ɕin^{51} ku^{51} la^{34} ts^{h}a^{34}](兴高采烈的样子；得意忘形的样子)炎陵

⑪ 啰巴里欠[no^{45} pa^{0} ni^{0} tɕ^{h}ian^{324}](“啰唆”的强调)岳阳市

⑫ 黑古隆冬[xɛ^{24} ku^{51} ləŋ^{212} təŋ^{34}](室内、山洞一片漆黑)炎陵

⑬ 冷家巴且[lən^{21} ka^{0} pa^{53} tɕieu^{0}](不声不响，突然冒出)华容

5）其他含虚语素“O”的四字格

此类四字格词的词面意义难以理解，实义语素、构词虚语素难以确定，所收录的词数量少，归为一类。

① 二不阑间[ə^{33} pu^{55} nan^{14} kan^{45}](处于一种多不多，少不少，大不大，小不小的状态，常指不好的情形)岳阳市

② 乌里掩逆[v̩^{34} li^{0} iɛ̃^{34} nie^{31}](啰唆)茶陵

3.1.4.6　意义顺连式

意义顺连式的“四字格”，是指四字格词的前后两部分，在意义或逻辑上有先后、主次之分，可以顺连起来组成“四字格”词。

① 寻倂打倂[ts^{h}en^{24} puon^{35} ta^{31} puon^{35}](捉迷藏)洞口

② 壮肥肉坨(肥壮)华容

③ 皱皮狗柑[tsoŋ^{24} p^{h}i^{13} tɕieu^{21} kan^{53}](很皱)华容

④ 乌龙搅水(旧称龙卷风；极言吃喝得多、快)岳阳县

⑤ 糊巴烂臭（焦臭难闻）岳阳县

⑥ 猪头懵铳[tɕy^{33} tɕu^{13} məŋ^{53} tɕ^{h}yŋ^{25}]（呆头呆脑）岳阳县

⑦ 死人正形[sɿ^{51} ȵin^{212} tsən^{33} ɕin^{212}]（因事情办砸了而无可奈何的样子）炎陵

⑧ 青贡紫绿[tɕ^{h}in^{53} koŋ^{24} tsɿ^{21} lou^{45}]（颜色很青）华容

⑨ 壁陡溜舷[pi^{55} təu^{42} niəu^{45} ɕian^{14}]（形容很陡）岳阳市

⑩ 老实如泥（非常老实）浏阳

⑪ 肃骨冷清（冷清得有些萧瑟）醴陵

⑫ 透天明长（树木长得高）炎陵

⑬ 四方端正（指一个人的脸相端正）炎陵

⑭ 百不失一（靠得住）华容

⑮ 好喫无餍[xau^{33} tɕ^{h}ia^{24} u^{212} iɛn^{33}]（过分贪吃）炎陵

⑯ 死懒好呷[sɿ^{33} lã^{44} xɔ^{24} ȶ^{h}a^{33}]（又懒又馋）常宁

⑰ 强霸呼天[tɕ^{h}iaŋ^{13} pa^{24} xu^{53} t^{h}iɛn^{53}]（恃强）华容

⑱ 精昂鬼叫[tɕin^{53} ŋaŋ^{53} kuei^{21} tɕieu^{24}]（大声叫喊）华容

⑲ 阴里刻薄[in^{53} li^{0} k^{h}e^{45} po^{45}]（暗里戏弄人，开玩笑）华容

⑳ 是话得说[ʂʅ^{11} fa^{11} tie^{44} ʂø^{44}]（说话不文明，粗话满口）浏阳

㉑ 倚老卖老/倚烂卖烂[i^{51} lan^{33} mai^{13} lan^{33}]（明知自己错了还无理取闹；或形容牢骚多又不思进取）炎陵

㉒ 眼见眼逛（众目睽睽）华容

㉓ 气鼓颈大[ɕi^{11} ku^{24} ciaŋ^{24} t^{h}ai^{11}]（气愤得很；气得脖子也粗大了）浏阳

㉔ 倚疯作邪[i^{42} xoŋ^{45} tso^{55} ɕiɛ^{14}]（喻指借某一名目而一意求逞）岳阳市

㉕ 对手剥皮[tei^{33} sou^{51} po^{34} p^{h}i^{212}]（当面决高低）炎陵

㉖ 随喊随摇[ts^{h}ei^{212} xan^{51} ts^{h}ei^{212} iau^{212}]（形容一个人勤快、听使唤）炎陵

㉗ 话一知二[ua^{13} i^{24} tʂʅ^{34} ɛ^{13}]（举一反三）炎陵

㉘ 带头失脑[tai^{33} t^{h}ou^{212} sɛ^{24} nau^{51}]（带头做坏事或挑唆）炎陵

㉙ 乱事乱为/乱搞散场（乱搞胡为）[laŋ^{13} kau^{51} san^{34} tsaŋ^{212}]炎陵

㉚ 比牙跤劲[pi^{44} ŋa^{11} kɔ^{45} ȶẽ^{24}]（争辩，贬）常宁

㉛ 假充三色[ȶa^{44} ȶ^{h}õ^{45} sã^{45} se^{33}]（冒充好汉）常宁

㉜ 眼懵四天[ɛ^{41} moŋ^{35} sɿ^{13} tɕ^{h}iɛ^{0}]（刚醒来，犯迷糊）永兴

㉝ 绷雄牯气[poŋ^{44} ɕioŋ^{35} ku^{41} ɕi^{13}](声音底气足,喻话语嚣张)永兴

㉞ 日事日理[y^{31} si^{21} y^{31} li^{21}](事情全做完了)岳阳县

㉟ 通花皮烂[t^{h}oŋ^{45} xua^{45} pi^{14} nan^{33}](形容欠了一身还不完的债)岳阳市

㊱ 拿把作势[na^{45} pa^{42} tso^{55} sɿ^{324}](形容做事认真,严阵以待貌)岳阳市

㊲ 作古攒劲[tso^{5} ku^{53} tsan^{53} tɕin^{25}](认真)岳阳县

㊳ 作古正经[tsuo^{24} ku^{51} tsən^{33} tɕin^{34}](严肃认真,炎陵音)/作古认真(很认真)华容、茶陵、炎陵

㊴ 五马三声[ŋ̍^{51} ma^{51} san^{34} sən^{34}](雷厉风行的样子)炎陵

㊵ 天子懵懂/天里懵懂[t^{h}iɛn^{34} tsɿ^{51} məŋ^{51} təŋ^{51}](因不知深浅而无畏,盲目蛮干)炎陵

㊶ 无故搭事(无缘无故)岳阳县

㊷ 话唔宁得[va^{213} ȵ^{213} liæ^{55} tə^{0}](巴不得)耒阳

㊸ 铜锣八转[toŋ^{35} lʊ^{41} po^{11} tɕyɛ^{13}](周周围围)永兴

㊹ 迟不免早[ts^{h}ɿ^{13} pu^{45} miɛn^{21} tsau^{21}](既然迟也不能免,不如干脆早)华容

㊺ 无得一言[u^{13} te^{45} i^{45} liɛn^{13}](没有话说)华容

㊻ 赖死打交[læ^{24} sɿ^{44} ta^{33} kɔ^{45}](死乞白赖,纠缠不休)常宁

3.1.4.7　数字列举式

这类四字格含有自然数词的"一、二、三、四……"等,在列举义项时起到连接作用,又具有一定的构词作用。有的数字词还具有原始意义,如"四周八围"等,大多数字词不具有原始意义。

① 茄五茄六[tɕ^{h}ia^{13} u^{21} tɕ^{h}ia^{13} lou^{45}](无正常职业,干干这干干那)华容

② 五搞六搞(指搞各种歪门邪道)岳阳市

③ 罗七里八[lo^{13} tɕ^{h}i^{45} li^{21} pa^{45}](啰啰唆唆)华容

④ 七里八里[tɕ^{h}i^{33} li^{34} pa^{33} li^{34}](啰唆)茶陵

⑤ 一带二便/一就二便(就便)华容

⑥ 一搭二便(两件事放到一起做)岳阳县

⑦ 印七八啲[ŋaŋ^{33} tɕ^{h}i^{44} pa^{44} taŋ^{0}](很糊涂;印啲,糊涂)浏阳

⑧ 戗七戗八[tɕ^{h}iaŋ^{33} tɕ^{h}i^{24} tɕ^{h}iaŋ^{33} pa^{24}](形容事情办得不伦不类;戗为"歪斜"的意思)炎陵

⑨ 四周八围(周围)资兴

⑩ 五花六花[v̩^{41} xʊ^{44} liɯ^{44} xʊ^{44}](说话不着边际,胡乱编造,“花”为“嘴甜”的意思)永兴

⑪ 娘三女四[ȵiaŋ^{14} san^{45} y^{42} ɿ^{324}](指出粗言骂人娘女)岳阳市

⑫ 五马六盗[u^{42} ma^{42} nəu^{55} t^{h}ao^{33}](形容不文明,不道德)岳阳市

⑫ 三下两捞[sɛ^{44} xo^{0} liɔ^{41} lɤ^{44}](指随便弄几下,敷衍了事,“捞”即动词“拿,取”等义)永兴

3.1.4.8 同义列举式

这类四字格的特点是,四个语素为单音节同义词或近义词,在结构上四个语素是并列的。同义列举式四字格收词不多,共 3 个。

① 敷哄贼骗[fu^{45} xoŋ^{42} ts^{h}ɤ^{55} p^{h}ian^{324}](使用各种手段行骗)岳阳市

② 啜白打拐[ts^{h}o^{55} p^{h}ɤ^{55} ta^{42} kuai^{42}](拐骗)岳阳市

③ 笼揰拐骗[loŋ^{35} toŋ^{41} kue^{41} p^{h}iɛ^{13}](用各种手段行骗)永兴

因四字格结构本身的复杂性,以上按类分列的湖南赣语各点四字格词,其分类是粗略的,并不能将所有的四字格词按其结构特点完全区分开来。

例如,有的四字格词在分类归属上兼类,如“娘三女四”可为“数字列举类”,也可是“近义并列对举类”;“气鼓颈大”可是“意义顺连类”,也可是“近义并列对举类”。有的“意义”有两种四字格表达形式,但两种四字格形式的结构类属不同,如浏阳表示“说话不文明,粗话满嘴”的意思,就有“是话得说”(属“意义顺连”类)、“村口野嘴”(属“近义并列对举”类)两种说法。再如,同一方言点的某个意义,用相同的实义语素,选用不同的四字格构词类别,如华容的“细末(节俭)”一词,用四字格表达就有“细细末末”与“细哒细末”两种形式;岳阳市的“坡拉(多,足够)”一词,也有“坡坡拉拉”“坡事坡拉”两种四字格形式。

不过,从以上六个大类四字格词统计资料,可以概略地归纳出湖南赣语四字格词的一般特点。

首先,从四字格词的数量来说,湘东北的华容、岳阳县、岳阳市3个点以及湘东中部的炎陵所拥有的四字格词最多,浏阳、常宁两个点次之;其他点的收词数量偏少;这其中,又属湘西南的洞口、绥宁、隆回3个点最少。当然,四字格词的数量多少可能与方言词汇调查时收词倾向有直接关系,如果偏向调查说法特别的词汇,那么就会有意识地收集四字格词等特色鲜明的词语。但是,湘东北华容、岳阳县、岳阳市有较多说法一致或相近的四字格词,说明在湘东北的湖南赣语区,四字格词确实较为普遍。

其次,从四字格词的分布来看,湖南赣语区内部也具有一定的一致性。有些四字格词在多点通用,虽然各点的具体词汇形式存在一定差异,但基本属于"结构上大同、所用语素小异"的情况。如华容的"原服原旧"、岳阳县的"原幅原效"、炎陵的"原凭原据"等,都表示"事情维持原样,没有变化或改观"的意思。

再次,从四字格词的结构形式来看,"对举并列式""重叠式""含构词虚语素'O'"等3种四字格是主要的结构形式。其中,后者尤为突出,无论词汇数量、形式类型还是分布区域,都居首位。这说明在湖南赣语的四字格词汇里,构词虚语素是相当发达的,如"-巴""-里"等虚语素,在四字格的构词中,表现得十分活跃。

另外,从表义功能来看,四字格词意义中本身所具有的"强调、语义增强、附加主观色彩意义"等意义要素,让四字格词在语言交际中、特别是表达带有强烈主观情绪的意义时,发挥出无可替代的作用。同时,四字格词的构词形式,令四字格词在语用方面显示出一定的"庄正"性,如用同样的语素表达相同的意思,华容用"肉坨哒、肉坨坨唧",就不如"壮肥肉坨"那样"庄正"。

最后,从词法角度来看,有些四字格形式有成词作用,这其中表现最突出的是"AABB"重叠式四字格。有些"AB"双音节是不成词的,但经由重叠形成四字格"AABB"后,就成其为一个词了。如"扁歪"不成词,但"扁扁歪歪"就能成词,"AABB"式四字格词多数属于这种情况。

3.2　湖南赣语词汇的造词法

湖南赣语词汇里，存在部分语音造词与修辞造词现象。通过这两种造词法形成的词，在“母词”的基础上，具有新的词义。下面分别进行讨论。

3.2.1　湖南赣语词汇的语音造词

主要表现为“音随义转”“以音定义”两方面。

需要说明的是，本章所谓的“造词法”，与任学良先生(1981：3—7)所定义的“研究用什么原料和方法创造新词”有所不同，而更近于李如龙先生(2002：68—76)的“词汇衍生”创造新词的方式。

“音随义转”指具有相似来源的词或语素，因为语音的变化而在意义上有所区分，有学者将这种现象与印欧语的“屈折形式”等同。“依音定义”，是指各点的音系是相对应的，同一个词语的语音形式也是相对应的；可以根据对应的语音系统，来判断两个方言点语音形式有差异的两个语音片段之间的关系，是否为同一个词。

3.2.1.1　“音随义转”形成的词

“音随义转”是以各单个点来讨论的。在湖南赣语词汇里语音变化而引起的词义变化的情况里，声调变化引起词义变化的情况较多；声母、韵母变化引起词义变化的情况较少。各点所录的词例不多，以下仅举数例。

1）声调不同，意义有所变化

临湘的“姆妈”有“祖母，老妇人的尊称”“妈妈”两种意义；前者的发音为[m̩^{11} ma^{0}]，后者的发音为[m̩^{5} ma^{0}]。

岳阳柏祥“先前年”有两种意义。第一种意义为“大前年”，发音为[ɕian^{35} dʑian^{24} ȵian$^{24-33}$]；第二种意义为“大前年的前一年”，发音为[ɕian$^{35-11}$ dʑian^{24} ȵian$^{24-33}$]。“先”的声调调值由[35]到[11]，所表示意义起了变化。

岳阳市的动词“掽”，声调有两种发音。第一种发音为[pan^{42}]，指“往地上摔东西，如‘掽东西[pan^{42} $toŋ^{45}$ $ɕi^{45}$]’”；第二种发音为[pan^{324}]，作动词语素用于“掽禾[pan^{324} o^{14}]（打谷）、掽桶[pan^{324} $t^hŋ^{42}$]（打谷桶）”等词，意为“摔打”。永兴“掽”的使用情况，与岳阳市的“掽”相似。

安仁“手指脑”的“脑”，两种声调表示两种意义。第一种发音为[$ʃiɯ^{51}$ $tsɿ^{51-0}$ $lɔ^{51-0}$]，表“手指头”，第二种发音为[$ʃiɯ^{51}$ $tsɿ^{51-0}$ $lɔ^{51}$]表示手指尖。二者用轻声与非轻声来区分具体所指的不同。

资兴有“诂$_1$诂$_2$（猜谜）”一词，发音为[ku^{21} ku^{0}]，“诂^1”发上声为动词“猜”，“诂^2”发轻声为名词“谜语”。

永兴有两个例子。第一个是“子”，发音[$tsɿ^{41}$]的义为“蛋，如‘鸡子，鸭子’”，发音[$tsɿ^{44}$]的义为“鱼卵”；第二个是“上席”的“上”，发音为[$sɔ^{41}$]的表示酒宴“入座、入席，动词”，发音[$sɔ^{13}$]的义为“席位的正席，尊席，名词”。

另永兴背称“母亲”与面称“祖母”的发音分别为：娘[$iɔ^{35}$]、娘娘[$iɔ^{11}$ $iɔ^{0}$]；二义的区分除声调变化外，还加上了重叠的构词手段。

绥宁的“我、你、渠（他）”及复数形式“我们、你们、渠们（他们）”，也是以声调的不同来区分。发音“[$ŋo^{11}$]、[$n̩^{11}$]、[$tɕie^{11}$]”指人称单数形式“我、你、渠（他）”、发音“[$ŋo^{25}$]、[$n̩^{25}$]、[$tɕie^{25}$]”指相应的复数形式“我们、你们、渠们（他们）”。声调[11]与[25]分别表示人称的单、复数形式，对应非常整齐。

这种通过声调的内部屈折形式区分人称的单数、复数，除了本书调查的点绥宁桃坪乡外，据曾常红（2008）报道，绥宁唐家坊话也是以声调的内部屈折形式区分人称的单数、复数的，单数声调为阴去[33]，复数为阳平[24]；又丁加勇（2008）报道，隆回高州话的第一、第二人称，也是通过声调的内部屈折形式区分人称单数、复数的，单数声调为上声[31]，复数为去声[35]。从这些资料看来，用声调的内部屈折区分人称单复数，在整个湘西南地区具有一定的普遍性。

2）*声母不同，意义有所变化*

声母的变化导致意义变化，攸县有一个“锅”，两种发音表示意义不同。发音为[ko^{11}]表示生铁铸的饭锅，发音为[o^{11}]则表示小锅。

3）韵母不同，意义有所变化

语义随韵母的不同而有所变化的例子，在湖南赣语的亲属称谓里较多。

岳阳市的“爹爹”一词，读[tia^{44} tia^{44}]为“祖父”的意思，读[tie^{44} tie^{44}]是“父亲”的意思，韵母[ia]与[ie]将岳阳市的“祖父”义与“父亲”义区分开来；洞口的“爹爹”一词，读[ti^{55} ti^{55}]指“祖父”，读[tia^{55} tia^{55}]指“父亲”。

临湘的“爷”一词，读[ie^{12}]指“祖父”，读[ia^{12}]指“父亲”。

多数情况是，为区分语义，韵母、声调都发生了变化。

资兴的“伯伯”一词，读[pai^{44} pai^{44}]义为“伯父”，读[pa^{21} pa^{0}]义为“哥哥”；同样，炎陵“伯伯”一词，读炎陵[pa^{24} pa^{24-55}]指“伯父”，读[pa^{24-51} pa^{24-2}]指“哥哥”。

耒阳的“姐”用于两种称呼，单一个“姐”读[$tɕia^{41}$]，是“母亲”的面称；“姐”重叠后读[tse^{41} tse^{0}]或[$tɕia^{41}$ $tɕia^{0}$]指“姐姐”。语义区分也加上了重叠的手段，且重叠手段还起到了主要作用。

4）“话$_1$话$_2$”的声、韵、调

临湘、岳阳县、茶陵、炎陵、耒阳、安仁、永兴、资兴等8个点的“话$_1$话$_2$（说话）”一词，“话$_1$”为动词“说、讲”、“话$_2$”为名词“话语”，8个点中有7个点通过“话$_1$”与“话$_2$”发音的不同来区分动词与名词：

表3-1　各点“话$_1$话$_2$”发音对照表

方言点	话$_1$	话$_2$	方言点	话$_1$	话$_2$	方言点	话$_1$	话$_2$
临湘	[ua^{33}]	[xua^{12}]	茶陵	[ua^{11}]	[xua^{312}]	炎陵	[ua^{13}]	[xua^{13}]
方言点	话$_1$	话$_2$	方言点	话$_1$	话$_2$	方言点	话$_1$	话$_2$
耒阳	[va^{213}]	[xua^{213}]	安仁	[ua^{31}]	[hua^{31}]	永兴	[o^{13}]	[xua^{13}]
方言点	话$_1$	话$_2$	方言点	话$_1$	话$_2$			
资兴	[o^{215}]	[sa^{215}]	岳阳县	[ua^{25}]	[ua^{25}]			

表3-1中8个方言点“话$_1$话$_2$”的发音显示，除岳阳县“话$_1$”“话$_2$”

的发音一样外,另外 7 个点“话$_1$”“话$_2$”的发音都不一样:

在声调方面,炎陵、耒阳、安仁、永兴、资兴 5 个点“话$_1$”“话$_2$”的声调一样,都为去声;临湘、茶陵两个点“话$_1$”“话$_2$”的声调不一样。临湘“话$_1$”发去声[33]、“话$_2$”发阳平[12];茶陵“话$_1$”发去声[11]、“话$_2$”发阳平[312]。

在声母方面,这 7 个点“话$_1$”“话$_2$”的发音区别表现具有一致性,“话$_1$”的声母为零声母或唇齿浊擦音(耒阳[v]);“话$_2$”的声母为擦音,其中资兴为舌尖擦音[s],安仁为喉部擦音[h];剩下 5 点皆为舌根擦音[x]。

在韵母方面,只有永兴、资兴的“话$_1$”“话$_2$”有区别,两个点“话$_1$”的韵母都为[o],“话$_2$”的韵母,永兴为[ua],资兴为[a];其他 5 个点再加上岳阳县共 6 个点“话$_1$”“话$_2$”的韵都为[ua]。

综合起来看,湖南赣语“话$_1$话$_2$(说话)”一词,在语音方面区分“话$_1$”“话$_2$”主要依靠声母,“话$_1$”的声母主要为零声母,“话$_2$”的声母为擦音(除岳阳县外),这在湖南赣语相关点多数一致。此外,临湘、茶陵“话$_1$”“话$_2$”的声调有分别,永兴、资兴“话$_1$”“话$_2$”的韵母有分别;而岳阳县的“话$_1$”“话$_2$”发音完全一致。

“话$_1$话$_2$(说话)”一词“话$_1$”“话$_2$”的发音区分,在湖南上述 8 个点的三种表现,代表了“话$_1$”“话$_2$”发音不同以表义的三个阶段:

第一阶段,话$_1$=话$_2$,岳阳县为代表;

第二阶段,话$_1$≠话$_2$,“话$_1$”“话$_2$”的声调同为去声;韵母相同基本为[ua];声母有区别,“话$_1$”为零声母;“话$_2$”为擦音;炎陵、耒阳、安仁为代表点。

第三阶段,在第二阶段“话$_1$≠话$_2$”的基础上,“话$_1$”“话$_2$”的声调有了“去声”与“阳平”的区分,代表点为临湘、茶陵;“话$_1$”“话$_2$”的韵母有了区分,代表点为永兴、资兴。

以上处于“话$_1$”“话$_2$”发音区分三个阶段的各点,是湖南赣语词汇“音随义变”的生动例子;说明“音随义变”就每个单点来说,是历时动态的变化。这种变化，有的是各方言语音系统内部的调整，有的可能是受官话等其他方言的影响，并通过“语音借贷”借入了其他方言的“话”的发音特征。

从音韵地位来分析，“话$_1$”读零声母是湖南赣语较古老的读音，应是湖南赣语“话”的固有发音。以永兴为例，蟹摄合口二等匣母的归字里，“怀（怀抱）”“话（动词，说、讲）”都读零声母，分别为“怀[ua^{35}]、话[o^{13}]”。可以判定，湖南赣语多个点的“话$_2$”声母读擦音，是受外来影响形成较新的层次；这个新层次的读音，用作名词与动词“话$_1$”相区别。

伍巍（2003）介绍的粤语的言说动词“话”“讲”“倾”的区别，其中分析了“话”与“讲”的使用上的不同：“话”可以做动词与名词，“讲”不能做名词；“话”可为“责备”义等。

湖南赣语“话”与“讲”的使用情况跟粤语大致相同。但粤语的没有“话”做动词、名词共现的情况，也即湖南赣语的“话$_1$话$_2$”的用法。类似“话$_1$话$_2$”的意义粤语一般说“讲话”“讲说话”等。另外，粤话“话”的动词、名词的发音没有区别，都是[ua^{22}]。可见，粤话的“话”做动词与名词，在使用时不共现主要是因为二义项发音上难以区分。而湖南赣语“话”的动词与名词共现即“话$_1$话$_2$”采取了“以音别义”的方法，动词“话”保留较古的发音，而名词“话”则用较新的发音，以示区别。

3.2.1.2　“依音定义”形成的词

这个方法主要用于多点词语比较时，判定两点的词语发音，是否为同一个词语。

一般而言，湖南赣语各点的语音对应关系还是比较齐整的，可以根据各点的语音对应关系来判断发音片段是哪一个词。

1）依韵辨义

湖南赣语19点的语音系统，韵母对应最整齐，基本上合依中古音的韵母分类。如表“味道很淡”义的“壁淡”，常宁说[pia^{45} $t^h\tilde{a}^{24}$]、永兴说[pia^{44} $t\varepsilon^{41}$]；而岳阳县说[pi^{33} tan^{21}]、炎陵说[pi^{24} t^han^{34}]，第一个音

节的发音有[pia]和[pi]的分野。这两组读音的不同,是梗开四入声“锡韵”在各点读音不同造成的。

2) 依调辨义

声调的差异主要在于,“有入声调”与“无入声调”的区别,湘东北的岳阳县、临湘等地,虽然塞音韵尾已经消失,但还有促声;平江长寿镇的入声,部分字还保留[-t]韵尾,如“脖[pɤt³]”字;除此之外,其他点多有入声调,入声调没有“促、塞音韵尾”的特征。声调差异对各个点词语的辨认影响不大。

3) 依声辨义

声母方面,湖南赣语内部差异最大的在临湘、岳阳县、岳阳柏祥等 3 个保留浊声母的点。以临湘为例,临湘声母保留了浊音,浊音的发音声带振动又不那么强烈,但气流声又强,在外地人的听觉上,这种声母就会与口腔内相同发音部位的其他声母相混,相混不仅限于清、浊对立的音,如“地”的发音[di²⁴],听上去又像“利”。

临湘、岳阳县、岳阳柏祥等点的浊音声母,使得相关的词语在发音上与其他点很不一样,甚至会造成词语来源的混淆。如“圞[luã¹¹](圆,常宁音)”这个词,在整个湖南赣语点,以及湘语、江西赣语都很统一,但岳阳柏祥发音为[døn],记音用字为“团”。我们认为“圞(圆)”这个湖南赣语区域内外高度一致的词,岳阳柏祥不应该会发生例外,“团”应该就是“圞(圆)”,之所以会认为是“团”,原因在于该地声母浊音发音,导致[l]与[d]的发音相混。

另外,岳阳柏祥、岳阳县的“廊场[laŋ²⁴ dʑiaŋ¹¹](房子;或地方。岳阳柏祥音)”与其他点的“垱墒[taŋ¹¹ ɕiaŋ⁰](地方,攸县音)”,也应为同一个词,出现“廊场”一词的原因,也是因为浊音[d]与[l]、[dʑ][ɕ]相混而引起。“垱墒(地方)”亦为通行于湘语、赣语的一个特征词,岳阳柏祥发生例外,与声母发浊音有关。

再如,临湘的“邋遢[la⁵ sa²¹]”一词的发音,清楚地反映了这种与浊音相关邻近部位声母相混的现象,“遢”在临湘发[sa²¹]音,明显属于受浊音声母[d]影响，而导致相邻部位声母相混的情况。

3.2.1.3　与语音造词相关的“叔”及其他

炎陵、耒阳、洞口3点有一个特殊读音的词“叔(叔父)”，三点分别念[tɕiau^{34}]、[tɕiɯ^{55}]、[tɕiu^{55}]。炎陵有“叔叔[tɕiau^{34} tɕiau^{34}]、叔佬[tɕiau^{34} lau^{51}]”两种说法，耒阳有“叔叔[tɕiɯ^{55} tɕiɯ^{0}]”一种说法，洞口说“叔佬[tɕiu^{55} lau^{31}]”。

炎陵、耒阳、洞口3点“叔(叔父)”发音特殊的地方在于声母发[tɕ]音，不但在湖南赣语较为殊异，在其他方言中也较少见。湖南赣语其他各点多称“叔父”为“晚晚[mã^{44} mã^{44}](常宁音)”或按父亲兄弟排序称“爷”如“细爷[ɕi^{24} ia^{12}](临湘音)”；称呼中用语素“叔”的点，“叔”的声母发音都不发[tɕ]，如“叔叔[sʌ̃^{11} sʌ̃^{0}](茶陵音)/[fyo^{35} fyo^{35}](攸县音)”“叔叽[ʂəu^{44} tɕi^{0}](浏阳音)”等。

炎陵、耒阳、洞口3点的“叔”的声母发音[tɕ]，若没有其他词语来源的话，应属与“椒”字发音的并行现象。“椒”字在《广韵》归宵韵即消切，同时还有一个异体字“茮”。

另“浪费(粮食)”这个词条，岳阳县记为“作干”[tso^{5} kuan^{33}]，炎陵记为“作贱”[tsuo^{24} tɕʰiɛn^{13}]，在该词条后字本字不明的情况下，声调又相近，姑且将该词后字视为“见系三等字”。这样，两点发音不同的这两个词，实为同一个词；两词之间发音的不同是“见系三等字”腭化与不腭化的结果。

又，表“跨越”义的“𠦑/蹍[tɕʰia^{24}](永兴音)”，岳阳柏林、岳阳县读舌根音[g/k]，攸县、炎陵、常宁、永兴读舌面音[tɕʰ]；这两个发音声母读音的区别，也视作声母未腭化与已腭化之别。

攸县有个表复数形式的“便[piɛ̃^{53}]”，可直接加在人物名词或人称代词后，用作表人称复数如“哪个便[la^{11} ko^{35} piɛ̃^{53}](谁们)”“叔公姆便[fyo^{35} kəŋ^{35} mau^{53} piɛ̃^{53}](妯娌们)”“师傅徒弟便[si^{35} fu^{35} tʰu^{213} tʰi^{11} piɛ̃^{53}](师徒们)”等，也可加在没有生命的物品用具后面表复数形式如“桌子便[tso^{53} tsɿ^{11} piɛ̃^{53}](桌子们)”“书便[fy^{35} piɛ̃^{53}](书们)”

等。这种表无生命事物的复数形式,也存在于西北地区的汉语方言里,如青海循化回族汉话说"桌子们、椅子们";甚至可以加在动物名词后面,如"羊们、牛们"表复数①。

3.2.2　湖南赣语词汇的修辞造词

语言的明确性,要求词语的"能指与所指"严格对应,且内涵明确,外延有限。但在现实语言运用中,词汇中存在的"修辞"现象却"有意"违背这种对应。如汉语里避讳"死"这个说法而应用委婉词"驾鹤""老了""走了"等;又如广州话忌讳说"蚀",将与"蚀"同音的"猪舌"说成"猪润",亦是采用委婉方法;再如潮汕话避讳说"翻船"的"翻",吃鱼的时候将鱼翻转身来要说"顺"等。这些修辞现象都是发生在词语层面的表义手段。

应该说,词语层面的"修辞"与语言运用里的积极修辞还是有很大区别的。相对语言运用里的修辞手法,词语层面的修辞空间极其有限,词语的修辞不能过于修饰以免造成词义的难以理解。词语"修辞"现象产生的词语形式与意义,需经由"约定俗成"、为全体语言使用者所理解并认可后,才能成为词汇系统中的固定一员。这个过程又与一般意义上的词汇产生、发展的过程一样;不同的是,"修辞"现象产生的词语形式,除了固定下来的"修辞"意义外,还有词语形式本来的意义。所以,"修辞"词语,与一般意义上的词汇还应当有所区别。

我们将湖南赣语里具有特色的方言词,按照"修辞"的分类进行归纳,以说明湖南赣语词汇里存在的修辞造词现象。需要说明的是,本书所说的"修辞"现象,不能严格用修辞的学术标准来对待,说"修辞"是本书用来归类的一个定义模糊的选项更妥切些。

3.2.2.1　复合词修饰性语素里的"修辞"

这类修辞现象主要发生在复合名词中心语素前后的修饰语素部分。

---

①　青海循化的方言材料由笔者 2014 年 7 月亲赴循化四庄当地调查所得。

1）比喻

线柳（柳树，柳树的垂枝像线条一样，取其形象命名）常宁

鼻浓虫（即“鼻涕虫”，蛞蝓或蜗牛，以蜗的外形、触感与“鼻涕”相似而命名）多点共用

竿鱼（外形似竿的鱼）岳阳柏祥/刨花鱼（身上的花纹似刨花的鱼，皆喻其形）岳阳市

门叶子（门板，因双扇门的“门板”可活动，似树叶）永兴、安仁、炎陵、醴陵、洞口、隆回

腰子盆（椭圆形的木盆，形状似肾）炎陵

土狗耙哩（手扶拖拉机，形状像土狗，功能似耙子）临湘

茭笋麻子（雀斑，雀斑似茭笋壳上的点点麻色印迹）常宁/笋壳斑（雀斑，似笋壳上的点点麻色印迹）绥宁

饭匙骨（肩胛骨，肩胛骨半球面状似饭匙）耒阳

笔筒骨（胫骨，直而长，似笔筒）隆回

2）借代

拜东莲（向日葵，随着太阳运行而转向，似向太阳的方向叩拜）安仁、耒阳、常宁、炎陵、攸县

哭鸟（猫头鹰，鸣叫声似哭）攸县、茶陵、耒阳、安仁、永兴、资兴

爸爸鸟子（布谷鸟，鸣声似叫“爸爸莳田”）临湘/催工鸟唧（布谷鸟，鸣声似叫“点新芽、点新芽”，催农夫种秧）永兴/插田鸟唧（布谷鸟，鸣叫声似催农人插田）醴陵

瓦陷树（屋顶树板，两板之间的树缝放瓦片，故名）炎陵、永兴

翻塘（鱼缺氧而死，浮在水面露出鱼肚翻白）炎陵

走马楼（二楼的挑台下为走廊的楼房，走廊宽敞得可以供马奔驰，夸张的说法）茶陵

3.2.2.2 整词的“修辞”

1）通感

一路来（一直以来，以空间词表示时间）临湘、永兴

裆门（前面或之前，以身体位置表示抽象方位、时间概念，相应的有“后

背”表“后面、之后”)永兴

雨巷里(两场雨之间的停歇,以空间概念表时间概念)炎陵

墨墨黑(形容失望的心理状态,以可视的色彩表可感的心理)华容

鼻子高(鼻子灵)、鼻子矮(鼻子不灵)、耳朵慢/耳朵笨(耳背,以上四个组词用“高、矮、慢、笨”等性状词形容身体功能的强弱程度)岳阳柏祥、岳阳县

鼻头长/鼻头尖(鼻子灵,同上)常宁

2) 比喻

稗哩[女儿,如“他俚又生了一颗稗哩(他们又生了一个女儿)”,此句话“稗哩”的量词为“颗”,比喻义明显]岳阳县

溜弓子(蛇,以弓的形状特征喻蛇的形状)醴陵

滑滑线(蜗牛,“滑滑线”喻“蜗牛”,突出了蜗牛的触感与形状特点)攸县

发笋(骨关节痛,像里面有笋要冒出来)炎陵、永兴

泥巴掌(筑墙扇墙面的木板子,形状功能都类似手巴掌)炎陵

戊子(少年的身材,原指荆条、植物茎叶藤蔓)岳阳市

散蔸(指“树蔸分枝”,喻指家族繁衍)永兴

请神(唠叨,像请神时一样念念有词)华容

乌龟板(上颚,因形状、质感固似乌龟壳)醴陵

算盘子(喉结,二者形状相似)炎陵、耒阳、常宁、永兴、资兴

死火(火熄了,比喻一件事办不成了)/嗤火(鞭炮的硝着火而没有爆炸,形容事情没有办成)炎陵、永兴等

掉手鱼(一双空手,“掉”义为摇晃,指假设手上拎了一条鱼,但手又可以轻松自如得挥甩,实指是空手一双。“我就是带哩两只~走人家。”)炎陵

3) 借代

树下闲(牛,取牛在大树下荫凉处休息的时候状态给牛命名)华容

青梢、红梢(鱼名,以鱼尾的颜色不同命名)临湘

划水(鱼鳍,以其功能命名)临湘、醴陵、浏阳

倒水(屋顶的斜坡,以其功能命名)永兴

滴水(旧时盖瓦房屋占地的定界标准,以下雨天屋檐雨点落地处为界)永兴

操手（酒宴上菜的长方形木盘，因木盘一般以单手操持，因而得名）华容

割麦插秧（布谷鸟，鸣叫声似在催“割麦插秧”）安仁

烂炆（扣肉，因扣肉需要长时间焖蒸才能达到入口即化的口感）岳阳市

刮痧的（詈，指钱。常见人病后用铜钱在人关节处刮痧，以舒活经络，排散内积，因以“刮痧的”指钱）岳阳市

启眼动眉毛（形容反应快，做事灵活）岳阳市

圞手板（即“圆手板”，手指没分开，形容不会做事）平江

挽毫（秤毫挽住秤竿以致称错，喻指事情弄糟或吃了亏）浏阳

红（猪血，以其颜色代名）醴陵、绥宁

死（块）血（喻指脸皮厚，出现淤血皮肤麻木没感觉）多点共用

定荒（点心，“荒”在资兴、永兴指“肚子饿”，义指点心能止饿）资兴

4）反语

老毛（刚长毛的鸭；售前已下水、开食的雏鸭，反语加借代）炎陵

5）委婉语

吃豆芽菜永兴、打包哩永兴（农村酒宴上，有妇女分菜带回家的风俗，所以叫“打包哩”）、喫包子肉炎陵、吃烂肉饭浏阳、吃豆腐洞口、绥宁、隆回（白事酒宴，以酒宴上必备的菜肴或其他风俗代指“白事”）

动猪（忌说“杀”）岳阳县、岳阳市

吃挂面（上吊、吊颈的讳饰语）岳阳县

打喜事/下令（“打霜”的避讳说法，因“霜”与“丧”同音）平江

赚头（指猪舌头，“舌”音同“失”，忌讳而读“赚”）浏阳

利子（动物舌）炎陵/利头（动物舌，“舌”音同“失”，忌讳“失”而说“利”）资兴

旺子（家禽血，忌讳说“血”而说“旺”）多点共用

富菜（指芹菜，因“芹”谐“穷”，忌讳“穷”而说“富”）浏阳、醴陵

发兜/线兜（墨斗，“墨兜”避与“灭兜”同音，忌讳“灭兜”而说“发兜”）耒阳

6）谐音

吃霉饭（指挨批评，触霉头）华容、岳阳县

流鼻头(同“赖骗”。“流鼻头”意为“流鼻涕”,“流鼻涕”要用小手帕揩,揩鼻涕叫[lai53],谐“赖”;揩鼻涕用的小手帕叫鼻涕片,“片”谐“骗”。故云。涉及多种修辞方法)华容

3.3　小　　结

本章从“构词法、语音造词法、修辞造词法”等三方面对湖南赣语词汇进行了描述分析,总结了一些有特色的构词、语音造词及修辞造词现象。从本章内容可以观察到,湖南赣语的构词、造词具有较鲜明的特色。另外,湖南赣语词汇里这些构词、造词特色,与词义的表达有关,能够表达一定的情感意义。

第四章

湖南赣语词汇的构词法与造词法(下)——词缀

研究湖南赣语词汇,词缀是不能忽视的一个构词特征。湖南赣语的词缀,表现为多方面的特点。其中,大量使用名词词缀、有多个名词词缀,是湖南赣语词汇统一的特点。其次,按使用词缀的频率来分,湖南赣语各个点有词缀活跃型与词缀不活跃型之分。再者,词缀又有能构词与不能构词的功能区分。

在展开讨论之前,先来看汉语学界对词缀研究一些较有影响的成果。

吕叔湘先生(1979：47—50)赞成"语缀"的名称,认为相对于"词缀"的说法,语缀"可以概括不仅是词的而且是短语的接头接尾成分";"语缀一般分为前缀,后缀,中缀"。同时,吕先生认为"汉语里地道的语缀不很多",并列举了前缀"阿、第、初、老(-鼠、-虎、-师、-俵)、小(-鸡儿、-孩儿、-辫儿)";后缀"子、儿、头、巴、者、们、然"等。吕先生还提出"类前缀、类后缀"的观点,把那些"差不多可以算是前缀或后缀"的语素称"类前缀、类后缀","因为它们在语义上还没有完全虚化"。类前缀如"准、亚、次"等,类后缀如"员、家、气"等。最后讨论了"语缀"的"附着对象"及"能产"与"不能产"的问题。

朱德熙先生(1982：29)关于词缀的主要观点是,"词缀都是定位语素”“真正的词缀只能黏附在词根成分上头,它跟词根成分只有位置上的关系,没有意义上的关系”。

徐杰(2012：118)在提出汉语“词缀少、语缀多”语法特点的观点时,将词缀、语缀的特征进行了比较,并强调了词缀标明词类的作用。

本书主要讨论词缀的问题,不涉及吕叔湘先生所提到的“短语的接头接尾成分”,所以,本书仍用“词缀”的说法。关于词缀的确定,我们综合上述几位学者的研究,按照“位置固定、不成词、语义虚化、标明词类、构词能产性”等五个特点作为本书词缀的确定标准。其他类似吕叔湘先生(1979：47—50)所说的“在语义上还没有完全虚化”“差不多可以算是前缀或后缀”的语素,定性为“类词缀”,一并于本章讨论。

4.1　湖南赣语的词缀分类

词缀的分类,依据词缀的特点,可有多种方法。本书湖南赣语的词缀分类,主要以“词缀的位置、词缀的音节数量、词缀所标明的词类”三个标准进行。

4.1.1　按词缀位置分类

根据词缀的定义及特点,词缀位置固定,因此可以根据词缀的位置对词缀进行分类。湖南赣语词汇的词缀按位置分类,分后缀、前缀、中缀三种。

4.1.1.1　前缀

现代汉语前缀并不多,吕叔湘先生(1979：47—50)认为,只有“老-”“第-”“小-”“阿-”“初-”等为数不多的几个才算是“地道的”前缀。这样来看,湖南赣语“地道”的前缀只有“老-”“初-”两个;其余的,“第-”算是受书面语影响的新用法,“阿-”“小”基本不用。但“类前缀”的数量比较多,主要是那些用于形容词前、表程度加深的语素,如“绯红"的"绯-"等之类的。湖南赣语的这类"类前缀"一个显著的特点是，可用于多个在词义上具有相通性的形容词上，具有"能产性"。比如"蛇-"有"蛇苦""蛇辣""蛇酸"等形容味道的形容词；或"蛇薄、蛇粗、蛇瘦"等另一组词义性状形容词（下画横线"＿"的字，表示湖南赣语的词缀。下同）。

4.1.1.2 后缀

后缀是现代汉语词缀最典型、数量最多及组合形式最多样的一种。湖南赣语的后缀（包括类后缀）达 89 个之多，这其中，以"-子""-哩"使用范围最广、使用频率最高。

4.1.1.3 中缀

中缀在湖南赣语里也属"类词缀"，数量不多，仅"-打-""-光-""-不/有-""-叽-"等 4 个；但使用频率比较高。在功能上表达一定的情态意义。

4.1.2 按词缀的音节数量分类

词缀的音节数量分类，主要涉及后缀。湖南赣语的类前缀和类中缀，多为单个音节。在湖南赣语词汇里，音节数量与词语的感情色彩有一定关联。就一般情况而言，单音节词缀的词语，所表达感情色彩相对不那么明显；但多音节词缀却带有较明显的感情色彩。

4.1.2.1 单音节后缀

单音节词缀是后缀的主流，湖南赣语共有 48 个之多，除名物词词缀外，还有表抽象意义的"-场、-手"如"搞场、搞手（有某种机会）"等，形容词后缀"-乎"。单音节词是湖南赣语词缀最主要的形式。

4.1.2.2 多音节后缀

湖南赣语的多音节后缀分两类，一是单音节后缀叠加而成，二是单纯多音节后缀。这里的"单纯"借用"单纯词"的定义，表示词缀里各音节不能分离。湖南赣语的多音节后缀共41个,其中双音节后缀39个,三音节后缀2个。

1) 单音节叠加后缀

单音节后缀的叠加形成的多音节后缀,有的可以分析出层次,这类有层次性的多音节后缀,各个音节的位置不能变动,如"-崽子",就不能说成"-子崽";有些单音节后缀的叠加则只是使用习惯问题,彼此的位置可以调换如"-牯脑"或"-脑牯"。

单音节叠加形成的多音节后缀,分"不同单音节词缀叠加"及"同一单音节词缀重叠"两种,后者如"-崽崽"。

2) 单纯多音节后缀

单纯多音节词缀在湖南赣语里数量不多,一般只见于描绘性的词语里。目前只收录到"-乎龙冬、-古龙冬"两个。

4.1.3　按区别词类的功能分类

区别词类是确定词缀的标准之一。湖南赣语词缀可分名词词缀、形容词词缀、状态副词词缀等四种。其中,名词词缀最丰富,形容类前缀较多,动词词缀、状态副词词缀则屈指可数。

4.1.3.1　名词词缀

名词词缀数量多、"能产"性强,这是现代汉语词汇的一大特点,湖南赣语的名词词缀充分表现了汉语词汇这一特点。名词词缀与词根组成的名词,按名词的意义可将词缀划为五类。

1) 动植物

动植物名词的词缀从数量来看,是最多的。多数名词词缀还能说出其词语来源,除"-子""-哩"等语义虚化程度较高的词缀外,其他词缀的词语来源有状物的名词"坨(一团)"如"枞椏坨(松树球)",有表性别的"牯(表雄性牲畜的限定语,如'牯牛'指'公牛')"如"猴牯(猴子)",还有表职业的"拐子(骗子;或拐骗小孩的人)"的如"狸拐子(偷鸡的狸类)"等。

能说出词语来源的词缀，表明其还保留一定的实义成分，也属“类词缀”。

2）器物

器物名词的词缀数量也很可观，同样地，除“-子”“-哩”等典型词缀外，多数词缀也是“类词缀”。如“扣坨”“柴脑”“芋头”的三个词缀“-坨、-脑、-头”，都有状物的实义成分；“靴拐子（靴子，特别指尖尖形状）”则保留了“拐子”一定的感情色彩等。

3）人称

以“-箇”为后缀表示人物职业或身份，在湖南赣语人品词中用得最多，如“当兵箇”“认得字箇”“打单身箇”等，这是湖南赣语词缀的又一大特点。此外，人品词的词缀，还存在性别的对称使用情况，如“师公”“降婆”的“-公”“-婆”，“蠢子”“蠢婆”的“-子”“-婆”。

4）身体部位

身体部位名词里的“-公”“-牯”等原为表性别的词缀比较有特色，如“鼻头公（鼻子）”“膝碌牯（膝盖）”等；另外，“-巴”在身体部位名词用得也比较多，如“肋巴（肋骨）”。

5）其他

表达某事“值得（去做）、有机会（成功）……”的意思，现代汉语有在动词后加词缀使之名词化的用法。湖南赣语此种用法的词缀有3个，即“-场”“-手”“-头”，如“搞场”“搞手”“想头”等。

4.1.3.2　形容词、副词词缀

形容词词缀有“-乎”“-性”“-然”三个，主要分布在湘东的北部几个点。如“差乎（质量差）岳阳县”“□[dia^{21}]乎（邋遢）临湘”，“-乎”也可以为副词词缀，如“争争乎（努力的样子）岳阳市”“险乎（差点儿）华容”；“-性”则有“快性（快点儿）华容”“急性（赶快）岳阳柏祥”等；“-然”只岳阳市收录一个“亘然（全然）”。

4.1.3.3　状态词缀

描述状态的词缀主要为中缀,如“-打-”的“日打日”,意为一整天,含有对用时太长的不满意义。

4.2　湖南赣语词缀的词语计量分析

上节对湖南赣语词缀的分类介绍,只是概括性的内容。具体到各方言点中,使用情况又不尽相同。各点在大量使用词缀特别是名词后缀这一点上是一致的。除此之外,各点使用词缀又存在一定的差异,主要表现在常用词缀的不同、使用词缀频率的高低不同即含词缀的词语数量不同、所拥有的词缀类型与数量不同等几个方面。

湖南赣语词汇中,后缀的词语数量最大;同时,后缀本身类型也多。本节以湖南赣语的后缀及后缀的词语数量统计为主。

后缀中,又以单音节后缀的词语数量最多。按单音节后缀的词语数量、词类的多少及在湖南赣语区使用范围三个标准来划分,可分为三个级别。一级后缀为使用频率最高、词语数量最大、词类最多及使用范围最广的四个词缀,即“-子、-哩、-唧、-崽”4个,同时这四个词缀在有的点还能互相组合构成多音节后缀;二级后缀为“-头、-脑、-坨、-牯、-巴”等5个,词语数量、使用范围方面都明显不及一级后缀(双音节“-巴子”因与“-巴”关系密切,附于“-巴”一同说明);三级后缀则有较强地域性,如“-儿、-嘎、-叉”等,仅在部分地区使用,相对来说,词语数量也少。

以下将湖南赣语词语数量多、分布范围广的一些后缀分方言点进行词语数量统计。统计结果分三张表列出,表4-1为词语数量最多的4个后缀“-子、-哩、-唧、-崽”的统计情况;表4-2为“-头、-脑、-坨、牯、-巴/巴子”5个后缀的统计情况;表4-3是以“崽”“子”为主的组合双音节后缀的统计情况。根据表内数据情况,于表后进行一定分析。

4.2.1 “-子、-哩、-唧、-崽”的数据统计

表 4－1　各点带词缀的词语数量统计

（表中的数字，为对应的后缀在各个点的词语数量，下同。）

地点	-子	-哩	-唧	-崽	地点	-子	-哩	-唧	-崽
华容	66	1	—	—	炎陵	82	—	6	1
临湘	82	150	1	—	常宁	228	1	2	4
岳阳柏祥	69	68	6	84	耒阳	133	68	—	47
岳阳县	35	132	—	15	安仁	45	—	1	9
岳阳市	35	2	—	1	永兴	87	—	5	—
平江	60	1	—	5	资兴	38	—	—	7
浏阳	72	303	17	35	洞口	80	—	19	—
醴陵	270	25	22	—	绥宁	66	1	—	—
攸县	62	3	7	4	隆回	117	—	1	6
茶陵	62	3	5	9					

表 4－1 是各个点一级词缀的词语数量情况。

临湘、岳阳柏祥、岳阳县、浏阳、醴陵、常宁、耒阳等 7 个点，词语数量最多，可以称之为“后缀活跃型”的方言点。这其中，7 点在使用具体的词缀上又各有特点：醴陵、常宁主要用后缀“-子”；浏阳主要用后缀“-哩”；临湘、岳阳县以使用后缀“-哩”为主，以后缀“-子”为辅；而岳阳柏祥、耒阳两个点则是三个后缀“-子”“-哩”“-崽”兼用，比较而言，耒阳后缀“-子”的词语又多一些。

其余 12 个点，后缀的词语数量相对较少，其中，隆回后缀“-子”的词语数量相对其他后缀词语数量，有明显的优势；所以，隆回更倾向于用后缀“-子”。

从使用情况来看，“-子”“-哩”“-唧”“-崽”4 个词缀在湖南赣语区的分布也不同。

后缀“-子”是整个湖南赣语区通行的后缀，而且相比其他 3 个词缀的词语，各点后缀“-子”的词语数量都比较大。后缀“-哩”则集中在

湘东北的岳阳市地区(包括临湘)、湘东的浏阳以及湘南的耒阳使用。后缀“-唧”主要在湘东的浏阳、醴陵及湘西的洞口使用。后缀“-崽”主要是岳阳县地区、浏阳及耒阳使用。后缀“-唧”和“-崽”的词语数量,要大大少于后缀“-子”和“-哩”的词语,而使用的点除了洞口外,仍集中在 7 个“后缀活跃型”的方言点。

这表明,“后缀活跃型”的方言点,不但后缀的词语多,而且后缀的类型也多,这两个特点在道理上是相通的。充分说明在这些点的词汇系统当中,词缀在词汇的意义与结构功能方面,发挥着较为积极的作用。

4.2.2　“-头、-脑、-坨、牯、-巴/巴子”的数据统计

表 4－2　各点带词缀的词语数量统计

地点	-头	-脑	-坨	-牯	-巴	-巴子	地点	-头	-脑	-坨	-牯	-巴	-巴子
华容	2	—	1	—	4	1	炎陵	13	6	—	4	6	1
临湘	4	—	3	4	2		常宁	12	7	—	7	8	2
岳阳柏祥	13	—	5	2	3	2	耒阳	11	17	3	4	10	2
岳阳县	10	—	6	1	1	1	安仁	7	3	—	3	4	
岳阳市	7	—	1	—	2		永兴	21	8	2	12	5	1
平江	11	2	3	1	4		资兴	19	7	—	2	1	
浏阳	15	5	1	7	5	3巴 哩2	洞口	6	2	1	11	2	5
醴陵	16	4	—	7	6	2	绥宁	9	2	1	2	2	3
攸县	7	1	—	2	3	3	隆回	10	—	5	24	—	5
茶陵	10	9	—	6	3	3							

表 4－2 的数据显示,后缀“-头”和“-巴”是在湖南赣语各点通用的;后缀“-牯”仅华容、岳阳市不用,其他点都用;后缀“坨”,湖南赣语区湘东中部及南部的醴陵、攸县、茶陵、安仁、资兴等地缘上相连的 5 点不用,另常宁也不用;湘东北的华容、临湘、岳阳柏祥、岳阳县、岳阳市都 5 点,不用后缀“-脑”。简言之,后缀“-头”“-巴”是湖南赣语各点

都用的,后缀“-脑”“-坨”“-牯”的使用有一定地域限制。

表 4-2 中,各后缀的词语数量都不多,相比较而言,浏阳、醴陵、永兴有较多后缀“-头”的词语;后缀“-牯”的词语,隆回有 24 个,居表 4-2之首。

4.2.3 “-子”“-哩”“-崽”“-唧”组合的双音节词缀数据统计

表 4-3　各点带词缀的词语数量统计

地点	-崽崽	-崽唧	-崽子	-崽哩	-子哩	-子唧	-崽崽唧
临湘			2 皆表动物	7 表动物 1、人 1、物品 5	3 皆表小孩,“-伢子哩”		
岳阳县					2		
浏阳				2 皆表动物	3		
醴陵		11 动物 7、食物 2、用品 1、地理物 1				3 弄子唧、院子唧、毛雨子唧	
茶陵		1 表人					
炎陵		2 皆表动物					
常宁	10 皆表动物	8 表人 1、动物 7					
耒阳	1 表小婴儿		2 皆表动物				
永兴	7 表人、用品各、表动物 5	5 表动物 4、表用品 1					
洞口							5 皆指家禽幼崽
绥宁			7 皆表动物				
隆回		1 表动物				1 岛子唧	

表 4-3 数据显示了三个特点。

首先,由后缀“-子”“-哩”“-崽”“-唧”组合形成的双音节,在湖南赣语里，并不是所有点都有的共同情况，仅表中所列的 12 个点使用。华容、岳阳市、岳阳柏祥、平江、攸县、安仁、资兴未收录相关的双音节词语。

其次，各点具体使用的双音节后缀也不一样。在表中的双音节后缀中，“-崽崽”“-崽唧”分布的点较多，共 7 个点，词语数量也最多，共 46 个；临湘使用的双音节后缀的类型最多，共 3 个 12 条词语。

最后，表中各点的双音节后缀，主要用于动物名词，兼用于物品名词及幼儿称呼词。

4.3　湖南赣语词缀分析

本节具体分析湖南赣语中各词缀的意义、功能，必要的时候兼及用法。分前缀、后缀、中缀三个部分；在每个部分里，以单个词缀为单位，分别进行讨论分析。

4.3.1　前缀

湖南赣语“地道”的前缀不多，词语数量较多的只有一个前缀“老-”，在各个点都使用。最多的是，类似“绯红”的“绯”这样的类前缀，词语数量也多。

4.3.1.1　前缀“老-”

各点的前缀“老-”缀词如：

> 老俵(表兄弟姐妹)、老庚(同龄人之间称呼)、老同(同年的人，或妇女同年)、老华(名字相同的人)、老大、老二……老九、老十[十一以后不用“老-”，直接在其后加亲属称呼语素，如“十五娘娘(按大家族同辈人排序，排行第十五的奶奶)永兴”]

“老俵、老庚、老同、老华”是南方方言多点共用的词，前缀“老-”在这几个词中具有构词作用。湖南赣语里前缀“老-”的词语只有上述几个，能产性不强。粤语的前缀“老-”的词语相对多些，如“老友计(朋友)”“老衬(骗子)”“老千(赌博中作弊的人)”等。从词语数量及意义来看，前缀“老-”在南方汉语方言里比较活跃。

4.3.1.2 类前缀

湖南赣语里类似于“绯红、冰冷”的“绯、冰”、表其后形容词程度很深的这类语素，在与其后的形容词语素搭配方面，具有能产性，我们把这类语素视为“类前缀”。

“绯红、冰冷”二词的语素“绯”“冰”，本身具有较强的实义，与后字“红、冷”又具有语义相关性及比喻性。多数湖南赣语的“类前缀”在意义上虚化程度高，很难说明其实义；所以与其后词根语素也没有明显的语义相关性，更没有比喻性。如“脌壮[le11 tsɔ̃31]（很胖，很壮，茶陵音）”，“脌”没有明确的实义；其意义只能解释为一种功能，在“壮”前加“脌”，表示“壮”的程度很高。但是，“脌”在湖南赣语里，不只是与“壮”搭配，还可以与“胖、圞[luã45]（圆，耒阳音）”等词搭配，同样起到增强这几个形容词的性质程度的作用。而“壮、胖、圞”这几个形容词，是在意义方面有内在联系的一组词，“脌”只用于这几个词之前，说明“脌”与“壮、胖、圞”三个词在语义上至少是“相谐”的，也说明“脌”具有一定实义。

湖南赣语类似于“脌”的这种类前缀，数量较多；以下我们列举出湖南赣语的类前缀；如有可能，根据每个类前缀所搭配的词根的意义，对类前缀的实义进行归纳。

湖南赣语的类前缀

(1) 脌-[le11]（茶陵音）

脌壮/胖（很壮、很胖）华容、岳阳县、浏阳、茶陵、攸县、永兴、资兴、脌饱（饱胀）华容、茶陵、脌圞（又大又圆）醴陵、攸县、炎陵

“脌-”实义可总结为“饱实”。

另，《集韵》收“脌”字。脌，平声勘韵奴绀切。“脌膻，肥貌”。

(2) 膖[pʰəŋ33]-（浏阳音）

膖香华容、岳阳市、平江、浏阳、醴陵、茶陵、炎陵、常宁、永兴、资兴、洞口、绥宁、

隆回、膖臭华容、岳阳市、平江、浏阳、醴陵、茶陵、炎陵、常宁、永兴、资兴、膖臊炎陵、膖膋[pʰəŋ³⁴ lau³⁴](膋,像羊肉味儿膻气)炎陵、膖辣炎陵、膖肿岳阳市

“膖-”主要与气味词搭配,《集韵》收有“膖”字,平声江韵,披江切,臭貌。“臭貌”应理解为现代的“嗅”,指闻气味、所有气味。炎陵的“膖辣”、岳阳市的“膖肿”似是与其他类前缀音近相混,或属于“膖-”使用泛化所致。

(3) 津-[tɕʰiən⁴⁴](永兴音)

津甜平江、浏阳、醴陵、茶陵、炎陵、常宁、资兴、永兴、洞口、绥宁、隆回、津咸(华容有“咸津哒”说法)浏阳、醴陵、津辣临湘、津苦、津甲(涩)常宁、津麻常宁、津辣常宁

“津-”从词语意义来分析,是味觉词的前缀;“津甜”一词使用范围最广,是否是由这一词的“津”发展成味觉词前缀的,还有待进一步挖掘分析。

(4) 蛇[so³⁵]-(永兴音)

蛇辣炎陵、永兴、蛇苦茶陵、永兴、资兴、蛇酸茶陵、永兴、资兴、蛇淡浏阳、蛇粗茶陵、炎陵、蛇瘦茶陵、蛇扁浏阳、蛇薄浏阳、醴陵、蛇稀茶陵

“蛇-”与味觉形容词及形状形容词两种词义类组合,茶陵点词语包括两种义类。词义来源不明。

(5) 磷-[ȵiɔ̃⁴⁵](常宁音)

磷薄华容、岳阳县、常宁、永兴、磷尖常宁、永兴、磷光(一点儿不剩)华容、岳阳县、永兴、隆回、磷膭[tsɤ⁴⁴](食物干、脆,永兴音)永兴、洞口、隆回

“磷-”也可以找到古汉语的源头,《广雅· 释诗》“磷,薄也”;《广雅· 释诂》“磷,薄”;《论语》“磨而不磷(薄)”。

(6) 纠-[tɕiəɯ³⁵](永兴音)

纠酸(又“酸纠哒华容、岳阳县”)浏阳、醴陵、炎陵、永兴、洞口、纠咸炎陵、纠甲(涩)炎陵、纠苦炎陵、纠清洞口、纠蓝醴陵、纠青(黑)浏阳

“纠-”主要与味觉词搭配使用,“纠清、纠蓝、纠青”的“纠-”,发音

上与下例“条-”相近，可能相混。

(7) 条-[$tiɤ^{35}$]（永兴音）

条清（汤水稀、或无油水）永兴、资兴、洞口、条干（人很瘦）永兴

“条-”用于“条清”表示汤水稀清，来源不甚明了，但永兴的“条干”表人瘦，与“抽条（发育长高变瘦）”有联系。

(8) 稀-

稀辣炎陵、稀麻（很辣）永兴“金陵乡”一带、稀�（很脏）常宁、稀勾（很小气）攸县、稀寔$_2$[$lɔ^{44}$]（很稀疏，永兴音）茶陵、资兴

“稀-”的前四个词中，找不到“稀”与词根的意义相关性，“稀”似乎只是表达程度的语素；“稀寔”是“稀”与“寔”同义联合，与前三个词例来源明显不同；永兴单说“寔”，意为“稀疏”；浏阳、醴陵、常宁、耒阳又可说“寔稀”。

(9) 泡-

泡懒[$læ^{24}$]（很烫）常宁、泡热浏阳、泡滚浏阳、永兴、茶陵、泡松茶陵、泡轻华容

“泡-”的前三个词，与“水泡了（烧开水沸腾）”有关。“泡松、泡轻”则可以与“虚泡、中空”这个意义相关，湖南赣语及湘语都有“泡货”的说法，指东西很轻抛。

(10) 靡-

靡烂华容、临湘、浏阳、醴陵、茶陵、炎陵、永兴、洞口、靡碎炎陵、靡绵炎陵、靡胧（软）炎陵、资兴、靡巴（食物很软）洞口、靡幼常宁、靡绿醴陵、常宁

“靡-”的原义与“肉糜”的“糜”相关，古代指“煮得很烂的肉，即肉粥”。“靡-”的前5个词语都可以归为源于“糜”的意义；后2个词例的“靡-”则可能是使用泛化或与其他前缀音近相混。

(11) 萌-

萌嫩永兴、萌幼永兴、萌细隆回

“萌-”用于表幼小、细嫩意义词根前缀。

(12) 绷-

绷紧华容、岳阳县、岳阳市、醴陵、常宁、永兴、绷硬华容、岳阳县、平江、醴陵、茶陵、常宁、永兴、资兴、洞口、隆回、绷膗[tsɔ⁴⁵](食物很脆,常宁音)常宁、永兴、绷煞(很厉害)永兴、绷雄(烧酒的度数高,又喻人的气焰嚣张)永兴、炎陵、绷松常宁。

“绷紧”的“绷”作为实义词来理解的话,可作为动补词组;“绷”与“紧”语义上的联系密切,由这个意义出发,形成前缀“绷-”,与其他相关的性质词根搭配。常宁的“绷松”有与其他前缀音近相混的可能。

(13) 捞-

捞松华容、岳阳市、常宁、永兴、洞口、隆回、捞轻华容、岳阳县、岳阳市、永兴、洞口、捞空岳阳市、洞口、隆回、醴陵、浏阳、捞胧(软绵)永兴、捞(瘪)隆回、捞薄隆回、捞枯炎陵

“捞-”的词语在意义上很统一,跟“瘪、空、轻”有关;“捞薄、捞枯”的“薄、枯”在意义上也有联系,也可能是与前缀“磷-[n̥iɔ̃⁴⁵](常宁音)”音近相混而形成的。

(14) 梆-

梆浓(汁液如粥很稠)华容、岳阳柏祥、浏阳、醴陵、攸县、茶陵、炎陵、常宁、耒阳、资兴、永兴、梆老永兴、隆回、梆咸资兴

“梆-”的来源不明,似有“浓缩、紧致”之义。另浏阳有“绑浓的家庭”的说法,指家庭很团结。

(15) 溜-

溜滑(路面泥泞结冰,很滑)茶陵、炎陵、洞口、隆回、溜活(很活跃、圆滑)常宁、溜光(表面很光滑)常宁、永兴、溜煞(动作敏捷)华容、岳阳县、岳阳柏祥、岳阳市、溜尖(形状很尖)洞口

“溜-”的实义可归纳为“顺畅无滞碍”;洞口表达很圆的意思时,还

有“圆溜哩”的说法，这与“顺畅无滞”具有语义相关性。

(16) 胧-[ləŋ33](茶陵音)

胧软岳阳县、浏阳、醴陵、茶陵、炎陵、常宁、永兴、胧黄浏阳、醴陵

“胧”在永兴也是“软”的意思，并且与另一前缀“捞-”搭配为“捞胧”。

(17) 枯-[hu44](安仁音)

枯咸茶陵、炎陵、常宁、永兴、枯艚[hu44 tsɔ44](天气干燥；食品干、脆；安仁音)岳阳市、安仁、枯软醴陵

“枯-”用于“枯咸”，只在湘东南部的几个点用，理解为来源于“苦”，无论从发音上还是意义上来说，都是妥当的；“枯艚”也是同义联合的用法，湖南赣语“枯”的意义为“东西经太阳晒掉了水分的状态”。唯“枯软”不好理解。

(18) 刮-

刮稀(汤水稀、或无油水)炎陵、刮瘦浏阳、刮浊炎陵、刮苦浏阳

“刮稀”“刮瘦”的“刮-”可与“清汤寡水”的“寡”联系上，但“刮-”与“浊”“苦”的组合意义系联上不明显。

(19) 鬏-[tɕiɯ45](常宁音)

鬏圈(又大又圆)华容、常宁、永兴、洞口、鬏密浏阳、茶陵、耒阳、隆回

“鬏-”与“密实”义的词相搭配用，但具体意义不明。

(20) 焦-

焦干浏阳、醴陵、炎陵、常宁、耒阳、永兴、洞口、隆回、焦湿洞口、隆回

“焦干”一词，“焦-”与“干”义近；洞口、隆回“焦湿”的“焦-”，有两种可能，一是与“湿”互为反义的词根“干”，套用“焦-”缀；二是“焦-”与下条“浃-”音近相混。

(21) 浃-[tɕiɔ45](常宁音)

浃湿岳阳县、浏阳、炎陵、常宁、永兴、浃润炎陵

“浃-”缀用于义为“水分多”的词,意义确定而来源不明。

(22) 挖-[uai³⁴](炎陵音)

挖苦醴陵、挖腥炎陵

“挖-”与令人不愉悦的气味词搭配用;永兴有“挖腥”一词,意为“恶心、不耻”,也可作“猥腥[ui⁴⁴ sɛ⁴⁴]”的发音。

(23) 壁-

壁正浏阳、醴陵、壁捩(倾斜)炎陵、壁陡华容、岳阳县、岳阳柏祥、岳阳市、壁直茶陵、隆回

“壁-”与“斜”“直”等意义的形容词组合,说与“墙壁”的“壁”有直接来源关系是没有问题的。

(24) 非-

非薄炎陵、常宁、非灵(很灵验)、非恶(很凶恶)常宁、非行(很有能耐)炎陵、非嫩炎陵、非相(相,善于见机行事)、非下贱(极没尊严)华容、非丑(很难看)华容

“非-”极易让人联想起“非常”这一表极致的程度副词,特别是华容的“非”可以用于许多形容词前,表示程度之强。但考虑到其他点的例词,以处理成类词缀为宜。

(25) 乃-

乃软平江、常宁、乃长炎陵、乃窄茶陵、乃矮茶陵

“乃-”在湖南赣语里,更像一个程度副词;永兴金陵乡一带的“乃-”就是做程度副词用。来源从方言本身的材料中分析,尚不明了。

(26) 麳-[le⁴⁴]

麳粗(很粗糙)永兴、麳粗(粗大)隆回、麳胁(粗大)洞口、麳细洞口、麳瘦洞口、隆回

永兴的“㛄粗”与隆回的“㛄粗”意义不同，永兴的“㛄-”是指像表面像荆棘上长刺一样粗糙，而隆回的“㛄粗”包括“㛄胁、㛄细、㛄瘦”等，都更像是单纯表程度义的“乃-”缀，只是发音在韵母上有所不同。

(27) 烂-

烂便宜(很便宜)洞口、隆回、烂易得(很容易)永兴

“烂-”的使用特点是，后加词根为双音节，两个词根“便宜、易得”有语义相似性，即“代价小”。

(28) 拍-

拍满岳阳县、岳阳市、常宁、永兴、拍实浏阳、炎陵

“拍-”的来源应是“溢满拍满”的“拍”，从修饰词“拍”而来；下文的“溢-”同理。

(29) 溢-[$p^hə\eta^{13}$](醴陵音)

溢满华容、岳阳县、岳阳市、浏阳、醴陵、永兴

(30) 墨-

墨黑华容、平江、茶陵、炎陵、永兴、洞口、墨暗浏阳

“墨”与“黑”义近，与“暗”有相同义项。

(31) 丁-

丁咸岳阳县、平江

“丁-”来源义不明，只见录于岳阳县、平江两个点，属小范围使用。

(32) 瘪-

瘪淡(味道很淡)华容、岳阳县、醴陵、炎陵、常宁、永兴、资兴、绥宁

“瘪-”只有一个词“瘪淡”，多点使用，来源不明。

(33) 滟-[$y\tilde{æ}^{24}$]

滟清(很稀薄、清澈)常宁、滟青(很黑)常宁

来源不明。

(34) 斩-

斩齐岳阳县、岳阳柏祥、浏阳、醴陵

“斩-”来源于“刀斩一样齐”。

(35) 鲜-

鲜黄炎陵、耒阳、永兴

“鲜-”来源于色彩的描述义。

除了上述35个使用地点涉及例词较多的“类前缀”,湖南赣语还有部分个别点用的类前缀词,列举如下:

掀臭、汤薄华容/鏄重、箅浅、踏平、正陡浏阳/吗酸、栗苦、闷甜、光青平江/趴平、醴陵/披扁、劈蓝常宁/咚大永兴/骨淡、斩平洞口/掘满、掌平隆回。

本部分“类前缀”的内容,《条目表》列入第贰拾捌部分“附加成分”里,没有明确其词类属性。从湖南赣语的情况来看,《条目表》所谓的这部“附加成分”,可作为类前缀来对待。有以下几点原因:

第一,湖南赣语的类前缀位置固定;第二,意义功能单一,在语义表达上增强词根性状意义的程度,带有一定色彩意义;第三,类前缀有一定能产性,可以和多个意义上有关联性的词根搭配使用。

4.3.2　后缀

后缀部分,主要介绍15个单音节后缀,重点分析8个高频使用的后缀;另有34个多音节后缀,词语数量不多,仅分别列出所有的词语,不做详细分析。

4.3.2.1　“-子”

后缀“-子”也是现代汉语最重要的词缀,在主要的意义和功能方面,后缀“-子”在现代汉语里具有相通性。比如,后缀“-子”表达由“小”而产生的亲昵之情,即所谓“小称”、标示名词词类的两个主要作用，在共同语及各地汉语方言里基本一致；又如，在汉语词汇结构特点由单音节化向双音节化发展的历时过程中，后缀"-子"是实现汉语词汇双音节化的一种重要构词手段，即除表义外，后缀"-子"还兼有补足音节的作用，这一点在现代汉语里也是共通的。

从使用范围来看，在现代汉语里，后缀"-子"的词语所涉及的义类最多，如植物、动物、日常用品、身体部位、自然现象、抽象事物、人称等。

上述这些功能及特点，是现代汉语后缀"-子"最基本的内容。

湖南赣语的后缀"-子"除上述共性的意义、功能外，还在用法与意义上具有自己的特点。

1）湖南赣语后缀"-子"表达小称特点

湖南赣语的后缀"-子"的词语里，有不少具有小称义的词语。如：

> 江子（小河）安仁、茶子（茶油树结的果子）永兴、洞口、虾子（虾）浏阳、雪子（沙子雪）岳阳柏祥等。

但在更多的湖南赣语的后缀"-子"词中，小称义并不是由后缀"-子"独立承担的，这类词为数不少，可分为几种情况：

一是词根本身含有"小"的意义，再加后缀"-子"，如：

> ① 大蒜籽子（大蒜籽）临湘、② 蚕子（蚕）临湘、③ 蚂蚁子（蚂蚁）临湘、平江、醴陵、常宁、洞口、隆回、④ 寒毛子（人体皮肤上的寒毛）醴陵、⑤ 肉末子（肉末）醴陵、⑥ 虾米子（虾米）醴陵、⑦ 锯木屑子（锯木产生木屑）醴陵、⑧ 米头子（霰）常宁、⑨ 手巾子（手绢）隆回

这些词本身意义就内含了"形体小"等意义，可以理解为，后缀"-子"所隐含的"小"义与词根语素中所含的"小"的意义是相谐的。

二是词根有表"小"的语素，仍加后缀"-子"。如：

> ① 毛雨子（毛毛雨）隆回、② 细猫子（小猫）隆回、③ 细凳子（小凳子）洞口、④ 细细子（婴儿）洞口等

这类词的"小"义显然着落在"毛、细、细细"等词根语素上，"-子"

表“小”义的作用显得微乎其微。如果把“细凳子、细猫子”的“凳子、猫子”看作是类属名称，推溯其原有意义，那可以说，“-子”是先于“细”或“毛-”有表“小”的意义，之后这种“小”义慢慢减弱；但是形式上与“细凳子、细猫子”一样，“细风子(小风)”中“风”与“-子”是不可能切分为词汇结构的第一层的，当地也没有“* 风子(风)”的说法。所以，这类后缀“-子”的词语，我们认为“-子”在其中的作用，与上一类词里的后缀“-子”的作用还是有区别的。可以说在这类词里，后缀“-子”表“小”义的功能几近消失，更接近于是一个纯粹的语音单位。

2) 湖南赣语后缀“-子”的构词功能

把后缀“-子”加在单音节动词后面，构成相应的工具名词，是现代汉语里后缀“-子”常见的构词方法，如“锉子、锯子”等。湖南赣语里后缀“-子”也具有相似构词作用，不过，其构词时所附着的对象不限于动词，还可附着于形容词及双音节动宾词组。

A. 动词＋“-子”构成工具名词

湖南赣语的后缀“-子”附着于动词后，构成相关的工具名词，这类词语较多。如：

> ① 烫子(粉刷用找平工具)岳阳柏祥、安仁、耒阳、醴陵、浏阳、洞口、隆回、② 烫子(熨斗)永兴、③ 塑子(瓶子木塞；塑，用东西往里塞)永兴、耒阳、常宁、醴陵、④ 磉子(垫桌椅使稳定的木、瓦片；磉，在家具下或承重物下垫东西使稳定)永兴、⑤ 抹子(抹布)攸县、⑥ 则子(用绳子等来比较物的长短作准则，这种绳子等叫则子)常宁

以上各词语的动词词根是单音节的，湖南赣语后缀“-子”还有附着双音节动宾结构的词根后，构成工具名词的例子，如：

> ① 开山子(斧子)临湘、岳阳柏祥、② 滚身子(滚即热，紧身小棉袄)耒阳

此外，华容还有个词“稳子(垫片)”，其构词中，动词词根“稳”与工具名词“稳子”之间是“由动作的结果状态到工具”的关系。华容的“稳子”与永兴的“磉子”意义相同，构词理据不一样，可谓异曲同工。

B. 表“动作或状态”的词＋“-子”构成称名词

湖南赣语的后缀“-子”有许多不同于上述工具名词的构词，较有特色。

如词根是表“动作或状态”等的词，加后缀“-子”，义为与“动作或状态”相关人或事物。如：

① 摸子（瞎子）华容、② 夜摸子（晚上偷东西的贼）岳阳县、③ 蓋人子（一种蓋人的小虫）常宁

词根与词语之间是“由动作到完成动作的人/对象”的关系。

又如：

嗾狗子［sou^{33} kou^{21} tsɿ^{0}］（易受别人唆使的人）华容

词根与词语之间是“由动作到动词所影响的人”的关系。

湖南赣语中有部分后缀“-子”的词语，词根的意义，与词语的所指具有相关性，词根涉及多个词类。如：

① 謇子［tɕiɛ^{11} tsɿ^{35}］（结巴，謇，说话不流畅，攸县音）攸县、耒阳、永兴、资兴、② 转子（结巴，转，说话不流利）洞口、③ 风子（中风瘫痪）浏阳、常宁、安仁、永兴、④ 隻眼子（独眼人）浏阳、醴陵、⑤ 隻子（独眼人）岳阳市、岳阳柏祥、⑥ 斜子（眼睛斜视的人）华容、岳阳市、⑦ 羞子（雌性畜类的阴部、女阴）岳阳县、⑧ 醒子（指不明事理的人）华容、⑨ 倒子（斗鸡眼）洞口、⑩ 行子（从事某个职位的本领资格，用于否定场合）炎陵、⑪ 光子（硬币上无字的一面）耒阳、⑫ 呀响子（蝉，“呀”拟蝉叫声）资兴、⑬ 滑溜子（形似蜗牛、无壳、蠕动时有黏液分泌的肉体虫）华容、⑭ 眼子（瞎子）攸县、炎陵、常宁、耒阳、安仁、永兴、资兴、绥宁、隆回

C. 后缀“-子”的“名物化”构词

以后缀“-子”为构词成分，主要是用来构成实物名词，如“桌子、梨子、袜子”，也有“法子、方子（药方）”这类“名物化”的词。这种由后缀“-子”构成的“名物化”词语在现代汉语里数量不多。湖南赣语里这类由抽象事物加后缀“-子”构成的“名物化”词，表现突出，如：

觉子(睡觉的“觉”)洞口。

普通话“睡觉”的“觉”可以通过“(睡)一觉、睡个觉”的形式,与数词、量词搭配实现“准名词化”,但洞口的“觉子”通过加后缀“-子”直接实现名物化,可有“安稳觉子”这样的用法。其他类似情况还有:

① 跏跤子[pan^{24} kau^{53} tsɿ^{0}](摔倒;摔了一跤,华容音)华容、岳阳市、② 吵架子(吵架)华容、绥宁、③ 骂架子(吵架)常宁、④ 打架子(打架)耒阳、安仁、⑤ 轧架子[ka^{55} ȶia^{213} tsɿ^{0}](吵架)耒阳、⑥ 搲架子[va^{41} ȶia^{213} tsɿ^{0}](打架)耒阳、⑦ 喫沕子[tɕʰia^{24} mi^{24} tsɿ^{44}](闭气潜水,常宁音)常宁、茶陵等。

3) 湖南赣语后缀“-子”的功能泛化

我们上文已分析过,现代汉语后缀“-子”的使用,有意义上“表小”的需要,有构词上转变词性的需要,也有抽象概念名物化的需要,也就是说,用后缀“-子”构词多数情况下还是有据可循的。

在湖南赣语后缀“-子”的词语里,有些后缀“-子”从意义与结构上分析,与词根语并没有太多关联性。如:

① 干田子(旱田)醴陵、常宁、② 大人子(长辈)醴陵、③ 淤泥子(泥浆)常宁、④ 冷饭子(冷饭)常宁

上述 4 个词语里的后缀“-子”,与后缀“-子”一般概念上的意义或构词功能都没有什么关系。但类似的这类词语在醴陵、常宁数量还不少。

上文湖南赣语词缀的统计表 4 - 1 显示,醴陵、常宁是主要用后缀“-子”的两个点。考虑到这个情况,我们认为,上述 4 个词语里后缀“-子”的用法,是因为后缀“-子”在一定地域的高频率使用,而将其使用法类推到其他词语上,是后缀“-子”功能泛化的表现。如醴陵的相关词语还有:

马公子/马婆子/牛牯子/牛婆子/狗公子/狗婆子/蜘蛛子/后爹子/曾孙女子……

除醴陵、常宁之外，还有临湘的“今朝子(今天)、明朝子(明天)”、浏阳的“内伙子(属于一伙的关系)”等相似的用法，但数量有限。

4.3.2.2 “-哩”

湖南赣语区使用后缀“-哩”的主要为浏阳、临湘、岳阳县、岳阳柏祥及耒阳等5个点。从5个点所收录的后缀“-哩”的词语来看，后缀“-哩”表现了与后缀“-子”互补，构词特殊等特点。

1) 后缀“-哩”与后缀“-子”的对应互补

这个特点主要在临湘、岳阳柏祥、耒阳及岳阳县等4个点表现得较为突出。这4个点同时使用后缀“-子”和后缀“-哩”，将4点后缀“-子”的词语和后缀“-哩”的词语做一个比较，就可发现以下两个特点。

A. 后缀“-哩”的词语在意义、作用上与后缀“-子”的词语相当

这个特点主要指用后缀“-哩”的点，与用后缀“-子”的点之间的词语比较。如：

> 垡哩浏阳＝垡子醴陵、锯屑哩浏阳＝锯屑子醴陵、寒毛哩岳阳县＝寒毛子醴陵、冷饭哩耒阳＝冷饭子常宁、烟油哩岳阳柏祥、浏阳＝烟油子醴陵、星哩岳阳县、浏阳、耒阳＝星子醴陵、常宁、老鼠哩浏阳＝老鼠子醴陵、鸟哩浏阳、耒阳＝鸟子常宁

临湘点有些词语就有后缀“-哩”、后缀“-子”两种说法，如：

> 大蒜籽子＝大蒜籽哩、蛆婆子(厕所里的蛆)＝蛆婆哩

B. 后缀“-哩”词语的义类范围更广

后缀“-子”受限于“表小义、标示名词类”标准及其他原因，有些类型的词是未见用后缀“-子”的。从后缀“-哩”词来看，能用后缀“-子”的词语，也可以用后缀“-哩”；但有些用后缀“-哩”的词语，就不能用后缀“-子”。如：

> 日哩(太阳)、灰圾哩(垃圾)、百合哩(百合)、苞哩(花苞)、绰丝嫩哩(刁子鱼)、蟆蝈嫩哩(蝌蚪)、鸡巴哩(男阴)临湘
>
> 鹅哩(鹅，家禽)、要哩(草系)岳阳县

太阳筋哩(太阳穴)岳阳柏祥

腿把肉哩(大腿肚儿)、墨水哩、草头哩(汉字偏旁)、斜土哩(汉字偏旁)浏阳

从后缀"-哩"词语更广的义类范围,可以看出,后缀"-哩"比后缀"-子"更虚化。另外,有些词语用后缀"-哩"不用后缀"-子",也可以避免同音词语的出现,造成词语混淆,如用"苞哩"不用"苞子"可以避免与"包子"混淆,用"要哩(草系)"不用"要子"可避免与"腰子(肾)"混淆。

2)后缀"-哩"的构词特点

后缀"-哩"的名词构词,与后缀"-子"的名词构词基本相当,但后缀"-哩"有部分词语比较特别,如:

渣哩(乱蓬蓬堆在一起的枯枝败叶)、黄哩(黄豆)临湘/乱哩(房屋后面的树林)、衣哩(胞衣)、楼哩(楼梯)岳阳县/车哩(纺车)岳阳柏祥、间哩(堤岸,水库～)浏阳

从构词理据上来看,这类后缀"-哩"的名词,词根与词语之间的联系极为松散,在一般人的经验中难以理解。我们认为,这类后缀"-哩"词语的构词,更多的是语言的"约定俗成"特点在发挥作用。

关于后缀"-哩",还有一个相关的问题值得说明。在湖南赣语词汇里,有大量的表示空间、时间的词语,其最后一个音节,发音也同"哩",如:

学堂哩、床底下哩、岭脚下哩、手指阸哩(手指缝)、日哩、夜哩、上春哩(初春)

包括本书参考的方言资料在内的许多著述,都把这种空间、时间名词的"哩"视作后缀"-哩"。空间、时间名词"哩"的发音与其在词语里的位置,都很容易被理解为是后缀"-哩"。我们认为,空间和时间名词里的音节"哩",实际上是表空间位置的"里",而不能视为后缀"-哩"。永兴、资兴的上述几个空间、时间词语,"里"都读作"底(里面)","底"并不是永兴、资兴的后缀,而是方位词,可资为证。

4.3.2.3 “-唧”

湖南赣语的后缀“-唧”在使用上有两大特点，一是后缀“-唧”的词语，除了一般性的名词外，多表亲属称呼的词语，如“婶唧(叔母)”，以及一般人物词，如“倈唧(男孩)”；二是用后缀“-唧”的方言点，“唧”一般也用在性状词词尾，表达一定的情态意义；就一般情况而言，不用后缀“-唧”的点，也不会用“-唧”做性状词尾。

以下以方言点为单位，列举一些“唧”既作为亲属、人称后缀，又用于性状词词尾表情态的例子。

浏阳：叔唧(叔叔、小叔子)、婶唧(婶婶)、姑娘唧(姑妈)、姐唧(夫之姐妹、姐姐)、姑唧(小姑子)、姨唧(姨母)、细人唧(小孩)、伢妹唧(男孩女孩)；

试试唧[试探着，“你试试唧踩，莫跏跌咑(你试着踩，别跌倒了)”]、慢慢唧(慢慢儿、渐渐)、大势唧(不怎么样、一般)、有滴唧(有点儿)。

醴陵：公唧(祖父)、伯唧(伯父)、舅唧(内兄弟)、嫂唧、姐唧(姐姐)、红花伢唧(年轻处男)、毛毛唧(婴儿)；

蛮好唧、旦唧(原先，起初)、背后唧。

茶陵：爹唧(父亲)、娭唧(母亲)、倈唧(男孩)、老成唧(老人家)、后生唧(年轻人)、细嘎唧(小孩子)；

有点唧、差点唧、早点唧、隔下唧(过一会儿)。

炎陵：舅唧(内兄弟)、妹唧(女儿、泛指女孩子)、倈拐条唧(正在长个子的男孩)；

倈唧(儿子、男孩子)、人条唧(处在生长发育阶段的少年)、后生唧、细个唧；

温温唧痛(隐隐作痛)、两不相当唧(不相上下)、小小巧巧唧(轻巧灵活的样子，多指人)、平平过唧(生活平安，没有大喜大悲)、崽嘎唧(细小状)、顿时唧(突然)。

常宁：婶唧、姑唧、姨唧(姨妈；或妻之姐妹)、老唧(老年人)、城里倈唧；

点屎大唧(一丁点儿大)、慢慢地唧。

安仁：姨唧、叔唧、姑唧(小姑子)、舅唧(内兄弟)、哥唧(哥哥)、倈唧人、妹唧人、细人唧；

假假唧、滴粒唧(很小的一粒)、要要唧(时时、不时)、猛然子唧。

永兴：婶唧、嫂唧、毛倈唧、倈唧、女唧、细人唧；

正正唧[tɕiɔ44 tɕiɔ55 tɕi0](刚好)、有点唧(有点儿,"你有点唧,含指责义,义为'你有点傻'之类")、差点唧、早点唧。

以上是"唧"既做后缀"-唧",又为性状词词尾的部分词例。临湘有"乌唧"的说法,洞口有19个后缀"-唧"的词语,但没有人称方面的后缀"-唧"词,也没有"唧"用于性状词尾的用法。

昌梅香(2007：149)分析了江西吉安赣语的"-叽",得出的结论为：吉安赣语的"叽"可加在名词性中心语素后面,也可加在形容词性、动词性、量词性中心语素后,具有一定的意义和功能。这个结论与湖南赣语使用后缀"-唧"的情况相当。

另,普通话的"儿"既可做名词后缀,又可做"AA儿"形容词的后缀,"AA儿"也可表情态意义,如"慢慢儿走"等。在表达情态意义用法上,湖南赣语的"唧"与普通话的"儿"属同类现象。

4.3.2.4　"-崽"

"崽"是湘语、赣语、粤语、平话、土话等多个大方言共用的词,西南官话的柳州话也有部分词汇用"崽"①。"崽"的意义在各方言里有实义与虚义之分,实义的"崽"指儿女或儿子,虚义指后缀"-崽",后缀"-崽"源于实义词表儿女的"崽"。

一般情况下,湖南赣语的后缀有"-崽"表"小、亲昵"之义,如"伢崽、茶盅崽、尺崽、牛牯崽、偏屋崽、菩萨崽(瞳仁)"。但许多含"小、亲昵"意义的词语,除后缀"-崽"外,还有另外表"小"的语素,如：

细羊崽、细狗崽、细鹅崽、细手巾崽以上4条为岳阳柏祥的词例,细伢崽岳阳县,伢巴伢崽(伢巴,半大的)岳阳市,细凳崽平江,细石头崽(小石头)、细手指脑崽(小手指)、细河崽(小河)、细牛崽、奶猪崽、细猪崽以上6条为浏阳的词例,细人崽(小孩)耒阳。

---

① 区外各大方言资料来源于李荣主编(1994—2002)《现代汉语方言大词典》。

这些词语用形容词语素“细、仭巴、奶”表示“小”，后缀“-崽”表“小”的意义不是主要的，但含有一定色彩意义，有亲昵之义。

另外，耒阳后缀“-崽”的词语里还有几个特别的。如“大鱼崽、细鱼崽”“猫崽、细猫崽”这样“大”“小”对举的词语，后缀“-崽”在这些词里主要的功用是构词，又与“铁崽(铁矿石)耒阳、锰崽(锰矿石)耒阳”等金属类称里的“-崽”功能一样。

我们认为耒阳的后缀“-崽”，也属于高频使用造成功能泛化的语言现象。在这一点上，耒阳的后缀“-崽”与醴陵、常宁的后缀“-子”相类似。

4.3.2.5　“-子”“-哩”“-唧”“-崽”的来源及彼此间的关系

关于湘语、赣语后缀“-子”“-哩”“-唧”“-崽”，已有不少相关的研究报告论文及专著。罗昕如(2010：215—222)比较了湘语、赣语的后缀，其主要观点为：

“-崽”来源于扬雄《方言》时代“湘沅之会”的“崽”，与“东齐”的“子”同义，表“儿子”；所以，“崽”是西汉时代与“子”同义的一个方言词，是后缀“-崽”的前身；而“-唧”是“-子”在不同方言区的变体，同时使用后缀“-子”与后缀“-唧”的方言，二者形成互补关系，“-唧”的产生，是为了分担后缀“-子”不断增加的功能；而后缀“-哩”的来源，罗著也倾向认为来自后缀“-儿”。同时，罗著认为，后缀“-子”“-唧”是湘语、赣语共用的词缀，而后缀“-哩”及“-嘚”，主要是赣语使用的后缀(后缀“-嘚”在湖南赣语里，平江有三个亲属称谓“叔嘚、婶嘚、舅嘚”、岳阳县有两个亲属称谓“叔嘚、婶嘚”。其他点未见收录。)。

对罗著的观点，我们基本认同。罗著对上述四个后缀使用特点的描述、总结，在湖南赣语各点的表现是各不相同的。湖南赣语地处湘、赣语两大方言交汇处，各点周边的方言环境又各不一样，“-子”“-哩”“-唧”“-崽”四个后缀在各点表现存在差异，也是必然的。

4.3.2.6　“-头”

后缀“-头”在湖南赣语里各点都使用，但词语数量相对前面介绍的四个后缀，要少得多。

各点后缀"-头"的词语,按义类大概可分 6 种,即生产生活类、人体部位、动植物、抽象意义、方位类。

生产工具如"鑺头、锄头、镬头(锅子)、钵头(陶砂饭钵)、灶头、糠头(谷壳碾碎后粉末,作禽饲料)"等词语是各地都用的,其他个别点用的词语有"塍头(田埂)资兴、永兴""抽头(抽屉)常宁""笠头(斗笠)攸县、炎陵""结头(绳结)炎陵""镯头(镯子)炎陵""焦头(锅巴)资兴";

人体部位如"骨头、鼻头、舌头、拳头、肩头"等是较多点用的词,个别点用的词如"腰头(腰)永兴""额头平江""坯头(身体架子、块头)炎陵""引头(脾)洞口""倒拐头(肘关节骨)岳阳市";

动植物如"芋头、藠头"是各地常用的词,部分点用的词有"蝌粘头(蝌蚪)岳阳县、岳阳柏祥""蛤丝头(蝌蚪)平江""螺头浏阳";

抽象意义的词为个别点使用,如"彩头(迷信占卜工具之一;购买物品时所得的回扣)华容""抛头(放宽计算的数量)岳阳县""想头(盼头)岳阳县""用头(用处)醴陵""汤头(经过长期筛选并且固定下来的中药方)炎陵""堆头(分量)炎陵""嗅头(酒的劲道,你谷只酒蛮有～)炎陵""雾头(稀状食物的黏稠度,煮簈咯时叽放点叽芡粉,更有～)炎陵""搭头(依附物或事物地位属性)永兴""肉头(物品很扎实)资兴""吃头(食品很丰厚)资兴""兴头(内心很高兴)资兴"。这类词语里的后缀"-头",主要起构词作用,将抽象意义"名物化"。

方位类词语各点较统一,计有"上头(上面)、下头(下面)、高头(高处)、里头(里面)、外头(外面)、前头(前面)、后头(后面)、背头(后面,或后来)"。

另外还有"馒头、码头"等词,这些词"-头"的发音,多点与其他后缀"-头"不同而与普通话"头"相似,应是借用自书面语。

除了动植物类的词语里,后缀"-头"有状形功能外,其他类词语的后缀"-头",意义已经完全虚化。

4.3.2.7　"-脑"

后缀"-脑"状形功能显而易见,说明"-脑"还保留一定的实义。后缀“-脑”的词语分三大类：地理、身体部位、植物根茎实。

地理类词有“堆脑（土泥沙堆儿）耒阳、堰脑（堤）耒阳、洲脑（水中陆地）耒阳、安仁、岩脑（山岭）资兴、山脑（山岭）浏阳、祖脑（坟墓）常宁、地脑（坟墓）炎陵、安仁”等；

身体部位类词有“手指脑多点使用、脚趾脑多点使用、拳脑（牯）茶陵、常宁、耒阳、膝脑（牯）岳阳市、茶陵、炎陵、耒阳”等；

植物根茎实类词有“树蔸脑茶陵、炎陵、安仁、永兴、资兴、葱脑临湘、耒阳、永兴、蒜脑炎陵、耒阳、永兴、洞口、隆回、姜脑耒阳、永兴、柴脑（大树筒作柴烧，烧断成两段大树筒叫柴脑）安仁、永兴、把脑（蒂把儿）安仁、永兴”等。

这些词汇说明后缀“-脑”实义性还较强，相对来说，“-脑”的应用范围也不广。

4.3.2.8 “-坨”

“坨”是湖南赣语里的一个实义词，相当于普通话的“团、块儿”。“坨”做实义语素的词语如“糯米坨坨永兴”；能加后缀“-子、-哩”变成“坨子（拳头；坨状食品）华容”“坨哩（糯米丸子）岳阳县、坨子灰（成块的石灰）隆回”等；另外，“坨”还做量词，如“一坨泥巴多点使用”等。以上用法，都是“坨”作为实义语素的用法。

后缀“-坨”词语主要有植物类、生活物品类、身体部位类等几种。如：

> “枞椏坨（松树球）/杉椏坨（杉树球）临湘、岳阳柏祥、岳阳县、隆回”“扣坨（布扣）/牙嘴坨（活结儿）岳阳县、岳阳柏祥”“盖膝坨（膝盖）岳阳柏祥、临湘”“卵坨（男阴）耒阳、永兴”“菇坨/菌坨洞口、绥宁、隆回”等。

从以上所列举词语的意义中，可以看出，后缀“-坨”在词语中还是具有一定的状形功能。说明后缀“-坨”也是一个未完全虚化的“类词缀”。

另外，永兴有“娇坨（大人昵称自己的孩子，类似‘乖、宝宝’等）”“狗坨（同‘娇坨’）”“满坨（对排行最小的孩子的昵称）”等昵称，还有以人名的某个字加"-坨"称呼他人的用法,被称呼者一般为晚辈或地位不高的人,如"平坨""红坨""英坨"等。

永兴后缀"-坨"称人的用法,"-坨"的意义已经完全虚化,仅表达"小、亲昵、喜爱"的情感意义,属于典型的词缀用法。

"-坨"表人称在区外方言有类似的用法,湖南溆浦话(湘语)在孩子起小名的时候,把"-它[$t^{h}ʊ^{13}$]""-毛它 [$mɑ^{13}$ $t^{h}ʊ^{13}$]"加在排行后面,如"大它、⿰身小[$ȵiɑ̃^{44}$]它(老二)"等①。

4.3.2.9　"-牯"

"牯"是湘、赣语里表雄性牲畜的性别语素,如"牛牯、狗牯、牯牛、牯狗"等。

除了做性别区分语素外,"牯"还是湖南赣语里的后缀。后缀"-牯"的词语义类比较多,主要为动物、植物、身体部位、日常生活用品、自然物、人品词类等几种。

动物类的词语里,禽畜名词的词尾"牯",一般作为表性别的语素,不应看作后缀,如"鐵鸡牯(阉鸡,名词)资兴";但也有例外,如"猴牯(猴子)",并不单指公猴,而是指所有猴子,所以,"猴牯"的"-牯",是后缀。

后缀"-牯"动物类的词语有"螃牯(螃蟹)岳阳柏祥""黄鮰[$ŋa^{44}$]牯哩(状似鲇鱼,黄色,带刺)浏阳""蝈牯(泥蛙)醴陵""趵牯(蚱蜢)资兴""虾牯(虾)资兴""蛤蟆牯隆回""田螺牯隆回""称蒙牯(蜘蛛)隆回"等。

植物类词语有"蕌牯哩浏阳""松树坨牯(松树球)隆回"等。

身体部位类词语有"胸牯(胸脯)浏阳""面牯哩(脸蛋儿)浏阳、醴陵""疡牯(淋巴结)永兴""拳脑牯多点共用""膝脑牯多点共用""鱼脬牯(鱼鳔儿)洞口、隆回"等。

日常生活用品类词语有"背兜牯(背心)资兴""毛线牯(衣衫)隆回""鱼篓牯洞口、隆回""衣衫袋牯(衣服口袋)洞口、隆回""煤纸筒牯(纸媒儿)

① 溆浦话资料来源于贺凯林(1999:102)《溆浦方言研究》。

洞口”“包牯(红包)隆回”“秤绳牯隆回”。

自然物类词语有“石头牯(石头)平江、浏阳、攸县、常宁、安仁、资兴”“日头牯(阳光)醴陵”“干田牯(怕旱的田)炎陵”“水塘牯(水坑)洞口、隆回”等。

人品词类的词语最多,大概又可以分以下几类:

表性格行为、身体特征的如“墩子牯(矮且壮实的年轻人)炎陵”“木筒牯(指身段不灵活的人)炎陵”“大颟牯[ta^{213} maŋ^{215} ku^{21}](粗心大意人)资兴”“妹哩牯(女孩)隆回”“瘕罗牯[xa^{45} lo^{11} ku^{44}](哮喘病人,常宁音)常宁、永兴”等;表身份职业的如“单身牯(单身汉)隆回、洞口”“郎牯子(女婿)常宁”“乡下牯(乡巴佬)耒阳”“神牯(神汉)炎陵”等;“-牯”加在地名后表“某地人”,相当于“广东佬”的“-佬”,如“耒阳牯”等。

后缀“-牯”的人品词类词语都含有一定的戏谑、贬损,甚至侮辱意义。

另外,醴陵还有“射沕牯[sa^{11} mi^{11} ku^{33}](潜水;沕,头潜入水中)”一词,后缀“-牯”在这里起将动作“名物化”的作用。

湖南赣语的后缀“-牯”是从牲畜性别区分语素“牯”发展而来。“牯”区分牲畜性别又起源于公牛。用公牛性格中不驯、使蛮力等特点来类比人的性格中的倔强、莽撞。这应该是人品词后缀“-牯”的直接来源。至于身体部位、日用品、自然物甚至动物类等词语的后缀“-牯”,是“-牯”的语义进一步虚化,成了一个常用词缀后,使用泛化而形成的。

张振兴先生(2013: 123—129)在《从“牯”字说汉语方言的词汇分布》一文中,总结了多个方言“牯”的用法后认为,“牯”是南方方言里广泛分布的“字眼”,是能区别南北方言的特征性词语;并进一步提出,“牯”早期是客赣方言特征性常用词,后来逐步扩散到湘语等其他的南方方言。湖南赣语的后缀“-牯”在义类方面较广泛应用,是“牯”这个“字眼”在南方方言的共同性中,所表现出来的特性。

4.3.2.10　“-巴”

湖南赣语后缀“-巴”的词语,多与身体部位名词相关,如:

脸巴子(脸)醴陵、常宁、腮巴子(腮帮)浏阳、醴陵、常宁、洞口、隆回、牙巴骨(牙槽骨)浏阳、耒阳、光巴嘴(老公嘴)耒阳、筋巴(韧带)炎陵、胛巴叶子(肩胛骨)安仁、肋巴骨(肋骨)茶陵、炎陵、常宁、安仁、手节巴(手指关节)永兴、拳巴子(拳头)攸县、锤巴子(拳头)隆回、耳巴子(耳光)岳阳柏祥、浏阳、醴陵、茶陵、炎陵、永兴、洞口、隆回、腿巴子(大腿,小腿)岳阳柏祥、攸县、茶陵、腿巴子/哩(大腿)华容、岳阳县、浏阳、大胱巴哩(大腿)临湘、大腿巴子岳阳柏祥、大脚巴子耒阳、洞口、绥宁、隆回、细脚把子耒阳、洞口、绥宁、隆回、醴陵、鲶鱼巴(腿肚子)岳阳柏祥、鲶巴肚(腿肚子)临湘、浏阳、醴陵、攸县、鲢鱼脚巴子(腿肚子)洞口、胯巴(裆)华容、鸟巴子(赤子阴)绥宁、滋巴(女阴)洞口、绥宁、尸巴(尸体)炎陵、腿巴(宰杀后的鸡腿、鸭腿)炎陵、永兴、翍巴(翅膀)炎陵、安仁、死巴子腈肉(净腈肉,如里脊肉)常宁。

除岳阳市、资兴只有"嘴巴"一词外,各点都有"-巴"缀词表身体部位或与身体相关的词。

其他还有如"落巴公(家禽、家兽中长得最次的一只,只剩一只~哒,大的都卖落哒)岳阳市""油巴虫(蟑螂)攸县"。这两个词从"巴"的位置来看可归于"中缀"。

华容收有副词类后缀"冷巴(冷不防的)",仅此一例。

据现有的资料,湖南赣语里后缀"-巴"的来源不是很明朗,或许与现代汉语的"嘴巴"的"-巴"有同源关系。

4.3.2.11　"-拐"

后缀"-拐"的词语按义类分为动物、身体部位、人品词等3类。

动物类的有:

蟆拐(青蛙)华容、临湘、醴陵、炎陵、常宁、耒阳、安仁、永兴、洞口、绥宁、癞头拐(青蛙)资兴、鲇拐(鲇鱼)炎陵、耒阳、安仁、永兴、资兴、螃拐(螃蟹)安仁、蛇拐(蛇)永兴、资兴。

身体部位类的有:

膝抵拐(膝盖)华容、面拐哩(脸)浏阳、踝拐(踝)浏阳、醴陵、安仁。

人品词类的有:

麻搭拐(麻脸人)华容、丑拐种(骂人的话,不好的种)常宁、哑拐(哑巴)耒阳、眼拐(瞎子)耒阳、疤拐婆(脸上有疤的女人)耒阳、煤炭拐(很傻的女人)安仁、龙拐(乡巴佬)永兴、矮(子)拐(很矮的人)永兴、哭鸟拐(爱哭的人)永兴、大拐叫(喜欢吹牛的人)永兴、牛婆拐(很胖的年轻女子)永兴、撒天拐(言行飘浮者)资兴。

湖南赣语的后缀"-拐",从三个类别的词语语义来分析,似来源不同。

动物类后缀"-拐"的词语里,"蟆拐(青蛙)"使用的点最多。湖南赣语有10个点说"蟆拐"(另有1点说"癞头拐"),这11点分布在湖南赣语的湘东北部、中部与南部,以及湘西南地区,使用范围非常广;其次是"鲇拐(鲇鱼)",有5个点使用;"蛇拐(蛇)"有2个点使用,"螃拐(螃蟹)"有1个点使用。后缀"-拐"动物类别的词语集中在"蛙、鱼、蛇"的小范围内,所以,也可以把这些词语"-拐"看作是一个类别名。事实上,炎陵就有"拐子(青蛙)、青拐(绿皮青蛙)、石拐(石蛙)"等词,炎陵的这些词,"拐"就是"蛙"的意思;另外,耒阳、安仁、永兴还有"磅拐[pɔ̃^{213} kuæ^{41}](半斤以上的大青蛙,耒阳音)"一词,"拐"也义为蛙类。

《广韵》收有一个"蝈"字,麦韵古获切,"蝼蝈,蛙别名"。"蝈"的意义与湖南赣语的"蟆拐"或"癞头拐"的意义相符,发音也相似;但是音韵地位不对应。湖南赣语有11个点说"蟆拐"或"癞头拐",有10个点的"-拐"发上声(洞口点发平声),没有发入声的;10个发上声的点,9个点是有入声调的。如果是各方言点早期的入声发生转化,相信入声不会转化得那么整齐,都转入上声。就永兴而言,清入字保留为入声调,浊入字转入平声,没有转入上声的例子。这样看来,湖南赣语"蟆拐(青蛙)"的"拐",声调跟《广韵》的"蝈"字不符,声母、韵母相符。"蟆拐(青蛙)"的"-拐",是否就是《广韵》的"蝈",还有待进一步考察。

身体类的后缀"-拐",从词语"膝扺拐(膝盖)""踝拐(踝)"的意义分析,应是来源于骨关节有"拐点"的意义。浏阳"面拐哩"一词的

“-拐”似另有其他来源。

后缀“-拐”的人品词语，主要集中在常宁、耒阳、安仁、永兴、资兴5个点。5个点的后缀“-拐”的人品词，皆为贬抑性的，特别鄙俗。这些说法在当地人的感觉里，因为鄙俗，难免与女阴说法“娲”扯上联系。这样联系也不是没有道理的，因为这5个点的关于女阴的说法，都是“娲”；偏偏这5点都有较多发音与“娲”相同的后缀“-拐”的人品词，且都是十分鄙俗的说法，这种一致性应该不是偶然。如果再联系这5个点其他与性有关的词语，这种来源就更可信了。

综上，我们倾向于认为，湖南赣语后缀“-拐”，有不同的意义来源。

4.3.2.12　“-嘎”

后缀“-嘎”主要用于昆虫名词，数量也不多，各点所有后缀“-嘎”的词语如下：

> 螃嘎(螃蟹)临湘、八嘎(螃蟹)常宁、耒阳、平火嘎(萤火虫)岳阳市、灶鸡嘎(灶蟋蟀)岳阳柏祥、牛屎嘎(屎壳郎)岳阳柏祥、蜓火嘎(萤火虫)岳阳柏祥、鼻屎嘎(鼻屎)永兴、眼屎嘎(眼屎)绥宁、蚕屎嘎(家蚕的屎)隆回。

从例词可以看出“-嘎”的实义也较突出，指昆虫身上的硬甲壳。岳阳柏祥“蜓火嘎”的“-嘎”有表现为昆虫类名的趋势。“鼻屎嘎、眼屎嘎、蚕屎嘎”相关各点的“嘎”发音都与“结痂”的“痂”相同，意义也有相似之处；相较于“昆虫硬壳”这个意义来源，“痂”作为来源意义更贴切些。

4.3.2.13　“-叉”

后缀“-叉”的词语皆为“毒虫”类，如：

> 黄脓叉(野蜂，体长，结窝于树枝上，屋檐下，蜂窝呈圆锥形)炎陵、耒阳、黄蚁叉(黄蜂)资兴、老蟹叉(树上毒虫)炎陵、蜈蚣叉(蜈蚣)洞口、隆回。

“-叉”表示有毒的昆虫，意思很明确。在炎陵、耒阳、资兴三点的词汇里，“叉”可以是个类名，表示有毒的昆虫；洞口、隆回“蜈蚣叉”的“-叉”，可以看作是词根语素“蜈蚣”加所属毒虫类的类名。不过，后缀

"-叉"的词语不多,所以,处理成类名也无不可。

4.3.2.14　"-儿"

后缀"-儿"只有华容、岳阳市二点收录,华容收有 51 个后缀"-儿"的词语,岳阳市收有 3 个。这些词语里,华容用来表状态的副词有 20 个,名词 13 个,动词 5 个,形容词 5 个,称人的词 3 个;岳阳市的 3 个词皆为表状态的副词。

华容词"-儿"的词语有:

副词:

将将儿[tɕiaŋ^{53} tɕiaŋr^{53}](刚才)、迷儿糊儿[mir^{13} xur^{13}](形容人不清醒。这么大的人哒不想读书,只怕有些～)、随势儿[tsʰei^{13} sɿr^{24}](就便,如"你上街～跟我带点菜回来";看形势办,如"赶人情～赶,一般人拿好多,我也拿好多","赶人情"指喝喜酒送礼)。

动词:

困困势儿[kʰuən^{24} kʰuən^{24} sɿr^{24}](稍仰或稍俯,如"～,理发员才好刮胡子")。

形容词:

钩钩儿(心肝)[kou^{53} kour^{53}(ɕin^{53} kan^{53})](指人心计多,好算计别人,如"他的～,冇人不怕跟他同事的")、蔫不干儿[iaŋ^{53} pu^{45} kar^{53}](似干不干,如"衣服晒得～哒";体力消耗得欲尽未尽,如"几个夜班上得我～哒")。

名词:

太阳哄儿[hai^{24} iaŋ^{13} xoŋr^{53}](稍有云气,能见日影而又不十分明亮的日光,也叫"日哄儿")、飞帖儿[fei^{53} tʰier^{45}]、打丁跉跛儿[ta^{21} tin^{53} lin^{33} por^{21}](一只脚跳行)。

岳阳市后缀"-儿"的词语如:

伢儿[ŋa^{13} ər^{13}]、一滴滴儿[i^{55} ti^{55} tiər^{0}](一点点)、一下(下)儿[i^{55} xaər^{0}/i^{55} xa^{42} xaər^{0}](一会儿)、一眯几儿[i^{55} mi^{45} tɕiər^{0}](义同"一滴滴儿")。

华容、岳阳市的后缀“-儿”，在发音上与北京话的“儿化”发音类似，“-儿”都没有独立的音节，归并入前一个音节的韵母里。但与北京话的“儿化”不同的是，华容后缀“-儿”的发音，只是在词根最后一个音节的韵母尾音上加了一个卷舌音[r]；岳阳市的后缀“-儿”，保留“儿”的元音[ə]再加卷舌音[r]，华容[r]所附音节的调值没有改变，岳阳市的[ər]后附音节读轻声；两个点的后缀“-儿”的发音，都没有对所依附音节的韵腹或韵尾造成任何发音的改变。

在意义功能方面，后缀“-儿”的增删对词汇意义是没有什么影响的；华容后缀“-儿”的词语中，状摹情态的副词最多，加上动词、形容词一共有 35 个；而名词、人物词只有 10 个，说明华容的后缀“-儿”词在意义方面，主要是偏向于描绘性意义。

华容、岳阳市的后缀“-儿”，在湖南赣语区绝无仅有，从发音及意义两方面来看，都是很特殊的。我们认为华容的后缀“-儿”，是受外来因素影响形成，而非赣语固有的词汇、语音特征。考虑到华容、岳阳市的地理位置与历史人口迁徙情况，这 2 点的后缀“-儿”应是受接壤的湖北西南官话的影响形成的。

4.3.2.15　“-手”“-场”

“-手”“-场”附着于动词后面，表某事物“值得”或“具有相当的质量”，动词词根有“吃/喝-”“搞-”“看-”“做-”“用-”等有限的几个，词语如：

吃手柏祥、浏阳、醴陵、茶陵、耒阳、永兴、洞口、搞手平江、浏阳、醴陵、炎陵、耒阳、永兴、绥宁、看手浏阳、醴陵、耒阳、永兴、喝手耒阳、做手耒阳、永兴、吃场攸县、洞口、绥宁、用场炎陵、看场绥宁。

从词语数量上看，湖南赣语用后缀“-手”比用后缀“-场”多。

4.3.2.16　“-乎”“-然”“-性”

形容词、副词后缀“-乎”、副词“-然”在华容、岳阳市、临湘 3 点有少数几个词，不是湖南赣语的普遍现象。词语有：

热乎(暖和)华容、差乎(差，这布的质量太～哒)华容、全乎(完全，如“屋里的事，他～不管”）华容、希乎（险些）华容、险乎（险些，如“今日～冇赶倒车”，即今天差点没赶上车）华容、□[dia^{21}]乎（邋遢）临湘、争争乎（努力承担的样子，如“这不是一个容易的事，我～去搞啰”）岳阳市。

另华容有“憋乎（之）（逼，‘他这回受哒堂妾的～，憋得服服帖帖哒’，意思是‘他这次被老婆逼得老老实实的’）”一词，“-乎”在构词上有将动词“憋”名物化的功能，这个用法比较特殊。

副词后缀“-然”岳阳市有一个词“亘然（全然；‘这号药～冇用’）”。

副词后缀“-性”有两个词，分别是岳阳柏祥的“急性（赶快，‘你俚～点去’，意为‘你们快点去’）”、华容的“快性（快，‘你～点来’）”。

湘东北地区出现的这些形容词、副词后缀，与该地区有为数不少的古语词及文言文词语的情况相一致。

4.3.2.17 多音节词缀

湖南赣语多音节后缀有双音节与三音节两种。双音节后缀数量最多，多音节后缀主要是单音节词缀的叠加或重叠，其间的规律并没有太多的道理可言，更多是一种语用性的创新使用。由“-子”“-哩”“-崽”“-唧”4 个高频使用的后缀组成的多音节后缀，在数量上占优势。多音节词缀不详加讨论，按重叠的多音节词缀、非重叠的多音节词缀简单列举词语，说明情况。

1）重叠的多音节词缀

重叠的多音节词缀只有“-崽崽”一个，多用于婴幼儿、动物幼崽、植物幼苗等名词，也有用于日常用品名词的，多个点共用。词语如：

牛崽崽、狗崽崽、鹅崽崽、鸟崽崽、笋崽崽、毛毛崽崽（婴儿）、凳凳崽崽。

2）非重叠的多音节词缀

非重叠的多音节词缀，双音节有 30 个，三音节有 4 个。

（1）-崽唧、-崽子、-崽哩

鸡崽唧多点用、狗崽子多点用、鱼崽子（鱼卵）耒阳、凳崽哩（小板凳）临湘

(2) -子哩、子唧

男伢子哩(男孩)临湘、毛雨子唧(毛毛雨)醴陵、弄子唧(巷弄)醴陵

(3) -哩牯

崽哩牯(男孩)隆回、妹哩牯(女孩)隆回

(4) -牯哩

石头牯哩(石块)浏阳

(5) -牯子

郎牯子(女婿)常宁、面牯子(脸)醴陵

(6) -子牯

墩子牯(矮壮的人)炎陵

(7) -牯脑

雄牯脑(雄鱼)永兴

(8) -脑牯

拳脑牯(拳头)耒阳

(9) -脑哩

锄头脑哩(锄头铁质部分靠近把儿的一端)浏阳

(10) -脑唧、-脑子

锄头脑唧(锄头铁质部分靠近锄头把儿的一端)醴陵、葱脑子醴陵

(11) -头牯

骨头牯(骨头)资兴

(12) -头脑

把头脑(蒂把儿)永兴

(13) -头哩

手指头哩岳阳县

(14) -子头

埫子头(末端)常宁

(15) -公脑

膝公脑(膝盖)茶陵

(16) -手牯

里手牯(喜欢称内行的人)炎陵

(17) -坨牯

松树坨牯(松树球)隆回

(18) -坨崽

线坨崽(线团)岳阳柏祥

(19) -坨哩

盖膝坨哩(膝盖)临湘

(20) -巴公

落巴公(家禽家兽中长得最次的一只)岳阳市

(21) -巴子

脸巴子(脸)常宁

(22) -巴哩

鳃巴哩(鱼鳃)浏阳

(23) -嘎唧

鸟嘎唧洞口

(24) -拐子

靴拐子(鞋尖很尖的皮靴)永兴

(25) -头拐

膝头拐华容

(26) -拐哩

面拐哩(脸)耒阳

(28) -牯脑哩

藠古脑哩(薤)浏阳

(29) -头牯脑

膝头古脑耒阳

以下两个为单纯的多音节词缀,非由单音节词缀重叠或组合形成的。

(30) -乎咙冬

毛乎咙冬(等同共同语的"毛乎乎")岳阳市、华容

(31) -古咙冬

黑古咙冬(指环境的采光不好,黑或昏暗)永兴、资兴

4.3.3　中缀

湖南赣语的中缀，指"A＋～＋A"结构里的"～"，如"日打日(整整一天)"的"-打-"、"先不先(抢先，不管不顾地)"里的"-不-"等。

"A＋～＋A"结构在湖南赣语里应用较广泛，搭配组合的语素多样；在表义方面具有明显的态度倾向，有表指责、否定、强调等意义。表指责、否定义的如"年打年"(那条路修唧年打年，还是靡靡烂烂箇。即"那条路修了整整一年，依然破破烂烂的")永兴，表强调义的如"单打单"(你单打单一个人出门，要注意安全)岳阳市等。

A的词类多样，可为时间词、量词、容器名词或形容词；"～"中缀，有"-打-""-似-""-咯-""-呱-""-往-""-了-""-唧-""-不-""-冇-"等9个。"A＋～＋A"结构的意义一般情况下，与A的重叠形式"AA"的词义相等，但也有与"AA"意义不同的。

以下按中缀列举相关词语，不再逐个详细说明其使用情况。

(1) -打-

亘打亘(整整)华容、岳阳县、白打白(白白地)炎陵、单打单(独自)岳阳市、暴打暴(突然间；偶尔)岳阳市、岳阳柏祥(乍，同"乍一看")、整打整(整整)资兴、年打年/月打月/日打日(整整一年/月/月，指时间足够多)耒阳、永兴、资兴、隆回、夜打夜(一整夜)资兴、永兴、明打明(公开地，明明白白地)岳阳市、永兴(明明，显而易见)、掉打掉(反正)华容、个打个月(整整一个月，指时间足够多)耒阳

(2) -似-

日似日(每天)平江、安仁

(3) -往-

年往年(年年，每一年)耒阳、月往月(月月)耒阳、夜往夜(夜夜)耒阳

(4) -咯-

粒咯粒(每一个体都是匀称的，有节奏的、一致的)常宁、窝咯窝(一窝一

窝地，形容数量多）常宁

（5）-呱-

粒呱粒（每一个体都是相同的情况，可指好的情况，也可指坏的情况）永兴、年呱年/月呱月/日呱日（每年/月/日都如此）永兴、担呱担（一担一担地，形容数量多）永兴

（6）-冇-

回冇回（一次又一次地）常宁

（7）-不-

先不先（预先、事先）永兴、资兴、闹不闹（不时地）永兴、要不要（相当于普通话的"动不动"）永兴、三不三（偶尔、隔三岔五）岳阳市、炎陵、永兴、时不时（偶尔、隔三岔五）炎陵、死不死（相当于"好死不死"，指责不应该这么做）永兴

（8）-叽-

恰叽恰（刚好）炎陵、茶陵

（9）-了-

各了各（各人的归各人的）炎陵、永兴

从以上的词例来看，中缀"～"有两个作用。一是增加感情的色彩意义，某些"A＋～＋A"结构，有"AA"的形式，如"年呱年"也说"年年"，从"AA"的形式到"A＋～＋A"的结构，"年年"转为"年呱年"，词义上增加了一定"指责、否定"的色彩义。二是具有构词作用，有些"AA"的重叠形式是不成词的，但加中缀"～"后，就具有词语的性质了，如"* 三三"到"三不三（不时地）"，"* 闹闹"到"闹不闹（相当于'不时地'）"等。

4.4 本章小结

有丰富的词缀，是湖南赣语词汇的一大特性；也是湖南赣语与大

多数南方汉语方言所共同具有的特征。在共同特征之外,湖南赣语的词缀又有自身的特点,这些特点表现在词缀系统组成、词缀使用的地理分布及词缀的功能等各方面。

单音节后缀是湖南赣语最主要的词缀,与其他方言比较,其特点表现在,单音节后缀可按词语数量及分布范围分三个级别。除第一级别的 4 个高频后缀与湘语、江西赣语具有共通性外,二级单音节词缀的"-牯、-坨",是湖南赣语里别具特色的词缀。其他各单点独有的单音节后缀,则表现了湖南赣语内部各分区的特点。

数量众多的复合双音节后缀也是湖南赣语的特点之一,词缀组合的灵活性及词语义类的广泛性,都是不可忽略的特点。

类前缀的数量多、有一定能产性等特点,表现得很突出。

"A＋～＋A"结构里的中缀,可表达语气、情绪色彩意义,兼有一定构词作用,也是湖南赣语的特色。

另外,湖南赣语各点使用词缀的情况判然有别,集中表现在"-子""-哩""-崽""-唧""-脑""-坨"等后缀的使用与否及词语数量上。各点对词缀使用的差异,也体现了湖南赣语内部的分片特征。

第五章

湖南赣语词汇的内、外片联系词

湖南赣语区因其特殊的地缘位置，成为湖南接纳外省移民，特别是江西移民最多的地区；江西移民带来的语言形成了今天湖南赣语的主体。在湖南境区，湖南赣语不可避免地受到湖南优势方言湘语的全方位影响；具有较多的湘语特征也是湖南赣语的语言特点。此外，湖南赣语与其周边的西南官话、客家话、土话甚至少数民族语言如苗、瑶语等，通过社会日常生活中的语言接触，相互之间都会有一定融通。另外，历史上出现过几次"江西填湖广""湖广填四川"等人口迁徙事件；这些由政府组织的移民迁徙，规模大，持续时间长，湖南赣语区在其中处于中转站位置。通过湖南赣语区，江西的移民逐步向广东、贵州、四川、陕西等与湖南相近地区扩散。（吴正东 2012：25—33）

受上述地理、语言环境、历史事件等多方面因素的影响，湖南赣语必定会与区外的其他大方言有千丝万缕的联系；同时，湖南赣语区内部因为移民来源、区划沿革、周边其他方言等方面的影响，又在语言上形成区域特征显著的多个小片。

无论是湖南赣语与区外大方言间的联系，还是湖南赣语内部方言小片的形成，语言的接触与交流总是最容易直接在词汇上留下深刻的痕迹。湖南赣语词汇里有部分词常见于区外多个大方言；有部分词在区内，仅某几个地理上相连的方言点使用。

本章我们从方言间相互联系的角度，来观察湖南赣语词汇与区外大方言之间共用词，以及区内全片及各小片之间的共用词。

5.1　湖南赣语与区外大方言共用的方言词

本书所总结的大方言共用词，是不见或少见于普通话，而在方言中常用的词汇。这些常用的方言词语，又只存在于某些区域的汉语方言里，像南方多数方言使用的表否定的“冇”、第三人称“渠”等，在北方方言里就很少用；且各不同区域的方言在使用这些常用方言词语的时候，又有各自不同的特点。

5.1.1　大方言共用方言词的特征

一般来说，多个大方言共用的方言词具有以下三个特征：

（一）非特征性。这是与“特征词”相对的特点，特征词的特点是“充分体现本方言特征、把本方言与其他方言能区别开来标志性的基本词汇”（张振兴 2013：113），这些大方言共用的方言词并没有这样的功能。

（二）土语性。这些大方言共用的方言词，虽然没有特征词的功能，但是本地人觉得是属于自己方言固有的、比较地道的说法；即便是这些方言词在多个地方使用，但每个地方相应词汇的发音或具体运用的条件并不完全相同，所以造成当地人的“土语感”。

（三）沉淀性。指这些方言词是过去某一个时间开始启用，并沿袭到今天的，而并非较近时期从外方言借入来的词，是经过沉淀的、相对“古老”的词。

5.1.2　大方言共用方言词的来源

“大方言共用方言词”的来源主要有三个。

（一）古语词

古语词可以是古代的方言词语，也可能是在古代文学作品影响下形成的古书面语词。古语词随着汉民族人口的迁移，以及方言间无时无刻地接触融合而流传开来。因此，许多古语词得以在现代的多个汉语方言里留存。古语词在方言中也有层次性，较古老层次的古词，是在历史过程中伴随方言逐步形成沉淀下来的，一般可认为是本方言固有词；近代的词，则可能是受书面语影响而形成的，也存在从外方言借入的可能。

（二）借用词

语言"借用"一般是通过语言影响及语言接触两种途径完成的。语言影响多指优势语言凭借其某一方面的先进地位（如社会政治、经济文化）影响其他语言，这种"借用"所涉及的地域面积较广阔，时间也较快；语言接触则更多的是在小面积通过一定人群的社会交往进行的，然后产生语言"借用"现象，继而自然扩散，扩散的范围有限，时间也较缓慢。在语言"借用"中，词汇"借用"总是首当其冲，也最频繁，极容易造成各方言间词汇系统"你中有我，我中有你"的局面，其间关系相对来说更为复杂，难以简单说清。

（三）自创后起词

除了上面两种来源外，一定区域内的方言也会根据社会上出现的新兴事物或流行的新观念，创造一些新词，这些新词相对上述"古语词"来说，是后起的；相对于"借用词"来说，又是自创的。自创的后起词会随着使用人群的流动而扩散开来，其传播的范围决定于人群流动的范围。

5.1.3 湖南赣语与区外大方言共用的方言词

以下是从湖南赣语里总结出的31条亦见于区外大方言各区域的共用方言词，每条词后列出湖南赣语区外使用该词语的其他方言点［其他方言的参考资料主要来自李荣主编《现代汉语方言大词典·分卷本》(1994—2002)、《江西省方言志》2005］。

① 老庚（同年的人）华容、临湘、岳阳县、平江、浏阳、醴陵、攸县、茶陵、炎陵、耒

阳、安仁、永兴、洞口、隆回

“老庚”可直接用于面称同年的人，如“老庚，箇场事就对不住啦，即‘某某，这件事不好意思啦（对你不住）’”，或表示关系，如“渠是我老庚（他跟我是同年）”。

用此种说法的方言有：江西多个赣语点、客语点；湘语长沙话；西南官话成都话、柳州话。

另吴语宁波话说“同庚年纪”；闽语福州话说“同庚”；西南官话贵州话说“同庚”；中原官话徐州话说“同庚”。

② 老同（同年的人，或同年的妇人互称）耒阳、永兴、隆回

“老同”可直接用于面称同年的人，如“老同，我们两个人打下讲嚐（某某，我俩聊聊天）”，或表示关系，如“我跟渠是老同（我跟他是同年）”。

用此种说法的方言有：湘语长沙话；粤语东莞话（“老同”指同名者）；闽语海口话说（“老同”，指同岁并结拜为兄弟的青年男子）。

湖南赣语的“老同”，“同”指“同年”。共同语也用“同年”表年纪相同的人，其他区外方言有多个点持“同年”说法。计有：江西赣语黎川话；湘语娄底话；客语梅县话；粤语东莞话（又说“老同”）；南宁平话；吴语丹阳话、杭州话、金华话、上海话、苏州话（崇明话说“驮年”疑为“同年”的“同”发生音变）；闽语福建话、海口话、雷州话；徽语绩溪话（说“同年佬”）；西南官话贵阳话、江淮官话南京话说“同年”。

湖南赣语的“老同”是在“同年”的基础上，以“同”为词根加前缀“老”构成的。

③ 老华（同名的人）临湘、岳阳县、醴陵、永兴

“老华”可直接用于面称同名的人，如“老华，我跟你讲场事嘾（某某，我跟你说件事）”，或表示关系，如“我隻老华来唧吗？［（跟我同名的）某某来了没？］”

用此种说法的方言有：湘语长沙话；客语梅州话（“老华”，指同姓

之间关系比较好的互称）；南宁平话（“老华”，指同姓的人，“老音”指同名的人）；西南官话柳州（“老华”，指同宗同姓的人）。

④ 家门（同姓的人，一般指不是同一个宗族祠堂的同姓人）岳阳柏祥、岳阳县、平江、茶陵、炎陵、永兴、资兴、洞口、隆回

“家门”可直接用于面称同姓的人，如“家门，我跟你讲场事嘽（某某，我跟你说件事）”，或表示关系，如“我跟你是家门（我们俩同姓）”。

用此种说法的方言有：湘语长沙话、娄底话（又说“本家”）。

另吴语丹阳话、苏州话说“本家”；西南官话皆说“本家”，中原官话乌鲁木齐话说“本家”。

⑤ 老俵（表兄弟姐妹）临湘、岳阳柏祥、岳阳县、浏阳、醴陵、茶陵、常宁、耒阳、安仁、永兴、洞口

用此种说法的方言有：江西多数赣语点、客语点；湘语长沙话、娄底话；粤语广州话、东莞话；南宁平话；西南官话柳州话、贵阳话；中原官话徐州话。

“老俵”在全国范围内现在多用于指“江西人”，这个用法源于江西向外大规模移民的历史。最初应该是从江西迁徙出来的移民，称江西人为“老俵”，表示自己的祖辈来源于江西，与江西人之间在感情上较亲近。后来“老俵”这个称呼传播开来，逐渐成为江西人的代称。

⑥ 叫化子（乞丐）华容、临湘、岳阳柏祥、岳阳县、岳阳市、平江、浏阳、醴陵、攸县、茶陵、炎陵、常宁、耒阳、安仁、永兴、资兴、洞口、绥宁、隆回

用此种说法的方言有：江西赣语南昌话、萍乡话、黎川话；客语于都话、梅县话说“叫化儿”；湘语长沙话、娄底话；南宁平话；吴语崇明话、宁波话、杭州话、上海话、苏州话；徽语绩溪（说“掛化子”）；西南官话贵阳话；江淮官话南通话、南京话。

这个说法也被共同语吸收，进入一般词汇系统。

⑦ 抻敨（匀称，平整，或身材好）华容、临湘、岳阳县、岳阳市、岳阳柏祥、茶陵、炎陵、永兴

用法如“件衣裳你穿起蛮抻敨。（这衣服你穿着很合身）”“那隻女子长起蛮抻敨(那女孩长得很不错)”。

用此种说法的方言有：赣语萍乡话；湘语长沙话；客语梅县话；西南官话成都话、贵阳话。

⑧ 造孽/作孽(可怜)临湘、岳阳柏祥、岳阳县、浏阳、醴陵、安仁、永兴

用此种说法的方言有：湘语娄底话；西南官话成都话、柳州话、贵阳话；江淮官话南京话(说“作孽”)；徽语绩溪话(说“作孽”)。

另吴语丹阳话、杭州话“作孽、造孽”指做坏事。

“造孽、作孽”一词，来源于佛教词汇，义为“做坏事终将要遭到报应”。吴语丹阳话、杭州话的“作孽、造孽”保留了这个佛教词汇的原义。湖南赣语及其他方言“造孽/作孽”一词表“可怜”的意义，也由佛教词汇“造孽”转化而来，即现在的“可怜”是因为“以前做坏事的报应”，到后来就以“造孽”指代“可怜”，佛教词汇“造孽”的原义逐渐模糊了。

⑨ 呀呀乌(黑乎乎的，尤指脸脏，或乱七八糟、差)岳阳市、常宁、永兴

用法如“你面肚上呀呀乌，雷公样(你脸上脏乎乎的，像雷公一样。)”“你做箇点事唧啊，还呀呀乌嗷(你做得这点事太差了)”。

用此种说法的方言有：湘语长沙话；粤语广州话[①]；西南官话贵阳话。

⑩ 熨事熨帖(干净整洁，有条理)茶陵、炎陵、常宁、永兴、熨帖(干净整齐，合适)华容、平江、攸县、茶陵、炎陵、常宁、安仁、资兴

用法如“你屋底搞起熨事熨帖唧(你家里收拾得干干净净)”。

用此种说法的方言有：江西赣语区、客语区多点；湘语长沙话、娄底话。

---

① 广州话此条方言材料来源于李新魁等(1995)《广州方言研究》。

⑪ 晏(迟)临湘、岳阳柏祥、浏阳、醴陵、茶陵、炎陵、耒阳、洞口、绥宁、隆回

用法如"几晏八晏(很迟)"。

用此种说法的方言有：客语于都话；湘语长沙话；粤语广州话、东莞话；南宁平话；吴语崇明话、杭州话、上海话；徽语绩溪话；西南官话成都话、柳州话、贵阳话；江淮官话南通话。

⑫ 细(小)临湘、岳阳柏祥、平江、浏阳、醴陵、茶陵、炎陵、永兴、资兴、耒阳、洞口、绥宁

用此种说法的方言有：江西赣语萍乡话；客语梅县话、于都话；湘语长沙话、娄底话；粤语广州话、东莞话；闽语福州话、厦门话；南宁平话；徽语绩溪话；西南官话贵阳话。

⑬ 暴货子(新手，技术不熟)/暴暴(刚开始)浏阳、炎陵、永兴、资兴、洞口

用法如"暴暴唧做，不太熟(刚开始做，还不熟)""渠是隻暴货子啦，渠开车你们要观场啦(他开车是个新手，他开车的时候，你们都要注意)"等。

用此种说法的方言有：江西赣语南昌话、萍乡话；湘语长沙话、娄底话；吴语丹阳、扬州话、宁波话、上海话、苏州话；西南官话武汉话，江淮官话南京话。

⑭ 换茶$_1$(年节时自制食品)临湘、岳阳县、浏阳、醴陵、常宁、耒阳、安仁、永兴、资兴、换茶$_2$(坛子里的咸菜)耒阳、永兴

用此种说法的方言有：江西赣语的南昌话；湘语长沙话、娄底话。

方言中"换茶"一词的来源有两种。一种以江西南昌的说法为代表，认为来源于江西南昌的民俗。江西南昌旧时过年的习俗，亲朋好友间拜年，客人会带上用厚毛纸包裹、外加红纸条的糕点礼物。客人告辞时，主人要回赠糕点礼物。因为互相拜年走动的人家太多，有的主人就用其他客人拜年时带来的糕点礼物，原封不动地作为回赠礼物送给下一个客人；而有的客人也会拿上一个主人回赠的糕点礼物，

送给下一家主人。这样，拜年的“糕点礼物”在不同的主人和客人间“换来换去”，所以叫“换茶”。有时自己送出去的“换茶”，最后有可能又回到自己手中。主人、客人也不以为忤，图的就是过年客客气气、热热闹闹，还认为“换茶”就是“换财”。①

另一种以湖南饮食习惯为代表。临湘发音人介绍说“换茶”就是“旱茶”，是过年时，农家自制的、用油炸或炒制的加工食品，因为是“干、膭(没有水分而脆)”的，所以叫“旱茶”，也可以叫“干茶”，临湘说“旱”为[$xø^{24}$]；湖南新化(属湘语)某些地方的“换茶”是指以糯米炒出来的米，加茶叶等用开水泡的饮品；有本地人解释说“换茶”的“换”，是因为糯米蒸熟后要“散开”即“发汗”，“汗”跟“换”发音相同，所以叫“换茶”；“汗”又跟“欢”发音相同，所以又叫“欢茶”；因为是“糯米”做的，又叫“米茶”。②

另外，南方一些少数民族有一种称为“换茶”的“换婚仪式”。指一对夫妻，妻子早逝，妻子的姐、妹愿意嫁过来代替原妻的位置，这样的婚礼叫“换茶”，一般不大肆操办。如果是丈夫早逝，同样，妇女“兄终弟继”或“弟终兄继”也叫“换茶”。

南方少数民族的“换茶”跟湖南赣语的“换茶”词源明显是不同的；新化的“换茶”，或“欢茶”“米茶”，指的是用开水冲泡的含茶饮品，也与湖南赣语“换茶”作为食品的意义不同。这两种“换茶”说法，跟湖南赣语的“换茶”是同音异义。

南昌的“换茶”与湖南赣语的“换茶”指的都是食品，只不过，南昌的“换茶”是过年的精致糕点食品；而湖南赣语的“换茶”主要指农家自制的食品，特别是油炸、炒制的“干、膭(脆)”食品。湖南赣语“换茶”的这个意义，也是多数湘语“换茶”的意义，长沙话的“换茶”

---

① 该材料来源于新浪网 http://jx.sina.com.cn/news/m/2015-02-18/detail-ichmifpx8332369.shtml，检索日期 2015－07－02。

② 该材料来源于搜狐网 http://chihe.sohu.com/20150209/n408875449.shtml，检索日期 2015－07－02。

是“待客”的茶食（鲍厚星等 1999：216），安化话的“换茶”是指“花生、瓜子、炒红薯片、炒玉米、炒豌豆、盐姜、酸藠头、紫苏木瓜丝”等之类的待客茶食①。娄底的“换茶”是泛指“糖果、点心”（刘丽华，2001：179）。

将上述各点表示食品的“换茶”说法归纳起来，“换茶”的义项有“1）指糕点礼物；2）指农家自制的油炸、炒制食品；3）指自制咸菜；4）待客食品”等 4 种。其中，义项 4）可以被义项 2）、义项 3）包含，湖南赣语区的农村确实有用自制咸菜待客人的做法。

从上述几个义项来分析，“茶”指代可作为礼品或待客之礼的食品，这在江西南昌、湘语点、湖南赣语各个点都一致。问题在于，“换茶”的“换”，到底是礼物“换来换去”的“换”呢，还是发音与“换”相同的“旱”。从意义解释来看，南昌“礼物换来换去”的释义是符合其风俗习惯的，“换茶”的“换”说是“交换”没错；而湖南赣语及湘语所指的自制食品，在以前，确实是以“干、膭（脆）”食品为主，根据发音相似的特征，说“旱”也合理。这样的话，“换茶”的“换”，其义项“交换”或“干旱”，似乎是江西与湖南的地域性区别。

不过，湖南赣语点安仁、永兴旧时拜年的习惯，也与南昌一样，送给主人的“包”是用厚毛纸外加红色小纸条包裹各种糖；这些“糖包”也被主人、客人换来换去，也有可能换回到自己手中，这种包也叫“换茶”。这样看来，“换茶”的“换”，其义项“交换”或“干旱”，又是赣语与湘语的区别。

“换茶”一词在各大方言中，只有湘语、赣语收录，目前未见其他大方言使用。从上述赣语、湘语“换茶”一词各自的意义来分析，我们认为，赣语、湘语“换茶”一词的来源应该是一致的，初始意义应该都是具有“礼物”性质的茶点、食品，“换茶”的“茶”，与订婚、结婚时的

---

①　该材料来源于安化黑茶零售网 http://www.xiaxin.name/Art.aspx? id=2675，检索日期 2016-03-05。

“过茶、茶礼”的“茶”是同一语素。只是这个初始意义，后来在赣语与湘语中各自发展后有了分化，赣语专指拜年时赠送或回赠的礼品；而湘语则指农家自制的食品，这种自制食品受过去落后的经济条件限制，一般人家只有过年时才会制作，作为过年必备食品，当然也是待客的必备食品。

安仁、永兴的“换茶”兼有“拜年礼品”“农家自制食品”两个意义，如果按上述分析，安仁、永兴的“换茶”，是既保留了赣语特征，又吸纳了湘语的意义。安仁、永兴的“换茶”一词，从一个侧面反映了湖南赣语词汇既保有江西赣语的特征，又受到湘语影响的事实。

不过，《现代汉语方言大词典 · 分卷本》的南昌卷、萍乡卷都没有收录“换茶”一词（本书中南昌“换茶”的内容，来源于互联网）。许是因为“换茶”在江西赣语中的意义主要指“拜年礼品”，不是《现代汉语方言大词典》调查词表的“必选条目”。

⑮ 搊[$ts^hœ^{33}$]（两手捧着向上举，茶陵音）岳阳柏祥、平江、浏阳、醴陵、攸县、茶陵、炎陵、常宁、耒阳、永兴、资兴、洞口、绥宁、隆回搊屎/搊尿（给小孩把屎把尿）浏阳、醴陵、攸县、茶陵、炎陵、常宁、耒阳、永兴、资兴、洞口、绥宁、隆回

用此种说法的方言有：江西赣语萍乡话；湘语长沙话、娄底话；粤语广州话；南宁平话；西南官话柳州话。

另洛阳话的“搊起”是扶起义；西安话、四川部分地方①的“搊起”是扶起、从一头扛起义。

⑯ 作田/作菜/作土/作畲[$ɕia^{55}$]（耕作庄稼，种田等，“畲”，洞口音）临湘、平江、浏阳、醴陵、茶陵、炎陵、常宁、耒阳、安仁、永兴、资兴、洞口、绥宁、隆回

用此种说法的方言有：江西赣语黎川话、客语于都话；湘语长沙话。

另徽语绩溪话说“作田塍、作堨（引水渠）”，为修筑之义，与湖南

---

① 该资料来自王文虎，张一舟，周家筠（1987）编《四川方言词典》。

赣语的“作田”类词意义相近；且“作”为入声，也与江西、湖南各点的“作”同。闽语福州话录有“做菜”、海口话有“做田”两种说法；福州话的“做”非入声，海口话的“做”为无韵尾的长入。

⑰ 张饭（盛饭）浏阳、醴陵、攸县、茶陵、炎陵、常宁、耒阳、安仁、永兴、资兴、绥宁、隆回

用此种说法的方言有：江西赣语萍乡话、上饶话；湘语娄底话；南宁平话；西南官话柳州话；吴语扬州话。

另福州说“贮[tuo]饭”、建瓯说“贮[tu]”，发音相近，是否同一字待考。

⑱ 冲（溪流入河口，或两山间的平地）临湘、岳阳柏祥、平江、浏阳、醴陵、攸县、茶陵、炎陵、常宁、耒阳、安仁、永兴、绥宁

“冲”现在湖南赣语各点多用于地名，如“小水冲醴陵、西关冲永兴”，或说“冲里”指深山偏远的地方。

用此种说法的方言有：江西赣语萍乡语；湘语长沙话、娄底话；粤语东莞话、广州话；南宁平话；西南官话柳州话、四川部分地方①。

其中粤语该词的用字为“涌[$ts^hoŋ^{55}$]”，阴平，义为“引河水的渠道”，又有“涌滘[$ts^hoŋ^{55}$ kau^{33}]”一词指“小河湾”，意义与湖南赣语的“冲”相近，应为两方言来源一致的词。

⑲ 垱墒[$taŋ^{11}$ $ɕiaŋ^{35}$]（地方，攸县音）岳阳县、平江、浏阳、醴陵、攸县、茶陵、炎陵、常宁、耒阳、安仁、永兴、资兴、洞口、隆回、绥宁

用法如“你是哪隻垱墒箇？（你是什么地方人？）”“走垱墒（走人家、走亲戚）”等。

用此种说法的方言有：江西赣语萍乡话；湘语娄底话。

另粤语东莞话的“定[$tøŋ^{31}$-$tɛŋ^{31}$]方”、吴语杭州话的“大乌[da^{13} $ʔu^{53}$]”、温州话说“宕[$duɔ^{34}$]”，发音相近，意义相同，是否同一字待考。

---

① 该资料来自王文虎，张一舟，周家筠(1987)编《四川方言词典》。

⑳ 打啵(亲嘴)华容、岳阳柏祥、岳阳县、平江、攸县、炎陵、耒阳、安仁、永兴、资兴、洞口、绥宁、隆回

用此种说法的方言有：湘语长沙话；西南官话成都话、武汉话。

㉑ 构(冰)临湘、岳阳县、岳阳柏祥、平江、浏阳、醴陵、攸县、茶陵、永兴、资兴、洞口、绥宁、隆回

多个点用“结构(结冰)、秆构(地面结冰，‘秆’指稻草，‘秆构’中‘秆’在此处意义不明确)”等。

用此种说法的方言有：江西赣语萍乡话；江西客语于都话；湘语长沙话、娄底话；西南官话贵阳话。

㉒ 紩[tsan¹¹](手工缝，钉扣子，浏阳音)华容、临湘、岳阳柏祥、岳阳县、平江、浏阳、醴陵、炎陵、常宁、耒阳、永兴、洞口、隆回

用法如“紩扣子(钉扣子)”“紩衣衫(补衣服)”“紩被窝(钉老式的有绸缎‘颜心’的包被)”等。

用此种说法的方言有：江西赣语南昌话、萍乡话；湘语长沙话、娄底话；南宁平话；闽语福州话、海口话、厦门话；西南官话成都话，中原官话西安话。

㉓ 鸟[tiau⁴¹](交合，永兴音)茶陵、耒阳、安仁、永兴、资兴

用此种说法的方言有：江西赣语萍乡话；客语梅县话、于都话；粤语广州话；南宁平话；西南官话柳州话。

㉔ 下[xa²²](都，全部，平江音)岳阳柏祥、岳阳县、平江、炎陵、耒阳、安仁、永兴、资兴

“下”表“都、全部”，做副词，如“钱下用过了(钱全用光了)”。湖南赣语各点的“下(都，全部)”发音声母都为舌根送气音。

用此种说法的方言有：江西赣语萍乡话；客语于都话；湘语长沙话、娄底话；西南官话成都话、贵阳话。

以上其他方言中，萍乡话、于都话、成都话、贵阳话都说“一下(全

部，都）”；长沙话可说“一下（全部，都）”，也可说“下（全部，都）”；娄底话只说“下（全部，都）”。发音声母都为舌根送气音，与湖南赣语一致。

㉕ 煞（断、停止；厉害；足够）华容、岳阳柏祥、岳阳县、岳阳市、浏阳、炎陵、常宁、耒阳、安仁、永兴、资兴

湖南赣语的“煞”有多个义项，如“煞黑（断黑）”“酒蛮煞（酒很烈）”“搞煞唧了（折腾够了）”等。这几个义项也见区外其他方言使用。

用此种说法的方言有：江西赣语黎川话、南昌话、萍乡话；客语梅县话、于都话；湘语长沙话、娄底话；粤语广州话、东莞话；吴语上海话、苏州话、扬州话、丹阳话、杭州话、温州话、金华话、宁波话；闽语福州话、建瓯话、厦门话、雷州话、海口话；徽语绩溪话；西南官话成都话、贵阳话、武汉话。

㉖ 晡（一天的时间段，如“夜晡、昨晡”即“夜晚、昨天”等）醴陵、攸县、茶陵、炎陵、常宁、耒阳、安仁、永兴、资兴

用此种说法的方言有：江西赣语萍乡话；客语于都话、梅县话；闽语福州话、海口话、厦门话。

㉗ 对-（“对-”指时间的一个循环，如“对岁、对年”为一周年、“对月”一个月、“对时”指一整天）常宁、安仁、永兴、资兴

用此种说法的方言有：客语梅县话、于都话；湘语长沙话、娄底话；粤语广州话、东莞话；南宁平话；吴语温州话；闽南语厦门话、海口话、雷州话；西南官话柳州话、四川部分地方①、江淮官话南京话。

㉘ 在行[$ts^{h}e^{21}$ $hoŋ^{45}$]（听话，懂事；由“懂行，内行”引申而来；安仁音）华容、耒阳、安仁、永兴、资兴、炎陵

① 该资料来自王文虎，张一舟，周家筠（1987）编《四川方言词典》。

用法如“箇隻细把戏蛮在行(这孩子很懂事)”“要在行唧,冇要打交唧!(教育小孩不要打架,要乖)”。

用此种说法的方言有:湘语娄底话;南宁平话。

另以下方言点的“在行”都指内行,如江西赣语萍乡话、南昌话;闽语的厦门话;徽语绩溪话;江淮官话南京话,冀鲁官话济南话、牟平话;兰银官话银川话,中原官话洛阳话。

㉙ 蛮(粗野、执拗)华容、岳阳柏祥、岳阳县、岳阳市、浏阳、醴陵、攸县、茶陵、炎陵、常宁、耒阳、安仁、永兴、资兴

用此种说法的方言有:江西赣语南昌话、黎川话、萍乡话;客语于都话;湘语长沙话、娄底话;徽语绩溪话;西南官话柳州话;中原官话西宁话、徐州话。

湖南赣语的“蛮”,除了“粗野、执拗”义外,还做程度副词,相当于普通话的“很”。

区外方言中,南昌话、萍乡话、于都话、长沙话①、娄底话、绩溪话、柳州话的“蛮”还用作程度副词,相当于普通话的“很”。

㉚ 街上(城里,城市)临湘、岳阳柏祥、浏阳、醴陵、茶陵、炎陵、耒阳、永兴、资兴、洞口、绥宁、隆回

“街上”指“城里、城市”有其历史背景,过去生活区域狭小,县城或许就一条街,所以“街上”就指代县城,沿用至今。湖南赣语的“街上”,一般农村人、城里人都用,如“到街上逅(到城里去)”“街上箇人(城里人)”;长沙话的“街上”指“城里”,是农村人对“城里”的说法,城里人不这么说。

用此种说法的方言有:湘语长沙话、娄底话;吴语扬州话、丹阳话(说“街里”);西南官话柳州话、武汉语;中原官话徐州话。

---

① 长沙话“蛮”做副词用法,来源于鲍厚星,崔振华,沈若云等(1999:343)《长沙方言研究》的句例。

㉛ 塆[$v\tilde{a}^{55}$](村子，耒阳音)常宁、耒阳、安仁、永兴、资兴

用此种说法的方言有：江西赣语萍乡话[①]；江西客语于都话；南宁平话；西南官话武汉语(武汉话说“塆子”，指村庄)。

湘语娄底的“塆”用于地名，如“神童塆”，没有说明是指村子。

湖南赣语与区外方言共用的多区域常用的方言词显示，除江西赣语、湘语外，湖南赣语与客语、粤语、平话、吴语、闽语等的共用词最多；北方官话中与西南官话的共用词较多，与江淮官话南京话也有少量共用词。

这个比较结果表明，从词汇的层面来看，方言所在地域之间的远近是方言词汇一致性的重要因素；也表明，方言的接触对词汇有深刻的影响。两种方言地理位置靠得近，接触机会就多，词汇交流就频繁。“多区域大方言常用词”是方言间长期的接触、互通，在方言词汇系统里留下的痕迹。

5.2　湖南赣语内部的全片共用词与分片词

从统计到的词语材料可以发现有些词语是湖南赣语 19 个点都使用的，这种全区都使用的词我们称之为“全片共用词”。有些词语具有明显的区域性，仅几个方言点使用，其他方言点不用或不常用；再进一步归类统计就会发现，一些地缘上相连的几个点会拥有多条具有“排外性”的词。这些在地缘上相连、拥有多条“排外性”词的方言点，在湖南赣语区内部形成的多个相对独立的分片，我们把专属于某个分片的方言词叫“分片词”。这里所谓的“分片词”的分片，与学者们对赣语进行分区的结果有可能一致，也可能不尽相合。本节的“分片词”以我们实际统计的结果为主，仅说明“分片词”的区域特点，不

① 《萍乡方言词典》(李荣 1998：262)里的用字为“弯”，“弯”未单独列为词条，于“湴田弯(村名)”一词中见到。

以方言区划为目的。

5.2.1　全片共用词(共7条)

湖南赣语全片19个点共用的词，都见于区外的其他大方言。我们统计每一条"全片共用词"在区外大方言的使用情况并列举出来，以观察各条词语在汉语大方言区内使用的分布情况。从中也可以比较湖南赣语与其他大方言之间的联系。

① 日头[ɲie^{44} t^{h}iau^{0}](太阳，阳光，浏阳音)

"日头"指"太阳及阳光"的说法，还见于江西赣语萍乡话，湘语娄底话，西南官话柳州话，闽语福州话、建瓯话，中原官话西安话等。

另外，跟湖南赣语"日头"用法相似的说法，区外其他方言还有客语于都话、梅县话说"日头"仅指"太阳"不包括"阳光"，阳光说"日头须"，梅县另有"日光"指"阳光"；长沙郊区说"日头"仅指"太阳"不指"阳光"；西南官话说"日头"仅指太阳，不包括"阳光"；闽语厦门话说"日头、日头光"分别指"太阳、阳光"、雷州话说"日头"指"太阳、白天"；吴语丹阳话、宁波话说"日头"指"太阳光"等。

另，区外其他方言"热头"的说法也与湖南赣语"日头"的用法相似。南宁平话的"热头"指"太阳"及"阳光"；粤语东莞话说的"热头"指"太阳"及"阳光"。江西赣语黎川话的"热头"、粤语广州话的"热头"、中原官话西宁话说"热头儿"均指"太阳"，不指"阳光"。

"日头"指"太阳"是除粤语外的6个大方言共同使用的说法；但又指"阳光"，应属个别点衍生出来的与"太阳"意义相关的用法。

② 禾[uo^{13}](水稻，醴陵音)

"禾"指水稻的说法，亦见于江西赣语南昌话、萍乡话、黎川话；江西客语于都话、广东客语梅县话；湘语长沙话、娄底话；粤语广州话、东莞话；闽语建瓯话、雷州话；西南官话柳州话。

从区外"禾"说法的分布可以看出，"禾"为赣语、湘语、粤语、客语四大方言的共用词，湖南赣语19个点都用“禾”的说法，是因为地处使用“禾”的大方言范围之内的结果。闽语建瓯话、雷州话及西南官话柳州话也用“禾”的说法，应该是受了邻近地区赣语、粤语及湘语“禾”说法的影响。

③ 蚊[$mən^{33}$](苍蝇，浏阳音)

“蚊”又指“苍蝇”的用法，还见于江西赣语萍乡话；湘语长沙话、娄底话；南宁平话；西南官话贵阳话。

从上述使用该词的方言情况来看，“蚊”指苍蝇的用法，主要是湘语及湘赣边界地区的赣语使用，南宁平话、西南官话贵阳话也有这个用法，可能是“蚊”这个用法由湘、赣语区向外扩散的结果。

④ 叫化子[kau^{25} xua^{33} tsi^{53}](乞丐，岳阳县音)

“叫化子”的说法，现已为共同语收录，古代白话小说里已见使用。

⑤ 喫茶[$tɕ^{h}ia^{34}$ $ts^{h}a^{212}$](喝茶，炎陵音)

湖南赣语19个点说“喫茶”“喫酒”，18个点说“喫烟”(华容说“呼烟”)；因此，将“喫茶”“喫酒”“喫烟”三个词一同与区外其他方言比较。

“喫茶”及下条“喫酒”亦见于江西赣语南昌话、萍乡话、黎川话；湘语长沙话、娄底话；南宁平话(又“饮酒”“饮茶”)；吴语扬州话、丹阳话(说“喝酒”)、宁波话等；西南官话成都话(又“抽烟”“喝茶”)、贵阳话(又说“喝酒”“喝酒”“吸烟”)、柳州话(又“喝茶”“喝酒”)、武汉话说“吃酒、吃烟”说“喝茶”；江淮官话南京话(又“喝茶”“喝酒”“抽烟”)；中原官话徐州话只说“吃茶”、西安话说“吃烟”等。

比较资料可知，“喫茶”“喫酒”“喫烟”基本上是赣语、湘语、吴语、西南官话、江淮官话、南宁平话等方言的共用词。从地域来分，“喫茶”“喫酒”“喫烟”属长江中下游流域大方言湘语、赣语、吴语的特征性质词(西南官话、江淮官话、南宁平话又多兼用其他用法)。

粤语、客语、闽语等多说“食烟、食酒(又‘饮酒’)、食茶(又‘饮茶')",三个词都可用"食",又与湘语、赣语、吴语的"喫"相平行,说明东南方言在"食""喫"的用法上保持一致。

⑥ 喫酒[$tɕ^{h}ia^{35}$ $tɕiou^{31}$](喝酒,醴陵音)

与区外方言的比较分析,见上条。

⑦ 睏[$k^{h}uən^{11}$](睡觉,浏阳音)

"睏"的用法亦见于江西赣语南昌话、萍乡话、黎川话;湘语长沙话、娄底话;江西客语于都话;闽语福州话、雷州话、厦门话;吴语丹阳话(阴平或上声,非去声)、宁波话;江淮官话南京话;徽语绩溪话。

以上各点表睡觉的"睏",多发去声(或阴去),独有丹阳话的"困"在语流中发阴平或上声,与其他点的"睏"声调不相符,但意义相同。"睏"的使用区域包括了湘、赣、闽、吴语、徽语等大方言。湖南赣语19个点皆用"睏",用法与"睏"通行区域的用法相符。

粤语广州话、东莞话、南宁平话的"瞓",同湘语、赣语、闽语的"睏"都读去声;韵母也相近,应属同一字。

以上7条湖南赣语"全片通用词","日头、禾、叫化子、喫茶、喫酒(以及有18个点共用的'喫烟')、睏"等6条词语在汉语大方言区范围内使用都比较广泛,涉及至少4个大方言;唯有"蚊"表苍蝇的用法,仅湘语及湘赣边界的赣语主要使用,散见于南宁平话、贵阳官话。这表明,湖南赣语的"全片通用词"其区内使用的一致,主要是建立在区内外大方言使用该词的一致性基础上的。

5.2.2　分片词

根据数据统计,湖南赣语有4个在地域上相连的小片,4个小片各自拥有部分"对内统一、对外排他"性的共用方言词,我们把这类分片的共用方言词,简称为"分片词"。以下会从每一分片里,选取一个特色词来画词语分布示意图,以便直接观察分片词的空间分布。

5.2.2.1 “华容、临湘、岳阳柏祥、岳阳县、岳阳市”分片词

湘东北部5个点组成的分片，共有24个分片词。

① 堋[pəŋ³⁵](凸，平江音)；② 乖(能干)；③ 索丽(长得漂亮，或干净整洁)④ 酵子豆腐(豆腐脑儿)；⑤ 扯谈(聊天)；⑥ 倒拐子(胳膊肘)⑦ 枷椅子(不会走路的小孩的坐具)；⑧ 栽田(插秧)；⑨ 糊涂(糨糊)⑩ 坐喜(怀孕)；⑪ 台子(酒席)；⑫ 捻(量尺寸)⑬ 过早(吃早饭)；⑭ 亮壳子(顶篾)；⑮ 憭别(简单省事)⑯ 拈菜(搛菜)；⑰ 搒[pən²¹](玩弄，抚摸，岳阳县音)；⑱ 敷(哄骗)；⑲ 澳(凉)⑳ 止本(守规矩，听教)；㉑ 扫人(扎人)；㉒ 挖眼寻蛇打(寻隙，好事)㉓ 裖屋[tau¹³ u⁵](正房，岳阳县音)；㉔ 赘(有本领，强健)。

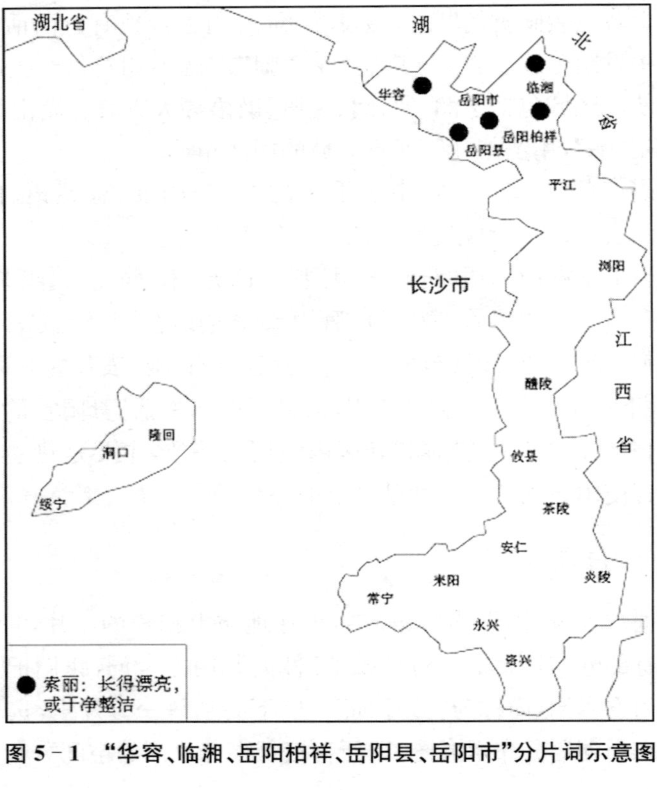

图5-1 “华容、临湘、岳阳柏祥、岳阳县、岳阳市”分片词示意图

5.2.2.2　“浏阳、醴陵”分片词

浏阳、醴陵二点在词汇上具有许多一致性，形成组成地域最小的一个分片，拥有 21 个分片词。

① 栽禾（插秧）；② 蛤蟆蚁唧（蝌蚪）；③ 猪兜（猪槽）；④ 好佬（好汉）；⑤ 蛮好唧（长得好）；⑥ 水豆腐（豆腐脑）；⑦ 装仁（讲客气）；⑧ 洗米（淘米）；⑨ 擦墁（抹澡）；⑩ 捩哒颈（落枕）；⑪ 做转弯（劝架）；⑫ 整坨子（整人）；⑬ 赖学（逃学）；⑭ 瞨[iaŋ^{31}]（看守，醴陵音）；⑮ 活活对（不稳，松动）；⑯ 阔（宽）；⑰ 齐步（赶快，快点）；⑱ 先（原先）；⑲ 头一（首先）；⑳ 后时（后来）；㉑ 娥眉月（初弦月）。

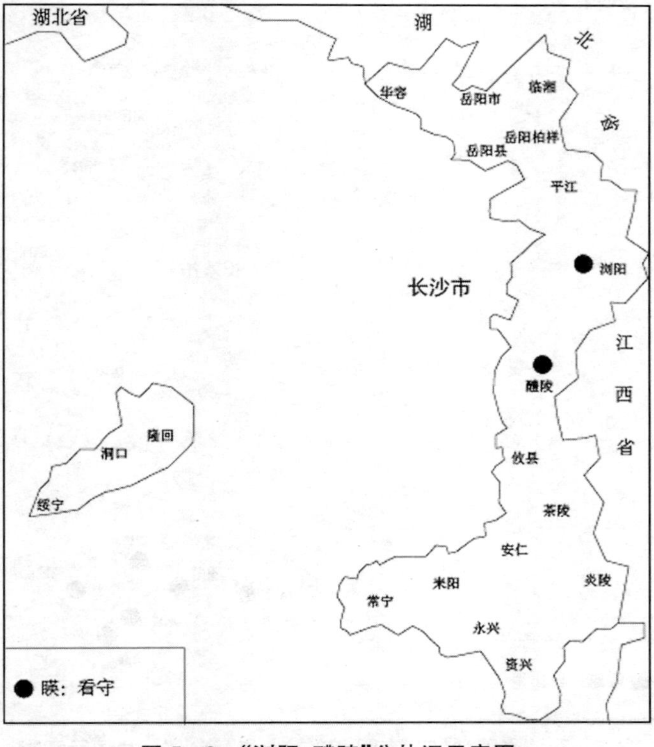

图 5－2　“浏阳、醴陵”分片词示意图

5.2.2.3 “炎陵、常宁、耒阳、安仁、永兴、资兴”分片词

这个分片包含的方言点最多，地域最广阔，拥有 22 个分片词。

① 鲮鱇(穿山甲)；② 牛鸹哩(八哥儿，会说人话，据说站在牛头上为牛掏耳朵)；③ 算盘子(喉结)；④ 倒灶脑箇(败家子)；⑤ 流时箇(赶快，快点)；⑥ 对岁/对年/对月/对时(“对-”指时间的一个循环，“对岁，对年”为一周年，“对月”一个月，“对时”指一整天)；⑦ 打发客(送客并回赠礼品)；⑧ 攩(搀扶)；⑨ 鱼水(鱼苗)；⑩ 步(跟踪，守候)；⑪ 磉(垫高，使稳)；⑫ 掌括(负责)；⑬ 拗[将植物的嫩苏割下来，如“拗蘫(采蕨菜)”]；⑭ 新书(历书)；⑮ 蘫[lɛ⁴⁴](蕨，永兴音)；⑯ 歇客(招待客人)；⑰ 乃脚(门槛)；⑱ 嗨狸(山

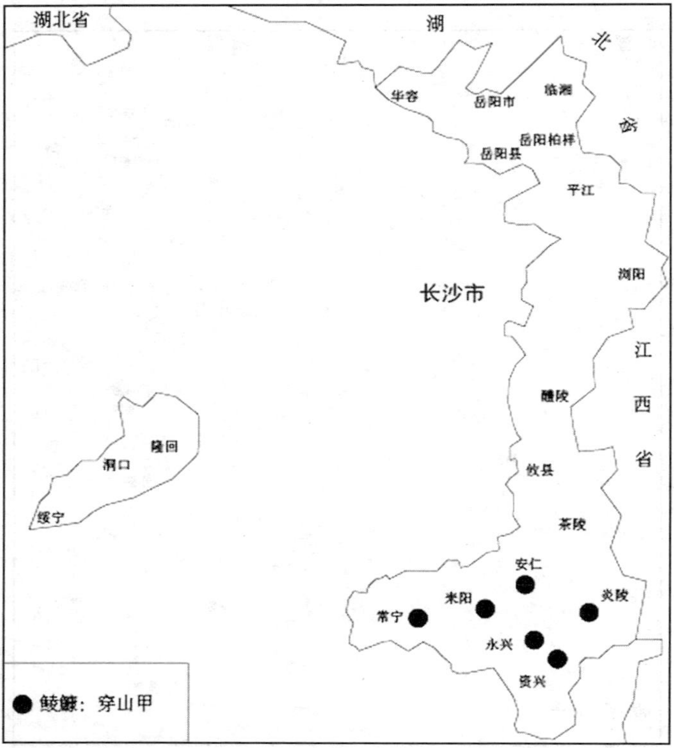

图 5－3　“炎陵、常宁、耒阳、安仁、永兴、资兴”分片词示意图

羊)；⑲ 㪷墙屋(泥墙屋)；⑳ 打佮[ko^{11}](作伴，永兴音)；㉑ 还有成(抢先，还没怎么样)；㉒ 蛇拐(蛇)。

5.2.2.4 “洞口、绥宁、隆回”分片词

湘西南的3个点组成的这个分片，有许多与湘东赣语点差异较大的词汇，共有19个分片词。

① 向天眲(仰睡)；② 讲白话(闲聊，聊天)；③ 动风(刮风)；④ 畬[$ɕia^{55}$](土，菜园，洞口音)；⑤ 清水(凉水)；⑥ 拨丝(蜘蛛)；⑦ 乖汰(形容女的漂亮)；⑧ 起痧(中暑)；⑨ 哈[xai^{55}](玩，开玩笑，洞口音)；⑩ 撩和(软)；⑪ 扯淫眼(挤眼儿)；⑫ 吃豆腐(喝白事酒)；⑬ 懒豆腐(豆腐脑儿)；⑭ 过桥(小孩

图5-4　“洞口、绥宁、隆回”分片词示意图

过生日)；⑮ 抚[au^{35}](量衣服，洞口音)；⑯ 笮称(压称)；⑰ 尿坑(小水沟)；⑱ 布(毛巾布，洗脸布)；⑲ 高称(称秤时秤尾高)。

湖南赣语区通过进行“对内统一，对外排他”的方言分片词的统计，大略能分出以上四个片。“攸县、茶陵、平江”三个点在“分片词”方面，与各相邻方言点的共用词非常少。平江单点独有的方言词为0，与南、北相邻的浏阳、岳阳县3点独有的方言词只有“囥(藏)”一个；相邻范围扩大至“岳阳柏祥、岳阳县、平江、浏阳、醴陵”5点，独有的词也只有一个“打鼾”。攸县、茶陵两点，各自独有词的方言词为0；两点连用的方言词有两个，即“爬起(起床)”“凉水”；相邻范围扩大至“醴陵、攸县、茶陵、炎陵”4点，独有的词仅“后生唧(年轻人)”一个，相邻范围再扩大，独有词为0。平江、攸县、茶陵在相邻点“独有词”方面的表现，与我们在湖南赣语区每“两点”共用词的统计结果是相符的，即相对其他点，共用词方面表现得“特立独行”。

5.2.3　多片共用词

在我们统计出来的1 248条湖南赣语方言词语中，有部分方言词的用法为多个点共用，区内具有普遍性；也有小部分方言词仅为某1个点或2—3个点使用，不具有普遍性。多点共用的方言词，其分布的范围又分几种情况：

有湖南赣区19个点都使用的，在全区域内具有高度一致性，即我们上面所说的“全片共用词”。有的方言词未能普及到所有19个点，但却有10个及10个以上点使用；我们认为，超过10个点使用的方言词，在包含19个点的湖南赣语区内的分布，也颇为密集，这类分布特点的方言词也体现了湖南赣语内部一致性。另外有部分方言词共用的点在9个及9个以下，在包含19个点的湖南赣语区内的分布，则较为分散，代表了湖南赣语词汇内部的“离散性”；而只有1—3点使用且各点在地缘上又不连成片的方言词，就只能作为特殊情况处理了。

以下我们以每个词语分布方言点的数量为主要参考依据，将涉及方言点较多但方言点地缘不相连的共用词，按使用方言点的数量多少排序，分“10 点以上共用词”“4—9 点共同词”两类进行方言词列举。并在两类方言词数据统计的基础上，画出便于直观分析的纵横轴坐标的“直方图”。

5.2.3.1　有 10 点以上的共用词

(1) 虹[kɔ13](彩虹，永兴音)

(2) 狗窠(狗窝)

(3) 吃烟(抽烟)

(4) 炙火(烧火，暖身子)

[第(1)—(4)条，每条各有 18 个点使用]

(5) 沕[mən13](潜水，永兴音)

(6) 晓得(知道)

[第(5)—(6)条，每条各有 17 个点使用]

(7) 鸟[tiɤ41](鸟儿，飞禽，永兴发音)

(8) 老鸹(乌鸦)

(9) 檐老鼠(蝙蝠)

(10) 鱼脬(鱼鳔)

(11) 牛栏(牛圈)

[第(7)—(11)条，每条各有 16 个点使用]

(12) 塆墒(地方)

(13) 蠓[ɕiɛ̃31]公(蚯蚓，茶陵音)

(14) 茅厕(厕所)

(15) 脚盆(洗澡盆)

(16) 气色(气味)

(17) 釃[sai33]茶/釃酒/釃开水(倒茶，倒酒，倒开水，浏阳音)

(18) 铺(商铺)

(19) 螺子骨(脚踝骨)

[第(12)—(19)条，每条各有 15 个点使用]

(20) 整(治病)
(21) 月光(月亮)
(22) 作田/作菜/作土/作畬[ɕia⁵⁵](耕作庄稼,种田等,洞口音)
(23) 鐓鸡(阉过的公鸡)
(24) 菢鸡婆(抱窝鸡)
(25) 团鱼(鳖)
(26) 猪栏(猪圈)
(27) 丫口(张开嘴)
(28) 老庚(同年的人)
(29) 板⁼[pɛ⁴¹](摔,倒在地上,永兴音)
(30) 落尿/落屎(屎尿失禁)
(31) 打汤(做汤)
(32) 浮[pɤ³⁵](漂浮,永兴音)
(33) 搊[tsʰœ³³](两手捧着向上举,茶陵音)
(34) 搣[mie²¹](掰开,永兴音)

[第(20)—(34)条,每条各有 14 个点使用]

(35) 冲(溪流入河口)
(36) 禾线(稻穗)
(37) 巷子/巷头
(38) 开单子(药方)
(39) 組[tsan¹¹](手工缝,钉扣子,浏阳音)
(40) 散学(放学)

[第(35)—(40)条,每条各有 13 个点使用]

(41) 濽雨[tsʰe⁴⁵ y³⁰](淋雨,茶陵音)
(42) 构(冰;结冰)
(43) 窾[kʰuɛ¹³](坡地;坡,永兴音)
(44) 街上(城市)
(45) 天螺/天田螺(蜗牛)

（46）黄鳝（鳝鱼）
（47）椽皮（椽子）
（48）鸡笼
（49）眼珠（眼睛）
（50）缘[yɛ³⁵]衣衫（缝衣服，过去指用手工缝，永兴音）
（51）张饭（盛饭）
（52）伏得睏（趴着睡）
（53）单车（自行车，新说法）
（54）线车（自行车，旧说法）
（55）打浮冲（游泳）
（56）搊屎/搊尿（给小孩把屎把尿）
（57）攸（毛线绕成团）
（58）邋（污，脏，不整洁）
（59）听话（乖）
（60）细（小）
（61）怕（怕是，怕莫，表猜测）
（62）徛（站）
（63）打啵（亲嘴）
[第(41)—(63)条，每条各有 12 个点使用]
（64）岭（山岭）
（65）煞（断，停止；厉害；足够）
（66）菖（薤，菖子）
（67）黄蜂（蜇人的毒蜂，个儿大）
（68）蛤蟆（青蛙）
（69）鸡窠（鸡窝）
（70）老俵（表兄弟姐妹）
（71）剃脑（理发）
（72）丫裆裤（开裆裤）

(73) 环心/圞心(心脏)
(74) 挑(结成……关系)
(75) 划子(小船)
(76) 搡(推,搡)
(77) 齿(理睬)
(78) 腈(瘦,指食用肉)
(79) 怕丑(怕羞)
(80) 渠(他,第三人称)
(81) 闹(毒,动词)
(82) 甑(木制蒸饭工具,内有甑箆子)

[第(64)—(82)条,每条各有11个点使用]

(83) 星泻(屙)屎(流星)
(84) 发风(刮风)
(85) 江(河)
(86) 圳(水渠)
(87) 坳(坡)
(88) 凼[$t^h\tilde{ɔ}^{213}$]/凼落(小水坑,耒阳音)
(89) 一世年/一世人生(一辈子)
(90) 莳田(插秧)
(91) 管/杆(稻草)
(92) 禾堂(晒谷坪)
(93) 蕻(菜的茎发出的新芽)
(94) 板栗
(95) 土狗子(蝼蛄)
(96) 靠背(椅子背儿)
(97) 斛[ua^{53}](舀水,岳阳县音)
(98) 把缸(有把儿的杯子)
(99) 拐子(拐小孩的人贩子)

(100) 𤷬[la^{35}]肩膀(溜肩膀儿,永兴音)
(101) 丫(缝儿)
(102) 圞[$loŋ^{13}$]裆裤(死裆裤,醴陵音)
(103) 捡药(抓中药)
(104) 夹/夹衣(棉衣)
(105) 料(棺材)
(106) 讲梦话
(107) 撚[$li\tilde{ɛ}^{31}$](握着拳头,茶陵音)
(108) 偋[$pi\tilde{ɔ}^{213}$](藏,耒阳音)
(109) 落[lai^{55}](因忘而把东西遗放在某处,浏阳音)
(110) 把似(你以为,或表提醒的发语词)
(111) 敥[$i\tilde{e}^{13}$](撒,茶陵音)
(112) 抈[$ŋyɛ^{31}$](折断,醴陵音)
(113) 圞[$loŋ^{13}$](整的,醴陵音)
(114) 晏(迟)
(115) 暴(初初时,刚开始)
(116) 哪个(谁)
(117) 㪷 [$tɕiəu^{11}$](拧,拧盖子,浏阳音)
(118) 田螺
(119) 起屋(建房子)

[第(83)—(119)条,每条各有10个点使用]

根据上述统计,在119条各自有10点以上共用的湖南赣语方言词中,各个点所用词的数目分别是:

华容46条、临湘73条、岳阳柏祥82条、岳阳县62条、岳阳市39条、平江56条、浏阳84条、醴陵89条、攸县65条、茶陵67条、炎陵77条、常宁87条、耒阳95条、安仁55条、永兴106条、资兴55条、洞口69条、绥宁55条、隆回68条。

为直观比较各点所有的分布10点以上方言词的情况,我们模拟湖南赣语 19 点的地理分布,建立了一个“湖南赣语 10 点以上共用词分布”直方图(见图 5－5)。

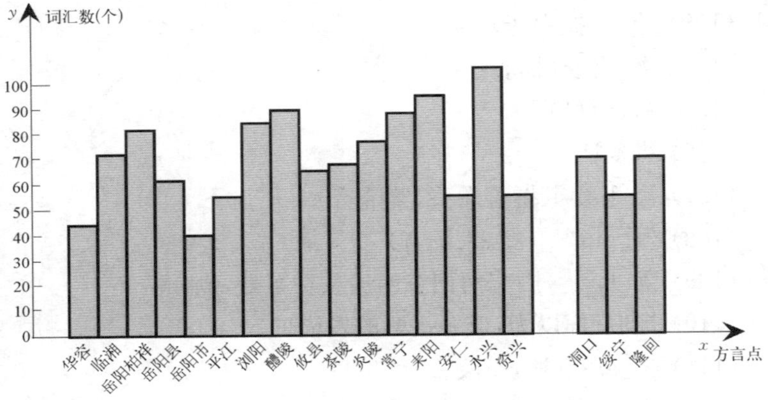

图 5－5　湖南赣语 10 点以上共用词分布图

5.2.3.2　有 4—9 个点的共用词

除了上述 118 条“10 个以上点共用词”外,更多的湖南赣语词汇,为小部分点共用。如果说“10 个以上点共有的方言词”,代表了湖南赣语的内部一致性倾向,那么,“4—9”点共用的词,就体现了湖南赣语词汇内部使用的差异性。

这类词数量多,共有 374 条。以下列出各词语,以共用的方言点数量为分组依据。

1) 各有 9 个点共用的词

(1) 当阳/当哒日头(向阳)

(2) 开雪眼(雪后短暂性地出太阳)

(3) 土/土底(旱地)

(4) 炭(煤)

(5) 场(集市)

(6) 晡[一天的时间段,如“夜晡(夜晚),昨晡(昨天)”等]

(7) 踺[lai^{13}]田(耘田,醴陵音)

(8) 掤禾[pan^{11} o^{55}](原意为人工打稻子,浏阳音)

(9) 子(家禽蛋)

(10) 虾公(虾)

(11) 蟆蝈(青蛙)

(12) 瓮坛(植入灶体内的鼎,鼎口开在灶面上,焐热水用)

(13) 家门(同姓的人,一般指不是同一个宗族祠堂的同姓人)

(14) 毛(头发)

(15) 胁(胳肢窝下)

(16) 死血(不要脸,指脸不会红)

(17) 头(裤腰)

(18) 袈(口水围)

(19) 换茶(农家自制食品)

(20) 飦[kan^{34}](粥,羹,炎陵音)

(21) 熮巴[lɔ^{11} pa^{34}](锅巴,茶陵音)

(22) 养(孕妇生产)

(23) 晀[loŋ^{11}](晾衣,浏阳音)

(24) 佮[ko^{44}](合得来,相处得好,攸县音)

(25) 礼性(礼节,礼貌)

(26) 放(摆出姿态,或做出某种行为,如放让/放量/放臭/放快/放骗/放赖/放嗲/放者)

(27) 缗钱[min^{55} tɕ^{h}iĩ^{55}](有孔的铜钱,浏阳音)

(28) 掉(摇头)

(29) 钉$^{=}$[tiaŋ^{25}](投掷,扔,岳阳县音)

(30) 话信(告诉)

(31) 打讲(聊天)

(32) 默神(想想)

(33) 惯势(娇惯)

(34) 斗(将部分组装成整体)
(35) 蹾(竖立,站着)
(36) 砑[ηa^{11}](强塞入,碾,动词,浏阳音)
(37) 齐扎/扎齐(整齐)
(38) 打眼(显眼)
(39) 一起(一块儿)
(40) 高头(顶上,做方位类后缀用,如"桌子高头")
(41) 脚(下面,如脚下,脚底,脚里,脚颠)
(42) 前(做方位类后缀,不具体指"前面"的实义)
(43) 别个(他人)

2) 各有 8 个点共用的词

(1) 天河(银河)
(2) 园(菜地)
(3) 塍[$ɕiæ̃^{35}$]/塍头(田埂,耒阳音)
(4) 桠(树枝)
(5) 竻[$lɛ^{35}$](荆棘,醴陵音)
(6) 鸦鹊(喜鹊)
(7) 雁鹅(大雁)
(8) 岩鹰(老鹰)
(9) 铺板(床板)
(10) 拐/夬(脾气怪,难打交道)
(11) 抻敨(身材好,匀称)
(12) 哕(吐奶)
(13) 荟料(作料)
(14) 则(比量,做衣服量身)
(15) 拣菜(择菜)
(16) 夹菜(搛菜)
(17) 搭帮(多亏)

(18) 蔛[$t^hi\gamma^{41}$](调换一个,永兴音)
(19) 簰[pa^{35}](竹排,永兴音)
(20) 发蒙(开蒙)
(21) 望(看)
(22) 辵[$ts^h\upsilon^{44}$](遗失,丢失,永兴音)
(23) 诂(猜,预计)
(24) 眼红(嫉妒)
(25) 嗲(小孩说话,行为娇)
(26) 剟[$ko\eta^{13}$](钻进钻出,永兴音)
(27) 学舌(把听到的说过第三人听)
(28) 冇(不要)
(29) 好过(身体舒服)
(30) 熨帖(干净整齐,合适)
(31) 蛮(很)
(32) 硬(实在)
(33) 得(被,让)
(34) 下(都,全部)
(35) 后背(后面)
(36) 同转(周围,转圈)
(37) 他(第三人称)
(38) 你老人家(您,尊称)
(39) 箇(这个)
(40) 当门(前面,如当门牙,当门骨)
(41) 启[$təu^{44}$](物体底部,如"锅启",浏阳音)
(42) 鏀锅[lu^{53} uo^{11}](补锅,攸县音)
(43) 手巾(手绢)

3) 各有 7 个点共用的词

(1) 月光长毛(月晕)

(2) 起风(刮风)
(3) 管构(结冰)
(4) 泻泥/泻泥巴(烂泥)
(5) 潽[$p^h u^{11}$](液体溢出,醴陵音)
(6) 坼[$ts^h a^{55}$](干裂,岳阳市音)
(7) 杀禾(割禾)
(8) 打禾(打稻子)
(9) 錣田(犁田)
(10) 桍(树枝)
(11) 堕栗(栗子)
(12) 寡鸡子/寡蛋(孵不出小鸡的坏蛋)
(13) 哭鸟(猫头鹰)
(14) 蟑蛛(蜘蛛)
(15) 蛾[lo^{35}](蛾,蝶,永兴音)
(16) 鸡埘(鸡圈)
(17) 里手(内行)
(18) 标致(漂亮,多形容男性)
(19) 舷皮(嘴唇)
(20) 扯瘕[xa^{33}](哮喘,岳阳县音)
(21) 发齁[$fæ^{42}$ $xœy^{33}$](气喘,哮喘,平江音)
(22) 荷包(衣兜)
(23) 片(尿布)
(24) 摆衣(漂洗衣服)
(25) 焮[$ɕin^{33}$](微煎或焖,炎陵音)
(26) 捞(拿,动,捡)
(27) 嘈$_1$[$ts^h au^{13}$](肚子饿,平江音)
(28) 起头(起床)
(29) 打嗬咽(打呵欠)

(30) 得梦(做梦)
(31) 喫冤枉(行不义之事,收不义之财等)
(32) 醐酒/醐子酒(糯米甜酒汁)
(33) 花边(光洋)
(34) 绵称(称秤时秤尾低)
(35) 看(看)
(36) 斗[$tɤ^{41}$](跺脚,耒阳音)
(37) 跐脚(踮脚)
(38) 浅$^{=}$[$tɕ^{h}iɛn^{51}$](按住,压住,炎陵音)
(39) 话$_{1}$话$_{2}$[ua^{31} hua^{31}](说话,"话$_{1}$"动词,"话$_{2}$"名词,安仁音)
(40) 飙(快走如飞跑)
(41) 招呼(留神,小心)
(42) 斗(凑集)
(43) 冇(没)
(44) 莫(不)
(45) 造孽/作孽(可怜)
(46) 圝[$loŋ^{13}$](圆,形容词,醴陵音)
(47) 好生唧(提醒语,好点儿)
(48) 底(里面,下面)
(49) 麻格(什么)
(50) 捭[$p^{h}ai^{53}$](两手左右平伸的长度,岳阳音)
(51) 帕(毛巾)

4) 各有 6 个点共用的词

(1) 星子(星星)
(2) 垌[$t^{h}əŋ^{13}$](两山间的较宽阔地或稻田,炎陵音)
(3) 墟(集市)
(4) 溢(液体溢出)
(5) 淋淤/淋水(浇灌)

(6) 荪[sən^{33}](植物嫩茎,浏阳音)
(7) 剥剥(蛋)
(8) 狗婆蛇/狗皮蛇(蜥蜴)
(9) 吊楼(阳台)
(10) 横子(椅子掌儿)
(11) 水架(脸盆架)
(12) 膈(胳肢窝下)
(13) 奶婆/奶脯(乳房)
(14) 新姑娘(新娘)
(15) 长尾巴(小孩过生日)
(16) 烟筒(烟杆)
(17) 场伙(场面,状况)
(18) 㝗$_1$[laŋ^{34}](用水回复地荡几下,炎陵音)
(19) 发火(引燃火)
(20) 打岔(有意阻止)
(21) 答白(搭理)
(22) 饭铺(饭店)
(23) 光洋
(24) 瞝[dz^{h}ɿ^{33}](看,岳阳柏祥音)
(25) 讲话(说话)
(26) 牛/蝦[tɕ^{h}ia^{35}](跨,永兴音)
(27) 跌(掉了,遗失)
(28) 失(丢失)
(29) 疑起(以为,估量,猜想)
(30) 扎(挽袖子)
(31) 㔟[tsue^{35}](掐断,折断,耒阳音)
(32) 丁公(指关节/敲打人头)
(33) 攒劲(努力)

(34) 唔(不)
(35) 经事(结实耐用)
(36) 在行$_1$[$ts^h e^{21}$ $ho\eta^{45}$](听话,受教;安仁音)
(37) 活泛(灵活)
(38) 甲(脾气倔,犟)
(39) 亘(整的)
(40) 狭(狭窄)
(41) 戗[$t\text{ɕ}^h i\text{ɔ}^{44}$](斜,永兴音)
(42) 易得(容易)
(43) 枯(物品干燥)
(44) 就(马上)
(45) 连(一点也不)
(46) 总共(一共)
(47) 跟(和,与)
(48) 越加(更加)
(49) 口前(外面)
(50) 跆[$ts\text{œ}^{34}$](蹲,茶陵音)
(51) 跍[$k^h u^{55}$](蹲,浏阳音)
(52) 自家(自己)
(53) 搨(码起)

5) 各有 5 个点共用的词

(1) 日头窠里(太阳地儿)
(2) 打雷公(响雷)
(3) 雾罩(雾)
(4) 塝田(丘陵地区傍山边两侧的田)
(5) 老屋(家乡)
(6) 漫(液体溢出)
(7) 黄历(历书)

(8) 黄桶(手工脱谷粒即“搬禾”用的大木桶)
(9) 藨[$p^{h}ɔ^{55}$](覆盆子,耒阳音)
(10) 蔸脑(根茎)
(11) 赖菢鸡婆(抱窝鸡)
(12) 果子(蛋)
(13) 晒楼(阳台)
(14) 凉床(竹床)
(15) 生得好(人长得或东西做得好)
(16) 䊪[la^{41}](黏液,永兴音)
(17) 只眼子(独眼人)
(18) 荷肚(怀孕)
(19) 得(强一点,病好了一点儿)
(20) 敨衣(漂洗衣服)
(21) 漏火(引燃火,以备煮饭)
(22) 杂菜(择菜)
(23) 炆(用水煮)
(24) 淖[$ts^{h}o^{44}$](滚水里过一下,永兴音)
(25) 煮菜(炒菜)
(26) 炒菜
(27) 炮(油炸)
(28) 叉[$piɤ^{13}$](分送分发礼物和东西,永兴音)
(29) 好得(多亏)
(30) 饥(肚子饿)
(31) 起来(起床)
(32) 歇气(休息)
(33) 打哈兴(打呵欠)
(34) 晬[$ts^{h}ui^{33}$]眼眯(打盹,想睡觉,常宁音)
(35) 鼓屁(打呼)

(36) 打鼾(打呼)
(37) 做梦
(38) 唆祸[sue^41 xʊ^13](挑唆,永兴音)
(39) 捅(挑唆)
(40) 伙铺(旅店)
(41) 整钱/亘钱
(42) 起称(称秤时秤尾高)
(43) 洪称(称秤时秤尾高)
(44) 墨盘(砚)
(45) 砚池(砚)
(46) 动棋(下棋)
(47) 眊[lau^33](看,绥宁音)
(48) 告醒(告诉)
(49) 话/讲("说",两种皆用)
(50) 扯谈(聊天)
(51) 抲[kʰa^55](拿着,耒阳音)
(52) 者(撒娇)
(53) 撮敷(骗)
(54) 井(一直不停歇做某事)
(55) 攓[tɕʰiɛn^212](拔毛,炎陵音)
(56) 搂[lo^55](揉搓,按摩,浏阳音)
(57) 筐(倾倒)
(58) 磕(砸开,敲开鸡蛋)
(59) 搒[pʰaŋ^42](打,撞击,岳阳市)
(60) 过身(经过)
(61) 架势(着手做)
(62) 脱糊(脱干系)
(63) 到堂(到场,达到火候)

(64) 斗把(对着干)
(65) 打野(走神)
(66) 埲[$p^h\tilde{u}^{213}$](尘土扬起,耒阳音)
(67) 探(探闲事)
(68) 乖(本分,不生事)
(69) 拱(凸)
(70) 静办(背静)
(71) 奓$_1$[xai^{33}](很,程度副词,岳阳县音)
(72) 青(黑色)
(73) 不得空(忙)
(74) 当得(当面)
(75) 得(管……〈叫做〉)
(76) 扯常(经常,一直)
(77) 横直(反正)
(78) 暴货子(新手,技术不熟)
(79) 现只(本来就……〈还〉)
(80) 背头(后面)
(81) 后头(后面)
(82) 个人(自个儿)
(83) 通皮(通情达理)
(84) 手巾帕(手绢)
(85) 灶鸡(蝗虫)
(86) 祖/祖脑(坟)

6) 各有 4 点共用的词

(1) 斗风(顶风)
(2) 蒙露(雾水)
(3) 熰(闷热)
(4) 嶆[$ts^h\text{ɔ}^{21}$](山间低地,沟壑,安仁音)

(5) 港子(小溪)
(6) 溚[tʰa²¹](雨天行走而带起泥水,永兴音)
(7) 块子(块煤)
(8) 壕坎(沟)
(9) 老家(家乡)
(10) 来年/来日(明年,明日)
(11) 灌淤/灌水(浇灌)
(12) 耖田(牛力耕地)
(13) 搬桶(搬禾用的大木桶)
(14) 箱桶(打谷桶,同"黄桶,搬桶")
(15) 鹅梨(梨子)、落花生(花生)
(16) 毛栗(野生栗,个儿小)
(17) 毛柴(杂枝)
(18) 薸[piɤ³⁵](浮萍,永兴音)
(19) 艾叶
(20) 騸鸡(阉鸡,动宾)
(21) 铺(床)
(22) 木头(棺材)
(23) 金井(墓坑)
(24) 亏得(多亏)
(25) 寻菜(到菜园里摘菜,挖菜)
(26) 燂[tɛ³⁵](火过一下,略烧,永兴音)
(27) 盐菜(腌菜,名词)
(28) 汽(略蒸加热)
(29) 过中/过午(中午小吃小喝,非正餐)
(30) 泯[min⁵³](轻抿一口,岳阳县音)
(31) 歇肩(休息)
(32) 失哒颈(落枕)

(33) 转筋(抽筋)
(34) 发梦冲(魇住了)
(35) 炀尘(过年前打扫屋顶上的油烟形成的吊末,同“打炱煤灰”)
(36) 结仇(闹别扭,不来往了)
(37) 㷫/焙/煏(烘烤)
(38) 花(虚伪,表面工作做得好)
(39) 灶鸡(灶蟋蟀)
(40) 拨花(翻绳子)
(41) 抛称(往多里计)
(42) 读书(上学)
(43) 散假(放假)
(44) 砚碗(砚)
(45) 白眼字(写白字)
(46) 翻茶盘(翻绳)
(47) 瞻[tɕʰin^{41}](盯着看,永兴音)
(48) 睃[so^{33}](快速瞟视,醴陵音)
(49) 眥[sa^{312}](斜视,瞄,茶陵音)
(50) 攴[pʰv̩^{41}](用棍打,永兴音)
(51) 话(说)
(52) 看得重(娇惯)
(53) 诒[tæ^{41}](骗,耒阳音)
(54) 噱[ɕye^{21}](好言劝哄着,永兴音)
(55) 捘[nən^{45}](两手指捏住细物摩动,岳阳市音)
(56) 捋(挽袖子)
(57) 艮[ən^{41}](异物在鞋硌脚,永兴音)
(58) 摢[xua^{34}](挥动、甩,如“摢手”,耒阳音)
(59) 啯[ə^{42}](理睬,岳阳市音)
(60) 甩[sai^{42}](理睬,用于否定,有不客气意思,岳阳市)

(61) 霸蛮(卖力)
(62) 发狠(努力)
(63) 补火(返工)
(64) 拢边(靠近)
(65) 耍(玩)
(66) 饟[ɕiaŋ24](故意用美食去馋别人,华容音)
(67) 促到[tsʰəu55](突然记不起来,岳阳市音)
(68) 憭祸(儿童因互相戏弄而生事,闯祸)
(69) 勯[lei33](滚动,浏阳音)
(70) 挲(叉开手)
(71) 上好(本来很好,事实上很好)
(72) 挖腥(脏,恶心,或不体面)
(73) 活荡/活宕(灵活)
(74) 熨事熨帖(干净整洁,有条理)
(75) 勘(容积浅一点,少一点)
(76) 几(足够,如“几好,几满”)
(77) 直筒(直爽)
(78) 搞不赢(忙不过来)
(79) 行时(流行)
(80) 陋祟(寒酸)
(81) 别脱(方便)
(82) 痨(晒蔫)
(83) 就得(趁便)
(84) 流时箇(赶快,快点)
(85) 特事(故意)
(86) 开头(开始)
(87) 呆定(肯定的,毋庸置疑的)
(88) 长行(经常)、外前(外面)

(89) 手边(用以分左右,如左手,右手边)

(90) 大齐家(大家)

(91) 么人(谁)

(92) 绹(绳索)

(93) 揭(盖,动词)

7) 以下5个词各有3个点共用,因属于较特殊的方言词,特别列出。

(1) 新书(历书)

(2) 鸭埘(鸭圈)

(3) 床横子(床架的掌木)

(4) 对扯(合得来,对劲,一般用于否定语境,如"不对扯,唔对扯,冇若对扯,指不对劲,合不来")

(5) 讲白话(闲聊)

根据统计,在403条各自有4—9点共用的湖南赣语方言词中(含5条仅3个点共用的词语),各个点所用的词的数目分别是:

华容114条、临湘85条、岳阳柏祥133条、岳阳县130条、岳阳市88条、平江85条、浏阳141条、醴陵143条、攸县76条、茶陵105条、炎陵165条、常宁165条、耒阳172条、安仁111条、永兴253条、资兴113条、洞口73条、绥宁46条、隆回72条。

我们也建立相应的"方言词分布直方图"(见图5-6)。

5.2.4 两张"方言词分布直方图"的分析、说明

我们通过"湖南赣语10点以上共用词分布图"(图5-5)、"湖南赣语4—9点共用词分布图"(图5、图6)两张直方图,对多片共用词的词汇进行统计和比较。直方图显示了以下信息:

(一) 在"湖南赣语10点以上共用词分布直方图"中,有17个点的词语数都超过了50,占89%强;只有2个点(华容与岳阳市)的词语数低于50,仅占10%。这说明,在湖南赣语区里,10点以上共用词在分布上还是较均衡的。这种均衡性表明,代表内部一致性的"10点以上共用

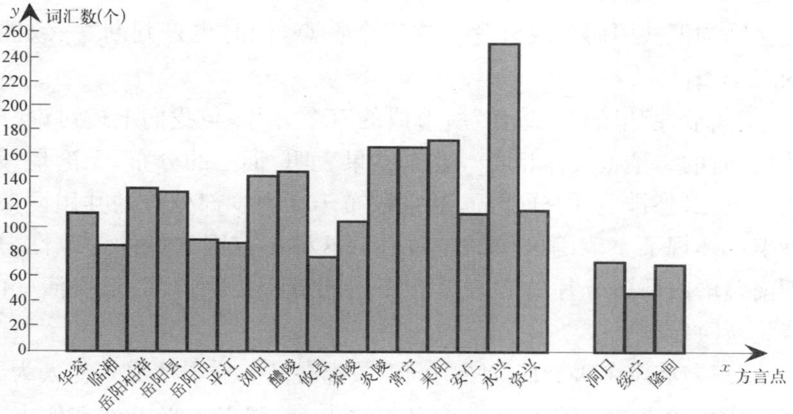

图 5－6　湖南赣语 4—9 点共用词分布图

词”，在湖南赣语区全区域范围具有影响力，并没有明显的地域限制性。即便是处于湘西南一隅的 3 个赣语点洞口、绥宁、隆回，在“分布图”的表现上，也没有太大差异。在方言词的数量上，洞口、隆回与湘中的茶陵属于同一级别，绥宁则与湘南的安仁、资兴属于同一级别。

华容、岳阳市表现较弱，我们分析，还是因为二点处在与湖北交界地带，这一带历史上被辟为接纳中原移民的安置地带，持续受到来自北方、中原方言的影响，导致他们的方言保留赣语特征相对较少。这也可以从这二点的方言词汇里存在较多古语词、文言文式用法的词语等情况得到验证。

（二）前面我们说过“湖南赣语 4—9 点共用词”体现了湖南赣语内部的离散性。（图 5、图 6）“湖南赣语 4—9 点共用词分布图”显示，在这种离散性里，仍可以看出局部的“一致性”。这种局部“一致性”发生在“岳阳柏祥、岳阳县”“浏阳、醴陵”“炎陵、常宁、耒阳”等三个分片。

三个分片的一致性有三个特点，一是词汇数值高，在高词汇数值的前提下，才可以说“一致性”；道理很简单，如果两个方言点词汇数都为 2，虽然在“平面坐标直方图”上表现为一段直线，但也不能说两个点具有“一致性”。二是词汇数值相近。三是地缘上相连，唯相连才会因词汇共用而形成分片。这三个特点，同时也是判断“一致性”的三个条件。

“离散性”里的“一致性”所形成的三个分片，与我们上述讨论“分片词”时的结论也大体相合。这个结果表明，词汇的分布，无论是“对内一致、对外排他”的分片词，还是散布于区内少部分点的共用词，实际上都体现了小范围区域的一致性。这种小范围区域的一致性，是湖南赣语内部各分片的方言具有相同的语言接触环境、发展演变的背景所决定的。

（三）永兴在两个直方图中词汇数都最高。这个情况是受人为因素干扰而造成的。因笔者是永兴本地人，在调查永兴以外其他点方言的时候，有不少对永兴点自省式的补充调查，使得永兴在湖南赣语方言词汇的绝对数量高很多。

但正如我们在第二章“湖南赣语内部词汇的计量统计及对比分析”一章中所说的，方言词汇的多方言点比较研究不仅是看绝对数量，更重要的是多个点之间对比的相对比率。只有相对比率，才能说明比较对象之间的关系。更何况还有其他选项可做比较依据，如上面所说的判断“离散性”中“一致性”的三个条件，如果从“词汇数值相近”这个条件来说，与永兴南北接界的安仁、资兴二点的数值差不多，符合其中一个条件；但安仁、资兴的数值太低，不符合“词汇数值高”的条件。所以，即便永兴词汇数绝对数值高，也并不是影响安仁、资兴构成具有“一致性”分片的原因。

基于尊重方言事实的原则，对永兴的方言词汇数量不予特别处理。

5.3 “灶鸡”“搧”“连襟”“蛋”的方言分布图

除了同一个词语在区域分布的点不同外，湖南赣语还有些词语，说法相同但在不同方言点其意义不尽相同，即“同形异义”；有些相同的意义在各个点的用词不一样，即“同义异形”。

如“聊天”这个词，湘东南部一带说“打讲”，湘东北部一带则说“扯谈”，而湘西南三个点则说“讲白话”；再如同样一个词形，表示的意义不尽相同，如“热水”“烧开的水”“温水”这三个关于水温的词条，湖南赣语就有“滚、热、㸌、开、温”五种常用的相关说法，攸县、炎陵、常宁、耒阳、永兴、洞口、绥宁、隆回等8个点用上述五种相关说法来表达，就有些微差别。为便于比较，列为表5-1：

表5-1　部分点关于“热水”的用词比较(方言词分布示意图见图5-7)

方言点	热　水	烧开的水	温　水
攸县	热水	滚水	温暖热箇水
炎陵	滚水	泡水	温滚唧箇水
常宁	㸌水	开水	温㸌水
耒阳	㸌人箇水	滚水	温热水
永兴	滚水	开水	温(滚)水
洞口	㸌水	开水	温㸌水
绥宁/隆回	热水	开水	㸌水

这表明，除了具体使用方言词不同外，湖南赣语部分词汇的具体所指意义存在一定内部差异。这种内部差异，也与区域分布有一定的关联。用词差异、方言词意义差异与区域分布的关系，最适宜借助方言地图来表达。详见图5-7。

我们在湖南赣语词汇里挑选了“灶鸡”“搨”“连襟”“蛋”四个词语为代表，通过方言地图进行观察比较。“灶鸡、搨”两个词语在19个点中使用较广，但意义不尽相同，属“同形异义”；而“连襟、蛋”两个词条在湖南赣语里各点的说法多样，属“同义异形”，正好代表了词义差异的两种形式。

以下我们就这两组词语从方言分布图的角度来一窥湖南赣语词汇在意义与形式上的具体表现。

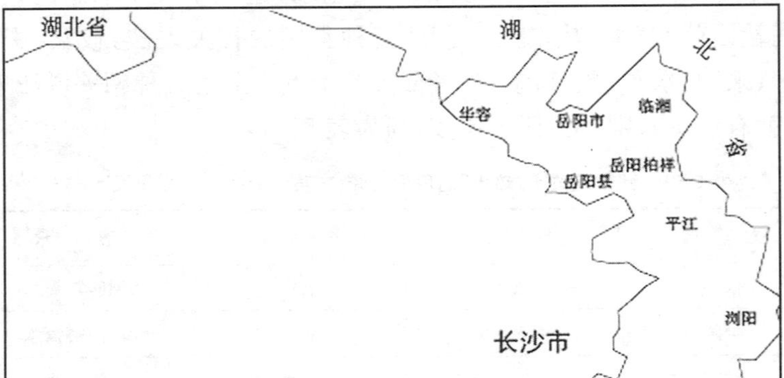

图 5 - 7　湖南赣语部分点关于“热水”的用词分布示意图

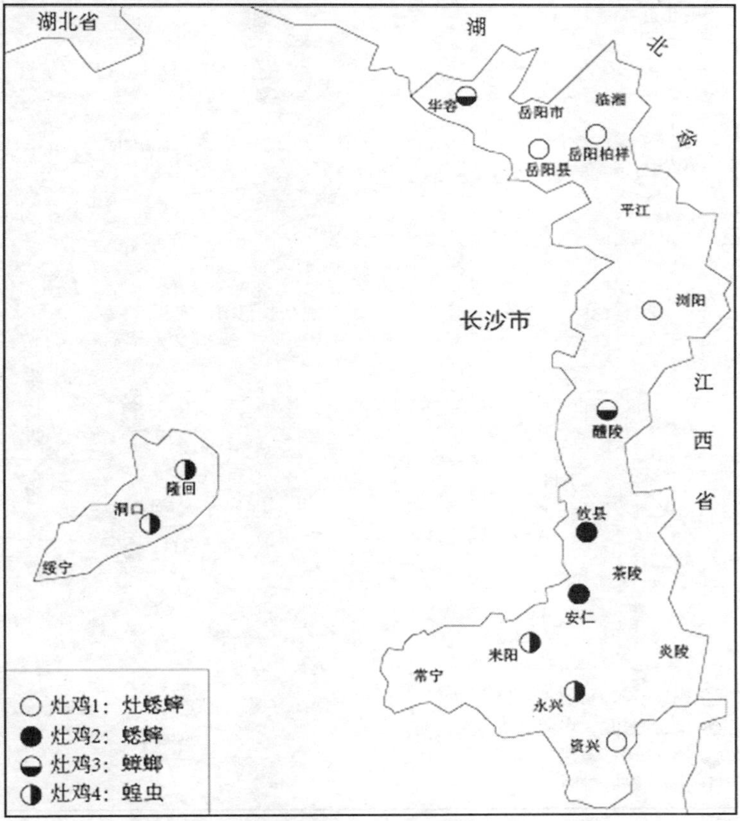

图 5-8　湖南赣语词汇“灶鸡”的意义分布图

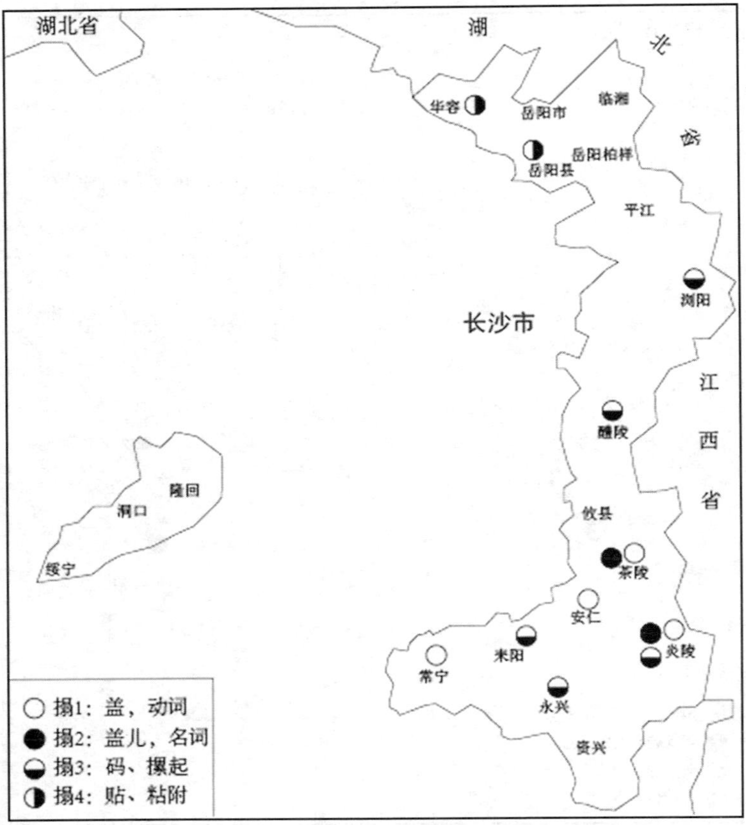

图 5-9　湖南赣语词汇"搨"的意义分布图

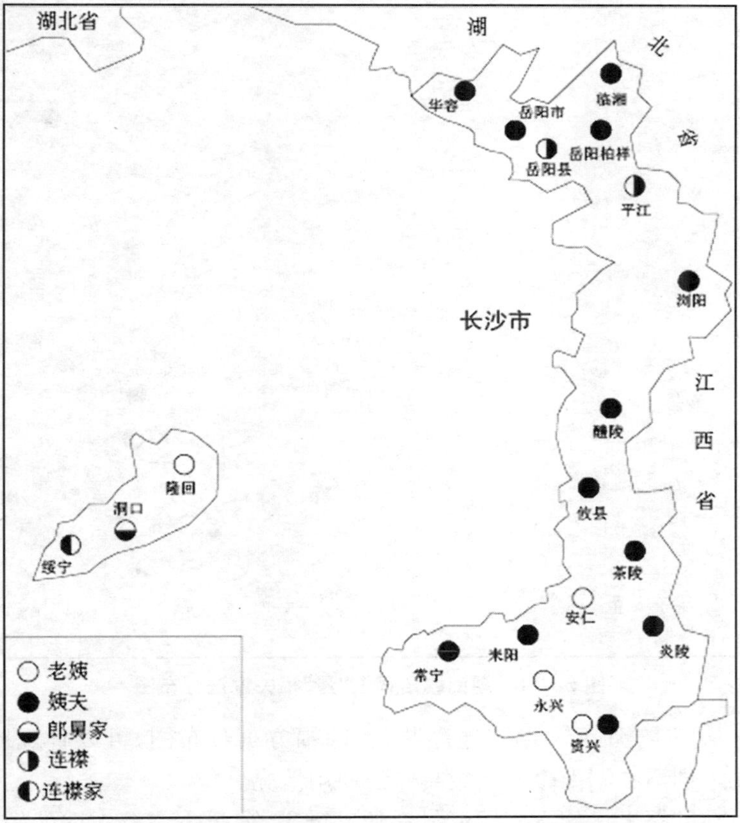

图 5－10　湖南赣语词汇“连襟”相关说法分布示意图

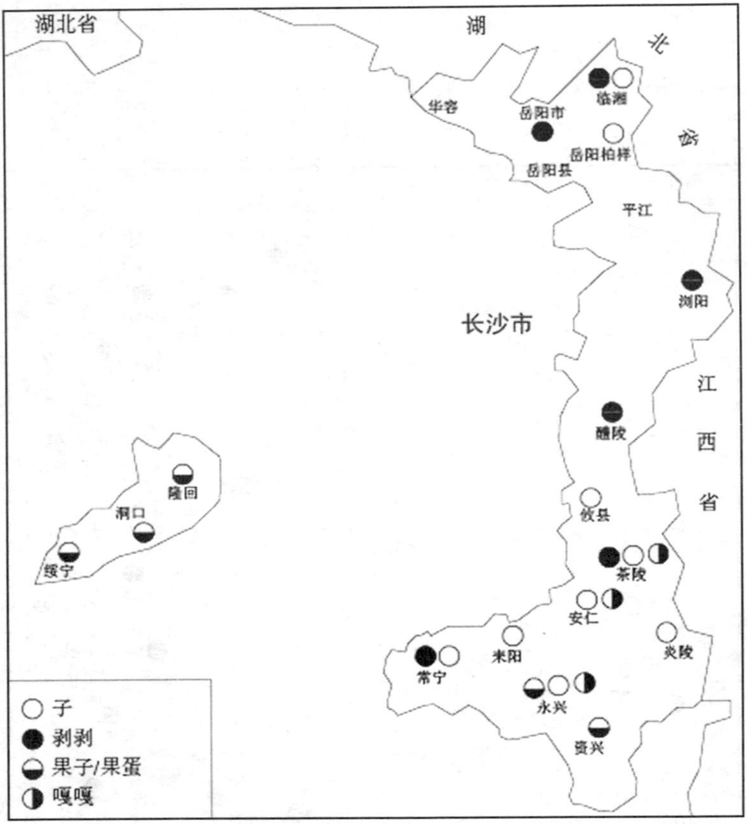

图 5－11 湖南赣语词汇"蛋"相关说法分布图

从以上"灶鸡""搨""连襟""蛋"四幅方言分布图，可以直观地看到 4 个词语在湖南赣语区域具体的使用情况。

在掌握大量的方言词汇材料的基础上，通过方言分布图的辅助，可以直接观察到方言各要素在地理上的分布，以及语言地理分布与语言发展变化之间的线索与联系。特别是对于内部差异比较大的南方方言，调查时如多设点、搜集一定量的语言资料，再借助画方言分布图的方法，不但能帮助研究者看到从文字说明、数据统计中不易发现的语言现象与规律，更有助于得出较科学的研究结论。

第六章

湖南赣语湘东带和
湘西南区的词汇比较

湖南赣语按所在地理位置的划分，可分为湘东赣语带和湘西南赣语区。“湘东赣语带”即湘赣省界由北至南的一条纵长地带，包括华容、临湘、岳阳县（本书增加1个“岳阳县柏祥镇”方言点）、岳阳市、平江、浏阳、醴陵、攸县、茶陵、炎陵、常宁、耒阳、安仁、永兴、资兴等14个县（市）；“湘西南赣语区”则指湘西南的洞口、绥宁、隆回3个县的部分地方所形成的区域。在地理分布上，湘东赣语带与湘西南赣语区地缘上并不相连；在方言环境方面，湘东赣语背依江西赣语区，与湘语、西南官话、客语、土话等方言多向接触，而湘西南赣语区则与湘语娄部片的方言点在地理上犬牙交错，又与周边的西南官话、湘西少数民族语言有一定的交融。

地缘上的不相连，使得湘东赣语带与湘西南赣语区的赣语在发展演变中失去直接联系的客观条件；同时，具体接触的语言环境不同，又造成湘东赣语带与湘西南赣语区的赣语在发展演变过程中呈现一定的区域性差异。这种差异，在词汇上表现得尤为突出。事实上，在我们的调查与数据统计中，湘东赣语带与湘西南赣语区之间的词汇所呈现出来的差异，还比较明显。

本书的其他章节里也对湘东赣语带与湘西南赣语区的词汇差异进行过对比，但都是零散的，本章专门就两个地区的词汇进行比较。

比较湘东赣语带与湘西南赣语区之间的词汇差异有一定的意义，可以说明二者之间地缘环境、语言环境的差异对词汇的影响。

6.1　湘东赣语带与湘西南赣语区词汇异同概述

作为同源于江西赣语的分支方言，又同处于湖南境内、主要受到湘语的深度影响，湘东赣语带与湘西南赣语区的词汇，具有一致性；又主要因为地缘隔离及所处的语言环境不同，二者在词汇上又表现出一定的差异。

6.1.1　一致性

说到"一致性"，必须先强调赣语与湘语两种大方言历史层次上的一致性。赣语和湘语具有同源关系，又在地理上有接触关系；这两种关系直接表现在赣语和湘语的共用词上。而湖南赣语的湘东赣语带与湘西南赣语区虽然地域上不相连，但所处的语言环境，都以湘语为优势方言；这种历史与现实的"一致性"条件，使得二地区在词汇上具有一定的一致性，即具有一部分共用词。

除了全片共用的 7 个词外，本书其他章节讨论过的与区外大方言共用的方言词、区内多点共用的词等，都有许多是湘东赣语带、湘西南赣语区共用的。另外，湖南赣语里有部分见于古籍的词，也同时在湘东赣语带、湘西南赣语区出现。下面列出部分湘东赣语带、湘西南赣语区都使用的词。

非湘东赣语带、湘西南赣语区都用的词，多数属于湘东赣语带使用，湘西南赣语区使用的较少；湘西南赣语区使用而湘东赣语带不用的词，在下一节汇总讨论。

6.1.1.1　与湖南赣语区外大方言共用的方言词

(1) 老庚(同年的人)

(2) 老同(同年的人，或同年的妇人互称)

(3) 家门(同姓的人,一般指不是同一个宗族祠堂的同姓人)

(4) 老俵(表兄弟姐妹)

(5) 叫化子(乞丐)

(6) 晏(迟)

(7) 细(小)

(8) 暴货子(新手,技术不熟)/暴暴(刚开始)

(9) 掇(两手捧着向上举)/掇屎/掇尿(给小孩把屎把尿)

(10) 作(耕种,如"作田、作土、作畬"等)

(11) 张饭(盛饭)

(12) 冲(溪流入河口,或两山间的平地)

(13) 垱墒(地方)

(14) 打啵(亲嘴)

(15) 构(冰)

(16) 組(手工缝,钉扣子)

(17) 街上(城里,城市)

本书共统计出湖南赣语与区外大方言共用词为 31 条,其中湘东赣语带、湘西南赣语区两个地区共用的共 17 条,占 55%。

6.1.1.2　湘西南赣语区 3 点与湘东赣语带部分小区域共用的词

除了与湘东赣语带多点相同的词外,湘西南赣语区还有一些词或用法与湘东赣语带的部分小区域相同。这些词具有一定地域特色,可反映湘西南赣语区与湘东赣语带的小区域之间联系的情况。

(18) 屋底(屋里,"底"指"里面"),如"娘爷屋底(娘家)隆回、客婆屋底(外婆家)洞口、男家屋底绥宁"(与耒阳、永兴同)

(19) 懒茶(泡茶)绥宁、隆回(与茶陵、常宁、耒阳、安仁、永兴、资兴同)

(20) 祖(坟)洞口、绥宁(与常宁、耒阳同)

(21) 射尿(尿尿)隆回(与常宁、耒阳同)

(22) 发灯(点灯)洞口(与耒阳同)

(23) 丢咖(丢失,绥宁音)洞口、绥宁、隆回(与炎陵、耒阳、常宁、永兴同)

(24) 凉水(凉粉)绥宁(与炎陵、茶陵、攸县一带同)

(25) 嬎呱(小产)洞口(与炎陵、常宁、永兴同)

(26) 喫(白)豆腐(白事酒,委婉语用法)洞口、绥宁、隆回(其他点浏阳说"喫烂肉饭"、炎陵说"喫包子肉"、永兴说"吃豆芽菜")

(27) 老姨(连襟)隆回(与永兴同)

(28) 亲爷、亲娘(丈人、丈母)洞口、隆回(与岳阳县、岳阳柏祥同)

(29) 吭(咳嗽)洞口、绥宁、隆回(与华容、岳阳柏祥、岳阳县、平江、浏阳、醴陵同)

(30) 哈(傻)洞口、绥宁、隆回(与华容、岳阳柏祥、岳阳县同)

(31) 栽到脑壳(低头)洞口、隆回(与临湘同)

6.1.1.3 见于古籍的词

这部分湘东赣语带、湘西南赣语区共有的词,见于不同年代的古籍,有的古籍为秦汉时期的,有的为明清时期的。列举如下:

(32) 虹(彩虹,如"出虹",声母念舌根音[kɔ¹³],永兴音)

"虹"在《集韵》送韵里有两种读音,胡贡切,"虹,洞相连也";古送切,"《字林》螮蝀也,一曰县名,或书作蚀"。"螮蝀"即虹,杨树达(1983: 29)《积微居小学述林· 释虹》:"虹又曰螮蝀,……虹形似带,故谓之螮,又谓之虹矣。"湖南赣语的"虹(彩虹)",音、义皆与《集韵》古送切的"虹"相符。

(33) 藠[tɕʰiɤ⁴¹](薤,藠子,永兴音)

"藠"《集韵》上声筱韵,胡了切,"草名"。

湖南赣语有"藠头、藠子、藠脑"等说法。

(34) 艻[le⁴⁴](荆棘,永兴音)

《广韵》职韵林直切,"艻,赵魏间呼棘。出《方言》"。

永兴话说"金刚艻",指"刺短而利的荆棘"。

(35) 蠔[ʃiɛ²¹](蚯蚓,永兴音)

《广韵》隐韵休谨切,又虚偃切,"蚯蚓也,吴楚呼为寒蠔"。

湖南赣语多用"蠔公"或"土蠔"。

(36) 斡[ua⁴¹](舀,动词,永兴音)

斡,《广韵》末韵乌括切,同"捾","捾取也"。

湖南赣语多点说"斡汤、斡水"。

(37) 徛 [tɕʰi⁴¹](站,永兴音)

徛,《广韵》纸韵渠绮切,"立也"。湖南赣语说"徛起(站起来)、徛到(站住)"等。

(38) 艕手[tən¹³ səɯ⁴¹](手有沉重感,永兴音)

《方言》卷七:"艕,儋也。今江东呼担两头有物为艕,音邓。"(周祖谟 1956:通检十五画 196)。

永兴话说,"(这块锡)拿起蛮艕手",意为锡块挺沉的。

(39) 捭[pʰa⁴¹](两手左右平伸的长度,永兴音)

《说文解字注・手部》,捭"两手击也,从手卑声,比买切"。

《广韵》蟹韵北买切,捭,同"摆","《鬼谷子》有《捭阖篇》";摆,"摆拨"。

永兴话说"(有)一捭长"。

(40) 晓得[ɕiɤ⁴¹ te²¹](知道,永兴音)

《方言》卷一:"党,晓,哲,知也;楚谓之党,或曰晓,齐宋之间谓之哲。"

各点"晓得"的用法与普通话的"知道"等同,如炎陵说"天晓得",意为"谁也不知道";永兴说"晓不晓得?",意为"知道不知道?"

(41) 檐老鼠[iɛ³⁵ lɤ⁴¹ ɕy⁰](蝙蝠,永兴音)

《方言》卷八:"蝙蝠,自关而东谓之服翼,或谓之飞鼠,或谓之老鼠,或谓之器鼠。"

(42) 雁鹅[a²¹ ʊ⁰](大雁,永兴音)

《方言》卷八:"雁,自关而东谓之鴚鹅,南楚之外谓之鹅,或谓之鶬鴚。"

(43) 菢鸡婆[pɤ¹³ tɕi⁴⁴ pʊ⁰](抱窝鸡,永兴音)

《方言》卷八:"……北燕朝鲜洌水之间谓伏鸡曰抱。"

《广韵》号韵薄报切，“鸟伏卵也”。

洞口、绥宁、隆回3点说“菢鸡婆娘”，其他点多说“菢鸡婆”。

(44) 崽[tse41](儿子，永兴音)

《方言》卷十：“崽者，子也。湘沅之会凡言是子者谓之崽，若东齐言子矣。”

《集韵》海韵子亥切：“湘沅呼子曰崽。”

各点都说“孙崽、晚崽(最小的儿子)、崽女”等。

(45) 莳田[sɿ13 tiɛ35](插秧，永兴音)

《方言》卷十二：“莳，殖，立也。莳，更也。”

《广韵》志韵时吏切，莳，“种莳”。

(46) 杀禾[so21 ʊ35](割禾，永兴音)

《资治通鉴·陈长城公至德元年》：“百姓歌之曰，‘老禾不早杀，余粮秽良田。’”胡三省注：“今人犹呼割稻为杀稻。”

(47) 蕻[xoŋ13](菜茎生出的新芽，永兴音)

《广韵》送韵胡贡切，“蕻，草菜心长”。

湖南赣语多点说“菜蕻子、蕻菜”等。

(48) 蟆蝈[mo35 kua0](青蛙，永兴音)

《广韵》麻韵莫霞切，蟆，“蝦蟆，亦作蟇”；《广韵》麦韵古获切，蝈，“蝼蝈，蛙别名”。

除了指“青蛙”外，华容的“土蟆蝈”指泥蛙，耒阳又说“青皮蟆蝈”“土蟆蝈”分别指青皮蛙、土里的褐色蛙，永兴有“秧蟆蝈”指“蝌蚪”等。

(49) 香料[ɕiɔ21 liɤ0](作料，永兴音)

《广韵》漾韵许亮切，“香，香笔食”。

时代李实《蜀语》：“以辛香和食曰香。”

除“香料”用为“作料”外，少数的“香”还可以做动词，义为“加作料”，如永兴“得点香料唧香起”，即用佐料佐味；永兴、资兴的“香料”又可以指葱。

(50) 沕[$mən^{13}$](潜水,永兴音)

《集韵》队韵莫配切,沕,"潜藏也"。又质韵莫笔切,沕,"潜藏也"。

浏阳、醴陵说"射沕",临湘、岳阳县、洞口说"栽沕",永兴说"吃沕",都指憋气潜水等。

(51) 丫[o^{44}](张开,动词;或缝儿,名词。永兴音)

《广韵》麻韵於加切,"丫,像物开之形"。

湖南赣语多个点说"丫开口、丫开嘴巴";又浏阳、醴陵、常宁、耒阳、资兴说"手指丫里、手脑丫"等,义为"手指缝儿"。

(52) 痨[$lɤ^{35}$](晒蔫,永兴音)

《广韵》豪韵鲁刀切,劳,"倦也,勤也,病也"。

湖南赣语的"痨:晒蔫",为此古义之转义;另永兴谓人因病精神不振,也说"全痨过唧(整个人都蔫了)"。

(53) 圞[$luɛ^{35}$](圆,形容词,永兴音)

《广韵》恒韵落官切,"圞,团圞,圆也"。

湖南赣语多个点说"纠圞",即很圆。

(54) 爀[la^{13}](烫人,热,永兴音)

《广韵》泰韵落盖切,"爀,火之毒貌"。

现在多用于表"水热、水烫"之间,如常宁、耒阳、洞口说"爀水",即"热水"。

(55) 膻$_2$[$tsɤ^{44}$](指食物没有受潮,干、脆,永兴音)

《广韵》豪韵昨劳切,膻,"膻脃"。"脃"即"脆"。

岳阳市说,"花生炒得有蛮膻",义为"花生炒得很脆"。

(56) 鏀锅[lu^{41} $ʊ^{44}$](补锅,永兴音)

《广韵》姥韵郎古切,"鏀,釜属"。

《五方元音》虎韵雷母去声,"鐪,锢鐪,铁汁补漏"。

湖南赣语区多读上声。

(57) 晚晚[$mɛ^{41}$ $mɛ^{0}$](叔叔,永兴音)

明代史惇《痛余杂录》:"呼叔曰晚晚,言晚得也。"

（58）老虫[lau^{21} $tʂ^{h}əŋ^{13}$]（老虎，平江音）

明代江盈科《雪涛小说·鼠技虎名》："楚人谓虎为'老虫'，姑苏人谓鼠为'老鼠'。"

湖南赣语中的古语词约有77条，湘东赣语带、湘西南赣语区共用的古语词共27条，占35%。

以上列举的58个词，代表了湖南赣语湘东带、湘西南区在较底层词汇上的一致性。与区外大方言共用的方言词中，湘东赣语带、湘西南赣语区共用的占55%，湖南赣语词汇见于古籍的词中，湘东赣语带、湘西南赣语区共用的占35%，而湘西南赣语区与湘东赣语带部分小区域共用的词仅14个。

还可以参考另外一组占总比的比率，即我们统计过的"湖南赣语10个以上方言点共用词""湖南赣语4—9个方言点共用词"两项数据，湘西南赣语区3个点洞口、绥宁、隆回在两项数据统计中的占总比率分别为：

"湖南赣语10个以上方言点共用词"共119条，洞口有69条，绥宁有55条，隆回有68条；三点分别的占总比率为58%、47%、58%。

"湖南赣语4—9个方言点共用词"共403条，洞口有73条，绥宁有46条，隆回有72条；三点分别的占总比率为18%、11%、18%。

上述几组的比较大致表明，湘东赣语带与湘西南赣语区在词汇上的一致性，表现在一些地域分布上较密，即10点以上的少数词语上；而分布相对较稀疏即4—9个的多数词语里，湘西南赣语区共有词数量不多，这部分词语主要分布在湘东赣语带，表现了湘西南赣语区在这部分词语上，与湘东赣语带的疏离。

通过以上资料，我们可以说，湘东赣语带与湘西南赣语区在词汇的"一致性"，主要是由词汇历史层次里较底层的那部分词，以及一定量的高密度分布的词语维系着；表现了湘东赣语带与湘西南赣语区的方言在历史来源上的一致性，但是后期的发展演变相互间却有了一定的差异。

6.1.2　差异性

湘东赣语带与湘西南赣语区在词汇方面的差异性，大的方面，至少有以下三点表现得比较突出：

第一，在名物词的构词结构上，湘东赣语带多用后缀“-子、-哩、-崽、-唧”等；湘西南赣语区用后缀相对要少，而用中心语素重叠形式比较多。如湘东赣语带的“花苞哩、花苞崽（花苞）、高粱秆子”与湘西南赣语区的“花苞苞（花苞苞）、高粱蒿蒿、高粱秆秆、晒谷耙耙（耙谷的耙子）洞口、磨把把（磨的木把）洞口、潭潭（潭）隆回”等；除名物词重叠形式之外，湘西南赣语区的还有较多形容词性语素重叠的形式，如“阴阴天（阴天）洞口、细细子（小孩儿、婴儿）洞口、尖尖牙齿洞口”等，形式多样。

第二，在商业词汇中，湘东赣语带多用“铺”，少用“店”，如“开铺子、米铺、油铺、肉铺、煤铺、五金铺、百货铺”等；而湘西南赣语区则较少用“铺”，倾向于用“店”，如“开店子洞口、隆回、饭店、代销店、米店、粮店、文具店、理发店”等。

第三，在表达形容词性状程度较高时，湘东赣语带习惯加类前缀构成如“绯红、膖香、䏝壮、泡滚”等结构，用以表示性状程度之高，并带有一定的感情色彩；而湘西南赣语区则较少用形容词的类前缀，倾向于在形容词后加补语性质的语素如“-死”“-得死”“-得很”“-滚”“-巴”或其他重叠的双音节语素，如“咸死、臭死、臊死、腥死、苦死、辣死了”以及“壮的圞呱、壮巴巴里、绿乖乖哩、黄贡贡哩以上为洞口的用词、咸得很、淡得很、膀得死（很臊）、腥得死、酸得很、蛮甜（很甜）、苦得死、麻得死（很辣）、圞滚里（很胖）、壮巴里（很壮），绿寒寒里（很绿）、白冒里（很白）、黄每每里（很黄）、黑黢箇（很黑）以上隆回的用词、壮巴绥宁”等。

6.2　湘西南赣语区的词汇个性

上一节是从湘东赣语带、湘西南赣语区词汇大的方面进行比较的，本节我们将对湘西南赣语区洞口、绥宁、隆回 3 个点的词汇个性进行探讨。

在词汇方面，湘东赣语带 16 个方言点的内部连贯性比较强。虽然部分方言点也存在一些特殊的词汇，不过湘东赣语带 16 个方言点最主要的词汇差异，是构词语素或构词理据的差异。词条“厨房”，在湘东赣语带 16 个方言点也有多种说法，如“灶屋、灶下哩、橱下、灶门口、灶面间”等。但可以看出，构词语素“灶”是主要的，“橱下”与“灶下”在结构上一致，也就是说，大致各点在词语使用上还是存在一定的连贯性的。

而湘西南赣语区 3 个点的有些词语，与湘东赣语带 16 个点相比，就好似“脱节”一般，显得较为殊异。仍以词条“厨房”为例，洞口、绥宁这个词的发音类似，以绥宁音为例，发为[tsʰæ^{25} tʰɤø^{32} v̩^{11}]。初时难以辨出该词的原义，后查看湘西南赣语区周边其他方言材料才发现，这个词在湘语点湖南新化、娄底也使用①，记为“茶堂屋”或“茶廊屋”，在新化、娄底的原义是“待客、用餐的屋子”。这个“茶堂屋”或“茶廊屋”的功用倒是与湖南赣语区“四封三间”②结构中的“灶屋”是一样的，既是“待客、用餐”的场所，又是做饭的地方，所以洞口、绥宁用“茶堂屋绥宁”或“茶廊屋洞口”也在情理之中。

又如，洞口表“小气”意义的词读为[tɕie^{35} ku^{31}]，其原义也让人感觉无着落处；后在湘语新化点的材料中找到“执古[tʂʅ^{24} ku^{21}]（古板）”一词。从发音来分析，两点所用的词，应该是同一个来源，都是“执古”，只是后来洞口“执古”意义发生了转化，转指“小气”了。

因为湘西南赣语区 3 个点有不少这样的较为“殊异”的词，使得它的词汇在湖南赣语地区显得“卓尔不群”。因此，本节重点以湘西南赣语区的词汇个性来凸显湘东赣语带、湘西南赣语区的词汇差异。在统计能显示湘西南赣语区词汇个性的“殊异”词时，我们还发现，所

① 新化的方言材料来自罗昕如（1998：141）《新化方言研究》；娄底的材料来源于《汉语方言大词典·娄底卷》（李荣主编 1994：106）。

② “四封三间”详情参见本书第九章“湖南赣语民居词汇”。

谓的这些“殊异”词，多数是湘西南赣语区周边其他湘语点也使用的词。因而，我们又将这些“殊异”词与周边湘语点进行对照，并以湘语点为单位，将“殊异”词列举出来。

所参照的周边湘语各点的方言资料分别是：

新化点资料，来自罗昕如（1998）的《新化方言研究》；溆浦点资料，来自贺凯林（1999）的《溆浦方言研究》；邵阳点资料，来自储泽祥（1998）的《邵阳方言研究》；娄底点资料，来自颜清徽、刘丽华（1994）编纂的《娄底方言词典》。

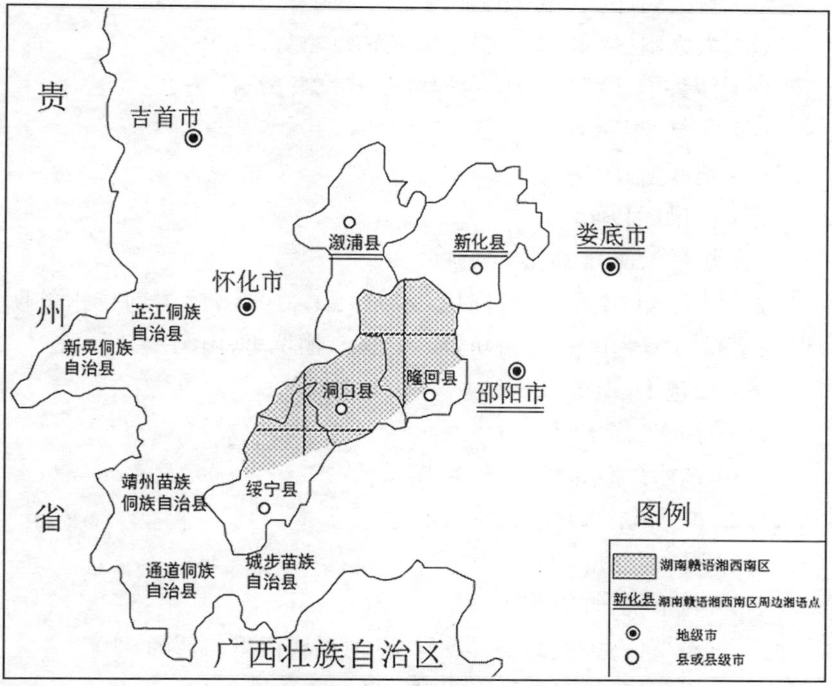

图 6-1　湖南赣语湘西南赣语区语言环境示意图

当然，有些“殊异”词语或词的用法，是湘西南赣语区独用的，至少在目前，尚无其他湖南赣语点或周边湘语点的资料显示与之共用。

我们先把这部分湘西南赣语区独用的"殊异"词或词的用法，以及湘西南赣语区 3 点较统一而 3 点之外的其他方言点较少用的词，一并列举出来。

6.2.1 湘西南赣语区的独用词及用法

6.2.1.1 独用词

(1) 虹[$xuŋ^{24}$](彩霞，洞口音)洞口、隆回

如"早起虹(早霞)洞口、晏起虹(晚霞)洞口、虹霞隆回"等。

(2) 打火闪(闪电)洞口、隆回

(3) 大大雨(暴雨)洞口/恶毒雨(暴雨)隆回

(4) 沙头子(砂粒雪)洞口/沙落谷(砂粒雪)隆回

(5) 雾气(雾)隆回

(6) 晴起(晴天)洞口

(7) 江梁(河)绥宁

(8) 坑(沟、濠)洞口、绥宁、隆回

如"山涧坑(山涧)洞口、圳坑(水渠)洞口、尿坑(屋檐前排水的明沟，绥宁)洞口、绥宁(同溆浦)、坑坑(壕沟)洞口、槽坑里(山涧)隆回"。

(9) 山包土(山地)隆回

(10) 浊水(浑水)洞口、绥宁、隆回

(11) 清水(凉水)洞口、绥宁、隆回

(12) 井水(泉水)洞口、绥宁、隆回

(13) 秆秆(甘蔗)隆回、绥宁

(14) 竹节棍(竹竿儿)隆回

(15) 石墨(石头上的苔藓)/青苔(河里或田里的苔藓)隆回

(16) 鬼节(一般在七月十四过)绥宁

(17) 光狗(狐狸)洞口

(18) 大老鼠鸟只唧(猫头鹰)洞口/胡鸟(猫头鹰)隆回

(19) 日烂呲呲洞口/日呀呲呲绥宁/火迹娘隆回(蝉)

(20) 伦伦嫩巴（蜻蜓）绥宁
(21) 房头（栋、檩）洞口
(22) 作春（春耕，洞口音）洞口、隆回
(23) 胡豆（蚕豆）洞口、隆回（与西南官话成都话、贵阳话的说法相同）
(24) 线子瓜（丝瓜）洞口、绥宁/龙线瓜（丝瓜）隆回
(25) 粑晃$^{=}$（碓）隆回/粑杵（碓杵）隆回
(26) 扒猪菜（野菜）隆回（新化叫“猪婆菜”）
(27) 亮窗洞口/纱窗（窗户）绥宁
(28) 柴塘（柴草垛）洞口
(29) 锅叉洞口/菜匙（锅铲）隆回
(30) 捆宝宝（婴儿）隆回
(31) 合适箇（朋友）绥宁
(32) 巴娘（丫鬟、女仆）洞口
(33) 客公/客婆（外公、外婆）洞口、绥宁
(34) 磨石（秃头）洞口
(35) 额门（额头）洞口、闹额门（皱眉头）洞口
(36) 狗鼻子（鼻子尖）洞口、绥宁、隆回
(37) 手指弄弄（手指缝）洞口、绥宁、隆回
(38) 娘手指佬（大手指）洞口、隆回
(39) 破烂裤（开裆裤）洞口
(40) 深筒子隆回/高筒子绥宁（橡胶雨鞋）
(41) 羊角子（粽子）绥宁
(42) 老囡（妻，如“讨老囡”）洞口
(43) 怀崽（怀孕，绥宁音）洞口、绥宁、隆回
(44) 下梦尿（尿床）隆回
(45) 挼衣衫（洗衣服，挼，即揉搓，动词）洞口
(46) 吃半日饭（吃中饭）洞口、绥宁
(47) 舔死[liaŋ^{35} sɿ^{31}]（困了，洞口音）洞口、隆回

(48) 锡毫子(硬币)洞口、绥宁、隆回

(49) 晚名洞口/晚屁股隆回(考试末名)

(50) 吃捞皮(打水漂漂儿)洞口

(51) 架捞巴脚(架二郎腿)洞口

(52) 杀体(打扮、收拾整理)绥宁

(53) 识得(认得)绥宁

(54) 悟一下(想想)洞口/悟主意(打主意,想主意)隆回

(55) 扎气(怄气)洞口

(56) 顶笼(里面,绥宁音)洞口、绥宁

(57) 大细家(妯娌俩)洞口/两大细隆回

(58) 孃孃(姑姑)洞口

(59) 担(使,用,如"你担毛笔写字")/担……做(拿……当)隆回

(60) 称蒙牯(蜘蛛)隆回

6.2.1.2 湘西南赣语区 3 点词语的独特用法

词语的独特用法,主要指词语在使用上的特征。湘西南赣语区 3 点有特色的词语用法有如下几类:

1) 人称单、复数的表示

绥宁的人称单数、人称复数的区别,通过声调的内部屈折表示。声调[11]表单数,声调[25]表复数,具体发音为:

我[ŋo^{11}]、你[n̩^{11}]、渠[tɕie^{11}];我们[ŋo^{25}]、你们[n̩^{25}]、渠们[tɕie^{25}]。

(关于绥宁的声调内部屈折表人称单、复数,在本书第三章"湖南赣语词汇的构词法与造词法"里有详细论述。)

洞口、隆回的人称复数是加语素"-子",如"我子、你子、渠子(我们,你们,他们)洞口、隆回";湘语溆浦话是加"-齐家"表人称复数,如"我齐家""你齐家""他齐家"等,"-子"与"-齐"的发音相似。

2) 后缀的独特用法

虽然湘西南赣语区 3 点在词缀的使用上,不如湘东赣语带典型,

但湘西南赣语区3点在词缀或类词缀的用法上，有自己的特色。具体表现在词缀“家”与词缀泛用两方面。

表时间的“家”

“家”的意义有时相当于时间段的“中间、间”，如“日里家洞口、夜家洞口、日日夜家洞口；上家日（上午）隆回、下家日（下午；午后）隆回、早晨家隆回、上沿家隆回、日前家隆回、断夜沿家子（黄昏）隆回、夜前家隆回、半夜天家子隆回；箇俩家（现在）绥宁”。

有时又相当于“一段时间”，如“初家（月初）隆回、十家（月半）隆回、/初家（上旬）隆回、十家（中旬）隆回、二十家（下旬）隆回”。

新化与娄底也用“家”表时间（新化的方言材料记作“咖”、娄底的方言材料记作“旰”），如新化的“连家唧（现在）”、娄底的“上家唧（上午）、下家唧（下午）、夜家（夜里）、夜次夜家（整夜整夜地）、而家（现在）”等。这样来看，在表时间类的词里用类词缀“家”，是湘西南赣语区及周边的湘语共同用法。

表人物称呼或亲属关系的“家”

湘西南赣语区的“家”表示人物称呼或亲属关系，也属较特殊的用法。

湖南赣语湘东带的“家”用于人物称呼后时，带有身份强调意味，比如说“倈子家家（男孩）、倈子三家（男孩）永兴”，就是在强调“男孩应该有男孩的样”，相当于普通话“一个大男人”的表达方式。但湘西南赣语区的用于人物称呼中的“家”，并没有这种强调意义，只有普通的人物称呼功能。如：

崽家子（男孩儿、小伙儿）奶崽家子（婴儿）绥宁、崽家子（男孩）绥宁、妹崽家（女孩）绥宁等。

而“家”在亲属称呼后，表示一种亲属关系，则类似于后缀的作用，这种用法在湖南赣语区比较少见。如：

堂姊妹家洞口、郎舅家（连襟）洞口、姐妹家（妯娌）绥宁、大细家（妯娌俩、姑嫂俩)洞口、姐妹家(妯娌俩)绥宁、姑嫂家隆回。

黑维强(2015)介绍陕北绥德话的“家”有4大用法,分别是表类别,表顺序,做词尾助词表方式、状态,以及做助词表语气。相对绥德发展较成熟的虚词“家”,湘西南赣语区3个点“家”的虚语素作用,还仅停留在词汇层面;但相对湘东赣语带赣语点来说,在功能意义上又稍多一些。

3) 词缀的泛用

“词缀”的泛用,指有些固定用于或常用于某种词类的词缀或类词缀,也用于其他词类上,显得比较特别。如“-牯”一般用于表雄性动物、男性称呼或具有一定坚硬属性的事物,但湘西南赣语区的“-牯”的使用却不限于一般用法,不但用于女性称呼,还用于其他没有坚硬属性的事物名称上,如:

单身牯(男女皆用)隆回、崽里牯(男孩)隆回、妹里牯(女孩)隆回、水塘牯洞口、隆回、淤塘牯(粪坑)洞口、扫牯(扫把)绥宁、毛线牯衣衫隆回、衣衫袋牯洞口、衣袋牯隆回、扣眼牯隆回、秤绳牯隆回。

另一个是泛用的词缀“-公”,在别处表雄性动物或男性人称为主的词缀,在湘西南赣语区也当作事物名称的后缀用,甚至用来表示抽象事物,如:

一般事物名称“山底公(山底)隆回、秤钩公隆回”等;

抽象事物“碗底公(碗底)隆回、锅底公隆回”等。

以“爷、娘/婆娘”作为表动物性别的区别性后缀,是湘西南赣语区特有的用法,这个用法在湖南赣语比较特别。如:

马娘洞口、牛娘洞口、羊娘洞口、狗娘洞口、猪娘、牛婆娘、狗婆娘、鸡婆娘洞口、绥宁、隆回、鸭婆娘洞口、隆回、虱婆娘洞口;鸡公爷隆回、绥宁。

4) 其他类词缀相关的用法

相对于湘东赣语带的16个点,湘西南赣语区3个点较多用“-佬”

"-师傅"表人称，如：

乡巴佬洞口、隆回、外地佬洞口、贼牯佬洞口、烧火佬(厨师)洞口等。

职业人称后多用"师傅"，如"鏽匠师傅(补锅的)、铁匠师傅、木匠师傅、瓦匠师傅、裁缝师傅、屠夫师傅、和尚师傅洞口、隆回"。

湘东赣语带的其他点一般不用"-佬"，除了"木匠师傅"外，职业称呼也很少称"师傅"。

6.2.2 湘西南赣语区与周边其他湘语点的共用词

除了上述独用的词外，湘西南赣语区与湘东赣语带不同的用词，实际上跟周边的湘语点是一致的。这部分词并不是湘西南赣语区3个点独有的词，而是在湘西南赣语区所处的湘西南较大范围内的方言共用词。正是由于湘西南赣语区与周边的湘语点在地缘上紧密相连，使得双方在语言上互相影响，因此形成了一批具有地域特色的方言词语，为当地的湘语、赣语共用。这部分词，也成了湘西南赣语区、湘东赣语带在词汇上产生差异的重要原因之一。

下面以湘西南赣语区周边的湘语点为单位，进行共用词列举。

6.2.2.1　同新化共用的词

新化位于湘西南赣语区的东北边，与隆回接界。湘西南赣语区同新化共用的词数量较多，如上面介绍的表时间的"家"，在新化也有较多相似的用法，如"早饭前家、晌饭前家、夜饭前家、半夜前家、夜巴深家(新化的方言材料记作'咖')"；除此之外，在形容词重叠ABB的用法上，湘西南赣语区也与新化保持一致，如新化的"黄生生里、凉洗洗里、热烧烧里、恶兮兮里、壮巴巴里、嫩笋笋里、人搞搞里(人多忙乱的样子)"等。

湘西南赣语区3点与新化相同的词语有：

石牯(石头)洞口、隆回

猫嗯(猫)洞口、绥宁

畬(土、旱土、菜地)洞口、绥宁、隆回

果蛋(蛋)洞口、绥宁、隆回

蓄屋(建房子)隆回

帐子钩公隆回

猪栏屋(猪栏)、牛栏屋(牛栏)隆回

照子(镜子)隆回

男家人隆回/女家人隆回(新化说"阿嫂家人")

瘪脐(肚脐)洞口、绥宁

实(堵塞,如"鼻子实起",即鼻子堵塞了,水管堵了也叫"实",相当于其他点的"垫")绥宁、隆回

衩裤(开裆裤)隆回

过嫁梁(过嫁妆)隆回

拉尿拉床上(小孩尿床、睡觉时拉屎在床上)洞口,与新化"屙尿在床上"结构一样;

趙(漂洗衣服叫"趙衣服")绥宁、隆回

拉不动(拉,是咬的意思)绥宁;新化说"啊唔烂"(新化方言材料用字为"咬")

探味(喜欢、爱惜、疼爱)隆回

捏(骗)隆回

高落(上面,如山高落,墙高落,桌子高落)洞口

门前(前面)洞口、绥宁、隆回

嗯里(那里)绥宁

6.2.2.2 同溆浦共用的词

溆浦在湘西南赣语区的西北部,也与隆回接界,与湘西南赣语区的共用词在数量上也较可观。在用"娘/婆娘"做动物性别区分语素上,溆浦与湘西南赣语区 3 个点一致,如"马娘、羊娘、狗娘、猫娘、猪娘、鸡婆娘、鸭婆娘"等。

以下是湘西南赣语区 3 点与溆浦的共用词:

笋壳壳绥宁

打早稻洞口/打禾(打稻子,义项包括割禾)洞口、隆回

苕(薯)洞口、绥宁/苕粉(粉条儿)洞口、绥宁

蒿蒿(甘蔗)洞口

猪郎公(种猪)洞口、隆回(猪郎牯)

黄鼠猖[uon^{24} ʂʮ^{31} tsʰan^{55}](黄鼠狼,洞口音)洞口、隆回

长脚蚊唧(蚊子)洞口、隆回

凉床(躺椅)洞口(竹床也叫凉床)、绥宁、隆回(竹床叫"竹面面床")

扒棍(拐杖)洞口

倒巴肠(盲肠)洞口

得崽家子(孕妇生产)绥宁

转子(结巴)洞口、绥宁、隆回

眼珠划流星(眼睛乱转)隆回,溆浦为"眼珠舞流星"

支起锤子(攥起拳头)洞口,溆浦为"支起拳头"

睄[lau^{33}](看)绥宁

闷恩(那里)洞口/闷头(那里)隆回

当紧(要紧)洞口、隆回

邋垮(脏)洞口

着(被,如"着狗咬")洞口、隆回

6.2.2.3 同娄底共用的词

娄底与湘西南赣语区不直接相连,中间隔着新化。湘西南赣语区3点与娄底的共用词有:

豮猪(小公猪)洞口;

布(毛巾)洞口、绥宁、隆回

懒豆腐(豆腐脑儿)洞口、隆回

鱼构构(鱼冻)隆回

扯淫眼(挤眼儿)隆回,娄底为"扯眉眼"

带厌(讨厌)洞口

6.2.2.4 同邵阳共用的词

邵阳在湘西南赣语区的东面,是湘西南赣语区3个县的市府。湘西南赣语区3点与邵阳共用词有:

络丝(蜘蛛)洞口/波丝扯扯绥宁

土蠕(蚯蚓)洞口、绥宁

老材(棺材)洞口

捶背心(捶背)洞口

笋壳落(笋壳)隆回

6.2.2.5　同新化、邵阳共用的词

塘子唧(蜻蜓)洞口、隆回

扯懵风(癫痫)洞口、隆回

养崽(孕妇分娩)隆回

6.2.2.6　同新化、溆浦共用的词

歇肩(歇歇)洞口、隆回

6.2.2.7　同新化、娄底共用的词

草猪(小母猪)洞口

茶栏屋(厨房)洞口、绥宁

捞皮(锅巴)洞口、绥宁、隆回

6.2.2.8　同溆浦、邵阳共用的词

动风(发风)洞口、隆回

弄子(巷弄)洞口、隆回

钉(缝,如钉扣子、钉被子等)绥宁

6.2.2.9　同娄底、邵阳共用的词

横眼珠(瞪眼)洞口

6.2.2.10　同新化、娄底、溆浦共用的词

戳节棍/戳路棍(拐杖)隆回

扯根菜(菠菜)洞口、绥宁

赶场(赶集)洞口、绥宁、隆回,娄底叫“逢场”

老虫(老虎)洞口、绥宁、隆回(另有平江、临湘)/禾老虫(螳螂)洞口、隆回

磉磴石(柱下石)洞口、隆回(湖南赣语其他点有岳阳柏祥用磉磴石)

郎把公(女婿,"新郎把公",指新郎)洞口、绥宁、隆回

男人家(丈夫)洞口、绥宁、隆回

扖衣衫(做衣服量尺寸)洞口、隆回

开开眼珠(睁眼)洞口

6.2.2.11 同娄底、新化、邵阳共用的词

鸟子[$tiə^{13}$ $tsei^{0}$](鸟,隆回音)洞口、绥宁、隆回

背爷崽(遗腹子)隆回

6.2.2.12 同溆浦、邵阳、娄底共用的词

肚膭(肚子饿)洞口、绥宁、隆回(同平江)

眼闭(眼睛闭起,指睡觉,前与动词搭配,如"瞓眼闭")洞口、绥宁、隆回

6.2.2.13 同新化、溆浦、邵阳、娄底共用的词

面花子(脸蛋儿)隆回

朝天瞓(仰睡,又"向天瞓")洞口、绥宁、隆回

乖汰(漂亮)洞口、绥宁、隆回

以上是湘西南赣语区与周边各湘语点共用词的情况。另湘西南赣语区还有少量与长沙话相同的,如"趸[$ts^{h}o^{35}$]洞口、謶人[sa25 $n̩^{11}$]绥宁"(骗)等。

6.3 本 章 小 结

湖南赣语湘东赣语带与湘西南赣语区,是因地缘相隔而区分出来的两个地域。在方言词汇上,两个地区也确实存在较明显的差异。地缘上的隔阂无疑是造成二地区之间词汇差异的主要原因。

本章通过对湘东赣语带与湘西南赣语区之间的词汇异同比较、对湘西南赣语区"殊异"词语及用法的归纳分析等,得出以下结论:

湖南赣语湘东赣语带与湘西南赣语区的词汇,具有深层次的一致性。这种深层次的一致性建立在两个基础之上,一是两个地区方

言的形成具有共同的历史来源，即江西赣语；二是湘语、赣语在各个历史时期一直不断地接触、交流，具有许多共同的语言特征，在方言词汇上表现为两个大方言拥有一批共用词。词汇的一致性，在二地区的方言词语关系上，是主要的。

湘东赣语带与湘西南赣语区的词汇差异，主要来自二地区所处的语言环境不同，与周边其他方言的接触及相互影响程度不同，造成了二地区在具体词语及使用方法上的不同。这些词汇差异，在二地区的方言词语关系上，处于次要地位。

第七章

湖南赣语词汇与江西赣语、湘语的关系对比

7.1 概 说

研究湖南赣语，势必不能绕开湖南赣语与江西赣语、湘语的关系。江西赣语是湖南赣语的“母体”，二者之间主要是历时的继承关系；湘语是目前对湖南赣语影响至深的大方言，二者在共时平面上进行不断接触与融合，主要是“竞争”关系。

7.1.1 湖南赣语与江西赣语、湘语的语言关系

湖南赣语是历史上江西向湖南移民而引起方言“位移”的结果。作为赣语的支系，湖南赣语的大部分地区分布在湘、赣边界由北至南的一条狭长地带，即湘东赣语带；洞口、绥宁、隆回 3 个点，则分布在湘西南部，地缘上与湘东赣语带隔断，即湘西南赣语区。

因地理位置的不同，湘东赣语带、湘西南赣语区在与江西赣语的联系上、与湘语的接触与交融上，存在一定差异。这是地缘特征的不同所导致的。

7.1.1.1 湖南赣语与江西赣语的历时继承关系

湖南赣语的湘东赣语带，东面与江西赣语的吉安片、宜浏片以及昌靖片连成一片。

从湖南赣语与江西赣语间地缘特点来看，与其说湖南赣语的湘

东赣语带是通过移民带来并保留的方言，不如说是江西赣语向西迈过湘赣二省的边界，慢慢渗透、影响的结果。只是这种渗透与影响，是受历史大规模移民所驱使的。人为的大规模移民，使得湖南赣语在使用人口的数量上，从一开始就庞大而稳定。这种方言使用人口的特点，又使得湖南赣语在保持赣方言特征方面更具有优势。

同时，地缘上与江西赣语区相连，客观上保持了湖南赣语湘东赣语带持续不断地与江西赣语接触与交流，使湖南赣语的湘东赣语带在方言发展上，能与江西赣语具有一定的同步性。湖南赣语自身规模的强大与发展稳定，也有助于增强自身"抵抗力"，用以"对抗"来自湖南强势方言湘语不断增加的"同化力"。

移民的历史背景再加上地缘的连续性，使得湖南赣语湘东带，在赣语大方言中，相对于江西赣语周边福建、安徽、湖北等地的赣语，无论从赣语特征还是区域规模来看，都要典型与成体系。

湘西南赣语区 3 个点在地缘上，与江西赣语切断了联系；而且在历史移民的情况方面，湘西南赣语区也并不像湘东赣语带一样，绵延不断地接受江西移民。可想而知，湘西南赣语区，在保持赣语特征方面，会较湘东赣语带要少；这从我们多个词汇统计数据里已经能看出大概。

7.1.1.2　湖南赣语与湘语及其他湖南方言的接触与交融

湖南赣语无可避免地要受到来自周边其他湖南方言、特别是湘语的影响。这种影响主要来源于行政区划导致的区域向心力。一个突出的特点是，湖南省内的每个地区、每种方言，都会受到省会长沙话的影响。尤其是在当今电视传媒业异常发达的湖南，以湘语方言作为载体的湖南电视地方文娱节目，对年轻一代的湖南人都有着不可忽视的影响力。稍加留意就能发现，现在湖南无论哪个地区的年轻人说普通话都带着浓浓的"长普"（长沙普通话）味儿，这个情况就很能说明问题。

在实际的语言环境里，湖南赣语各点与湘语的接触与交融，在程度上是不相同的。

在湘东赣语带，湘东北部一带的华容、临湘、岳阳市、岳阳县、岳阳柏祥、平江、浏阳主要受新湘语益阳话、长沙话的较多影响，这 7 个点与益阳话、长沙话有许多共通的方言词；湘东中部醴陵，受其所隶属的株洲市的湘语即株洲话的影响较大，这从醴陵用名词后缀"-子"与株洲话具有一致性可以得到佐证；攸县、茶陵、炎陵也隶属于株洲，在方言上受株洲话一定影响也是无疑的。

湘南的常宁、耒阳属衡阳市管辖，湘语衡阳话对耒阳、常宁有直接影响。

相对来说，湘南安仁、永兴、资兴 3 个点没有直接受到湘语的影响，这 3 点隶属于郴州市，郴州市的强势方言是属于西南官话的郴州话。郴州有许多双方言点，对内使用土话，对外则使用类似于郴州话的西南官话，如嘉禾县、桂阳县都有许多双方言点；宜章、桂阳二县县城就直接是以西南官话作为交际语。资兴也是双方言区，不过资兴对外使用的不是西南官话，而是资兴的"塑料普通话"。

另外，湘南的耒阳、永兴、资兴等部分点，还受到来自属于湘语的"矿山话"的影响。这种"矿山话"是湖南省属各矿务局在湘南地区直属的各种金属矿、煤矿单位所使用的，以湘语湘潭话、长沙话为基础，对矿山周边的本地方言具有一定的影响。

湘西南赣语区 3 个赣语点，本身就处在湘语娄邵片的包围中；洞口、绥宁、隆回 3 个县，又都是湘语与赣语并存的县。据资料显示，3 个县的赣语、湘语并没有在语言地位上分出主次，而是分区而立，逐渐融合，形成"你中有我、我中有你"的语言现状。①

综上所述，湖南赣语在历史上与江西赣语有直接继承关系；但湖南赣语所在的地区，历史上一直就是属于湖南的行政区划

① 根据胡萍(2002)相关内容总结。

内，湘语对这些区域的影响从来没有中断过。在这样的历史背景与现实情况下，研究湖南赣语词汇，我们就有必要弄清楚，现在的词汇体系到底与江西赣语、湘语有多大程度上的联系与差异。这个情况明了之后，我们才可能大致说清楚湖南赣语各个点的方言现状、历时发展进程以及未来可能发展的走向。当然，这需要综合语音、词汇及语法等各方面情况进行全面探讨研究。本书只针对词汇，将湖南赣语与江西赣语、湘语进行比较分析，以期收“窥一斑而知全豹”之功。

7.2　对比材料及比较方法的说明

本章的比较主要以曹廷玉(2001)的《赣方言特征词研究》及罗昕如(2006)的《湘方言词汇研究》、罗昕如(2010)的《湘语与赣语比较研究》的研究结果作为参照对象。对照曹著、罗著的研究成果，进行相关的比较，并进行数据统计，进而得出结论。

先就曹廷玉的《赣方言特征词研究》、罗昕如的《湘方言词汇研究》及罗昕如的《湘语与赣语比较研究》三本著作的研究内容及研究结果进行概要介绍。

7.2.1　对比材料的简介

7.2.1.1　《赣方言特征词研究》

曹廷玉的《赣方言特征词研究》主要是从赣语特征词的角度进行研究的。在论著中，作者通过对江西境内的赣方言词汇进行归纳、总结及分析，提炼出375条赣方言特征词，分为“赣方言区特征词”(150条)及“赣方言分片特征词”(225条)两个大类。其中第一大类“赣方言区特征词”又分“一级特征词”(57条)、“二级特征词”(93条)两个小类；第二大类分为“二片以上共有”(106条)、“单片一致”(119条)两个小类，两个小类以下再细分到具体的片域。江西赣语特征词具体结构如图7-1：

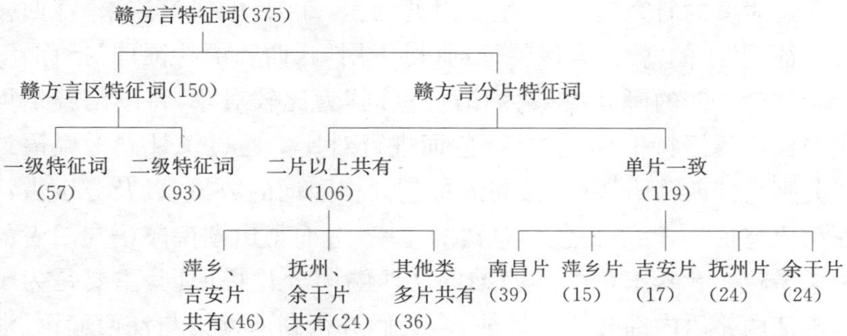

图 7-1　江西赣语特征词结构图

7.2.1.2　《湘方言词汇研究》《湘语与赣语比较研究》

罗昕如的《湘方言词汇研究》主要针对湘方言中存在的古通语词、古方言词及湘方言的后起词语，进行了归纳分析；并对各词在湘方言区内外的使用情况进行统计，对古通语词、古方言词进行了书证考释。最后，罗著归纳出了湘方言词汇中的 46 条古方言词、104 条古通语词及 167 条后起方言词，共计 317 条具有特色的湘方言词（以下称“湘方言特色词”）。

在另一本著作《湘语与赣语比较研究》里，罗昕如将湘方言词汇与曹廷玉(2001)的江西赣语特征词、刘纶鑫(1999)的《客赣方言比较研究》里的赣语词汇及熊正辉（李荣 1994）的《南昌方言词典》进行了对比，共得出了 84 条与赣语有别的湘方言词汇。在湘语、赣语词汇一致性方面，湘语有 19 条词与曹廷玉(2001)统计的一级特征词相同，有 25 条词与二级特征词相同；另外，又有 91 条词与刘纶鑫(1999)记录的赣语词相通；《长沙方言词典》（李荣 1998）与《南昌方言词典》（李荣 1994）对比，又再得到 46 条词湘语、赣语相同的词。由此，罗昕如(2010)认为，湘方言与赣方言的关系十分密切。

7.2.2　对比的方法

为了探求湖南赣语与江西赣语之间的关系，本书拟在上述列举的几位时彦的研究基础上，主要以曹廷玉(2001)的研究成果“江西赣语特征词”中的“赣方言区特征词(以下用‘江西赣语特征词’指称)”、罗昕如(2006)的研究成果“湘语特色词”为比较对象，将湖南赣语词汇与江西赣语特征词、湘语特色词进行对比。通过统计湖南赣语词汇分别与江西赣语特征词、湘语特色词相同词的数量，以及分别占江西赣语特征词、湘语特色词总数的比率，进而得出湖南赣语与二者的关系亲疏。曹廷玉(2001)归纳的江西赣语分片特征词，主要是为了体现江西赣语内部分片的特征，与我们进行湖南赣语与江西赣语、湘语词汇比较无直接关系，不在本书讨论范围内。

本章主要目的是为了比较湖南赣语分别与江西赣语、湘语之间在词汇上的“相关度”，从而观察湖南赣语与二者之间的关系亲疏。江西赣语特征词与湘语特色词有部分共有的词，难以判断其是属于赣语词还是湘语词，或是同源词。为排除这种干扰，在确定对比参照词语时，我们将江西赣语特征词、湘语特色词中共有的词剔除出来，仅留下二者之间有差异的词，作为湖南赣语与之比较的参照对象。

7.3　“江西赣语特征词、湘语特色词”对比参照词表

根据我们上文定出的江西赣语特征词与湘语特色词的参照对象“求异”的原则，确定用于与湖南赣语进行对比参照用的赣语特征词词表、湘语特色词表，分别汇总如下(词汇后的湖南赣语点名称表示使用这个词语的方言点)：

7.3.1　江西赣语特征词对比参照词表

江西赣语特征词，共110条。

(一) 赣语一级词(41条)

(1) 斗风/斗雨(名)华容、岳阳柏祥、岳阳市、耒阳

(2) 通书(名词)浏阳、醴陵、资兴

(3) 㭒(荆棘)浏阳、醴陵、茶陵、炎陵、安仁、永兴、资兴、洞口

(4) 呼(唤鸡、唤狗,动词)

(5) 作田箇(种田的,即农民)临湘、茶陵、耒阳、永兴

(6) 单身(单身汉,名)华容、临湘、岳阳柏祥、岳阳县、岳阳市、平江、浏阳、醴陵、攸县、茶陵、炎陵、常宁、耒阳、安仁、永兴、资兴、洞口、绥宁、隆回

(7) 咽(喉咙嘶哑,形容词)炎陵

(8) 迹仂(脚印,名词)平江、醴陵

(9) 拐(脚残,心眼坏,骗子等,形容词)华容、岳阳柏祥、岳阳县、临湘、平江、浏阳、醴陵、攸县、茶陵、常宁、耒阳、安仁、永兴、绥宁

(10) 澄(液体沉淀,动词)

(11) 舞(相当于"搞饭、搞名堂"的搞,如"舞饭",动词)岳阳柏祥、浏阳、醴陵、绥宁

(12) 清汤(馄饨,名词)

(13) 砑[$ŋa^{11}$](强塞入,碾,动词,浏阳音)华容、临湘、浏阳、醴陵、茶陵、耒阳、永兴

(14) 矺(下赌注,动词)

(15) 触人(呛鼻,动词)永兴

(16) 楔(把桌脚垫稳,动词)

(17) 承(一物托起另一物,动词)永兴

(18) 来得赢(来得及,动词)炎陵、常宁、安仁、永兴

(19) 落记(忘记,忘记拿取,动词)临湘、平江、浏阳、醴陵、攸县、茶陵、炎陵、常宁、耒阳、安仁、永兴、资兴、洞口、绥宁

(20) 话(说,讲,动词)华容、临湘、岳阳柏祥、平江、攸县、茶陵、炎陵、常宁、耒阳、安仁、永兴、洞口、隆回

(21) 揪圆(圆溜溜,形容词)华容、常宁、永兴、洞口

(22) 吃价(了不起,形容词)

(23) 莽(长,人高,形容词)岳阳市

(24) 错(一段,叫"一错",如一"一错甘蔗"量词)

(25) 栽禾(插秧,动词)浏阳、平江

(26) 发火(生火,动词)岳阳柏祥、浏阳、醴陵、常宁、耒阳

(27) 脚踭(脚跟,名词)岳阳柏祥、浏阳

(28) 戳(性交,动词)

(29) 着气(生气,动词)

(30) 撑(言语顶撞,人)(动词)

(31) 剹[$lɤ^{13}$](挖坑,掏,动词,永兴音)攸县、炎陵、常宁、耒阳、永兴

(32) 撮起(把垃圾铲起叫"撮起",动词)临湘、平江、浏阳、醴陵、攸县、茶陵、常宁、永兴、洞口、绥宁、隆回

(33) 洇(墨水在纸上扩散,动词)岳阳柏祥、永兴

(34) 整病(治病,动词)临湘、岳阳柏祥、岳阳县、岳阳市、浏阳、醴陵、茶陵、常宁、耒阳、安仁、永兴、洞口、绥宁

(35) 丫(张开口,动词)临湘、岳阳柏祥、岳阳县、平江、浏阳、醴陵、攸县、炎陵、常宁、耒阳、永兴、洞口、绥宁、隆回

(36) 磨人(折磨人叫"磨人",形容词)华容、炎陵

(37) 旺(兴旺,生意好,形容词)岳阳柏祥、平江

(38) 正(办好、办妥当,形容词)岳阳市

(39) 肚里(肚子里,名词)华容、茶陵、炎陵

(40) 凑(表做了什么再说,先,副词,如"你喫杯开水凑",意为你先喝杯水)

(41) 道(遍,量词,如"讲一道",即说一遍)华容、岳阳柏祥、岳阳县、浏阳、永兴

(二) 赣语二级词(70 条)

(42) 耘禾(耘田,动词)

(43) �[ts^hau^{213}](牛角顶人,动词,南昌音)岳阳柏祥

(44) 起走(母猪发情,动词)安仁

(45) 床子(窗户,名词)平江、浏阳、醴陵、攸县、茶陵、耒阳、安仁、永兴

(46) 手捏子(手绢,名词)

(47) 发拆(开裂,动词)华容、岳阳柏祥、岳阳县、岳阳市、浏阳、醴陵、永兴

(48) 的(表钟表走得准,或眼力准,叫"的",形容词)攸县、耒阳、安仁、永兴、资兴

(49) 铰(剪,动词)浏阳、醴陵、耒阳、永兴、资兴

(50) 屋里人(关系亲密的亲戚,名词)茶陵、炎陵、永兴

(51) 博士(木匠,名词)醴陵

(52) 嗥(狗吠,动词)

(53) 癫婆子(女疯人,名词)浏阳、醴陵、茶陵、炎陵、常宁、耒阳、安仁、永兴

(54) 母舅(舅舅的背称,名词)

(55) 细崽(最小的儿子,名词)临湘、岳阳县、常宁、耒阳、永兴、资兴、洞口、绥宁、隆回

(56) 饮汤(米汤,名词)

(57) 旺子(供食用的猪血,名词)浏阳、炎陵、耒阳、永兴

(58) 招财(猪舌,名词)

(59) 淘汤(汤泡饭,动词)浏阳、炎陵、耒阳、永兴

(60) 铲(从锅里盛菜,动词)

(61) 打瞌睏(瞌睡,动词)攸县

(62) 作礼(讲礼,讲客气,动词)安仁

(63) 驮(遭受,如"驮骂",动词)

(64) 头世(上辈子,名词)

(65) 装憨(装糊涂,动词)

(66) 搧(用巴掌打,动词)

(67) 𣪘[tɕiəɯ^{13}](回头,动词,或拧盖子、毛巾,永兴音)华容、临湘、岳阳柏祥、岳阳县、浏阳、茶陵、炎陵、安仁、永兴

(68) 跟(替,介词)醴陵、永兴

(69) 榨[tsa^{33}](依照,动词,炎陵音)炎陵

(70) 坐备(准备,动词)

(71) 革(发愁,动词)

(72) 彻(哄骗,动词)

(73) 噍牙交(聊天,动词)

(74) 叐[piɤ¹³]烟(散发香烟,动词,永兴音)攸县、茶陵、炎陵、耒阳、永兴

(75) 救架(劝架,动词)

(76) 纵[向上跳,皱(眉),动词]临湘、岳阳县、浏阳、常宁、耒阳、永兴

(77) 萦(举手,动词)

(78) 着吓(害怕,动词)

(79) 得壮(形容人胖乎乎的,形容词)

(80) 雀薄(心眼坏,缺德,形容词)

(81) 謷(歪,斜,形容词)炎陵

(82) 拗捩(不听话,形容词)

(83) 龌龊(下流,形容词)

(84) 霍(慌,形容词)

(85) 见功(药有效,形容词)

(86) 晏人(硌脚,形容词)华容、浏阳、炎陵、永兴

(87) 寁(稀,形容词)华容、岳阳县、平江、浏阳、醴陵、常宁、耒阳、安仁、永兴

(88) 竟事(故意,副词)攸县、安仁

(89) 高低(无论如何,一定要,副词)

(90) 蓬(量词,或灰尘飞扬)华容、岳阳县、岳阳市、耒阳、永兴

(91) 耿日哩(整天,整,名词)华容、岳阳县、岳阳市、永兴

(92) 节巴(树节,竹节,名词)

(93) 做屋(建房子,动词)临湘、岳阳柏祥

(94) 椽皮(椽子,名词)临湘、岳阳柏祥、平江、浏阳、醴陵、常宁、耒阳、安仁、永兴、资兴、洞口、隆回

(95) 老弟(弟弟,名词)临湘、岳阳柏祥、岳阳县、平江、浏阳、醴陵、攸县、茶陵、炎陵、常宁、耒阳、安仁、永兴、资兴、洞口、绥宁、隆回

(96) 两爷崽(父子俩,名词)临湘、浏阳、醴陵、耒阳、安仁、永兴、洞口、隆回

(97) 请郎中(看医生,动词)临湘、岳阳柏祥、岳阳县、醴陵、耒阳、永兴、平江

(98) 吃昼饭(吃中午,动词)

（99）缪（缝补，动）华容、临湘、岳阳柏祥、岳阳县、平江、浏阳、醴陵、炎陵、常宁、耒阳、永兴、洞口、隆回

（100）走人家（走亲戚，动词）炎陵、常宁、永兴、资兴

（101）划水（游泳，动词）岳阳柏祥

（102）扚（猛地拔毛，动词）

（103）搦（手拿住，动词）临湘、岳阳柏祥、岳阳县、平江、醴陵、茶陵、常宁、耒阳、永兴、隆回

（104）去货（完蛋，动词）

（105）答（理会，动词）炎陵、永兴

（106）啮（咬，动词）

（107）勾腰（弯腰，动词）浏阳、茶陵、炎陵、常宁、耒阳、永兴

（108）客气（人长得好看，形容词）岳阳柏祥、醴陵

（109）杀辣（人能干，形容词）炎陵

（110）起（事情做完了叫"做起"，副词）

7.3.2　湘方言特色词对比参照词表

湘方言特色词主要由罗昕如（2010）及罗昕如（2006）中的相关词汇总结而成，分为两部分，共96条。第一部分来自湘语词汇与江西赣语特征词比较得出的湘语不同用词；第二部分为存在于湘语的古通语词、古方言词及后起词语，并且在湘语区使用的范围较广泛的词。兹列举如下（词汇后的湖南赣语点名词表示用这个词语的方言点）：

（1）嘶（嗓子沙哑）华容、岳阳县、常宁、耒阳、永兴

（2）饺饵/馄饨浏阳、醴陵、茶陵

（3）浸（墨水扩散）华容

（4）节/瓤（量词，一段甘蔗）常宁、耒阳、安仁

（5）再（表先做，意为"……再说"，助词）

（6）起草（母猪发情）岳阳柏祥、岳阳市、平江

(7) 窗子华容、临湘、岳阳柏祥、岳阳县、岳阳市、炎陵、常宁、资兴、洞口、绥宁、隆回

(8) 准(钟表或眼力准,赣语为"的")

(9) 讲礼性/讲客气华容、临湘、岳阳柏祥、岳阳县、岳阳市、平江、醴陵、安仁、永兴

(10) 照/照哒(依照/顺着)平江、浏阳、醴陵、攸县、茶陵、耒阳、永兴

(11) 啜白/捏白(说谎话)岳阳市、浏阳、醴陵、炎陵、洞口

(12) 胞壮的/滚壮(很胖)华容、岳阳县、浏阳、茶陵、攸县、永兴、资兴

(13) 不听话(不乖)岳阳柏祥、岳阳市、常宁、耒阳、洞口、绥宁、隆回

(14) 故意岳阳市、平江、资兴

(15) 脚后跟/脚臀公攸县、永兴

(16) 肏[ȵia^{42}](男女交合,平江音)临湘、岳阳柏祥、平江、浏阳、醴陵、常宁、洞口、绥宁、隆回

(17) 忘记哒/忘咖哩

(18) 了不起/了唔起

(19) 开坼(开裂)华容、岳阳柏祥、岳阳县、岳阳市、安仁、永兴

(20) 木匠师傅永兴、洞口、隆回

(21) 劙(割破,切割)

(22) 准备/预备

(23) 好看/乖/乖呔(人长得漂亮)洞口、绥宁、隆回

(24) 去年(子)岳阳柏祥、岳阳市、常宁、耒阳

(25) 讲话浏阳、醴陵、炎陵、耒阳、永兴、洞口、绥宁、隆回

(26) 插田(插秧)攸县、醴陵

(27) 膻$_1$(肚饿)华容、岳阳柏祥、岳阳县、平江、洞口、绥宁、隆回

(28) 择(选,如择菜)岳阳县、岳阳市、平江、隆回

(29) 衣袖/袖子醴陵、浏阳、袖子、茶陵、常宁、永兴、洞口、绥宁、隆回

(30) 衣衫常宁、耒阳、永兴、资兴、洞口、绥宁、隆回

(31) 爹爹(祖父)华容、临湘、岳阳柏祥、岳阳县、岳阳市、平江、常宁、耒阳、洞口、绥宁、隆回

(32) 媳妇(儿媳)临湘、岳阳柏祥、岳阳县、岳阳市、平江、浏阳、醴陵、常宁、资兴、洞口

(33) 堂客(老婆)岳阳县、岳阳市、醴陵、常宁

(34) 老虫(老虎)临湘、平江、洞口、绥宁、隆回

(35) 罩子(雾)华容、岳阳市、平江、醴陵、洞口

(36) 泡雪(鹅毛雪)

(37) 麦豌子/川豆子(豌豆)华容、临湘、岳阳柏祥、常宁

(38) 公子(公的)醴陵、隆回

(39) 婆子(母的)醴陵、隆回

(40) 堂客们(妇道人家)醴陵、常宁

(41) 老倌子(老头子)醴陵、炎陵、永兴、资兴

(42) 姑子(姑妈)

(43) 气门(囟门)岳阳柏祥、岳阳县、醴陵、常宁、永兴、洞口、隆回

(44) 阶基(阶沿)华容、岳阳柏祥、岳阳县、岳阳市、平江、浏阳、醴陵、攸县、常宁、耒阳、安仁

(45) 悔(本字为"疲",呕吐,如"悔奶")华容、临湘、岳阳市、炎陵、常宁、耒阳、安仁、永兴

(46) 做媒临湘、岳阳县、平江、攸县、常宁、洞口、绥宁、隆回

(47) 炮斤(十斤)华容

(48) 淈[ku^{41}](液体涌出,永兴音)临湘、炎陵、永兴

(49) 土畲[$\c{c}ia^{55}$](旱田,洞口音)洞口、绥宁、隆回

(50) 系(提手)

(51) 屑子(垃圾)浏阳、醴陵

(52) 礧子[lue^{21} $ts\eta^{30}$](砻,安仁音)安仁、隆回

(53) 秝子(植物新芽)华容、岳阳县、浏阳、茶陵、炎陵、永兴

(54) 蟆蝈(青蛙)炎陵、华容、临湘、常宁、耒阳、永兴、洞口、绥宁

(55) 蹬子(阶梯踏步)洞口、常宁、永兴

(56) 披厦(偏厂)炎陵、耒阳、安仁、永兴

(57) 埿子(瓶塞)华容、岳阳柏祥、浏阳、醴陵、耒阳、安仁、永兴

(58) 铛架子(放置锅子的架子)常宁、安仁、永兴、资兴

(59) 火炽/火石(燃烧过未烧尽的黑色木炭块)炎陵、永兴

(60) 鲇炭(烧过尚成块的煤炭)

(61) 鏰锅(补锅)攸县、炎陵、常宁、耒阳、安仁、洞口、绥宁、隆回

(62) 化生子(鬼,詈语,骂小孩)华容、岳阳柏祥

(63) 天师(充内行、说大话的人)

(64) 抱肚(肚兜)浏阳、常宁、耒阳、安仁、资兴

(65) 焮(微加热)华容、岳阳柏祥、岳阳县、炎陵、常宁、耒阳、永兴

(66) 空话(批评指责的话/闲话)

(67) 謶(骗)

(68) 学舌(传话)茶陵、炎陵、常宁、耒阳、安仁、永兴、资兴、隆回

(69) 趟(游荡;漂洗)炎陵、隆回

(70) 蹘[liɔ^{213}](手或脚交叉;绳线纠缠在一起,耒阳音)华容、耒阳

(71) 礧[lui^{44}](滚动,永兴音)浏阳、炎陵、耒阳、永兴

(72) 䜊(唠叨)

(73) 饫[y^{13}](喂,永兴音)岳阳柏祥、永兴

(74) 趵(物体突然跃起,液体涌出)

(75) 拸[t^{h}o^{11}](叠加,积压,永兴音)浏阳、醴陵、炎陵、常宁、耒阳、永兴

(76) 阴清(阴凉)醴陵、耒阳

(77) 纰离缾赖[p^{h}i^{34} li^{212} p^{h}ai^{13} lai^{13}](凌乱/肮脏,炎陵音)炎陵

(78) 通皮(通情达理)华容、岳阳市、浏阳、醴陵

(79) 讶诈[ua^{44} tsa^{44}](性情乖戾,喜欢扯皮,永兴音)岳阳县、炎陵、永兴

(80) 流水(连忙)常宁、耒阳、永兴、资兴

(81) 捭(两手左右平伸的长度)华容、岳阳县、常宁、耒阳、永兴、资兴、绥宁

(82) 嬔(畜类产子)华容、常宁

(83) 脪手华容、岳阳县、岳阳市、浏阳、醴陵、茶陵、炎陵、常宁、永兴、绥宁

(84) 熝/焙/煏(烤)岳阳县、岳阳市、炎陵、永兴

(85) 绹(绳索)临湘、岳阳柏祥、浏阳、耒阳

(86) 譨譧[no^{52} $nian^{0}$](啰唆,岳阳市音)岳阳市

(87) 謤(轻佻/用甜言蜜语诱惑人)

(88) 咍[xai^{55}](玩,开玩笑,洞口音)洞口、绥宁、隆回

(89) 谩詑(批评或挨批评)

(90) 夥(多)

(91) 蹠(踢、蹬)华容

(92) 挦(拨,如挦鸡毛、草)岳阳柏祥、茶陵、永兴

(93) 蔑(细小)华容、岳阳市、炎陵、永兴

(94) 倯(愚蠢;丑陋;讨厌)华容、岳阳柏祥、岳阳县、炎陵、常宁、耒阳、永兴、资兴

(95) 箈子(盛物竹器)

(96) 鉠(前附加成分,构成"鉠重",义为很重)浏阳

7.4 湖南赣语词汇与江西赣语特征词、湘语特色词相关度对比

在上节,我们通过"求异",将江西赣语特征词、湘语特色词两个词汇系统里相同的词语剔除,得出江西赣语特征词、湘语特色词的对比参照词表。本节里,我们将用湖南赣语词汇,分别与江西赣语特征词、湘语特色词进行"相关度"对比。所谓"相关度",主要指两种方言在语言特征上的相似程度,表现在词汇上,就是二者之间的共用词情况,包括数量及分布密度。

我们判断词汇"相关度"主要依据两个标准:第一个标准,是看两个参照词表里的词,分别与湖南赣语词汇共用的数量为多少;第二个标准,是看两个参照词表里与湖南赣语共用的词,在湖南赣语区里所分布的点有多少个。第一个标准表现的是湖南赣语与江西赣语、湘语之间在共用词层面的广度;第二个标准表现的是,湖南赣语与江西

赣语、湘语之间在共用词层面的深度。

7.4.1 具体方法及步骤说明

比较湖南赣语与江西赣语、湘语的"相关度"，我们将按下述步骤进行：

首先，将湖南赣语词汇分别与江西赣语特征词、湘语特色词相同的词统计出来。在此基础上，得出湖南赣语词汇与江西赣语特征词的相同词的数量，及这个数量占江西赣语特征词总数量的百分比；得出湖南赣语词汇与湘语特色词的相同词的数量，及这个数量占湘语特色词总数量的百分比。

第二步，分别统计出江西赣语特征词参照词表、湘语特色词参照词表中，湖南赣语方言点出现的频次。用湖南赣语方言点在江西赣语特征词参照词表中出现频次的值，除以湖南赣语词汇与江西赣语特征词表中相同词的数量，得出每条江西赣语特征词在湖南赣语区所分布方言点的平均数。将上述步骤同样运用到湘语特色词里，得出每条湘语特色词在湖南赣语区所分布方言点的平均数。

举例说明。如下面三条湘语特色词：

> 蔑（细小）华容、岳阳市、炎陵、永兴
> 倯（愚蠢；丑陋；讨厌）华容、岳阳柏祥、岳阳县、炎陵、常宁、耒阳、永兴、资兴
> 劙（割破，切割）

湖南赣语与湘语相同的词语是 2 条，即"蔑（细小）、倯（愚蠢；丑陋；讨厌）"；这 2 条词里，湖南赣语点出现的频次是 12 次（即词语后面湖南赣语方言点出现的次数，不管具体的方言点名称，这个计量数叫"方言点出现频次"），12 除以 2 为 6，即湖南赣语与湘语共用的 2 条词，在湖南赣语区平均分布的方言点是 6 个点。

7.4.2 数据统计

用于对比参照的江西赣语特征词共 110 条，湘语特色词共 96 条，

数量上相差不大。湖南赣语词汇与二者进行比较，其比较结果应该是比较符合客观实际的。

7.4.2.1　湖南赣语词汇与江西赣语特征词的共同词数据分析比较

在江西赣语特征词参照词表的110条词语里，湖南赣语词汇与之相同的共有71条，占江西赣语特征词参照词表总词语的65%。

湖南赣语方言点在这71条与江西赣语特征词共同的词里，出现的频次是365次。那么，湖南赣语词汇与江西赣语特征词中相同的词语，每条词语平均在湖南赣语区内分布的方言点达5.1个点。

7.4.2.2　湖南赣语词汇与湘语特色词的共同词数据分析比较

在湘语特色词参照词表的96条词语里，湖南赣语词汇与之相同的共有78条，占湘语特色词参照词表总词语的81%。

湖南赣语方言点在这78条与湘语特色词共同的词里，出现的频次是362次。那么，湖南赣语词汇与湘语特色词中相同的词语，每条词语平均在湖南赣语区内分布的方言点达4.64个点。

7.4.3　对比结果分析

上述几组数据显示，从相同词的绝对数量来看，湖南赣语词汇与湘语特色词相同的要多，达78条，占总比为81%；而与江西赣语特征词一致的词是71条，占总比为63%。

从湖南赣语方言点在相同词里所出现的频次来看，湖南赣语词汇与江西赣语特征词的每条相同词语，在湖南赣语区平均分布的方言点，要大于湖南赣语词汇与湘语特色词的相同词语的情况。前者为每条词语分布5.1个方言点，后者为每条词语分布4.64个点。

以上结果说明，从目前情况来看，在词语的影响深度上，湖南赣语受江西赣语的影响要更大；但从词汇接受数量，即词语影响的广度来看，湘语对湖南赣语的词汇贡献更多。

这个结果也折射出了湖南赣语与江西赣语、湘语在共时平面的语言关系，湖南赣语是脱胎于江西赣语母体的一个赣语支系，在特定的地理环境、行政区划及历史沿革等多种因素的影响下，湖南赣语与湘语保持越来越多的接触与交融，受湘语的影响程度日渐加深；而与江西赣语之间，则主要因行政区划上的分隔，日行日远，彼此间的交流、影响越来越少。但毕竟在历史上湖南赣语与江西赣语曾经是一体的，所以赣语大方言的特征，在以共用词方言点出现频次所表现出的词汇影响深度里，江西赣语特征词相对于湘语特色词来说，现在还占优势，但优势也不太大，二者之间的差距不到 0.5 个百分点。

同时，湖南赣语与湘语特色词的相同数量，要多于与江西赣语特征词的数量，两个相同词数量的占总比分别为 81%与 65%，这一对数据中，湘语的优势就要远远大过江西赣语，比率差值为 16 个点。

从这两组对比数据的差值预测，就词汇层面来说，湖南赣语会越来越靠近湘语；但江西赣语特征词的一些高频使用的词，也会继续在湖南赣语里使用，至少较长一段时间里还不会改变。

7.5　湖南赣语各点与江西赣语特征词、湘语特色词的关系对比

上一节我们将湖南赣语做一个整体，置于江西赣语与湘语之间，与二者分别进行词汇“相关度”的对比。这一节以湖南赣语的 19 点为单位，与江西赣语特征词、湘语特色词进行比较，从微观角度来观察，湖南赣语各点在词汇上与江西赣语、湘语间的关系。

我们这个比较结果，能作为每个点与湘语或是江西赣语“相关度”的比较依据。不宜作为各个点之间，进行哪个点更接近江西赣语、哪个点更接近湘语的比较依据。

对比方法与上节的一样，不同的是本节的对比不需要计算方言点频次与平均分布条数，以各个方言点实际情况为统计对象。先分别统计湖南赣语各点与江西赣语特征词参照表里的词语，相同的有多少条，再将相同词语数除以参照表词语的总数即 110，得出各点相同词在江西

赣语特征词参照表里的比率。同样以湖南赣语各点为单位，在湘语特色词参照表里进行相同的统计与计算，得出另一个比率。这两个比率的大小就表示各点与江西赣语、湘语在词汇关系上的亲疏。

7.5.1　湖南赣语各点与江西赣语区特征词、湘语特色词的相同词数量统计

表 7-1　湖南赣语各点与江西赣语区特征词、湘语特色词的相同词数量统计

方言点	与江西赣语相同词数	占总比(X/110)	与湘语相同词数	占总比(X/96)	方言点	与江西赣语相同词数	占总比(X/110)	与湘语相同词数	占总比(X/96)
华容	16	14.5%	26	27.1%	炎陵	25	22.7%	22	22.9%
临湘	19	17.3%	12	12.5%	常宁	21	19.1%	30	31.3%
岳阳柏祥	23	20.9%	18	18.8%	耒阳	29	26.4%	25	26%
岳阳县	16	14.5%	20	20.8%	安仁	18	16.4%	12	12.5%
岳阳市	8	7.3%	20	20.8%	永兴	43	40%	35	36.5%
平江	16	14.5%	13	13.5%	资兴	10	9.1%	12	12.5%
浏阳	29	26.4%	19	19.8%	洞口	13	11.8%	21	21.9%
醴陵	26	23.6%	23	24%	绥宁	9	8.2%	16	16.7%
攸县	13	11.8%	7	7.29%	隆回	10	9.1%	22	22.9%
茶陵	18	16.4%	8	8%					

7.5.2　湖南赣语各点词汇与江西赣语、湘语的亲疏关系

表 7-1 中湖南赣语 19 个点与江西赣语特征词、湘语特色词的对比数据显示，一共有 9 个点，与江西赣语特征词的相同词语的占总比，要高于与湘语特色词的相同词语的占总比。这 9 个点及两个占总比比值分别为：

茶陵，16.4%、8%；浏阳，26.4%、19.8%；临湘，17.3%、12.5%；攸县 11.8%、7.29%；安仁，16.4%、12.5%；永兴，40%、36.5%；岳阳柏祥，20.9%、18.8%；平江，14.5%、13.5%；耒阳，26.4%、26%。

以上 9 个点，在方言词汇上，可以说与赣语的相关度更高一些，与湘语的相关度低一些。

共有 10 个点，与湘语特色词的相同词语的占总比，要高于与江西赣语特征词的相同词语的占总比。这 10 个点及两个占总比比值分别为：

隆回，22.9%、9.1%；岳阳市，20.8%、7.3%；华容，27.1%、14.5%；常宁，31.3%、19.1%；洞口，21.9%、11.8%；绥宁，16.7%、8.2%；岳阳县，20.8%、14.5%；资兴，12.5%、9.1%；醴陵，24%、23.6%；炎陵，22.9%、22.7%。

以上 10 个点，前 8 个点的两个占总比比值之间的差距较大，最大差距为隆回达 13.8，最小的差距值为资兴也有 3.4。

这种占总比比值差距，与上面以茶陵为首的 9 个点的占总比比值差距，整体要高很多。此情况代表了一种倾向，即在词汇上受湘语影响多的点，其与湘语相同的词语在数量上，相对于与江西赣语特征词相同的词语数量，要高出不少。而在词汇上保留更多江西赣语特征的点，其与江西赣语相同的词语在数量上，相对于与湘语相同的词语数量，优势却不明显。

醴陵和炎陵这 2 个点，在与湘语特色词"相关度"较亲密的 10 个点中，显得有些另类，这两个点的占总比差值，仅为 0.4 及 0.2。这说明，这两个点的词汇处在保留江西赣语特征与受湘语影响的相对平衡状态。（见图 7－2）

需要说明的是，永兴与江西赣语区特征词、湘语特色词的相同词语绝对数量都较高；而攸县、茶陵的相应数量都较低。正如我们之前曾经说明的，是由于词语调查的深入度不同所致。但用两个对比结果的"占总比"差值，来反映方言间的关系，也能较客观地表现方言的现实情况。永兴、攸县、茶陵都是江西赣语特征词占优势的方言点，三点各自的两项占总比的差值分别为 2.6、4.5 及 8，这种差值的表现与三点所处语言地理地缘的位置也是相符的。

图 7－2　湖南赣语各点词汇赣语特征、湘语特征相关性表现

炎陵位于湘南与江西接界的一隅，北部、西部、南部一小部分分别被茶陵、安仁、永兴 3 点包围，南部大部分与说客家话的山区县份桂东县接界。但对炎陵的相同词比较的数据统计显示，炎陵在词汇上与赣语、湘语关系都较亲密，与湘语的关系稍近一点。这从地缘上来说，不太符合实际，究其原因，应是因为本书所采用的炎陵资料《炎陵方言》(2010)一书，是炎陵本地文化界人士彭志瑞撰写；该书是一本以词汇为主要内容的书，收集了大量特色方言词语，而且作者重点参考了罗昕如《湘方言词汇研究》一书；对赣语词汇研究成果倒没怎么提及。但尽管如此，炎陵词汇里与江西赣语特征词的相同词语数量还是很可观的，在数量上基本跟与湘语特色词的相同词语持平。

7.6 本章小结

本章主要以"共同词"为标准，对湖南赣语与江西赣语特征词、湖南特色词的共同词进行统计和比较分析。先将湖南赣语作为一个整体与江西赣语、湘语就拥有共同词方面，进行比较，得出湖南赣语分别与二者之间的词汇"相关度"；继而又以湖南赣语各个点为单位，与江西赣语、湘语进行了词汇方面的亲疏关系比较。

在分析方法上，运用了"占总比"、方言点出现的频次、词语分布方言点的平均数、两个"占总比"之间的差值等数据统计分析概念，完全以实际数据推导结论。

最后数据统计得出的结论为，从目前来看，在词汇方面，湖南赣语仍保留着较多的赣语特征；而从湖南赣语词汇与湘语特色词汇的相同词语数量越来越多的情况来分析，今后湖南赣语的发展，受湘语的影响会越来越大，在词汇一致性上会更趋向湘语，而与江西赣语会越行越远。这主要是由受行政区划影响而形成的地域文化圈向心力所决定的。

具体各点的统计分析结果是，茶陵、浏阳、临湘、攸县、安仁、永兴、岳阳柏祥、平江、耒阳等 9 个点在词汇上与江西赣语特征词一致性更多；隆回、岳阳市、华容、常宁、洞口、绥宁、岳阳县、资兴等 8 个点在词汇上则受湘语影响更多；炎陵、醴陵在词汇上受影响方面，正处于江西赣语、湘语的"拉锯战"阶段，江西赣语和湘语对这两个点的影响势均力敌。

第八章

湖南赣语词汇、词义的对称与不对称

抽象的对称(Symmetry)指“由同一母形之‘左-右’、‘上-下’并置形成的镜式‘反映’关系”(袁嘉 2004)。如果这种模式里,并置的结构项即“左、右、上、下”等缺少某一项,就形成不对称(Unsymmetry)。语言学里对称与不对称研究,是在语音学的领域最先发展起来的。汉语音韵学里的声母系统、韵母系统,一般情况下都是对称的。声母的对称在汉语里有区别意义的作用,是声母间非常重要的一种关系。声母在汉语各方言中存在着同部位发音的送气与不送气、浊音与清音的二元对立;塞音、擦音、塞擦音的三元对立等。这种对立或说对称的模式,一旦出现对称的结构项缺失,那就意味着,该语音系统出现了较大的变动,这个变动会影响到声、韵、调的立体变化。具体例子在汉语音韵学界不胜枚举。对称与不对称在汉语音韵学及方言语音研究中,是非常有价值的一种现象。

语音上的对称与不对称,是因为人体语音发音器官具有产生这种对称结构项的机能,有其自然属性。语法不具有这种类似的自然属性,所以语法的对称与不对称的研究起步较晚一些。但纵观汉语语法界,利用“对称与不对称”的方法进行研究却颇有成效,赵元任、朱德熙等先生都曾在他们的著作里提到对称与不对称的概念。文炼、伍铁平、胡盛仑等先生发表过现代汉语语法不对称现象的研究论文。石毓智的(2001)《肯定和否定的对称与不对称》一书,对称与不对称的研究视角贯穿始终。

词汇方面的对称与不对称研究,袁嘉(2004)的论文《现代汉语词汇词义不对称与对外汉语教学》是比较早期的对词汇不对称现象的探索之作;文中探析了产生词汇不对称现象的成因,从结构项、逻辑意义等角度总结了词汇不对称的不同类别。

袁嘉的文章最后着落于对外汉语教育中的应用,文中所讨论的对象主要是普通话词汇,所举的例子也都以书面词语为主。有些词在普通话里属于不对称存在,但在汉语方言里就有可能是具有对称项的。如袁文举的"美人"一例,认为没有对称反义词"* 丑人";在普通话里确实没有与"美人"在形式、意义与用法上都对称的词,但在四川方言里,却存在与"美人"相对称的"丑人"一词。词汇的对称与不对称,如果放眼整个汉语方言界,必定会有获得更广阔的研究视域。

湖南赣语存在不少对称与不对称的词汇现象。本书仅就方言里存在词汇对称与不对称现象进行探讨,不打算就对称现象的成因、义项对称等方面进行深入探究。以下就从对称与不对称两个方面对湖南赣语的词汇进行讨论。

8.1 湖南赣语亲属称谓词的对称与不对称现象

词汇是对客观世界的最直接的反映,客观世界的对称事物,反映到词汇里,就有相应的对称词汇产生。自然界最普遍的二元对立事物,在词汇里就表现为相应的对立词汇,如"男 VS.女""大 VS.小""老 VS.少""左 VS.右""上 VS.下""好 VS.坏"。当然,客观世界是丰富多彩的,并非"二元"就能简单区分,许多中间状态需要多元的标准区分,如"黑 VS.白"中间有"绿、红、灰、黄"等多层色阶,只是一般人的认知不会将各种颜色的存在认为是对称的分布。再如"男 VS.女"是二元对立,但"爸 VS.妈"就一定是三元的,因为如果没有"孩子","爸妈"

的身份就无从获得。

本书所指的词汇对称，分为严格对称与宽松对称。严格对称是词汇形式、意义、用法都能相对；宽松对称对形式不做严格要求，但在意义和词性要求相合。比如“男”和“女”是严格对称，“男”和“非男”就是宽松对称了。

以下，我们按义类分组，讨论湖南赣语的人称词汇的对称与不对称现象。

8.1.1　亲属称谓的对称与不对称现象

8.1.1.1　男性 VS.女性

男性与女性的亲属关系词汇对称，又分为夫妻关系的对称、血缘关系的对称。

我们根据各个方言点对具有夫妻关系的亲属称呼进行排列，再对其中的对称与不对称现象进行分析。

1）曾祖 VS.曾祖母、祖父 VS.祖母、外祖父 VS.外祖母（“VS.”用于大类的对称或对立关系。以下的“/”表示具体词汇的对立或对称，“\”表示多种同义称呼的间隔。）

表 8-1 中五个方言点的“曾祖父 VS.曾祖母”“祖父 VS.祖母”“外祖父 VS.外祖母”是三组对称词汇，且都是“男性”与“女性”的对称，对称的主要语素是“公 VS.婆”。

表 8-1　“祖辈”称呼对称情况

方言点	曾祖父 VS.曾祖母	祖父 VS.祖母	外祖父 VS.外祖母
浏阳	老公/老婆	公公/婆婆	外公/外婆
醴陵	老公唧/老老婆	公唧/老婆	外公/外婆
攸县	老老公/老老婆	老公/老婆	外公/外婆
安仁	老公公/老婆婆	公公/婆婆	外公/外婆
资兴	堂公/堂婆 （又“祖公/祖婆”）	公公/婆婆	外公/外婆

同时，这三组对称的词汇又形成一个三元的对称模式，以“祖父VS.祖母”这一组为三元对称模式的核心，“曾祖父VS.曾祖母”这一组是在核心组“祖父VS.祖母”这一组的基础上辈分升序，形成辈分对称；辈分升序的词汇手段各点不完全相同，浏阳、醴陵、攸县、安仁在“祖父VS.祖母”的称呼上加“老”，资兴加“堂”或“祖”。“外祖父VS.外祖母”这一组是在核心组“祖父VS.祖母”的基础上加“外”，表示“内”亲与“外”亲的对称；五个点完全一样。

从对称的严格与宽松来看，五点中安仁是对称最严格的，“老公公/老婆婆←公公/婆婆→外公/外婆”；醴陵是对称最宽松的，“公唧/婆婆”在构词上不对称，前者加词缀，后者重叠；但醴陵在辈分对称、内外亲对称上又是严格的。

表8-2为14个点在“曾祖辈、祖辈、外祖辈”称呼上不对称的情况。加了一个供参考的“高祖辈”，是因为岳阳柏祥、常宁点有收录。表8-2中的不对称情况又分为两种，表中前半部分“岳阳柏祥至永兴”的7个点，在“曾祖辈、祖辈、外祖辈”三元对称模式里，“曾祖辈、祖辈”这一组辈分关系是对称的，而“祖辈、外祖辈”这组内外亲关系是不对称的。表中后半部分“岳阳县至隆回”的7个点，则三元对称模式里的“辈分关系”及“内、外亲关系”都不对称；华容的“外祖父VS.外祖母”也不对称，统称“家家”；岳阳县、岳阳市及临湘三点，“祖父VS.祖母”或“外祖父VS.外祖母”在词语形式上，不是“男性VS.女性”的对立，而是“大VS.小”的对立，反映了传统社会里“男权至上”的观念。另，茶陵、常宁及临湘的“祖父VS.祖母”的对称是宽松对称，两个对称项的结构形式不相一致。

表8-2 “祖辈”称呼不对称情况

方言点	（高祖辈）	曾祖父VS.曾祖母	祖父VS.祖母	外祖父VS.外祖母
岳阳柏祥	（太爹/太㛅）	老爹/老㛅	爹爹/㛅㛅	阿公/阿婆
平江		老公/老㛅驰	公公/㛅驰	外公/外婆

续　表

方言点	（高祖辈）	曾祖父 VS. 曾祖母	祖父 VS.祖母	外祖父 VS. 外祖母
茶陵		老爷/老妈	爷/姆妈	外公/外婆
炎陵		老爹/老奶	爹爹/奶奶	媪公/媪婆
常宁	（祖公/-）	老爹爹/老阿几	爹爹/阿几	外婆/外公
耒阳		老爹爹/老奶奶	爹爹/奶奶	外公/外婆
永兴		老爷爷/老娘娘	爷爷/娘娘	公公/婆婆
岳阳县			大爹/细爹	阿公/家家
岳阳市			爹爹/小爹爹 ［tia^{44}］	大家家/细家家
华容			爹/	家家/家家
临湘		曾祖/曾母 老爹/老爹	爹爹/姆妈 爷［ie^{12}］/-	大家家/细家家
洞口		公公/婆婆	爹爹/奶奶	客公/客婆
绥宁		老爹/婆婆	爹爹/奶奶	客公/客婆
隆回		公公/婆婆	爹爹/奶奶	外公爹爹/ 外公奶奶

2）夫 VS.妻

夫妻是一个家庭中的核心与基础，夫妻间的关系也是多面性的。夫与妻之间是相对的关系，家庭中夫与妻在男女地位上的不同具有一定的社会属性；与此同时，对其子女、长辈或其他亲属来说，夫妻又是一个整体。因此夫、妻间的称呼有多种，是夫妻间关系多种性质在语言中的反映。

湖南赣语各点夫、妻间称呼，也是宽松式的对称；并且，还存在同义词数量上的不对称。另外，湖南赣语夫、妻间的称呼多背称少面称，面称一般称名字。

表 8-3 夫妻间称呼对称与不对称情况

方言点	夫	妻	方言点	夫	妻
华容	男汉,老倌子	姑娘	炎陵	男子	婆娘
临湘	丈夫(妻也可称其夫为“屋里箇人”)	屋里箇人	常宁	老公\(面)渠爷,当家人	堂客
岳阳柏祥	男家\佬□[tsa⁰]	内官\婆□[tsa⁰]	耒阳	老公	夫娘
岳阳县	(未收录)	内里人\屋里人\堂客\内客	安仁	男子	婆娘
岳阳市	丈夫\佬□[tsa⁰]	堂客	永兴	老公	夫娘
平江	丈夫	夫娘\堂客\女子(家)	资兴	老公	夫娘
浏阳	男子	婆娘	洞口	男人家	婆娘\老囡
醴陵	男子	婆娘,堂客	绥宁	男人家	老婆子\我妇道人家
攸县	男子\(面)老倌子,听得没\俫唧箇爷	婆娘	隆回	男人家	婆娘
茶陵	男子	婆娘			

3) 伯父 VS.伯母

表 8-4 中三个点,“伯父 VS.伯母”在称呼上是不对称的,与实际上的亲属关系不符。现实中对“伯父”“伯母”在需要区分男、女的语言环境下,会用“男人家伯伯”“妇人家伯伯”来区分。另永兴亲属称呼中,对比母亲大的“舅父”“舅母”都称“大大”,使用情况与“伯伯”一样。

表 8-4 “伯父”“伯母”称呼同一的情况

方言点	伯父	伯母	方言点	伯父	伯母	方言点	伯父	伯母
耒阳	伯伯	伯伯	安仁	伯伯	伯伯	永兴	伯伯	伯伯

8.1.1.2 “长”VS.“幼”

1) 以“大”“小”分“男、女”

以“大”“小”在称呼区分男、女亲属,也是传统的“尊男抑女”观念在方言中的体现。

这种现象主要出现在湘东北的华容、岳阳市区、岳阳县、岳阳柏祥、临湘5个点，上文“祖辈”称呼列表里已有所体现。这里为便于查看，再与其他相关称呼一并列表。

表8－5　亲属称呼中的“男、女”对应“大、小”的对称情况

方言点	祖父	祖母	方言点	外祖父	外祖母	方言点	小叔	小婶
华容	爹爹、大爹	小爹	华容	爹爹	小爹	临湘	幺叔\细爷\幺幺	幺娘\细爷
岳阳市	爹爹	小爹爹	岳阳市	大家家	细家家			
岳阳县	大爹	细爹	临湘	大家家	细家家			
岳阳柏祥	大爹	细爹	岳阳柏祥	大爹	细爹			

临湘点除了祖辈亲属称呼里以“大、小”区分“男、女”外，在父辈亲属里的也有以“细”称呼女性亲属。不过临湘称小婶的“细爷”可能是随称小叔的“细爷”，应该说没有以“大、小”区分“男、女”的。

2）“大大”与“晚晚”

“大大”上文已经介绍，一般指比母亲大的舅父、舅母；这是从同辈排序上的“大”而来的称呼；与之相关的一个称呼是“晚晚”①，指叔叔。

伍巍、吴芳(2008)证其本字的主要理据是“最晚出生”所以称“晚晚”。这也是从同辈排序上而来的称呼。但“大大”与“晚晚”并不构成对称，理由有三：一是“大大”和“晚晚”在亲属关系平面里，并不在同一轴线上，一个是“母系”亲属，一个是“父系”亲属；二是，“大大”可以表示“舅父、舅母”这一对夫妻关系的亲属，而“晚晚”只能表“叔父”；三是，“晚晚”本来是表示最晚出生的即最小的叔叔，后来意义扩大至“叔叔”，这种词义的来源轨迹也与“大大”不同。

① 有些方言材料记作“满满”，伍巍、吴芳(2008)考证本字为“晚”，采伍、吴之说。

另，岳阳柏祥的“晚晚”指最小的叔叔与最小的姑姑；绥宁则专指比父亲小的姑姑，发音人并强调“晚”是一个女性词；耒阳的“晚晚”可指比父亲小的姑姑。这样，“晚晚”的意义又进一步扩大，与“大大”在不对称的方向渐行渐远。

8.1.1.3　“内”VS.“外”

亲属称呼里以男方的亲属为“内”，以女方的亲属为“外”。永兴、耒阳、炎陵有“外氏”的说法，指夫妻中女方娘家或娘家所在，如“箇隻妇人家是李家塆箇外氏”，指这个妇人的娘家是在李家塆，“这孩子跟外氏挂相”就是说娃娃长得像舅舅家的人。

“内”VS.“外”的亲属称呼对称，主要表现在“祖父、祖母”VS.“外祖父、外婆”，“夫之父、夫之母”VS.“妻之父、妻之母”“夫之兄妹”VS.“妻之兄妹”的对称上。

“祖父、祖母”VS.“外祖父、外婆”的对称情况参看表 8－5，此处不赘。“夫之父、夫之母”VS.“妻之父、妻之母”“夫之兄妹”VS.“妻之兄妹”的对称情况见表 8－6。

表 8－6　亲属称呼中的“内、外”对称与不对称情况

方言点	夫之父/夫之母	父亲/母亲	妻之父/妻之母	夫之兄弟/夫之姐妹	妻之兄弟/妻之姐妹
华容	家爷\家公\老巴爷/家娘\老巴姆妈	爷/姆妈	丈老/丈母	伯爷哥、丫叔子\小叔子/大姑、小姑	舅老/姨姐子、姨妹子
临湘	公公/婆婆	爷[ia^{12}]/娘	岳父\干爷/岳母娘\干娘	（随儿女叫）	
岳阳柏祥	家爷/家娘	伯伯/姆妈	亲爷/亲娘		
岳阳县		爷/姆妈	亲爷/亲娘		
岳阳市		爹爹[tie^{44}]/姆妈			
平江	家爷/家娘	爹爹/姆妈	丈人公/丈人母		

续　表

方言点	夫之父/夫之母	父亲/母亲	妻之父/妻之母	夫之兄弟/夫之姐妹	妻之兄弟/妻之姐妹
浏阳	家爷\家爷老子/家娘\家娘老子	爹爹/姆妈	岳老子\丈人公/岳母娘\丈人婆	伯伯、叔唧/姐唧、姑唧	老舅/大姨唧、细姨唧
醴陵	家爷\家公/家娘	爹爹/姆妈	岳老子\丈人公/岳母娘\丈人婆	伯唧、叔唧/姑唧	舅唧/大姨唧、细姨唧
攸县	家爷/家娘	爹爹/娭姐	丈人/丈母\丈母娘	（随夫叫）	
茶陵		爹唧/娭唧	亲爷\亲爹/亲娘		
炎陵	家倌\君公/家娘	爹\爷/娭唧	昌义公\丈人/丈母		舅唧
常宁	家老子/家娘	爷/娘\姐\奶奶	丈老子\岳老子/丈母娘\岳母娘	（随儿女叫）	郎舅\阿舅\妻舅（妻之姐妹随儿女叫）
耒阳	家爷\家老子/家娘	爷/姐\娘	丈老子\岳老子/丈母娘\岳母娘	大伯子、阿叔/阿姑	大舅子、小舅子/大姨崽、细姨崽
安仁	君公/家娘	爹爹/娭子	丈人/丈母	大伯、叔唧/男子格姐姐、姑唧	
永兴	家老子/家娘	爹爹\爷/妈妈\娘	丈人老倌/丈母	（随儿女叫）	妻兄、妻弟/妻姐、妻妹
资兴	家老子/家娘	爹爹/娭子	妻公（老子）/妻姆（老娘）	大伯老子、叔子/姑子	妻兄、妻弟/姨姐、姨妹
洞口	家爷/家娘	爹爹/姆妈	亲爷/亲娘	（随夫叫）	姨姐姐/姨妹妹
绥宁	这边的爸爸/这边的妈妈	爷爷\爸爸/妈妈	老丈人/丈母娘		
隆回	家爷/家娘	爷爷/娘	亲爷/亲娘		大舅子、小舅子/姨姐、姨妹、姨妹子

表 8－6 的称呼透露了一定的社会伦理心理。如果把“夫之父、母”“父、母”“妻之父、母”三组称呼视为三元对称模式的话，那么，“父、母”的称呼是核心称呼。这样，我们可以发现，在父辈的亲属称呼里，多数点称呼“夫之父、母”“妻之父、母”在形式上不与“父、母”这组核心称呼相对称。相比之下，“夫之父、母”在与“父、母”形式相对称的程度，又要大于“妻之父、母”。这表明，女性嫁入男方家庭后，跟男方父母之间的亲情伦理关系，相比男方对女方父母的亲情伦理关系，前者更重要些。这从某些地方称“夫之父母”为“家爷、家娘”就可以看出，女方以男方为自己家，而男方始终以女方父母为亲戚。隆回的女孩未出嫁时称呼自己的父亲、母亲为“奶爷、奶妈\奶娘”，如果从伦理关系来分析这个称呼，那就意味着，待字闺中的女孩只是暂时寄养在亲生父母家，一旦嫁出去了，父母就没有“哺育”的义务了。

岳阳柏祥对“妻之父母”的称呼“亲爷、亲娘”，特别注明是“用于妻子未生小孩前”的“妻之父、母”的称呼（此处的“亲”乃“结亲戚”之意），其亲疏之别，可见一斑。

而对“夫之兄、妹”的称呼一般随夫叫，或至少称呼形式上不做具体区别；但对“妻之兄、妹”的称呼，在称呼形式上区别居多，如“妻兄、姨妹、舅兄”等，都折射了“内亲”“外亲”有别的社会心理。

另外，“父 VS.母”这一组称呼的对称一般是严整的，但有的点把父亲称为“伯伯”或“叔叔”。这是因为按相术的说法，如果父亲的八字与儿女的八字相克制，则儿女要称父亲为“伯伯”或“叔叔（‘晚晚’）”；这种情况下，对“母亲”的称呼照常，并不随之改称“伯母”或“婶婶”。还如，有的点“母亲”的称呼有多种，而父亲的称呼只有一种，这是结构项在称呼数量上的不对称。

8.2 湖南赣语牲畜名词的对称与不对称

牲畜名词的对称与不对称，主要有“雄 VS.雌”“生产 VS.未生产”

以及“已阉 VS.未阉”等三种对称现象。

8.2.1　雌 VS.雄

在湖南赣语词汇里，表牲畜的“雌、雄”有两组严格对称的词汇：“牯、牸”“公、婆”。这两组词意义上基本相同，在使用范围上有区分。此外，还有“牂、獴、娘、草、豮”等之间的对立。同时，在形成对称结构的结构项组合上，“牯、婆、公、牸、娘”会交叉组成对称结构项。

8.2.1.1　牯 VS.牸

“牯、牸”用于牲畜，常用于称“牛”。“牸”的使用极窄，除了作为语素以词汇化形式存在于“牸牛”“牛牸”等词语里，其表“牲畜雌性”的意义，多被“婆”代替。“牯”的使用范围扩大，除用于牲畜名词表“雄性”义外，还用于一般名物词、人品词做后缀，表物、人品的某种特性。“牯”扩大的用法，与“牸”没有对称关系。

“牯 VS.牸”对称的牲畜词有：

牛牯崽/牛牸崽浏阳、牯马/牸马攸县、牯牛/牸牛攸县、炎陵、永兴（“牸牛”又指阉割后的公牛）、水牯/水牸攸县、炎陵、黄牯/黄牸攸县、炎陵、牯狗/牸狗攸县（指“小母狗”）、永兴、牯猫/牸猫（小母猫）攸县、牯猪/牸猪安仁、永兴。

“牯 VS.牸”形式不对称的牲畜词有：

水牯\黄牯/牛牸资兴。

“牸”除与“牯”形成对称或形式不对称的关系表“雌、雄”外，还与“婆、娘”形成对称关系，表母畜“生育 VS.未生育、小”的对立，如：

牸牛/牛婆娘\牛娘\牛婆、牸狗/狗婆娘\狗娘\狗婆攸县、牸猫/猫娘攸县、牛牸/牛婆炎陵。

8.2.1.2　公 VS.婆

“公、婆”的使用范围比较“牯、牸”要大得多，除用于四脚牲畜外，也用于两脚家禽、昆虫的“雌、雄”区分，用于植物相关的区分，又用于一般名物做后缀表达一定的性状。

"公 VS.婆"对称的牲畜词有：

狗公(子)/狗婆(子)临湘、岳阳县、平江、醴陵(有"-子"缀)、猫公/猫婆临湘、醴陵(有"-子"缀)、永兴、鸡公/鸡婆平江(又"公鸡")、浏阳、攸县、茶陵、炎陵、常宁、耒阳、永兴、资兴、鸭公(子)/鸭婆(子)临湘、岳阳柏祥、岳阳县、平江、浏阳、攸县、茶陵、常宁、耒阳、永兴、资兴、公马/婆马岳阳柏祥、马公子/马婆子醴陵、隆回、公羊/婆羊岳阳柏祥、公兔/婆兔\兔婆岳阳柏祥、狗公\公狗/狗婆岳阳柏祥、狗公子/狗婆子醴陵。

8.2.1.3 牯 VS.婆

1) 严格对称

马牯/马婆浏阳、常宁、耒阳、牛牯/牛婆浏阳、常宁、耒阳、羊牯/羊婆浏阳、常宁、隆回、猪牯/猪婆浏阳、常宁、耒阳、资兴、驴牯/驴婆浏阳、常宁、猫牯/猫婆浏阳、常宁、耒阳、鸭牯、鸭婆炎陵。

2) 宽松对称

牯牛/牛婆炎陵、永兴、水牯\黄牯/牛婆资兴、牯狗/狗婆永兴、牯牛/牛婆永兴、牯猪/猪婆永兴。

8.2.1.4 "牯 VS.牸[sa^{33}]""公 VS.牸[sa^{33}]"

另有表示牛"雌性"的"牸[sa^{33}](临湘音)"，在湘东北华容、岳阳地区通行。"牸"分别与"牯""公"形成对称。如：

臊牯子/牸牛华容、牯牛/牸牛临湘、岳阳县、水牯\黄牯/水牸平江、牯崽/牸崽岳阳柏祥(指小公牛、小母牛)。

"公 VS.牸"的对称只有岳阳市的"公牛/牛牸"。

8.2.1.5 公\牯 VS.娘

"公"与"娘"形成对称区分牲畜雄、雌的，有部分词是"公"与"婆娘"搭配。如：

公猪/猪娘攸县、鸡公/鸡婆娘洞口、隆回、鸭公/鸭婆娘洞口、隆回、狗公/狗婆娘隆回。

马牯/马娘洞口、牛牯/牛娘洞口、羊牯/羊娘洞口、狗牯/狗娘攸县、洞口、黄牯/牛婆娘隆回、牯猪/猪娘攸县、猪牯/猪婆娘常宁、牯猫/猫娘攸县。

8.2.1.6　豮 VS.草

“豮[bən^{24}](岳阳柏祥音)、草”这一组形成对称的词多用于区分猪的“雄、雌”,有的点专用于区分幼猪的“雄、雌”,主要分布在湘东北部、湘西南赣语区。如:

豮猪/草猪岳阳县、洞口(指幼猪)、豮猪崽/草猪崽岳阳柏祥。

岳阳柏祥的“豮狗崽”没有“* 草狗崽”相对立。

8.2.2　已生产 VS.未生产

用于形成这组对立的词有几种,从词义上来看词的原义并不都是与生产、生育相关的,是各点在自己的词义系统里进行的义项分配而形成的。如:

牸牛/犪牸华容、牛婆/牸崽岳阳柏祥、牛婆/牛牸炎陵、牸牛/牛婆娘\牛娘\牛婆攸县、猪婆/草猪崽岳阳柏祥、猪娘/草猪攸县、鸡婆哩/鸡胖哩浏阳。

另,多点有表示“未生蛋的小母鸡”的词,但没有与之相对称表示“生过蛋的母鸡”的词,如:

鸡项攸县、鸡郎炎陵、黄鸡兰永兴、资兴。

8.2.3　未阉 VS.已阉

这一组在意义上相对称的词,对称形式一般是宽松的。如:

生鸡公/骟鸡牯资兴、吊子/牯牛岳阳县、岳阳柏祥(另“牯崽”,指阉过的小公牛)、雄牯/牸牛永兴、猪脚子/阉猪子醴陵。

此外,岳阳市、岳阳柏祥在“阉”这个动作上根据对象的“雄、雌”说法对称,分别为:

骟[ɕiɛn[25]](阉割雄性牲畜,～牛、～马。)/劁[tɕʰiau[33]](阉割雌性牲畜,～猪)岳阳市、-/劁岳阳柏祥。

8.3 湖南赣语词汇性别词的不对称用法

湖南赣语词汇里几个高频性别词"公、婆、牯",作为词缀或构词语素的用法,其使用范围不限于表有生理性别区分的事物,而扩大至其他飞禽、爬虫、植物、人体身体部位、一般名物等。在这些词类中,部分由"公、婆、牯"构成的词,有相应的词与之形成对称关系。使用范围扩大后,其原词义中表性别区分的义项被淡化或消解了,也一般没有与之相对称的词了。

下面按词汇的类别,将含"公、婆、牯"无性别意义的词分别列举。

8.3.1 爬虫类

虾公(虾)临湘、醴陵、攸县、常宁、耒阳、安仁、永兴、资兴、洞口、隆回、虾牯资兴

天螺公(蜗牛)岳阳柏祥、蠓哩公(蠓虫)岳阳柏祥、臭甲哩公(臭虫)岳阳柏祥、甲哩公(带壳的甲虫)岳阳柏祥、大甲哩公(蟑螂)岳阳柏祥、螺公(螺蛳的统称)岳阳柏祥、岳阳县、田螺牯(田螺)绥宁、隆回、蝇毛公(绿头苍蝇)平江、米公(蚂蚁)攸县、安仁、蚁公(蚂蚁)耒阳、永兴、资兴、蟮公(蚯蚓)攸县、茶陵、炎陵、耒阳、安仁、永兴、资兴、隆回、灶鸡公(蝗虫)隆回、老鼠牯(老鼠)隆回

蛆婆子\蛆婆哩(厕所里蛆)临湘、醴陵、飞婆哩(蛾)临湘、癞嘎婆(癞蛤蟆)临湘、地虱婆(土鳖)岳阳柏祥、浏阳、醴陵、耒阳、蜓虱婆(蜻蜓)岳阳柏祥、阳线婆(蜻蜓)岳阳县、馇夹婆(蟑螂)平江、常宁、耒阳、安仁、永兴、资兴、盐夹婆(蟑螂)隆回、油馇婆(蟑螂)炎陵、耒阳、擦衣婆(灶蟋蟀)浏阳、醴陵、泥鳅婆(泥鳅)隆回

8.3.2 飞禽类

鹰婆子（老鹰）临湘

8.3.3 人体部位

额公（额头）临湘、平江、掩哩公（螃蟹壳的下面部分）岳阳柏祥、脸兜里公（脸蛋儿）岳阳柏祥、眼睛眶哩公（眼眶）岳阳柏祥、黑眶哩公（黑眼圈儿）岳阳柏祥、鼻公（鼻子）平江、鼻子尖哩公（鼻尖儿）岳阳柏祥、拳头公（拳头）平江、隆回、坨哩公（拳头）岳阳柏祥、屁股兜哩公（屁股蛋儿）岳阳柏祥、鸡公（男阴）岳阳柏祥、脚趾尖哩公（脚尖）岳阳柏祥、挖钉公（蜷曲指关节敲头）岳阳柏祥、膝头公（膝盖）岳阳县、平江、鸭婆（女阴）茶陵、安仁、奶婆（乳房）茶陵、常宁、永兴、安仁、痧婆劣子（痱子）安仁、手脑婆（大手指）资兴、手脑公（食指）资兴、钉公婆（指关节蜷曲，成钉状）岳阳柏祥、岳阳县、涎婆（唾沫星儿）岳阳柏祥

8.3.4 植物

树筒哩公（一段一段的树干）岳阳柏祥、叶婆（树叶）岳阳柏祥、椏哩公（树枝）岳阳柏祥、稾哩公（麦秸、高粱秆儿、事秸）岳阳柏祥、棍哩公（棍子）岳阳柏祥、杈哩公（竹叉）岳阳柏祥、松丫婆（松球）耒阳、松树坨牯隆回

8.3.5 自然物

沙婆子（沙子）岳阳柏祥、山底公（山底）隆回、石头公（石头）平江、石头牯（石头）临湘、攸县、茶陵、常宁、安仁、永兴、资兴、洞口、绥宁、隆回

8.3.6 日常事物

搭哩公（钉铞儿，即门窗或柜箱的锁扣儿）岳阳柏祥、横哩公（桌椅的掌）岳阳柏祥、印哩公\□哩公[laŋ^{35}]（器物上的印迹）岳阳柏祥、遮哩公（帽檐儿）岳阳柏祥、烟墁哩公（烟油子）岳阳柏祥、□哩公[laŋ^{35}]（字据）岳

阳柏祥、石头公（石头）平江、砖头公（砖头）平江、帐子钩公（帐钩子）隆回、锤公（锤子）隆回、鞋底公（鞋底）隆回、口水兜公（围嘴儿）隆回、包牯\包公（红包）隆回、秤钩公（秤钩子）隆回、碗底公（碗底儿）隆回

以上所列出的词汇，用“公、婆、牯”做词缀或构词语素，各词语是看不出明显的性别特征的，也就没有性别意义的理据可言。如隆回的“碗底公、山底公”，是表示抽象的方位概念的，这更是与性别词的原义相差甚远；有些可以推导出一定的性别特征来，如安仁的“痧婆劣子（痱子）”，如果把“痱子”当作是“痧”这种身体皮肤症状引发的皮肤小颗粒，那可以将“痧婆”当成“产生新事物的母体”来理解。这样的词用“婆”只是借用了性别词“婆”具有生殖、繁殖的义项，也不能说是具有性别特征。这种情况属于另外一组形成对称的结构项，即“母体 VS.衍生物”。这样的对称词在湖南赣语词汇里也不少。如“芋头婆（芋头种）、芋头崽崽（芋头种衍生的小芋头）”“婆姜（姜种）、子姜（新姜）”“苗婆（红薯种）、子苗（红薯种衍生的红薯）”“虱婆（大的虱子）、虱子（小虱子）”“娘手指脑（大手指）、满手指（小手指）”等。

8.4　湖南赣语词汇里的其他对称概念

除了上述所列举词汇所表达的对称的意义外，还有几组存在于湖南赣语词汇的对称概念值得一提。这几组对称的概念在意义上是相反、对立的，有的概念组之间可以相互呼应、互相诠释。

8.4.1　大 VS.小

“大 VS.小”在上文亲属称谓对称里，已经介绍了其区别男女性别的功能，除此之外，湖南赣语里的“大 VS.小”还具有其他区分对立意义作用。

8.4.1.1　区分对称的属性

华容、临湘、岳阳县、岳阳市等 4 个点，“小衣”指裤子，与“衣”相对

[区外湘语娄底话的“小衣”指“内短裤”(刘丽华 2001)]。衣服未用“大衣”称说，属“无标记”的用法。

耒阳的“大脚盆”指洗澡用的，“小脚盆”指洗脚用的。“脚盆”本是湘南赣语几个点的共用词，指“洗澡盆”，耒阳用“大 VS.小”将其功能区分开了。

8.4.1.2　区分对称的程度

浏阳的“散大学”指放寒暑假，与通常的“散学(放学)”相对称。

浏阳、平江的“小酒”指“醋”，与“烧酒”相对，区分刺激性的程度。

临湘的“大菜”指荤菜，与“小菜(蔬菜)”相对称；其他多数点，只有“小菜”说法。

安仁用“大糯”“小糯”区分糯米的黏性大小。

永兴用“大边”“细边”区分左、右；等同于左手边、右手边。

另茶陵、炎陵、常宁、永兴、资兴、洞口、隆回、绥宁等 8 个点“大淤”“小淤”分别指“粪肥”和“尿”。

在“大 VS.小”这组对称概念里，湖南赣语还有一个“黄”字表示“大”，如“黄桶(挞禾、手工脱谷粒用的大木桶)、黄锅(大铁锅)、黄场(晒谷的大坪)、黄蜂(个儿大、有毒的蜂)、黄淤(粪肥)”等，但没有相对称的表“小”的说法。

8.4.2　上 VS.下

湖南赣语表空间的“上 VS.下”，多用身体部位辅助指代，如“皮上、脚下”“脑顶上、脚底下”等；除了位置的“上 VS.下”外，还有观念上的“上 VS.下”，如表现心理感受上的差异“街上(城里)”“垅下(乡下)”，表现季节的先后有“春上天、秋下天、冬下天”。

8.4.3　顺 VS.反

“顺、反”对应于“右、左”，“右手”是“顺手”，“左手”是反“反手”。又对应于做事的程序，与“顺、倒”等同。

词汇的对称现象有词形结构、词义严格对称，有词义、概念的宽松对称。湖南赣语里的词汇对称现象，是自然界二元对立的客观自然现象在人的主观思维里的反映，继而表现在语言里。而不对称现象，主要是因为本来对称的客观事物发生变化，变得不对称了，反映在语言里的就形成了相关词汇的不对称。另一个产生词汇不对称现象的原因是，在语言的运用中，人们创造性地赋予事物以对称性的意义因素；这种创造具有较强的主观性，使得方言词汇中出现一些形式、意义上都不对称的现象。这种不对称现象从语言运用的表达效果来说，又具有一定积极意义。

本书仅从方言词汇中存在的对称现象或不对称现象进行浅显的分析，没有深入到语义进行全面的剖析，也未能将研究视野扩展到湖南赣语以外，这些都影响了本书对方言词汇中对称现象探讨的深度。但我们相信，方言词汇中还隐藏着许多能揭示语言问题的对称或不对称现象，寄望于在以后的方言调查研究中去深度发掘。

第九章

湖南赣语词汇反映的民俗文化——以民居词汇为例

房屋是人类最重要的生活场所，它为人们提供周全的庇护，集休憩、娱乐、社交、劳动场所等多种功能于一身。正因为有这么多最基本、最重要的功能，房舍不但是人们物质生活最基本的要素，也是人们精神家园的象征。

房屋与家庭的概念有着不可分割的关系。“家庭”从社会学角度来说是指具有直接血缘关系的人的聚合群体，具体表现为住在同一个房屋的一家人；房屋则是家庭的物质基础。对一个家庭来说，最重要的外在形式就是“房屋”；在大多数人的观念里，有了自己的房屋，才能称之为真正的家。千百年来，人们口中流传的与“房屋、家”相关的民谚俗语，表明了房屋在物质与精神两方面对人们的重要影响，如“金窝银窝，不如自己的狗窝”表现了房屋给人以精神上的轻松感；“各人自扫门前雪，莫管他人瓦上霜”又说明以房屋为外在形式的“家”，等同于人们在心灵上构建起来无形的围墙，等等。

具体到每个地方，房屋又与当地的文化特点、社会习俗有着紧密联系。一定地域的民居，会因本区共同的生活习惯、家庭结构组织模式而呈现大致相同的面貌。方言中关于房屋、建筑的词汇，会在一定程度上反映民居所折射出来的地域文化、社会心理。湖南赣语词汇关于农村旧式民居房屋词汇，反映了特定时期湖南赣语区域的社会生活与风尚。

湖南赣语区的农村旧式房屋建筑的主流结构是“四封三间”，湖南赣语多数关于房屋建筑的词汇，都是在“四封三间”建筑结构的基础上称说的。以下，我们以湖南赣语区“四封三间”的特色民居结构为中心，介绍湖南赣语民居建筑的词汇与文化。

在介绍“四封三间”房屋建筑结构之前，有必要先明确湖南赣语“屋”与“房”的具体用法与区分。

9.1 “屋”与“房”

9.1.1 屋

“屋”是湖南赣语19个点都用的词(或语素)。“屋”不但指“整座房子”，也指“单间房间”。像多点普遍使用的“起屋(建房子)”“灶屋(厨房)”“厅屋(堂屋)”“房屋(睡觉的内间房)”等词语，表明“屋”是湖南赣语里指称建筑的基本用词。

“屋”的发音，多数点为零声母合口呼[u]，永兴、资兴为开口呼，分别为[ɯ]与[ou]。

多点共用含“屋”的词语汇总如下(方言点略)：

屋(整座房子)、屋里/屋底(住宅、家里)、起屋/造屋/修屋/蓄屋(造房子)、茅屋/茅草屋/茅柴屋/茅屋子(茅房)、墙屋/泥巴屋(用混合泥夯实做墙而成的屋)、仓屋(堆放粮食的房)、杂屋(堆放杂物的房)、灶屋(厨房)、杂屋(杂房)、碓屋/碾子屋(碾房)、厅屋/正(厅)屋/堂屋/祧屋/当间屋(厅、正房)、灰屋(农家堆草木灰之类肥料的房间)、捡屋(修捡房顶漏雨的部分)、屋脊/屋栋(房脊)、屋顶(房顶)、屋檐(房檐)。

9.1.2 房

“房”的词语比较少，具体用“房”的词语及地点全数统计如下：

房(卧室)攸县、炎陵、永兴、房(房间、单间)岳阳市、平江、常宁、绥宁、火房

(冬天取火)平江、铺房(做生意摆货的)平江、外头房(外间)平江、内里房/睏房(卧室)平江、临湘、厅房(正房)醴陵、正房(堂屋两侧的卧室)浏阳、正房/上下房(正房和厢房的总称)岳阳柏祥、内头房哩(堂屋两侧的最后一间卧室)岳阳柏祥、东边房/西边房临湘、客房(客厅)常宁、矮房(平房)永兴、平房浏阳、醴陵、洞口、绥宁、楼房浏阳、醴陵、攸县、茶陵、炎陵、临湘、洞口、绥宁、隆回。

用"房"最多的点为平江,共5个词语;其次是临湘4个词语、醴陵和浏阳分别有3个。其他点岳阳柏祥、攸县、炎陵、永兴、常宁、洞口、绥宁等7个点各有2个用"房"的词,岳阳市、茶陵、隆回各1个。

9.1.3　湖南赣语"屋"与"房"的区分

上面与"房"相关的词语显示,共有14个点用"房",与"房"相关的词语有18个。这18个词语中,15条是表示单间的房子;3条是表示整栋房子,这3条词("矮房、平房、楼房")表示的整栋房子,是异于"瓦房"亦即湖南赣语的"屋"的建筑。因此,"房"在湖南赣语里的义项可以概括为两个,即:① 房屋的单间;② 房顶遮盖部分为非盖瓦的高层楼房。

"屋"在湖南赣语里,是一个多义词,可指:① 整栋建筑,不管这栋建筑是瓦房还是楼房,都可称之为屋,如"起屋(建房子)浏阳、醴陵、攸县、茶陵、炎陵、常宁、耒阳、安仁、永兴、资兴、绥宁""做屋(建房子)临湘""修屋(建房子)洞口""蓄屋(建房子)隆回""平屋(平房)临湘""平顶屋(楼房)永兴";② 房屋的一个单房间,如"里间"这个词条,耒阳叫"底栖屋"、永兴叫"房屋底"、资兴叫"屋底";③ 家(庭),如"屋里(家里)岳阳柏祥、醴陵、永兴"。

比较湖南赣语里的"屋"与"房"可知,在湖南赣语里,"屋"是一个可用于指称实体房屋建筑、指代抽象概念"家"的多义项词,而"房"只能用于指称房间及平房、楼房这种建筑。从使用区域来看,"屋"在湖南赣语19个点普遍使用且词语数量多,"房"词语数量却有限。

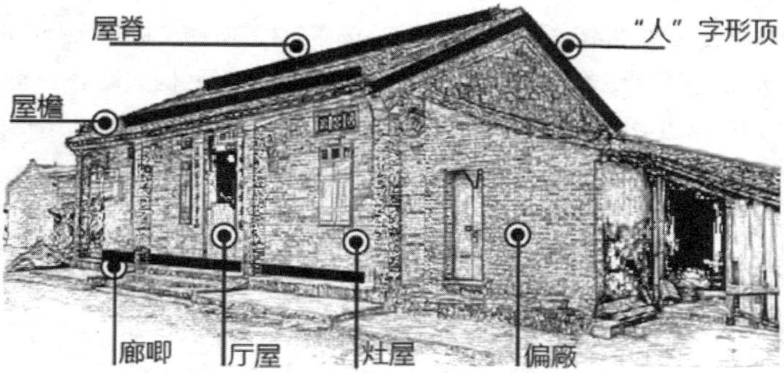

图9-1　湖南赣语的"屋"

对比《现代汉语方言词典》分卷本(李荣1994—2002),可发现"屋"是赣语、客方言、湘语、粤语表示"房屋建筑"的基本用词;另武汉、柳州两个西南官话中"屋"也是基本用词,成都、贵州未见收录。

9.2　四封三间

湖南赣语区农村的民居中,有一种较为通行的民居格局,临湘称"硬三间、明三暗五"、岳阳柏祥称"明三暗五"、炎陵称"四封六间"、常宁称"一栋三间"、安仁称"四垛"、资兴称"一封梳"、永兴称"四封三间"。这种格局的民居是砖木结构的,在砖混结构的平顶楼房出现之前,为湖南赣语区农村主要的民居建筑样式(见图9-2、图9-3)。本章的内容我们主要以这种格局的民居为例来介绍湖南赣语房屋建筑方面的特色词汇。

9.2.1　"四封三间"的概念

所谓"四封三间""一栋三间"或"四封六间"(见图9-2),"四"指的是标为Ⓐ1、Ⓑ1、Ⓑ2、Ⓐ2的四封墙;而"三间"或"六间"指的是标为"[壹]、[贰]、[叁]"的三个部分,永兴的"三间"仅指这三部分,而炎陵的

“六间”是指这三个部分各分前、后两间房，一共是六间房；“一栋”则指整栋屋了；临湘、岳阳柏祥干脆就以“明三暗五”来表示“硬三间”外观、内视的不同。几种说法各异，所指实同（以下以“四封三间”说法代表其他几种说法）。另外，平江有“三大间、五大间”的说法，是否就是指“四封三间”，还未知。

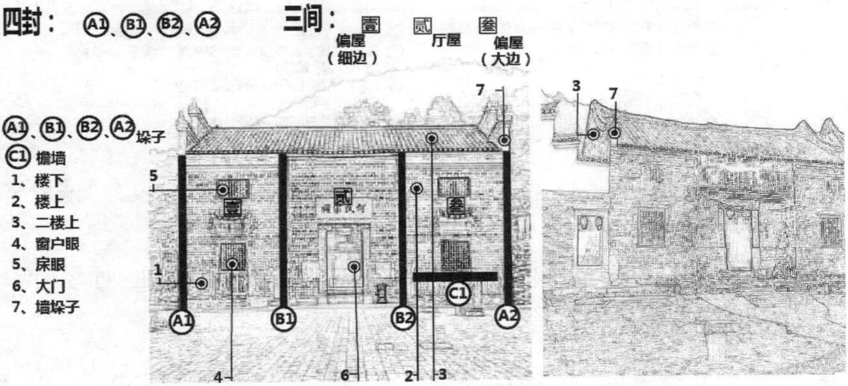

图 9－2　“四封三间”正面图

9.2.2　“四封三间”的格局

在类似上图 9－2 的民居中，“贰”为“正”，常见的说法为厅屋，或堂屋、祧屋及正屋，常宁叫“正厅屋”，以“正”强调其功用地位，与“厅屋”区别（“厅屋”为“壹、叁”部分的小堂屋，炎陵叫“司屋”）；永兴的“贰”部分通常是一整间的大厅，不另间开，若间开成两间的话，后一间即②叫“暴厅屋底”；间开两间的即①、②（见图 9－3 右），炎陵的①叫“堂屋”，②叫“倒厅、倒屋”，醴陵的①叫“堂屋”，②叫“厅房”。

“壹、叁”为“偏”，一般少有专门的说法，或即使有也不常用，仅四个点收录有专门的说法，资兴说“子屋”，永兴说“子间”，平江说“附

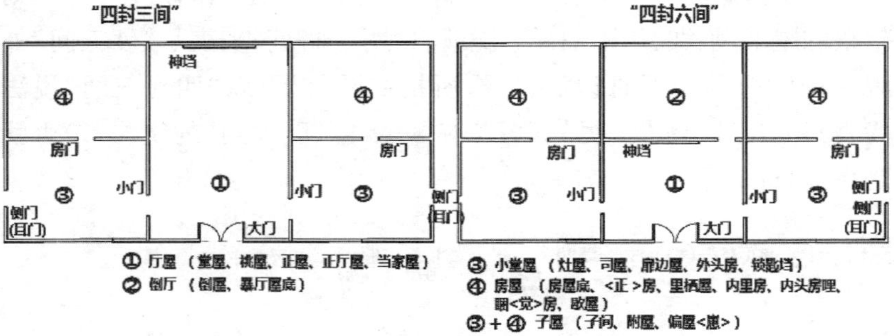

图 9－3　"四封三间/四封六间"平面结构图

屋"，岳阳柏祥说"偏屋(崽)"；本书以"偏屋"的说法为代表。"偏屋"分前后两部分，即③、④。

"厅屋"的"大门"是出入的正式枢口，先进"厅屋"，再由"厅屋"两边的小门进入"偏屋"。

9.2.3　"四封三间"的功用

"四封三间"的民居，集日常生活、宗族祭祀功能为一体，既强调了家族的公共性又照顾到家庭独立性。"厅屋"是祭祀、礼仪活动的中心。在没有宗族祠堂的村子里，一般主要以住"四封三间"的大家庭为单位，在自家的"厅屋"进行祭祀、聚会活动；红白喜事也以"厅屋"为中心进行操办。"偏屋"则是小家庭住家用的；关起门来各家就在"偏屋"里过各自的小日子。

"偏屋"壹、叁又有前、后之分。前屋③耒阳叫"扉边屋"；永兴的③一般也是做饭的地方，叫"灶屋"；炎陵的③有"小堂屋"的地位，叫"司屋"；岳阳柏祥叫"锁匙垱"，许是因为各小家庭外出时要锁的门就在③(其他外墙上的门外出时从皆内里上木闩)，故名之；洞口、隆回叫"门前那间"。后房④临湘叫"睏房"，岳阳柏祥叫"内头房哩"，平江叫"内里房、睏房"，浏阳叫"正房"，炎陵叫"房"，耒阳叫"里栖屋、歇屋”，永兴叫“房屋底”，资兴叫“屋底”，洞口叫“垱㞬里面那间”，隆回叫“内底那间、房屋”。

9.2.4　分家

一个“四封三间”格局的民居，住在两边偏屋里的一般是叔伯两兄弟家庭，或是父与子的两个家庭。“四封三间”里的两个家庭，是从原先的一个大家庭“裂变”而来的；这种“裂变”，来源于当地农村“分家”的传统习惯。与北方某些地区的大家庭观念不同，湖南农村普遍流行小家庭制。

以永兴为例，至晚在20世纪80年代的农村，一个家庭里的儿子结婚了，就意味着不久以后，新婚的“两口人（夫妻俩）”将要从父母家分离出去，自立灶头生火做饭，经济上与父母家划清界限，这就是所谓的“分家”，（炎陵叫“分伙”）。“分家”代表一个新家庭单位的诞生，且经济上要完全从大家庭的母体剥离出来。笔者亲历过一个“分家”的场面，分家时，家里的所有大小物件，从柜子、缸子到碗、筷子，全整齐地摆放在“厅屋”里，由中间人（母舅家的人，或村里有威望的人担任）主持，儿子家与父母家进行均分。数量多的小物件自然是一家一半，大物件不能均分的，则折算成件数，再两家平分。“分家”分出来的新家庭，住的地方，就在厅屋的“偏屋”。这样，早期通常是父母与未结婚的子女住一个“偏屋”，第一个分家出来的儿子家住另一个“偏屋”。大家庭里若还有其他儿子的，再分家时就要另建新房了。

所以，一个“四封三间”的民居，左右“偏屋”住的往往是血缘上嫡亲的两个家庭，或父与子，或是兄与弟。偏屋在永兴还分大小，据发音人介绍，“站在‘厅屋’的大门面朝外，端碗的手（左手）这边是‘大边’，另一边是‘细边’”。这样来分，一般是父母家住“大边”，儿子家住“细边”。至于两兄弟各住“偏屋”，就没有分那么严格。但多数情况是弟弟住“大边”，哥哥住“细边”。这也可能是父母老迈了后按习惯是跟着小儿子住，所以弟弟就占了“大边”了。

这种“分家”的传统也就形成了“四封三间”民居的家族特色：两个“偏屋”，关起门来是两个家庭，各自为政；打开门两家共用“厅屋”，共同祭祖，还是“自家屋里(自家人)”。

一般来说，“偏屋”的两个家庭，出入都得经由厅屋的大门。这是比较老式的“四封三间”格局，也是传统的做法。后期如果“偏屋”的“外垛子(外侧墙)”没有与隔壁人家“共垛”(即两家共用一面墙)的话，都会另开一道门供出入。这一道“外垛子”上开的门，炎陵叫“侧门、小门”，开侧门的这间屋子，叫“司屋”；岳阳柏祥说的“锁匙档”就是指这间屋“外垛子”上门，是出入之门，外出要上锁的。如果住偏屋的两个家庭关系不和睦的话，那么开“侧门”就更是必然的了。

江西赣语关于房屋格局的词条，萍乡收录了“四扇三间/四敦三间”“五扇四间/五敦四间”(李荣 1994—2002)，命名依据与永兴的“四封三间”一样。其中，“四扇三间/四敦三间”的格局、大体功能也一致。

9.3 起　屋

在“四封三间”民居盛行阶段，房屋多是砖木结构的。用红砖或青砖“起屋(建房子)”是比较高档的；经济条件不好的人家，直接用泥砖(未烧过的砖)，或用混合泥打干垒墙，也就是所谓的“墙屋、泥巴屋”。一般为两层，二楼枕木铺木板，屋顶盖瓦。更简陋的做法是用泥巴、竹片糊成版墙，上盖杉树皮，仅一层，也能遮风挡雨。

不管用哪种方法，“起屋”总是一件大事，需要隆重其事的。湖南赣语“起屋”方面的词汇，有许多具有本地特色，有些反映了当地的民风民俗。以下按“起屋”的工序，介绍各个部分的词汇。

9.3.1 地基

“地基”湖南赣语多点都称“脚”，其中资兴叫“石脚”，永兴称“屋脚”，炎陵说“窖脚、基脚、糙脚”，平江说“墙脚”，洞口叫“基脚、墙脚”。“做基础”资兴叫“搞茅脚”、永兴称“打屋脚”，安仁为“下脚”，茶陵说

“承脚”，绥宁说“打基脚”，平江、岳阳柏祥说“打地基”。华容、岳阳市有“壁脚”二词，指的是墙壁靠近地面的部分，不属房屋基础部分。

以人喻房，房屋的“地基”是立足之本，称为“脚”也是恰如其分。

9.3.2　壁头(墙)

9.3.2.1　墙类

基础以上部分就是墙了，墙分外墙和内墙(相关图示参见图 9－2)。

外墙分前后走向的与左右走向的，其中前后走向一通到底的墙，湖南赣语多个点叫“垛子(哩)”，共有常宁、安仁、永兴、资兴、醴陵、浏阳、临湘 6 个点收录有这个说法。湘语娄底话也录有“垛子”的说法，与上述 6 点的意义相同，湘语长沙话未收录“垛子”的说法。另外，汨罗长乐方言收录“垛子”的说法，释义与湖南赣语的“垛子”相同(陈山青 2006：187)；湖南衡山话没有收录“垛子”说法，但有“完垛”一词表示墙全部砌完(彭泽润 1999：165)。江西赣语萍乡话把相当于湖南赣语“垛子”的墙叫“废边墙”(李荣 1994—2002：231)。

左右走向的通墙，即屋的前后檐下的墙，资兴叫“檐墙”，醴陵和浏阳叫“金墙”，临湘叫“坐墙、面墙”。江西赣语黎川方言把相当于湖南赣语“垛子”的墙叫“金字墙”(李荣 1995：124)，应该取的是“金”字字形与“人”字形屋顶加“垛子”的形象相似性，属状形的命名。而醴陵和浏阳则把屋的前后檐下的墙叫“金墙”，则无法从“金”字字形上去做理解了。湘语娄底话(李荣 1994：158)、衡山话(彭泽润 1999：164)在这个词条的说法上与醴陵、浏阳一致。

内墙指外墙以内将“屋”隔成单间房的墙，多数点叫“间墙”。安仁用“间界”表示“没有垛子尖顶部分的墙”。这样定义的话，上面所说“屋的前后檐下的墙”也属安仁的“间界”。

9.3.2.2　“垛子”释义

除“垛子”指“屋”的左右墙外，与“垛子”有关的词条在湖南赣语“耒资片”还有三个：一是“起屋”墙体工程即将完成，要“砌‘尖顶垛’”，资兴叫“丢垛”，安仁说“缩垛”。二是“丢垛”或“缩垛”后，架“垛顶栋梁”，永兴、资兴都叫“封垛”。三是左右邻舍的房子如果共用一堵墙，则叫“共垛”；其中，“共垛”两户先建房的一方叫“让垛”，后建房的一方叫“搭垛”。

湖南赣语把房屋的左右墙叫“垛子”说法比较特殊。按《现代汉语词典》(2008：321)的解释，“垛子”指墙上向外或向上突出的部分，如“门垛子”“城垛子”，此意义应为“垛子”的原义。湖南赣语多数点的“垛子”说法，明确表示是指整面墙；上述三个与“垛子”有关的词条也都不是指《现代汉语词典》所说的“墙上向外或向上突出的部分”。因为“缩垛、封垛、共垛、搭垛”等，是针对整面墙而言的。不过，炎陵“垛子”说法的意义还保持了原意，释义为“靠屋面的墙上突起的部分，如‘屋垛子’、‘木垛子’”；另外，江西赣语萍乡话的“垛子”也是指“人字形屋顶的房子两侧山墙顶端突出的部分”(李荣 1998：138)。

根据上述湖南赣语区内外各方言关于“垛子”说法的各种意义，我们认为，湖南赣语里“垛子”表示左右墙的意义是由“墙上向外或向上突出的部分”的原义发展而来的。从“屋”的“人”字形墙顶形状来看，“垛子”的原义即“墙上向上突出的部分”。这个“突出的部分”，即“‘屋’的人字形墙顶”在“屋”的建筑结构中具有极其重要意义。“屋”的“人”字形墙顶及屋顶，保证了“屋”在下雨天具有散水功能、大暑天具有隔热作用；而“封垛、缩垛”的工序代表了建造房屋的即将完工，意义重大；“共垛”“让垛”“搭垛”的行为牵涉到邻里间关系及屋产所有权问题，都不可避免地要牵涉到“屋”的左右墙。那么用这种墙上最有区别性的部位“垛子”来代表整面墙，这在交流中是双方都能理解的。最初应该是说“垛子墙”，这个说法现在也存在于湖南赣语区如永兴，只是没有“垛子”那么普遍了。后来以“垛子”代替整面“垛子墙”，这样就慢慢地形成了今天“垛子”代表整面左右墙的用法。

另一个问题是，“垛子”是否包括所有前后走向的、有“人”字形尖顶的墙。这里存在一个应用的问题，严格所说的“垛子”是指两侧山墙Ⓐ1、Ⓐ2（见图 9－2），特别是相邻两家涉及"搭垛"的时候；但在笼统的说时是包含Ⓑ1、Ⓑ2的，如说"四封三间"，"四封"就是指四封垛子Ⓐ1、Ⓑ1、Ⓑ2、Ⓐ2。

另外，安仁有"三垛"即"半边四垛"的说法，至于这"半边四垛"指没有厅屋、仅有"两个偏屋"呢，还是"一个'厅屋'"带"一个'偏屋'"，姑且不论。总之是两个"屋"，这个说法取得是三个"垛子"，这样看来，安仁的"垛子"就是指所有有"人"字形尖顶的墙，而不限于左右两侧的外墙。

9.3.2.3　壁

墙壁在湖南赣语里使用范围较广的说法是"壁"，共有华容、岳阳柏祥、岳阳县、岳阳市、浏阳、醴陵、攸县、茶陵、炎陵、常宁、耒阳、安仁、永兴、资兴、洞口、隆回 16 个点用。临湘、平江、绥宁用"墙"。

"壁"的发音，湘东北部的岳阳柏祥，湘东中部的浏阳、醴陵、攸县、茶陵、炎陵，湘南的常宁、耒阳、安仁、永兴、资兴，湘西南的洞口等 12 点读[pia]，归入声；华容读[pi^{45}]、岳阳县[pi^{5}]、岳阳市读[pi^{55}]保留入声、隆回读[pi^{51}]不读入声而读去声。

使用"壁"的上述各点，"壁"的使用情况也不一样的。岳阳市、岳阳县、浏阳、醴陵、隆回等 5 点，"壁"作为语素组成词语，如"壁脚/壁根华容、岳阳市、隔壁/间壁（墙背后）浏阳、醴陵"，攸县、茶陵、炎陵、洞口单用"壁"指"墙壁"，岳阳柏祥、常宁、耒阳、安仁、资兴、永兴加后缀"头"组成"壁头"指墙。

9.3.3　楼

"四封三间"分上下两层，下层为基本生活区，有"灶屋（做饭的地方）""房屋（卧室）"；上层多为储藏区，储藏粮食的谷柜、食品的罈罐等；家里人口多的也在二楼开床铺。另在上层之上、"人"字屋顶的三角空间，也有的架楼枕、铺板，相当于多了个小半层；这个小半层只储藏一些不经常用的农具，也没有固定楼梯直通。

对于"四封三间"楼层的称说，一层没有固定的说法；二层说"楼上"；

“人”字屋顶的三角空间形成的小半层，永兴叫“二楼上”，资兴说“二架楼”。

另湖南赣语把“阳台”，也多称为“楼”，共有三种说法，即“晒楼浏阳、攸县、茶陵、常宁、耒阳、资兴、永兴、吊楼平江、炎陵、耒阳、梳楼耒阳、永兴”。这种“晒楼、吊楼、梳楼”或是在“屋”前檐下，或是在“屋”的后檐下。（见下图 9－4）

图 9－4 “梳楼”示意图

这三种说法中，“梳楼”的原意不太明确，其他地方与“梳楼”相关的说法，仅湘语娄底话收录有“疏楼”一条：从厅堂大门上方向内侧伸出的半截楼（无楼板、栏杆，供放农具、谷仓及其他大件杂物用）（李荣 1994：148）。按其解释，娄底话的“疏楼”是在屋内，因为储放家什也不可能露于屋外。耒阳“梳楼”释为“骑楼”，即底下是公共人行通道，这与永兴的解释一样。湘语娄底话的“疏楼”与耒阳、永兴的“梳楼”所指不同。“疏”或“梳”的原意是什么，所据资料没有具体解释，发音人也说不出所以然来。如果按娄底“疏楼”的释义，“无楼板、无护栏”，在结构上确实“稀疏而不密实”，取“疏”字摩其状；但永兴、耒阳的“梳楼”是有楼板有护栏，所以不是“稀疏”的。

9.3.4 斗墙屋

“斗[te41]墙屋（永兴音）炎陵、安仁、资兴、永兴”是生活水平较落后年代的一种民居。建造时用黄泥、黏土、三合土或石灰等各种土灰料混合的材料,放入专门的“墙板匣子”里捣实(湖南赣语多点说“捣”为“斟”华容、临湘、攸县、茶陵、炎陵、安仁、资兴、永兴),制成墙而垒建的屋。相对于青砖、红砖砌墙建房成本要低得多。斟墙屋不同于泥砖屋,泥砖是砖坯没有经过火烧的干砖坯,而“斟墙”是直接用泥灰材料倒进“墙板匣子”里,用杵、槌捣实筑成的墙。岳阳柏祥叫“打土墙”。

“斟墙屋”的制作工具有“墙板炎陵、安仁、资兴、永兴”,用来塑形,“斟槌安仁、永兴、资兴”或“墙棰炎陵”用来捣实,各地都差不多。屋顶有盖瓦的,但永兴多见盖杉树皮的。

湘语娄底收录了筑土墙的工具“墙匣子、砸□[nɤŋ14]槌、樌槌”等工具(李荣 1994：172,60,205),江西赣语萍乡话收录有“土屋、筑土屋”二词(李荣 1998：49,57)。

9.3.5　封垛

墙体砌完,架上垛顶大梁这一工序,代表房屋的主体框架基本完成。这在“起屋”事件中是一件大事,叫“封垛永兴、资兴”“放梁炎陵”或“封栋茶陵”。“封垛”当天,按永兴的风俗,垛顶梁安好后,要在屋顶放鞭炮,杀雄鸡,向屋下面撒糖、饼等食品,让下面的亲友乡邻争拾,祈求主家红火大吉。湘语点与“封垛”这个说法相当的有衡山“完垛”(彭泽润 1999：165),衡阳叫“封脊”(李永明 1986：324)。

9.3.6　门、窗

9.3.6.1　门

1）大门

词条“正门”,湖南赣语统一的说法是“大门”(醴陵、浏阳还多一个“厅门”的说法),指的是“四封三间”里出入厅屋的那扇门。另外“进出院子的门”,说法则各异了。常宁说“槽门”(醴陵、浏阳的“槽门”未详释),炎陵为“斗门”,平江为“头门”。湖南赣语区民居少有院子,因此关于“院子的门”收录不多。

"边门"以两种说法为主,说"侧门"有六个点：永兴、常宁、炎陵、醴陵、平江、隆回,说"耳门"的有常宁、耒阳、临湘三个点;另有岳阳柏祥说"双双门",攸县说"门边"。"侧门""耳门"限指"偏屋"外侧"垛子"上开的门(门所在具体位置参见图 9-3)。

2) "门页子"

词条"门板"在湖南赣语 19 个点中,有 7 个点说"门页子",醴陵、茶陵、炎陵、安仁、永兴、洞口、隆回;另耒阳、平江说门板、临湘说"门片",岳阳柏祥把两合门扇中的一片门扇叫"半边门"。(见图 9-5)

图 9-5 门结构图

3) 地枋、天枋

词条"门槛"的说法,在湘东中部、湘南部赣语点多叫"枋"。永兴叫"乃脚(绊脚)枋",常宁、炎陵、攸县、醴陵叫"地枋"。资兴、耒阳说法则较特殊,分别为"地伏""地封"。

与"门槛"相对的词条"门楣"即门的顶部,湖南赣语各点的说法各异。以"门楣-门槛"为对应形式,部分点说法列出如下：

资兴：门脑-门根； 永兴：过方-乃脚枋； 安仁：门脑-地伏；
常宁：门枋-地枋； 炎陵、茶陵：天枋-地枋； 临湘：门顶-门槛。

"枋"在湖南赣语里,是木匠的行话,指由木头加工成的四方形长条。资兴把架楼板的木梁叫"楼枋",取得是木梁接触木板一面削成方形的意思。

4) 门斗、门斗枋

"门斗"指钉在门框屋内侧的底部与顶部位置、用来安装"门叶子”的一对木制构件。其中，门框底部的这一个为臼形，门框顶部的这一个是中空的。在称说方面，炎陵说“门斗”，浏阳和临湘称“门斗哩”，资兴和永兴称“门婆”。“门页子”上两端凸出的、安装门时用于套进“门斗”里的小木方，资兴有专门的说法叫“门榫”，炎陵则叫“门斗枋”。（见图 9－5）

9.3.6.2　㢛眼

词条“窗子”在湖南赣语里有“㢛眼[k^han^{35} ŋan^{21}]（平江音）/[tɕiɛ̃^{33} ŋʌ̃^{31}]（茶陵音）/[tsĩ^{21} ŋã^{51}]（安仁音）”“窗子眼”“窗空眼”“窗窿”等四种说法。其中“㢛眼”的说法是比较特别的。《广韵》载有“㢛”字，豏韵苦减切，“牖也，一曰小户”。所以，“㢛”是湖南赣语里的一个古语词。

“㢛眼”的说法主要分布在湘东中部、湘南赣语点。“㢛”的发音声母有舌根音[k]类与舌面音[tɕ]类或舌尖音[ts]类三种，其中发[k]类的有茶陵、攸县、醴陵（醴陵的说法为“㢛㢛子”）、浏阳、平江；发[tɕ]类的有永兴、攸县、茶陵（攸县、茶陵兼有[k]、[tɕ]两类读法）；发[ts]类的有安仁、耒阳。

在意义方面，“㢛眼”在永兴、茶陵两地与其他点有所不同。永兴、茶陵的“㢛眼”有指楼上小窗户的意思，而其他点则指一般的窗户；并且，茶陵点的“㢛眼”的两种发音表示的意义不同，[k^h]类发音指一般的窗户，[tɕ]类发音指楼上的小窗户。攸县的两类发音是县内不同点的发音差异，意义相同。永兴的一般窗户说法为“窗子眼”或“窗户眼”。（见图 9－2）

湖南赣语以外其他方言中，湘语娄底话、长沙话没有收录含“㢛”的说法，汨罗长乐话收了“㢛眼”的说法，（陈山青 2006：187）同时还有“纱窗”的说法。江西赣语南昌没有收录含“㢛”的说法；黎川收有“㢛仔（窗子）”“㢛外家（窗户外头）”两种说法（李荣 1995：118）；萍乡收录含“㢛”的说法比较多，“㢛子（窗子）、㢛㢛（同‘㢛子’）、㢛㢛下里（窗户下面）、㢛㢛上里（指旧式的窗台上）、㢛㢛横子（旧式窗户上的木栏杆)、床床门(旧式窗户上装的木板门)",另有与湖南赣语相同的说法"床眼",是指"一种较小的'床床'";萍乡还收录有"箭眼"一词,指"土屋或土坯屋的上层开的通风的小窗,拱形,没有窗栏"(李荣1998:278,345)。

其他南方方言如客语、闽语、粤语、吴语、西南官话都罕见收录含"床"表示窗户的词语,南宁平话、桂阳土话等点也未收录。表窗户义的"床"应该属于赣语的具有方言特征性质的语素。又据曹廷玉(2001:29)资料,江淮官话河北蕲春话、皖南休宁徽语也说"床"。

9.3.7　梯

关于"梯"的词条有三个,一是屋内由地面到二楼的楼梯,由两条长木方作梯架,多块木板作梯板,顺墙固定搭在二楼的楼方上。这种固定住的上楼梯子,有的点的说法较有特色,耒阳、平江叫"板楼梯"、岳阳柏祥叫"板楼"、永兴叫"□[xəɯ⁴⁴]梯"、醴陵、临湘叫"踏步"(见图9-6)。与"固定住不动"相对的是"可移动"的梯子,各点说法也较有特色,永兴、耒阳叫"横子楼梯"、平江叫"单楼梯"、岳阳柏线叫"线楼"。

图9-6　"板梯"

另一与“梯”相关的词条，是厅屋大门前台阶，有“磴”与“阶”做主要语素的两种叫法：用“磴”的有永兴的“马磴”，洞口、常宁的“磴子”（常宁同时又有“阶矶”的说法），炎陵的“磴架”，岳阳县的“磴”。以“阶”为主要语素的点多叫“阶矶”，其中平江、岳阳柏祥的“阶矶”是指“屋檐下的走廊”（即图9-1中的“廊唧”）。另外，临湘、岳阳柏祥叫“踏步”。

9.4　塆

最后介绍一下湖南赣语对建筑群聚集地“村子、村落”的说法。

“村子、村落”的说法湖南赣语主要有两种，一是“塆[uɛ44]（永兴音）”，二是“屋场”。说“塆”的点只见录于在湘南的赣语点，其中资兴、永兴说“塆底”，安仁、常宁说“塆里”，耒阳说“塆”。以“屋场”表村落的有炎陵和岳阳柏祥。

常宁的“屋场”指房屋的建筑地（常宁的“老屋场”指棺材），资兴的“屋场”表“房子场地”，醴陵的“上下屋场”表“左右邻居”，“屋场”应也指“房屋场地”。江西赣语萍乡话的“屋场”指“村落”。（李荣 1998：65）

“塆”表村落的说法，未当作词条收录于湘语、江西赣语、客家话，亦不见录于吴、粤、闽语。湘语娄底话的“塆”用于地名，非指“村子、村落”（李荣 1994：200）；萍乡话有个村名叫“溢田弯”，“弯”在《萍乡方言词典》（《现代汉语方言大词典·分卷》，李荣 1998）里，并未明确表示指“村庄”。范俊军（2007：116）收录了桂阳县用“塆”表示村落的说法，不过同时又收录了“屋场”表示村落的说法；范著未说明“塆”“屋场”是否同一个方言点兼用。桂阳县与常宁、耒阳、永兴交界，据桂阳本地人告知，这两种说法分方言点用，用“塆”的大概有桂阳的和平、敖泉、桥市、樟市和仁义等几个乡（镇）。按范著的划分，前三个点属于桂阳的和平土话，樟市、仁义在流丰土话与官话的交界区域，仁义属流丰土话，樟市属官话点。西南官话郴州市苏仙区栖凤渡（属以前的老郴县）说“塆”，据栖凤渡人介绍，老郴县（即今郴州市苏仙区所辖区域）大部分地方都说“塆”。

第十章

结　语

湖南赣语是以历史各个时期江西移民所带来的赣语为基础、深受湘语影响、具有一定混合色彩的赣语支系。在词汇方面，湖南赣语的混合色彩又表现得更为浓烈。所以，在研究湖南赣语词汇的过程中，经常面临的问题是，哪些词属于赣语？哪些词属于湘语？湖南赣语有没有属于自己的特征性的方言词？

从湖南赣语词汇与江西赣语“特征词”、湘语“特色词”的相同词计量比较分析中，我们找到了这些问题的相关解答。

在以求“相关度”为目的的数据统计分析中，湖南赣语词汇与江西赣语特征词、湘语特色词之间的共同词，在词语数量上，并没有太悬殊，湘语特色词要稍多于江西赣语特征词；在词语分布的方言点平均数量上，湖南赣语词汇与江西赣语特征词的共同词，方言点平均数量有些微的优势。这个结果提醒我们，湖南赣语从词汇上，不好轻易确定其属性；说湖南赣语词汇具有赣语与湘语混合性的特点，应该是比较符合实际情况的。

尽管如此，湖南赣语内部各点的词汇，在保持赣语特征与受湘语影响方面，还是表现出了一定的差异。依然是根据与江西赣语特征词、湘语特色词的相同词数量对比求“相关度”得出的结果，茶陵、浏阳、临湘、攸县、安仁、永兴、岳阳柏祥、平江、耒阳等 9 个点，词汇上保留了更多的赣语特征，相对而言，受湘语的影响要少一点；隆回、岳阳市、华容、常宁、洞口、绥宁、岳阳县、资兴等8点，则受湘语影响较深，词汇上跟湘语保持较多一致，而赣语特征相对就少了些许。炎陵、醴陵2点，在共同词数量上表现出与赣语与湘语均等"相关"性，但正处于湘语开始占优势的阶段。

上述各单点在词汇与赣语、湘语的相关性上所表现出的特点，又与各点所处的地理位置有一定的关联。保留赣语特征稍多的9个点，地缘上与江西赣语区都相连；而受湘语影响较深的8个点，地缘上不与江西赣语区直接相连，但与其他方言相连，这其中，处于湘西南的洞口、绥宁、隆回3个点，处于湘语娄邵片的包围之中，与湘语的接触交流是无时无刻的；华容、岳阳市南面与湘语相通、北面与湖北西南官话区相连，方言环境更为多样。地理位置、语言环境影响对方言词汇的影响是深刻而多方面的，这是湖南赣语词汇发展演变的一条重要的规律；我们在对湖南赣语词汇各种词汇现象进行归纳总结时，不时地触及这条规律。

湖南赣语内部按各点的共用词数量分组、以"对内一致、对外排他"的共用词为主导的"方言点组合"、分片词、湘东赣语带与湘西南赣语区词汇差异等内容，是直接受这条规律支配的结果；而湖南赣语的词缀、重叠词、古语词等词汇所表现出来的特点，也是这条规律间接地发挥着作用的结果。

除了共时平面上的规律外，历时性的因素也在湖南赣语词汇中起着不小的作用。湖南赣语词汇兼有赣语、湘语色彩，这个特点本身就是由历史上的大规模移民所引发而逐步形成的。在历史上多个阶段江西向湖南移民的历史事件中，湘语和赣语间进行了一次又一次的"亲密"接触与融合，造成了湘语和赣语在语言上的诸多一致。拥有一大批共用词，是湘语、赣语具有"亲密"关系最有力的证据。除此之外，江西移民经由湖南向西、向北、向南发展，将赣语的影响扩大至全国多个区域；在词汇上，表现为一批多区域、多方言共有的方言词。湖南赣语词汇里的多方言共有的方言词，表现出与南方方言具有较高一致性；当然，这些“共有方言词”里，还有最早期南方方言“楚语”的底层性因素，又一定程度上反映了相关方言具有早期的共同历史来源的事实。

湖南赣语内部“全片共用词”，表现了湖南赣语的内部统一性。不过“全片共用词”在湖南赣语里数量并不多，不超过10个，而且这些所谓的“全片共用词”并不是湖南赣语所特有的，也是与区内外各大方言所共用的。另外，湖南赣语有119条“分布10点以上的共用词”，在这部分共用词方面，各个方言点的使用率都比较高，真正体现了湖南赣语内部一致性。而“分布4—9点的共用词”，各点表现就不一样了，其中以岳阳县和岳阳柏祥、浏阳和醴陵、炎陵和常宁及耒阳等3个地域上相连的小分片使用率较高，洞口、绥宁、隆回组成的湘西南小片使用率最低；这部分词体现了湖南赣语内部的疏离性，同时在疏离性中又表现出各小片的统一性。

总而言之，湖南赣语词汇兼具赣语、湘语特色的现状，是历史原因与现实情况共同造成的。词汇对客观现实反映的灵敏性、词汇交流与借用的便捷性、词汇系统更新换代的频繁性等，都会促使湖南赣语词汇在以湘语为优势的语言环境中，逐步向湘语靠拢，而与江西赣语疏离。未来湖南赣语与江西赣语在词汇上的一致性，将会逐渐建立在湘语与江西赣语一致性的大基础上；在湖南赣语向湘语靠拢的大势下，词汇会最先顺势而动，这个趋势在我们的研究结果中已经初步显现。

附　　录

附录一　1 248 条湖南赣语方言词语

日头[i44 te0](太阳,阳光,永兴音)华容、临湘、岳阳柏祥、岳阳县、岳阳市、平江、浏阳、醴陵、攸县、茶陵、炎陵、常宁、耒阳、安仁、永兴、资兴、洞口、绥宁、隆回

日头(阳光)醴陵、茶陵、耒阳、安仁、永兴、资兴、隆回

日头窠里[i44 te41 xʊ44 te0](太阳地儿,永兴音)永兴、资兴、耒阳、常宁、洞口

当阳/当哒日头(向阳)隆回、洞口、岳阳柏祥、醴陵、常宁、耒阳、安仁、资兴、永兴

当阴(背阴)安仁、耒阳

日头眼(阳光)永兴、资兴

汪子(太阳光影)永兴、炎陵

月光(月亮)平江、浏阳、醴陵、攸县、茶陵、炎陵、常宁、耒阳、安仁、永兴、资兴、洞口、绥宁、隆回

娥眉月(初弦月)浏阳、醴陵

月光长毛(月晕)隆回、洞口、岳阳柏祥、浏阳、炎陵、常宁、耒阳

星子(星星)醴陵、炎陵、常宁、安仁、洞口、隆回

星哩(星星)耒阳、浏阳、岳阳县

天河(银河)岳阳柏祥、平江、浏阳、醴陵、炎陵、常宁、耒阳、资兴

星泄[sia55]屎/星屙屎(流星)平江、浏阳、醴陵、攸县、常宁、耒阳、安仁、资兴、洞口、隆回

斗风(顶风)华容、岳阳市、岳阳柏祥、耒阳

发风(刮风)岳阳县、浏阳、醴陵、茶陵、攸县、常宁、耒阳、安仁、永兴、资兴

起风(刮风)岳阳柏祥、岳阳市、浏阳、醴陵、炎陵、常宁、耒阳

动风(刮风)洞口、绥宁、隆回

打雷公(打雷)岳阳县、平江、浏阳、永兴、资兴

虹[kuon^{34}](彩虹,洞口音)临湘、岳阳柏祥、岳阳县、岳阳市、平江、浏阳、醴陵、攸县、茶陵、炎陵、常宁、耒阳、安仁、永兴、资兴、洞口、绥宁、隆回

马印哩[ma^{21} yɔ̃^{24} ni^{0}](彩虹,临湘音)华容、临湘

濽雨[ts^{h}e^{45} y^{30}](淋雨,茶陵音)华容、临湘、岳阳柏祥、岳阳县、平江、浏阳、醴陵、攸县、茶陵、常宁、耒阳、永兴

凌干[lin^{22} kaŋ^{55}](冰,冰凌;平江音)岳阳柏祥、茶陵、平江、永兴

凌构[lin^{34} kœ^{0}](冰;地冰上的冰;茶陵音)醴陵、茶陵

凌冰(冰)临湘、岳阳柏祥

构[kœ^{11}](冰;结冰,茶陵音)浏阳、醴陵、攸县、茶陵、炎陵、常宁、耒阳、永兴、资兴、洞口、绥宁、隆回

管构[kuɔ̃^{34} kœ^{11}](结冰,茶陵音)茶陵、炎陵、常宁、耒阳、安仁、永兴、资兴

蒙露(露水)茶陵、炎陵、耒阳、安仁

雾罩(雾)华容、岳阳市、平江、醴陵、洞口

天老(天气)临湘、岳阳县、岳阳柏祥

炸[tsa^{213}](闷热,耒阳音)耒阳、炎陵

熰[œ^{11}](闷热,茶陵音)华容、岳阳县、茶陵、炎陵

澳[ŋau^{25}](冷,岳阳县音)华容、岳阳县、岳阳市

沁[tɕ^{h}in^{34}]骨头(冰骨头,炎陵音)炎陵、永兴

开雪眼(雪后短暂性地出太阳)岳阳市、平江、浏阳、醴陵、炎陵、常宁、安仁、资兴、永兴

土(旱地)平江、浏阳、醴陵、炎陵、耒阳、安仁、资兴、永兴、隆回

冷水临湘、岳阳县、平江、浏阳、醴陵、常宁、耒阳、安仁、资兴、永兴

凉水(冷水)攸县、茶陵

澳水[ŋau^{25}　ɕy53](冷水,岳阳县音)岳阳市、岳阳柏祥、岳阳县

清水(冷水)洞口、绥宁、隆回

畬[ɕia^{55}](旱土,菜园,洞口音)洞口、绥宁、隆回

垌头[toŋ^{13}　te^{0}](山间盆地,永兴音)常宁、资兴、永兴

垌[tʰəŋ^{13}](两山间的较宽阔地或稻田,炎陵音)岳阳柏祥、平江、炎陵、耒阳、永兴、资兴

垅头[loŋ^{35} te^{0}](山间陕长平地,永兴音)资兴、永兴

垅[loŋ^{35}](两山之间的涧地,永兴音)炎陵、安仁、永兴、资兴

塝田[pʰaŋ^{21}　tʰiɛn^{13}](丘陵地区傍山边两侧的田,华容音)华容、资兴、常宁、浏阳、永兴

园(菜地)岳阳柏祥、临湘、醴陵、攸县、茶陵、安仁、资兴、永兴

窾[kʰuɛ^{13}](坡地;坡,永兴音)岳阳县、岳阳柏祥、平江、浏阳、醴陵、炎陵、常宁、耒阳、安仁、耒阳、永兴、资兴、隆回

坳[ŋau^{11}](坡,浏阳音)临湘、岳阳柏祥、平江、浏阳、醴陵、耒阳、永兴、资兴、洞口、隆回

坳头[ŋau^{55}　tœy^{13}](地名,平江音)平江、永兴

冲(溪流入河口,或两山间的平地)临湘、岳阳柏祥、平江、浏阳、醴陵、攸县、茶陵、炎陵、常宁、耒阳、安仁、永兴、绥宁

嶆[tsʰɔ^{21}](山间低地,沟壑,安仁音)常宁、耒阳、安仁、永兴

嵭[bɑŋ^{11}](低洼处两边的高地,岳阳柏祥音)岳阳县、岳阳柏祥

坦[tʰɛ^{41}](石岩下平坦而干燥的地,永兴音)平江、炎陵、永兴

岭(山岭)临湘、岳阳柏祥、浏阳、醴陵、茶陵、炎陵、常宁、耒阳、安仁、资兴、永兴

江[kɔ^{44}](河流,永兴音)平江、浏阳、醴陵、茶陵、常宁、耒阳、安仁、永兴、资兴、绥宁

江[koŋ^{33}]子(小溪,平江音)岳阳柏祥、平江、常宁、安仁

圳[tʂən^{11}](水渠,浏阳音)临湘、平江、浏阳、醴陵、攸县、炎陵、耒阳、安仁、永兴、洞口

尿坑(小水沟)洞口、绥宁

凼[tʰɔ̃^{213}]凼落(小水坑,耒阳音)炎陵、耒阳、永兴、资兴、洞口、隆回

垸[xuan^{51}](土坑，炎陵音)临湘、岳阳柏祥、平江、浏阳、炎陵、永兴

蕰[uən^{24}](水淹，华容音)岳阳县、华容、永兴

掤砖[pan^{33} tɕyɛn^{34}](手工做砖，炎陵音)炎陵、永兴

爽子砖(残损砖块)常宁、耒阳、安仁

涾[t^{h}a^{21}](雨天行走而带起泥水，永兴音)华容、岳阳县、岳阳柏祥、永兴

泻泥巴(烂泥)临湘、岳阳县、岳阳柏祥、平江、常宁、耒阳、永兴

鏀[lv̩^{44}](铁锈，永兴音)炎陵、永兴

炭(煤)岳阳市、浏阳、醴陵、攸县、常宁、耒阳、永兴、资兴、洞口

块子(块煤)耒阳、永兴

洋毛泥/红毛泥(水泥)常宁、耒阳

垱墒[taŋ^{11} ɕiaŋ^{0}](地方，攸县音)岳阳县、浏阳、醴陵、攸县、常宁、耒阳、安仁、永兴、资兴、洞口、隆回、绥宁

垱唧(地方)茶陵、炎陵

地方(地方)平江、岳阳县、岳阳柏祥、临湘

街上(城市)临湘、岳阳柏祥、浏阳、醴陵、茶陵、炎陵、耒阳、永兴、资兴、洞口、绥宁、隆回

壕沟[xau^{55} ciau^{33}](沟，浏阳音)浏阳、茶陵、永兴、资兴

巷子/巷头临湘、岳阳市、岳阳县、岳阳柏祥、浏阳、醴陵、攸县、炎陵、常宁、耒阳、永兴、资兴、洞口

弄(巷子)浏阳、洞口、隆回

塆[vã^{55}](村子，耒阳音)常宁、耒阳、安仁、永兴、资兴

屋场(村子)岳阳柏祥、炎陵

老家(家乡)醴陵、耒阳、永兴、隆回

老屋(家乡)岳阳柏祥、茶陵、常宁、洞口、绥宁

墟(乡里集市)茶陵、炎陵、常宁、耒阳、永兴、资兴

场(乡里集市)浏阳、醴陵、攸县、炎陵、常宁、安仁、洞口、绥宁、隆回

集(乡里集市)临湘、岳阳柏祥、浏阳

塍[ɕiæ̃^{35}](田埂，耒阳音)临湘、岳阳柏祥、平江、浏阳、耒阳、安仁、永兴、资兴

溢[$p^h\tilde{e}^{45}$](水满溢出，常宁音)华容、炎陵、常宁、安仁、永兴、绥宁

潽[p^hu^{11}](水满溢出，醴陵音)华容、岳阳柏祥、岳阳县、岳阳市、醴陵、茶陵、炎陵

漫(水满溢出)华容、岳阳柏祥、岳阳县、岳阳市、绥宁

坼[ts^ha^{55}](干裂纹，岳阳市音)华容、岳阳柏祥、岳阳县、岳阳市、浏阳、醴陵、永兴

新书(历书)常宁、耒阳、永兴

通书(历书)浏阳、醴陵、资兴

黄历(历书)临湘、岳阳柏祥、岳阳县、洞口、绥宁

晡[pu^{55}][一天的时间段，如“夜晡(夜晚)，昨晡(昨天)”等，耒阳音]醴陵、攸县、茶陵、炎陵、常宁、耒阳、安仁、永兴、资兴

来年/来日(明年/明天)常宁、耒阳、永兴、洞口

对-(指时间的一个循环，如“对岁、对年”为一周年)常宁、安仁、永兴、资兴

煞(断，停止；厉害；足够)华容、岳阳柏祥、岳阳县、岳阳市、浏阳、炎陵、常宁、耒阳、安仁、永兴、资兴

一世年/一世人生(一辈子)临湘、岳阳县、岳阳柏祥、平江、浏阳、醴陵、永兴、洞口、绥宁、隆回

莳田[$ʂʅ^{34}\ t^hi\tilde{ɛ}^{312}$](插秧，茶陵音)茶陵、炎陵、常宁、耒阳、安仁、永兴、资兴、洞口、绥宁、隆回

栽禾(插秧)浏阳、醴陵

栽田(插秧)临湘、岳阳柏祥、岳阳市

踩[lai^{13}]田(耘田，醴陵音)岳阳柏祥、平江、浏阳、醴陵、常宁、耒阳、永兴、资兴、隆回

禾线(稻穗)临湘、岳阳柏祥、平江、浏阳、醴陵、攸县、茶陵、炎陵、常宁、永兴、洞口、绥宁、隆回

禾(水稻)华容、临湘、岳阳柏祥、岳阳县、岳阳市、平江、浏阳、醴陵、攸县、茶陵、炎陵、常宁、耒阳、安仁、永兴、资兴、洞口、绥宁、隆回

杀禾(割禾)茶陵、常宁、安仁、永兴、资兴、洞口、隆回

搬禾[pan^{11} o^{55}](摔打稻穗,手工脱谷粒,浏阳音)华容、临湘、浏阳、醴陵、茶陵、炎陵、常宁、耒阳、永兴

打禾(脱谷粒)岳阳柏祥、平江、攸县、炎陵、洞口、绥宁、隆回

秆[kuon^{35}](稻草,平江音)岳阳柏祥、平江、浏阳、攸县、茶陵、炎陵、常宁、耒阳、永兴、资兴

禾场[o^{11} t^{h}ɔ̃^{11}](晒谷坪,常宁音)临湘、攸县、炎陵、常宁、耒阳、安仁、永兴、洞口、绥宁、隆回

灌淤/灌水(浇粪/浇水)茶陵、耒阳、永兴、资兴

淋淤/淋水(浇粪/浇水)浏阳、醴陵、攸县、常宁、洞口、隆回

泼淤/泼水(浇粪/浇水)临湘、岳阳柏祥

作-(耕地种地)临湘、平江、浏阳、醴陵、茶陵、炎陵、常宁、耒阳、安仁、永兴、资兴、洞口、绥宁、隆回

鎩田[se^{31} t^{h}iɛ̃^{312}](牛力耕地,茶陵音)茶陵、耒阳、安仁、永兴、资兴、绥宁

耖田[ts^{h}au^{33} tiɛn^{13}](牛力耕地,岳阳县音)华容、临湘、岳阳柏祥、岳阳县

黄桶(摔打稻穗用的特大木桶)洞口、常宁、安仁、永兴、资兴

搬桶[pan^{11} t^{h}əŋ^{24}](摔打稻穗用的特大木桶,浏阳音)华容、浏阳、醴陵、炎陵

箱桶(摔打稻穗用的特大木桶)临湘、岳阳柏祥、岳阳县、平江

蕻[xəŋ^{31}](菜茎发出的新枝,茶陵音)岳阳柏祥、浏阳、醴陵、茶陵、炎陵、耒阳、永兴、资兴、洞口、绥宁

荪[sən^{33}](植物嫩茎,浏阳音)华容、岳阳县、浏阳、茶陵、炎陵、永兴

桍[k^{h}ua^{51}](树枝,炎陵音)炎陵、常宁、永兴、资兴、洞口、绥宁、隆回

丫/椏[ŋa^{33}](树枝,浏阳音)临湘、岳阳柏祥、岳阳县、平江、浏阳、醴陵、永兴、资兴

鹅梨(梨子)永兴、资兴、洞口、隆回

落花生(花生)茶陵、安仁、洞口、隆回

落生(花生)茶陵、安仁

堕栗[t^{h}uɤ^{34} li^{34}](栗子,茶陵音)浏阳、醴陵、攸县、茶陵、常宁、耒阳、安仁

板栗(栗子)临湘、岳阳市、平江、攸县、耒阳、永兴、资兴、洞口、绥宁、隆回

毛栗（野生，个儿小）攸县、常宁、永兴、资兴、

面薯（薯莨）永兴、资兴

山胡椒（山苍子）永兴、资兴

冬茅（茅草）耒阳、永兴、资兴

⿱剌力[lɛ^{35}]（荆棘，醴陵音）浏阳、醴陵、茶陵、炎陵、安仁、永兴、资兴、洞口

藠[c^{h}iau^{11}]（薤，藠子，浏阳音）浏阳、醴陵、永兴、洞口、绥宁、岳阳柏祥、浏阳、耒阳、安仁、平江、常宁、隆回

藨[p^{h}ɔ^{55}]（覆盆子，耒阳音）浏阳、炎陵、耒阳、安仁、永兴

杨豆饭[iaŋ^{212} t^{h}ou^{13} fan^{13}]（通名乌饭，熟呈紫黑色，可食，炎陵音）炎陵、安仁、永兴

毛柴（杂枝）安仁、永兴、浏阳、醴陵

毛柴窠（灌木丛，荆棘蓬）安仁、永兴

蔸脑[te^{44} lɤ^{41}]（根茎，永兴音）岳阳县、平江、醴陵、安仁、永兴

木脑（木头，木板）安仁、永兴

柴脑（没烧透的木炭，取火时有浓烟）安仁、永兴

⿰禾夭片[iɛ^{55} p^{h}i^{0}]（瘪谷子，岳阳市音）永兴、安仁、岳阳市

条子（竹条儿）炎陵、安仁

把脑（条状物的头或尾）安仁、永兴

薸[piɤ^{35}]（浮萍，永兴音）岳阳柏祥、耒阳、永兴、绥宁

蓝[lɛ^{44}]（蕨，永兴音）常宁、耒阳、永兴

拗[ɤ^{41}]（将植物的嫩苏割下来，如"拗蓝"指采蕨，永兴音）炎陵、永兴

苏杆（紫苏）炎陵、耒阳、永兴

艾叶（艾草）临湘、岳阳柏祥、浏阳、醴陵

养牲[iɔ^{41} sɛ^{44}]（家养的畜禽，永兴音）永兴、资兴

驯善（牲畜很驯服）岳阳市、炎陵

𫚉[t^{h}uã^{213}]（牲畜生育，耒阳音）耒阳、永兴

下[xa^{21}]（牲畜生育，岳阳音）华容、临湘、岳阳县

物崽[lan^{21} tsai^{21}](牛犊,临湘音)临湘、岳阳柏祥

嗨狸[xe^{44} li^{0}](山羊,永兴音)耒阳、安仁、永兴

渡种(种猪借种)华容、岳阳县、岳阳市

奶猪崽(猪崽)浏阳、常宁、洞口

子鸡[tsɿ^{31} tɕi^{33}](未成年的鸡,醴陵音)岳阳柏祥、醴陵

子鸭(翅膀刚交口的嫩鸭)岳阳柏祥、炎陵

镦鸡[ɕiĩ^{11} ci^{33}](阉过的公鸡,浏阳音)华容、临湘、岳阳县、平江、浏阳、醴陵、茶陵、炎陵、常宁、耒阳、永兴、资兴、洞口、隆回

驐鸡[tuen^{44} tʃi^{44}](阉鸡,动宾词,安仁音)茶陵、耒阳、安仁、永兴

阉鸡(动宾词)浏阳、醴陵

黄鸡兰[uɔ^{35} tɕi^{44} lɛ^{13}](未成年的小母鸡,永兴音)永兴、资兴

鸡郎/鸡项[tɕi^{44} xaŋ^{0}](未成年的小母鸡,攸县音)炎陵、岳阳柏祥、攸县

赖菢鸡婆[lai^{11} p^{h}au^{11} ci^{33} p^{h}o^{55}](抱窝鸡,浏阳音)浏阳、常宁、耒阳、永兴、资兴

菢鸡婆(抱窝鸡)华容、临湘、岳阳柏祥、岳阳县、平江、攸县、茶陵、炎陵、常宁、耒阳、安仁、洞口、绥宁、隆回

子[tsɿ^{53}](蛋,攸县音)临湘、岳阳柏祥、攸县、茶陵、炎陵、常宁、耒阳、安仁、永兴

嘎嘎[ka^{21} ka^{0}](蛋,永兴音)茶陵、安仁、永兴

剥剥[po^{44} po^{30}](蛋,浏阳音)临湘、岳阳市、浏阳、醴陵、茶陵、常宁

果子[ku^{21} tsɿ^{0}](蛋,资兴音)永兴、资兴、洞口、绥宁、隆回

寡鸡子/寡蛋(孵不出小鸡的坏蛋)华容、岳阳县、岳阳柏祥、浏阳、醴陵、炎陵、常宁

健蛋[lian^{11} dan^{11}](受了精的蛋,岳阳柏祥音)岳阳柏祥、岳阳市

野物(野兽)临湘、浏阳、醴陵、炎陵、常宁、耒阳、安仁、洞口

扁毛[piɛn^{53} ma^{13}](禽类动物;骂人的话,犹言禽畜,岳阳县音)华容、岳阳县、岳阳市、炎陵

老虫[lau^{21} tʂ^{h}əŋ^{13}](老虎,平江音)临湘、平江、洞口、绥宁、隆回

冬茅老鼠[təŋ^{34} mau^{212} lau^{51} ɕy^{0}](田鼠,炎陵音)炎陵、永兴、资兴

耗子(鼠)常宁、耒阳

蛇拐[so^{35} kua^{41}](蛇,永兴音)永兴、资兴、安仁

四十八节(银环蛇)永兴、资兴、醴陵

沤烂茅[ou^{33} lan^{13} mau^{212}](蛇的一种,炎陵音)炎陵、资兴、临湘

土壁蛇[t^{h}ou^{31} pia^{35} sa^{13}](蝮蛇;喻指话语不多而阴险的人,醴陵音)华容、临湘、岳阳市、醴陵

狗皮蛇[kiu^{31} p^{h}i^{35} ɕia^{24}](蜥蜴,洞口音)炎陵、安仁、永兴、资兴、洞口、隆回

鸟[tiɤ^{41}](鸟儿,永兴音)临湘、岳阳柏祥、岳阳县、平江、浏阳、醴陵、攸县、茶陵、炎陵、常宁、耒阳、安仁、永兴、资兴、绥宁、隆回

老鸹[lo^{41} va^{0}](乌鸦,耒阳音)临湘、岳阳柏祥、岳阳县、岳阳市、浏阳、醴陵、攸县、茶陵、炎陵、常宁、耒阳、安仁、永兴、资兴、洞口、隆回

鸦鹊[ŋa^{33} ts^{h}io^{42}](喜鹊,平江音)临湘、岳阳柏祥、岳阳县、平江、浏阳、醴陵、耒阳、资兴

雁鹅[ŋan^{11} ŋo^{55}](雁,浏阳音)平江、浏阳、醴陵、攸县、茶陵、常宁、耒阳、隆回

插田鸟唧(布谷鸟)临湘、醴陵

啄木鹳[tsa^{44} mo^{44} kõỹ^{33}](啄木鸟,浏阳音)岳阳县、浏阳、耒阳

哭鸟[k^{h}uo^{11} tiau^{0}](猫头鹰,攸县音)攸县、茶陵、耒阳、安仁、永兴、资兴、隆回

无义鸟(据说猫头鹰吃父母,故有"无义鸟"之称,比喻不义子孙)临湘、岳阳市、炎陵

牛鸹哩[iɯ^{35} ŋa^{55} li^{0}](八哥儿,会说人话,据说站在牛头上为牛掏耳朵,耒阳音)炎陵、常宁、耒阳、安仁、永兴

岩鹰[ŋa^{55} in^{33}](老鹰,浏阳音)攸县、炎陵、耒阳、安仁、永兴、资兴、洞口、隆回

檐老鼠[iĩ^{55} lau^{24} ɕy^{30}](蝙蝠,浏阳音)华容、临湘、岳阳柏祥、岳阳县、岳阳市、平江、浏阳、醴陵、攸县、茶陵、炎陵、常宁、耒阳、安仁、永兴、资兴

翼膀[ie^{44} p^{h}aŋ^{55}](翅膀,浏阳音)攸县、茶陵、炎陵

翅胱[ts^{h}ɿ^{13} kuɛ^{41}](翅膀,永兴音)常宁、耒阳、永兴

翼翅[ie^{35} tsɿ^{35}](翅膀,洞口音)常宁、洞口、绥宁

翼胛子[iɛ^{11} ka^{11} tsɿ^{0}](翅膀,醴陵音)临湘、醴陵、浏阳、隆回

蟑蛛[ȶiɔ̃^{35} ȶy^{0}](蜘蛛,耒阳音)茶陵、炎陵、常宁、耒阳、安仁、永兴、资兴

拨丝[po^{33} sɿ^{33}](蜘蛛,绥宁音)洞口、绥宁、隆回

土狗子(蝼蛄)临湘、岳阳县、浏阳、醴陵、攸县、常宁、耒阳、资兴、洞口、隆回

蟪[ɕiɛ̃^{31}](蚯蚓,茶陵音)攸县、茶陵、炎陵、耒阳、安仁、永兴、资兴、耒阳、醴陵、平江、岳阳柏祥、岳阳市、华容、临湘、洞口、绥宁

天螺[t^{h}ĩĩ^{33} lo^{55}](蜗牛,浏阳音)临湘、岳阳柏祥、平江、浏阳、醴陵、茶陵、常宁、耒阳、安仁、永兴、资兴、洞口

蜒蜒虫[iai^{22} iai^{0} tsoŋ^{22}](蜗牛,资兴音)岳阳县、永兴、资兴

鼻涕虫/鼻胧虫[p^{h}i^{312} lɤŋ^{33} tʃ^{h}ɤŋ^{13}](蜗牛,隆回音)耒阳、隆回

儿蔾虫[ə^{35} læ^{55} ȶ^{h}iɯ̃^{35}](蚰蝓,耒阳音)常宁、耒阳

蚊[mən^{33}](苍蝇,浏阳音)华容、临湘、岳阳柏祥、岳阳县、岳阳市、平江、浏阳、醴陵、攸县、茶陵、炎陵、常宁、耒阳、安仁、永兴、资兴、洞口、绥宁、隆回

沙虫(蚜虫)常宁、耒阳、永兴、资兴

狗蚤(跳蚤)岳阳柏祥、茶陵、炎陵、常宁、耒阳、永兴

狗子(跳蚤)平江、浏阳、攸县

狗虱子(跳蚤)临湘、醴陵、安仁、洞口、绥宁、隆回

螕[p^{h}i^{53}](牛虻,在牛身上吸血,岳阳县音)岳阳县、醴陵、永兴

灶鸡$_{1}$[tsau^{11} tɕi^{11}](蟋蟀,攸县音)攸县、安仁

灶鸡$_{2}$(灶蟋蟀)岳阳柏祥、岳阳县、浏阳、资兴

灶鸡$_{3}$(蟑螂)华容、醴陵

灶鸡$_{4}$(蝗虫)常宁、耒阳、永兴、洞口、隆回

馇瓜婆[ts^{h}a^{55} kuæ^{41} p^{h}o^{0}](蟑螂,耒阳音)常宁、耒阳、永兴、绥宁

馇婆[ts^{h}o^{44} pʉ^{0}](蟑螂,资兴音)安仁、资兴、浏阳

油馇婆[iɯ^{35} ts^{h}a^{55} p^{h}o^{0}](蟑螂,耒阳音)炎陵、耒阳

禾老虫[uø^{13} lau^{21} tʂ^{h}əŋ^{13}](螳螂,平江音)临湘、平江、洞口、隆回

禾猴子/禾猴哩[o^{55} çiau^{55} li^{0}] /禾猴牯(螳螂,浏阳音)岳阳柏祥、岳

阳县、浏阳、醴陵、茶陵、耒阳、永兴

蝉[ɕiɛ̃^{213}](攸县音)岳阳柏祥、岳阳县、平江、浏阳、醴陵、攸县、耒阳

蛐[tɕʰiœ^{34}](蝉,茶陵音)茶陵、常宁

知知呀/呀响子[ia^{22} ɕiaŋ^{0} tsei^{44}]/伊呀嘶嘶(蝉,拟声构词,资兴音)永兴、资兴、安仁、洞口、绥宁

黄蜂[vɔ̃^{11} pʰõ^{45}](有毒的蜂,个儿大,常宁音)临湘、岳阳市、平江、攸县、炎陵、常宁、耒阳、安仁、永兴、资兴、隆回

蠚[xo^{31}](动词,小虫子咬人,醴陵音)华容、岳阳县、醴陵、常宁

蛾[lo^{35}](蝴蝶,耒阳音)临湘、炎陵、常宁、耒阳、永兴、洞口、隆回

阳耳[ioŋ^{45} ə^{51}](蜻蜓,安仁音)临湘、岳阳县、醴陵、常宁、安仁、永兴、资兴

柴鱼[tsʰai^{13} ȵy^{13}](黑鱼,平江音)华容、平江、耒阳、永兴

雄鱼[ɕiũ^{35} ȵ̍^{35}]/雄古脑(大头鱼,耒阳音)临湘、岳阳县、浏阳、醴陵、耒阳、安仁、永兴

黄鳝[oŋ^{55} ʂø̃ỹ^{11}](大鳝鱼,浏阳音)临湘、岳阳柏祥、平江、浏阳、醴陵、常宁、耒阳、永兴、资兴、洞口、绥宁、隆回

鱼脬[ȵy^{13} pʰau^{55}](鱼鳔,平江音)华容、临湘、岳阳柏祥、岳阳县、平江、浏阳、醴陵、攸县、茶陵、炎陵、常宁、耒阳、永兴、洞口、绥宁、隆回

划水(鱼鳍)临湘、浏阳、醴陵

秧(幼小的,修饰鱼虫类小动物,如"秧蟆蝈",蝌蚪)常宁、耒阳、永兴、资兴、洞口、绥宁、隆回

鱼苗平江、醴陵、攸县、茶陵、永兴、绥宁、隆回

鱼秧(鱼苗)岳阳柏祥、浏阳、常宁、耒阳、洞口

鱼水(鱼苗)炎陵、耒阳、永兴

扳罾[pan^{45} tsən^{45}](有四根竹竿做撑架的大渔网,岳阳市音)华容、临湘、岳阳县、岳阳市、常宁、耒阳、永兴

虾公[xa^{45} kõ^{45}](虾,常宁音)临湘、醴陵、攸县、炎陵、常宁、耒阳、安仁、永兴、隆回

虾子(虾)临湘、岳阳柏祥、平江、浏阳、洞口、绥宁

团鱼[tʰø̃ỹ^{55} ɲy^{55}](鳖,浏阳音)华容、岳阳市、浏阳、醴陵、攸县、茶陵、炎陵、

常宁、耒阳、安仁、永兴、洞口、绥宁、隆回

脚鱼(鳖)华容、岳阳市、平江、常宁

八夹[pa^{35} ka^{35}](螃蟹,耒阳音)常宁、耒阳

螃嘎[pɔ̃^{12} ka^{54}](螃蟹,临湘音)临湘、岳阳柏祥、茶陵

蟆蝈[ma^{35} kuæ^{41}](青蛙,耒阳音)华容、临湘、醴陵、炎陵、常宁、耒阳、永兴、洞口、绥宁

革蟆[kɛ^{213} ma^{35}](青蛙,攸县音)攸县、茶陵、安仁

蛤蟆[xa^{55} mo^{0}](青蛙,浏阳音)华容、临湘、岳阳柏祥、岳阳县、平江、浏阳、醴陵、攸县、茶陵、常宁、隆回

蛤蟆嫩[xa^{213} fa^{13} ləŋ^{35}](蝌蚪,攸县音)临湘、攸县、炎陵

蛤蟆蚁唧[xa^{13} mo^{33} ȵ̥i^{11} tɕi^{0}](蝌蚪,醴陵音)浏阳、醴陵

蝌谷头[ko^{21} ku^{5} tau^{13}](蝌蚪,岳阳县音)岳阳柏祥、岳阳县

田螺攸县、茶陵、常宁、耒阳、安仁、永兴、资兴、洞口、绥宁、隆回

螺蛳[lo^{13} sɿ^{33}](田螺,平江音)岳阳县、平江、常宁

胡蛳[xu^{35} sɿ^{0}](蛤,耒阳音)常宁、耒阳、永兴

蚌壳[pʰeŋ^{21} ho^{313}](大蛤,安仁音)临湘、岳阳柏祥、岳阳县、浏阳、醴陵、安仁、资兴

康康[kʰaŋ^{34} kʰau^{51}](大蛤,炎陵音)炎陵、永兴

垒壳[loi^{35} xo^{35}](大蛤,攸县音)攸县、茶陵、永兴

毫猪[xɔ^{11} tɕy^{45}](刺猬,常宁音)平江、浏阳、炎陵、常宁

刺雀里[tsʰi^{24} tɕʰio^{5} li^{0}] /刺猫子/刺老鼠/刺球哩(刺猬,岳阳县音)华容、临湘、岳阳县

鲮鳙[lən^{35} kʰɔ^{0}](穿山甲,永兴音)炎陵、常宁、耒阳、安仁、永兴、资兴、

起屋[cʰi^{24} u^{44}](建房子,浏阳音)浏阳、醴陵、攸县、茶陵、炎陵、常宁、耒阳、安仁、永兴、资兴

做屋/做廊场[tsəu^{35} laŋ^{24} dʑiɑŋ^{11}](建房子,岳阳柏祥)临湘、岳阳柏祥

祧屋[tau^{13} u^{5}](正屋,岳阳县)华容、岳阳县、岳阳市

堂屋(正屋)临湘、岳阳柏祥、岳阳市、醴陵、洞口、绥宁、隆回

厅屋(正屋)攸县、炎陵、常宁、耒阳、永兴、资兴、隆回

椽皮[$\int$uĩ[45] pi[45]](椽子，安仁音)临湘、岳阳柏祥、平江、浏阳、醴陵、常宁、耒阳、安仁、永兴、资兴、洞口、隆回

耳门(侧边，边门)临湘、常宁、耒阳

地枋(门槛)醴陵、攸县、炎陵、常宁

乃脚[le[41] tɕiʊ[21]](门槛，永兴音)常宁、永兴、资兴

阶(屋檐下的梯或地，如阶矶、阶行、阶荫、阶檐等)常宁、安仁、资兴、耒阳、临湘、华容

屋场$_1$(村落)岳阳柏祥、炎陵

屋场$_2$(房屋建筑地)醴陵、常宁、资兴

楼枕(楼板的枕木)常宁、耒阳、永兴、资兴

灶门口(厨房)茶陵、安仁、永兴、资兴

灶下头(厨房)攸县、炎陵、安仁、浏阳、醴陵

灶屋里(厨房)临湘、岳阳柏祥、永兴、隆回

茅厕(厕所)华容、临湘、岳阳柏祥、岳阳县、岳阳市、平江、浏阳、醴陵、攸县、常宁、安仁、永兴、洞口、绥宁、隆回

臭坑(厕所)炎陵、耒阳、安仁、永兴、资兴

牛栏(牛圈)临湘、岳阳柏祥、平江、浏阳、醴陵、攸县、茶陵、炎陵、常宁、耒阳、安仁、永兴、资兴、洞口、绥宁、隆回

猪栏(猪圈)临湘、岳阳柏祥、浏阳、醴陵、攸县、茶陵、常宁、耒阳、安仁、永兴、资兴、洞口、绥宁、隆回

羊栏(羊圈)浏阳、醴陵、常宁

楼(家畜宿地，如“猪楼”；又岳阳市“宝楼”指别人家的猪)岳阳县、常宁、华容、茶陵

潲盆(猪食盆)炎陵、常宁、耒阳、永兴、洞口

食盆(猪食盆)茶陵、隆回

猪槽(猪食槽)临湘、岳阳柏祥、岳阳县、攸县、常宁

猪兜(猪食槽)浏阳、醴陵

狗窠(狗窝)华容、临湘、岳阳柏祥、岳阳县、岳阳市、平江、浏阳、醴陵、攸县、炎陵、常宁、耒阳、安仁、永兴、资兴、洞口、绥宁、隆回

鸡埘[tɕi^{33} tsɿ^{11}](晚上关鸡的地方,醴陵音)浏阳、醴陵、攸县、常宁、耒阳、安仁、资兴

鸭埘(晚上关鸭的地方)浏阳、醴陵、安仁

鸡窠(鸡窝)临湘、岳阳柏祥、茶陵、常宁、永兴、洞口、绥宁、隆回、平江、浏阳、醴陵

鸡笼临湘、岳阳柏祥、醴陵、攸县、茶陵、炎陵、常宁、耒阳、永兴、洞口、绥宁、隆回

柴堆/草堆(柴草堆)岳阳柏祥、常宁、耒阳

柴窠落[tsʰai^{13} ko^{33} lo^{51}](柴草堆,隆回音)资兴、隆回

斗墙屋[tə^{51} tsioŋ^{45} u^{313}](泥屋,泥巴干打垒的墙,安仁音)安仁、永兴、资兴

掰砖[pã^{21} tʃuĩ^{44}](手工做砖,安仁音)临湘、安仁、永兴、绥宁

吊楼(阳台)平江、浏阳、炎陵、耒阳、安仁、资兴

晒楼(阳台)浏阳、攸县、耒阳、永兴、资兴

疏楼(阳台)耒阳、永兴

地空(放红薯及杂物的地洞)岳阳柏祥、茶陵

窖$_1$(放红薯及杂物的地洞)浏阳、醴陵、常宁、永兴

掌[tsʰaŋ^{11}](用物支撑,动词,浏阳音)华容、临湘、岳阳柏祥、岳阳县、浏阳、醴陵、永兴

家业(家具)华容、岳阳柏祥、岳阳县

家物(家具)炎陵、耒阳

木器(家具)炎陵、常宁

条桌(长条形的桌子)醴陵、炎陵、永兴、资兴

扯箱(抽屉)岳阳柏祥、耒阳、永兴、资兴、洞口

扯盒/抽盒(抽屉)洞口、岳阳柏祥、临湘、隆回

靠背(椅子背)临湘、岳阳柏祥、浏阳、醴陵、炎陵、常宁、耒阳、永兴、洞口、隆回

横子(椅子掌儿)华容、岳阳柏祥、浏阳、攸县、耒阳、永兴

床横子[tsʰõ^{11} vɔ̃^{24} tsɿ^{44}](床木架子的横木方,常宁音)浏阳、醴陵、常宁

骨牌凳(四方小矮凳)岳阳市、浏阳、炎陵、洞口

铺（床）耒阳、安仁、永兴、资兴

铺板（床板）醴陵、攸县、茶陵、炎陵、常宁、耒阳、安仁、隆回

档头[toŋ11 tʰeu13]（物的两端，醴陵音）平江、醴陵、永兴

凉床（竹床、竹椅）茶陵、常宁、永兴、资兴、洞口

瓮坛[uəŋ11 tʰan13]（灶上焐热水的鼎，醴陵音）华容、临湘、平江、浏阳、醴陵、茶陵、炎陵、耒阳、永兴

瓜勺[kua55 ɕio55]（老葫芦瓜风干后制成舀水的器具，耒阳音）耒阳、安仁、永兴、资兴

瓜瓢[kua33 pʰiau55]（老葫芦瓜风干后制成舀水的器具，浏阳音）临湘、岳阳柏祥、浏阳、隆回

筒勺（竹筒瓢，带把儿）醴陵、安仁、永兴

筒管（竹筒容器）炎陵、常宁、安仁、永兴、资兴

斞[ua53]（舀水，岳阳县音）华容、临湘、岳阳柏祥、岳阳县、浏阳、醴陵、炎陵、耒阳、永兴、洞口

滗（过滤）岳阳柏祥、岳阳县、岳阳市、醴陵、炎陵、永兴

搨1[tʰa11]（盖，动词，茶陵音）茶陵、炎陵、常宁、安仁

搨2[tʰa11]（盖儿，名词，茶陵音）茶陵、炎陵

搨3（码起）浏阳、醴陵、炎陵、常宁、耒阳、永兴

搨4（贴，附）华容、岳阳县

埿[tsui33]（动词，塞进去，常宁音）华容、华容、岳阳柏祥、岳阳县、岳阳市、醴陵、常宁、永兴

埿子[tsei13 tsɿ0]（塞子，醴陵音）华容、岳阳柏祥、浏阳、醴陵、耒阳、安仁、永兴

开山子（斧）临湘、岳阳柏祥、浏阳

烂渣[lɛ13 tsa44]（抹布，永兴音）永兴、资兴

索[so35]（粗绳索，醴陵音）醴陵、常宁、耒阳、永兴、洞口

刉[pʰi51]（刀削，炎陵音）炎陵、永兴

鱼刀（菜刀）华容、临湘

铰[kau11]（合页，浏阳音）临湘、浏阳、常宁、耒阳、洞口

拗子/拗把（合页）永兴、岳阳柏祥

合页醴陵、攸县、隆回

皿子[min^{24} tsɿ^{0}]（粉刷用找平工具，浏阳音）浏阳、醴陵、炎陵、常宁、资兴

纸筋（麻刀）岳阳柏祥、炎陵、常宁、耒阳

撩剪（剪头发的剪子）岳阳柏祥、浏阳、醴陵

盪[t^{h}oŋ^{11}]（鐾刀，动作，醴陵音）岳阳柏祥、岳阳县、岳阳市、醴陵、洞口、隆回

鐾（鐾刀，动作）华容、浏阳、常宁

告$^{=}$剪[kɔ^{213} tsẽ^{41}]（剪刀，耒阳音）耒阳、永兴、资兴

烫斗（熨斗）岳阳柏祥、平江、永兴、资兴

熨斗华容、临湘、岳阳县、岳阳市、浏阳、醴陵、攸县、茶陵、常宁、耒阳、安仁、洞口、绥宁、隆回

水架（放脸盆的架子）攸县、茶陵、耒阳、安仁、洞口、隆回

脚盆（澡盆）临湘、岳阳柏祥、岳阳县、平江、浏阳、醴陵、茶陵、炎陵、常宁、耒阳、安仁、永兴、资兴、洞口、绥宁

帕（毛巾）茶陵、炎陵、常宁、耒阳、安仁、永兴、资兴

手巾帕（手绢）茶陵、常宁、耒阳、安仁、永兴

手巾（毛巾）临湘、岳阳柏祥、岳阳市、平江、浏阳、醴陵、攸县、隆回

洗脚手巾（擦脚帕）临湘、岳阳柏祥、浏阳

布（毛巾布，洗脸布）洞口、绥宁

煤油灯盏岳阳柏祥、浏阳、醴陵、永兴、隆回

煤气灯浏阳、醴陵、常宁、耒阳、洞口、隆回

灯火（电灯）耒阳、安仁、永兴

马灯（可提着走的煤油灯）岳阳柏祥、平江、浏阳、醴陵、炎陵、常宁、洞口、隆回

抵针（顶针）平江、攸县、炎陵、耒阳、永兴、资兴、洞口

顶针浏阳、醴陵、茶陵、绥宁、华容

亮壳子（灯笼）华容、临湘、岳阳市

糊涂（糨糊）临湘、岳阳柏祥、岳阳市

筅帚[ɕyæ̃^{44} ȶɯ^{33}](竹制刷锅工具，常宁音)临湘、茶陵、炎陵、常宁、耒阳、安仁、永兴、资兴

筅把[ɕiĩ^{24} pa^{24}](竹制刷锅工具，浏阳音)岳阳柏祥、浏阳

鸡毛帚(鸡毛掸子)临湘、岳阳柏祥、岳阳县、耒阳

刷帚[so^{313} tʃiɯ^{51}](刷子，安仁音)安仁、永兴

袹[mo^{44}](布袋，永兴音)永兴、资兴

筲箕[tsʰɤ^{44} tɕi^{0}](捞米饭时用来盛饭的竹器，永兴音)炎陵、常宁、安仁、永兴、资兴

碗樴[vã^{41} tsʰã^{213}](碗橱，耒阳音)耒阳、永兴、洞口

莽槌[muon^{24} tʂʰʮ^{24}](洗衣服用的棒槌，洞口音)临湘、岳阳柏祥、永兴、资兴、洞口、绥宁、隆回

擂槌(洗衣服用的棒槌)华容、平江、浏阳、茶陵、常宁、耒阳

条盘[tʰiau^{55} pʰø̃ỹ^{55}](农村做酒席打菜的矩形木盘，浏阳音)浏阳、醴陵、炎陵、永兴

茶盘(农村做酒席打菜的矩形木盘)临湘、资兴

洋瓷碗(铁质釉面碗)华容、平江、浏阳、醴陵、常宁、耒阳、安仁、永兴、隆回

把缸(带把的杯子)临湘、岳阳县、岳阳柏祥、炎陵、常宁、耒阳、安仁、永兴、洞口、隆回

枷栏[ka^{45} lã^{11}](不会走路的小孩坐具，常宁音)炎陵、常宁、安仁

枷椅子[ga^{24} i^{41} tsɿ^{0}](不会走路的小孩坐具，岳阳柏祥音)临湘、华容、岳阳柏祥、岳阳市

摇窠[iɑu^{24} gʰu^{33}](摇篮，岳阳柏祥音)岳阳柏祥、安仁、永兴

奓口货[tsa^{324} kʰəu^{42} xo^{32}](有缺损的器皿，岳阳市音)华容、岳阳市

冇年纪(后生)炎陵、岳阳柏祥

后生唧(后生家)醴陵、攸县、茶陵、炎陵

细把戏[se^{213} pa^{41} ɕi^{0}](小孩，耒阳音)耒阳、永兴、资兴

一蔸子(直系嫡亲亲属)炎陵、永兴、资兴

同年临湘、岳阳柏祥、岳阳县、炎陵

老庚(同年)华容、临湘、岳阳县、平江、浏阳、醴陵、攸县、茶陵、炎陵、耒阳、安仁、永

兴、洞口、隆回

老同[lɔ^{41} t^{h}ɯ̃^{35}](同年;或特指妇女同年,耒阳音)耒阳、永兴、隆回

斜角[sa^{21} ko^{5}](年纪、姓名部分相同,如同年不同月,叫"斜角同年",同名不同姓叫"斜角老华",岳阳县音)华容、岳阳县

老华[lau^{53} hua^{13}](同名的人,岳阳县音)临湘、岳阳县、醴陵、永兴

家门[tɕia^{33} mən^{13}](同姓的人,岳阳县音)岳阳柏祥、岳阳县、平江、茶陵、炎陵、永兴、资兴、洞口、隆回

老俵(表兄弟姊妹)临湘、岳阳柏祥、岳阳县、浏阳、醴陵、茶陵、常宁、耒阳、安仁、永兴、洞口

自家屋里箇[ts^{h}ɿ^{55} ka^{55} u^{55} tie^{31} kə^{31}](未出五服的同宗族人,洞口音)茶陵、炎陵、永兴、洞口

自家人(自己人)岳阳柏祥、平江、攸县、茶陵、炎陵、耒阳、资兴、绥宁、隆回

屋里人(自己人)常宁、资兴

叫化子[kau^{11} fa^{11} tsɿ^{30}](乞丐,浏阳音)华容、临湘、岳阳柏祥、岳阳县、岳阳市、平江、浏阳、醴陵、攸县、茶陵、炎陵、常宁、耒阳、安仁、永兴、资兴、洞口、绥宁、隆回

倒灶脑箇[tɔ^{41} tsɔ^{213} lɔ^{0} kə^{0}](指能把自家的做饭灶砸倒的人,喻指败家子,耒阳音)炎陵、常宁、耒阳、永兴

里手[li^{312} ʃiəu^{312}](内行,隆回音)浏阳、醴陵、炎陵、耒阳、永兴、洞口、隆回

打总荐(推荐)岳阳县、岳阳市、炎陵

孤老(无子孙的老人)华容、岳阳县

小媳妇(童养媳)临湘、岳阳柏祥、岳阳县、耒阳

半路婆(嫁二嫁的女人)常宁、耒阳、安仁

二房亲/二婚亲(嫁二嫁的女人,或第二次结婚的男人)攸县、浏阳、醴陵

摇二脚/走二家/走一脚(嫁二嫁的女人)永兴、岳阳县

嫁二嫁(女人再嫁)平江、常宁、永兴、洞口、隆回

水佬倌[ɕy^{31} lao^{31} koŋ^{33}](痞气的人,醴陵音)醴陵、永兴、洞口

拐子[kuai^{24} tsɿ^{0}](骗子,或拐小孩的人,浏阳音)临湘、浏阳、醴陵、攸县、茶陵、常宁、耒阳、安仁、永兴、绥宁

抢犯(抢东西的人)华容、岳阳县、耒阳、安仁、永兴

医师(医生)攸县、常宁、耒阳、永兴、洞口、绥宁

匠人(手艺人)临湘、岳阳柏祥、平江、醴陵、炎陵、常宁、耒阳

剪脑[tsẽ^{41} lɔ^{41}](理发,耒阳音)常宁、耒阳、安仁、永兴、资兴、洞口

剃脑(理发)临湘、浏阳、醴陵、茶陵、炎陵、常宁、耒阳、安仁、永兴、资兴、隆回

寻喫[tɕ^{h}iən^{35} tɕ^{h}io^{21}](找活儿干,永兴音)炎陵、永兴

呷粮[ȶ^{h}a^{33} liɔ̃^{11}](当兵,常宁音)岳阳县、常宁、耒阳

发脚(挑夫)岳阳柏祥、常宁

伙手(厨师)耒阳、资兴

使口[sa^{41} k^{h}e^{41}](小孩帮大人干简单的活,传话,或帮忙打下手,永兴音)常宁、耒阳、安仁、永兴、资兴

老婢嫚[lɤ^{41} pi^{0} kua^{41}](女佣人,永兴音)炎陵、永兴

猛子[moŋ^{41} tsɿ^{0}](莽撞的人,永兴音)炎陵、常宁、安仁、永兴

懵子[moŋ^{13} tsɿ^{0}](整天发懵的人,永兴音)浏阳、醴陵、永兴

呆[e^{35}][确定的,不会有改变的,如“箇(道理)是隻呆箇”,即这个道理是确定的,永兴音]炎陵、永兴

拐/夬[kuæ^{41}](脾气怪,难打交道,耒阳音)华容、岳阳柏祥、岳阳县、平江、浏阳、醴陵、耒阳、永兴

拐场[kue^{33} ȶ^{h}ɔ̃^{11}](事情办糟糕了,常宁音)华容、岳阳县、炎陵、常宁、永兴

乖[kuæ^{35}](能干,岳阳柏祥音)华容、临湘、岳阳柏祥、岳阳县、岳阳市

趿半截鞋[la^{24} paŋ^{33} tɕiɛ^{24} xai^{212}](游手好闲之徒,炎陵音)炎陵、常宁

憨[xon^{33}](傻,平江音)华容、临湘、平江

詘[nie^{11}](小孩顽皮捣乱,茶陵音)华容、攸县、茶陵、永兴、绥宁

仙娘婆(神婆)常宁、永兴

师公(神汉)常宁、资兴

把式(有本事的人)平江、浏阳、醴陵、炎陵

好佬(好汉)浏阳、醴陵

赘[ŋau^{55}](有本领,强健,浏阳音)华容、临湘、岳阳县、岳阳市、浏阳、醴陵

佪婆[xuɪ^{35} po^{0}]/佪子(智商低女人/男人,永兴音)华容、永兴

佮[ko^{21}](伴儿,永兴音)安仁、永兴

酒癫子(酗酒之人)临湘、醴陵、常宁、安仁、永兴

掌括[ȶɔ̃^{44} kua^{33}](负责,常宁音)炎陵、常宁、永兴

咣[k^{h}uɔ^{41}](不停地说话,永兴音)华容、永兴

磨[mʊ^{35}](拖延,永兴音)华容、岳阳县、岳阳市、炎陵、永兴

傱$_{1}$[səŋ^{24}](嘴馋,不知羞,岳阳柏祥音)华容、岳阳柏祥、岳阳县

傱$_{2}$[sɯ̃^{35}](丑陋,耒阳音)炎陵、常宁、耒阳、永兴、资兴

丑$_{1}$[tʂ^{h}əu^{35}](丑陋,平江音)临湘、岳阳市、平江、浏阳、醴陵、攸县、洞口、绥宁、隆回

丑$_{2}$[ȶ^{h}iɯ^{41}](坏,毒,耒阳音)攸县、常宁、耒阳、永兴

琐[ʂo^{55}](丑陋,浏阳音)华容、浏阳、醴陵、常宁

好看(漂亮)岳阳柏祥、岳阳市、平江、浏阳、攸县、茶陵、常宁、安仁、永兴、绥宁、隆回

标致(漂亮)茶陵、炎陵、常宁、永兴、资兴、洞口、隆回

生得好[sɛ̃^{35} tɛ^{35} xau^{53}](人漂亮,或物精致,攸县音)攸县、耒阳、永兴、资兴、隆回

精眼[tɕin^{44} ŋa^{0}](长得漂亮,攸县音)攸县、茶陵、安仁

抻敨$_{1}$[dzen^{45} de^{24}](身材好,匀称,临湘音)华容、临湘、岳阳县、岳阳市、岳阳柏祥、茶陵、炎陵、永兴

抻敨$_{2}$(长得漂亮)临湘、岳阳柏祥、炎陵

客气(长得漂亮)岳阳柏祥、醴陵、攸县

蛮好唧(长得好)浏阳、醴陵

索丽[so^{5} li^{0}](长得漂亮,或干净整洁,临湘音)华容、临湘、岳阳柏祥、岳阳县、岳阳市

条索[t^{h}iao^{14} so^{0}](整洁,岳阳市音)岳阳柏祥、岳阳市

乖汰[kuæe^{33} t^{h}æe^{11}](女子漂亮,绥宁音)洞口、绥宁、隆回

老班子(长辈)浏阳、醴陵、常宁

踏代[ta^{5} tai^{21}](晚辈的性格像长辈,岳阳音)华容、岳阳县

祖公(祖宗)常宁、永兴、资兴

大大[ta^{13} ta^{0}](父辈男性亲属或女性亲属,永兴音)常宁、永兴、资兴

抽条[$ts^{h}ou^{34}$ $t^{h}iau^{212}$](青少年发育生长期变瘦,炎陵音)炎陵、常宁、安仁、永兴、

发体(发胖)常宁、安仁

横身[$uən^{13}$ $ʂən^{33}$](身子,腰身,平江音)平江、永兴

桶子[$t^{h}oŋ^{42}$ $tsɿ^{0}$](身材,岳阳市音)岳阳县、岳阳市

瓜壳脑[kua^{55} xu^{0} $lɔ^{41}$](头,或头骷髅,耒阳)耒阳、永兴

神(精神)华容、醴陵、炎陵、永兴

啄脑门(奔儿头)浏阳、醴陵、炎陵、耒阳、永兴、资兴、绥宁、隆回

胀脑壳(奔儿头)临湘、攸县

啄帽子(有檐的帽子)常宁、耒阳、永兴

颈牯[$ciaŋ^{24}$ ku^{0}](脖子,浏阳音)岳阳柏祥、岳阳县、浏阳、永兴、资兴、洞口、绥宁、隆回

颈梗[$tɕiaŋ^{53}$ $k\tilde{ɛ}^{11}$](脖子,攸县音)临湘、攸县、茶陵、炎陵、常宁、耒阳、安仁

气色[$tɕ^{h}i^{25}$ $sɛ^{5}$](气味,或面色,岳阳县音)华容、岳阳柏祥、岳阳县、岳阳市、浏阳、醴陵、攸县、茶陵、炎陵、常宁、耒阳、永兴、洞口、绥宁、隆回

面色(脸色)华容、岳阳县

色气[$ɕie^{44}$ $c^{h}i^{11}$](颜色,浏阳音)华容、岳阳市、浏阳、醴陵、常宁

眼珠(眼睛)临湘、醴陵、攸县、茶陵、炎陵、常宁、耒阳、安仁、永兴、洞口、绥宁、隆回

毛(头发)岳阳市、茶陵、常宁、耒阳、安仁、永兴、洞口、绥宁、隆回

须[$ɕi^{33}$](刘海,醴陵音)临湘、岳阳柏祥、岳阳县、浏阳、醴陵

综[$tsoŋ^{44}$](耸起,蹙起,如“眉毛综起”,永兴音)临湘、浏阳、耒阳、永兴

嘴(尖儿,梢儿)耒阳、安仁、资兴

鼻子打朥[ta^{51} lau^{34}](鼻子很灵,炎陵)攸县、炎陵、永兴、隆回

舷$_{1}$[$ɕiɛn^{212}$](嘴唇,炎陵音)平江、浏阳、醴陵、攸县、炎陵、永兴、资兴

舷$_{2}$(坛口盛水的一圈槽)华容、平江、永兴、岳阳市

边舷上(边上)华容、耒阳、资兴

馋水[ts^{h}an^{55} çy^{24}](口水，浏阳音)临湘、岳阳柏祥、浏阳、醴陵

㯳[læ^{55}](黏液，耒阳音)浏阳、醴陵、常宁、耒阳、永兴

胸门口(胸脯)临湘、岳阳柏祥、永兴

算盘子(喉结)炎陵、常宁、耒阳、永兴、资兴

送食坨(喉结)岳阳柏祥、岳阳县

歪[lia^{11}](肩膀不平，是溜的，浏阳音)临湘、岳阳柏祥、岳阳市、浏阳、醴陵、茶陵、炎陵、常宁、耒阳、永兴

手把子(胳膊)浏阳、常宁、耒阳、洞口、隆回

倒拐子(胳膊肘)华容、临湘、岳阳柏祥、岳阳县、岳阳市

短肘[tuon^{31} ts^{h}aŋ^{55}](胳膊肘，洞口音)攸县、炎陵、洞口

胁[ɕia^{33}](胳肢窝下，常宁音)浏阳、醴陵、攸县、茶陵、常宁、耒阳、安仁、永兴、资兴

膈[ka^{5}](胳肢窝下，岳阳音)临湘、岳阳柏祥、岳阳县、平江、洞口、隆回

胯胁下[xua^{33} tɕ^{h}iɛ^{22} xa^{34}](胳肢窝下，炎陵音)炎陵、安仁

鲢鱼巴肚哩(腿肚子)临湘、岳阳柏祥、岳阳县、浏阳、醴陵、攸县、洞口、隆回

把腿(鸡腿儿)岳阳柏祥、永兴

丫[ŋa^{33}](缝儿，常宁音)攸县、常宁、耒阳、永兴、资兴、临湘、岳阳柏祥、平江、浏阳、醴陵、攸县

丫口(张开嘴)临湘、岳阳柏祥、岳阳县、平江、浏阳、醴陵、攸县、炎陵、常宁、耒阳、永兴、洞口、绥宁、隆回

丫裆裤(开裆裤)临湘、岳阳柏祥、岳阳县、浏阳、醴陵、攸县、炎陵、常宁、耒阳、永兴、资兴

圞裆裤[loŋ^{13} toŋ^{33} k^{h}u^{11}](死裆裤，醴陵音)醴陵、攸县、茶陵、炎陵、常宁、耒阳、永兴、资兴、洞口、隆回

闷裆裤[mən^{13} taŋ^{33} k^{h}u^{25}](死裆裤，岳阳县音)岳阳柏祥、岳阳县

胪[lu^{35}](与身体相关的用词，如“心胪子，胪丫”指“胸口、大腿”等，耒阳音)常宁、耒阳

螺子骨(脚踝骨)临湘、岳阳柏祥、岳阳县、平江、浏阳、醴陵、攸县、茶陵、炎陵、常宁、耒阳、安仁、永兴、洞口、隆回

肋胁骨[lie^{44} çie^{44} kuei^{44}](肋骨，浏阳音)浏阳、醴陵、攸县、隆回

排沙骨(肋骨)临湘、岳阳柏祥、岳阳市、平江、

奶婆[læ^{44} po^{45}] /奶脯(乳房;乳汁，安仁音)浏阳、茶陵、常宁、安仁、永兴、资兴

环心[huã^{45} sien^{44}](心脏，安仁音)临湘、耒阳、安仁、永兴、资兴、洞口、隆回

圞心[lõ̃ỹ^{55} ɕin^{33}](心脏，浏阳音)浏阳、醴陵、炎陵、耒阳

肝花(肝，人的或畜的)安仁、永兴

得[te^{313}](强一点，病好了一点儿，安仁音)攸县、耒阳、安仁、永兴、资兴

整[tʂaŋ^{24}](治病，浏阳音)临湘、岳阳柏祥、岳阳县、岳阳市、浏阳、醴陵、攸县、茶陵、常宁、耒阳、安仁、永兴、洞口、绥宁

开单子(药方)临湘、岳阳柏祥、岳阳县、平江、浏阳、醴陵、茶陵、炎陵、常宁、耒阳、永兴、洞口、隆回

茶(中药)常宁、耒阳、资兴、隆回

捡药(抓中药)岳阳柏祥、岳阳县、平江、浏阳、醴陵、常宁、耒阳、安仁、永兴、洞口

捡豆腐(买嫩豆腐)茶陵、永兴

丸子(西药)临湘、岳阳柏祥、浏阳、醴陵、安仁、永兴

巴[pa^{45}](粘，常宁音)华容、岳阳柏祥、岳阳市、茶陵、常宁、耒阳

箍胧[ku^{55} lũ^{35}](化脓排毒，耒阳音)常宁、耒阳

鑽[tsʉ^{21}](用尖物刺，资兴音)岳阳柏祥、岳阳县、炎陵、耒阳、永兴、资兴、洞口

刉[tɕi^{45}](刺，扎，岳阳市音)华容、岳阳柏祥、岳阳县、岳阳市、炎陵

跡[pan^{11}](摔倒在地上;往地下摔东西，浏阳音)华容、临湘、岳阳柏祥、岳阳县、岳阳市、平江、浏阳、醴陵、常宁、耒阳、永兴、洞口、绥宁、隆回

襻$_1$[p^{h}ɛ^{13}](背，挎，动词，永兴音)岳阳县、茶陵、炎陵、永兴、资兴

襻$_2$(袢扣)炎陵、永兴、资兴

砍肉(买肉)茶陵、永兴

扯布(买布)华容、临湘、浏阳、醴陵、茶陵、炎陵、安仁、永兴、绥宁

撕布(买布)临湘、岳阳柏祥、岳阳县

倒布(买布)茶陵、永兴

扯(撒拉,如扯装殓,扯票,扯懒腰)耒阳、资兴、洞口、隆回

扯淫眼[tʃʰa³¹² iẽ¹³ ã³¹²](挤眼儿,隆回音)洞口、隆回

扯瘕[xa³³](哮喘,岳阳县音)岳阳县、常宁、耒阳、安仁、永兴、资兴、洞口

发齁[fæ⁴² xœy³³](气喘,哮喘,平江音)华容、临湘、岳阳柏祥、岳阳县、岳阳市、平江、醴陵

打唧筒(打火罐)岳阳柏祥、浏阳、炎陵

打标枪(泻肚)华容、临湘、岳阳县、浏阳、醴陵、炎陵、永兴

闭痧(中暑)岳阳柏祥、浏阳、炎陵、耒阳、安仁

发痧(中暑)醴陵、炎陵、常宁

起痧(中暑)洞口、绥宁、隆回

疳(小孩积食,不爱吃饭的病)浏阳、醴陵、炎陵、耒阳、永兴

劖[tsʰɛ³⁵](浅刺,永兴音)醴陵、炎陵、永兴

走疳[tse⁴¹ ko⁴⁴](小孩出现厌食神倦等症状,永兴音)炎陵、永兴

隔[kɛ³⁵](积滞,醴陵音)临湘、醴陵、安仁

作呕[tso⁴⁴ ɲiau²⁴](恶心,浏阳音)浏阳、醴陵、常宁、耒阳、资兴

哕[xuei⁴²](吐奶,岳阳市音)华容、临湘、岳阳市、炎陵、常宁、耒阳、安仁、永兴

茄哩[tɕia¹³ li⁵³](子宫,岳阳县音)岳阳柏祥、岳阳县、常宁

死血[sɿ⁴⁴ kʰuæ²⁴ ɕye³³](淤血,喻指不要脸,指脸不会红,常宁音)华容、岳阳县、岳阳市、浏阳、醴陵、常宁、耒阳、永兴、洞口

窖₂[kau²⁵](伤处口子,岳阳县音)岳阳县、平江

嘶喉咙(嘶哑的声音)岳阳县、常宁、耒阳、永兴

只眼子[ta³⁵ ŋan³¹ tsɿ⁰](独眼人,醴陵音)岳阳县、浏阳、醴陵、岳阳市、岳阳柏祥

只把眼(独眼人)耒阳、洞口

觑眼[tɕʰy⁵⁵ ŋã⁴¹](近视眼,耒阳音)耒阳、安仁、永兴

鸡婆眼(夜盲症)华容、常宁、隆回

鸡毛眼(夜盲症)岳阳柏祥、岳阳县、岳阳市、炎陵、耒阳

摸子[mo^44 tsɿ^44](瞎子，常宁音)华容、岳阳市、常宁、永兴、隆回

猪婆疯(癫痫)临湘、岳阳柏祥、岳阳县、浏阳、醴陵

猪头疯(癫痫)耒阳、安仁

羊癫疯(癫痫)常宁、永兴

风子(中风瘫痪者)浏阳、常宁、安仁、永兴

扯风(中风)耒阳、安仁、永兴、资兴、隆回

杀体/杀叶[sa^33 ie^33](打扮，常宁音)常宁、耒阳、临湘

父母装(中山装)常宁、耒阳

衫子(长衫)常宁、耒阳

夹[ka^35](棉衣，如夹衣，棉花夹，耒阳音)临湘、岳阳柏祥、平江、浏阳、醴陵、攸县、常宁、耒阳、安仁、永兴

滚身[kuæ̃^41 ɕiæ̃^55](紧身小棉袄，耒阳音)攸县、炎陵、耒阳

片(尿布)华容、岳阳柏祥、岳阳县、醴陵、常宁、安仁、永兴

背褡子(背心)华容、浏阳、醴陵、永兴

幔[mũ^53](外衣，裤，华容音)华容、岳阳柏祥

头[tʰœy^13](裤腰，平江音)平江、浏阳、醴陵、炎陵、常宁、耒阳、永兴、洞口、隆回

头本(本钱)耒阳、永兴

荷包(衣兜)华容、临湘、岳阳柏祥、岳阳县、茶陵、炎陵、安仁

袄袋[ŋau^35 tʰai^22](口袋，平江音)平江、永兴、资兴

袈(围嘴)临湘、浏阳、醴陵、攸县、常宁、耒阳、安仁、永兴、资兴

兜肚(肚兜)常宁、耒阳、安仁、永兴、资兴

卫生衣(厚的绒内衣)常宁、耒阳、安仁、永兴

缩带(衣服上的松紧带)常宁、耒阳、永兴

水袜(袜子)炎陵、永兴

点心(夜餐)茶陵、常宁、安仁

夜饭(白喜事的夜加餐)常宁、洞口、隆回

包哩(白事酒)岳阳柏祥、炎陵、常宁、耒阳、永兴

吃豆腐(喝白事酒)洞口、隆回

零碎(零食)岳阳柏祥、炎陵、常宁、耒阳、永兴、洞口

零星(零食)醴陵、茶陵、隆回

零细(零食)临湘、岳阳柏祥、岳阳县、攸县、资兴

换茶(自制食品)临湘、岳阳县、浏阳、醴陵、常宁、耒阳、永兴、资兴

茶钱(给公差的份子钱;新人向长辈敬茶得到的钱)华容、岳阳柏祥、岳阳县、茶陵

包面(馄饨)岳阳县、岳阳市

救得(留下,剩下)华容、浏阳、醴陵、炎陵、永兴

糜[mən^{44}](食物/主要指豆腐里面变质,永兴音)临湘、炎陵、永兴

馯[kan^{34}](粥,羹,炎陵音)岳阳柏祥、岳阳县、平江、浏阳、醴陵、炎陵、永兴、资兴、绥宁

熮巴[lɔ^{11} pa^{34}](锅巴,茶陵音)攸县、茶陵、炎陵、常宁、耒阳、永兴、洞口、绥宁、隆回

糯子[mũ^{53} tsɿ^{0}](液体表面的凝结层或漂浮在表面的游移物质,华容音)华容、岳阳县

和菜[xo^{55} tsʰai^{11}](酒宴打包回来的菜,浏阳音)浏阳、永兴

老料(老面)耒阳、永兴

老面临湘、岳阳柏祥、洞口、隆回

蹄花(猪蹄)浏阳、常宁、耒阳

豨脬[ɕi^{33} pʰau^{33}](猪膀胱,岳阳县音)岳阳柏祥、岳阳县、永兴

粉肠(小肠)岳阳柏祥、浏阳

噘饭[ian^{35} fan^{11}](送饭,多吃饭少吃菜,就着……吃,喝,岳阳柏祥音)岳阳柏祥、醴陵、永兴

园蔬菜(蔬菜)岳阳柏祥、岳阳市

水豆腐(嫩豆腐)常宁、耒阳、安仁、永兴

豆腐脑(嫩豆腐)浏阳、醴陵

酵子豆腐[kau^{25} tsi^{53} tau^{21} fu^{53}](豆腐脑儿,岳阳县音)华容、临湘、岳

阳柏祥、岳阳县、岳阳市

懒豆腐[lã^{312} hiə^{51} fu^{312}](豆腐脑儿，隆回音)洞口、隆回

旺子[ɔ̃^{213} tsɿ^{0}](动物的血，凝形后供食用，耒阳音)浏阳、炎陵、耒阳、永兴

和结[xo^{35} ȶie^{0}](红薯粉，耒阳音)耒阳、安仁、永兴

南粉(粉丝)浏阳、醴陵、常宁、安仁

西粉(粉丝)平江、炎陵

南盐(广东产的盐)常宁、耒阳

糖粒子(纸包糖块，糖果儿)醴陵、耒阳、安仁、永兴

冰糖(纸包糖块，糖果儿)临湘、岳阳柏祥

萫料[ɕiɔ^{13} liɤ^{0}](作料，永兴音)临湘、岳阳柏祥、茶陵、永兴、资兴、洞口、绥宁、隆回

萫料[ɕiɔ^{13} liɤ^{0}](葱，永兴音)永兴、资兴

喇叭筒/喇叭烟(自己卷制的烟)醴陵、常宁、耒阳、临湘、洞口、隆回

烟筒(烟杆)浏阳、炎陵、常宁、耒阳、永兴、资兴

酾[sai^{33}](倒饮料，如酾茶、酾酒、酾开水等，浏阳音)华容、临湘、岳阳柏祥、岳阳县、浏阳、醴陵、攸县、炎陵、常宁、耒阳、永兴、资兴、洞口、绥宁、隆回

火酒(烧酒)茶陵、炎陵、常宁

水酒(烧酒)临湘、浏阳、炎陵、常宁、资兴

醐酒/醐子酒[fu^{11} tsɿ^{44} tɕiɯ^{44}](糯米甜酒汁，常宁音)华容、炎陵、常宁、耒阳、安仁、永兴、资兴

新姑爷(新郎)常宁、耒阳

新夫娘(新娘)常宁、耒阳、安仁、永兴、资兴

新姑娘(新娘)华容、临湘、岳阳柏祥、岳阳县、醴陵、常宁

新人房(洞房)岳阳县、浏阳、醴陵、攸县、茶陵、炎陵、常宁、安仁、绥宁

荷肚[xæ^{213} t^{h}u^{41}](怀孕，耒阳音)平江、浏阳、耒阳、永兴、资兴

巴肚[pa^{45} t^{h}u^{24}](怀孕，常宁音)常宁、耒阳、安仁

背肚(怀孕)茶陵、炎陵

驮肚(怀孕)临湘、岳阳县、醴陵

坐喜（怀孕）华容、岳阳柏祥、岳阳县、岳阳市

怀崽（怀孕）临湘、洞口、隆回

有身（怀孕）攸县、绥宁

养（生产，产子）醴陵、攸县、茶陵、炎陵、常宁、耒阳、安仁、永兴、资兴

生（生产，产子）临湘、岳阳柏祥、浏阳、醴陵、洞口

落[læ^{45}]尿/落屎（屎尿失禁，安仁音）临湘、平江、浏阳、醴陵、攸县、茶陵、炎陵、常宁、耒阳、安仁、永兴、资兴、洞口、绥宁

长尾巴（小孩过生日）浏阳、醴陵、常宁、耒阳、安仁、永兴

过桥（小孩过生日）洞口、隆回

千年屋（生前预制的棺材）临湘、醴陵、炎陵、资兴

料[liɔ^{24}]（棺材，常宁音）华容、岳阳柏祥、岳阳县、浏阳、醴陵、炎陵、常宁、耒阳、永兴、资兴

木头（棺材）岳阳柏祥、岳阳县、永兴、资兴

桁子/方子[hoŋ^{44} tsɿ^{0}]（棺材，安仁音）耒阳、安仁

长生（棺材）浏阳、醴陵、耒阳

老屋（棺材）常宁、耒阳

寿方/器（棺材）临湘、常宁

金井（墓坑）浏阳、醴陵、耒阳、安仁

祖（坟）炎陵、常宁、耒阳、洞口、绥宁

地（坟）攸县、炎陵

刮坟（扫墓，又刮祖、刮山、刮清）临湘、岳阳柏祥、岳阳县、浏阳、醴陵、常宁、耒阳、永兴、资兴、绥宁

复土（下葬的第三天给坟墓盖土）临湘、岳阳柏祥、浏阳、醴陵

上坟攸县、茶陵、洞口、隆回

叏[piɤ^{13}]（分送礼物、东西，永兴音）攸县、茶陵、炎陵、耒阳、永兴

施礼（讲客气）岳阳县、岳阳市

装文（讲客气）茶陵、炎陵、永兴

装仁（讲客气）浏阳、醴陵

放肆(不要客气)岳阳柏祥、岳阳市

舍得/舍己(欢迎客人的客气话)炎陵、永兴

吵烦哒(告别主人的客人话)岳阳柏祥、岳阳县、炎陵

烦燥哒(告别主人的客人话)华容、岳阳柏祥、平江、洞口

歇客(招待客人)常宁、安仁、永兴

回(回赠)炎陵、常宁、永兴

打发客(送客并回赠礼品)炎陵、常宁、耒阳

赶情(还情)华容、岳阳市

难还(感谢之意)岳阳柏祥、岳阳县、平江、浏阳、醴陵、茶陵、炎陵、常宁、耒阳、永兴、绥宁

搭帮[ta^{24} $paŋ^{34}$](多亏,炎陵音)平江、浏阳、醴陵、攸县、茶陵、炎陵、耒阳、永兴

好得(多亏)平江、浏阳、茶陵、炎陵、永兴

强得(多亏)常宁、耒阳、资兴

亏得(多亏)岳阳市、炎陵、耒阳、资兴

台子(酒席)华容、岳阳柏祥、岳阳县、岳阳市

场伙(场面、状况)华容、岳阳市、炎陵、常宁、永兴、资兴

场(场面、事情;如"不得清场",指麻烦事解决不了)华容、临湘、岳阳柏祥、岳阳县、岳阳市、浏阳、醴陵、炎陵、常宁、耒阳、永兴

则(比量/衣服)华容、岳阳市、浏阳、醴陵、攸县、常宁、耒阳、永兴

揞[in^{25}](量尺寸,岳阳县音)华容、岳阳柏祥、岳阳县、岳阳市

抉[au^{35}](量衣服,洞口音)洞口、隆回

校[kau^{25}](比量,岳阳县音)岳阳柏祥、岳阳县、岳阳市

敿[$tɕ^{h}iau^{33}$](用针线连接,岳阳县音)华容、岳阳县、岳阳市、永兴

缘衣衫(缝衣服,以前指用手工缝)华容、岳阳柏祥、岳阳县、岳阳市、平江、浏阳、攸县、炎陵、耒阳、安仁、永兴、资兴

組[$tsan^{11}$](手工缝,钉扣子,浏阳音)华容、临湘、岳阳柏祥、岳阳县、平江、浏阳、醴陵、炎陵、常宁、耒阳、永兴、洞口、隆回

晾[$loŋ^{11}$](晾衣,浏阳音)华容、岳阳柏祥、平江、浏阳、醴陵、攸县、炎陵、永兴、

隆回

敨衣（漂洗衣服）岳阳柏祥、岳阳县、平江、常宁、耒阳

摆衣（漂洗衣服）华容、临湘、攸县、茶陵、常宁、耒阳、永兴

散（漂洗衣服）岳阳柏祥、浏阳、醴陵

清（漂洗衣服）常宁、洞口

趥[iəu^{51}]（漂洗衣服，隆回音）炎陵、隆回

㝗$_{1}$[laŋ^{34}]（用水回复地荡几下，炎陵音）平江、浏阳、醴陵、炎陵、常宁、永兴

挑[tɕ^{h}iɤ^{44}]（结成……关系，如“挑老姨”，指两个男人要结成连襟关系，永兴音）华容、岳阳柏祥、岳阳县、岳阳市、醴陵、攸县、茶陵、炎陵、常宁、耒阳、永兴

唱诺[ts^{h}aŋ^{215} io^{21}]（合双手鞠躬；说吉祥话，资兴音）平江、安仁、永兴、资兴

漏火[lɯ^{213} xo^{41}]（引燃火，以备煮饭，耒阳音）攸县、炎陵、常宁、耒阳、永兴

发火（引燃火）岳阳柏祥、浏阳、醴陵、常宁、耒阳、洞口

洗米（淘米）浏阳、醴陵

拚[pən^{21}]（搅拌，岳阳县音）岳阳县、岳阳市

寻菜（到菜园里摘菜）浏阳、醴陵、永兴、洞口

杂菜（择菜）岳阳县、茶陵、永兴、洞口、隆回

拣菜（择菜）临湘、浏阳、醴陵、攸县、茶陵、常宁、耒阳、永兴

焮[ɕin^{33}]（微煎或焖，炎陵音）华容、岳阳柏祥、岳阳县、炎陵、常宁、耒阳、永兴

燂[tɛ^{35}]（火过一下，略烧，永兴音）岳阳县、岳阳市、炎陵、永兴

炆[uəŋ^{13}]（用水煮，醴陵音）临湘、平江、浏阳、醴陵、耒阳

淖[ts^{h}o^{44}]（滚水里过一下，永兴音）岳阳柏祥、岳阳县、炎陵、常宁、永兴

捞（拿，动，捡）华容、岳阳柏祥、岳阳县、岳阳市、炎陵、安仁、永兴

煮菜（炒菜）岳阳柏祥、常宁、耒阳、永兴、洞口

烤菜（炒菜）茶陵、炎陵

爊菜[ŋao^{33} ts^{h}oi^{11}](炒菜,醴陵音)醴陵、攸县

炒菜临湘、浏阳、耒阳、洞口、隆回

咬菜[ɣ^{41} ts^{h}a^{13}](腌菜,永兴音)醴陵、永兴

伏菜[fu^{44} ts^{h}ai^{11}](腌菜,浏阳音)浏阳、醴陵

汽[ɕi^{13}](略蒸加热,永兴音)岳阳柏祥、醴陵、永兴、资兴

炮[p^{h}ao^{13}](油炸,醴陵音)临湘、岳阳柏祥、浏阳、醴陵、永兴

开汤(做汤)炎陵、耒阳、永兴、资兴

打汤(做汤)岳阳柏祥、岳阳县、平江、浏阳、醴陵、攸县、炎陵、常宁、耒阳、永兴、资兴、洞口、绥宁、隆回

汆汤[dz^{h}øn^{33} d^{h}ɑn^{33}](做汤,岳阳柏祥音)岳阳柏祥、醴陵

做汤临湘、绥宁

煮汤(做汤)茶陵、临湘

张饭(盛饭)浏阳、醴陵、攸县、茶陵、炎陵、常宁、耒阳、安仁、永兴、资兴、绥宁、隆回

上饭(盛饭)临湘、岳阳柏祥、岳阳县

添饭(盛饭,或第二次盛饭)常宁、耒阳、洞口

夹菜[ka^{35} ts^{h}æ^{213}](搛菜,耒阳音)醴陵、茶陵、常宁、耒阳、永兴、洞口、绥宁、隆回

拈菜[ȵiɛn^{33} sa^{25}](搛菜,岳阳县音)临湘、岳阳柏祥、岳阳县

搛菜[c^{h}iĩ^{55} ts^{h}ai^{11}](浏阳音)浏阳、攸县

斛[ua^{31} t^{h}oŋ^{33}](舀汤,醴陵音)炎陵、耒阳、永兴

淘汤[t^{h}ɔ̃^{35} t^{h}ɔ̃^{55}](舀汤泡饭,耒阳音)耒阳、永兴

调汤[tɕ^{h}iɔ^{35} i^{h}ɔ̃^{55}](舀汤,耒阳音)耒阳、永兴

舀汤攸县、资兴

过早(吃早饭)华容、岳阳柏祥、岳阳县、岳阳市

过中/过午(小吃小喝,非正餐)华容、岳阳县、岳阳市、安仁

喫[ȶ^{h}ia^{35}]茶(喝茶,耒阳音)华容、临湘、岳阳柏祥、岳阳县、岳阳市、平江、浏阳、醴陵、攸县、茶陵、炎陵、常宁、耒阳、安仁、永兴、资兴、洞口、绥宁、隆回

喫酒(喝酒)华容、临湘、岳阳柏祥、岳阳县、岳阳市、平江、浏阳、醴陵、攸县、茶陵、

炎陵、常宁、耒阳、安仁、永兴、资兴、洞口、绥宁、隆回

喫烟(抽烟)临湘、岳阳柏祥、岳阳县、岳阳市、平江、浏阳、醴陵、攸县、茶陵、炎陵、常宁、耒阳、安仁、永兴、资兴、洞口、绥宁、隆回

泯[min^{53}](轻抿一口,岳阳县音)华容、岳阳县、浏阳、醴陵

吷[ɕye^{21}](喝,永兴音)茶陵、炎陵、永兴

膥₁[tsʰau^{13}](肚子饿,平江音)华容、岳阳柏祥、岳阳县、平江、洞口、绥宁、隆回

荒(肚子饿)永兴、资兴

饥(肚子饿)岳阳柏祥、岳阳县、浏阳、醴陵、安仁

起头(起床)醴陵、茶陵、炎陵、常宁、耒阳、永兴、资兴

起来(起床)岳阳柏祥、平江、安仁、绥宁、隆回

爬起(起床)攸县、茶陵

洗汗(洗澡)华容、临湘

擦墁[tsʰa^{44} man^{11}](抹澡,浏阳音)浏阳、醴陵

炙火[tʂa^{44} xo^{24}](烤火,浏阳音)临湘、岳阳柏祥、岳阳县、岳阳市、平江、浏阳、醴陵、攸县、茶陵、炎陵、常宁、耒阳、安仁、永兴、资兴、洞口、绥宁、隆回

歇气(休息)华容、醴陵、茶陵、常宁、永兴

歇脚(休息)炎陵、耒阳

歇肩(休息)炎陵、永兴、洞口、隆回

敨气[tʰou^{51} ɕi^{33}](休息,炎陵音)茶陵、炎陵

歇[ɕie^{21}](住宿,永兴音)临湘、炎陵、永兴

打嗬咽[ta^{51} xuo^{34} iɛn^{33}](打哈欠,炎陵音)临湘、浏阳、醴陵、攸县、茶陵、炎陵、安仁

打哈兴[ta^{31} xa^{55} ɕien^{35}](打哈欠,洞口音)华容、常宁、耒阳、洞口、隆回

睟[tsʰui^{33}]睏(想睡觉,常宁音)常宁、耒阳、安仁、永兴、资兴

打佯眼[ta^{44} iɔ̃^{11} ŋã^{44}](瞌睡状,常宁音)炎陵、常宁

睟眼眯[tsʰue^{313} ŋã^{51} mien^{35}](瞌睡状,安仁音)常宁、安仁、永兴、资兴、隆回

打觇[ta^{51} tɕiɛn^{33}](瞌睡状,炎陵音)茶陵、炎陵

睏[k^{h}uən^{11}](睡觉,浏阳音)华容、临湘、岳阳柏祥、岳阳县、岳阳市、平江、浏阳、醴陵、攸县、茶陵、炎陵、常宁、耒阳、安仁、永兴、资兴、洞口、绥宁、隆回

向天睏(仰睡)洞口、绥宁、隆回

伏得睏[p^{h}u^{11} ta^{33} k^{h}uẽ^{24}](趴着睡,常宁音)临湘、岳阳柏祥、岳阳县、岳阳市、浏阳、醴陵、攸县、常宁、永兴、绥宁、洞口、隆回

失哒颈(落枕)临湘、岳阳柏祥、岳阳县、永兴

捩哒颈[liɛ^{11} ta^{0} tɕiaŋ^{31}](落枕,醴陵音)浏阳、醴陵

转筋(抽筋)醴陵、耒阳、洞口、隆回

鼓屁(打鼾)常宁、耒阳、安仁、永兴、绥宁

扯噜(打鼾)攸县、炎陵、洞口

打鼾岳阳柏祥、岳阳县、平江、浏阳、醴陵

得梦(做攀)攸县、茶陵、炎陵、常宁、耒阳、安仁、永兴

做梦岳阳柏祥、浏阳、醴陵、绥宁、隆回

发梦(做梦)华容、洞口

讲梦话临湘、岳阳柏祥、醴陵、攸县、茶陵、安仁、永兴、洞口、绥宁、隆回

打梦讲(讲梦话)浏阳、炎陵

发梦冲(梦魇)岳阳县、常宁、耒阳、永兴

发梦癫(梦魇)岳阳市、平江

眼张[ŋã^{44} ȶɔ̃^{45}](睡醒,常宁音)常宁、耒阳、安仁、永兴

落屋(着家)醴陵、炎陵、常宁

打氹煤灰[ta^{51} t^{h}an^{33} mei^{33} xuei^{34}](过年前打扫屋顶上的油烟形成的吊末,炎陵音)炎陵、常宁、永兴、资兴

炀尘[ioŋ^{55} tʂ^{h}ən^{55}](过年前打扫屋顶上的油烟形成的吊末,同"打氹煤灰",浏阳音)临湘、岳阳县、浏阳、醴陵

服邹[fu^{55} tsən^{45}](服气,岳阳市音)华容、岳阳市

喫-(遭受什么不好的事情,如"喫冤枉"等)岳阳县、岳阳市、醴陵、炎陵、常宁、永兴、资兴

填-(表"赔、还"等意,如填命、填情、填谢)浏阳、炎陵、常宁、资兴

逢(招惹,打交道,如“这人逢不得”,即不能跟这人打交道)常宁、永兴

来成[la^{13} tsʰən^{13}](走动,岳阳县音)岳阳县、岳阳市

来斋[nai^{14} tsai^{45}](来往,岳阳市音)华容、岳阳市

扳人[pan^{45} ʐən^{14}](找人帮忙,岳阳市音)华容、岳阳市

客边(客人,相对于“主人,主边”)华容、炎陵

结仇[ke^{35} ɕiɯ^{35}](闹别扭了,不说话,耒阳音)炎陵、耒阳、永兴、资兴

佮[ko^{44}](合得来,相处得好,攸县音)华容、岳阳县、岳阳市、攸县、炎陵、常宁、耒阳、安仁、永兴

打佮[ko^{11}](作伴,永兴音)安仁、永兴、资兴

打伴(作伴)常宁、耒阳

唔对扯[ŋ̍^{13} tei^{33} tsʰa^{51}](不对劲,合不来,炎陵音)茶陵、炎陵、永兴

打岔(有意阻止)炎陵、常宁、耒阳、安仁、永兴、绥宁

答白(答理,答应)临湘、岳阳县、岳阳市、醴陵、炎陵、永兴

踓[luei^{55}](撵出去,追,耒阳音)耒阳、永兴

话把(口头禅)炎陵、常宁、安仁

艜$_{1}$[tʰəŋ^{11}](手有沉重感,醴陵音)华容、岳阳县、岳阳市、浏阳、醴陵、茶陵、炎陵、常宁、永兴、绥宁

艜$_{2}$(帮手)岳阳市、炎陵、资兴

艜$_{3}$(占到)炎陵、永兴

艜$_{4}$(做事时互相计较;指望对方去做,自己坐享其成)岳阳市、永兴

艜命(拼命,咬牙坚持)炎陵、永兴

礼性(懂礼仪,讲究礼仪)华容、临湘、岳阳柏祥、岳阳县、岳阳市、平江、醴陵、安仁、永兴

相偏[ɕiõ^{45} pʰiæ̃^{45}](表示自己已用或先用饭,常宁音)常宁、耒阳

醒事(懂事)岳阳县、常宁

花(虚伪表面做得好)临湘、岳阳市、常宁、永兴

拨花(翻绳子)常宁、永兴、洞口、隆回

唆祸[sue^{41} xʊ^{13}](挑唆,永兴音)临湘、茶陵、炎陵、常宁、永兴

捅[toŋ^{324}](挑唆,岳阳市音)岳阳柏祥、岳阳市、攸县、永兴、绥宁

解交[kai^{42} tɕiao^{45}](劝架,岳阳市音)华容、岳阳市

做转弯(劝架)浏阳、醴陵

只个事[tsɿ^{55} ko^{0} sɿ^{33}](没事儿,关系不大,岳阳市音)岳阳柏祥、岳阳县、岳阳市

坐庄/坐商、坐商/行商(店铺及肩挑手提的生意)华容、耒阳

放-(做出一定的行为,如放让、放量、放臭、放快、放骗、放赖、放嗲、放者即"撒娇")华容、岳阳县、岳阳柏祥、岳阳市、浏阳、茶陵、炎陵、常宁、永兴

整坨子(整人)浏阳、醴陵

斢[tʰiɤ^{41}](调换一个,永兴音)华容、岳阳柏祥、醴陵、茶陵、常宁、安仁、永兴、资兴

斠[kɤ^{13}](交换,永兴音)炎陵、常宁、安仁、永兴、资兴

伙铺(旅店)浏阳、常宁、耒阳、永兴、资兴

饭铺(饭馆)岳阳县、平江、浏阳、醴陵、常宁、耒阳

铺(商铺)临湘、岳阳柏祥、岳阳县、平江、浏阳、醴陵、茶陵、攸县、炎陵、常宁、耒阳、安仁、永兴、绥宁、隆回

写房/写铺(租房、租店)耒阳、安仁

数(帐,如"收数"即"收帐")耒阳、炎陵

块子[kʰue^{44} tsɿ^{44}](块炭煤,常宁音)浏阳、常宁、永兴

话价[va^{24} ȶa^{24}](要价,讲价,常宁音)常宁、耒阳、资兴

讨价(要价)炎陵、常宁、耒阳、永兴

整钱/亘钱[kẽ^{44} tɕʰiæ̃^{45}](整钱,常宁音)华容、岳阳柏祥、岳阳县、岳阳市、平江、常宁、耒阳、永兴、资兴、绥宁、隆回

趸钱[tei^{31} tɕʰien^{13}](整钱,醴陵音)醴陵、攸县、茶陵、炎陵、安仁

现钱[ɕiɛn^{55} tɕʰiɛn^{13}](现钞,与"不赊账"相对,平江音)平江、永兴

争[tsẽ^{55}](相差,如"争一点儿",即"差一点儿",耒阳音)炎陵、常宁、耒阳、永兴

缗钱[min^{55} tɕʰiĩ^{55}](有孔的铜钱,浏阳音)华容、临湘、岳阳柏祥、岳阳县、

平江、浏阳、醴陵、耒阳、永兴

铜壳子(铜钱)岳阳柏祥、攸县、炎陵、常宁、耒阳

花边(光洋)浏阳、醴陵、茶陵、炎陵、常宁、耒阳、安仁

光洋岳阳县、耒阳、安仁、永兴、资兴、洞口

起秤[dʑʰi^{41} dzʰən^{35}](秤尾高,岳阳柏祥音)岳阳柏祥、岳阳县、炎陵、永兴、资兴

洪秤(秤尾高)临湘、浏阳、醴陵、常宁、耒阳

高秤(秤尾高)洞口、绥宁

绵秤[miĩ^{55} tʂʰən^{11}](秤尾低,浏阳音)岳阳县、浏阳、醴陵、炎陵、常宁、耒阳、永兴

抛秤[pʰau^{53} tsʰən^{24}](往多里计重,华容音)华容、岳阳市、炎陵、常宁

溜[liou^{212}](少称,炎陵音)炎陵、资兴

阴称(少称)茶陵、洞口、隆回

笮称[tsa^{11} tɕʰin^{34}](压称,绥宁音)洞口、隆回

轮盘(车轮)岳阳市、耒阳、安仁、永兴

单车(自行车,新说法)临湘、岳阳柏祥、醴陵、攸县、茶陵、常宁、耒阳、安仁、永兴、资兴、绥宁、隆回

线车(自行车,旧说法)华容、临湘、岳阳柏祥、岳阳县、岳阳市、浏阳、攸县、炎陵、常宁、安仁、洞口、隆回

脚踏车(自行车)攸县、常宁、资兴

自行车平江、浏阳

抢行[tɕʰiaŋ^{45} xaŋ^{14}](抢生意,岳阳市)岳阳市、资兴

划子[fa^{55} tsɿ^{0}](小船,浏阳音)临湘、岳阳柏祥、平江、浏阳、醴陵、常宁、耒阳、安仁、永兴、资兴、绥宁

风篷[fũ^{55} pʰũ^{35}](船中段有竹篾篷的小船)醴陵、耒阳、永兴

簰[pa^{35}](竹排,永兴音)临湘、岳阳柏祥、平江、醴陵、茶陵、炎陵、永兴、绥宁

读书(上学)平江、醴陵、攸县、永兴

蒙(开蒙)永兴、资兴、隆回

发蒙(开蒙)临湘、岳阳柏祥、平江、浏阳、醴陵、茶陵、炎陵、常宁

散学(放学)岳阳柏祥、平江、浏阳、醴陵、攸县、茶陵、常宁、耒阳、永兴、资兴、洞口、绥宁、隆回

赖学[lai11 xo44](逃学,浏阳音)浏阳、醴陵

散假[san55 tɕia35](放假,平江音)岳阳柏祥、平江、浏阳、耒阳

两脚规(圆规)常宁、耒阳

砚碗(砚)耒阳、永兴、资兴、隆回

墨盘(砚)浏阳、醴陵、攸县、炎陵、洞口

砚池(砚)临湘、岳阳柏祥、岳阳县、平江、常宁

白眼字(白字)常宁、耒阳、洞口、隆回

翻茶盘(翻绳)临湘、岳阳柏祥、醴陵、耒阳

动棋(下棋)平江、浏阳、醴陵、常宁、洞口

浮[pɤ35](浮起,永兴音)华容、岳阳柏祥、岳阳县、岳阳市、平江、茶陵、炎陵、常宁、耒阳、安仁、永兴、资兴、洞口、隆回

打浮冲[ta41 pɤ35 tsʰoŋ0](游泳,永兴音)华容、临湘、岳阳县、岳阳市、平江、常宁、耒阳、安仁、永兴、资兴、洞口、隆回

沕[mən13](潜水,永兴音)华容、临湘、岳阳柏祥、岳阳县、浏阳、醴陵、攸县、茶陵、炎陵、常宁、耒阳、安仁、永兴、资兴、洞口、绥宁、隆回

戗[tɕʰiɔ13](斜,永兴音)浏阳、茶陵、炎陵、常宁、耒阳、永兴

看临湘、岳阳柏祥、平江、浏阳、攸县、茶陵、永兴

望[mɔ13](看,永兴音)临湘、平江、浏阳、醴陵、炎陵、耒阳、永兴、资兴

瞝[tɕʰin41](盯着看,永兴音)茶陵、常宁、安仁、永兴

相(注意地看)岳阳县、浏阳、安仁

瞒[dzʰɿ33](看,岳阳柏祥音)岳阳柏祥、岳阳县、岳阳市、平江、浏阳、耒阳

眊[lau33](看,绥宁音)华容、岳阳县、常宁、永兴、绥宁

睃[so33](快速瞟视,醴陵音)华容、岳阳柏祥、醴陵、茶陵

眚[sa312](斜视,瞄,茶陵音)华容、岳阳柏祥、醴陵、茶陵

暎[iaŋ31](看守,醴陵音)浏阳、醴陵

掉(摇,如"掉脑壳"即摇头)岳阳县、浏阳、醴陵、永兴

揈[xua^{34}](挥动、甩,如"揈手",耒阳音)华容、岳阳柏祥、耒阳、永兴

拚[pən^{21}](玩弄,抚摸,岳阳县音)岳阳柏祥、岳阳县、岳阳市

搊[ts^{h}œ^{33}](两手捧着向上举,茶陵音)岳阳柏祥、平江、浏阳、醴陵、攸县、茶陵、炎陵、常宁、耒阳、永兴、资兴、洞口、绥宁、隆回

搊屎[ts^{h}ɯ^{45} sɿ^{44}]/搊尿(给小孩把屎、把尿,常宁音)浏阳、醴陵、攸县、茶陵、炎陵、常宁、耒阳、永兴、资兴、洞口、绥宁、隆回

端屎/端尿(给小孩把屎、把尿)岳阳柏祥、岳阳县、平江

㧳[pɣ̩^{35}](双手端着,永兴音)炎陵、耒阳、永兴、资兴

揰[ts^{h}əŋ^{25}](推,搡,岳阳县音)华容、临湘、岳阳柏祥、岳阳市、攸县、茶陵、炎陵、常宁、安仁、永兴、资兴

趚[nəu^{55}](缩回,岳阳市音)岳阳县、岳阳市

攩[tɔ̃^{213}](搀扶,耒阳音)耒阳、安仁、永兴、资兴

撚[liɛ̃^{31}](握着拳头,茶陵音)临湘、岳阳柏祥、岳阳县、平江、醴陵、茶陵、常宁、耒阳、永兴、隆回

抖$^=$[tɤ^{41}](跺脚,耒阳音)华容、临湘、茶陵、耒阳、安仁、永兴、资兴

踮脚[ti^{53} kyo^{35}](踮脚,攸县音)攸县、常宁、耒阳、永兴、洞口、绥宁、隆回

揀[təŋ^{25}](持物在水里上下动,岳阳县音)华容、岳阳县、永兴

浅$^=$[tɕ^{h}iɛn^{51}](按住,压住,炎陵音)华容、岳阳柏祥、岳阳市、浏阳、炎陵、永兴、资兴、

听[t^{h}iɛn^{34}](嗅,炎陵音)炎陵、永兴、绥宁

钉$^=$[tiaŋ^{25}](投掷,扔,岳阳县音)临湘、岳阳柏祥、岳阳县、攸县、茶陵、炎陵、永兴、洞口、隆回

撂[liɔ^{24}](扔,常宁音)常宁、绥宁

揎[ɕyɛn^{33}](扔,炎陵音)炎陵、永兴

话信(告诉)岳阳柏祥、平江、攸县、茶陵、炎陵、常宁、耒阳、安仁、永兴

告信(告诉)华容、岳阳县、岳阳市、洞口、隆回

话/讲(说,两种说法都有)浏阳、醴陵、炎陵、耒阳、永兴

话(说)临湘、平江、攸县、茶陵

讲(说)洞口、绥宁、隆回

话$_1$话$_2$[ua^{31} hua^{31}]（说话，“话$_1$”动词，“话$_2$”名词，安仁音）临湘、岳阳柏祥、茶陵、耒阳、安仁、永兴、资兴

讲话[kɔ^{41} xua^{13}]（永兴音）岳阳县、岳阳柏祥、醴陵、攸县、常宁、永兴

打讲（聊天）平江、醴陵、茶陵、炎陵、常宁、耒阳、安仁、永兴、资兴

扯谈（聊天）华容、临湘、岳阳柏祥、岳阳县、岳阳市

讲白话（聊天）洞口、绥宁、隆回

垉[p^{h}ɤ^{44}]（路况差，车颠簸，永兴音）炎陵、永兴

磴[t^{h}ən^{42}]（颠簸，岳阳市音）岳阳柏祥、岳阳市

收脚迹（人死之前要收回自己的脚印，此语用于骂人无事在外瞎窜）醴陵、炎陵

飙（快走如飞跑）华容、岳阳县、岳阳市、浏阳、醴陵、茶陵、炎陵

蹃[tɕ^{h}ia^{11}]（跨，攸县音）岳阳柏祥、岳阳县、攸县、炎陵、常宁、永兴

趈[ma^{44}]（跨越，跨开，浏阳音）浏阳、耒阳

厝[ts^{h}ʊ^{35}]（把东西放置在固定牢实的位置，永兴音）岳阳市、永兴

撙[tɕiɛ^{41}]（收好，藏起来，永兴音）华容、永兴

偋[piɔ̃^{213}]（藏起，耒阳音）浏阳、醴陵、攸县、茶陵、常宁、耒阳、永兴、洞口、绥宁、隆回

閤[ke^{41}]（藏起，岳阳柏祥音）岳阳柏祥、平江、浏阳

鏉[sʊ^{13}]（藏起，永兴音）临湘、永兴

抾[k^{h}a^{55}]（拿着，耒阳音）华容、岳阳县、平江、耒阳

丢[ȶ^{h}io^{55}]（遗失，丢失，耒阳音）攸县、炎陵、常宁、耒阳、永兴、洞口、绥宁、隆回

落[lai^{55}]（因忘而把东西遗放在某处，浏阳音）岳阳柏祥、岳阳县、岳阳市、浏阳、炎陵、耒阳、永兴、资兴、洞口、隆回

跌[tie^{313}]（掉了，遗失，安仁音）华容、浏阳、醴陵、炎陵、常宁、永兴

拧[t^{h}ən^{41}]（掉，丢失，永兴音）常宁、永兴

失[sɛ^{35}]（丢失，醴陵音）平江、浏阳、醴陵、攸县、炎陵、永兴

默[me^{44}]（在心里想，永兴音）安仁、永兴

估[ku^{41}](猜测,估量,岳阳县音)岳阳柏祥、岳阳县、浏阳、醴陵、茶陵、炎陵、永兴、资兴

则[tse^{21}](算到,永兴音)茶陵、炎陵、永兴

默神(想想)华容、醴陵、茶陵、炎陵、常宁、耒阳、安仁、永兴、资兴

运神(思考,想一下)华容、耒阳

费神(热情待客)永兴、资兴

来神(来了精神)华容、永兴

作神/作色[tsʊ^{21} se^{21}](努力,用功,永兴音)常宁、永兴

疑起[ȵi^{13} tɕʰi^{31}](以为,估量,猜想,醴陵音)醴陵、茶陵、炎陵、常宁、耒阳、永兴

把似[pa^{24} sɿ^{11}](你以为,浏阳音)华容、岳阳柏祥、岳阳县、岳阳市、浏阳、醴陵、炎陵、安仁、永兴、绥宁

招呼(留神,小心)华容、岳阳柏祥、岳阳县、岳阳市、平江、炎陵、永兴

体虚[tʰi^{42} ɕy^{44}](害怕,永兴音)茶陵、永兴

牵[tɕʰiɛn^{25}](挂念,岳阳县音)华容、岳阳柏祥、岳阳县、岳阳市、平江

眼热(眼红)华容、醴陵、永兴、资兴、隆回、

眼浅(眼红)岳阳县、浏阳、茶陵

眼鼓(眼红)资兴、耒阳、永兴

眼红临湘、岳阳柏祥、岳阳县、攸县、常宁、耒阳、洞口、隆回

嗲[ȵia^{45}](小孩说话,行为娇,临湘音)临湘、浏阳、醴陵、茶陵、永兴

者[tsɤ^{42}](撒娇)华容、岳阳柏祥、岳阳县、岳阳市、攸县

看得重(娇惯)浏阳、醴陵、洞口、隆回

惯势[kɔ̃^{33} ɕi^{11}](娇惯,茶陵音)华容、岳阳柏祥、岳阳县、岳阳市、平江、浏阳、茶陵、炎陵、常宁

耐惯(娇惯)耒阳、永兴

诒[tæ^{41}](骗,耒阳音)炎陵、常宁、耒阳、安仁

撮[tʂʰo^{24}](骗,浏阳音)岳阳市、浏阳、醴陵、炎陵、洞口

敷[fu^{33}](哄骗,岳阳柏祥音)岳阳柏祥、岳阳县、岳阳市

井[tɕin^{41}](一直不停歇/做某事，永兴音)华容、茶陵、炎陵、耒阳、永兴

佪[xuɪ^{35}](因思路不清而说话啰唆，又指智力低，永兴音)华容、永兴

呐[lɛ^{13}](大声叫喊，永兴音)炎陵、永兴

噱[ya^{25}](大声喊叫，岳阳县音)华容、临湘、岳阳县

搣[mie^{21}](剥开，永兴音)华容、临湘、岳阳柏祥、岳阳县、岳阳市、平江、浏阳、醴陵、茶陵、炎陵、常宁、耒阳、安仁、永兴

捘[nən^{45}](两手指捏住细物摩动，岳阳市音)岳阳市、炎陵、永兴、资兴

捋[lʉ^{44}](挽袖子，资兴音)临湘、茶陵、永兴、资兴

扎[tso^{21}](挽起，永兴音)临湘、岳阳柏祥、浏阳、醴陵、永兴、资兴

攓[tɕʰiɛn^{212}](拔毛，炎陵音)华容、岳阳柏祥、茶陵、炎陵、永兴

敥[iẽ^{13}](撒，茶陵音)华容、临湘、岳阳县、岳阳市、茶陵、炎陵、常宁、耒阳、永兴、绥宁

挼[lo^{55}](揉搓，按摩，浏阳音)浏阳、炎陵、耒阳、永兴、资兴

甥[tsue^{35}](掐断，折断，耒阳音)华容、岳阳县、常宁、耒阳、永兴、绥宁

拗[au^{41}](折断，掐断)炎陵、永兴、资兴

抈[ŋyɛ^{31}](折；折断，醴陵音)华容、岳阳县、岳阳市、浏阳、醴陵、茶陵、炎陵、常宁、耒阳、永兴

搄[xoŋ^{41}](抱，搂着，永兴音)永兴、资兴

散[sɔ̃^{31}](抱，茶陵音)茶陵、炎陵

蹩[pʰie^{41}](扭/脚，永兴音)浏阳、永兴

筐[gʰaŋ^{33}](倾倒，岳阳柏祥音)华容、岳阳柏祥、浏阳、醴陵、耒阳

崀[ən^{41}](异物在鞋硌脚，永兴音)华容、浏阳、炎陵、永兴

扫人(扎人)华容、岳阳县、岳阳市

磕(砸开，敲开/鸡蛋)岳阳县、浏阳、醴陵、炎陵、耒阳

丁公(指关节，如“敲丁公”敲打人头)华容、临湘、岳阳柏祥、岳阳县、岳阳市、资兴

羊-[iɔ^{35}](指关节，如“羊牯子、羊巴脑”，永兴音)茶陵、永兴

攴[pʰu^{41}](用棍打，耒阳音)醴陵、茶陵、耒阳、永兴

埋(打人)华容、岳阳市、永兴

搒[$p^{h}aŋ^{42}$](打,撞击,岳阳市)华容、岳阳县、岳阳市、茶陵、常宁

杵[$tɕ^{h}y^{31}$](用棍棒戳捣,岳阳县音)华容、岳阳县、炎陵、茶陵

挎[$k^{h}ua^{13}$](打耳光,茶陵音)华容、茶陵

揩[xe^{41}](以拳打,永兴音)华容、茶陵、永兴

豛[to^{44}](用棍棒头或拳头,肘骨捣击,浏阳音)华容、浏阳

揰[$təŋ^{53}$](用拳打,岳阳县)岳阳县、常宁、耒阳

裁[$ts^{h}a^{35}$](以棍挥打或以拳击,永兴音)华容、永兴

呼[fu^{35}](如"呼耳光",岳阳柏祥音)华容、岳阳柏祥、茶陵

伐[fa^{33}](鞭打或以树枝打,常宁音)岳阳柏祥、常宁

挓[$lɤ^{13}$](用棍子去挑,捅,探,永兴音)浏阳、醴陵、永兴

攸[$iəu^{45}$](毛线绕成团,岳阳市音)华容、临湘、岳阳柏祥、岳阳县、岳阳市、浏阳、醴陵、攸县、茶陵、炎陵、耒阳、永兴

打白话(说谎)炎陵、常宁、安仁、永兴

打野话(说谎)茶陵、炎陵

扯炮[$ts^{h}a^{53}$ $p^{h}au^{25}$](说谎,岳阳县音)岳阳县、岳阳市

白(谎话)华容、临湘

齿[$tʂ^{h}ʅ^{33}$](理睬,平江音)华容、岳阳柏祥、岳阳县、平江、浏阳、醴陵、攸县、茶陵、炎陵、常宁、永兴

咡[$ə^{42}$](理睬,岳阳市音)华容、岳阳县、岳阳市、资兴

甩[sai^{42}](理睬,用于否定,有不客气意思,岳阳市音)华容、岳阳市、炎陵、永兴

霸蛮$_{1}$[pan^{25} man^{13}](卖力,岳阳县音)华容、岳阳柏祥、岳阳县、永兴

霸蛮$_{2}$(蛮横,不讲理)茶陵、常宁

发狠(努力)岳阳市、炎陵、永兴、资兴

攒劲[$tsan^{51}$ $tɕin^{33}$](努力,炎陵音)华容、岳阳市、攸县、茶陵、炎陵、永兴

捺蛮[na^{55} $man1^{4}$](蛮干,有忍耐力,岳阳市音)岳阳县、岳阳市

补火(返工)岳阳市、浏阳、醴陵、炎陵

死火(不可更易,糟糕,极限,恰到好处)岳阳市、永兴

差火(差,不好)炎陵、永兴

拢边(靠近)华容、岳阳县、岳阳市、永兴

耍[sua⁵¹](玩,安仁音)临湘、岳阳县、岳阳市、安仁

嬉[ʃi⁴⁵](玩,安仁音)茶陵、安仁、永兴

搞[kau²¹](玩,资兴音)永兴、资兴

哈[xai⁵⁵](玩,洞口音)洞口、隆回、绥宁

过身(经过)华容、岳阳柏祥、岳阳县、岳阳市、常宁

步(跟踪,守候)炎陵、耒阳、永兴

踚[lin³³](悄行,有所伺貌,岳阳县音)华容、岳阳县

架势[ka³³ ʂʅ³³](着手做,炎陵音)华容、岳阳柏祥、岳阳县、炎陵、常宁

脱壳[tʰʊ²¹ xʊ²¹](摆脱干系,永兴音)浏阳、炎陵、永兴

出壳[tɕʰi²¹ xʊ²¹](出现,永兴音)耒阳、永兴

落壳[lo³¹ kʰo⁵](麻烦事,岳阳县)华容、岳阳县、炎陵

脱糊[dʰø³³ fu²⁴](脱干系,岳阳柏祥)华容、岳阳柏祥、岳阳县、岳阳市、浏阳

到堂(到场,达到火候)华容、岳阳柏祥、岳阳县、岳阳市、炎陵

斗₁[teu¹¹](部分组装成整体,醴陵音)华容、临湘、岳阳柏祥、岳阳县、醴陵、茶陵、炎陵、永兴、绥宁

斗₂[tɑu²⁵](凑集,岳阳县音)华容、临湘、岳阳柏祥、岳阳县、岳阳市、永兴、资兴

斗把[tə²¹ pa²¹](对着干,安仁音)岳阳市、浏阳、炎陵、安仁、永兴

𠝹[koŋ¹³](钻,永兴音)华容、临湘、岳阳柏祥、岳阳县、岳阳市、炎陵、常宁、永兴

学舌[xuɤ³³ ɕie³³](把听到的说过第三人听,茶陵音)茶陵、炎陵、常宁、耒阳、安仁、永兴、资兴、隆回

馕[ɕiaŋ²⁴](故意用美食去馋别人,华容音)华容、岳阳柏祥、岳阳县、永兴

赌愿(发誓)炎陵、永兴、资兴

蹾[tən³⁵](竖立,站着,岳阳柏祥)华容、岳阳柏祥、岳阳县、岳阳市、炎陵、常

宁、耒阳、安仁、永兴

打野（走神）华容、岳阳柏祥、岳阳县、岳阳市、浏阳

促住哒/促到[tsʰəu⁵⁵]（突然记不起来，岳阳市音）华容、岳阳县、岳阳市、永兴

踤[tsʰuɪ²¹]（站不稳，趄趔，永兴音）常宁、永兴

缴[sa⁵]（传染，岳阳县音）岳阳柏祥、岳阳县

逗[te⁴⁴]（惹，传染上，永兴音）华容、岳阳市、永兴

憭祸[niao¹⁴ xo³³]（儿童因互相戏弄而生事，闯祸，岳阳市音）华容、岳阳市、浏阳、醴陵

挖眼寻蛇打（寻隙，好事）华容、岳阳县、岳阳市

冇₁（没）华容、岳阳柏祥、岳阳县、攸县、炎陵、安仁、永兴

冇₂（不要）临湘、平江、攸县、常宁、耒阳、永兴、绥宁、隆回

冇本事（无能，没本事）炎陵、永兴

冇得（没有）岳阳柏祥、耒阳、永兴

冇有（没有）绥宁、永兴

唔[ŋ̍²²]（不，否定词，如“唔好吃、讲唔听”义为“不好吃、说了不听”，资兴音）平江、茶陵、炎陵、耒阳、永兴、资兴

唔本事（不敢）炎陵、醴陵

唔得（不会）茶陵、永兴

冇/唔（没；不）茶陵、炎陵、安仁、永兴

莫（否定词，相当于“不要”）岳阳柏祥、浏阳、平江、醴陵、攸县、常宁、耒阳

不得（不会）常宁、永兴

有＋V（指具有某种可能性，一般用于否定环境，有捡，有撮）炎陵、永兴

不是（不然，如“不是怎么唧？”意为“不这样怎么办？”）华容、永兴

总是（表一定肯定的揣测，如“总是你惹他生气了，他才不肯吃饭了”）岳阳县、永兴

埲[pʰũ²¹³]（尘土扬起，耒阳音）华容、岳阳县、岳阳市、耒阳、永兴

砑[$ŋa^{11}$](碾压，浏阳音)华容、临湘、岳阳柏祥、岳阳县、浏阳、醴陵、炎陵、耒阳、永兴

作撒[tso^{44} sa^{44}](浪费，浏阳音)浏阳、常宁

作俭[tso^{5} $kuan^{33}$](浪费，岳阳县音)岳阳县、炎陵

细末[$ɕi^{324}$ mo^{0}](节俭，岳阳市音)华容、岳阳市

磉[$sɔ̃^{44}$](垫高，使稳，常宁音)炎陵、常宁、永兴

塞[sai^{33}](垫，岳阳县音)华容、岳阳柏祥、岳阳县

抬[dai^{45}](垫，临湘音)临湘、岳阳市

礧[lei^{33}](滚落，浏阳音)浏阳、炎陵、耒阳、永兴

探闲事平江、炎陵、常宁、安仁、永兴

挲[sa^{44}](叉开手，浏阳音)岳阳县、岳阳市、浏阳、醴陵

上好(本来很好)岳阳市、炎陵、永兴、资兴

嫽[$niao^{14}$](美，好，岳阳市音)华容、岳阳市

佳卓[$tɕia^{53}$ tso^{45}](好，顺，华容音)华容、岳阳市

夜夜乌[ia^{42} ia^{42} u^{45}](黑乎乎的，尤指脸脏；又马虎；岳阳市音)岳阳市、常宁、永兴

经牢(牢实，耐用)炎陵、耒阳、安仁、永兴

扎实(结实，牢实)岳阳县、永兴

硬周[$ŋaŋ^{21}$ $tsou^{33}$](结实耐用；强；岳阳县音)华容、岳阳县、岳阳市

经事[$ŋaŋ^{21}$ $tsou^{33}$](结实耐用，浏阳音)华容、岳阳柏祥、岳阳县、岳阳市、浏阳、醴陵

夏⁼[$ɕia^{13}$](泥软稀，永兴音)岳阳柏祥、永兴

粉(薯类绵；多粉)华容、岳阳柏祥

撩和(软)洞口、隆回

软和华容、永兴、绥宁

干净华容、临湘、岳阳县、平江、攸县、茶陵、常宁、耒阳、永兴、洞口、绥宁、隆回

简洁[$kãi^{53}$ $tɕie^{44}$](干净，攸县音)醴陵、攸县、耒阳

伶俐[lin^{55} li^{0}](干净，浏阳音)岳阳柏祥、浏阳、资兴

邋-[la^{44}](污，脏，不整洁，永兴音)临湘、岳阳柏祥、岳阳县、岳阳市、平江、浏阳、醴陵、炎陵、耒阳、永兴、资兴、洞口

污浊[o^{33} ȶʰo^{33}](很脏；污秽，脏物；常宁音)临湘、平江、常宁

挖腥[ue^{33} se^{312}](很脏，恶心；茶陵音)茶陵、炎陵、永兴、资兴

滴乎[dia^{21} xu^{10}](邋遢，临湘音)临湘、资兴

舔洽[nia^{33} tɕʰia^{33}](拖沓，不讲卫生；岳阳市音)岳阳市、绥宁

朥[liɔ^{13}](肥肉腻人，永兴音)炎陵、永兴

畲[tʰai^{53}](肥胖，肉壮；岳阳县音)岳阳县、岳阳市

腈[tɕin^{44}](瘦肉，食用肉，永兴音)临湘、岳阳柏祥、岳阳县、攸县、茶陵、炎陵、耒阳、永兴、洞口、绥宁、隆回

受得炎陵、永兴

安不得安仁、永兴

出得众耒阳、永兴

舍得临湘、岳阳柏祥、永兴、洞口

为得(为了)安仁、永兴

如法(合适，身体正常)华容、岳阳县、岳阳市、资兴

好过(身体舒服)临湘、岳阳县、平江、浏阳、醴陵、炎陵、洞口、隆回

怕丑岳阳柏祥、平江、醴陵、攸县、茶陵、常宁、耒阳、永兴、资兴、绥宁、隆回

翻腔[fɛ^{34} tɕʰiɔ̃^{33}](小孩调皮，不合作，茶陵音)茶陵、炎陵、永兴

造孽[tsʰɤ^{13} ie^{21}]/作孽[tso^{54} lie^{5}](可怜，永兴音/临湘音)临湘、岳阳柏祥、岳阳县、浏阳、醴陵、安仁、永兴

在行$_1$[tsʰe^{21} hoŋ^{45}](听话，受教；安仁音)华容、耒阳、安仁、永兴、资兴、炎陵

在行$_2$[tsʰai^{11} xoŋ^{55}](内行，浏阳音)平江、浏阳

醒事[ɕiən^{41} sɿ^{11}](小孩懂事，岳阳柏祥音)华容、岳阳柏祥、常宁

懂事(乖巧)茶陵、永兴

听话(乖)华容、岳阳县、岳阳市、平江、浏阳、醴陵、茶陵、常宁、耒阳、洞口、绥宁、隆回

乖[kuai^{45}](懂事，临湘音)岳阳柏祥、岳阳市、平江、攸县、炎陵

止本[tsɿ^{42} pən^{42}](安分，岳阳市音)华容、岳阳县、岳阳市

灵泛[liŋ^{13} fan^{11}](机灵，醴陵音)醴陵、耒阳、绥宁

活泛[xo^{55} fan^{0}](灵活，会来事；或经济上宽裕；岳阳市音)华容、岳阳县、岳阳市、平江、炎陵、永兴

活荡/宕[fø^{42} tʰoŋ^{55}](办事，平江音)华容、岳阳县、平江、安仁

活活对(不稳，松动)浏阳、醴陵

怪[kua^{25}](聪明，灵活，狡黠，岳阳县音)华容、临湘、岳阳柏祥、岳阳县、岳阳市

心里空(喻人聪明伶俐)华容、岳阳县

甲[tɕia^{55}](脾气倔，犟，岳阳市音)华容、岳阳柏祥、岳阳市、永兴、资兴、常宁

圞[loŋ^{13}](圆，醴陵音)醴陵、攸县、炎陵、常宁、安仁、永兴、资兴

团[døn^{24}](圆，岳阳柏祥音)岳阳柏祥、岳阳县、岳阳市

圞范[laŋ^{212} fan^{34}](很圆，岳阳柏祥音)岳阳柏祥、岳阳市、炎陵

圞(整的)华容、平江、浏阳、醴陵、攸县、茶陵、炎陵、耒阳、永兴、洞口

不清白(糊涂)华容、醴陵、耒阳

冇解数[mau^{21} xa^{53} sou^{25}](心中没底，岳阳县)岳阳县、永兴

鼓(凸)醴陵、耒阳、永兴

堋[pəŋ^{35}](凸，平江音)华容、临湘、岳阳柏祥、岳阳县、岳阳市、平江

拱(凸)攸县、茶陵、永兴、洞口、绥宁

鉢[po^{213}](凸，攸县音)永兴、攸县

[禾夭][ie^{33}](凹，茶陵音)岳阳柏祥、浏阳、醴陵、攸县、茶陵、炎陵、永兴、洞口、隆回

窝[o^{55}](凹，耒阳音)临湘、耒阳、永兴

洼[va^{35}](凹，耒阳音)岳阳市、耒阳

凉咻[liɔ^{35} ɕiəɯ^{0}](清凉，永兴音)炎陵、永兴

静办[tɕʰin^{11} pʰan^{11}](背静，浏阳音)华容、临湘、岳阳县、浏阳、炎陵

熨事熨帖[y^{11} sɿ^{24} y^{11} tʰie^{33}](妥当；整洁；常宁音)茶陵、炎陵、常宁、永兴

熨帖[y^{42} t^{h}ie^{42}]（妥当；整洁；平江音）华容、平江、攸县、茶陵、炎陵、常宁、安仁、资兴

叽呱[tɕi^{21} kua^{21}]（乱七八糟，永兴音）炎陵、永兴

晏[ŋan^{11}]（晚，迟，浏阳音）临湘、岳阳柏祥、浏阳、醴陵、茶陵、炎陵、耒阳、洞口、绥宁、隆回

迟平江、攸县、永兴

齐扎/扎齐岳阳柏祥、岳阳县、浏阳、醴陵、常宁、耒阳、安仁、洞口、隆回

坡拉[p^{h}o^{45} na^{0}]（多，岳阳市音）华容、岳阳市

勘[k^{h}an^{33}]（容器没装满，差一点，浏阳音）浏阳、攸县、安仁、永兴

几（足够，如“几好，几满”）浏阳、醴陵、炎陵、永兴

奓$_{1}$[xai^{33}]（很，程度副词，岳阳县音）华容、临湘、岳阳柏祥、岳阳县、常宁

细（小）临湘、岳阳柏祥、平江、浏阳、醴陵、茶陵、炎陵、永兴、资兴、耒阳、洞口、绥宁

暂[tsɛ^{13}]（短，永兴音）岳阳柏祥、茶陵、永兴

隘[ŋæ^{213}]（狭窄，耒阳音）耒阳、永兴、资兴

狭[xa^{44}]（狭窄，浏阳音）平江、浏阳、醴陵、洞口、绥宁、隆回

阔[k^{h}o^{35}]（宽，醴陵音）浏阳、醴陵

鐹[kʊ^{44}]（器物被磨薄，如“双鞋全磨鐹唧”，意为一双鞋的鞋底快磨穿了，永兴音）炎陵、永兴

正相（物体形体正，不歪不斜）炎陵、永兴

直道（性格很直）常宁、安仁、资兴

直筒[tʂ^{h}ʅ^{11} t^{h}əŋ^{312}]（直爽，又直爽的人，茶陵音）浏阳、茶陵、炎陵、隆回

冲直[ts^{h}ən^{21} ts^{h}ʅ^{45}]（照直走，又直爽，华容音）华容、岳阳县、永兴

假马[tɕia^{53} ma^{53}]（假装，假如，岳阳县音）华容、岳阳县

青（黑）临湘、醴陵、常宁、耒阳、永兴

拗口[ɤ^{13} k^{h}e^{41}]（绕口，永兴音）炎陵、永兴

活作[xue^{44} tsʊ^{0}]（身段、动作灵活，永兴音）永兴、资兴

易得（容易）岳阳柏祥、岳阳县、炎陵、常宁、永兴、资兴

潇洒[ɕiau^{34} sai^{51}]（缓慢，轻松，炎陵音）茶陵、炎陵

搞不赢(忙碌)炎陵、常宁、安仁、永兴

不得空[pu^{35} tɛ^{35} kʰuəŋ^{11}](忙碌,浏阳音)华容、岳阳县、浏阳、醴陵、永兴

宝[pao^{42}](傻,或怪气,华容音)华容、常宁

哈[xa^{21}](傻,犯傻,临湘音)华容、临湘、炎陵

奓$_2$[xai^{53}](大,华容音)华容、临湘

憨[xon^{33}](傻,平江音)岳阳县、平江

苕$_1$[sao^{14}](不明理,岳阳市音)华容、岳阳市

懵[moŋ^{13}](呆呆地,永兴音)岳阳县、岳阳市、永兴

失错(不是故意的)岳阳市、安仁

飕[sau^{44}](快,速,资兴音)华容、资兴

行时[ɕiẽ^{11} sɿ^{11}](时兴,正流行,常宁音)常宁、安仁、永兴、资兴

陋祟[lou^{21} sou^{0}](寒酸,资兴音)茶陵、炎陵、永兴、资兴

舔火[lia^{51} ho^{51}](厉害,安仁音)安仁、永兴

煞[sæ^{5}](厉害,岳阳柏祥音)岳阳柏祥、浏阳、永兴、资兴

别脱[pʰiɛ^{55} tʰəu](方便,岳阳市音)岳阳柏祥、岳阳县、岳阳市、安仁

憭别[lieu^{13} pʰie^{45}](方便,快,华容市音)华容、岳阳柏祥、岳阳市

载得[tsæ^{21} te^{0}](值得,安仁音)华容、岳阳市、安仁

足实[tsəu^{55} sɿ^{0}](足够,岳阳市音)岳阳县、岳阳市

打眼[ta^{24} ŋan^{24}](显眼,浏阳音)华容、临湘、岳阳县、岳阳市、平江、醴陵、常宁、永兴、资兴

冒[mao^{45}](莽撞,急躁,岳阳市音)华容、岳阳市

寡死劲[kua^{44} sɿ^{44} ȶẽ^{24}](自我陶醉,常宁音)常宁、永兴

无事八[u^{13} si^{21} pa^{5}](相当于程度副词“很”,岳阳县音)华容、岳阳县

蛮(很,程度副词)华容、临湘、岳阳县、岳阳市、醴陵、炎陵、耒阳、安仁

枯$_1$[kʰu^{33}](狠毒,岳阳县音)华容、岳阳县、岳阳市

枯$_2$[fy̩^{44}](物品干燥,永兴音)华容、临湘、岳阳柏祥、岳阳市、安仁、永兴

阴[ŋ̍ən^{24}](受潮,华容音)华容、永兴

膪$_2$[tsɔ^{45}](指食物没有受潮,干、脆,常宁音)华容、岳阳市、常宁、永兴、

洞口、隆回

䅟[nəu^{45}](晒蔫了,岳阳市音)岳阳市、炎陵、永兴、隆回

垟[lioŋ^{13}](皱,蔫,醴陵音)浏阳、醴陵、永兴

独[tʰəu^{55}](独占,独食,岳阳市音)华容、岳阳市、永兴

寡(全,尽,光剩下)华容、岳阳县、岳阳市

芃[pʰoŋ^{45}](植物的枝叶蓬勃貌,岳阳市音)华容、岳阳市

滴屎[tia^{44} ʂʅ^{24}](一点点儿,浏阳音)浏阳、永兴

怕(怕是,怕莫,表猜测)华容、临湘、岳阳柏祥、平江、浏阳、醴陵、攸县、常宁、耒阳、永兴、绥宁、隆回

当得面[tɔ̃^{55} tə^{0} mẽ^{213}](当面,耒阳音)岳阳柏祥、茶陵、常宁、耒阳、永兴

就得[tɕʰiəɯ^{13} te^{0}](趁便,永兴音)岳阳市、炎陵、常宁、永兴

就(马上,"马上就要开始了"的意思)岳阳柏祥、平江、浏阳、醴陵、耒阳、永兴

流水[liɯ^{35} sʅ^{0}](赶快,快点,耒阳音)常宁、耒阳、永兴、资兴

齐步(赶快,快点)浏阳、醴陵

黏身[ȵia^{13} ʂən^{33}](赶快,快点,平江音)平江、浏阳、醴陵

搭哒[ta^{313} tɔ^{51}](立马,或常常;安仁音)安仁、永兴

一起$_1$(一块儿)平江、浏阳、醴陵、攸县、茶陵、常宁、耒阳、永兴、绥宁

一起$_2$(一共)攸县、茶陵、永兴

一下(一块儿)临湘、隆回

连[lĩ^{45}](一点也不,安仁)华容、炎陵、常宁、耒阳、安仁、永兴

硬$_1$(实在)岳阳柏祥、岳阳县、平江、浏阳、醴陵、炎陵、耒阳、永兴

硬$_2$(确实)醴陵、茶陵、耒阳、永兴、绥宁

劳共$_1$(一共)安仁、资兴

劳共$_2$(仅有)醴陵、永兴

总共(一共)平江、浏阳、醴陵、常宁、耒阳、安仁

特意(故意)岳阳柏祥、浏阳

特事(故意)浏阳、攸县、茶陵、炎陵

正事（故意）攸县、安仁

登-[tẽ^{45}]（故意，如“登外，登样”，常宁音）常宁、永兴

起先（原先）常宁、耒阳、永兴

先（原先）浏阳、醴陵

原先常宁、耒阳、永兴

开头（原先，开始的时候）浏阳、醴陵、攸县、永兴

头一$_1$（首先）浏阳、醴陵

头一$_2$（千万一定）岳阳县、岳阳市

后时（后来）浏阳、醴陵

得$_1$（被让）岳阳柏祥、平江、攸县、茶陵、炎陵、常宁、耒阳、永兴

得$_2$（管……叫）浏阳、茶陵、安仁、永兴、资兴

逅[xɯ^{213}]（去，耒阳音）耒阳、永兴

趨[tɕʰie^{34}]（去，绥宁音）岳阳县、绥宁

走（从……起）常宁、耒阳、永兴

以[i^{33}]（照……，醴陵音）浏阳、醴陵、资兴

好生唧（提醒语，好点儿）华容、临湘、岳阳县、岳阳市、炎陵、永兴、资兴

跟$_1$（帮……，为某人做某事）华容、醴陵、永兴

跟$_2$（和，与）岳阳柏祥、岳阳市、平江、永兴、绥宁、隆回

羌[tɕʰiɔ̃^{11}]（跟，和，茶陵音）茶陵、安仁

呆定[ŋa^{13} tin^{21}]（肯定的，毋庸置疑的，岳阳县音）华容、岳阳县、永兴、资兴

限定/限必（一定）华容、岳阳县

下[xa^{213}]（都，全部，耒阳音）岳阳柏祥、岳阳县、平江、耒阳、安仁、永兴、资兴

扯常[ȶʰia^{35} ɕiɔ̃^{0}]（经常，一直，耒阳音）华容、岳阳县、岳阳市、耒阳、资兴

栾常[liĩ^{11} tʂʰoŋ^{55}]（常常，浏阳音）浏阳、醴陵、常宁

长行[tɕiaŋ^{13} ɕin^{13}]（经常，岳阳县音）华容、岳阳县、岳阳市、耒阳、永兴

苕^{2}[sao^{14}]（老是，岳阳市）岳阳县、岳阳市

反正耒阳、安仁、永兴

横直(反正)华容、岳阳县、攸县、炎陵、安仁

红黑(反正)华容、攸县、常宁

撞哒[ts^{h}ɔ̃^{24} ta^{33}](有时,常宁音)常宁、永兴、资兴

还冇成[xɑ^{35} mɤ^{41} tɕ^{h}in^{35}](抢先,还没到时候,永兴音)安仁、永兴、资兴

管现[kuʌ̃^{31} ɕiɛ̃^{0}](只管享受,不用想其他事,茶陵音)茶陵、炎陵、永兴

越加(更加)岳阳柏祥、平江、醴陵、耒阳、安仁、永兴

三不三(偶尔)岳阳市、炎陵、永兴

三不知唧(偶尔)华容、岳阳市

照以[tʃɔ^{21} i^{51}](仍旧,安仁音)安仁、永兴

左意[tso^{24} i^{11}](干脆,浏阳音)华容、岳阳县、浏阳

暴[p^{h}au^{11}](初时,刚开始,浏阳音)岳阳柏祥、岳阳市、浏阳、醴陵、茶陵、炎陵、永兴、资兴、洞口、隆回

暴货子[p^{h}au^{11} xo^{24} tsɿ^{0}](新手,技术不熟,浏阳音)浏阳、炎陵、永兴、资兴、洞口

现只[ɕiɛn^{21} tsɿ^{0}]("本来就……,竟然还",指责不该使情况变得更糟,如"现只没钱了,你还要手机",岳阳县音)华容、岳阳县、岳阳市、炎陵、永兴

前世(否定用法,指不会去做某事,如"前世没噢过"指不会去吃)炎陵、永兴

在焕[tse^{13} xuɛ^{41}](不用管,任由,永兴音)浏阳、醴陵、永兴

羔[kau^{53}](尽,遍,到处,如"找羔唧"意为找遍了,华容音)华容、岳阳县、永兴

四垱[sɿ^{24} tɔ̃^{45}](到处,常宁音)常宁、永兴

高头(顶上,作方位后缀用,如"桌子高头")临湘、岳阳柏祥、岳阳县、岳阳市、常宁、耒阳、安仁、绥宁、隆回

皮上(表面上)炎陵、常宁、永兴

脚(下面,如"脚下、脚底")华容、临湘、岳阳柏祥、岳阳县、平江、常宁、安仁、永兴、洞口

底(里面,下面)临湘、攸县、茶陵、耒阳、永兴、资兴、绥宁

肚里(里面)华容、茶陵、炎陵

前(作方位、时间词后缀,不具体指"前面"的实义,如"头前"即之前,前边)岳阳县、浏阳、醴陵、攸县、茶陵、常宁、安仁、永兴、隆回

口前(外面)岳阳柏祥、岳阳县、平江、攸县、茶陵、炎陵

门口(眼前儿)岳阳柏祥、耒阳

外前(外面)浏阳、醴陵、安仁、永兴

后背(后面)平江、浏阳、醴陵、攸县、炎陵、耒阳、安仁、永兴

背头(后面)耒阳、安仁、资兴、洞口、隆回

后头(后面)临湘、岳阳柏祥、岳阳市、茶陵、常宁

麻格[ma^{45} ke^{44}](什么,常宁音)常宁、耒阳、安仁、永兴、洞口、绥宁、隆回

么哩[mo^{21} li^{0}](什么,平江音)浏阳、岳阳柏祥、岳阳县、平江、

左手边/右手边(左边,右边)平江、炎陵、耒阳、永兴

同转[teŋ^{45} tʃui^{21}](周围,转圈,安仁音)岳阳柏祥、岳阳市、平江、常宁、耒阳、安仁、永兴、资兴

渠[ke^{31}]/ [tɕi^{53}](他,第三人称,茶陵音/攸县音)攸县、茶陵、炎陵、常宁、耒阳、安仁、永兴、资兴、洞口、绥宁、隆回

他(第三人称)华容、临湘、岳阳柏祥、岳阳县、岳阳市、平江、浏阳、醴陵

你老人家(您,尊称)岳阳柏祥、岳阳县、岳阳市、常宁、耒阳、永兴、资兴、隆回

别个(他人)临湘、攸县、茶陵、炎陵、常宁、耒阳、永兴、洞口、隆回

㛞人[xã^{55} n̩^{0}](他人,耒阳音)耒阳、永兴

自家(自己)岳阳柏祥、攸县、茶陵、炎陵、永兴、绥宁

大齐家[t^{h}æ^{24} ɕi^{11} ka^{45}](大家,常宁音)炎陵、常宁、永兴、资兴

个人(自个儿)华容、岳阳县、浏阳、醴陵、永兴

哪个(谁)岳阳市、醴陵、攸县、茶陵、耒阳、安仁、永兴、洞口、绥宁、隆回

么人[man^{24} ɲin^{55}](谁,浏阳音)临湘、岳阳柏祥、岳阳县、平江

箇[ko^{41}](这个,耒阳音)醴陵、攸县、炎陵、常宁、耒阳、安仁、永兴、绥宁

该[ke^{24} ko^{0}](这个,临湘音)华容、临湘、资兴

夷[i^{13}](这，岳阳县)岳阳柏祥、岳阳县、浏阳

当门[$taŋ^{34}$ min^{212}](前面，如“当门牙、当门骨”，炎陵音)岳阳柏祥、岳阳县、炎陵、耒阳、安仁、永兴、资兴、洞口

附录二　湖南赣语五组代表方言点的音系

一、岳阳(市区)话音系[据李永明(2016)记音]

（一）声母 21 个,包括零声母在内

p 波跛播驳	b 坡排罢倍	m 猫毛蛮弥	f 坟反欢飞	
t 刀丹低对	d 贪梯叨桃	n 男脑嫩努		l 老冷鲁梨
ts 支子招正	dz 参痴粗层		s 苏山少色	z 人让热日
tɕ 居举尖基	dʑ 迁欺传贱	ȵ 尼年研业	ɕ 西洗书鼠	
k 高干街介	g 刊开夸课	ŋ 安哀爱握	x 酣孩咸项	
ø 挖乌烟衣				

说明：

（1）[n]、[l]混读；

（2）[f]、[x]也存在混读；

（3）ts、dz、s、z,舌位偏后；

（4）tɕ、dʑ、ɕ 接近舌叶音 tʃ、dʒ、ʃ。

（二）韵母 38 个

ɿ 支私石日	i 鸡衣辈堆	u 姑污补污	y 朱鱼猪出
e 责色	ie 耶别列雪	ue 国缀筷或	ye 决月靴说
a 渣沙夹芽	ia 加鸦提借	ua 瓜蛙夸花	ya 瘸刷要抓
o 波多哥角	io 脚约学削		
ə 遮奢二耳			
ei 催虽堆迷		uei 规威归灰	
ai 灾筛开鞋	iai 谐肴獬蟹	uai 乖歪怀傀	
au 招烧猫敲	iau 交某亩茂		
əu 租收偷赌	iəu 纠优曲粟		
	in 金因冰迅		yn 军云准永

an 沾山端咸	iɛn 坚烟泉选	uan 关湾宽欢	yan 捐冤专沿
ən 针生崩吨		uən 纯温昏坤	
aŋ 张商帮方	iɛŋ 江央娘让	uaŋ 光汪荒汪	
oŋ 宗东风翁	ioŋ 穷雍荣嗅		
ŋ̍ 你			

说明：

(1) [e]舌位偏低；

(2) [a]舌位偏后，近[ɑ]；

(3) [o]偏高，近[ʊ]；

(4) [ə]舌位偏低，近[ɤ]；

(5) [y]舌位偏前，近[ʮ]的位置，唇稍展。

(三) 单字调 6 个

阴平 44	邦方张冈	阳平 13	旁房场昂
上声 31	榜纺厂港		
阴去 24	棒放唱抗	阳去 22	办望丈巷
入声 45	滴拔笔辟		

说明：

(1) 阴平较 44 偏低，阳平尾音稍低于 3，缓读略有曲折；

(2) 上声 31 降势稍缓；

(3) 阴去实际调值较 24 稍高，阳去较 22 偏高；

(4) 入声 45 为短调，促声特征较弱。

二、临湘话音系

(一) 声母 21 个，包括零声母在内

p 布别八	b 步盘拨怕	m 门	f 化话费	
t 到多都带	d 道同稻盗夺连太	n 难兰严言软		l 来卵
ts 糟招祖僧	dz 仓潮醋从		s 散苏声师	z 揉仁
tɕ 杰精经举	dʑ 秋旗全除		ɕ 修休税书	ʑ 雄然

k 贵高教谷　g 跪开葵考　ŋ 岸案袄认硬　x 飞灰冯符放
ø 闻吕若而然

说明：

(1) [b]偶尔会读作[p^h]，有时会读作[b^m]，如"怕"[$b^m a$]；

(2) [g]还有两种音色，"开"声母实际读[g^w]、"葵"声母实际读[$g^ŋ$]；

(3) [d]还有两种音色，"夺连"声母实际读[d^l]、"太"声母实际读[d^h]；

(4) [n]在细音[i、ɥ]前为[ȵ]，[n]有与[l]相混读的现象；

(5) [l]在细音前有浊化[d]倾向，[d]在齐齿呼也有与[l]相混的现象；

(6) [f]带有浊音的特征，也可记为[v]。

(二) 韵母 38 个，包括鼻辅音韵母

ɿ 资支直知	i 第以急泪	u 故布妇裤	y 雨虚出主
a 爬辣茶花	ia 架野夹提蛇	ua 花岁刮瓦	ya 靴惹瘸茄
o 河落木确母	io 药削	uo 过	
e 色争	ie 姐接检爷	ue 国缺月外	
ə 耳日而二舌			
ø 竿含短岸			
əu 鹿赌丑祖	iəu 欲流有丢		
ei 倍妹肥毁		uei 桂未围柜	
au 饱桃烧闹	iau 条妖骄标		
ai 帅界介胎		uai 怪坏外拐	
an 胆三衔散	ian 间庚连全	uan 关横惯玩	yan 权船圆然缘元软
ɔ̃ 党桑床放	iɔ̃ 讲良江想	uɔ̃ 光狂网矿	yɔ̃ □马～哩，"彩虹"
en 扇陈顿红	ien 紧邻灵胸	uen 文温问瓮	yen 云群勋胸
m̩ 姆	ŋ̍ 你		

说明：

(1) [e]音稍低，近[ᴇ]；

（2）[ø]唇形稍展；

（3）[əu]的主要元音靠前、稍高，接近[ᴇ]；

（4）[en]的韵尾鼻音稍后，近[eɲ]；[n]在细音[i、ʮ]前为[ȵ]，[n]有与[l]相混读的现象。

（三）单字调6个

阴平45	高开粗伤
阳平12	穷寒鹅难
上声21	古走好女
阴去24	盖醉菜放
阳去33	近厚害岸
入声5	急黑月舌

说明：

（1）阴平前段较平，后段有一个较明显的上扬，实际音值为445；

（2）入声有促声特征，调值要高过阴平音值[45]的[5]。

三、醴陵话音系[据言岚(2007)记音]

（一）声母19个，包括零声母在内

p 布表玻币	p^h 迫坡皮甫	m 米门猫蚊	f 夫妃花胡	
t 多珍舟侦	t^h 土大车澄			l 罗林奴南
ts 左炸豺知	ts^h 菜吵座茶		s 死沙蛇市	
tɕ 鸡尖健剂	$tɕ^h$ 巧且旧全	ȵ 年牛让肉	ɕ 些休树现	
k 瓜解巨猪	k^h 川昆跪除	ŋ 牙恩蛾爱	x 海黑鞋防	
ø 于有玉如				

（二）韵母38个，包括鼻辅音韵母在内

ɿ 知迟字世	i 旅聚几嘴	u 过妇不铺	y 猪水出芋
a 巴瓦架吓	ia 夜恰辖滴	ua 瓜刮袜滑	
o 多末托桌	io 略脚学岳	uo 禾郭窝国	
ɛ 奢北白麦	iɛ 剧去页灭		yɛ 抓屈月缺

ai 阶孩帅械		uai 乖歪怪块	
oi 台开害外			
ei 杯美吕慧		uei 盔味闺吹	
ao 保毛卯稍			
ou 土助独竹	iou 秋幼曲欲		
eu 烧楼缕谋	iu 交鸟小叫		
an 贪岩蛮雁		uan 关完挽顽	
ɛn 沾争展彭	ien 尖编县电		yɛn 传顷悬元
iaŋ 病名兄醒			
əŋ 珍崩贞冬	iŋ 品应行斤	uəŋ 昆文弓孔	yŋ 君荣兄迥
oŋ 甘帮方邦	ioŋ 娘江筐腔	uoŋ 光亡旷旺	
ŋ̩ 吴午愚吾			
m̩ □～妈			

（三）单字调 5 个

阴平 33	刚锅军爸	阳平 13	朋唯售苗
上声 31	古表屡柄		
去声 11	户倍亿痔		
入声 35	答压月吓		

四、永兴话音系

（一）声母 18 个，包括零声母在内

p 浮搬婆笔秘	p^h 蜂坡拍蚌片	m 门慢马蚊网	f 苦飞壶饭服	
t 在挡铜给	t^h 拖土特导荡			l 难老泥锐
ts 资纸翅纸	ts^h 曹茶粗昨		s 瑞削四纱心	
tɕ 鸟尖粥吸	$tɕ^h$ 踢戏技骑陈	ʒ 喂衣椅雨儒	ɕ 气十书蛇唇	
k 街家虹械哥	k^h 跪敲货哭柜		x 窠困喊鞋篙	
ø 铅惹禾年爱				

说明：

(1) 声母 p、t、k 在阳平字的发音，带有浊音色彩；

(2) [l]声母与[ɿ]韵母拼合时，调音部分特别靠前，舌前顶到齿背。

(3) [tɕ tɕ^{h} ɕ]只拼齐齿、撮口呼，有两套音值，城关镇话与[i y]韵母合拼时是 [tʃ tʃ^{h} ʃ]，与其他齐齿、撮口呼韵拼合时是[tɕ tɕh ɕ]。

(二) 韵母 36 个，包括鼻辅音韵母在内

ɿ 字知私	i 皮鸡姨	v̩ 做鼓裤肉	y 泪嘴厨役
a 界艾菜	ia 壁假舔茄	ua 鸦怀袜括	
o 族牙滑疤	io 车谢吃学		
e 介特白藕弟	ie 湿热铁	ue 活帅筷国	ye 说绝船月
ɛ 冷眼半炭	iɛ 扇甜天	uɛ 横端酸宽	
ɪ 杯妹飞眉		uɪ 读雷脆煨	
ʊ 角簸贸河	iʊ 削脚勺角		
ɤ 教帽炒咬	iɤ 票猫小舀		
ɔ 江妈糖床	iɔ 萤钉娘唱	uɔ 光矿王网	
əɯ 谷去透邹	iəɯ 熟周手酒		
ən 米眉病信肯	iən 蒸枕请亲	uən 嫩俊群逊	yən 云春荣尹
oŋ 木冻公蕹	ioŋ 嗅穷胸溶		
m̩ 姆	n̩ 女银硬忍恩	ŋ̩ 我鱼	

说明：

(1) [i]与[tʃ tʃ^{h} ʃ ʒ]相拼时是与舌叶音同部位的元音；

(2) [y]实际读音为舌叶圆唇元音，舌位比舌尖圆唇元音[ɥ]稍后；

(3) [u]韵发音时上齿和下唇内缘轻微摩擦；

(4) [ɤ]的发音位置略低，近[ʌ]；

(5) [oŋ ioŋ]韵母中的主要元音舌位偏央，唇型略展。

(三) 单字调 5 个

阴平 44	墨绿高猪	阳平 35	停神平鹅

上声 41　　古赌展跪
去声 13　　盖帐送渠
入声 21　　七杀黑毒

说明：

(1) 阴平的调尾有上扬的尾音；

(2) 阳平有些微曲近；

(3) 上声调值起点稍低于 4；

(4) 去声有较缓曲折，调尾值未达到 3。

五、隆回话音系[据张蔚波(2013)的记音]

(一) 声母 17 个，包括零声母在内

p 波补杯比	p^{h}坡铺牌皮	m 母马忘远	f 飞扶富方	
t 到多底刀				l 来老怒脑
ts 姐组灾	ts^{h}粗齿秋才		s 苏时笑心	
tʃ 鸡猪醉家	$tʃ^{h}$欺序趣池		ʃ 食物烧希	
k 姑哥格界	k^{h}苦科考跪		x 河胡坏话	h 体道太婆
ø 阿衣务如				

说明：

(1) [l]与[n]相混，多数读[l]；

(2) tɕ、$tɕ^{h}$、ɕ 有舌叶音色彩，也可记为 tʃ、$tʃ^{h}$、ʃ；

(3) 零声母与部分高元音相拼时，有摩擦色彩，音值为 ʒ。

(二) 韵母 36 个，包括鼻辅音韵母在内

ɿ 姿志迟时	i 比奇飞西	u 姑路故夫	y 吕淤蛆趣
a 把沙打价	ia 压爷也夜	ua 瓜挂花	
o 鹅模歌			
ɛ 耳二	iɛ 百姐色歇	uɛ 国骨或	yɛ 诀说雪
ə 沟个够	iə 标口走楼		
	iəu 流秋收		

ai 买财摆街		uai 怪快坏拐	
ei 杯妹月陪		ui 归跪贵队	
ʌu 包毛刀考			
	iəu 秋周收竹		
ã 班牙丹	ĩɪ 添边闪点		yɛ̃专全劝县
	iɑ̃强平枪	uɑ̃短干晚欢	
õ 般党浪刚			
ẽ 分林新	iẽ 因引银	uən 村困轮	yn 军春菌
ɤŋ 东公总木	iɤŋ 用肉容牛		
m̩姆	n̩日人尼你	ŋ̍义艺谊	

说明：

（1）[ai uai ei]的韵尾[i]发音不稳定；

（2）[ui]的 u 发音弱于 i；

（3）[ʌu]的发音介于[au]与[əu]之间；

（4）[iɑ̃ uɑ̃]的[ɑ]开口度略小。

（三）单字调 5 个

阴平 33	多都该资急	阳平 13	罗奴排迟轴
上声 312	可古摆竖蜀		
去声 51	破布派四实		
入声 24	杂集活约促		

说明：

（1）阴平后有稍上扬的尾音；

（2）上声的曲折不明显，也可记为降调 31。

附录三　湖南赣语五组代表方言点词汇对比

词　条	岳阳市	临　湘	醴　陵	永　兴	隆　回
壹　天文					
太阳	太阳爹爹[dai^{35} iaŋ^{13} tia^{44} tia^{44}]/日头[zɿ^{45} dəu^{13}]	日哩[ə^{24} li^{0}]	日头[ȵi^{35} tʰeu^{13}]	日头[i^{44} te^{0}]	日头[n̩^{33} hiə^{0}]
阳光	阳光[iaŋ^{13} kuaŋ^{44}]	阳光[iɔ̃^{12} kuɔ̃^{45}]	日头古[ȵi^{35} tʰeu^{13} ku^{0}]/日头[ȵi^{35} tʰeu^{13}]	日头[i^{44} te^{0}]	日头[n̩^{33} hiə^{0}]
太阳地儿	太阳晒的位置[dai^{35} iaŋ^{13} sai^{35} ti^{0} uei^{22} tsɿ^{0}]		日头下哩[ȵi^{35} tʰeu^{13} xa^{11} li^{0}]	太阳窠底[tʰe^{13} iɔ^{41} xʊ^{44} te^{41}]	日头底下[n̩^{33} hiə^{0} ti^{24} ha^{312}]
向阳	向阳[ɕiaŋ^{24} iaŋ^{13}]	向阳[ɕiɔ̃^{24} iɔ̃^{12}]	当阳[toŋ^{33} ioŋ^{13}]	当阳[tɔ^{44} iɔ^{35}]	当哒日头[tõ^{33} ta^{0} n̩^{33} hiə^{0}]
背阴	阴位置[in^{44} uei^{22} tsɿ^{0}]	背光[bi^{33} kuɔ̃^{45}]			
月亮	月亮爹爹[ye^{45} liaŋ^{22} tia^{44} tia^{44}]	月亮[ye^{5} liɔ̃^{33}]	月光[ȵyɛ^{35} kuoŋ^{33}]	月光[ye^{44} kuɔ^{0}]	月光[mĩɪ^{51} kuã^{33}]
星星	星[ɕin^{44}]	星星[ɕiɔ̃^{45} ɕiɔ̃^{45}]	星子[ɕiaŋ^{33} tsɿ^{0}]	天星[tʰiɛ^{44} sən^{0}]	星子[ɕiɑ̃^{33} tsei^{0}]
银河	天河[dian^{44} xo^{13}]	银河[lin^{12} xo^{12}]	天河[tʰin^{33} xo^{13}]	天河[tʰiɛ^{44} xo^{0}]	银河[ĩɪ^{13} xo^{13}]
风	风[xoŋ^{44}]	风[xen^{45}]	风[fəŋ^{33}]	风[foŋ^{44}]	风[fɤŋ^{33}]
大风	大风[ta^{22} xoŋ^{44}]	大风[dai^{33} xen^{45}]	大风[tʰai^{11} fəŋ^{33}]	大风[ta^{13} foŋ^{0}]	大风[ha^{51} fɤŋ^{33}]/恶毒风[o^{33} tu^{24} fɤŋ^{33}]

续 表

词条	岳阳市	临湘	醴陵	永兴	隆回
小风	小风[ɕiau^{31} xoŋ^{44}]	细风[ɕi^{24} xen^{45}]	细风[ɕi^{11} fəŋ^{33}]	细风[se^{13} foŋ^{0}]	细风子[sɛ^{51} fɤŋ^{33} tsei^{0}]
旋风	龙转风 [loŋ^{13} tsuan^{31} xoŋ^{44}]	旋风[ɕyan^{12} xen^{45}]	揪涡子风 [tɕʰiu^{33} uo^{33} tsɿ^{0} fəŋ^{33}]	转转风 [tɕyɛ^{13} tɕyɛ^{0} foŋ^{44}]	龙卷风 [lɤŋ^{13} tɕyẽ^{312} fɤŋ^{33}]
顶风	斗风[təu^{24} xoŋ^{44}]	顶风[tin^{21} xen^{45}]	对风[tei^{11} fəŋ^{33}]	对得赶风 [tuɪ^{13} te^{0} kɛ^{0} foŋ^{44}](赶:量词)	当哒风[tõ^{33} ta^{0} fɤŋ^{33}]
顺风	顺风[ɕyn^{22} xoŋ^{44}]	顺风[ɕyn^{33} xen^{45}]			
刮风	起风[dʑi^{31} xoŋ^{44}]	刮风[kua^{5} xen^{45}]	发风[fa^{35} fəŋ^{33}]/刮风 [kua^{35} fəŋ^{33}]	发风[fo^{21} foŋ^{44}]	动风[hɤŋ^{51} fɤŋ^{33}]
云	云[yn^{13}]	云[yn^{12}]	云[yŋ^{13}]	云[yən^{35}]	云[yn^{13}]
霞			霞[ɕia^{13}]	红云[xoŋ^{35} yən^{0}]	虹霞[hɤŋ^{13} ha^{13}]
雷	雷[lei^{13}]	雷[di^{12}]	雷[lei^{13}]	雷公[luɪ^{35} koŋ^{0}]	雷[lui^{13}]
打雷	打雷[ta^{31} lei^{13}]	打雷[ta^{21} di^{12}]	打雷[ta^{31} lei^{13}]	打雷公[ta^{41} luɪ^{35} koŋ^{0}]	动雷[hɤŋ^{51} lui^{13}]
闪电	扯闪[dzə^{31} san^{31}]	扯闪[dza^{21} san^{21}]	扯雷火[tʰɛ^{31} lei^{13} fo^{31}]	动龙烟火 [toŋ^{13} loŋ^{35} iɛ^{0} xo^{41}]	打闪[ta^{312} ɕiĩ^{312}]
雨	雨[y^{31}]	雨[y^{21}]	雨[y^{31}]	雨[y^{41}]	雨[u^{312}]
下雨	落雨[lo^{45} y^{31}]	落雨[lo^{5} y^{21}]	落雨[lo^{35} y^{31}]	落雨[lo^{44} y^{41}]	落雨[lo^{51} u^{312}]
小雨	小雨[ɕiau^{31} y^{31}]	小雨[ɕiau^{21} y^{21}]	细雨[ɕi^{11} y^{31}]	细雨[se^{13} y^{0}]	细雨[sei^{51} u^{312}]

续　表

词　条	岳　阳　市	临　　湘	醴　　陵	永　　兴	隆　　回
毛毛雨	麻麻雨[ma^{13} ma^{13} y^{31}]	麻麻滴雨 [ma^{12} ma^{12} ti^{0} y^{21}]	毛雨子唧 [mao^{13} y^{31} tsɿ^{0} tɕi^{0}]	麻雨[mo^{35} y^{0}]	毛雨子[mʌu^{13} u^{312} tsei^{0}]
大雨	大雨[ta^{31} y^{31}]	大雨[dai^{33} y^{21}]	大雨[t^{h}ai^{11} y^{31}]	大雨[ta^{13} y^{0}]	大雨[ha^{51} u^{312}]
雨停了	冇下雨了 [mau^{22} ɕia^{22} y^{31} liau^{0}]	雨冇落哒 [y^{21} mau^{33} lo^{5} ta^{0}]	雨停咖哒 [y^{31} t^{h}iŋ^{13} ka^{33} ta^{0}]	雨停过唧 [y^{41} tən^{35} ko^{0} tɕi^{0}]	雨停嘎哩 [u^{312} hẽ^{13} ka^{0} liə^{0}]
虹	虹[kan^{13}]	虹[kɔ̃^{5}]/马印哩 [ma^{21} yɔ̃^{0} ni^{0}]	虹[koŋ^{11}]	虹[kɔ^{13}]	虹[kõ^{51}]
淋雨	淋雨[lin^{13} y^{31}]	潲雨[dza^{33} y^{21}]	潲雨[ts^{h}ai^{11} y^{31}]	潲雨[ts^{h}a^{13} y^{41}]	淋雨[lẽ^{13} y^{312}]
冰/冰凌	冰[pin^{44}]/凌冰棍 [lon^{44} pin^{44} kən^{24}]	凌冰哩[lin^{21} pin^{45} ni^{0}]	冰[piŋ^{33}]/凌镜$^{=}$ [liŋ^{11} tɕiŋ^{11}]冰块	棱干[lən^{21} kɛ^{0}]	构子[kiə^{51} tsɿ^{0}]
结冰	结冰[tɕie^{45} pin^{44}]	结冰[tɕie^{5} pin^{45}]		管构[kuɛ^{41} ke^{13}]/结棱干[tɕie^{21} lən^{21} kɛ^{0}]	起构子眼 [tɕ^{h}i^{312} kiə^{51} tsɿ^{0} ã^{312}]
雹子	冰雹[pin^{44} pau^{22}]	冰雹[pin^{45} bau^{24}]	冰雹[piŋ^{33} pao^{13}]	雹子[pɤ^{35} tsɿ^{0}]	雹子[p^{h}ʌu^{51} tsɿ^{0}]
雪	雪[ɕie^{45}]	雪[ɕie^{5}]	雪[ɕiɛ^{35}]	雪[ɕye^{21}]	雪[ɕyɛ^{33}]
下雪	落雪[lo^{45} ɕie^{45}]	落雪[lo^{33} ɕie^{5}]	落雪[lo^{35} ɕiɛ^{35}]	落雪[lu^{44} ɕye^{21}]	落雪[lo^{51} ɕyɛ^{33}]
鹅毛雪	鹅毛大雪 [ŋo^{13} mau^{13} ta^{31} ɕie^{45}]/ 泡雪[bau^{44} ɕie^{45}]	落大雪[lo^{33} dai^{24} ɕie^{5}]	鹅毛雪 [ŋo^{13} mao^{13} ɕiɛ^{35}]	棉花雪[miɛ^{35} xo^{0} ɕye^{21}]	泼雪[p^{h}o^{33} ɕyɛ^{33}]雪片大
雪珠子	雪子子[ɕie^{45} tsɿ^{31} tsɿ^{0}]	雪子哩[ɕie^{5} tsɿ^{21} ni^{0}]	雪籽[ɕiɛ^{35} tsɿ^{31}]	砂子雪[so^{44} tsɿ^{0} ɕye^{21}]	砂落牯[sa^{33} lo^{53} ku^{312}]

续 表

词　条	岳阳市	临　湘	醴　陵	永　兴	隆　回
化雪	化雪了[fa^{45} ɕi^{45}]	化雪[fa^{5} ɕie^{5}]	融雪[iŋ^{13} ɕiɛ^{35}]	融雪[ioŋ^{35} ɕye^{21}]	融雪[iɤŋ^{13} ɕyɛ^{33}]
露	露水[ləu^{22} suei^{31}]	露水[ləu^{33} ɕy^{21}]	露[lou^{11}]	冷露[lɛ^{41} lu^{13}]	露气[lu^{51} tɕʰi^{51}]
下露	下露水 [ɕia^{22} ləu^{22} suei^{31}]	打哒露水 [ta^{21} ta^{0} ləu^{33} ɕy^{21}]	下露[xa^{11} lou^{11}]	打冷露[ta^{41} lɛ^{41} lu^{13}]	起露气[tɕʰi^{312} lu^{51} tɕi^{51}]
霜	霜[suan^{44}]	霜[sɔ̃^{45}]	霜[soŋ^{33}]	霜[sɔ^{44}]	霜[sõ^{33}]
下霜	打霜[ta^{31} suan^{44}]	打霜[ta^{21} sɔ̃^{45}]	打霜[ta^{31} soŋ^{33}]	打霜[ta^{41} sɔ^{44}]	起霜[tɕʰi^{312} sõ^{33}]
雾	雾陆地上的[u^{22}]/罩子湖面上的[tsau^{24} tsɿ^{0}]	雾[u^{33}]	雾[u^{11}]/雾罩子 [u^{11} tsao^{11} tsɿ^{0}]	雾[u^{13}]	雾气[u^{51} tɕʰi^{51}]
下雾	起雾[dʑi^{31} u^{22}]/起罩子 [dʑi^{31} tsau^{24} tsɿ^{0}]	起哒雾[dʑi^{21} ta^{0} u^{33}]	起雾[tɕʰi^{31} u^{11}]/起雾罩子 [tɕʰi^{31} u^{11} tsao^{11} tsɿ^{0}]	打雾[ta^{41} u^{13}]	起雾[tɕʰi^{312} u^{51}]
天气	天气[dian^{44} dʑi^{24}]	天气[dian^{45} dʑi^{0}]	天[tʰin^{33}]	天[tʰiɛ^{44}]	天气[hĩɪ^{33} tɕʰi^{51}]
晴天	晴天[dʑin^{13} dian^{44}]	晴天[dʑiɔ̃^{12} dian^{45}]	天晴[tʰin^{33} tɕʰiaŋ^{13}]/ 晴天[tɕʰiaŋ^{13} tʰin^{33}]	天晴[tʰiɛ^{44} tɕʰiən^{35}]/ 晴天[tɕʰiən^{35} tʰiɛ^{44}]	晴天[tsʰiã^{13} hĩɪ^{33}]
阴天	阴天[in^{44} dian^{44}]	阴天[in^{45} dian^{45}]	阴天[iŋ^{33} tʰin^{33}]	阴天[ən^{44} tʰiɛ^{33}]	阴天[iẽ^{33} hĩɪ^{33}]
(天气)热	暴燥天气闷热 [pau^{24} tsau^{24}]	热[ye^{5}]	热[ȵiɛ^{35}]	滚[kuən^{41}]	热[ĩɪ^{51}]/闷热[mẽ^{51} ĩɪ^{51}]
(天气)冷	冷[lən^{31}]	冷[lɔ̃^{21}]	冷[lan^{31}]	冻[toŋ^{13}]	冻[tɤŋ^{51}]

续　表

词　条	岳阳市	临　湘	醴　陵	永　兴	隆　回
天旱	遭干[tsau^{44} kan^{44}]	天干[dian^{45} kø^{45}]	天干[tʰin^{33} koŋ^{33}]	天干[tʰiɛ^{44} kɛ^{44}]	天干[hĩɪ^{33} kuã^{33}]
涝(了)	水淹了 [suei^{31} ŋan^{44} liau^{0}]	涝[lau^{12}]/揞水 [ŋa^{5} ɕy^{21}]	涨大水 [toŋ^{31} tʰai^{11} ɕy^{31}]	涨水浸过唧 [tsɔ^{41} ɕy^{41} tɕiən^{13} ko^{0} tɕi^{0}]	涨水[tiã^{312} ɕu^{312}]
贰　地理					
旱地	旱地[xan^{31} ti^{22}]	旱地[xø^{45} ti^{23}]	干田子 [koŋ^{33} tʰin^{13} tsɿ^{0}]	土[tʰu^{41}]	旱土[hã^{51} hu^{312}]
水田	水田[suei^{31} dian^{13}]	稻田[dao^{33} dian^{45}]	田哩[tʰin^{13} li^{0}]	田[tiɛ^{35}]	水田[ɕu^{312} hĩɪ^{13}]
菜园/菜地	菜园子 [dzai^{24} yan^{13} tsɿ^{0}]	菜地[dzai^{24} ti^{24}]/菜园 [dzai^{33} yan^{12}]	土哩[tʰou^{31} li^{0}]/园哩 [yɛn^{13} li^{0}]	土底[tʰu^{41} te^{0}]/园底 [yɛ^{35} te^{0}]	畲[ɕia^{33}]
山岭	山[san^{44}]	山有树为山[san^{45}]岭无树为岭[lin^{21}]	山[san^{33}]大山/岭 [liaŋ^{31}]中、小山	山[sɛ^{44}]/岭[lən^{41}]比较高的山	山[sã^{33}]
山脚	山脚[san^{44} tɕio^{45}]/山底下[san^{44} ti^{31} xa^{22}]	山脚[san^{45} tɕio^{5}]	岭脚下哩 [liaŋ^{31} tɕio^{35} xa^{11} li^{0}]	山脚下[sɛ^{44} tɕiʊ^{21} xo^{0}]	山(脚)底下 [sã^{33} (tɕyo^{33}) ti^{24} ha^{312}]
山头	山顶[san^{44} tin^{31}]	山颠颠箇里 [san^{45} tian^{45} tian^{0} ke^{24} ni^{0}]	岭顶上 [liaŋ^{31} tiŋ^{31} soŋ^{11}]	山脊上[sɛ^{44} tɕʰi^{35} sɔ^{0}]	山顶盖上 [sã^{33} tẽ^{312} kiɛ^{51} ɕiõ^{312}]
山腰	半山腰 [pan^{24} san^{44} iau^{44}]	半山腰[pɔ̃^{24} san^{45} iau^{45}]	半腰上哩 [poŋ^{11} iu^{33} soŋ^{11} li^{0}]	半山上[pɛ^{21} sɛ^{44} sɔ^{0}]	山半天中间 [sã^{33} po^{51}ĩɪ^{33} tɤŋ^{33} ka^{0}]
山谷	山冲[san^{44} dzoŋ^{44}]	山谷[san^{45} ku^{5}]	山旮旯哩 [san^{33} ka^{33} la^{33} li^{0}]	山窝槽[sɛ^{44} ʊ^{44} tsʰɤ^{0}]	山塘塘中间 [sã^{33} hõ^{312} hõ^{0} tɤŋ^{33} ka^{0}]

续 表

词　条	岳阳市	临　湘	醴　陵	永　兴	隆　回
河	河[xo^{13}]	河[xo^{12}]	江[tɕioŋ^{33}]/河[xo^{13}]	江[kɔ^{44}]/河[xo^{35}]	河[xo^{13}]
河里	河里[xo^{13} li^{31}]	河里[xo^{12} li^{0}]	江里[tɕioŋ^{33} li^{31}]/河里[xo^{13} li^{31}]	江底[kɔ^{44} te^{0}]/河底[xʊ^{35} te^{0}]	河里[xo^{13} li^{0}]
小水沟	水沟[suei^{31} kəu^{44}]	圳沟[tɕyn^{24} ke^{45}]	圳[kyŋ^{11}]/圳崽唧[kyŋ^{11} tsai^{31} tɕi^{0}]	壕坑[xɤ^{35} k^{h}ε^{0}]	圳[tɕyn^{51}]
小水坑	水坑[suei^{31} gən^{44}]	水坑[ɕy^{21} gɔ̃^{45}]	坑[k^{h}an^{33}]	凼落[t^{h}ɔ^{13} lʊ^{0}]	塘窟[hõ^{13} ku^{33}]
湖	湖[xu^{13}]	湖[xu^{12}]	湖[fu^{13}]	湖[fu^{35}]	湖泊[xu^{13} po^{51}]
潭	潭[dan^{13}]	塘[dɔ̃^{12}]	潭[t^{h}an^{13}]	潭[tε^{35}]	潭潭[hã^{13} hã^{0}]
水塘	水塘[suei^{31} dan^{13}]	水塘[ɕy^{21} dɔ̃^{12}]	塘[t^{h}oŋ^{13}]	塘[tɔ^{35}]	塘[hõ^{13}]
河岸	河岸[xo^{13} ŋa^{22}]	河岸[xo^{12} ø^{33}]	河岸[xo^{13} ŋan^{11}]	岸上[ε^{13} sɔ^{0}]	岸边上[ã^{51} pĩɪ^{33} ɕiõ^{312}]
堤	堤[di^{13}]	堤[di^{12}]	堤[t^{h}i^{13}]	护坡[fv̩^{13} p^{h}o^{0}]	坝[pa^{51}]
坝	坝[pa^{24}]	坝[pa^{24}]	坝[pa^{11}]	拦河坝[lε^{35} xʊ^{0} po^{13}]	坝[pa^{51}]
洲	沙洲[sa^{44} tsəu^{44}]/洲[tsəu^{44}]	洲[tsəu^{45}]	洲[tou^{33}]	沙洲[so^{44} tsəɯ^{0}]	岛子唧[tʌu^{312} tsɿ^{0} tsei]
水	水[suei^{31}]	水[ɕy^{21}]	水[ɕy^{31}]	水[ɕy^{41}]	水[ɕu^{312}]
清水	清水[dʑin^{44} suei^{31}]	清水[dʑiɔ̃^{45} ɕy^{21}]	清水[tɕ^{h}iaŋ^{33} ɕy^{31}]	清水[tɕ^{h}iən^{44} ɕy^{41}]	清水[tɕiã^{33} ɕu^{312}]

续 表

词　条	岳 阳 市	临　湘	醴　陵	永　兴	隆　回
浑水	邋水[la^{45} suei^{31}]	污浊箇水 [o^{5} tso^{21} kə^{0} ɕy^{21}]	浑水[fəŋ^{13} ɕy^{31}]	抹⁼浑箇水 [ma^{21} xuən^{44} kɤ^{0} ɕy^{41}]	浊水[tsʰo^{51} ɕu^{312}]
洪水	洪水[xoŋ^{13} suei^{31}]	洪水[xen^{12} ɕy^{21}]	大水[tʰai^{11} ɕy^{31}]	洪水[xoŋ^{35} ɕy^{41}]	大水[ha^{51} ɕu^{312}]
凉水	澳⁼水[ŋau^{24} suei^{31}]	冷水[lɔ̃^{21} ɕy^{21}]	冷水[lan^{31} ɕy^{31}]	冷水[lɛ^{41} ɕy^{41}]	冷水[luã^{312} ɕu^{312}]
泉水	山泉水 [san^{44} dʑyan^{13} suei^{31}]	沁⁼水[dʑin^{24} ɕy^{21}]	沁⁼水[tɕʰin^{33} ɕy^{31}]	泉水[tɕʰyɛ^{35} ɕy^{41}]	井里水[tɕiã^{312} li^{0} ɕu^{312}]
热水	热水[zɿ^{45} suei^{31}]	热水[yɛ^{5} ɕy^{21}]	热水[ȵiɛ^{35} ɕy^{31}]	滚水[kuən^{41} ɕy^{41}]	热水[ĩɪ^{51} ɕu^{312}]
温水	温热水 [uən^{44} zɿ^{45} suei^{31}]	温水[un^{45} ɕy^{21}]	温热水[uəŋ^{33} ȵiɛ^{35} ɕy^{31}]	不冷不滚箇水 [pv̩^{21} lɛ^{41} pv̩^{21} kuən^{41} kɤ^{0} ɕy^{41}]	懒水[lai^{51} ɕu^{312}]
开水(沸水)	开水[gai^{44} suei^{31}]	开水[gai^{45} ɕy^{21}]	滚水[kuəŋ^{31} ɕy^{31}]	开水[kʰe^{44} ɕy^{41}]	开水[kʰei^{33} ɕu^{312}]
石头	石头[sɿ^{45} dəu^{22}]	石哩[sa^{5} ni^{0}]	石头[sa^{35} tʰeu^{13}]	石卵牯[so^{44} lo^{0} kv̩^{0}]	石牯[ɕia^{51} ku^{33}]
鹅卵石	卵石[lo^{31} sɿ^{45}]	卵石[no^{21} sɿ^{5}]	鹅卵牯石头 [ŋo^{35} loŋ^{31} ku^{31} sa^{35} tʰeu^{13}]	麻卵牯[mo^{41} lo^{0} kv̩^{0}]	卵石[lo^{312} ɕia^{51}]
沙子	沙[sa^{44}]	沙子[sa^{45} tsɿ^{0}]	沙子[sa^{33} tsɿ^{0}]	沙子[so^{44} tsɿ^{0}]	沙子[sa^{33} tsei^{0}]
砖	砖头[tsuan^{44} dəu^{13}]	砖[tɕyan^{45}]/砖牯哩 [tɕyan^{45} ku^{0} ni^{0}]	砖[kyen^{33}]	砖[tɕyɛ^{44}]	砖[tɕyɛ̃^{33}]
瓦	瓦块[ua^{31} guai^{31}]	瓦[ua^{21}]	瓦[ŋa^{31}]	瓦[o^{41}]	瓦[ua^{312}]

续 表

词条	岳阳市	临湘	醴陵	永兴	隆回
灰尘	灰尘[fei^{44} dzən^{13}]	灰[fei^{45}]	灰[fei^{33}]	灰[xuɪ^{44}]	灰尘[xui^{33} tɕiẽ^{13}]
烂泥	烂泥[lan^{24} ȵi^{13}]	泻泥巴[ɕia^{24} ni^{12} pa^{45}]	烂泥巴[lan^{11} ȵi^{13} pa^{33}]	泻泥巴[ɕia^{13} le^{0} pa^{0}]	泥巴(子)[le^{13} pa^{33}(tsɿ^{0})]有水分的
泥土	泥巴[ȵi^{13} pa^{44}]	土[dəu^{21}]	土[t^{h}ou^{31}]泥土(干的)	干泥巴[kɛ^{44} le^{0} pa^{0}]	土[hu^{312}]
金	金[tɕin^{44}]	金[tɕin^{45}]	金子[tɕin^{33} tsɿ^{0}]/金[tɕiŋ^{33}]	金子[tɕiən^{44} tsɿ^{0}]	金子[tɕiẽ^{33} tsɿ^{0}]
银	银[in^{13}]	银[nin^{12}]	银子[ȵin^{13} tsɿ^{0}]/银[ȵiŋ^{13}]	银子[ən^{35} tsɿ^{0}]	银子[iẽ^{13} tsɿ^{0}]
煤	煤炭[mi^{13} dan^{24}]	煤[mi^{12}]	煤[mei^{13}]/煤炭[mei^{13} t^{h}an^{11}]	炭[t^{h}ɛ^{13}]/煤[mɪ^{35}]	煤[mei^{13}]
煤油	洋油[iaŋ^{13} iəu^{13}]/煤油[mi^{13} iəu^{13}]	煤油[mi^{12} iəu^{12}]	洋油[ioŋ^{13} iou^{13}]/煤油[mei^{13} iou^{13}]	洋油[iɔ^{35} iəɯ^{0}]/煤油[mɪ^{35} iəɯ^{0}]	煤油[mei^{13} iəu^{13}]
石灰	石灰[sɿ^{45} fei^{44}]	石灰[sa^{5} fei^{45}]	石灰[sa^{35} fei^{33}]	石灰[so^{44} xuɪ^{44}]	石灰[ɕia^{51} xui^{33}]
水泥	洋灰[ian^{13} fei^{44}]/水泥[suei^{31} ȵi^{13}]	水泥[ɕy^{21} ni^{12}]	水泥[ɕy^{31} ȵi^{13}]	洋灰[iɔ^{35} xuɪ^{0}]/水泥[suɪ^{41} li^{0}]	水泥[sui^{312} li^{13}]
木炭	泡炭[bau^{44} dan^{24}]	炭[dan^{24}]	白炭[p^{h}a^{35} t^{h}an^{11}]/木炭[mu^{35} t^{h}an^{11}]	白炭[pe^{44} t^{h}ɛ^{0}]	炭[hã^{51}]
地方	地方[di^{22} fan^{44}]	地方[di^{21} xɔ̃^{45}]	地方[t^{h}i^{11} foŋ^{33}]/垱垧[toŋ^{11} sa^{35}]	垱垧[tɔ^{13} xɔ^{0}]	垱垧[tõ^{51} hu^{0}]

续表

词　条	岳阳市	临　湘	醴　陵	永　兴	隆　回
城市	城市[dzən^{13} sɿ^{44}]	街上[gai^{45} xen^{21}]	城哩[t^{h}əŋ^{13} li^{0}]/街上[kai^{33} soŋ^{11}]	街上[ka^{44} sɔ^{0}]	街上[kai^{33} ɕiõ^{312}]
巷子	巷子[xaŋ^{22} tsɿ^{0}]	巷子[xɔ̃^{33} tsɿ^{0}]	巷子[xoŋ^{11} tsɿ^{0}]	巷子[xɔ^{13} tsɿ^{0}]	弄子[lɤŋ^{51} tsɿ^{0}]
乡村	乡里[ɕiaŋ^{44} li^{31}]/农村[loŋ^{13} dzən^{44}]	农村哩[nen^{12} dzen^{45} ni^{0}]	乡哩[ɕioŋ^{33} li^{0}]	乡下[ɕiɔ^{44} xo^{0}]/农村[loŋ^{21} ts^{h}uən^{0}]	乡下[ɕiɑ̃^{33} ɕia^{51}]
(赶)集	集[tɕi^{45}]	集[tɕi^{5}]	场[t^{h}oŋ^{13}]	墟[ɕy^{44}]	场[tɕ^{h}iõ^{13}]
街道	街道[kai^{44} dau^{22}]	街[kai^{45}]/街[tɕiɛ^{45}]	街[kai^{33}]	街[ka^{44}]	街道[kai^{33} hʌu^{51}]
叁　时令　时间					
春天	春天[dʑyn^{44} dian^{44}]	春上[dʑyn^{45} sɔ̃^{21}]	春天[k^{h}yŋ^{33} t^{h}in^{33}]/春上哩[k^{h}yŋ^{33} soŋ^{11} li^{0}]	春上天[tɕ^{h}yən^{44} sɔ^{0} t^{h}iɛ^{44}]	春月天[tɕ^{h}yn^{33} mei^{51} hĩɪ^{33}]/春天[tɕ^{h}yn^{33} hĩɪ^{33}]
夏天	夏天[ɕia^{22} dian^{44}]	六月天[ləu^{5} ye^{5} dian^{45}]/热天[ye^{5} dian^{45}]	热天哩[ȵiɛ^{35} t^{h}in^{33} li^{0}]	热天[ʒie^{44} t^{h}iɛ^{44}]	夏月天[ɕia^{51} mei^{51} hĩɪ^{33}]/夏天[ɕia^{51} hĩɪ^{33}]
秋天	秋天[dʑiəu^{4} dian]	秋天[dʑiəu^{45} dian^{45}]	秋天[tɕ^{h}iou^{33} t^{h}in^{33}]	秋天[tɕ^{h}iəɯ^{44} t^{h}iɛ^{44}]	秋月天[ts^{h}iəu^{33} mei^{51} hĩɪ^{33}]/秋天[ts^{h}iəu^{33} hĩɪ^{33}]
冬天	冬天[toŋ^{44} dian^{44}]	冬天[ten^{45} dian^{45}]	冬哩[təŋ^{33} li^{0}]	冬下天[toŋ^{44} xo^{0} t^{h}iɛ^{44}]/冻天[toŋ^{13} t^{h}iɛ^{44}]	冬月天[tɤŋ^{33} mei^{51} hĩɪ^{33}]/冬天[tɤŋ^{33} hĩɪ^{33}]

续 表

词 条	岳阳市	临 湘	醴 陵	永 兴	隆 回
历书	黄历[fan^{13} li^{45}]	黄历[uɔ̃^{45} li^{5}]	通书[tʰəŋ^{33} ɕy^{33}]	新书[sən^{44} ɕy^{44}]	历书[li^{51} ɕy^{33}]
农历	古历[ku^{31} li^{45}]	阴历[in^{45} li^{0}]/老历[lau^{21} li^{0}]	阴历[iŋ^{33} li^{35}]	阴历[ən^{44} li^{0}]/农历[loŋ^{21} li^{0}]	阴历[iẽ^{33} li^{51}]/农历[lɤŋ^{13} li^{51}]
公历	阳历[iaŋ^{13} li^{45}]	阳历[iɔ̃^{12} li^{0}]	阳历[ioŋ^{13} li^{35}]	阳历[iɔ^{35} li^{0}]/公历[koŋ^{44} li^{0}]	阳历[iɑ̃^{13} li^{51}]
除夕	三十晚上[san^{44} sɿ^{45} uan^{31} san^{22}] 大年三十[ta^{22} ȵian^{13} san^{44} sɿ^{45}]白天 三十夜间[san^{44} sɿ^{45} ie^{31} kan^{31}]	除夕[dʑy^{12} ɕi^{5}]/团年[dø^{12} nian^{12}]	三十夜唧[san^{33} sɿ^{35} ia^{11} tɕi^{0}]/ 大年三十[tʰai^{11} ȵin^{13} san^{33} sɿ^{35}]/ 三十日[san^{33} sɿ^{35} ȵi^{35}]	三十晚上[sɛ^{44} sɪ^{0} uɛ^{42} sɔ^{0}]	三十夜天[sã^{33} ɕi^{51} ia^{51} hĩɪ^{33}]
正月初一	大年初一[ta^{13} ȵian^{13} dzəu^{44} i^{45}]	初一[dzəu^{45} i^{5}]/过年[ko^{33} nian^{12}]	大年初一[tʰai^{11} ȵin^{13} tsʰou^{33} i^{35}]	头初一[te^{35} tsʰv̩^{0} ʒi^{21}]	正月初一[tɕiõ^{33} mei^{51} tsʰu^{33} i^{33}]
拜年	拜年[pai^{24} ȵian^{13}]	拜年[pai^{33} nian^{12}]	拜年[pai^{11} ȵin^{13}]	拜年[pa^{13} ʒiɛ^{35}]	拜年[pai^{51} ĩɪ^{13}]
元宵节	元宵节[yan^{13} ɕiau^{44} tɕie^{45}]	元宵节[yan^{12} ɕiau^{45} tɕie^{5}]	元宵节[ȵyɛn^{13} ɕiu^{33} tɕie^{35}]	正月十五[tsən^{44} ye^{44} sɪ^{44} v̩^{41}]	上元[ɕiõ^{31} mĩɪ^{13}]/张月十五[tɕiõ^{33} mei^{51} ɕi^{51} u^{312}]
端午节	端午[tan^{44} u^{31}]	端阳[tø^{45} iɔ̃^{12}]五月初五是小端阳；五月十五是大端阳	端阳[toŋ^{33} ioŋ^{13}]	端午节[tuɛ^{44} v̩^{41} tɕie^{21}]	端午[tuɑ̃^{33} u^{312}]
中秋节	中秋节[tsoŋ^{44} dʑiəu^{44} tɕie^{45}]	中秋[dzen^{45} dʑiu^{45}]/八月十五[pa^{5} ye^{5} sɿ^{5} u^{21}]	中秋[təŋ^{33} tɕʰiou^{33}]	八月十五[po^{21} ye^{44} sɪ^{44} v̩^{41}]	中秋[tɕɤŋ^{33} tsʰiəu^{33}]/八月十五[pa^{33} mei^{51} ɕi^{51} u^{312}]

续　表

词　条	岳阳市	临　湘	醴　陵	永　兴	隆　回
中元节	七月半[dʑi^{45} ye^{45} pan^{24}]	七月半[dʑi^{5} ye^{5} pø^{5}]/鬼节[kui^{33} tɕie^{5}]/烧包节[sau^{45} pau^{45} tɕie^{5}]七月初四开鬼门关，七月十四晚开愚人大会，烧包，送回去。	七月半[tɕʰi^{35} ȵyɛ^{35} poŋ^{11}]	七月半[tɕʰi^{21} ye^{0} pɛ^{13}]	七月半[tsʰi^{33} mei^{51} põ^{51}]/中元[tɕʏŋ^{33} mĩɪ^{13}]
今年	今年[ɕin^{44} ȵian^{13}]	今年[tɕin^{45} nian^{12}]	今年[tɕiŋ^{33} ȵin^{13}]/今年子唧[tɕiŋ^{33} ȵin^{13} tsɿ^{0} tɕi^{0}]	今年[tɕiən^{44} ʒiɛ^{0}]	今年[tɕiẽ^{33}ĩɪ^{13}]
去年	去年[dʑy^{24} ȵian^{13}]	旧年[tɕiu^{24} nian^{12}]	旧年[tɕʰiou^{11} ȵin^{13}]	旧年[tɕʰiəɯ^{13} ʒiɛ^{0}]	去年[tɕʰĩɪ^{51}ĩɪ^{13}]
明年	明年[min^{13} ȵian^{13}]	明年[min^{12} nian^{12}]	明年[miaŋ^{13} ȵin^{13}]	来年[la^{35} ʒiɛ^{0}]	明年[miɑ̃^{13}ĩɪ^{13}]
前年	前年[dʑian^{13} ȵian^{13}]	前年[dʑian^{12} nian^{12}]	前年[tɕʰin^{13} ȵin^{13}]	前箇年[tɕʰiɛ^{35} kɤ^{0} ʒiɛ^{0}]	前箇年[tsʰĩɪ^{13} ka^{0}ĩɪ^{13}]
大前年	大前年[ta^{22} dʑian^{13} ȵian^{13}]	先⁼前年[ɕian^{21} dʑian^{12} nian^{12}]	先⁼前年[ɕin^{31} tɕʰin^{13} ȵin^{13}]	上前箇年[sɔ^{13} tɕʰiɛ^{35} kɤ^{0} ʒiɛ^{0}]	大前年[ha^{51} tsʰĩɪ^{13}ĩɪ^{13}]
往年	往年[uan^{31} ȵian^{13}]	往年[uɔ̃^{21} nian^{12}]	往年[uoŋ^{31} nin^{13}]	往年[uɔ^{41} ʒiɛ^{0}]	往年[uɑ̃^{312}ĩɪ^{13}]
后年	后年[xəu^{22} ȵian^{13}]	后年[xəu^{33} nian^{12}]	后年[xeu^{11} nin^{13}]	后年[xe^{41} ʒiɛ^{0}]	后年[hiə^{312}ĩɪ^{13}]
大后年	大后年[ta^{22} xəu^{22} ȵian^{13}]	大后年[dai^{33} xəu^{33} nian^{12}]	晏后年[ŋan^{11} xeu^{11} nin^{13}]	大后年[ta^{13} xe^{41} ʒiɛ^{0}]	大后年[ha^{51} hiə^{312}ĩɪ^{13}]
每年	每年[mei^{31} ȵian^{13}]	年年[nian^{12} nian^{12}]	每年[mei^{31} nin^{13}]/年年[nin^{13} nin^{13}]	年呱⁼年[ʒiɛ^{35} kua^{0} ʒiɛ^{35}]	每(一)年[mei^{312} (i^{33}) ĩɪ^{13}]/年年[ĩɪ^{13}ĩɪ^{13}]
年初	年初[ȵian^{13} dzəu^{44}]	年头[nian^{12} dəu^{12}]	年初[nin^{13} tsʰou^{33}]	年头[ʒiɛ^{35} te^{35}]	年初[ĩɪ^{13} tsʰu^{33}]

续 表

词 条	岳阳市	临 湘	醴 陵	永 兴	隆 回
年底	年底[ȵian^{13} ti^{31}]	年尾[nian^{12} uei^{21}]	年底[nin^{13} ti^{31}]	年底[ʒiε^{35} ti^{41}]	年底[ĩɪ^{13} ti^{312}]
上半年	上半年 [san^{22} pan^{22} ȵian^{13}]	上半年[ɕõ^{21} pø^{5} nian^{12}]	上半年 [soŋ^{11} poŋ^{11} nin^{13}]	上半年[sɔ^{13} pε^{0} ʒiε^{35}]	上半年[ɕio^{312} po^{51} ĩɪ^{13}]
下半年	下半年 [ɕia^{22} pan^{22} ȵian^{13}]	下半年[ɕia^{21} pø^{5} nian^{12}]	下半年 [xa^{11} poŋ^{11} nin^{13}]	下半年[xo^{41} pε^{0} ʒiε^{35}]	下半年[ha^{312} põ^{51} ĩɪ^{13}]
整年	一年到头 [i^{45} ȵian^{13} tau^{24} dəu^{13}]/ 秋年四季 [dʑiəu^{45} ȵian^{13} sɿ^{24} tɕi^{24}]	一年亘⁼的 [i^{5} nian^{12} ken^{21} ti^{0}]	全年[tɕʰin^{13} nin^{13}]/ 一年到头 [i^{35} nin^{13} tao^{11} tʰeu^{13}]	年打年[ʒiε^{35} ta^{0} ʒiε^{35}]/ 一年亘⁼箇 [ʒi^{41} iε^{35} kən^{41} kɤ^{0}]	一年[i^{33}ĩɪ^{13}]/年打年 [ĩɪ^{13} ta^{312}ĩɪ^{13}]
正月	正月间 [tsən^{44} ye^{45} kan^{44}]	正月间 [dzen^{45} ye^{5} kan^{45}]	正月[təŋ^{33} nyε^{35}]	正月底[tɕiən^{44} ye^{44} te^{0}]	正月[tɕiõ^{33} mei^{51}]
腊月	腊月[la^{45} ye^{45}]	腊月[la^{5} ye^{33}]	十二月[sɿ^{35} ε^{11} nyε^{35}]	十二月底 [sɪ^{44} e^{13} ye^{44} te^{0}]	十二月[ɕi^{51} ε^{51} mei^{51}]
闰月	闰月[yn^{22} ye^{45}]	闰月[yn^{33} ye^{5}]	闰月[yŋ^{11} nyε^{35}]	闰月[yən^{13} ye^{44}]	闰月[yn^{51} mei^{51}]
月初	月初[ye^{45} dzəu^{44}]	月初[ye^{5} dzəu^{45}]	月初[nyε^{35} tsʰou^{33}]/上间[soŋ^{11} koŋ^{11}]	初几[tsʰʯ^{44} tɕi^{41}]	初家⁼[tsʰu^{33} ka^{0}]
月半	月半[ye^{45} pan^{24}]	月中[ye^{5} dzen^{45}]	月中[nyε^{35} təŋ^{33}]/中间 [təŋ^{33} koŋ^{11}]	十几[sɪ^{44} tɕi^{41}]	十家⁼[ɕi^{51} ka^{0}]
月底	月底[ye^{45} ti^{31}]	月底[ye^{5} ti^{21}]	月底[nyε^{35} ti^{31}]/下间 [xa^{11} koŋ^{11}]	二十几[e^{13} sɪ^{0} tɕi^{41}]	月底[mei^{51} ti^{312}]/二十家⁼[ε^{51} ɕi^{51} ka^{0}]

续表

词 条	岳阳市	临 湘	醴 陵	永 兴	隆 回
上个月	上个月[san^{22} ko^{24} ye^{45}]	上一个月 [sɔ^{21} i^{5} ko^{0} ye^{5}]	上个月 [soŋ^{11} ko^{11} nyɛ^{35}]	上个月[sɔ^{13} kʊ^{0} ye^{44}]	上个月[ɕiõ^{51} kə^{51} mei^{51}]
下个月	下个月[ɕia^{22} ko^{24} ye^{45}]	下一个月 [xa^{21} i^{5} ko^{0} ye^{5}]	下个月[xa^{11} ko^{11} nyɛ^{35}]	下个月[ɕia^{13} kʊ^{0} ye^{44}]	下个月[ɕia^{51} kə^{51} mei^{51}]
今天	今音"基"儿[tɕi^{44} e^{22}]	今朝[tɕin^{45} tsau^{45}]	今日[tɕiŋ^{33} ni^{35}]	今日[tɕiən^{44} ʒi^{0}]	今日[tɕiẽ^{33} n̩^{33}]
昨天	昨儿[dzo^{45} e^{22}]	昨日(子) [tsuo^{24} nie^{5}(tsɿ^{0})]	昨日[tsʰo^{35} ni^{35}]	昨日[tsʰʊ^{44} ʒi^{0}]	昨日[tsʰɒ^{51} n̩^{33}]
明天	明音"谋"儿[məu^{13} e^{22}]	明朝(子) [mian^{12} tsau^{45}(tsɿ^{0})]	明日[miaŋ^{13} ni^{35}]	来日[la^{35} ʒi^{0}]	明日[miɑ̃^{13} n̩^{33}]
后天	后儿[xəu^{22} e^{22}]	后日[xəu^{21} nie^{5}]	后日[xeu^{11} ni^{35}]	后日[xe^{41} ʒi^{0}]	后日[hiə^{312} n̩^{33}]
大后天	大后儿[ta^{22} xəu^{22} e^{22}]	晏后日[ŋai^{5} xəu^{21} nie^{5}]	晏后日 [ŋan^{11} xeu^{11} ni^{35}]	大后日[ta^{13} xe^{41} ʒi^{0}]	外后日[ui^{51} hiə^{312} n̩^{33}]
前天	前儿[dʑian^{13} e^{22}]	前箇日 [dʑian^{12} ko^{33} nie^{5}]/前天 [dʑian^{12} dian^{45}]	前箇日[tɕʰin^{13} ko^{0} ni^{35}]	前日[tɕʰiɛ^{35} ʒi^{0}]/前箇日[tɕʰiɛ^{35} kɤ^{0} ʒi^{0}]	前日[tsʰĩɪ^{13} n̩^{33}]
大前天	先前儿 [ɕian^{44} dʑian^{13} e^{22}]	先前箇日 [ɕian^{21} dʑian^{12} ko^{33} nie^{5}]/ 先前天 [ɕian^{21} dʑian^{12} dian^{45}]	先前日 [ɕin^{31} tɕʰin^{13} ni^{35}]	大前日[ta^{13} tɕʰiɛ^{35} ʒi^{0}]	大前日[ha^{51} tsʰĩɪ^{13} n̩^{33}]

续 表

词 条	岳 阳 市	临 湘	醴 陵	永 兴	隆 回
星期天	星期天[ɕiŋ^{44} dʑi^{13} dian^{44}]/星期日[ɕiŋ^{44} dʑi^{13} zɿ^{45}]	星期天[ɕin^{45} dʑi^{45} dian^{45}]	礼拜日[li^{31} pai^{11} ni^{35}]	星期日子[sən^{44} tɕʰi^{0} ʒi^{44} tsɿ^{0}]	星期日[sẽ^{33} tɕʰi^{13} n̩^{33}]
整天	一天到晚[i^{45} dian^{44} tau^{24} uan^{31}]	一天亘⁼的[i^{5} dian^{45} ken^{33} ti^{0}]	一日[i^{35} ni^{35}]	一日圝箇[ʒi^{21} ʒi^{44} luɛ^{35} kɤ^{0}]/日打日[ʒi^{44} ta^{0} ʒi^{44}]/天光到黑[tʰiɛ^{44} kuɔ^{44} tɤ^{13} xe^{21}]	一日[i^{33} n̩^{33}]/日打日[n̩^{33} ta^{312} n̩^{33}]
每天	每天[mei^{31} dian^{44}]/[mei^{31} zɿ^{45}]	每天[mei^{21} dian^{45}]	每日[mei^{31} ni^{35}]/天天[tʰin^{33} tʰin^{33}]/每天[mei^{31} tʰin^{33}]	日日[ʒi^{44} ʒi^{44}]/日呱日[ʒi^{44} kua^{0} ʒi^{44}]	每日[mei^{312} n̩^{33}]/日日[n̩^{33} n̩^{0}]
十几天	十几天[sɿ^{45} dʑi^{31} dian^{44}]	十几天[sɿ^{12} tɕi^{21} dian^{45}]	十几光[sɿ^{35} tɕi^{31} kuoŋ^{33}]	十几日[sɪ^{44} tɕi^{41} ʒi^{44}]	十多日[ɕi^{53} to^{33} n̩^{33}]/泡⁼把日[pʰʌu^{51} pa^{312} n̩^{33}]十天左右
上午	上午[saŋ^{22} u^{31}]	上半日[sɔ̃^{21} pø^{33} nie^{5}]/上午[sɔ^{21} u^{0}]/上昼[sɔ̃^{21} tsəu^{33}]	上昼[soŋ^{11} tou^{11}]1 上午；2 午前	上昼边[sɔ^{13} tsɿ^{0} piɛ^{44}]	上家日[ɕiõ^{312} ka^{33} n̩^{3}]
下午	下午[ɕia^{22} u^{31}]	下半日[xa^{21} pø^{33} nie^{5}]/下昼[xa^{21} tsəu^{33}]	下昼[xa^{11} tou^{11}]1 下午；2 午后	下下昼[ɕia^{13} xo^{41} tsɿ^{0}]	下家日[ha^{312} ka^{33} n̩^{33}]1 下午；2 午后
半天	半天[pan^{24} dian^{44}]	半日[pø^{33} nie^{5}]	半日[poŋ^{11} ni^{35}]/半天[poŋ^{11} tʰin^{33}]	半日[pɛ^{13} ʒi^{44}]	半日[põ^{51} n̩^{33}]

续 表

词 条	岳阳市	临 湘	醴 陵	永 兴	隆 回
大半天	大半天 [ta^{22} pan^{24} dian^{44}]	大半日[de^{21} pø^{33} nie^{5}]	大半天 [tʰai^{11} poŋ^{11} tʰin^{33}]/大半日[tʰai^{11} poŋ^{11} ni^{35}]	多半日[tʊ^{44} pɛ^{13} ʒi^{44}]	大半日[ha^{51} põ^{51} n̩^{33}]
清晨	早晨[tsau^{31} sən^{13}]	早上唧 [tsau^{21} xen^{0} tɕi^{0}]	清早唧 [tɕʰiŋ^{33} tsao^{31} tɕi^{0}]/清晨八早 [tɕʰiŋ^{33} səŋ^{13} pa^{35} tsao^{31}]	早晨边[tsɤ^{41} sən^{0} piɛ^{44}]	早晨家 [tsʌu^{312} tɕʰiẽ^{13} ka^{33}]/清早[tsʰẽ^{33} tsʌu^{312}]
中午	中午[tsəŋ^{44} u^{31}]	中间[tsen^{45} kan^{45}]	中午[təŋ^{33} u^{31}]/中时[təŋ^{33} sɿ^{13}]	中下昼[tsoŋ^{44} xo^{41} tsɿ^{0}]	上沿家[ɕiõ^{312} ĩɪ^{51} ka^{0}]
白天	日哩[zɿ^{45} li^{31}]	日哩[ə^{5} ni^{0}]	日哩[ni^{35} li^{0}]	白日[pe^{44} ʒi^{0}]	日前家[n̩^{33} tsʰĩɪ^{13} ka^{33}]
黄昏	煞暗[sa^{55} ŋan^{324}]傍晚天暗，又"煞黑、断黑、断夜"/断夜[tʰan^{33} iɛ^{33}]傍晚时分	断黑[tø^{21} xe^{5}]	黑边时唧 [xa^{35} pin^{33} sɿ^{13} tɕi^{0}]	下昼边[xo^{41} tsɿ^{0} piɛ^{44}]/断黑[tuɛ^{41} xe^{21}]	断夜沿嘎子 [huã^{312} ia^{51} ĩɪ^{51} ka^{0} tsi^{0}]
夜晚	夜间[ie^{22} ka^{0}]/夜哩[ie^{22} li^{31}]	夜间[ia^{33} kan^{45}]/夜哩[ia^{24} ni^{0}]	夜哺唧[ia^{11} pu^{11} tɕi^{0}]/夜哩[ia^{11} li^{0}]	夜晚辰[io^{13} uɛ^{41} sən^{0}]	夜前家[ia^{51} tsʰĩɪ^{13} ka^{33}]
半夜	半夜[pan^{24} ie^{22}]	半夜[pø^{33} ia^{24}]	半夜[poŋ^{11} ia^{11}]	半夜底[pɛ^{13} io^{0} te^{41}]	半夜天家子 [põ^{51} ia^{51} ĩɪ^{51} ka^{0} tsi^{0}]
整夜	通夜[doŋ^{44} ie]	一夜亘$^{=}$的 [i^{5} ia^{24} ken^{33} ti^{0}]	一夜[i^{35} ia^{11}]	一夜[i^{21} io^{13}]	一夜全箇 [i^{33} ia^{51} tɕʰyẽ^{13} kei^{0}]/一个圈夜[i^{33} kə^{51} lɤŋ^{13} ia^{51}]

续 表

词 条	岳阳市	临 湘	醴 陵	永 兴	隆 回
每天晚上	每天夜间[mei^{31} dian^{44} ie^{22} ka^{0}]/每日夜间[mei^{31} ʐʅ^{45} ie^{22} ka^{0}]	天天夜间[dian^{45} dian^{45} ia^{24} kan^{45}]	每日夜哩[mei^{31} ni^{35} ia^{11} li^{0}]	日(日)夜晚辰[ʒi^{44}(ʒi^{44})io^{13} uɛ^{41} sən^{0}]	夜夜天子[ia^{51} ia^{0} hĩɪ^{55} tsi^{0}]
日子	日子[ʐʅ^{45} tsʅ^{0}]	日子[nie^{5} tsʅ^{21}]	日子[ni^{35} tsʅ^{31}]	日子[ʒi^{35} tsʅ^{41}]	日子[n̩^{33} tsʅ^{0}]
什么时候	么哩时候[mo^{44} li^{31} sʅ^{13} xəu^{22}]	么时唧[mo^{21} sʅ^{12} tɕi^{33}]	啥里时唧[sa^{31} li^{0} sʅ^{13} tɕi^{0}]	么箇时紧$^{=}$[ma^{44} kɤ^{0} sʅ^{35} tɕiən^{0}]	么箇时间[mə^{312} kə^{51} sʅ^{13} kã^{33}]
先前	先前[ɕian^{44} dʑian^{13}]	原先[yan^{12} ɕian^{45}]/先前[ɕian^{45} dʑian^{12}]	以前唧[i^{31} tɕʰin^{13} tɕi^{0}]	先头[ɕiɛ^{44} te^{35}]	头前[hiə^{13} tsʰĩɪ^{13}]
后来	后来[xəu^{22} lai^{13}]	以后[i^{33} xəu^{21}]	后背唧[xeu^{11} pei^{11} tɕi^{0}]	后背[xe^{21} pɪ^{0}]	背地[pei^{51} tei^{0}]
现在	现在[ɕian^{22} tsʰai^{22}]	箇时唧[ko^{21} sʅ^{12} tɕi^{0}]	箇刻唧[ko^{35} kʰɛ^{35} tɕi^{0}]/如今[y^{13} tɕiŋ^{33}]/箇下[ko^{35} xa^{11}]	将$^{=}$下$^{=}$[tɕiɔ^{13} xɔ^{0}]	眼今[ã^{312} tɕiẽ^{33}]
肆 农业					
春耕	春耕[dʑyn^{44} kən^{44}]	春耕[dʑyn^{45} ken^{45}]	春耕[kʰyŋ^{33} kɛn^{33}]	春耕[tɕʰyən^{44} kən^{44}]	作春[tso^{33} tɕʰyn^{33}]
夏收	割禾[ko^{45} ŋo^{13}]/双抢[suaŋ^{44} dʑiaŋ^{31}]	打禾[ta^{21} o^{12}]/打谷[ta^{21} ku^{5}]	双抢[soŋ^{33} tɕʰioŋ^{31}]抢收早稻，抢插晚稻，是一年中最忙的农活	双抢[sɔ^{44} tɕʰiɔ^{41}]	双抢[sõ^{33} tɕʰiɑ̃^{312}]
整地	薅地[xau^{44} ti^{22}]	炝平[dʑiɔ̃^{33} bin^{12}]/打炝[ta^{21} dʑiɔ̃^{33}]/操田[dzau^{45} dian^{12}]	整土[təŋ^{31} tʰou^{31}]/整田[təŋ^{31} tʰin^{13}]	鍛田[sa^{41} tiɛ^{35}]/挖田[ua^{44} tiɛ^{35}]	薅田[hʌu^{33} hĩɪ^{13}]

续　表

词　条	岳阳市	临　湘	醴　陵	永　兴	隆　回
下种	下种[ɕia^{22} tsoŋ^{31}]	种秧谷子 [tsen^{5} iɔ̃^{45} ku^{21} tsɿ^{0}]	下种[xa^{11} təŋ^{31}]	苞谷种 [pɤ^{44} kəɯ^{21} tsoŋ^{41}]/麬 谷种[iɛ^{13} kəɯ^{21} tsoŋ^{41}]	放种[fõ^{51} tɕɤŋ^{312}]/种秧 谷[tɕɤŋ^{51} iɑ̃^{33} ku^{312}]播种
插秧	栽田[tsai^{44} dian^{13}]	栽田[tsai^{45} dian^{12}]	插田[tsʰa^{35} tʰin^{13}]	莳田[sɿ^{13} tiɛ^{35}]	莳田[sɿ^{51} hĩɪ^{13}]
薅草	薅草[xau^{44} dzau^{31}]	薅田[xau^{45} dian^{12}]/捅 草[den^{21} dzau^{21}]	扯草[tʰa^{31} tsʰao^{31}]/ 来⁼禾[lai^{13} uo^{13}]用脚给 水稻中耕除草。	□田[lio^{21} tiɛ^{35}]/薅草 [xɤ^{44} tsʰɤ^{41}]/挎⁼草 [kʰua^{41} tsʰɤ^{41}]	来⁼田[lui^{13} hĩɪ^{13}]
稻穗		禾线子[o^{12} ɕian^{45} tsɿ^{0}]	禾线子[uo^{13} ɕin^{11} tsɿ^{0}]	禾线[ʊ^{35} ɕiɛ^{0}]	禾线[o^{13} sĩɪ^{51}]
割稻子	割禾[ko^{45} ŋo^{13}]	割谷[ko^{5} ku^{5}]	割禾[ko^{35} uo^{13}]	杀禾[so^{21} ʊ^{35}]	杀禾[siɛ^{33} o^{13}]
场院	禾场[ŋo^{13} dzaŋ^{13}]	晒谷场 [sai^{21} ku^{5} dzɔ̃^{24}]/禾场 [o^{12} dzɔ̃^{24}]/坪哩 [biɔ̃^{12} ni^{0}]也指操坪	晒谷坪 [sai^{11} ku^{35} pʰiaŋ^{13}]	禾场[ʊ^{35} tɔ^{41}]	禾场[o^{13} hõ^{13}]
施肥	施肥[sɿ^{44} fei^{13}]		下肥料[xa^{11} fei^{13} liu^{11}]	捉肥[tsʊ^{21} fɪ^{35}]	秧肥料[iɑ̃^{3} fi^{13} liə^{51}]
浇粪		泼粪[bo^{45} fen^{5}]	淋粪[liŋ^{13} fəŋ^{11}]/搧肥 [sɛn^{11} fei^{13}]泼肥	灌淤[kuɛ^{13} y^{44}]	淋粪[lẽ^{13} fẽ^{51}]
粪坑	氹粪[daŋ^{22} fən^{24}]	粪塘[fen^{5} dɔ̃^{12}]/茅 (厕)缸 [mau^{12}(dzɿ^{21})kɔ̃^{45}]/茅 缸哩[mau^{12} kɔ̃^{45} li^{0}]	粪池子[fəŋ^{11} tsʰɿ^{13} tsɿ^{0}]	黄坑[uɔ^{21} kʰɛ^{44}]	茅厕[mʌu^{13} sɿ^{51}]/茅坑 [mʌu^{13} kʰo^{33}]/粪坑 [fẽ^{51} kʰo^{33}]
拾粪	拣粪[tɕian^{31} fən^{24}]	拣粪[tɕian^{21} fen^{5}]	拣粪[tɕin^{31} fəŋ^{11}]	拣狗屎[tɕiɛ^{41} ke^{41} sɿ^{0}]	拣粪[tɕĩɪ^{312} fẽ^{51}]

续 表

词 条	岳 阳 市	临 湘	醴 陵	永 兴	隆 回
粪肥	粪[fən^{24}]	家肥[tɕia^{45} fei^{12}]	大粪[t^{h}ai^{11} fəŋ^{11}]人粪/牛粪子[niou^{13} fəŋ^{11} tsɿ^{0}]/猪粪子[ky^{33} fəŋ^{11} tsɿ^{0}]/鸡鸭粪[tɕi^{33} ŋa^{35} fəŋ^{11}]	大淤[ta^{13} y^{44}]人粪/黄淤[uɔ^{35} y^{0}]人粪/小淤[ɕiɤ^{41} y^{44}]尿	大淤[ha^{51} y^{33}]掺了水的/小淤[siə^{312} y^{33}]尿/猪屎粪[tɕu^{33} sɿ^{312} fẽ^{51}]/鸡屎嘎[tɕi^{33} sɿ^{31} ka^{0}]鸡粪[tɕi^{33} fẽ^{51}]
浇水	浇水[tɕiau^{44} suei^{31}]	泼水[bo^{5} ɕy^{21}]	淋水[liŋ^{13} ɕy^{31}]/泼水[p^{h}o^{35} ɕy^{31}]/印水[iŋ^{11} ɕy^{31}]轻微地浇水	灌水[kuɛ^{13} ɕy^{41}]	淋水[lẽ^{13} ɕu^{312}]
水井	井[tɕin^{31}]	井[tɕian^{33}]/吃水井[dʑia^{5} ɕy^{21} tɕian^{21}]/用水井[in^{21} ɕy^{21} tɕian^{21}]	吃水井[tɕ^{h}ia^{35} ɕy^{31} tɕiaŋ^{31}]/吊井[tiu^{11} tɕiaŋ^{31}]较深的水井	吃水井[tɕ^{h}io^{21} ɕy^{0} tɕiən^{41}]/用水井[ioŋ^{13} ɕy^{0} tɕiən^{41}]	水井[ɕu^{312} tsiɑ̃^{312}]
水桶	水桶[suei^{31} doŋ^{31}]	担水桶[tan^{45} ɕy^{21} den^{21}]	水桶[ɕy^{31} t^{h}əŋ^{31}]挑水用的桶/吊桶[tiu^{11} t^{h}əŋ^{31}]吊水用的桶	水桶[ɕy^{41} t^{h}oŋ^{41}]	水桶[ɕu^{312} hɤŋ^{312}]
牛轭	牛轭[niəu^{13} ŋa^{45}]	牛轭[liəu^{12} ŋa^{5}]	牛轭[niou^{13} ŋa^{11}]	牛轭[iəɯ^{35} ua^{0}]	牛轭[iɤŋ^{13} a^{33}]
牛鼻桊儿	牛鼻桊[niəu^{13} bi^{24} tsua^{13}]	牛桊[liəu^{12} dʑyan^{33}]	牛桊[niou^{13} k^{h}yen^{33}]	牛鼻桊[iəɯ^{35} pi^{0} ɕiɛ^{44}]	牛鼻桊[iɤŋ^{13} p^{h}i^{51} tɕ^{h}yn^{33}]
犁	犁[li^{13}]	犁[di^{12}]	犁[li^{13}]	犁[le^{35}]	犁[li^{13}]
耙子	耙[ba^{13}]	耙[pa^{12}]划烂泥巴的工具/炝[dʑiɔ̃^{5}]整平的工具，铁的/浪$^{=}$[lɔ̃^{5}]刮较大的不平，木制	耙[p^{h}a^{13}]	犁耙[le^{35} po^{35}]/梳耙[sy̩^{44} po^{35}]晒谷用挪$^{=}$耙[lo^{35} po^{35}]板子状	耙[pa^{13}]

续 表

词 条	岳阳市	临 湘	醴 陵	永 兴	隆 回
扇车	风车[xəŋ^{44} dzə^{44}]	风车[xen^{45} dzia^{45}]	风车[fəŋ^{33} tʰa^{33}]	风车[foŋ^{44} tsʰo^{44}]	风车[fɤŋ^{33} tɕʰia^{33}]
石磨	磨子[mo^{44} tsɿ^{0}]	磨子[mo^{33} tsɿ^{0}]	磨子[mo^{11} tsɿ^{0}]	磨[mʊ^{13}]	磨[mo^{51}]
碓	碓臼[ti^{24} tɕiəu^{24}]	碓臼(脑壳) [ti^{5} tɕiu^{21}(lau^{21} go^{12})]	碓臼[tei^{11} tɕʰiou^{11}]	碓晃⁼[tuɪ^{13} xuɔ^{41}]	粑晃⁼[pa^{33} kʰuɑ̃^{312}]
碓杵		碓嘴[ti^{5} tɕi^{21}]	碓嘴[tei^{11} tɕi^{31}]	碓杵[tuɪ^{13} tɕʰy^{41}]	粑杵[pa^{33} tɕu^{312}]
锄	锄头[dzəu^{13} dəu^{13}]	锄头[dzəu^{12} dəu^{0}]	锄头[tsʰou^{13} tʰeu^{13}]	锄头[tsɿ̩^{35} te^{0}]	锄头[tsʰu^{13} hiə^{13}]
铡刀	铡刀[tsa^{45} tau^{44}]	斩刀[tsan^{21} tau^{45}]	锉刀[tsʰo^{11} tao^{33}]	压刀[o^{13} tɤ^{0}]	铡刀[tsa^{13} tʌu^{33}]
镰刀	镰刀[lian^{13} tau^{44}]	镰子[lian^{45} tsɿ^{0}]	镰刀[lieu^{13} tao^{33}]砍柴用,把长刀短/禾镰刀[uo^{13} lin^{13} tao^{33}]	镰子呱[liɛ^{35} tsɿ^{0} kua^{0}]/镰刀[liɛ^{35} tɤ^{0}]	镰刀子[lĩɪ^{13} tʌu^{33} tsei^{0}]
砍刀	柴刀[tsai^{13} tau^{44}]	劈刀[bia^{5} tau^{45}]	钩刀[keu^{33} tao^{33}]砍刀,把短刀长/柴刀[tsʰai^{13} tao^{33}]用于劈开或吹断木柴的刀	柴刀[tsʰa^{35} tɤ^{0}]	□柴刀 [tɕiõ^{51} tsʰai^{13} tʌu^{33}]
铁锹	铁锹[die^{45} dʑiəu^{44}]	铁锹[die^{5} ɕian^{45}]	洋铲[ioŋ^{13} tsʰan^{31}]	铁铲[tʰie^{21} tsʰɛ^{41}]	铲锹[tsʰʌu^{312} tɕʰiə^{33}]
箢箕挑土用	箢箕[yan^{44} tɕi^{44}]	箢箕[yan^{45} tɕi^{45}]	撮箕[tsʰo^{35} tɕi^{33}]	土筵⁼[tʰɿ̩^{41} iɛ^{0}]	撮箕[tsʰa^{33} tɕi^{33}]/畚箕[pʰiə^{312} tɕi^{33}]/移畚箕[hõ^{51} pʰiə^{312} tɕi^{33}]
垃圾	垃圾[la^{45} tɕi^{44}]	(邋遢)渣子 [(la^{5} da^{45})tsa^{45} tsɿ^{0}]	灰屑子[fei^{33} ɕiɛ^{35} tsɿ^{0}]	灰[xuɪ^{44}]	沥⁼濑⁼[li^{13} lai^{33}]

续表

词条	岳阳市	临湘	醴陵	永兴	隆回
箩	箩筐[lo^{13} dʑiaŋ^{44}]	箩箱[lo^{12} ɕiɔ̃^{45}]	皮箩[p^{h}i^{13} lo^{13}]用篾片织成的箩筐，无盖/皮篓[p^{h}i^{13} leu^{31}]用篾片织成的箩筐，加盖。有的还在里壁糊上皮纸，刷上桐油/篾丝箩[miɛ^{35} sɿ^{33} lo^{13}]用篾丝织成的箩筐	箩筐[lo^{35} k^{h}uɛ^{0}]	箩[lo^{13}]
扁担	扁担[pian^{31} tan^{22}]	扁担[pian^{21} tan^{33}]	扁担[pin^{31} tan^{11}]	担杆[tɛ^{13} kuɛ^{0}]	扁担[pĩɪ^{312} tã^{33}]
挑担子	担担子[tan^{44} tan^{24} tsɿ^{0}]	担担子[tan^{33} tan^{0} tsɿ^{0}]	担担子[tan^{33} tan^{11} tsɿ^{0}]	挑担子[t^{h}iɤ^{44} tɛ^{13} tsɿ^{0}]/挑担杆[t^{h}iɤ^{44} tɛ^{13} kuɛ^{0}]	担担[tã^{33} tã^{51}]
扫帚	扫把[sau^{24} pa^{31}]	杈扫帚[tsa^{21} sau^{24} tsəu^{0}]竹子的丫杈做的	杈扫把[ts^{h}a^{11} sao^{11} pa^{31}]	杈扫秆[ts^{h}o^{44} sɤ^{0} kuɛ^{0}]	杈扫秆[ts^{h}a^{312} sʌu^{51} kuɑ̃^{33}]
笤帚	扫把[sau^{24} pa^{31}]	地扫帚[ti^{21} sau^{24} tsəu^{0}]家里用的/扫把[sau^{24} pa^{21}]高粱秆做的	扫把[sao^{11} pa^{31}]	扫秆[sɤ^{13} kuɛ^{0}]	扫秆[sʌu^{51} kuɑ̃^{33}]
伍　植物					
麦	麦子[mə^{45} tsɿ^{0}]	麦[me^{5}]	麦子[mɛ^{35} tsɿ^{0}]	麦子[mɛ^{44} tsɿ^{0}]	麦子[mã^{51} tsei^{0}]
荞麦	荞麦[dʑiau^{13} mə^{45}]	荞麦[dʑiau^{12} me^{5}]	荞麦[tɕ^{h}iu^{13} mɛ^{35}]	花麦[xo^{44} mɛ^{0}]	荞子[tɕ^{h}iə^{13} tsei^{0}]
玉米	苞谷[pau^{44} ku^{45}]	苞谷[pau^{45} ku^{5}]	苞谷[pao^{33} ku^{35}]/玉米[y^{11} mi^{31}]	苞谷[pɤ^{44} kv̩^{41}]/番粟[fɛ^{44} ɕiəɯ^{0}]	苞谷[pʌu^{33} ku^{312}]

续表

词条	岳阳市	临湘	醴陵	永兴	隆回
高粱	高粱[kau^{44} liaŋ^{13}]	高粱[kau^{45} liɔ̃^{12}]	高粱[kao^{33} lioŋ^{13}]	高粱[kɤ^{44} liɔ^{0}]	高粱子[kʌu^{33} liɑ̃^{13} tsei^{0}]
稻	禾[ŋo^{13}]	禾[o^{12}]	禾[uo^{13}]	禾[ʊ^{35}]	禾[o^{13}]
稻子	谷[ku^{45}]	谷[ku^{5}]	谷[ku^{35}]	谷[kəɯ^{21}]	谷子[ku^{33}]
稗子	稗子[bai^{24} tsɿ^{0}]	稗子[pai^{21} tsɿ^{33}]		稗子[pa^{13} tsɿ^{0}]	稗子[p^{h}ai^{312} tsei^{0}]
秕子	凹壳[ie^{45} go^{45}]/二壳谷[e^{31} go^{22} ku^{45}]	凹谷子[ie^{33} ku^{0} tsɿ^{0}]	凹谷子[iɛ^{35} ku^{35} tsɿ^{0}]	凹片[ie^{21} p^{h}ia^{41}]	凹谷[iɛ^{33} ku^{312}]
米	米[mi^{31}]	米[mi^{21}]	米[mi^{31}]	米[mən^{41}]	米[mẽ^{312}]
糯米	糯米[lo^{22} mi^{31}]	糯米[lo^{21} mi^{0}]	糯米[lo^{11} mi^{31}]	糯米[lʊ^{13} mən^{41}]	糯米[lo^{51} mẽ^{312}]
棉花	棉花[mian^{13} fa^{44}]	棉花[mian^{12} xua^{45}]	棉花[min^{13} fa^{33}]	棉花[miɛ^{35} xʊ^{0}]	棉花[mĩɪ^{13} xua^{33}]
麻秆	芝麻梗[tsɿ^{44} ma^{13} kən^{31}]	芝麻秆[tsɿ^{45} ma^{12} kan^{21}]	麻秆子[ma^{13} koŋ^{31} tsɿ^{0}]	麻秆[mo^{35} kɛ^{41}]	麻秆[mā^{13} kā^{312}]
苎麻	苎麻[tɕy^{24} ma^{13}]	苎麻[dʑy^{12} ma^{12}]	苎麻[ky^{11} ma^{13}]	苎麻[tɕ^{h}y^{41} mo^{0}]	
脂麻	芝麻[tsɿ^{44} ma^{13}]	芝麻[tsɿ^{45} ma^{12}]	芝麻[tsɿ^{33} ma^{13}]	麻[mo^{35}]	油麻子[iəu^{13} mā^{13} tsei^{0}]
向日葵	葵瓜子[guei^{13} kua^{44} tsɿ^{31}]树和籽	向日葵[ɕiɔ̃^{33} zɿ^{33} gui^{12}]	向日葵[ɕioŋ^{11} ni^{35} k^{h}uei^{13}]	葵花[k^{h}uɪ^{21} xo^{0}]	葵花子[k^{h}ui^{13} xua^{33} tsei^{0}]
葵花子儿	葵瓜子[guei^{13} kua^{44} tsɿ^{31}]树和籽	葵花子[gui^{12} fa^{45} tsɿ^{0}]	葵瓜子[k^{h}uei^{13} kua^{33} tsɿ^{0}]	瓜子[ko^{44} tsɿ^{0}]/葵花子[k^{h}uɪ^{21} xo^{0} tsɿ^{0}]	葵花子[k^{h}ui^{13} xua^{33} tsei^{0}]

续 表

词 条	岳阳市	临 湘	醴 陵	永 兴	隆 回
白薯	茴[fei^{13}]	茴[fei^{12}]	番薯[fan^{33} ɕy^{31}]	红薯[xoŋ^{35} ɕy^{0}]	红薯[hɤŋ^{13} ɕu^{312}]/薯[ɕu^{312}]
马铃薯	洋芋头[iaŋ^{13} y^{22} dəu^{13}]	洋芋头[iɔ̃^{12} y^{21} dəu^{0}]	马铃薯[ma^{31} liaŋ^{13} ɕy^{31}]	洋芋[iɔ^{35} y^{0}]	洋芋[iɑ̃^{13} u^{51}]
芋头	芋头[y^{22} dəu^{13}]	芋头[y^{21} dəu^{0}]	芋头[y^{11} tʰeu^{13}]	芋头[y^{13} te^{0}]	芋头[u^{51} hiə^{13}]
慈姑	荸荠[bu^{13} tɕi^{13}]	慈米[dzɿ^{12} mi^{21}]/荸荠[pu^{12} tɕi^{52}]	慈姑子[tsʰɿ^{13} ku^{33} tsɿ^{0}]	慈姑[tsʰɿ^{21} ko^{0}]	慈姑子[tsʰɿ^{13} ku^{33} tsei^{0}]
藕	藕[ŋəu^{31}]	藕[ŋəu^{21}]	藕[ŋeu^{31}]	藕[e^{41}]	藕[iə^{312}]
莲子	莲子[lian^{13} tsɿ^{31}]	莲子[lian^{45} tsɿ^{0}]	莲子[lin^{13} tsɿ^{0}]	莲子[liɛ^{35} tsɿ^{0}]	莲子[lĩɪ^{13} tsɿ^{0}]
黄豆	黄豆[xuaŋ^{13} dəu^{22}]	黄哩[uɔ̃^{12} li^{0}]	黄豆子[uoŋ^{13} tʰeu^{11} tsɿ^{0}]	黄豆[uɔ^{35} te^{0}]	黄豆子[huɑ̃^{13} hiə^{312} tsei^{0}]
绿豆	绿豆[ləu^{45} təu^{22}]	绿豆[ləu^{5} dəu^{0}]	绿豆[lou^{35} tʰeu^{11}]	绿豆[liəɯ^{44} te^{0}]	绿豆子[liəu^{33} hiə^{312} tsei^{0}]
黑豆	黑豆子[xə^{45} təu^{22} tsɿ^{0}]	黑豆[xe^{5} dəu^{0}]	黑豆子[xɛ^{35} tʰeu^{11} tsɿ^{0}]	黑豆[xe^{21} te^{0}]	黑豆子[hiɛ^{33} hiə^{312} tsei^{0}]
豌豆	麦豌豆[mə^{45} uan^{44} təu^{0}]	麦豌哩[ma^{5} ua^{45} ni^{0}]		雪豆[ɕye^{21} te^{0}]	
豇豆	豆角[təu^{22} ko^{45}]	豆豇哩[dəu^{33} ken^{45} ni^{0}]	豆豇[tʰeu^{11} tɕioŋ^{33}]	泪⁼豆[ly^{13} te^{0}]	豆角[hiə^{312} ki^{13}]
扁豆	刀把豆[tau^{44} pa^{31} təu^{22}]	旁⁼皮哩[bɔ̃^{12} pi^{12} ni^{0}]	娥眉豆[ŋo^{13} mi^{13} tʰeu^{11}]	娥板⁼豆[ʋ^{35} pɛ^{0} te^{0}]	娥把⁼豆[o^{13} pa^{51} hiə^{312}]

续 表

词 条	岳阳市	临 湘	醴 陵	永 兴	隆 回
蚕豆	豌豆[uan^{44} dəu^{22}]	豌哩[ua^{45} ni^{0}]	蚕豆[ts^{h}an^{13} t^{h}eu^{11}]	蚕豆[ts^{h}ɛ^{21} te^{0}]	胡豆子[xu^{13} hiə^{312} tsei^{0}]
茄子	茄子[dʑia^{13} tsɿ^{31}]	茄哩[tɕya^{12} ni^{0}]	茄子[tɕ^{h}ia^{13} tsɿ^{0}]	茄子[tɕ^{h}ia^{21} tsɿ^{0}]	茄子[tɕ^{h}ia^{13} tsɿ^{0}]
黄瓜	黄瓜[xuaŋ^{13} kua^{44}]	黄瓜[uɔ̃^{12} kua^{45}]	黄瓜[uoŋ^{13} kua^{33}]	黄瓜[uɔ^{35} ko^{0}]	黄瓜[õ^{13} kua^{33}]
丝瓜	丝瓜[sɿ^{44} kua^{44}]	丝瓜哩[sɿ^{45} kua^{45} ni^{0}]	丝瓜[sɿ^{33} kua^{33}]	线⁼瓜[ɕiɛ^{13} ko^{0}]	龙线⁼瓜 [lɤŋ^{13} sĩɪ^{51} kua^{33}]
苦瓜	苦瓜[gu^{31} kua^{44}]	苦瓜[gu^{21} kua^{45}]	苦瓜[k^{h}u^{31} kua^{33}]	苦瓜[k^{h}u^{41} ko^{0}]	苦瓜[k^{h}u^{312} kua^{33}]
南瓜	南瓜[lan^{13} kua^{44}]	北瓜[pe^{5} kua^{45}]	南瓜[lan^{13} kua^{33}]	田瓜[tiɛ^{35} ko^{0}]	番瓜[fã^{33} kua^{33}]
冬瓜	冬瓜[toŋ^{44} kua^{44}]	冬瓜[ten^{45} kua^{45}]	冬瓜[təŋ^{33} kua^{33}]	冬瓜[toŋ^{44} ko^{0}]	冬瓜[tɤŋ^{33} kua^{33}]
葫芦	瓢瓜[piau^{13} kua^{44}]	巴瓜哩[ba^{45} kua^{45} ni^{0}]	瓢瓜[p^{h}iu^{13} kua^{33}]	水瓜[ɕy^{41} ko^{0}]	白瓜[pa^{51} kua^{33}]/葫芦瓜[xu^{13} lu^{13} kua^{33}]
葱	葱[dzən^{44}]	葱[dzen^{45}]	葱[ts^{h}əŋ^{33}]	葱[ts^{h}oŋ^{44}]	葱[ts^{h}ɤŋ^{33}]
洋葱	洋葱[iaŋ^{13} dzən^{44}]	洋葱[iɔ̃^{12} dzen^{45}]	洋葱[ioŋ^{13} ts^{h}əŋ^{33}]	洋葱[iɔ^{35} ts^{h}oŋ^{0}]	洋葱[iɑ̃^{13} ts^{h}ɤŋ^{33}]
蒜	大蒜[ta^{22} san^{24}]	大蒜[dai^{21} suan^{0}]/蒜[sø̃^{21}]	大蒜[t^{h}ai^{11} soŋ^{11}]	蒜[suɛ^{13}]	蒜[suɑ̃^{51}]
蒜头	大蒜坨[ta^{22} san^{24} do^{13}]	大蒜籽哩 [dai^{21} suan^{0} tsɿ^{21} ni^{0}]	大蒜球子 [t^{h}ai^{11} soŋ^{11} tɕ^{h}iu^{13} tsɿ^{0}]	蒜脑[suɛ^{13} lɤ^{41}]	蒜脑壳 [suɑ̃^{51} lʌu^{312} k^{h}o^{33}]
韭菜	韭菜[tɕiəu^{31} dzai^{24}]	韭菜[tɕiu^{21} dzai^{33}]	韭菜[tɕiou^{31} ts^{h}oi^{11}]	韭菜[tɕiəɯ^{41} ts^{h}a^{0}]	韭菜[tɕiəu^{312} ts^{h}ui^{51}]

续 表

词 条	岳阳市	临 湘	醴 陵	永 兴	隆 回
苋菜	苋菜[xan^{22} dzai^{24}]	苋菜子 [xan^{21} dzai^{33} tsɿ^{0}]	苋菜[xan^{11} ts^{h}oi^{11}]	苋菜[xɛ^{13} ts^{h}a^{0}]	苋菜[hã^{51} ts^{h}ui^{51}]
西红柿	西红柿[ɕi^{44} xoŋ^{13} sɿ^{22}]/洋茄子[iaŋ^{13} tɕie^{13} tsɿ^{0}]	西红柿[ɕi^{45} xen^{12} sɿ^{21}]	番茄[fan^{33} tɕ^{h}ia^{13}]	西红柿[ɕi^{44} xoŋ^{21} sɿ^{13}]	洋辣子[iɑ̃^{13} liɛ^{51} tsɿ^{0}]/西红柿[si^{33} hɤŋ^{13} sɿ^{51}]
姜	姜[tɕiaŋ^{44}]	姜[tɕiɔ̃^{45}]	姜[tɕioŋ^{33}]	姜脑[tɕiɔ^{44} lɤ^{41}]	姜[tɕiõ^{33}]
辣椒	辣椒[la^{45} tɕiau^{44}]	辣椒[la^{5} tɕiau^{45}]	辣椒[la^{35} tɕiu^{33}]	辣子[lo^{44} tsɿ^{0}]	辣子[liɛ^{51} tsi^{0}]
辣椒面儿	辣椒粉 [la^{45} tɕiau^{44} fən^{31}]	辣椒粉子 [la^{5} tɕiau^{45} xen^{21} tsɿ^{0}]	辣椒粉[la^{35} tɕiu^{33} fəŋ^{31}]	辣子灰[lo^{44} tsɿ^{0} xuɪ^{44}]	辣子灰[liɛ^{51} tsi^{0} xui^{33}]
芥菜	芥菜[kai^{24} dzai^{24}]	芥菜[kai^{33} dzai^{0}]	青菜[tɕ^{h}iaŋ^{33} ts^{h}oi^{11}]	芥菜[ke^{13} ts^{h}a^{0}]	
胡椒	胡椒[fu^{13} tɕiau^{44}]	胡椒[u^{12} tɕiau^{45}]	胡椒[fu^{13} tɕiu^{33}]	胡椒[fu^{35} tɕiɤ^{0}]	胡椒[xu^{13} tɕiə^{33}]
菠菜	菠菜[po^{44} dzai^{24}]	菠菜[po^{45} dzai^{0}]	菠菜[po^{33} ts^{h}oi^{11}]	菠菜[pʊ^{44} ts^{h}a^{0}]	菠菜[po^{33} ts^{h}ui^{51}]/扯根菜[tɕia^{312} kẽ^{33} ts^{h}ui^{51}]
白菜	白菜[pə^{45} dzai^{24}]	白菜[pə^{5} dzai^{0}]	白菜[p^{h}ɛ^{35} ts^{h}oi^{11}]	白菜[pe^{44} ts^{h}a^{0}]	白菜[pa^{51} ts^{h}ui^{51}]
洋白菜	黄英白[faŋ^{13} in^{44} pə^{45}]	黄英白[uɔ̃^{12} ʑin^{45} pə^{5}]	包菜[pao^{33} ts^{h}oi^{11}]	罐子菜 [kuɛ^{13} tsɿ^{0} ts^{h}a^{13}]/罐子白[kuɛ^{13} tsɿ^{0} pe^{44}]	橄榄球 [kã^{312} lã^{312} tɕ^{h}iəu^{13}]
莴笋	莴笋[o^{44} sən^{31}]	莴嫲[o^{45} ma^{5}]	莴笋[uo^{33} səŋ^{31}]	莴笋[ʊ^{44} suən^{41}]	莴笋[o^{33} suən^{312}]

续 表

词 条	岳阳市	临 湘	醴 陵	永 兴	隆 回
芹菜	芹菜[dʑin^{13} dzai^{24}]	芹菜[dʑin^{12} dzai^{0}]	富菜[fu^{11} ts^{h}oi^{11}]/芹菜[tɕ^{h}iŋ^{13} ts^{h}oi^{11}]芹与穷发音同	芹菜[tɕ^{h}iən^{21} ts^{h}a^{0}]	芹菜[tɕ^{h}iẽ^{13} ts^{h}ui^{51}]
芫荽菜	芫荽菜[ian^{13} ɕi^{44} dzai^{24}]	芫荽菜[ian^{12} ɕi^{45} dzai^{0}]	芫荽菜[in^{13} ɕi^{13} ts^{h}oi^{11}]	香菜[ɕiɔ^{44} ts^{h}a^{0}]	
萝卜	萝卜[lo^{13} pu^{31}]	萝卜[lo^{12} po^{5}]	萝卜[lo^{13} pu^{11}]	萝卜[lʊ^{35} pʊ^{0}]	萝卜[lo^{13} p^{h}u^{312}]
萝卜干儿	萝卜干子[lo^{13} pu^{31} kan^{44} tsɿ^{0}]	萝卜皮子[lo^{12} po^{5} bi^{12} tsɿ^{0}]		萝卜皮[lʊ^{35} pʊ^{0} pi^{35}]	干萝卜[kuã^{33} lo^{13} p^{h}u^{312}]
胡萝卜	胡萝卜[fu^{13} lo^{13} pu^{31}]	红萝卜[xen^{12} lo^{12} po^{5}]	红萝卜[fəŋ^{13} lo^{13} pu^{11}]	红萝卜[xoŋ^{35} lʊ^{0} pʊ^{0}]	胡萝卜[xu^{13} lo^{13} p^{h}u^{312}]
蕹菜	蕹菜[ŋoŋ^{24} dzai^{24}]	蕹菜[ŋen^{24} dzai^{0}]	蕹菜[uəŋ^{11} ts^{h}oi^{11}]	蕹菜[oŋ^{13} ts^{h}a^{0}]	空心菜[k^{h}ɤŋ^{33} sẽ^{33} ts^{h}ui^{51}]/蕹菜[hɤŋ^{33} ts^{h}ui^{51}]
树	树[ɕy^{22}]	树[dʑy^{24}]	树[ɕy^{11}]	树[ɕy^{13}]	树[ɕu^{51}]
树苗	树苗[ɕy^{22} miau^{13}]	树苗[dʑy^{24} miau^{12}]	树苗[ɕy^{11} miu^{13}]/树秧子[ɕy^{11} ioŋ^{33} tsɿ^{0}]	树秧[ɕy^{13} iɔ^{44}]	树苗[ɕu^{51} miə^{13}]
树干	树干[ɕy^{22} kan^{31}]	树干[dʑy^{24} kan^{45}]	树秆子[ɕy^{11} koŋ^{31} tsɿ^{0}]	树秆子[ɕy^{13} kɛ^{41} tsɿ^{0}]	树筒子[ɕu^{51} hɤŋ^{312} tsɿ^{0}]
树梢	树尖子[ɕy^{22} tɕian^{44} tsɿ^{0}]	树尖子[dʑy^{24} tɕian^{45} tsɿ^{0}]	树尾巴[ɕy^{11} uei^{31} pa^{33}]	树顶上[ɕy^{13} tən^{41} sɔ^{0}]	树尖[ɕu^{51} tɕĩɪ^{33}]
树根	树根[ɕy^{22} kən^{44}]		树根[ɕy^{11} kɛn^{33}]/蔸子[teu^{33} tsɿ^{0}]	树蔸脑[ɕy^{13} te^{44} lɤ^{0}]	树蔸牯[ɕu^{51} tiə^{33} ku^{33}]

续 表

词 条	岳阳市	临 湘	醴 陵	永 兴	隆 回
树叶	树叶[ɕy^{22} ie^{45}]	树叶子[dʑy^{24} ie^{5} tsɿ^{0}]	树叶子[ɕy^{11} iɛ^{35} tsɿ^{0}]	树叶子[ɕy^{13} ie^{44} tsɿ^{0}]	树叶子[ɕu^{51} iɛ^{51} tsɿ^{0}]
树枝	树枝[ɕy^{22} tsɿ^{44}]	树桠子[dʑy^{24} a^{45} tsɿ^{0}]	树桠基[ɕy^{11} ŋa^{33} tɕi^{33}]	树桠款$^{=}$ [ɕy^{13} ɔ^{44} k^{h} uɛ^{0}]	树袴[ɕu^{51} kua^{51}]/树袴袴[ɕu^{51} kua^{51} kua^{0}]
种树	栽树[tsai^{44} ɕy^{22}]	栽树[tsai^{45} dʑy^{24}]	栽树[tsai^{33} ɕy^{11}]	插树[ts^{h} o^{21} ɕy^{13}]/莳树[sɿ^{13} ɕy^{13}]	栽树[tsui^{33} ɕu^{51}]
砍树	剁树[to^{24} ɕy^{22}]	砍树[gan^{21} dʑy^{24}]	砍树[k^{h} an^{31} ɕy^{11}]/斫树[to^{11} ɕy^{11}]	砍树[k^{h} ɛ^{41} ɕy^{13}]	剁树[to^{51} ɕu^{51}]
松树	松树[soŋ^{44} ɕy^{22}]	枞树[dzen^{12} dʑy^{24}]	枞树[ts^{h} əŋ^{13} ɕy^{11}]	松树[soŋ^{44} ɕy^{0}]/枞树[ts^{h} oŋ^{35} ɕy^{0}]	枞树[ts^{h} ɤŋ^{13} ɕu^{51}]
松针	松树叶子[soŋ^{44} ɕy^{22} ie^{45} tsɿ^{0}]	枞毛丝子[dzen^{12} mao^{12} ɕi^{45} tsɿ^{0}]	枞毛子[ts^{h} əŋ^{13} mao^{13} tsɿ^{0}]	松毛[soŋ^{44} mɤ^{35}]	松树叶子[ts^{h} ɤŋ^{13} ɕu^{51} iɛ^{51} tsɿ^{0}]
松球	松子[soŋ^{44} tsɿ^{0}]	枞桠坨[dzen^{12} a^{5} do^{12}]	枞毛球子[ts^{h}əŋ^{13} mao^{13} tɕ^{h}iou^{13} tsɿ^{0}]	松树球[soŋ^{44} ɕy^{0} tɕ^{h} iəɯ^{35}]	松树坨牯[ts^{h} ɤŋ^{13} ɕu^{51} ho^{13} ku^{33}]
松香		枞油子[dzen^{12} iəu^{12} tsɿ^{0}]	枞树油[ts^{h} əŋ^{13} ɕy^{11} iou^{13}]/松香[səŋ^{22} ɕioŋ^{33}]	松关油[soŋ^{44} kuɛ^{44} iəɯ^{35}]	松香[sɤŋ^{33} ɕiõ^{33}]
杉树	杉树[sa^{44} ɕy^{22}]	杉树[sa^{45} dʑy^{24}]	杉树[sa^{33} ɕy^{11}]	杉树[so^{44} ɕy^{0}]	杉树[sa^{33} ɕu^{51}]
桑树	桑树[saŋ^{44} ɕy^{22}]	桑树[sɔ̃^{45} dʑy^{24}]	桑树[soŋ^{33} ɕy^{11}]/桑叶子树[soŋ^{33} iɛ^{35} tsɿ^{0} ɕy^{11}]	桑叶树[sɔ^{44} ie^{0} ɕy^{13}]	蚕叶树[ts^{h} ã^{13} iɛ^{51} ɕu^{51}]

续表

词条	岳阳市	临湘	醴陵	永兴	隆回
桑叶	桑叶[saŋ^{44} ie^{45}]	桑叶[sɔ̃^{45} ie^{5}]	桑叶子[soŋ^{33} iɛ^{35} tsɿ^{0}]	桑叶[sɔ^{44} ie^{0}]	蚕叶[tsʰã^{13} iɛ^{51}]
柳树	柳树[liəu^{31} ɕy^{22}]	柳树[liəu^{24} dʑy^{24}]	柳树[liou^{31} ɕy^{11}]	柳树[liou^{41} ɕy^{0}]	杨柳树[iɑ̃^{13} liə^{312} ɕu^{51}]
桐油树	桐子树[doŋ^{13} tsɿ^{0} ɕy^{22}]	桐子树 [den^{12} tsɿ^{0} dʑy^{24}]	桐油树 [tʰəŋ^{13} iou^{13} ɕy^{11}]	桐子树[toŋ^{35} tsɿ^{0} ɕy^{13}]	桐子树[hɤŋ^{13} tsɿ^{312} ɕu^{51}]
苦楝树	苦楝树[gu^{1} lia^{22} ɕy^{22}]	苦楝子树 [gu^{21} lian^{24} tsɿ^{0} dʑy^{24}]	苦栗树[kʰu^{31} li^{11} ɕy^{11}]	苦楝子树 [fy̩^{41} liɛ^{0} tsɿ^{0} ɕy^{13}]	苦楝子树 [kʰu^{312} li^{33} tsɿ^{0} ɕu^{51}]
竹子	竹子[tsəu^{45} tsɿ^{0}]	竹子[tsəu^{5} tsɿ^{0}]/楠竹 [lan^{12} tsəu^{5}]	竹子[tou^{35} tsɿ^{0}]/楠竹 [lan^{13} tou^{35}]	竹子[tsəɯ^{44} tsɿ^{0}]	竹树[tiəu^{33} ɕu^{51}]/毛竹 子[mʌu^{13} tiəu^{33} tsei^{0}]楠竹
竹笋	竹笋[tsəu^{45} sən^{31}]	竹笋[tsəu^{5} sen^{21}]	笋[səŋ^{31}]	笋[suən^{41}]	竹根笋 [tiəu^{33} kẽ^{33} suən^{312}]
冬笋	冬笋[təŋ^{44} sən^{31}]	冬笋[ten^{45} sen^{21}]	冬笋[təŋ^{33} səŋ^{31}]	冬笋[toŋ^{44} suən^{41}]/黄 泥笋[uɔ^{35} le^{0} suən^{41}]	冬笋[tɤŋ^{33} suən^{312}]
春笋	春笋[dʑyn^{44} sən^{31}]	春笋[dzen^{45} sen^{21}]	春笋[kʰyŋ^{33} səŋ^{31}]	毛笋[mɤ^{35} suən^{41}]/春 笋[tɕʰyən^{44} suən^{41}]	春笋[tɕʰyn^{33} suən^{312}]
笋壳	笋叶子[sən^{31} ie^{45} tsɿ^{0}]	笋壳子[sen^{21} go^{5} tsɿ^{0}]	笋壳子[səŋ^{31} kʰo^{35} tsɿ^{0}]	笋壳叶[suən^{41} xʊ^{21} ie^{44}]	笋壳落 [suən^{312} kʰo^{33} lo^{51}]
竹竿儿	竹竿[tsəu^{45} kan^{44}]	竹竿子 [tsəu^{5} kan^{21} tsɿ^{0}]	竹杆子 [tou^{35} koŋ^{31} tsɿ^{0}]	竹子杆 [tsəɯ^{44} tsɿ^{0} kɛ^{41}]	竹节棍 [tiəu^{33} tsiɛ^{24} kuən^{51}]
竹叶儿	竹叶[tsəu^{45} ie^{45}]	竹叶子[tsəu^{5} ie^{21} tsɿ^{0}]	竹叶子[tou^{35} iɛ^{35} tsɿ^{0}]	竹叶子[tsəɯ^{44} ie^{44} tsɿ^{0}]	竹叶[tiəu^{33} iɛ^{51}]

续 表

词 条	岳阳市	临 湘	醴 陵	永 兴	隆 回
篾片	篾[mie^{45}]/篾片[mie^{45} bian]	篾[mie^{5}]	篾片子[miɛ^{35} p^{h}in^{11} tsɿ^{0}]	篾[mie^{44}]	竹篾[tiəu^{33} mĩɪ^{51}]
篾黄	黄篾[faŋ^{13} mie^{45}]	黄篾子[uɔ̃^{12} mie^{5} tsɿ^{0}]	黄篾子[uoŋ^{13} miɛ^{35} tsɿ^{0}]	白篾[pe^{44} mie^{44}]	黄篾[o^{13} mĩɪ^{51}]
篾青	青篾[dʑin^{44} mie^{45}]	青篾子[dʑin^{45} mie^{5} tsɿ^{0}]	青篾[tɕ^{h}iaŋ^{33} miɛ^{35}]	青篾[tɕ^{h}iən^{44} mie^{44}]	青篾[tɕ^{h}iɑ̃^{33} mĩɪ^{51}]
桃	桃子[dau^{13} tsɿ^{0}]	桃子[dau^{12} tsɿ^{0}]	桃子[t^{h}ao^{13} tsɿ^{0}]	桃子[tɤ^{35} tsɿ^{0}]	桃[hʌu^{13}]
李子	李子[li^{31} tsɿ^{0}]	李子[li^{21} tsɿ^{0}]	李子[li^{31} tsɿ^{0}]	秧李[iɔ^{44} li^{0}]	李子[li^{312} tsei^{0}]
苹果	苹果[p^{h}in^{13} ko^{31}]	苹果[bin^{12} ko^{21}]		苹果[p^{h}ən^{21} ko^{0}]	苹果[p^{h}ẽ^{13} ko^{213}]
枣儿	枣子[tsau^{31} tsɿ^{0}]	枣子[tsau^{21} tsɿ^{0}]	枣子[tsao^{31} tsɿ^{0}]/红枣[fəŋ^{13} tsao^{31}]	红枣[xoŋ^{35} tsɤ^{41}]	枣[tsʌu^{312}]
梨	梨子[li^{13} tsɿ^{0}]/鸭梨[ia^{45} li^{13}]	梨子[li^{12} tsɿ^{0}]	梨子[li^{13} tsɿ^{0}]	鹅梨[ʊ^{35} li^{0}]	鹅梨[o^{13} li^{13}]
枇杷	枇杷[bi^{13} ba^{13}]	枇杷[bi^{12} ba^{0}]	枇花子[p^{h}i^{13} fa^{33} tsɿ^{0}]	枇杷[pi^{35} pa^{0}]	
柿子	柿子[sɿ^{22} tsɿ^{0}]	柿子[sɿ^{33} tsɿ^{0}]	柿子[sɿ^{11} tsɿ^{0}]	槎⁼唧[ts^{h}a^{13} tɕi^{0}]	柿花[sɿ^{51} xua^{33}]
石榴	石榴[sɿ^{45} liəu^{13}]	石榴[sɿ^{5} liəu^{0}]	石榴[sɿ^{35} liou^{31}]	石榴[ɕi^{44} li^{0}]	石榴[ɕi^{51} liəu^{13}]
柚子	柚子[iəu^{24} tsɿ^{0}]	柚子[iəu^{24} tsɿ^{0}]	柚子[iou^{11} tsɿ^{0}]	波⁼箩[pʊ^{41} lʊ^{0}]	柚子[iəu^{51} tsɿ^{0}]
橘子	橘子[tɕy^{45} tsɿ^{0}]	橘子[tɕy^{5} tsɿ^{0}]	橘子[tɕy^{13} tsɿ^{0}]	橘子[tɕye^{44} tsɿ^{0}]	橘子[tɕu^{13} tsɿ^{0}]

续表

词条	岳阳市	临湘	醴陵	永兴	隆回
栗子	板栗[pan^{31} li^{45}]	板栗[pan^{21} li^{33}]		板栗[pɛ^{41} li^{0}]	板栗[pã^{312} li^{51}]
西瓜	西瓜[ɕi^{44} kua^{44}]	西瓜[ɕi^{45} kua^{0}]	西瓜[ɕi^{33} kua^{33}]	西瓜[ɕi^{44} ko^{0}]	西瓜[si^{33} kua^{33}]
瓜子儿	瓜子[kua^{44} tsɿ^{31}]	瓜子[kua^{45} tsɿ^{0}]	瓜子[kua^{33} tsɿ^{0}]	西瓜子[ɕi^{44} ko^{44} tsɿ^{0}]	
甘蔗	甘蔗[kan^{44} tsa^{24}]	甘蔗[kan^{45} tsa^{5}]	甘蔗[koŋ^{33} ta^{11}]/蔗杆[ta^{11} koŋ^{31}]	蔗杆[tso^{13} kɛ^{41}]	杆杆[kuɑ̃^{312} kuɑ̃^{0}]
花生	花生[fa^{44} sən^{44}]	花生[fa^{45} sen^{45}]	花生[fa^{33} sɛn^{33}]	花生[xua^{44} sən^{44}]	落花生[lo^{51} xua^{33} sẽ^{33}]
桂花	桂花[kuei^{24} fa^{44}]	桂花[kui^{24} fa^{45}]	桂花[kuei^{11} fa^{33}]	桂花[kuɪ^{13} xo^{0}]	桂花[kui^{51} xua^{33}]
菊花	菊花[tɕy^{45} fa^{44}]	菊花[tɕiəu^{5} fa^{45}]	菊花[tɕy^{13} fa^{33}]	菊花[tɕy^{21} xo^{0}]	菊花[tɕu^{51} xua^{33}]
梅花	梅花[mei^{13} fa^{44}]	梅花[mei^{12} fa^{45}]	梅花[mei^{13} fa^{33}]	梅花[mɪ^{21} xo^{0}]	梅花[mei^{13} xua^{33}]
荷花	荷花[xo^{13} fa^{44}]	荷花[xo^{12} fa^{45}]	荷花[xo^{13} fa^{33}]	荷花[xʊ^{35} xo^{0}]/莲蓬花[liɛ^{21} p^{h}oŋ^{0} xo^{44}]	荷花[xo^{13} xua^{33}]
茉莉花	茉莉花[mə^{45} li^{22} fa^{44}]	茉莉花[mo^{5} di^{33} fa^{45}]	茉莉花[mo^{35} li^{11} fa^{33}]	茉莉花[mo^{21} li^{0} xua^{44}]	
牵牛花	牵牛花[dʑian^{44} liəu^{0} fa^{44}]/喇叭花[la^{31} pa^{0} fa^{44}]	喇叭花[la^{21} pa^{0} fa^{45}]/牵牛花[dʑian^{45} liəu^{0} fa^{45}]	喇叭花[la^{31} pa^{33} fa^{33}]	喇叭花[la^{41} pa^{0} xo^{0}]	喇叭花[la^{312} p^{h}a^{13} xua^{33}]
杜鹃花	杜鹃花[dəu^{22} tsuan^{44} fa^{44}]	映山花[in^{33} san^{45} fa^{45}]	映山红[iŋ^{11} san^{33} fəŋ^{13}]	老虎花[lɤ^{41} fv̩^{0} xo^{0}]	映山红[iẽ^{51} sã^{33} hɤŋ^{13}]
芦苇	芦苇[ləu^{13} uei^{31}]	芦柴[ləu^{12} dzai^{12}]	芦茅[lou^{13} mao^{13}]	冬茅[toŋ^{44} mɤ^{0}]	

续 表

词条	岳阳市	临湘	醴陵	永兴	隆回
香菇	香菌[ɕiaŋ^{44} tɕyn^{22}]/香菇[ɕiaŋ^{44} ku^{44}]	香菌[ɕiɔ^{45} tɕyn^{21}]	香菇[ɕioŋ^{33} ku^{33}]	香菇[ɕiɔ^{44} ky̩^{44}]	香菇[ɕiõ^{33} ku^{33}]
蘑菇	菌子[tɕyn^{22} tsɿ^{0}]	蘑菇[mo^{11} ku^{45}]	菌子[tɕʰyŋ^{11} tsɿ^{0}]	菌[tɕʰyən^{41}]	蘑菇[mo^{13} ku^{33}]
青苔	露苔[ləu^{54} dai^{45}]	露苔[ləu^{33} dai^{45}]	地衣[tʰi^{11} i^{33}]	青珠苔[tɕiən^{44} tɕy^{0} tɛ^{41}]	石墨[ɕia^{51} miɛ^{51}]石头上的/青苔[tɕʰiɑ̃^{33} hai^{13}]河里或田里的
陆 动物					
牲口	畜牲[dzəu^{45} sən^{44}]	畜牲[dzəu^{5} sen^{45}]/家禽[tɕia^{45} dʑin^{12}]	牲口[sɛn^{33} kʰeu^{31}]	养牲[iɔ^{41} sɛ^{0}]	
公牛	公牛[koŋ^{44} niəu^{13}]	牯哩[ku^{21} ni^{0}]	牛牯子[niou^{13} ku^{31} tsɿ^{0}]	牯牛[ky̩^{41} iəɯ^{0}]公牛总称/雄牯[ɕioŋ^{35} ky̩^{41}]未阉公牛	黄牯[o^{13} ku^{33}]
母牛	母牛[mo^{31} niəu^{13}]	娑牛[sa^{33} liəu^{12}]	牛婆子[niou^{13} pʰo^{13} tsɿ^{0}]	牛婆[iəɯ^{35} pʊ^{0}]	牛婆娘[iɤŋ^{13} ho^{13} iɑ̃^{13}]
黄牛	黄牛[faŋ^{13} niəu^{13}]	黄牛[uɔ̃^{12} liəu^{12}]	黄牛[uoŋ^{13} niou^{13}]/黄牯子[uoŋ^{13} ku^{31} tsɿ^{0}]	黄牛[uɔ^{35} iəɯ^{0}]	黄牛[õ^{13} iɤŋ^{13}]
水牛	水牛[suei^{31} niəu^{13}]	水牛[ɕy^{21} liəu^{12}]	水牛[ɕy^{31} niou^{13}]	水牛[ɕy^{41} iəɯ^{0}]	水牛[ɕu^{312} iɤŋ^{13}]
牛犊	牛崽子[niəu^{13} tsai^{31} tsɿ^{0}]	嫩崽哩[lan^{21} tsai^{21} ni^{33}]	牛崽唧[niou^{13} tsai^{31} tɕi^{0}]/嫩牛唧[ləŋ^{11} niou^{13} tɕi^{0}]	牛崽崽[iəɯ^{35} tse^{41} tse^{0}]	牛崽[iɤŋ^{13} tsei^{33}]

续　表

词　条	岳阳市	临　湘	醴　陵	永　兴	隆　回
驴	驴子[li^{13} tsɿ^{0}]	驴牯哩[di^{12} ku^{21} ni^{33}]		驴子[lu^{35} tsɿ^{0}]	驴子[lu^{13} tsɿ^{0}]
骡	骡子[lo^{13} tsɿ^{0}]	骡子[no^{12} tsɿ^{0}]		骡子[lʊ^{35} tsɿ^{0}]	
山羊	山羊[san^{44} iaŋ^{13}]	羊[iɔ̃^{12}]	羊[ioŋ^{13}]	嗨哩[xe^{44} li^{0}]	羊子[iɑ̃^{13} tsei^{0}]
羊羔	羊崽子[iaŋ^{13} tsai^{31} tsɿ^{0}]	小羊崽 [ɕiau^{21} iaŋ^{12} tsai^{21}]	羊崽唧[ioŋ^{13} tsai^{31} tɕi^{0}]	羊崽崽[iɔ^{35} tse^{41} tse^{0}]	羊崽子[iɑ̃^{13} tsei^{33} tsi^{0}]
狗	狗子[kəu^{31} tsɿ^{0}]	狗哩[kəu^{21} ni^{0}]	狗[keu^{31}]/狗子 [keu^{31} tsɿ^{0}]	狗[ke^{41}]	狗[tɕiə^{312}]
公狗	公狗[koŋ^{44} kəu^{31}]	狗公子 [kəu^{21} ken^{45} tsɿ^{0}]	狗公子 [keu^{31} kuəŋ^{33} tsɿ^{0}]	牯狗[kv̩^{41} ke^{0}]	狗公[tɕiə^{312} kɤŋ^{33}]
母狗	母狗[mo^{31} kəu^{31}]	狗婆子[kəu^{21} bo^{12} tsɿ^{0}]	狗婆子 [keu^{31} p^{h}o^{13} tsɿ^{0}]	字狗[ts^{h}ɿ^{13} ke^{0}]/狗婆 [ke^{41} pʊ^{35}]	狗婆娘[tɕiə^{312} ho^{13} iɑ̃^{13}]
小狗儿	小狗子 [ɕiau^{31} kəu^{31} tsɿ^{0}]	狗崽子 [kəu^{43} tsai^{21} tsɿ^{0}]	狗崽唧 [keu^{31} tsai^{31} tɕi^{0}]	狗崽崽[ke^{41} tse^{41} tse^{0}]	细狗崽[sei^{51} tɕiə^{312} tsei^{0}]
猫	猫[mau^{44}]	猫[mau^{45}]	猫子[mao^{33} tsɿ^{0}]	咩喔[mie^{44} o^{0}]	猫[mʌu^{33}]
公猪	公猪[koŋ^{44} tɕy^{44}]	公猪[ken^{45} tɕy^{45}]	猪公子 [ky^{33} kuəŋ^{33} tsɿ^{0}]	牯猪[kv̩^{41} tɕy^{44}]	猪公[tɕu^{33} kɤŋ^{33}]
种猪	郎猪[laŋ^{13} tɕy^{44}]	郎猪哩[lɔ̃^{12} tɕy^{21} ni^{0}]/ 脚猪哩[tɕio^{5} tɕy^{45} ni^{0}]	脚猪子[tɕio^{35} ky^{33} tsɿ^{0}]	猪豭[tɕy^{44} ko^{44}]	猪郎牯[tɕu^{33} lɔ̃^{13} ku^{33}]

续 表

词 条	岳阳市	临 湘	醴 陵	永 兴	隆 回
母猪	母猪[mo^{31} tɕy^{44}]	猪婆子[tɕy^{45} bo^{12} tsɿ^{0}]	猪婆子[ky^{33} pʰo^{13} tsɿ^{0}]	猪婆[tɕy^{44} pʊ^{41}]/牸猪[tsʰɿ^{13} tɕy^{44}]	猪婆娘[tɕu^{33} ho^{13} iɑ̃^{13}]
猪崽	猪崽子[tɕy^{44} tsai^{31} tsɿ^{0}]	猪崽子[tɕy^{45} tsai^{33} tsɿ^{0}]	猪崽唧[ky^{33} tsai^{31} tɕi^{0}]	猪崽崽[tɕy^{44} tse^{41} tse^{0}]	猪崽唧[tɕu^{33} tsei^{33} tsi^{0}]
阉猪(动宾)	劁猪[dʑiau^{44} tɕy^{44}]	劁猪[tɕiau^{45} tɕy^{45}]	阉猪[in^{33} ky^{33}]	驐猪[tuən^{44} tɕy^{44}]	镦猪[sĩɪ^{51} tɕu^{33}]
兔子	兔子[dəu^{24} tsɿ^{0}]	兔子[dəu^{24} tsɿ^{0}]	兔子[tʰou^{11} tsɿ^{0}]	兔子[tʰy̩^{13} tsɿ^{0}]	兔子[hu^{51} tsɿ^{0}]
鸡	鸡子[tɕi^{44} tsɿ^{0}]	鸡哩[tɕi^{45} ni^{0}]	鸡[tɕi^{33}]	鸡[tɕi^{44}]	鸡[tɕi^{33}]
公鸡	雄鸡[ɕioŋ^{13} tɕi^{44}]	样鸡哩[iɔ̃^{21} tɕi^{45} ni^{0}]叫鸡	雄鸡[ɕiŋ^{13} tɕi^{33}]	雄鸡[ɕioŋ^{35} tɕi^{0}]/叫鸡公[tɕiɤ^{13} tɕi^{44} koŋ^{0}]	鸡公爷[tɕi^{33} kɤŋ^{33} ia^{13}]
阉鸡(名)	镦鸡[ɕian^{24} tɕi^{44}]	镦鸡[ɕian^{24} tɕi^{45}]	阉鸡[in^{33} tɕi^{33}]/镦鸡[ɕin^{11} tɕi^{33}]	镦鸡[ɕiɛ^{13} tɕi^{0}]	镦鸡[sĩɪ^{51} tɕi^{33}]
阉鸡(动宾)	劁鸡[tɕʰiau^{44} tɕi^{44}]	劁鸡[tɕiau^{45} tɕi^{45}]	阉鸡[in^{33} tɕi^{33}]	驐鸡[tuən^{44} tɕi^{44}]	镦鸡[sĩɪ^{51} tɕi^{33}]
母鸡	鸡婆[tɕi^{44} bo^{13}]	鸡婆[tɕi^{45} bo^{12}]	鸡婆子[tɕi^{33} pʰo^{13} tsɿ^{0}]	鸡婆[tɕi^{44} pʊ^{0}]	鸡婆娘[tɕɿ^{33} ho^{13} iɑ̃^{13}]
抱窝鸡	菢鸡婆[bau^{22} tɕi^{44} bo^{13}]	菢鸡婆[pau^{33} tɕi^{45} bo^{12}]	菢鸡婆[pʰao^{11} tɕi^{33} pʰo^{13}]	赖菢鸡婆[la^{13} pɤ^{0} tɕi^{44} pʊ^{0}]	菢鸡婆娘[pʰʌu^{51} tɕi^{33} ho^{13} iɑ̃^{13}]
小鸡儿	小鸡子[ɕiau^{31} tɕi^{44} tsɿ^{0}]	鸡崽子[tɕi^{45} tsai^{54} tsɿ^{0}]	鸡崽唧[tɕi^{33} tsai^{31} tɕi^{0}]	鸡崽崽[tɕi^{44} tse^{41} tse^{0}]	细鸡崽[sei^{51} tɕi^{33} tsei^{33}]
鸡蛋	鸡蛋[tɕi^{44} tan^{22}]	鸡蛋[tɕi^{45} tan^{0}]/蛋剥[tan^{33} po^{5}]小孩叫法	剥剥[po^{35} po^{35}]	鸡子[tɕi^{44} tsɿ^{0}]/嘎嘎[ka^{21} ka^{0}]	鸡果[tɕi^{33} ko^{51}]

续表

词　条	岳阳市	临　湘	醴　陵	永　兴	隆　回
下蛋	生蛋[sən^{44} tan^{22}]	下蛋[xa^{33} tan^{33}]	生剥剥[san^{33} po^{35} po^{35}]	生子[sɛ^{44} tsɿ^{41}]/生嘎嘎[sɛ^{44} ka^{21} ka^{0}]	生果[sẽ^{33} ko^{51}]
孵	菢[bau^{22}]	菢[pau^{33}]	菢[p^{h}ao^{11}]	菢[pɤ^{13}]	菢[p^{h}ʌu^{51}]
鸡冠	鸡冠[tɕi^{44} kuan^{44}]	鸡冠子[tɕi^{45} kuɔ̃^{45} tsɿ^{0}]	鸡冠子[tɕi^{33} koŋ^{33} tsɿ^{0}]	鸡冠[tɕi^{44} kuɛ^{44}]	鸡冠[tɕi^{33} kuɑ̃^{33}]
鸡爪子	鸡爪子[tɕi^{44} tsau^{31} tsɿ^{0}]	鸡脚爪子[tɕi^{45} tɕio^{5} tsau^{21} tsɿ^{0}]	鸡爪子[tɕi^{33} tsao^{31} tsɿ^{0}]	鸡爪[tɕi^{44} tsɤ^{41}]	鸡爪爪[tɕi^{33} tsʌu^{312} tsʌu^{0}]
鸭	鸭子[ia^{45} tsɿ^{0}]	鸭子[ŋa^{5} tsɿ^{0}]	鸭[ŋa^{35}]	鸭[o^{21}]	鸭[iɛ^{33}]
公鸭	公鸭[koŋ^{44} ia^{45}]	鸭公子[ŋa^{5} ken^{45} tsɿ^{0}]	鸭公子[ŋa^{35} kuəŋ^{33} tsɿ^{0}]	鸭公[o^{21} koŋ^{44}]	鸭公[iɛ^{33} kɤŋ^{33}]
母鸭	婆鸭[bo^{13} ia^{45}]	鸭婆子[ŋa^{5} bo^{12} tsɿ^{0}]	鸭婆子[ŋa^{35} p^{h}o^{13} tsɿ^{0}]	鸭婆[o^{21} pʊ^{35}]	鸭婆娘[iɛ^{33} ho^{13} iɑ̃^{13}]
小鸭子	小鸭子[ɕiau^{31} ia^{45} tsɿ^{0}]	鸭崽子[ŋa^{5} tsai^{21} tsɿ^{0}]	鸡崽唧[tɕi^{33} tsai^{31} tɕi^{0}]	鸡崽崽[tɕi^{44} tse^{41} tse^{0}]	细鸡崽[sei^{51} tɕi^{33} tsei^{33}]
鸭蛋	鸭蛋[ia^{45} tan^{22}]	鸭蛋[ŋa^{5} tan^{21}]	鸭剥剥[ŋa^{35} po^{35} po^{35}]	鸭子[o^{21} tsɿ^{0}]	鸭果[iɛ^{33} ko^{33}]
鹅	鹅[ŋo^{13}]	鹅[ŋo^{12}]	鹅[ŋo^{13}]	鹅[ʊ^{35}]	鹅[o^{13}]
小鹅儿	小鹅[ɕiau^{31} ŋo^{13}]	鹅崽子[ŋo^{12} tsai^{21} tsɿ^{0}]	鹅崽唧[ŋo^{13} tsai^{31} tɕi^{0}]	鹅崽崽[ʊ^{35} tse^{41} tse^{0}]	细鹅崽[sei^{51} o^{13} tsei^{0}]
野兽	野兽[ie^{31} səu^{24}]	野物[ia^{21} u^{5}]	野物[ia^{11} u^{11}]	野东西[io^{41} doŋ^{44} ɕi^{0}]	野兽[ia^{312} ɕiəu^{51}]
老虎	老虎[lau^{31} fu^{31}]	老虎[lau^{21} xu^{21}]/老虫[lau^{21} dzen^{12}]	老虎[lao^{31} fu^{31}]/老虫[lao^{31} t^{h}əŋ^{13}]	老虎[lɤ^{41} fv̩^{0}]	老虫[lʌu^{312} tɕ^{h}ɤŋ^{13}]

续表

词条	岳阳市	临湘	醴陵	永兴	隆回
猴子	猴子[xəu^{13} tsɿ^{0}]	猴子[xəu^{12} tsɿ^{0}]	猴子[xeu^{13} tsɿ^{0}]	猴牯[xe^{35} kv̩^{0}]	猴子[hiə^{13} tsɿ^{0}]
熊	熊[ɕioŋ^{13}]	熊狗[ɕioŋ^{12} kəu^{21}]	熊[ɕiŋ^{13}]	熊[ɕioŋ^{21}]	熊[ɕɤŋ^{13}]
豹	豹子[pau^{24} tsɿ^{0}]	豹子[pau^{24} tsɿ^{0}]	豹虎子[pao^{11} fu^{31} tsɿ^{0}]	豹子[pɤ^{13} tsɿ^{0}]	豹子[pʌu^{51} tsɿ^{0}]
狐狸	狐狸[fu^{13} li^{31}]	狐狸[fu^{12} li^{0}]	狐狸[fu^{13} li^{31}]	狐狸[fu^{35} li^{0}]	狐狸[xu^{13} li^{13}]
黄鼠狼	黄鼠狼[faŋ^{13} ɕy^{31} laŋ^{13}]	黄竹筒[uɔ̃^{12} tsəu^{5} den^{12}]/黄老鼠子[uɔ̃^{12} lau^{21} ɕy^{21} tsɿ^{0}]/黄鼠狼[uɔ̃^{12} ɕy^{21} lɔ̃^{12}]	黄鼠聋[uoŋ^{13} ɕy^{31} ləŋ^{33}]	狸拐子[li^{35} kue^{41} tsɿ^{0}]	黄鼠猖[o^{13} ɕu^{312} tsʰã^{13}]
老鼠	老鼠[lau^{31} ɕy^{31}]	老鼠子[lau^{21} ɕy^{21} tsɿ^{0}]	老鼠子[lao^{31} ɕy^{31} tsɿ^{0}]	老鼠[lɤ^{41} ɕy^{35}]	老鼠[lʌu^{312} ɕu^{312}]/老鼠牯[lʌu^{312} ɕu^{312} ku^{33}]
蛇	蛇[sə^{13}]	蛇[ɕia^{12}]	蛇[sa^{13}]	蛇拐[so^{35} kua^{0}]	蛇[ɕia^{13}]
鸟儿	鸟[niau^{31}]	鸟子[diau^{33} tɕi^{0}]	鸟[tiu^{31}]	鸟子[tiɤ^{41} tsɿ^{0}]	鸟子[tiə^{13} tsei^{0}]
乌鸦	老鸹子[lau^{31} ua^{44} tsɿ^{0}]	老鸹子[lau^{21} ua^{45} tsɿ^{0}]	老鸹子[lao^{31} ua^{33} tsɿ^{0}]	老鸹[lɤ^{41} ua^{0}]	黑老鸹[hiɛ^{33} lʌu^{312} ua^{33}]
喜鹊	喜鹊[ɕi^{31} dʑio^{45}]	丫鹊子[ŋa^{45} dʑio^{5} tsɿ^{0}]/喜鹊[dʑi^{21} dʑio^{5}]	丫鹊子[ŋa^{33} tɕʰio^{35} tsɿ^{0}]	喜鹊[tɕʰi^{41} tɕʰio^{0}]	喜鹊[ɕi^{312} tɕʰiə^{51}]
麻雀	麻雀[ma^{13} dʑio^{45}]	麻雀[ma^{12} dʑio^{5}]	麻雀子[ma^{13} tɕʰio^{35} tsɿ^{0}]	麻雀鸟唧[mo^{35} tɕʰy^{0} tiɤ^{41} tɕi^{0}]	麻鸟子[ma^{13} tiə^{13} tsei^{0}]

续表

词条	岳阳市	临湘	醴陵	永兴	隆回
燕子	燕子[ian^{24} tsɿ^{0}]	燕子[ian^{24} tsɿ^{0}]	燕子[in^{11} tsɿ^{0}]	燕唧鸟唧 [iɛ^{13} tɕi^{0} tiɤ^{41} tɕi^{0}]	燕子[ĩɪ^{51} tsei^{0}]
雁	雁[ŋaŋ^{22}]	雁[ŋan^{33}]	雁[ŋan^{11}]/雁鹅 [ŋan^{11} ŋo^{13}]	雁鹅[a^{21} ʊ^{35}]	雁鹅[ĩɪ^{51} o^{13}]
鸽子	鸽子[ko^{45} tsɿ^{0}]	鹁鸽哩[po^{5} ko^{5} ni^{0}]	鸽子[ko^{35} tsɿ^{0}]	鸽子[kʊ^{21} tsɿ^{0}]	鸽子[ko^{33} tsɿ^{0}]
布谷鸟	布谷鸟 [pu^{24} ku^{45} ȵiau^{31}]	爸爸鸟子 [pa^{24} pa^{0} diau^{21} tɕi^{0}]喊爸爸插田/插田鸟子 [dza^{5} dian^{12} diau^{21} tɕi^{0}]	插田鸟唧 [tsʰa^{35} tʰin^{13} tiu^{31} tɕi^{0}]	催工鸟唧 [tsʰuɪ^{44} koŋ^{0} tiɤ^{41} tɕi^{0}]叫声似"点新芽"催人开工	布谷鸟[pu^{51} ku^{33} liə^{24}]
啄木鸟	啄木鸟 [tso^{45} mo^{45} niau^{31}]	啄木鸟子 [tsa^{5} mo^{0} diau^{21} tɕi^{0}]	啄木鸟 [tso^{35} mu^{35} niu^{31}]	啄木鸟唧 [tso^{21} moŋ^{0} tiɤ^{41} tɕi^{0}]	啄木鸟[tso^{13} mo^{33} liə^{24}]
猫头鹰	猫头鹰 [mau^{44} dəu^{13} in^{44}]	猫头鹰 [mau^{45} dəu^{0} in^{45}]/猫虎头[mo^{45} fu^{21} dəu^{12}]	猫脑鸟 [mao^{33} lao^{31} niu^{31}]	哭鸟[kʰəɯ^{21} tiɤ^{41}]	胡⁼鸟[xu^{13} tiə^{24}]
老鹰	老鹰[lau^{31} in^{44}]	鹰婆子[in^{45} bo^{12} tsɿ^{0}]	麻鹰[ma^{13} iŋ^{33}]/崖鹰 [ŋa^{13} iŋ^{33}]	崖鹰[a^{35} ən^{0}]	崖八鹰[ai^{13} pa^{33} iẽ^{33}]
野鸡	野鸡[ie^{31} tɕi^{44}]	野鸡[ia^{21} tɕi^{45}]	野鸡[ia^{31} tɕi^{33}]	野鸡[io^{41} tɕi^{0}]	野鸡[ia^{312} tɕi^{33}]
野鸭	野鸭子[ie^{31} ia^{45} tsɿ^{0}]	野鸭子[ia^{21} ŋa^{5} tsɿ^{0}]	野鸭[ia^{31} ŋa^{35}]	野鸭[io^{41} o^{21}]	野鸭[ia^{312} iɛ^{33}]
鸬鹚	鸬鹚[ləu^{13} sɿ^{31}]	鸬鹚[ləu^{21} sɿ^{45}]	鸬鹚[lou^{11} sɿ^{33}]	鸬鹚[l̩y^{35} sɿ^{0}]	

续 表

词 条	岳阳市	临 湘	醴 陵	永 兴	隆 回
蝙蝠	檐木老鼠[ian^{13} mo^{45} lau^{31} ɕy^{31}]	檐老鼠[ian^{45} lau^{21} ɕy^{21}]	檐老鼠[in^{13} lao^{31} ɕy^{31}]	檐老鼠[iɛ^{35} lɤ^{41} ɕy^{35}]	檐老鼠[ĩɪ^{13} lʌu^{312} ɕu^{312}]
翅膀	翅膀[tsɿ^{24} paŋ^{31}]	翼胛[ie^{5} ka^{45}]	翼胛子[iɛ^{11} ka^{11} tsɿ^{0}]	翅管$^{=}$[tsʰɿ^{13} kuɛ^{41}]	翼胛[iɛ^{24} kiɛ^{33}]
嘴(鸟类的)	嘴壳[tɕi^{31} go^{45}]	嘴巴[tɕi^{21} pa^{45}]			
鸟窝	鸦鹊窠[ŋa^{44} dʑio^{45} ŋo^{44}]	鸟窠[diau^{21} go^{45}]	鸟窠[tiu^{31} kʰo^{33}]	鸟唧窠[tiɤ^{41} tɕi^{0} xʊ^{44}]	鸟子窠[tiə^{13} tsei^{0} ko^{33}]
蚕	蚕子[dzan^{13} tsɿ^{0}]	蚕子[dzan^{12} tsɿ^{45}]	蚕虫[tsʰan^{13} tʰəŋ^{13}]	蚕[tsʰɛ^{21}]	蚕[tsʰã^{13}]
蚕蛹	蚕蛹[dzan^{13} ioŋ^{31}]	蚕子窠[dzan^{12} tsɿ^{21} go^{45}]			
蚕沙	蚕子屎[dzan^{13} tsɿ^{0} sɿ^{31}]	蚕屎[dzan^{12} sɿ^{21}]			
蜘蛛	蜘蛛[tsɿ^{44} tɕy^{44}]	蜘蛛[tsɿ^{45} tɕy^{45}]	蜘蛛子[tsɿ^{35} ky^{33} tsɿ^{0}]	蟑蛛[tsɔ^{44} tɕy^{44}]	称$^{=}$蠓牯[tɕiẽ^{13} mɤŋ^{13} ku^{33}]
蚂蚁	蚂蚁[ma^{31} ni^{31}]	蚂蚁子[ma^{21} li^{12} tsɿ^{0}]/蚂蚁哩[ma^{21} li^{12} ni^{33}]	蚂眯子[ma^{31} mi^{33} tsɿ^{0}]	火蜓[xʊ^{41} iɛ^{35}]	蚂蚁子[mã^{312} ŋ̍^{0} tsei^{0}]
蝼蛄	土狗子[dəu^{31} kəu^{31} tsɿ^{0}]	土狗子[dəu^{21} kəu^{21} tsɿ^{0}]	土狗子[tʰou^{31} keu^{31} tsɿ^{0}]	土狗[tv̩^{41} ke^{41}]	
蚯蚓	曲蟮子[dzəu^{45} sən^{22} tsɿ^{0}]	曲蟮子[dzəu^{5} dzen^{12} tsɿ^{0}]	曲蟮子[tʰeu^{35} ɕin^{11} tsɿ^{0}]	蟮公[ɕiɛ^{21} koŋ^{44}]	蟮公[ɕĩɪ^{312} kɤŋ^{33}]
蜗牛	鼻涕虫[bi^{24} tin^{31} dzoŋ^{13}]	天螺坨[dian^{45} lo^{12} duo^{0}]	天螺头[tʰin^{33} lo^{13} tʰeu^{13}]	天田螺[tʰiɛ^{44} tiɛ^{0} lʊ^{0}]	鼻脓$^{=}$虫[pʰi^{312} lɤŋ^{33} tɕʰɤŋ^{13}]

续 表

词 条	岳阳市	临 湘	醴 陵	永 兴	隆 回
蜈蚣	蜈蚣[u^{13} koŋ^{44}]	蜈蚣[u^{12} ken^{45}]	蜈蚣虫 [u^{13} kuəŋ^{33} tʰəŋ^{13}]	蜈蚣蛇[v̩^{35} koŋ^{0} so^{35}]	蜈蚣叉[u^{13} kɤŋ^{33} tsʰa^{33}]
壁虎	壁虎子[pi^{45} fu^{31} tsɿ^{0}]	鸡婆蛇[tɕi^{45} bo^{0} ɕia^{12}]/ 四脚蛇[sɿ^{24} tɕio^{5} ɕia^{12}]	土壁蛇 [tʰou^{31} pia^{35} sa^{13}]	狗婆蛇[ke^{41} pʊ^{0} so^{35}]/ 壁蛇[pia^{21} so^{35}]	狗皮蛇[tɕiə^{312} pʰi^{13} ɕia^{13}]
苍蝇	饭蚊子[fan^{22} uən^{13} tsɿ^{0}]	饭蚊子 [fan^{33} men^{12} tsɿ^{0}]	饭蚊子 [fan^{11} məŋ^{33} tsɿ^{0}]/青头蚊 [tɕʰiaŋ^{33} tʰeu^{13} məŋ^{33}]	蚊唧[mən^{44} tɕi^{0}]	蚊子[mẽ^{13} tsei^{0}]
蚊子	夜蚊子[ie^{22} uən^{13} tsɿ^{0}]	夜蚊哩[ia^{33} un^{12} ni^{0}]	蚊子[məŋ^{33} tsɿ^{0}]	蚊虫[mən^{35} tsʰoŋ^{0}]	长脚蚊 [tɕʰiõ^{13} tɕyo^{33} mẽ^{13}]
虱子	虱子[sə^{45} tsɿ^{0}]	虱婆子[se^{5} bo^{12} tsɿ^{0}]	虱婆子[sɛ^{35} pʰo^{13} tsɿ^{0}]	虱婆[se^{21} pʊ^{0}]	虱婆[siɛ^{33} ho^{13}]
臭虫	臭虱[dzəu^{24} sə^{45}]	臭虫[dzəu^{24} dzen^{12}]	臭虫[tʰou^{11} tʰəŋ^{13}]	臭虫[tsʰəɯ^{13} tsʰoŋ^{0}]	臭虫[tɕiəu^{13} tɕʰɤŋ^{13}]
跳蚤	蛇蚤[kə^{45} tsau^{31}]	蛇虱哩[kəu^{21} se^{5} ni^{0}]	蛇虱子[kəu^{31} sɛ^{35} tsɿ^{0}]	蛇蚤[ke^{41} tsɤ^{0}]	蛇虱[tɕiə^{312} siɛ^{33}]
牛虻	牛蚊子 [niəu^{13} uən^{13} tsɿ^{0}]	牛虱婆[liu^{12} se^{5} bo^{12}]	牛生蜱 [niou^{13} san^{33} pʰi^{13}]	牛蜱仙⁼ [iəɯ^{35} pi^{0} ɕiɛ^{44}]	牛栏蚊[iɤŋ^{13} lã^{13} mẽ^{13}]
蟑螂	蟑螂[tsaŋ^{44} laŋ^{13}]	蟑螂[dzɔ̃^{45} lɔ̃^{0}]	灶鸡子[tsao^{11} tɕi^{33} tsɿ^{0}]	馇⁼拐婆 [tsʰo^{44} kua^{0} pʊ^{35}]	盐甲婆[ĩɪ^{13} kiɛ^{33} ho^{13}]
蝗虫	蚱蜢[tsa^{45} mən^{31}]	蚱蜢哩[tse^{5} men^{45} ni^{0}]		灶鸡[tsɤ^{13} tɕi^{0}]	扫鸡公[sʌu^{31} tɕi^{33} kɤŋ^{33}]
螳螂	螳螂[daŋ^{13} laŋ^{13}]	禾老虫[o^{12} lau^{21} dzen^{12}]	禾猴子[uo^{13} xeu^{13} tsɿ^{0}]	禾猴牯[ʊ^{35} xe^{0} kv̩^{41}]	禾老虫 [ō^{13} lʌu^{312} tɕʰɤŋ^{13}]

续表

词条	岳阳市	临湘	醴陵	永兴	隆回
蝉	悬梁子[ɕyan^{13} liaŋ^{13} tsɿ^{0}]		悬唧[ɕyɛn^{13} tɕi^{0}]	蝉[tsʰɛ^{21}]/叽叽呀[tɕi^{44} tɕi^{0} a^{21}]	火迹娘[xo^{312} tsi^{51} iɑ̃^{13}]
蜜蜂	蜜蜂[mi^{45} xoŋ^{44}]	蜜蜂[mi^{5} xen^{45}]	蜜蜂[mi^{35} fəŋ^{33}]/蜂子[fəŋ^{33} tsɿ^{0}]	糖蜂[tɔ^{35} pʰoŋ^{0}]	蜂子[fɤŋ^{33} tsei^{0}]
马蜂	黄蜂[uaŋ^{13} xoŋ^{44}]	黄蜂[uɔ̃^{12} xen^{45}]/楼蜂子[ləu^{24} xen^{45} tsɿ^{0}]	马蜂[ma^{31} fəŋ^{33}]/楼蜂[lou^{13} fəŋ^{33}]	黄蜂[uɔ^{35} pʰoŋ^{0}]	黄蜂子[ō^{13} fɤŋ^{33} tsei^{0}]
(蜂)蜇人	刺人[dzɿ^{24} zən^{13}]	□人[ŋa^{5} lin^{12}]	叮人[tiaŋ^{33} niŋ^{13}]/薅[xo^{31}]	叮人[tuən^{44} ən^{35}]/弹⁼[tɛ^{35}]毛虫咬人叫~	□人[tiɑ̃^{33} n̩^{13}]
蜂窝	蜂窝[xoŋ^{44} ŋo^{44}]	蜂窝[xen^{45} o^{45}]	蜂窠[fəŋ^{33} kʰo^{33}]	蜂窠[pʰoŋ^{44} xʊ^{44}]	蜂子窠[fɤŋ^{33} tsei^{0} kʰo^{33}]
蜂蜜	蜂蜜[fɤŋ^{33} mi^{51}]/蜜糖[mi^{45} daŋ^{13}]	蜜糖[mi^{5} dɔ̃^{12}]/蜂糖[xen^{45} dɔ̃^{12}]	蜂糖[fəŋ^{33} tʰoŋ^{13}]	蜂毛糖[foŋ^{44} mɤ^{0} tɔ^{35}]	蜂蜜[fɤŋ^{33} mi^{51}]
萤火虫	萤火虫[ioŋ^{13} xo^{31} dzoŋ^{13}]	萤火虫[iɔ̃^{12} xo^{21} dzen^{12}]	萤火虫[iaŋ^{11} fo^{31} tʰəŋ^{13}]	夜火虫[io^{13} xʊ^{0} tsʰoŋ^{35}]	阳火子[iɑ̃^{13} xo^{312} tsei^{0}]
蝴蝶	蝴蝶[fu^{13} tie^{45}]	蝴蝶[fu^{45} tie^{5}]	蝴蝶[fu^{13} tʰiɛ^{35}]	劈⁼蛾[pʰia^{44} lʊ^{41}]	飞蛾[fi^{33} o^{51}]
蜻蜓	虰虰[tin^{44} tin^{44}]	洋⁼洋⁼眯[iɔ̃^{12} iɔ̃^{12} mi^{12}]/蜻蜓[dʑin^{45} din^{12}]	洋⁼咕哞哞[ioŋ^{13} ku^{33} mɛ^{33} mɛ^{33}]	洋⁼洋⁼[iɔ^{35} iɔ^{0}]	塘□[hō^{13} tsɿ^{51}]
鱼儿	鱼[y^{13}]	鱼[y^{12}]	鱼[ny^{13}]	鱼[ŋ̍^{35}/y^{35}]	鱼[y^{13}]

续　表

词　条	岳阳市	临　湘	醴　陵	永　兴	隆　回
鲤鱼	鲤鱼[li^{31} y^{13}]	鲤鱼[li^{21} y^{12}]	鲤鱼[li^{31} ny^{13}]	鲤鱼[li^{41} ŋ̩^{0}]	鲤鱼[li^{312} y^{13}]
鲫鱼	鲫鱼[tɕi^{13} y^{13}]	鲫鱼[tɕi^{5} y^{12}]	鲫鱼[tɕi^{35} ny^{13}]	鲫鱼[tɕie^{21} ŋ̩^{0}]	鲫鱼子[tɕiɛ^{33} y^{13} tsei^{0}]
草鱼	青鱼[dzin^{44} y^{13}]	草鱼[dzau^{33} y^{12}]	草鱼[ts^{h}ao^{31} ny^{13}]	草鱼[ts^{h}ɤ^{41} ŋ̩^{0}]	草鱼[ts^{h}ʌu^{312} y^{13}]
胖头鱼	胖头鱼[baŋ^{24} dəu^{13} y^{13}]	雄鱼[ʑin^{12} y^{12}]	雄鱼[ɕiŋ^{13} ny^{13}]	雄鱼[ɕioŋ^{35} ŋ̩^{0}]	
金鱼	金鱼[tɕin^{44} y^{13}]	金鱼[tɕin^{45} y^{12}]	金鱼[tɕiŋ^{33} ny^{13}]	金鱼[tɕiən^{44} y^{0}]	金鱼[tɕiẽ^{33} y^{13}]
泥鳅	泥鳅[ni^{13} dʑiəu^{44}]	泥鳅[li^{12} dʑiu^{45}]	泥鳅[ni^{13} tɕ^{h}iou^{33}]	泥鳅[le^{35} tɕ^{h}iɤ^{0}]	泥鳅婆[lɛ^{13} tɕi^{33} ho^{13}]
鳝鱼	鳝鱼[san^{22} y^{13}]	鳝鱼[ɕian^{21} y^{12}]/黄鳝[uɔ̃^{12} ɕian^{33}]	黄鳝[uoŋ^{13} sɛn^{11}]	黄鳝[uɔ^{35} ɕiɛ^{0}]	黄鳝[õ^{13} ɕĩɪ^{51}]
鱼鳞	鱼鳞[y^{13} lin^{13}]	鱼鳞[y^{12} lin^{12}]	鱼鳞[ny^{13} liŋ^{13}]	鱼鳞[ŋ̩^{35} lən^{35}]	鱼鳞甲[y^{13} lẽ^{13} kiɛ^{33}]
鱼刺	鱼刺[y^{13} dzɿ^{13}]	鱼刺[y^{12} dzɿ^{5}]	鱼㓗[ny^{13} lɛ^{35}]	鱼骨头[ŋ̩^{35} kur^{21} te^{0}]	鱼骨头[y^{13} kuɛ^{33} hiə^{13}]
鱼鳔儿	鱼脬脬[y^{13} bau^{22} bau^{22}]	鱼脬[y^{12} bau^{45}]	鱼脬[ny^{13} p^{h}ao^{11}]	鱼脬脬[ŋ̩^{35} p^{h}ɤ^{21} p^{h}ɤ^{0}]	鱼脬牯[y^{13} p^{h}ʌu^{33} ku^{33}]
鳍	鱼鳍[y^{13} tsɿ^{13}]	划水[ua^{12} ɕy^{21}]	划水[fa^{13} ɕy^{31}]	鱼翅管=[ŋ̩^{35} ts^{h}ɿ^{13} kuɛ^{0}]	鳍子[tɕi^{13} tsɿ^{0}]

续 表

词 条	岳阳市	临 湘	醴 陵	永 兴	隆 回
鱼腮	鱼腮[y^{13} sai^{44}]	鱼腮[y^{12} sai^{45}]/腮壳子[sai^{45} ko^{12} tsɿ^{0}]	腮巴[sai^{33} pa^{33}]	沙筋[so^{44} tɕiən^{44}]	腮巴子[sai^{33} pa^{33} tsɿ^{0}]
鱼子	鱼子[y^{13} tsɿ^{31}]	鱼子[y^{12} tsɿ^{0}]	鱼子[ny^{13} tsɿ^{31}]	鱼子[ŋ̍^{35} tsɿ^{44}]	鱼果[y^{13} ko^{53}]
鱼苗儿	鱼苗[y^{13} miau^{13}]/鱼秧子[y^{13} iaŋ^{44} tsɿ^{0}]	鱼苗[y^{13} miau^{13}]/鱼秧子[y^{13} iaŋ^{45} tsɿ^{0}]	鱼苗[ny^{13} miu^{13}]/鱼秧子[ny^{13} ioŋ^{33} tsɿ^{0}]	鱼水[ŋ̍^{35} ɕy^{41}]	鱼苗[y^{13} miə^{13}]
钓鱼	钓鱼[tiau^{24} y^{13}]	钓鱼[tiau^{33} y^{12}]	钓鱼[tiu^{11} ny^{13}]	钓鱼[tiɤ^{13} ŋ̍^{35}]	钓鱼[tiə^{51} y^{13}]
鱼篓儿	鱼篓子[y^{13} ləu^{31} tsɿ^{0}]	鱼篓[y^{13} dəu^{21}]	鱼篓子[ny^{13} leu^{31} tsɿ^{0}]	鱼篓[ŋ̍^{35} luɪ^{41}]	篓牯[lɛ^{13} ku^{51}]
鱼网	鱼网[y^{13} uaŋ^{31}]	鱼网[y^{12} uɔ̃^{54}]	鱼网[ny^{13} uoŋ^{31}]	鱼网[ŋ̍^{35} mɔ^{41}]	鱼网[y^{13} uɑ̃^{312}]/罾$^{=}$[tsẽ^{33}]
虾	虾子[ɕia^{44} tsɿ^{0}]	虾子[xa^{45} tsɿ^{0}]	虾公子[xa^{33} kuəŋ^{33} tsɿ^{0}]	虾公[xo^{44} koŋ^{0}]	虾公子[ha^{33} kɤŋ^{33} tsei^{0}]
龟	乌龟[u^{44} kuei^{44}]	乌龟[u^{45} kui^{45}]	乌龟[u^{33} kuei^{33}]	乌龟[v̩^{44} kuɪ^{44}]	乌龟[u^{33} kui^{33}]
鳖	脚鱼[tɕio^{45} y^{13}]	脚鱼[tɕio^{5} y^{12}]/团鱼[tø^{12} y^{12}]/水鱼[ɕy^{21} y^{12}]	团鱼[t^{h}oŋ^{13} ny^{13}]	团鱼[tuɛ^{35} ŋ̍^{0}]	团鱼[t^{h}õ^{13} y^{13}]/甲鱼[tɕia^{33} y^{13}]
螃蟹	螃蟹[baŋ^{13} xai^{31}]	螃蟹[pɔ̃^{12} ka^{33}]	螃蟹[p^{h}oŋ^{13} xai^{11}]	螃蟹[pa^{35} xa^{41}]	挪蟹[la^{13} ā^{51}]
青蛙	革$^{=}$蟆[kə^{13} ma^{31}]	麻$^{=}$拐[ma^{12} kuai^{21}]/蛤蟆[ga^{12} ma^{0}]	蛤蟆[xa^{13} mo^{33}]/麻$^{=}$拐[ma^{13} kuai^{31}]	蟆$^{=}$拐[mo^{35} kua^{0}]	蛤蟆牯[ha^{13} mā^{0} ku^{33}]

续　表

词　条	岳阳市	临　湘	醴　陵	永　兴	隆　回
蝌蚪	革⁼蟆秧子 [kə^{13} ma^{31} iaŋ^{44} tsɿ^{0}]	麻⁼拐嫩哩 [ma^{12} kuai^{21} len^{33} ni^{0}]	蛤蟆蚁唧 [xa^{13} mo^{33} ni^{11} tɕi^{0}]	秧蟆⁼拐[iɔ^{44} mo^{0} kua^{0}]	秧蛤蟆[iɑ̃^{33} ha^{13} mā^{0}]
蟾蜍	癞癞革⁼蟆 [lai^{22} lai^{22} kə^{13} ma^{31}]	癞蛤蟆[lai^{21} ga^{33} ma^{33}]	癞蛤蟆[lai^{11} xa^{13} mo^{33}]	癞子蟆⁼拐 [le^{13} tsɿ^{0} mo^{35} kua^{0}]	癞皮蛤蟆 [lai^{51} p^{h}i^{13} ha^{13} mā^{0}]
水蛭	蚂蟥[ma^{31} faŋ^{13}]	蚂蟥[ma^{21} uɔ̃^{12}]	蚂蟥[ma^{31} foŋ^{13}]	蚂蟥[mo^{41} ɛ^{0}]	蚂蟥[ma^{312} ō^{13}]
螺蛳	螺蛳[lo^{13} sɿ^{44}]	螺坨[lo^{12} to^{45}]		田螺[tiɛ^{35} lʊ^{0}]	田螺牯[hĩɪ^{13} lo^{13} ku^{33}]
蚌	蚌壳[paŋ^{22} go^{45}]	蚌壳(子) [pɔ̃^{21} go^{5} (tsɿ^{0})]	蚌壳子 [poŋ^{11} k^{h}o^{35} tsɿ^{0}]	蚌壳[p^{h}ɔ^{41} xʊ^{0}]	腱⁼蚌子 [tɕĩɪ^{51} pɤŋ^{51} tsɿ^{0}]
柒　房舍					
造(房子)	做[tsəu^{24}]	做[tsəu^{24}]	起[tɕ^{h}i^{31}]	起[ɕi^{41}]	蓄[ɕu^{31}]
房子(整栋)	屋[u^{45}]	屋[u^{5}]	屋哩[u^{35} li^{31}]	屋[əɯ^{21}]	屋[u^{33}]
屋子(单间)	房子[faŋ^{13} tsɿ^{0}]	房[xɔ̃^{12}]/屋[u^{5}]	房[foŋ^{13}]/屋[u^{35}]	房[fɔ^{35}]/屋[əɯ^{21}]	屋[u^{33}]
外间	外头屋[uai^{22} dəu^{13} u^{45}]	堂屋[dɔ̃^{12} u^{5}]待客的屋		灶屋[tsɤ^{13} əɯ^{0}]	面前那间 [mẽ^{13} ts^{h}ĩɪ^{13} mā^{51} kā^{33}]
里间	里头屋[li^{31} dəu^{13} u^{45}]	睏觉房 [xun^{24} kau^{33} xɔ̃^{12}]		房屋底[fɔ^{35} əɯ^{0} te^{41}]	内底那间 [lɛ^{51} tɛ^{51} mā^{51} kā^{33}]/房屋 [fō^{13} u^{33}]
楼房	楼房[ləu^{13} faŋ^{13}]	楼屋[ləu^{12} u^{5}]	楼房[leu^{13} foŋ^{13}]	楼房[le^{35} fɔ^{0}]	楼房[liə^{13} fō^{13}]

续 表

词条	岳阳市	临湘	醴陵	永兴	隆回
楼上	楼上[ləu^{13} saŋ^{22}]	楼上[ləu^{12} sɔ̃^{33}]	楼上[leu^{13} soŋ^{11}]	楼上[le^{35} sɔ^{0}]	楼上[liə^{13} ɕiõ^{312}]
楼下	楼下[ləu^{13} ɕia^{22}]	楼下[ləu^{12} ɕia^{33}]	楼下[leu^{13} xa^{11}]	楼下[le^{35} xo^{41}]	楼底下[liə^{13} ti^{312} ha^{312}]
楼梯	楼梯[ləu^{13} di^{44}]	踏步[ta^{5} bu^{33}]	踏步[tʰa^{35} pʰu^{11}]	楼梯[le^{35} tʰən^{0}]	楼梯[liə^{13} hi^{312}]
梯子	楼梯[ləu^{13} tʰi^{44}]	梯子[di^{45} tsɿ^{0}]	楼梯[leu^{13} tʰi^{33}]	横子楼梯 [uɛ^{13} tsɿ^{0} le^{35} tʰən^{0}]	楼梯[liə^{13} hi^{312}]
阳台	阳台[iaŋ^{13} dai^{13}]	阳台[iɔ̃^{12} dai^{12}]	凉台[lioŋ^{13} tʰai^{13}]	梳⁼楼[su^{44} le^{0}]	阳台[iã^{13} hai^{13}]
草房	茅屋[mau^{13} u^{45}]	茅草屋 [mau^{12} dzau^{21} u^{5}]	茅屋子[mao^{13} u^{35} tsɿ^{0}]	茅房[mɤ^{35} fɔ^{0}]	茅屋子[mʌu^{13} u^{33} tsei^{0}]
房脊	屋脊[u^{45} tɕi^{45}]	屋脊[u^{5} tɕi^{0}]	屋栋[u^{35} təŋ^{11}]	栋梁[toŋ^{13} liɔ^{35}]	屋脊丫⁼[u^{33} tsi^{312} ia^{33}]
房顶	房顶[faŋ^{13} tin^{31}]	屋顶[u^{5} tin^{21}]	屋顶[u^{35} tiŋ^{31}]	屋顶[əɯ^{21} tən^{41}]	屋顶[u^{33} tẽ^{312}]
房檐儿	房檐[u^{45} ian^{13}]	屋檐[u^{5} ian^{12}]	屋檐[u^{35} in^{13}]	屋檐[əɯ^{21} iɛ^{35}]	屋檐[u^{33} ĩɪ^{13}]
梁	梁[liaŋ^{13}]	梁[liɔ̃^{12}]		梁[liɔ^{35}]	梁[liã^{13}]
檩	檩子[lin^{31} tsɿ^{0}]	(屋)檩哩 [(u^{5})lin^{21} ni^{0}]	檩子[liŋ^{31} tsɿ^{0}]	瓦陷[o^{41} xɛ^{13}]	
椽子	椽皮[ɕyan^{13} bi^{13}]	椽皮[ɕyan^{12} bi^{0}]	椽皮[ɕyɛn^{13} pʰi^{13}]	椽皮[ɕyɛ^{35} pi^{0}]	椽皮[tɕʰyɛ̃^{13} pʰi^{13}]
柱	柱子[tɕy^{31} tsɿ^{0}]	柱哩[dʑy^{24} ni^{0}]	屋柱[u^{35} ky^{11}]	柱子[tɕʰy^{13} tsɿ^{0}]	柱子[tɕʰu^{312} tsɿ^{0}]
柱下台	柱石[tɕy^{31} sɿ^{45}]	磉柱哩[san^{21} dʑy^{24} ni^{0}]	墩子[təŋ^{33} tsɿ^{0}]	墩子[tuən^{44} tsɿ^{0}]	磉墩(石) [sõ^{312} tẽ^{33}(ɕia^{13})]

续表

词条	岳阳市	临湘	醴陵	永兴	隆回
台阶儿	阶基[kai^{44} tɕi^{44}]	踏步[ta^{5} bu^{33}]	阶基[kai^{33} tɕi^{33}]	码梯[mo^{41} tʰən^{0}]	阶沿[kai^{33}ĩɪ^{13}]
天花板	天花板[dian^{44} fa^{44} pan^{31}]	天花板[dian^{45} fa^{45} pan^{21}]	天花板[tʰin^{33} fa^{33} pan^{31}]/倒板[tao^{11} pan^{31}]	棚槍[poŋ^{35} iɛ^{0}]	天花板[hĩɪ^{33} xua^{33} pã^{312}]
正门	大门[ta^{22} mən^{13}]	大门[dai^{33} men^{12}]	大门[tʰai^{11} məŋ^{13}]	大门[ta^{13} mən^{35}]/正门[tɕiən^{13} mən^{35}]	正门[tsʰẽ^{51} mẽ^{13}]
后门	后门[xəu^{22} mən^{13}]	后门[xəu^{21} men^{13}]	后门[xeu^{11} məŋ^{13}]	后门[xe^{13} mən^{35}]	后门[hiə^{51} mẽ^{13}]
门坎儿	门坎[mən^{13} gan^{31}]	门坎[men^{12} gan^{21}]	地枋[tʰi^{11} foŋ^{33}]	乃⁼脚枋[le^{41} tɕiʊ^{21} fɔ^{44}]	门坎[mẽ^{13} kã^{312}]
门后	门后头[mən^{13} xəu^{22} dəu^{13}]	门角哩[men^{12} ko^{5} ni^{0}]		门角[mən^{35} kʊ^{0}]	
门栓	门栓[mən^{13} ɕyan^{44}]	门栓[men^{13} suan^{45}]	门栓子[məŋ^{13} soŋ^{33} tsɿ^{0}]	栓[suɛ^{44}]	门栓[mẽ^{13} suɑ̃^{33}]
门扇		门片[men^{21} bian^{24}]		门页子[mən^{35} ie^{44} tsɿ^{0}]	门页子[mẽ^{13} iɛ^{51} tsɿ^{0}]
锁	锁[so^{31}]	锁[so^{21}]	锁[so^{31}]	锁[sʊ^{41}]	锁[so^{312}]
钥匙	钥匙[io^{45} sɿ^{22}]	锁匙[so^{21} sɿ^{33}]	锁匙[so^{31} sɿ^{11}]	锁匙[sʊ^{41} sɿ^{0}]	锁匙[so^{312} si^{51}]
窗子	窗户[dzaŋ^{44} fu^{31}]	窗户[dzɔ̃^{45} fu^{33}]/纱窗门[sa^{45} dzɔ̃^{45} men^{12}]	床床子[kʰan^{31} kʰan^{31} tsɿ^{0}]/纱窗[sa^{33} tsʰoŋ^{33}]	窗帆⁼[tsʰɔ^{44} fɛ^{41}]"窗户眼"合音/床眼[tɕiɛ^{35} ɛ^{41}]楼上的	窗子[tsʰõ^{33} tsɿ^{0}]

续 表

词 条	岳阳市	临 湘	醴 陵	永 兴	隆 回
走廊	走廊[tsəu^{31} laŋ^{13}]	阶荫[kai^{24} in^{45}]	走廊[tseu^{31} loŋ^{13}]	廊唧[lɔ^{35} tɕi^{0}]	走廊[tsiə^{312} lõ^{13}]
厨房	厨房[dʑy^{13} faŋ^{13}]	灶屋哩[tsau^{24} u^{5} li^{0}]/烧火屋[sau^{45} xo^{21} u^{5}]	灶下哩[tsaʊ^{11} xa^{11} li^{0}]	灶门口[tsɤ^{13} mən^{0} k^{h}e^{0}]	灶屋[tsʌu^{31} u^{33}]
灶	灶[tsau^{24}]/灶上[tsau^{24} saŋ^{22}]灶台	灶[tsau^{24}]	灶[tsao^{11}]	灶[tsɤ^{13}]	灶[tsʌu^{51}]
厕所	茅厕[mau^{13} sɿ^{31}]	灰屋[fei^{45} u^{5}]/茅厕屋[mau^{45} dzɿ^{33} u^{5}]	茅厕[mao^{13} sɿ^{11}]	茅厕[mɤ^{35} ts^{h}ɿ^{0}]	茅厕[mʌu^{13} sɿ^{51}]
磨房	磨房[mo^{22} faŋ^{13}]	磨房[mo^{33} xɔ̃^{12}]	碾子屋[nin^{31} tsɿ^{0} u^{35}]		
牛圈	牛栏[niəu^{13} lan^{13}]	牛栏[liu^{12} lan^{0}]	牛栏[niou^{13} lan^{13}]	牛栏[iəɯ^{35} lɛ^{0}]	牛栏屋[iɤŋ^{13} lã^{13} u^{33}]
猪圈	猪栏[tɕy^{44} lan^{13}]	猪栏[tɕy^{45} lan^{12}]	猪栏[ky^{33} lan^{13}]	猪栏[ky^{33} lan^{13}]	猪栏屋[tɕu^{33} lã^{13} u^{33}]
猪食槽	猪槽[tɕy^{44} dzau^{13}]	猪槽[tɕy^{45} dzau^{12}]	猪兜[ky^{33} teu^{33}]/猪槽[ky^{33} ts^{h}ao^{13}]	潲盆[sɤ^{13} pən^{35}]	食盆[ɕi^{51} p^{h}ẽ^{13}]
狗窝	狗窝[kəu^{31} ŋo^{44}]	狗窝[kəu^{21} o^{45}]	狗窠[keu^{31} k^{h}o^{33}]	狗窠[ke^{41} xʊ^{0}]	狗窠[tɕiə^{312} ko^{33}]
鸡窝	鸡窝[tɕi^{44} ŋo^{44}]下蛋处	鸡窝[tɕi^{45} o^{45}]	鸡埘[tɕi^{33} tsɿ^{11}]砖砌的鸡窝/鸡窠[tɕi^{33} k^{h}o^{33}]下蛋、孵蛋处	鸡窠[tɕi^{44} xʊ^{0}]	鸡窠[tɕi^{33} ko^{33}]
鸡笼	鸡笼[tɕi^{44} loŋ^{13}]	鸡笼[tɕi^{45} len^{12}]	鸡笼子[tɕi^{33} ləŋ^{13} tsɿ^{0}]	鸡笼[tɕi^{44} loŋ^{35}]	鸡笼[tɕi^{33} lɤŋ^{13}]

续 表

词 条	岳阳市	临 湘	醴 陵	永 兴	隆 回
捌 器具、用品					
家具	家具[tɕia^{44} tɕʰy^{22}]	家哩[ka^{45} li^{0}]	家具[tɕia^{33} ky^{11}]	家具[tɕia^{44} tɕy^{0}]	家具[tɕia^{33} tɕʰy^{51}]
柜	柜[kuei^{22}]	柜[gui^{33}]	柜[kuei^{11}]	柜[kʰuɪ^{13}]	柜子[kʰui^{51} tsɿ^{0}]
桌子	桌子[tso^{45} tsɿ^{0}]	桌子[tso^{5} tsɿ^{0}]	桌子[tso^{35} tsɿ^{0}]	桌子[tsʊ^{21} tsɿ^{0}]	桌子[tso^{33} tsɿ^{0}]
圆桌	圆桌[yan^{13} tso^{45}]	圞桌哩[lø^{12} tso^{5} ni^{0}]	圞桌[loŋ^{13} tso^{35}]	圞桌子[luɛ^{35} tsʊ^{21} tsɿ^{0}]	圆桌子 [mĩɪ^{13} tso^{33} tsɿ^{0}]/圞桌子[luɑ̃^{13} tso^{33} tsɿ^{0}]
方桌	方桌[faŋ^{44} tso^{45}]	方桌[fɔ̃^{45} tso^{5}]	方桌[foŋ^{33} tso^{35}]	方桌子[fɔ^{44} tsʊ^{21} tsɿ^{0}]	四方桌子 [sɿ^{51} fɑ̃^{33} tso^{33} tsɿ^{0}]
条案	条桌[diau^{13} tso^{45}]	条桌[tiau^{12} tso^{5}]	条案[tʰiu^{13} ŋoŋ^{11}]	条桌[tɕiɤ^{35} tsʊ^{0}]	
抽屉	屉子[di^{24} tsɿ^{0}]	抽盒[dzəu^{45} xo^{5}]	屉子[tʰi^{11} tsɿ^{0}]	扯屉[tsʰo^{41} tɕʰi^{0}]	桌子盒盒 [tso^{33} tsɿ^{0} xo^{24} xo^{0}]
椅子	椅子[i^{31} tsɿ^{0}]	椅子[i^{21} tsɿ^{0}]	椅子[i^{31} tsɿ^{0}]	椅子[i^{41} tsɿ^{0}]	椅子[i^{312} tsɿ^{0}]
椅子背儿	靠背[gau^{24} pei^{24}]	靠背[gau^{24} pi^{24}]	靠背[kʰao^{11} pei^{11}]	靠背[kʰɤ^{13} pɪ^{0}]	靠背[kʰʌu^{51} pei^{51}]
板凳(长条)	板凳[pan^{31} tən^{24}]	板凳[pan^{21} ten^{24}]	板凳[pan^{53} tɛ̃^{11}]	长凳凳 [tsʰɔ^{35} tən^{0} tən^{0}]	长凳[tɕʰio^{13} tẽ^{51}]
小板凳儿	骨牌凳子 [ku^{45} bai^{13} tən^{24} tsɿ^{0}]	凳崽哩[ten^{24} tsai^{0} ni^{0}]	鸭凳唧[ŋa^{35} tɛn^{11} tɕi^{0}]	矮凳凳[a^{41} tən^{0} tən^{0}]/ 凳凳崽崽 [tən^{13} tən^{0} tse^{41} tse^{0}]	细凳子[sei^{51} tẽ^{51} tsei^{0}]

续 表

词条	岳阳市	临湘	醴陵	永兴	隆回
蒲团	蒲团[pu^{13} duan^{13}]	蒲团[bu^{12} tø^{12}]	蒲团[pʰu^{13} tʰoŋ^{13}]	蒲凳[pʰɣ̩^{35} tən^{0}]	蒲凳[pʰu^{13} tẽ^{312}]
床	床[dzuaŋ^{13}]	床[dzɔ̃^{12}]	床[tsʰoŋ^{13}]	床[tsʰɔ^{35}]	床[tsʰõ^{13}]
铺板	床铺[dzuaŋ^{13} bu^{44}]	床铺板 [dzɔ̃^{12} bu^{45} pan^{21}]	铺板[pʰu^{33} pan^{31}]	床板[tsʰɔ^{35} pɛ^{41}]	床铺板 [tsʰõ^{13} pʰu^{33} pã^{312}]
竹床	竹床[tsəu^{45} dzuaŋ^{13}]	竹床哩[tsəu^{5} dzɔ̃^{12} ni^{0}]	竹床子 [tou^{35} tsʰoŋ^{13} tsɿ^{0}]	凉椅[liɔ^{35} i^{41}]/凉床 [liɔ^{35} tsʰɔ^{0}]	竹面面床 [tiəu^{33} mĩɪ^{51} mĩɪ^{51} tsʰõ^{13}]
帐子	帐子[tsaŋ^{24} tsɿ^{0}]	帐哩[tsɔ̃^{24} ni^{0}]	帐子[toŋ^{11} tsɿ^{0}]	帐子[tsɔ^{13} tsɿ^{0}]	帐子[tɕiõ^{51} tsɿ^{0}]
帐钩	帐钩子 [tsaŋ^{24} kəu^{44} tsɿ^{0}]	帐钩哩[tsɔ̃^{24} ke^{45} ni^{0}]	帐钩[toŋ^{11} keu^{33}]	帐钩[tsɔ^{13} ke^{44}]	帐子钩公 [tɕiõ^{51} tsɿ^{0} kiə^{33} kɤŋ^{33}]
毯子	毯子[dan^{31} tsɿ^{0}]	毯子[dan^{21} tsɿ^{0}]	毯子[tʰan^{31} tsɿ^{0}]	毯子[tʰɛ^{41} tsɿ^{0}]	毯子[hã^{312} tsɿ^{0}]
被子	被窝[pi^{31} ŋo^{31}]	被古$^{=}$[bi^{33} ku^{0}]	被窝[pʰi^{11} uo^{33}]	被[pi^{41}]	被[pʰi^{312}]
棉花胎	棉絮[mian^{13} ɕi^{24}]	被絮[bi^{33} ɕi^{12}]	絮[ɕi^{11}]	棉花被[miɛ^{35} xʊ^{0} pi^{41}]	絮被[ɕy^{51} pʰi^{312}]
褥子	垫单[dian^{22} tan^{44}]	垫被古$^{=}$ [tian^{33} bi^{33} ku^{0}]	垫絮[tʰin^{11} ɕi^{11}]	褥子[iəu^{44} tsɿ^{0}]	贴被[hiɛ^{33} pʰi^{312}]
草席	稿荐[kau^{31} tɕian^{24}]/席子[ɕi^{45} tsɿ^{0}]	席子[ɕi^{5} tsɿ^{0}]	席子[tɕia^{35} tsɿ^{0}]	草席子 [tsʰɤ^{41} tɕʰio^{44} tsɿ^{0}]	草席[tsʰʌu^{312} sɿ^{13}]
竹席	竹席子 [tsəu^{45} ɕi^{45} tsɿ^{0}]/篾席 [mie^{45} ɕi^{45}]	竹席[tsəu^{5} ɕi^{45}]	篾席子 [miɛ^{35} tɕia^{35} tsɿ^{0}]	篾席子 [mie^{44} tɕʰio^{44} tsɿ^{0}]	席子[si^{13} tsɿ^{0}]

续 表

词 条	岳阳市	临 湘	醴 陵	永 兴	隆 回
枕头	枕头[tsən^{31} dəu^{13}]	枕头[tsen^{21} de^{12}]	枕脑[təŋ^{31} lao^{31}]	头枕[te^{35} tɕiən^{41}]	枕头[tɕiē^{312} hiə^{13}]
枕套儿	枕头套子 [tsən^{31} dəu^{13} dau^{24} tsɿ^{0}]	枕头席哩 [tsen^{21} de^{12} ɕi^{5} ni^{0}]		头枕套 [te^{35} tɕiən^{41} t^{h}ɤ^{13}]	枕套[tɕiē^{312} hʌu^{51}]
枕头心儿	枕头胆 [tsən^{31} dəu^{13} tan^{31}]		枕芯[təŋ^{31} ɕiŋ^{33}]/胆 [tan^{31}]	头枕胆[te^{35} tɕiən^{41} tɛ^{41}]	
镜子	镜子[tɕin^{24} tsɿ^{0}]	镜哩[tɕin^{24} ni^{0}]	镜子[tɕiŋ^{11} tsɿ^{0}]	镜皮[tɕiən^{13} pi^{0}]	照子[tɕiə^{51} tsɿ^{0}]
马桶	马桶[ma^{31} doŋ^{31}]	尿桶[niau^{33} den^{21}]	淤桶[y^{13} t^{h}əŋ^{31}]/马桶 [ma^{31} t^{h}əŋ^{31}]	马桶[mo^{41} t^{h}oŋ^{41}]	马桶[ma^{312} hɤŋ^{312}]/小(淤)桶 [siə^{312} (y^{33}) hɤŋ^{312}]
夜壶	尿罐[niau^{22} kuan^{24}]	尿罐[niau^{33} kuan^{33}]/夜壶[ia^{33} fu^{0}]	夜壶[ia^{11} fu^{13}]	夜壶[io^{13} fv̩^{0}]	夜壶[ia^{51} xu^{13}]
暖水瓶	开水瓶 [kai^{44} suei^{31} bin^{13}]	开水瓶[gai^{45} ɕy^{21} bin^{12}]	热水瓶子 [niɛ^{35} ɕy^{31} p^{h}iŋ^{13} tsɿ^{0}]	温壶[uən^{44} fv̩^{0}]/包壶 [pɤ^{44} fv̩^{0}]	热水瓶子 [iɛ^{51} ɕu^{312} pē^{13} tsɿ^{0}]
风箱	风箱[xoŋ^{44} ɕiaŋ^{44}]	风箱[xen^{45} ɕiɔ̃^{45}]	风箱[fəŋ^{33} ɕioŋ^{33}]	风箱[foŋ^{44} ɕiɔ^{44}]	炉[lu^{13}]
通条	火叉[xo^{31} dza^{44}]	叉火棍 [dza^{45} xo^{21} kun^{12}]/火叉 [xo^{21} dza^{45}]	通钩[t^{h}əŋ^{33} keu^{33}]	闹$^{=}$火棍 [lɤ^{13} xʊ^{41} kuən^{13}]	通条[t^{h}ɤŋ^{33} t^{h}iə^{51}]
火钳	火钳[xo^{31} dʑian^{31}]	火钳[xo^{21} dʑian^{12}]	铁火钳 [t^{h}iɛ^{35} fo^{31} tɕ^{h}in^{13}]	夹钳[ko^{21} tɕ^{h}iɛ^{0}]	铁夹[hiɛ^{33} kiɛ^{33}]

续 表

词 条	岳阳市	临 湘	醴 陵	永 兴	隆 回
柴草	柴火[dzai^{13} xo^{31}]	劈柴杆哩[pia^{5} dzai^{12} guai^{21} ni^{0}]	茅柴[mao^{13} ts^{h}ai^{13}]/劈柴[p^{h}ia^{35}]	柴[ts^{h}a^{35}]/柴脑[ts^{h}a^{35} lɤ^{0}]	柴[ts^{h}ai^{13}]
稻秆	稻草[tau^{22} dzau^{31}]	稻草[tau^{33} dzau^{21}]	秆[koŋ^{31}]	秆[kuɛ^{41}]/禾草[ʊ^{35} ts^{h}ɤ^{41}]	谷草[ku^{33} ts^{h}ʌu^{312}]
豆秸	豆秆[təu^{22} kan^{31}]	黄豆秆哩[uɔ̃^{12} təu^{33} kan^{21} ni^{0}]		豆壳秆子[te^{13} xʊ^{0} kɛ^{41} tsɿ^{0}]	豆子秆秆[hiə^{312} tsɿ^{0} kuɑ̃^{312} kuɑ̃^{0}]
锯末		锯木屑哩[ke^{24} mo^{0} ɕi^{33} ni^{0}]	锯木屑子[ky^{11} mu^{35} ɕiɛ^{35} tsɿ^{0}]	锯屎[tɕy^{13} sɿ^{0}]	锯末灰[tɕy^{51} mo^{51} xui^{33}]
刨花	刨花[pau^{22} fa^{22}]	刨木屑哩[bau^{33} mo^{0} ɕi^{33} ni^{0}]	刨木屑子[p^{h}ao^{11} mu^{35} ɕiɛ^{35} tsɿ^{0}]	刨屎[pɤ^{13} sɿ^{0}]	刨子木皮[pʌu^{51} tsɿ^{0} mɤŋ^{33} p^{h}i^{13}]
火柴	洋火[iaŋ^{13} xo^{31}]	洋火[iɔ̃^{12} xo^{21}]	洋火[ioŋ^{13} fo^{31}]	洋火[iɔ^{35} xʊ^{0}]	洋火[iɑ̃^{13} xo^{312}]
锅烟子	锅毛子[ko^{44} mau^{13} tsɿ^{31}]	锅毛烟哩[ko^{45} mo^{0} ian^{45} ni^{0}]	锅烟子[uo^{33} in^{33} tsɿ^{0}]	锅头灰[ʊ^{44} te^{0} xuɪ^{44}]	锅墨[o^{51} miɛ^{51}]
烟囱	烟囱[ian^{44} dzoŋ^{44}]	烟囱[ian^{45} dzen^{45}]	烟筒[in^{33} t^{h}əŋ^{13}]/烟囱[in^{33} ts^{h}əŋ^{33}]	烟筒[iɛ^{44} toŋ^{41}]/烟竿[iɛ^{44} kɛ^{41}]	烟囱[ĩɪ^{33} ts^{h}ɤŋ^{33}]
锅	锅[ko^{44}]	锅哩[ko^{45} ni^{0}]	镬子[uo^{33} tsɿ^{0}]	镬头[ʊ^{44} te^{0}]	镬[o^{51}]
大锅	炉锅[ləu^{13} ko^{44}]饭锅	大锅[dai^{24} ko^{45}]		黄镬[uɔ^{35} ʊ^{0}]/大黄镬[ta^{13} uɔ^{0} ʊ^{44}]	大镬[hai^{51} o^{51}]
小锅	扁锅[bian^{31} ko^{44}]炒菜的	细锅[ɕi^{24} ko^{45}]		细镬头[se^{13} ʊ^{44} te^{0}]	细镬[sei^{51} o^{51}]

续 表

词 条	岳阳市	临 湘	醴 陵	永 兴	隆 回
锅盖	锅盖[ko^{44} kai^{24}]	锅盖哩[ko^{45} kai^{33} ni^{0}]	镬盖子[uo^{33} kai^{11} tsɿ^{0}]	镬盖[ʊ^{44} ke^{0}]	镬盖[o^{51} kiɛ^{51}]
锅铲	锅铲[ko^{44} dzan^{31}]	锅铲[ko^{45} dzan^{21}]	镬铲子[uo^{33} tsʰan^{31} tsɿ^{0}]	镬铲[ʊ^{44} tsʰɛ^{41}]	菜匙[tsʰui^{51} tsɿ^{51}]
水壶	水壶[suei^{31} fu^{13}]	沏壶[dʑi^{33} xu^{12}]	炊壶[tsʰei^{33} fu^{13}]烧开水用的瓦壶	罐子[kuɛ^{13} tsɿ^{0}]/锡罐子[ɕia^{21} kuɛ^{13} tsɿ^{0}]/铜壶[toŋ^{35} fv̩^{35}]	锡壶[siɛ^{33} xu^{13}]/水壶[ɕu^{312} xu^{13}]
碗	碗[uan^{31}]	碗[uan^{21}]	碗[uoŋ^{31}]	碗[uɛ^{41}]	碗[uɑ̃^{312}]
海碗	汤碗[daŋ^{44} uan^{31}]/大碗[ta^{22} uan^{31}]	大碗[ta^{33} uan^{21}]	海碗[xai^{31} uoŋ^{31}]大菜碗	大碗[ta^{13} uɛ^{41}]/公碗[koŋ^{44} uɛ^{41}]	
茶杯	茶杯[dza^{13} pei^{44}]/茶盅[dza^{13} tsoŋ^{44}]	茶盅崽哩[dza^{12} dzen^{45} tsai^{21} ni^{0}]	杯子[pei^{33} tsɿ^{0}]/盅子[təŋ^{33} tsɿ^{0}]	把杯[po^{13} pɪ^{0}]/茶杯[tsʰo^{35} pɪ^{0}]	把杯[pa^{51} pei^{33}]
碟子	碟子[die^{45} tsɿ^{0}]	盘子[pø^{12} tsɿ^{0}]	碟子[tʰiɛ^{35} tsɿ^{0}]小的瓷盘	碟子[tɕie^{44} tsɿ^{0}]小的瓷盘	碟子[hiɛ^{51} tsɿ^{0}]
饭勺	饭瓢[fan^{22} biau^{22}]	饭勺子[fan^{33} so^{5} tsɿ^{0}]	饭瓢[fan^{11} pʰiu^{13}]	饭勺[fɛ^{13} sʊ^{0}]	饭匙[fã^{51} tsɿ^{51}]
羹匙	调羹[diau^{13} kən^{44}]	调羹[diau^{12} ken^{45}]	调羹[tʰiu^{33} ken^{33}]	调羹[tiɤ^{35} kən^{0}]	调羹[hiə^{13} kẽ^{33}]
筷子	筷子[guai^{24} tsɿ^{0}]	筷子[guai^{24} tsɿ^{0}]	筷子[kʰuai^{11} tsɿ^{0}]	筷子[kʰue^{13} tsɿ^{0}]	筷子[kʰuai^{51} tsɿ^{0}]
筷笼	筷笼子[guai^{24} loŋ^{13} tsɿ^{0}]	筷子笼哩[guai^{24} tsɿ^{0} len^{12} ni^{0}]	筷佬筒子[kʰuai^{11} lao^{31} tʰəŋ^{31} tsɿ^{0}]	筷子筒管[kʰue^{13} tsɿ^{0} toŋ^{35} kuɛ^{0}]	筷子篓[kʰuai^{51} tsɿ^{0} liə^{312}]
酒杯	酒杯[tɕiəu^{31} pei^{44}]/酒盅[tɕiəu^{31} tsoŋ^{44}]	盅崽哩[dzen^{45} tsai^{21} ni^{0}]	酒盏唧[tɕiou^{31} tsan^{31} tɕi^{0}]	酒杯子[tɕiəu^{41} pɪ^{44} tsɿ^{0}]	酒杯[tsiəu^{312} pei^{33}]

续 表

词 条	岳阳市	临 湘	醴 陵	永 兴	隆 回
盘子	盘子[ban^{13} tsɿ^{0}]	盘哩[pø^{12} ni^{0}]	盘子[p^{h}oŋ^{13} tsɿ^{0}]	盘子[pɛ^{35} tsɿ^{0}]	盘子[p^{h}õ^{13} tsɿ^{0}]
坛子	坛子[dan^{13} tsɿ^{0}]	坛[dan^{12}]	坛子[t^{h}an^{13} tsɿ^{0}]	陶[tɤ^{35}]	罐罐[kuɑ̃^{51} kuɑ̃^{51}]
罐子	罐子[kuan^{24} tsɿ^{0}]	罐子[kø^{33} ni^{0}]	罐子[koŋ^{11} tsɿ^{0}]	罐子[kuɛ^{13} tsɿ^{0}]	罐罐[kuɑ̃^{51} kuɑ̃^{51}]
瓢	瓢[biau^{22}]	水调哩[ɕy^{21} tiau^{24} ni^{0}]竹筒加竹片把儿/木瓜瓢[mo^{5} kua^{45} biau^{12}]	瓢[p^{h}iu^{13}]把儿短/勺子[so^{11} tsɿ^{0}]竹制长把儿	勺[sʊ^{44}]/筒勺[toŋ^{35} sʊ^{0}]竹筒制带长把/瓜勺[ko^{44} sʊ^{44}]老葫芦瓜制	瓢[p^{h}iə^{13}]/瓜瓢[kua^{33} p^{h}iə^{13}]
筲箕	皮筲箕[p^{h}i^{14} sao^{45} tɕi]	筲箕哩[dzau^{45} tɕi^{45} ni^{0}]	撩箕[liu^{13} tɕi^{33}]	筲箕[ts^{h}ɤ^{44} tɕi^{0}]	筲箕[sʌu^{33} tɕi^{33}]
瓶子	瓶子[bin^{13} tsɿ^{0}]	瓶子[bin^{12} tsɿ^{0}]	瓶子[p^{h}iŋ^{13} tsɿ^{0}]	瓶子[pən^{35} tsɿ^{0}]	瓶子[pẽ^{13} tsɿ^{0}]
瓶盖儿	瓶盖子[bin^{13} kai^{24} tsɿ^{0}]	瓶盖子[bin^{12} kai^{24} ni^{0}]	盖子[koi^{11} tsɿ^{0}]瓶盖儿/椊子[tsei^{13} tsɿ^{0}]塞子	盖[ke^{13}]	瓶子盖子[pẽ^{13} tsɿ^{0} kiɛ^{51} tsɿ^{0}]
菜刀	菜刀[dzai^{24} tau^{44}]	鱼刀[y^{12} tau^{45}]	菜刀[ts^{h}oi^{11} tao^{33}]	菜刀[ts^{h}a^{13} tɤ^{44}]	菜刀[ts^{h}ui^{51} tʌu^{33}]
砧板	砧板[tsən^{44} pan^{31}]	砧板[tsen^{45} pan^{21}]	砧板[tiŋ^{33} pan^{31}]	砧板[tən^{44} pan^{41}]	砧板[tẽ^{33} pã^{312}]
水桶	水桶[suei^{31} doŋ^{31}]	水桶[ɕy^{21} den^{21}]	水桶[ɕy^{31} t^{h}əŋ^{31}]	水桶[ɕy^{41} t^{h}oŋ^{41}]	水桶[ɕu^{312} hɤŋ^{312}]
蒸笼	蒸笼[tsən^{44} loŋ^{13}]	蒸笼[tsen^{45} loŋ^{12}]	蒸笼[təŋ^{33} ləŋ^{13}]	气笼[ɕi^{13} loŋ^{0}]	蒸笼[tɕiẽ^{33} lɤŋ^{13}]
箅子	隔子[kə^{45} tsɿ^{0}]	甑箅[tsen^{24} pi^{5}]	甑箅子[tsɛn^{11} p^{h}i^{13} tsɿ^{0}]	甑箅[tɕiən^{13} pi^{41}]	
水缸	水缸[suei^{31} kaŋ^{44}]	水缸[ɕy^{21} kɔ̃^{45}]	缸桶[koŋ^{33} t^{h}əŋ^{31}]	缸笼[kɔ^{44} loŋ^{0}]	水缸子[ɕu^{312} kõ^{33} tsɿ^{0}]

续　表

词　条	岳阳市	临　湘	醴　陵	永　兴	隆　回
泔水缸	潲缸[sau^{24} kaŋ^{44}]	潲水缸[sau^{24} ɕy^{21} kɔ̃^{45}]	潲水缸[sao^{11} ɕy^{31} koŋ^{33}]	潲水缸笼[sɤ^{13} ɕy^{41} kɔ^{44} loŋ^{0}]	潲水桶[sʌu^{51} ɕu^{312} hɤŋ^{312}]
泔水	潲水[sau^{24} suei^{31}]	潲水[sau^{24} ɕy^{21}]	米潲水[mi^{31} sao^{11} ɕy^{31}]	潲水[sɤ^{13} ɕy^{4}]	潲水[sʌu^{51} ɕu^{312}]
抹布	抹布[ma^{45} pu^{24}]	抹布[ma^{5} pu^{33}]	抹布[ma^{35} pu^{11}]	烂扎$^{=}$[lɛ^{13} tsa^{0}]	抹桌布[mã^{33} tso^{33} pu^{51}]
拖把	拖布[do^{44} pu^{24}]/洗把[ɕi^{31} pa^{31}]	拖把[do^{45} pa^{21}]	拖把[t^{h}o^{33} pa^{31}]	拖把[t^{h}ʊ^{44} pa^{41}]	拖把[ho^{33} pa^{312}]
刨子	刨子[pau^{22} tsɿ^{0}]	刨哩[bau^{33} ni^{0}]	刨子[p^{h}ao^{13} tsɿ^{0}]	刨子[pɤ^{13} tsɿ^{0}]	刨子[pʌu^{51} tsɿ^{0}]
斧子	开山子[gai^{44} san^{44} tsɿ^{0}]	开山子[gai^{45} san^{45} tsɿ^{21}]	斧头[fu^{31} t^{h}eu^{13}]	斧头[fɿ̩^{41} te^{0}]	斧头[fu^{312} hiə^{13}]
锯	锯子[tɕy^{24} tsɿ^{0}]	锯[tɕy^{24}]/解[kie^{24}]	解子[kɛ^{11} tsɿ^{0}]	锯[tɕy^{13}]/解[ka^{13}]	解[kiɛ^{51}]
凿子		凿哩[dzo^{5} ni^{0}]	凿子[ts^{h}o^{11} tsɿ^{0}]	凿[ts^{h}ʊ^{44}]	凿[ts^{h}o^{51}]
尺子	尺[dzɿ^{45}]	尺[dza^{5}]	尺[t^{h}a^{35}]	尺[ts^{h}o^{21}]	尺[tɕ^{h}ia^{33}]
墨斗	墨斗[mə^{45} təu^{31}]	墨斗[me^{5} te^{21}]	墨斗[mɛ^{35} teu^{31}]	墨筒碗[me^{44} toŋ^{0} uɛ^{41}]	墨斗[miɛ^{51} tiə^{312}]
墨斗线	絣墨线[bin^{44} mə^{45} ɕian^{24}]	墨斗线[me^{5} te^{21} ɕian^{24}]	墨斗线[mɛ^{35} teu^{31} ɕin^{11}]	弹线[tɛ^{35} ɕiɛ^{0}]	墨斗线[miɛ^{51} tiə^{312} sĩɪ^{51}]
钉子	钉子[tin^{44} tsɿ^{31}]	钉哩[tiɔ̃^{45} ni^{0}]	钉子[tiaŋ^{33} tsɿ^{0}]	钉子[tən^{44} tsɿ^{0}]	钉子[tiɑ̃^{33} tsei^{0}]
钳子	钳子[tɕian^{13} tsɿ^{0}]	钳子[dʑian^{12} tsɿ^{21}]	钳子[tɕ^{h}in^{13} tsɿ^{0}]	钳子[tɕ^{h}iɛ^{35} tsɿ^{0}]	钳子[tɕ^{h}ĩɪ^{13} tsɿ^{0}]

续 表

词 条	岳阳市	临 湘	醴 陵	永 兴	隆 回
钉锤	钉锤子[tin^{44} tsuei^{13} tsɿ^{0}]	钉锤哩[tiɔ̃^{45} dʑy^{21} ni^{0}]	锤头[tɕʰy^{13} tʰeu^{13}]/钉锤[tiaŋ^{33} tɕʰy^{13}]	大铁锤[ta^{13} tʰie^{21} tɕʰy^{35}]	锤公[tɕʰy^{13} kɤŋ^{33}]
镊了	镊子[ȵie^{45} tsɿ^{0}]	镊子[ȵie^{5} tsɿ^{21}]		夹子[ko^{21} tsɿ^{0}]	夹子[kiɛ^{33} tsɿ^{0}]
绳子	绳子[sən^{13} tsɿ^{0}]/索子[so^{45} tsɿ^{0}]	绳子[sen^{12} tsɿ^{0}]	索子[so^{35} tsɿ^{0}]较粗大的绳子	绳[sən^{35}]	绳□[ɕiẽ^{13} kõ^{51}]
合叶		阳铰[iɔ̃^{12} kau^{24}]/合叶[xo^{5} ie^{0}]	合叶[xo^{35} iɛ^{35}]	拗把[ɤ^{13} pa^{41}]	合页[xo^{13} iɛ^{51}]
瓦刀	砌刀[dʑi^{24} tau^{44}]		砌刀[tɕʰi^{11} tao^{33}]	砖刀[tɕyɛ^{44} tɤ^{44}]	砖刀[tɕyɛ̃^{33} tʌu^{33}]
抹子	烫子[daŋ^{24} tsɿ^{0}]	盪子[dɔ̃^{24} tsɿ^{21}]	盪子[tʰoŋ^{11} tsɿ^{0}]	灰刀[xuɪ^{44} tɤ^{44}](木的)	荡子[hõ^{51} tsɿ^{0}]
剃刀	剃刀[di^{24} tau^{44}]/剃头刀[di^{24} dəu^{13} tau^{44}]	剃头刀[di^{24} de^{0} tau^{45}]	剃脑刀子[tʰi^{11} lao^{31} tao^{33} tsɿ^{0}]	剃脑刀[tʰi^{13} lɤ^{41} tɤ^{44}]	剃脑刀子[hi^{51} lʌu^{312} tʌu^{33} tsei^{0}]
梳子	梳子[səu^{44} tsɿ^{0}]	梳子[səu^{45} tsɿ^{21}]	梳子[sou^{33} tsɿ^{0}]	梳[sɿ̩^{44}]	梳[su^{33}]
鐾布刀			盪刀布[tʰoŋ^{11} tao^{33} pu^{11}]		盪刀布[hõ^{51} tʌu^{33} pu^{51}]
缝纫机	缝纫机[foŋ^{13} yn^{24} tɕi^{44}]	缝纫机[xen^{12} in^{0} tɕi^{45}]	缝纫机[fəŋ^{13} iŋ^{11} tɕi^{33}]	缝纫机[foŋ^{35} ən^{0} tɕi^{44}]	缝纫机[fɤŋ^{13} iẽ^{51} tɕi^{33}]
剪子	剪刀[tɕian^{31} tau^{44}]	剪子[tɕian^{21} tsɿ^{0}]	剪刀[tɕin^{31} tao^{33}]	告剪[kɤ^{13} tɕiɛ^{41}]	剪刀[tɕĩɪ^{312} tʌu^{33}]
熨斗	熨斗[yn^{24} təu^{31}]	熨斗[yn^{24} təu^{21}]	熨斗[uəŋ^{11} teu^{31}]	烫子[tʰɔ^{13} tsɿ^{0}]	熨斗[y^{51} tiə^{312}]

续表

词条	岳阳市	临湘	醴陵	永兴	隆回
烙铁	烙铁[dio^{45} die^{45}]	火熨斗[xo^{21} yn^{24} təu^{21}]/烙铁[lo^{33} die^{0}]	烙铁[lo^{35} tʰiɛ^{35}]	烙铁[lo^{21} tʰie^{21}]	烙铁[lo^{51} hiɛ^{33}]
(弹棉花)弓子	弹花弓[daŋ^{13} fa^{44} koŋ^{44}]	弹花弓[dan^{12} fa^{45} ken^{45}]	弹匠弓[tʰan^{13} tɕʰioŋ^{11} kuəŋ^{33}]	弯弓[uɛ^{44} koŋ^{44}]	弓[kɤŋ^{33}]
纺车	纺车[faŋ^{31} dzə^{44}]	纺车[xen^{21} dze^{45}]	纺车[foŋ^{31} tʰa^{33}]		棉花车[mĩɪ^{13} xua^{33} tɕʰiɛ^{33}]
东西	东西[toŋ^{44} ɕi^{44}]	家伙[tɕia^{45} xo^{21}]	东西[təŋ^{33} ɕi^{33}]	东西[toŋ^{44} ɕi^{0}]	东西[tɤŋ^{33} sɿ^{0}]
洗脸水	洗脸水[ɕi^{31} lian^{31} suei^{31}]	洗脸水[ɕi^{21} lian^{21} ɕy^{21}]	洗面水[ɕi^{31} min^{11} ɕy^{31}]	洗面水[se^{41} miɛ^{0} ɕy^{41}]	洗面水[si^{312} mĩɪ^{51} ɕu^{312}]
脸盆	脸盆[lian^{31} bən^{13}]	瓷盆[dzɿ^{12} ben^{12}]	面盆[min^{11} pʰəŋ^{13}]	面盆[miɛ^{13} pən^{0}]	盆子[pẽ^{13} tsei^{0}]
脸盆架	洗脸架[ɕi^{31} lian^{31} tɕia^{24}]	面架哩[mian^{33} ka^{33} ni^{0}]	面盆架子[min^{11} pʰəŋ^{13} ka^{11} tsɿ^{0}]	面盆架子[miɛ^{13} pən^{0} ko^{13} tsɿ^{0}]	水架[ɕu^{312} ka^{51}]
澡盆	洗澡盆[ɕi^{31} tsau^{31} bən^{13}]	脚盆[tɕio^{5} ben^{12}]	脚盆[tɕio^{35} pʰəŋ^{13}]	脚盆[tɕiʊ^{21} pən^{0}]	澡盆[tsʌu^{312} pʰẽ^{13}]
香皂	香肥皂[ɕiaŋ^{44} fei^{13} tsau^{22}]	香肥皂[ɕiɔ̃^{45} fe^{12} tsau^{21}]	香皂[ɕioŋ^{33} tsao^{11}]/香碱[ɕioŋ^{33} kan^{31}]	香碱[ɕiɔ^{44} tɕie^{41}]	香皂[ɕiɑ̃^{33} tsʰʌu^{51}]
肥皂	肥皂[fei^{13} tsau^{22}]	臭肥皂[dzəu^{24} fe^{12} tsau^{21}]	肥皂[fei^{13} tsao^{11}]/洋碱[ioŋ^{13} kan^{31}]	洋碱[iɔ^{35} tɕie^{41}]	肥皂[fi^{13} tsʰʌu^{51}]

续 表

词 条	岳阳市	临 湘	醴 陵	永 兴	隆 回
毛巾	手巾[səu^{31} tɕin^{44}]	手巾[səu^{21} tɕin^{45}]	手巾[sou^{31} tɕiŋ^{33}]	帕[pʰa^{44}]	手巾[ɕiəu^{312} tɕiẽ^{33}]
蜡烛	蜡烛[la^{45} tsəu^{45}]	蜡烛[la^{5} tsəu^{0}]	蜡烛[la^{35} tou^{35}]	蜡烛[lo^{44} tsəɯ^{44}]	蜡烛[la^{33} tsu^{51}]
煤油灯	洋油灯 [iaŋ^{13} iəu^{13} tən^{44}]	煤油灯 [mei^{21} iəu^{12} ten^{45}]	煤油灯盏 [mei^{13} iou^{13} tɛn^{33} tsan^{31}]	洋油灯[iɔ^{35} iəɯ^{0} tən^{44}]/ 灯盏[tən^{44} tsɛ^{41}]	煤油灯盏 [mei^{13} iəu^{13} tẽ^{33} tsã^{312}]
灯心	灯心[tən^{44} ɕin^{44}]	灯心[ten^{45} ɕin^{45}]	灯心[tɛn^{33} ɕiŋ^{33}]	灯心[tən^{44} sən^{44}]	灯心[tẽ^{33} sẽ^{33}]
灯罩	灯罩子 [tən^{44} tsau^{24} tsɿ^{0}]	灯罩[ten^{45} tsau^{24}]	灯罩子 [tɛn^{33} tsao^{11} tsɿ^{0}]	灯罩子[tən^{44} tsɤ^{13} tsɿ^{0}]	灯罩[tẽ^{33} tsʌu^{51}]
灯笼	亮壳子[liaŋ^{22} go^{45} tsɿ^{0}]	亮壳哩[liɔ̃^{33} go^{45} li^{0}]	灯笼[tɛn^{33} ləŋ^{13}]	灯笼[tən^{44} loŋ^{0}]	灯笼[tẽ^{33} lɤŋ^{13}]
钱包	皮包[bi^{24} pau^{44}]	荷包[xo^{12} pau^{45}]		荷包[xʊ^{35} pa^{0}]	钱包[tsʰĩɪ^{13} pʌu^{33}]
图章	章子[tsaŋ^{44} tsɿ^{0}]	章子[tsɔ̃^{45} tsɿ^{21}]	章子[toŋ^{33} tsɿ^{0}]	章子[tsaŋ^{44} tsɿ^{0}]	章子[tɕiõ^{33} tsɿ^{0}]
糨糊	糨糊[tɕiaŋ^{24} fu^{13}]/灰面 [fei^{44} mian^{22}]	糊涂[xu^{12} dəu^{0}]	糨糊[tɕioŋ^{33} fu^{13}]	糨糊[tɕiɔ^{13} v̩^{0}]	糨糊[tɕiɑ̃^{33} xu^{13}]
顶针	顶箍子[tin^{31} ku^{44} tsɿ^{0}]	抵针哩[ti^{21} tsen^{45} ni^{0}]	顶针子 [tiŋ^{31} təŋ^{33} tsɿ^{0}]/针顶 子[təŋ^{33} tiŋ^{31} tsɿ^{0}]	抵针[ti^{41} tɕiən^{44}]	抵针[ti^{312} tɕiẽ^{33}]
针鼻儿	针鼻子[tsən^{44} pi^{24} tsɿ^{0}]	针鼻[tsen^{45} pi^{5}]	针鼻[təŋ^{33} pʰi^{35}]	针鼻子[tɕiən^{44} pi^{0} tsɿ^{0}]	针鼻子[tɕiẽ^{33} pʰi^{13} tsɿ^{0}]
针尖	针尖子 [tsən^{44} tɕian^{44} tsɿ^{0}]	针尖[tsen^{45} tɕian^{45}]	针尖[təŋ^{33} tɕin^{33}]	针嘴[tɕiən^{44} tɕy^{41}]	针尖[tɕiẽ^{33} tsĩɪ^{33}]

续 表

词 条	岳阳市	临 湘	醴 陵	永 兴	隆 回
穿针(动)	穿针[dzuan^{44} tsən^{44}]	穿针[dʑyan^{45} tsen^{45}]	穿针[kʰyen^{33} təŋ^{33}]	穿线[tɕʰyɛ^{44} ɕiɛ^{13}]	穿针[tɕʰyɛ̃^{33} tɕiẽ^{33}]/穿线[tɕʰyɛ̃^{33} sĩɪ^{51}]
锥子	锥子[tsuei^{44} tsɿ^{0}]		钻子[tsoŋ^{11} tsɿ^{0}]	钻子[tsuɛ^{13} tsɿ^{0}]	钻[tsuɑ̃^{51}]
洗衣板儿	洗衣擦板[ɕi^{31} i^{44} dza^{45} pan^{31}]	搓衣板[dzo^{45} i^{45} pan^{21}]	搓衣板[tsʰo^{33} i^{33} pan^{31}]	搓衣板[tsʰʊ^{44} i^{0} pɛ^{41}]	搓衣板[tsʰõ^{33} i^{33} pã^{312}]
棒槌儿	莽槌[maŋ^{13} tsuei^{13}]	莽槌[mɔ̃^{12} dʑy^{12}]		莽槌[mɔ^{35} tɕʰy^{0}]	莽槌[mo^{13} tɕu^{13}]
鸡毛掸子	鸡毛帚子[tɕi^{44} mau^{13} tsəu^{31} tsɿ^{0}]	鸡毛帚哩[tɕi^{45} mau^{12} tsəu^{21} ni^{0}]	鸡毛掸子[tɕi^{33} mao^{13} tan^{31} tsɿ^{0}]	鸡毛扫管⁼[tɕi^{44} mɤ^{0} sɤ^{13} kuɛ^{0}]	鸡毛扫管⁼[tɕi^{33} mʌu^{13} sʌu^{312} kõ^{33}]
扇子	扇子[san^{24} tsɿ^{0}]		扇子[sɛn^{11} tsɿ^{0}]	扇[ɕiɛ^{13}]/扇子[ɕiɛ^{13} tsɿ^{0}]	扇[ɕĩɪ^{51}]
蒲扇	蒲扇[bu^{13} san^{13}]	蒲扇[bu^{12} san^{33}]	蒲扇[pʰu^{13} sɛn^{11}]	蒲扇[pʰu^{35} ɕiɛ^{0}]	蒲扇[pʰu^{13} ɕĩɪ^{51}]
拐杖	拐棍[kuai^{31} kuən^{24}]/文明棍[un^{13} min^{13} kuən^{24}]	拐杖[kuai^{21} dzɔ̃^{33}]	拐棍[kuai^{31} kuəŋ^{11}]	拄手棍[tɕʰy^{35} səɯ^{0} kuən^{13}]	戳节棍[tsʰo^{51} tsiɛ^{24} kuən^{51}]/戳路棍[tsʰo^{51} lu^{51} kuən^{51}]
手纸	解手纸[kai^{31} səu^{31} tsɿ^{31}]	麻纸[ma^{12} tsɿ^{21}]	揩屁股纸[kʰai^{33} pʰi^{11} ku^{31} tsɿ^{31}]/解手纸[kai^{31} sou^{31} tsɿ^{31}]	卫生纸[uɪ^{13} sən^{0} tsɿ^{41}]	解手纸[kai^{312} ɕiəu^{312} tsɿ^{312}]/卫生纸[ui^{51} sẽ^{33} tsɿ^{312}]
玖 称谓					
男人	男人[lan^{13} zən^{13}]	男个[lan^{12} ko^{0}]	男子人[lan^{13} tsɿ^{0} niŋ^{13}]	男人家[lɛ^{35} ən^{0} ko^{0}]	男家人[lã^{13} ka^{33} n̩^{13}]

续 表

词 条	岳阳市	临 湘	醴 陵	永 兴	隆 回
女人	女人[y^{31} zən^{13}]	女箇[ny^{21} ko^{0}]	女子人[ny^{31} tsɿ^{0} niŋ^{13}]/婆娘唧[p^{h}o^{13} nioŋ^{13} tɕi^{0}]/堂客们[t^{h}oŋ^{13} k^{h}ɛ^{35} məŋ^{13}]	妇人家[fv̩^{44} ən^{0} ko^{0}]	女家人[yn^{312} ka^{33} n̩^{13}]
婴儿	毛毛[ma^{22} ma^{0}]/乖乖[kuai^{44} kuai^{44}]	毛毛[mau^{12} mau^{0}]	毛毛唧[mao^{13} mao^{13} tɕi^{0}]	毛赖唧[mɤ^{35} la^{41} tɕi^{0}]/毛毛[mɤ^{35} mɤ^{0}]	捆宝宝[k^{h}uən^{51} pʌu^{312} pʌu^{312}]
小孩儿	伢们手[ŋa^{13} mən^{22} səu^{31}]/小孩子[ɕiau^{31} xai^{13} tsɿ^{0}]	小伢子哩[ɕiau^{21} ŋa^{12} tsɿ^{21} ni^{0}]	伢妹唧[ŋa^{35} moi^{11} tɕi^{0}]	细把戏[se^{13} pa^{41} tɕ^{h}i^{0}]	细孩人子[sei^{51} xai^{13} n̩^{13} tsi^{0}]
男孩儿	伢儿[ŋa^{13} e^{0}]	男伢子哩[nan^{12} ŋa^{12} tsɿ^{21} ni^{0}]	伢唧[ŋa^{35} tɕi^{0}]	赖唧[la^{41} tɕi^{0}]	崽里牯[tsei^{312} li^{312} ku^{33}]
女孩儿	妹崽[mi^{22} tsai^{31}]有点不礼貌	(小)女崽哩[(ɕiau^{21})ny^{21} tsai^{33} ni^{0}]/女孩[ny^{21} xai^{12}]/女伢子哩[ny^{21} ŋa^{12} tsɿ^{21} ni^{0}]	妹唧[moi^{11} tɕi^{0}]	女唧[ŋ̍^{41} tɕi^{0}]	妹里牯[mei^{51} li^{312} ku^{33}]
老头儿	老人家[lau^{31} zən^{13} ka^{44}]		老倌子[lao^{31} koŋ^{33} tsɿ^{0}]	老人家[lɤ^{41} ən^{0} ko^{0}]	老人家[lʌu^{312} n̩^{13} ka^{33}]
老头子(贬)	老头子[lau^{31} dəu^{13} tsɿ^{31}]	老脚哩[lau^{21} tɕio^{5} ni^{0}]	老鬼子[lao^{31} kuei^{31} tsɿ^{0}]	老倌子[lɤ^{41} kuɛ^{0} tsɿ^{0}]	老家伙[lʌu^{312} tɕia^{33} xo^{312}]
老太婆	老婆子[lau^{31} bo^{13} tsɿ^{31}]	老婆哩[lau^{21} bo^{12} ni^{0}]	婆佬唧[p^{h}o^{13} lao^{31} tɕi^{0}]	老娘婆[lɤ^{41} iɔ^{0} pʊ^{35}]	老人家[lʌu^{312} n̩^{13} ka^{33}]/老妇人家[lʌu^{312} fu^{51} n̩^{13} ka^{33}]

续 表

词 条	岳阳市	临 湘	醴 陵	永 兴	隆 回
小伙子	后生[xəu^{22} sən^{44}]	后生家[xəu^{33} sen^{45} ka^{0}]	后生子 [xeu^{11} sɛn^{33} tsɿ^{0}]	后生家赖唧 [xe^{13} sɛ^{0} ko^{0} la^{41} tɕi^{0}]	后生[hiə^{51} sẽ^{33}]
城里人	街上人 [kai^{44} saŋ^{22} zən^{13}]	街上箇人 [kai^{45} xɔ̃^{0} kə^{33} nin^{12}]	城里人[tʰəŋ^{13} li^{31} niŋ^{13}]	街上箇[ka^{44} sɔ^{0} kɤ^{0}]	城里箇[tɕiẽ^{13} li^{31} kei^{0}]
乡巴佬		农村里箇人 [len^{12} dzen^{45} li^{0} kə^{33} nin^{12}]	乡里佬[ɕioŋ^{33} li^{0} lao^{31}]	龙拐[loŋ^{35} kua^{0}]	乡巴佬[ɕiɑ̃^{33} pa^{33} lʌu^{312}]
乡下人	乡里人[ɕiaŋ^{44} li^{31} zən^{13}]		乡下哩人 [ɕioŋ^{33} xa^{11} li^{0} niŋ^{13}]	乡下箇[ɕiaŋ^{44} xo^{0} kɤ^{0}]	农村箇 [lɤŋ^{13} tsʰuən^{33} kei^{0}]
一家子(同宗同姓的)	家门[tɕia^{44} mən^{13}]	一家人[i^{12} ka^{45} nin^{12}]	一家人[i^{35} ka^{33} niŋ^{13}]	自家屋底 [tsɿ^{13} kɛ^{0} əɯ^{21} te^{0}]	一家人[i^{33} ka^{33} n̩^{13}]
外地人	外地人[uai^{22} ti^{22} zən^{13}]	外地人[uai^{33} ti^{33} nin^{12}]	外地人 [uai^{11} tʰi^{11} niŋ^{13}]/外地箇[uai^{11} tʰi^{11} ko^{0}]	外垱垧来箇 [ue^{13} tɔ^{13} xɔ^{0} le^{35} kɤ^{0}]	外地人[ui^{51} hi^{51} n̩^{13}]
本地人	本地人[pən^{31} ti^{22} zən^{13}]	本地人[pen^{21} ti^{33} nin^{12}]	本地人 [pəŋ^{31} tʰi^{11} niŋ^{13}]/本地箇[pəŋ^{31} tʰi^{11} ko^{0}]	本垱垧箇 [pən^{41} tɔ^{13} xɔ^{0} kɤ^{0}]	本地人[pẽ^{312} hi^{51} n̩^{13}]
自己人	自家人[tsɿ^{31} ka^{44} zən^{13}]	自己人 [tsɿ^{21} tɕi^{33} nin^{12}]/屋里箇人 [u^{5} li^{33} kə^{0} nin^{33}]	自己人 [tsʰɿ^{11} tɕi^{31} niŋ^{13}]	自家屋底 [tsɿ^{13} kɛ^{0} əɯ^{21} te^{0}]	自家人[tsʰɿ^{51} ka^{33} n̩^{13}]
外人	外人[uai^{22} zən^{13}]	外人[ŋai^{33} nin^{12}]	别人[pʰiɛ^{35} niŋ^{13}]	外人[ue^{13} ən^{0}]	别个[pʰiɛ^{51} kə^{13}]

续 表

词 条	岳 阳 市	临 湘	醴 陵	永 兴	隆 回
客人	客[gə^{45}]	客人[gə^{5} nin^{12}]	客[kʰa^{35}]	客[kʰe^{21}]	客[kʰa^{33}]
同庚	老庚[lau^{31} gen^{44}]	同年[den^{12} nian^{21}]/老庚[lau^{21} gen^{45}]	老庚[lao^{31} kɛn^{33}]	老庚[lɤ^{41} kən^{44}]	老同[lʌu^{312} hɤŋ^{13}]/老庚[lʌu^{312} kẽ^{33}]
内行	内行[lei^{31} xaŋ^{13}]	内行[le^{33} xɔ^{12}]	内行[lei^{11} xoŋ^{13}]/里手[li^{31} sou^{31}]	师傅[sɿ^{44} fv̩^{44}]/里手[li^{41} səɯ^{41}]	里手[li^{312} ɕiəu^{312}]
外行	外行[uai^{22} xaŋ^{13}]	外行[uai^{24} xɔ^{12}]	外行[uai^{11} xoŋ^{13}]	外行[ue^{13} xɔ^{0}]	外行[ui^{51} hõ^{13}]
半瓶醋(比喻性说法)	半吊子[pan^{24} tiau^{24} tsɿ^{0}]	半罐子[pø^{24} kuan^{24} tsɿ^{21}]	半瓶醋[poŋ^{11} pʰiŋ^{13} tsʰou^{11}]	沙罐[so^{44} kuɛ^{0}]/半桶水[pɛ^{13} tʰoŋ^{41} ɕy^{41}]/暴伙子[pɤ^{13} xʊ^{0} tsɿ^{0}]	半缸水[põ^{51} kõ^{33} ɕu^{312}]
荐头	中人[tsoŋ^{44} zən^{13}]		荐主[tɕin^{11} ky^{31}]	介绍人[ke^{21} sɤ^{0} ən^{35}]	
单身汉	单身汉[tan^{44} sən^{44} xan^{24}]	单身汉[tan^{45} sen^{45} xø^{24}]	单身人[tan^{33} səŋ^{33} niŋ^{13}]	单身工[tɛ^{44} sən^{0} koŋ^{44}]	单身牯[tã^{33} ɕiẽ^{33} ku^{33}]/单身汉[tã^{33} ɕiẽ^{33} hã^{51}]
老姑娘	老姑娘[lau^{13} ku^{44} niaŋ^{13}]/养老女[iaŋ^{31} lau^{31} y^{31}]		老娘边女[lao^{31} nioŋ^{13} pin^{33} ny^{31}]	老黄花女[lɤ^{41} uɔ^{35} xo^{0} ŋ̍^{41}]	老姑娘[lʌu^{312} ku^{33} iɑ̃^{13}]/老黄花女[lʌu^{312} õ^{13} xua^{33} yn^{312}]
童养媳	童养媳[doŋ^{13} iaŋ^{31} ɕi^{45}]	小媳妇[ɕiau^{21} ɕi^{5} fu^{0}]	童养媳[tʰəŋ^{13} ioŋ^{31} ɕi^{35}]	童养媳[tʰoŋ^{21} iɔ^{41} ɕi^{0}]	童养媳[hɤŋ^{13} iɑ̃^{312} sɿ^{13}]

续表

词条	岳阳市	临湘	醴陵	永兴	隆回
二婚头	走一脚[tsəu^{42} i^{5} tɕio^{5}] 特指寡妇再嫁	二婚[ə^{33} fen^{45}]	二婚亲[ɛ^{11} fəŋ^{33} tɕʰiŋ^{33}]	摇二脚[iɤ^{35} e^{13} tɕiʊ^{21}]/ 三里亲家 [sɛ^{44} li^{41} tɕʰiən^{44} ko^{0}](女)	二手货[ɛ^{51} ɕiəu^{312} xo^{51}]
寡妇	寡妇[kua^{31} fu^{22}]	寡妇[kua^{21} fu^{45}]	寡妇[kua^{31} fu^{11}]	寡婆[ko^{41} pʊ^{0}]	单身婆[tā^{33} ɕiẽ^{33} ho^{51}]
婊子	做鸡的[tsəu^{24} tɕi^{44} ti^{0}]	婊子[piau^{21} tsɿ^{0}]	婊子[piu^{31} tsɿ^{0}]	娼妇[tsʰɔ^{44} fv̩^{0}]	婊子婆[piə^{312} tsɿ^{0} ho^{51}]
姘头	画$^{=}$胡$^{=}$子 [fa^{22} fu^{13} tsɿ^{0}]	(偷汉子 [dou^{45} xø^{24} tsɿ^{0}]/偷老 婆[dou^{45} lau^{21} bo^{12}])	相好箇 [ɕioŋ^{33} xao^{31} ko^{0}]姘头/ 野老公 [ia^{31} lao^{31} kuəŋ^{33}]姘夫/ 野老婆[ia^{31} lao^{31} pʰo^{13}] 姘妇	不要脸箇 [pv̩^{21} iɤ^{13} liɛ^{41} kɤ^{0}]/偷 妇娘箇 [tʰe^{44} fv̩^{44} iɔ^{0} kɤ^{0}]	野男人家 [ia^{312} lā^{13} n̩^{13} ka^{33}]情夫/野 婆娘[ia^{312} ho^{51} iɑ̃^{13}]情妇
私生子	野种[ie^{31} tsoŋ^{31}]	野崽哩[ie^{21} tsai^{33} ni^{0}]/ 私生子[sɿ^{45} sen^{0} tsɿ^{33}]	野崽子[ia^{31} tsai^{31} tsɿ^{0}]	野崽[io^{41} tse^{0}]	野崽[ia^{312} tsei^{312}]
囚犯	犯人[fan^{22} zən^{13}]	坐牢箇[tso^{24} lau^{12} kə^{0}]	犯人[fan^{11} niŋ^{13}]	犯人[fɛ^{13} ən^{0}]	劳改犯[lʌu^{13} kai^{312} fā^{51}]
吝啬鬼	小气鬼 [ɕiau^{31} dʑi^{24} kuei^{31}]	小气鬼 [ɕiau^{21} dʑi^{33} kui^{21}]	小气鬼 [ɕiu^{31} tɕʰi^{11} kuei^{31}]/□ 卵鬼[xeu^{13} loŋ^{31} kuei^{31}]	小气鬼 [ɕiɤ^{41} tɕʰi^{0} kuɪ^{41}]	小气鬼[siə^{312} tɕi^{51} kui^{312}]
败家子	败家子[bai^{22} tɕia^{44} tsɿ^{0}]	败家崽 [pai^{33} ka^{45} tsai^{21}]	败家子 [pʰai^{11} ka^{33} tsɿ^{31}]	败子[pa^{13} tsɿ^{0}]	败家子[pʰai^{51} tɕia^{33} tsɿ^{0}]

续 表

词 条	岳阳市	临 湘	醴 陵	永 兴	隆 回
乞丐	叫化子[kau^{24} fa^{44} tsɿ^{0}]/讨米的[dau^{31} mi^{31} ti^{31}]	讨饭箇[dau^{21} fan^{33} kə^{0}]/叫化子[kau^{24} xua^{45} tsɿ^{21}]唱渔鼓之类的讨饭	叫化子[kao^{11} fa^{11} tsɿ^{0}]	叫化子[kɤ^{13} xo^{0} tsɿ^{0}]	叫化子[kʌu^{51} xua^{33} tsɿ^{0}]
走江湖的	卖膏药的[mai^{31} kau^{44} io^{45} ti^{0}]/走江湖的[tsəu^{31} tɕiaŋ^{44} fu^{13} ti^{0}]	走江湖箇[tsəu^{21} tɕiɔ̃^{45} xu^{0} kə^{0}]	跑江湖箇[pʰao^{31} tɕioŋ^{33} fu^{13} ko^{0}]		走江湖箇[tsiə^{312} tɕiõ^{33} xu^{13} kei^{0}]
骗子	骗子[bian^{24} tsɿ^{0}]	骗子[bian^{24} tsɿ^{0}]	白子[pʰa^{35} tsɿ^{0}]/撮巴子[tʰo^{35} pa^{33} tsɿ^{0}]	骗子[pʰiɛ^{13} tsɿ^{0}]	骗子[pʰĩɪ^{51} tsɿ^{0}]
流氓	二流子[ə^{22} liəu^{13} tsɿ^{0}]	流氓[liu^{12} mɔ^{33}]	水佬倌[ɕy^{31} lao^{31} koŋ^{33}]/流氓[liou^{13} moŋ^{13}]	水佬倌[ɕy^{41} lɤ^{0} kuɛ^{13}]/敲杆箇[kʰɤ^{44} kɛ^{41} kɤ^{0}]敲诈的/打烂捅子箇[ta^{41} lɛ^{13} tʰoŋ^{41} tsɿ^{0} kɤ^{0}]	流氓[liəu^{13} mõ^{13}]/二流子[ɛ^{51} liəu^{13} tsɿ^{0}]
拍花子的（专门拐带小孩的）	拐子[kuai^{31} tsɿ^{0}]	拐子[kuai^{21} tsɿ^{0}]	拐子[kuai^{31} tsɿ^{0}]	拐子[kue^{41} tsɿ^{0}]	人贩子[n̩^{13} fã^{51} tsɿ^{0}]
土匪	土匪[dəu^{31} fei^{31}]	土匪[dəu^{21} fei^{21}]	土匪[tʰou^{31} fei^{31}]	抢犯[tɕʰiɔ^{41} fɛ^{0}]	土匪[hu^{312} fi^{312}]
强盗	强盗[dʑiaŋ^{13} tau^{44}]	强盗[dʑiɔ̃^{12} tau^{33}]	强盗[tɕʰioŋ^{13} tʰao^{11}]	抢犯[tɕʰiɔ^{41} fɛ^{0}]	强盗[tɕʰiõ^{13} hʌu^{51}]
贼	强盗[dʑiaŋ^{13} tau^{44}]	强盗[dʑiɔ̃^{12} tau^{33}]	贼牯子[tsʰɛ^{35} ku^{31} tsɿ^{0}]	贼牯[tsʰe^{44} kv̩^{41}]	贼牯子[tsʰiɛ^{51} ku^{33} tsɿ^{0}]

续表

词条	岳阳市	临湘	醴陵	永兴	隆回
扒手	强盗[dʑiaŋ^{13} tau^{44}]	扒手[pa^{12} səu^{21}]	扒子[pʰa^{13} tsɿ^{0}]	扒怪子[pʰa^{21} kue^{41} tsɿ^{0}]	扒子手[pʰa^{13} tsɿ^{0} ɕiə^{312}]
工作	事[sɿ^{22}]/做事[tsəu^{24} sɿ^{22}]	事[sɿ^{33}]	工作[kuəŋ^{11} tso^{35}]	事[sɿ^{13}]/工作[koŋ^{44} tso^{21}]	做事[tsɿ^{51} sɿ^{51}]
工人	做工的[tsəu^{24} koŋ^{44} ti^{31}]	工人[ken^{45} en^{12}]	工人[kuəŋ^{33} niŋ^{13}]	工人[koŋ^{44} ən^{0}]	工人[kɤŋ^{33} iẽ^{13}]
长工	长工[dzaŋ^{13} koŋ^{44}]	长工[dzɔ̃^{12} ken^{45}]	长工[tʰoŋ^{13} kuəŋ^{33}]	长工[tsʰɔ^{35} koŋ^{0}]	长工[tɕiõ^{13} kɤŋ^{33}]
短工	短工[tan^{31} kəŋ^{44}]	短工[tø^{21} ken^{45}]	短工[toŋ^{31} kuəŋ^{33}]		
零工		零工[lin^{12} ken^{45}]	零工[liaŋ^{13} kuəŋ^{33}]	零工[lən^{35} koŋ^{0}]	
农民	农民[loŋ^{13} min^{13}]	作田箇[tso^{33} dian^{12} kə^{0}]/黑腿子[xe^{5} dei^{21} tsɿ^{0}]	农民[ləŋ^{13} miŋ^{13}]/作田佬[tso^{35} tʰin^{13} lao^{31}]	农民[loŋ^{21} mən^{0}]	农民[lɤŋ^{13} mẽ^{13}]
做买卖的	商人[saŋ^{44} zən^{13}]	做生意箇[tsəu^{21} sen^{45} i^{33} kə^{0}]	做生意箇[tsou^{11} sɛn^{33} i^{11} ko^{0}]	卖东西箇[ma^{13} toŋ^{44} ɕi^{0} kɤ^{0}]	做生意箇[tsɿ^{51} sẽ^{33} i^{51} kei^{0}]
老板	老板[lau^{31} pan^{31}]/掌柜的[tsaŋ^{31} guei^{22} ti^{0}]	老板[lau^{21} pan^{21}]	老板[lao^{31} pan^{31}]	老板[lɤ^{41} pɛ^{0}]	老板[lʌu^{312} pā^{312}]
东家			东家[təŋ^{33} tɕia^{33}]	东家[toŋ^{44} tɕia^{0}]	
老板娘	老板娘[lau^{31} pan^{31} liaŋ^{13}]	老板娘[lau^{21} pan^{21} liɔ^{12}]	老板娘[lao^{31} pan^{31} nioŋ^{13}]	老板娘子[lɤ^{41} pɛ^{0} liɔ^{35} tsɿ^{0}]	老板娘[lʌu^{312} pā^{312} iɑ̃^{13}]

续 表

词 条	岳阳市	临 湘	醴 陵	永 兴	隆 回
伙计(店员或长工)	伙计[xo^{31} tɕi^{24}]	伙计[xo^{21} tɕi^{33}]	伙计[fo^{31} tɕʰi^{11}]	伙计[xʊ^{41} tɕi^{0}]	
学徒	学徒弟的[ɕio^{45} dəu^{13} ti^{24} ti^{0}]	学徒[ɕio^{5} dəu^{12}]/徒弟[dəu^{12} ti^{33}]	徒弟[tʰou^{13} tʰi^{11}]/学徒[ɕio^{35} tʰou^{13}]	徒弟[tɣ^{35} ti^{0}]	徒弟[hu^{13} hi^{51}]
顾客	顾客[ku^{24} gə^{45}]/买主[mai^{31} tɕy^{31}]/主顾[tɕy^{31} ku^{24}]	顾客[ku^{24} ge^{33}]	顾客[ku^{11} kɛ^{35}]/买主[mai^{31} ky^{31}]	买东西箇[ma^{41} toŋ^{44} ɕi^{0} kɤ^{0}]	顾客[ku^{51} kiɛ^{33}]
小贩	小贩[ɕiau^{31} fan^{24}]	贩子[fan^{24} tsɿ^{0}]	做小生意箇[tsou^{11} ɕiu^{31} sɛn^{33} i^{11} ko^{0}]	啪⁼箩担子箇[pʰa^{41} lʊ^{35} tɛ^{13} tsɿ^{0} kɤ^{0}]	摆摊子箇[pai^{312} hã^{33} tsɿ^{0} kei^{0}]
摊贩	摊贩[dan^{44} fan^{24}]		摆摊子箇[pai^{31} tʰan^{33} tsɿ^{0} ko^{0}]	摆摊子箇[pa^{41} tʰɛ^{44} tsɿ^{0} kɤ^{0}]	
(私塾)教书先生	先生[ɕian^{44} sən^{44}]	私塾先生[sɿ^{45} səu^{5} ɕian^{45} sen^{45}]	教书先生[kao^{11} ɕy^{33} ɕin^{33} sɛn^{33}]	先先⁼[ɕiɛ^{44} ɕiɛ^{0}]	教书先生[kʌu^{51} ɕu^{33} sĩɪ^{33} sẽ]
(学校)教员	老师[lau^{31} sɿ^{44}]	老师[lau^{21} sɿ^{45}]	老师[lao^{31} sɿ^{33}]	老师[lɤ^{41} sɿ^{0}]	老师[lʌu^{312} sɿ^{33}]
学生	学生[ɕio^{45} sən^{44}]	学生伢子哩[xo^{5} sen^{45} ŋa^{24} tsɿ^{0} ni^{0}]/书僮伢子哩[ɕy^{45} den^{12} ŋa^{24} tsɿ^{0} ni^{0}]	学生[xo^{35} sɛn^{33}]	学生[ɕio^{21} sən^{0}]	学生[ɕyo^{24} sɛ̃^{33}]
警察	警察[tɕin^{31} dza^{45}]	公安局箇[ken^{45} an^{45} tɕy^{5} kə^{0}]	警察[tɕiŋ^{31} tsʰa^{13}]/公安局箇[kuəŋ^{33} ŋan^{33} ky^{13} ko^{0}]	公安箇[koŋ^{44} ɛ^{0} kɤ^{0}]	警察[tɕiẽ^{312} tsʰa^{33}]

续　表

词　条	岳阳市	临　湘	醴　陵	永　兴	隆　回
医生	医生[i^{44} sən^{44}]/大夫[ta^{22} fu^{44}]	郎中[lɔ^{12} tsen^{45}]	医生[i^{33} sɛn^{33}]/郎中[loŋ^{13} təŋ^{33}]	郎中先先⁼[lɔ^{35} tsoŋ^{0} ɕiɛ^{44} ɕiɛ^{0}]	医师[i^{33} sɿ^{33}]/赤脚医师[tɕʰia^{33} tɕyo^{312} ;i^{33} sɿ^{33}]
司机	司机[sɿ^{44} tɕi^{44}]	开车箇[gai^{45} dze^{45} kə^{0}]	司机[sɿ^{33} tɕi^{33}]	司机[sɿ^{44} tɕi^{0}]	司机[sɿ^{33} tɕi^{33}]
手艺人	手艺人[səu^{31} ni^{22} zən^{13}]	艺人[i^{33} en^{33}]	匠人[tɕʰioŋ^{11} niŋ^{13}]	师傅[sɿ^{4} fy̩^{0}]	做手艺箇[tsɿ^{51} ɕiəu^{312} ;i^{51} kei^{0}]
木匠	木匠[mo^{45} dʑiaŋ^{22}]	木匠[mu^{5} dʑiɔ̃^{33}]	博士[po^{13} sɿ^{11}]/木匠[mu^{35} tɕʰioŋ^{11}]	木匠师傅[moŋ^{44} tɕʰiɔ^{0} sɿ^{44} fy̩^{0}]	木匠师傅[mɤŋ^{33} tsʰiɑ̃^{51} si^{33} fu^{0}]
瓦匠	泥水匠[ȵi^{13} suei^{31} dʑiaŋ^{22}]	砌匠[dʑi^{24} dʑiɔ̃^{21}]	砌匠[tɕʰi^{11} tɕʰioŋ^{11}]	砖匠师傅[tɕyɛ^{44} tɕʰiɔ^{0} sɿ^{44} fy̩^{0}]	瓦匠师傅[ua^{312} tsʰiɑ̃^{51} sɿ^{33} fu^{0}]
铁匠	铁匠[die^{45} dʑiaŋ^{22}]	铁匠[die^{5} tɕiɔ^{21}]/打铁箇[ta^{21} die^{5} kə^{0}]	铁匠[tʰiɛ^{35} tɕʰioŋ^{11}]	打铁箇[ta^{41} tʰie^{21} kɤ^{0}]	铁匠师傅[hiɛ^{33} tsʰiɑ̃^{51} sɿ^{33} fu^{0}]
补锅的	补锅匠[pu^{31} ko^{44} ti^{0}]	补锅箇[pu^{21} ko^{45} kə^{0}]	补镬匠[pu^{31} uo^{33} tɕʰioŋ^{11}]/补镬子箇[pu^{31} uo^{33} tsɿ^{0} ko^{0}]	补镬头箇[py̩^{41} ʊ^{44} te^{0} kɤ^{0}]	鑪匠师傅[lu^{312} tsʰiɑ̃^{51} sɿ^{33} fu^{0}]
裁缝	裁缝[dzai^{13} xən^{13}]	裁缝[dzai^{12} xen^{12}]	裁缝[tsʰoi^{13} fəŋ^{13}]	连⁼衣裳箇[liɛ^{35} ;i^{44} sɛ^{0} kɤ^{0}]/裁缝师傅[tsʰa^{35} foŋ^{0} sɿ^{44} fy̩^{0}]	裁缝[tsʰui^{13} fɤŋ^{51}]

续 表

词 条	岳 阳 市	临 湘	醴 陵	永 兴	隆 回
理发员	剃头匠[di^{24} dəu^{13} dʑiaŋ^{22}]	剃头箇[di^{24} de^{12} kə^{0}]/剃脑壳箇[di^{24} lau^{21} go^{33} kə^{0}]	剃脑匠[tʰi^{11} lao^{31} tɕʰioŋ^{11}]	剃脑箇[tʰi^{13} lɤ^{41} kɤ^{0}]/剪脑师傅[tɕiɛ^{41} lɤ^{41} sɿ^{44} fv̩^{0}]	剃脑壳箇[hi^{51} lʌu^{312} kʰo^{33} kei^{0}]
屠户	屠户[dəu^{13} fu^{44}]	杀猪佬[sa^{5} tɕy^{45} lau^{21}]	杀猪匠[sa^{35} ky^{33} tɕʰioŋ^{11}]	杀猪箇师傅[so^{21} tɕy^{44} kɤ^{0} sɿ^{44} fv̩^{0}]	杀猪箇[siɛ^{33} tɕu^{33} kei^{0}]/屠公师傅[hu^{13} kɤŋ^{33} sɿ^{33} fu^{0}]
轿夫(挑夫)	箩脚子[lo^{13} tɕio^{45} tsɿ^{0}]	脚夫[tɕio^{5}v̩^{45}]/挑夫[diau^{45}v̩]/轿夫[tɕiau^{33}v̩^{45}]	担脚箇[tan^{33} tɕio^{35} ko^{0}]	搬运箇[pɛ^{44} yən^{13} kɤ^{0}]/抬轿箇[ta^{35} tɕiɤ^{13} kɤ^{0}]	担担箇[tã^{33} tã^{51} kei^{0}]/担脚箇[tã^{33} tɕyo^{33} kei^{0}]/抬轿箇[hai^{13} tɕʰiə^{51} kei^{0}]
艄公	撑船的[dzən^{44} dʑyan^{13} ti^{0}]	渡船老板[tu^{33} dʑyan^{12} lau^{21} pan^{21}]	艄公[sao^{33} kuəŋ^{33}]	拨江箇[po^{35} kɔ^{44} kɤ^{0}]	
管家	管家[kuan^{31} tɕia^{44}]	管家[kø^{21} tɕia^{45}]	管家[koŋ^{31} tɕia^{33}]	管家箇[kuɛ^{41} tɕia^{44} kɤ^{0}]	
伙计(合伙的人)			伙计[fo^{31} tɕʰi^{11}]	伙计[xʊ^{41} tɕi^{0}]	
厨师	大师傅[ta^{22} sɿ^{44} fu^{22}]	厨子[dʑy^{12} tsɿ^{0}]	厨子[kʰy^{13} tsɿ^{0}]/大师傅[tʰai^{11} sɿ^{33} fu^{11}]	罈罐厨子[tɛ^{35} kuɛ^{0} tɕʰy^{35} tsɿ^{0}]/大师傅[ta^{13} sɿ^{44} fv̩^{0}]	厨师[tɕu^{13} sɿ^{33}]/煮饭箇[tɕu^{312} fã^{51} kei^{0}]
饲养员	马夫[ma^{31} fu^{44}]			养猪箇[iɔ^{41} tɕy^{44} kɤ^{0}]	喂猪箇[ui^{51} tɕu^{33} kei^{0}]
仆人		长工[dzɔ̃^{12} ken^{45}]	佣人[iŋ^{11} niŋ^{13}]	佣人[ioŋ^{13} ən^{0}]	佣人[irŋ^{33} iẽ^{13}]

续　表

词　条	岳阳市	临　湘	醴　陵	永　兴	隆　回
女仆	老妈子[lau^{31} ma^{44} tsɿ^{0}]		佣人[iŋ^{11} niŋ^{13}]	佣人[ioŋ^{13} ən^{0}]	佣人[irŋ^{33} iẽ^{13}]
丫环	丫环[ia^{44} fan^{13}]	丫环[ia^{45} xuan^{12}]	丫环[ia^{33} fan^{13}]	丫环[ia^{44} xuɛ^{0}]	丫环[ia^{33} xuã^{13}]
接生婆	喜娘[ɕi^{31} niaŋ^{13}]/接生娘[tɕie^{45} sən^{44} niaŋ^{13}]	接生婆[tɕie^{5} sen^{45} bo^{12}]	接生婆[tɕiɛ^{35} sen^{33} p^{h}o^{13}]	接娘[tɕie^{21} iɔ^{0}]	接生婆[tsiɛ^{33} sẽ^{33} ho^{13}]
拾　亲属					
长辈	长辈[tsaŋ^{31} pei^{24}]	高辈[kau^{45} pai^{24}]	长辈[toŋ^{31} pei^{11}]	做大箇[tsṿ^{13} ta^{13} kɤ^{0}]	
曾祖父	太爹[dai^{24} tia^{44}]	曾祖[tsen^{45} tsu^{21}]/老爹[lau^{21} tia^{45}]	老公唧[lao^{31} kuəŋ^{33} tɕi^{0}]	老爷爷[lɤ^{41} ie^{21} ie^{0}]	公公[kɤŋ^{33} kɤŋ^{0}]
曾祖母	细太爹[ɕi^{24} dai^{24} tia^{44}]	曾母[tsen^{45} mo^{21}]/老爹[lau^{21} tia^{45}]	老婆唧[lao^{31} p^{h}o^{13} tɕi^{0}]	老娘娘[lɤ^{41} iɔ^{21} iɔ^{0}]	婆婆[ho^{13} ho^{0}]
祖父	爹爹[tia^{44} tia^{44}]	爹爹[tia^{45} tia^{0}]/爷[ie^{12}]	公唧[kuəŋ^{33} tɕi^{0}]	爷爷[ie^{21} ie^{0}]	爹爹[tiɛ^{33} tiɛ^{0}]
祖母	小爹爹[ɕiau^{31} tia^{44} tia^{44}]/细爹[dai^{24} ɕi^{24} tia^{44}]	姆妈[m̩^{5} ma^{0}]	婆婆[po^{31} po^{33}]	娘娘[iɔ^{21} iɔ^{0}]	奶奶[lĩɪ^{33} lĩɪ^{0}]
外祖父	外公[uai^{22} koŋ^{44}]	大嘎嘎[dai^{21} ka^{45} ka^{0}]	外公[ŋoi^{11} kuəŋ^{33}]	公公[koŋ^{44} koŋ^{0}]	外公爹爹[ui^{51} kɤŋ^{33} tiɛ^{33} tiɛ^{0}]
外祖母	外婆[uai^{22} bo^{13}]	细嘎嘎[ɕi^{12} ka^{45} ka^{0}]	外婆[ŋoi^{11} p^{h}o^{13}]	婆婆[pʊ^{35} pʊ^{0}]	外婆奶奶[ui^{51} ho^{13} lĩɪ^{33} lĩɪ^{0}]

续表

词条	岳阳市	临湘	醴陵	永兴	隆回
父亲	爹爹[tie^{44} tie^{44}]	爷[ia^{12}]/爷老子[ia^{12} lau^{21} tsɿ^{0}]/爷爷[ia^{12} ia^{12}]	爹爹[tiɛ^{33} tiɛ^{33}]面称/爷佬子[ia^{35} lao^{31} tsɿ^{0}]背称	爹爹[ta^{44} ta^{0}]	爷[ia^{13}]/爷爷[ia^{13} ia^{0}]/爷老子[ia^{13} lʌu^{312} tsɿ^{0}]背称/奶爷[lai^{24} ia^{13}]女孩未出嫁时称呼自己的父亲
母亲	姆妈[m̩^{44} ma^{44}]	娘[niɔ̃^{12}]/娘老子[niɔ̃^{12} lau^{21} tsɿ^{0}]/姆妈[m̩^{21} ma^{45}]	姆妈[m̩^{33} ma^{33}]/娘佬子[nioŋ^{13} lao^{31} tsɿ^{0}]	母母[mɔ^{44} mɔ^{0}]	娘[iɑ̃^{13}]/老母亲[lʌu^{312} mɤŋ^{312} tɕiẽ^{33}]/妈妈[ma^{33} ma^{0}]/娘老子[iɑ̃^{13} lʌu^{312} tsɿ^{0}]背称/奶娘[lai^{24} iɑ̃^{13}]女孩未出嫁时称呼自己的母亲
岳父	岳父老子[io^{45} fu^{31} lau^{31} tsɿ^{31}]	岳父[io^{5} fu^{33}]/干爷[kø^{45} ia^{12}]	岳老子[io^{35} lao^{31} tsɿ^{0}]/丈人公[t^{h}oŋ^{11} niŋ^{13} kuəŋ^{33}]	丈人老倌[tsɔ^{13} ən^{0} lɤ^{41} kuɛ^{0}]	亲爷[ts^{h}ẽ^{33} ia^{13}]
岳母	岳母娘[io^{45} mo^{31} niaŋ^{13}]	岳母娘[io^{5} mo^{21} niɔ̃^{12}]/干娘[kø^{45} niɔ̃^{12}]	岳母娘[io^{35} mu^{31} nioŋ^{13}]/丈人婆[t^{h}oŋ^{11} niŋ^{13} p^{h}o^{13}]	丈婆[tsɔ^{13} pʊ^{41}]/丈母[tsɔ^{13} mʊ^{41}]	亲娘[ts^{h}ẽ^{33} iɑ̃^{13}]
公公(夫之父)	家爷[ka^{44} ia^{13}]	公公[ken^{45} ken^{0}]		家老子[ko^{44} lɤ^{41} tsɿ^{0}]	家爷[ka^{33} ia^{13}]
婆婆(夫之母)	家娘[ka^{44} niaŋ^{13}]	婆婆[bo^{12} bo^{0}]		家娘[ko^{44} iɔ^{41}]	家娘[ka^{33} iɑ̃^{13}]
继父	继父老子[tsɿ^{24} fu^{31} lau^{31} tsɿ^{0}]	继父[tɕi^{24} fu^{24}]	后来爷[xeu^{11} lai^{13} ia^{13}]/后爷子[xeu^{11} ia^{13} tsɿ^{0}]	后头爷[xe^{13} te^{41} io^{35}]/二道爷[e^{13} tɤ^{0} io^{35}]	后爷[hiə^{51} ia^{13}]

续　表

词　条	岳阳市	临　湘	醴　陵	永　兴	隆　回
继母	后头娘[xəu^{22} dəu^{13} niaŋ^{13}]	继母[tɕi^{24} mo^{21}]	后来娘[xeu^{11} lai^{13} nioŋ^{13}]/后娘子[xeu^{11} nioŋ^{13} tsɿ^{0}]	后头娘[xe^{13} te^{41} iɔ^{0}]/二道娘[e^{13} tɤ^{0} iɔ^{0}]	后娘[hiə^{51} iɑ̃^{13}]
伯父	伯伯[pə^{45} pə^{45}]	伯爷[pa^{5} ia^{12}]	伯伯[pa^{35} pa^{35}]	男人家伯伯[lɛ^{35} ən^{0} ko^{0} pa^{21} pa^{0}]	大爷[hai^{51} ia^{13}]/二爷[ɛ^{51} ia^{13}]按排行
伯母	伯妈[pə^{45} ma^{44}]	伯娘[pa^{5} niɔ̃^{12}]	母母[mo^{31} mo^{0}]	妇人家伯伯[fv̩^{44} ən^{0} ko^{0} pa^{21} pa^{0}]	大娘[hai^{51} iɑ̃^{13}]/二娘[ɛ^{51} iɑ̃^{13}]按排行
叔父	叔叔[ɕəu^{13} ɕəu^{13}]	细爷[ɕi^{24} ia^{12}]/幺爷[iau^{45} ia^{12}]小叔/幺幺[iau^{45} iau^{45}]小叔	叔唧[sou^{35} tɕi^{0}]	满满[mɛ^{41} mɛ^{41}]	满满[mã^{312} mã^{0}]/二爷[ɛ^{51} ia^{13}]按排行
叔母	婶娘[sən^{31} niaŋ^{13}]	细娘[ɕi^{24} niɔ̃^{12}]/细爷[ɕi^{24} ia^{12}]幺幺的妻	婶唧[səŋ^{31} tɕi^{0}]	婶唧[sən^{21} tɕi^{0}]	满娘[mã^{312} iɑ̃^{13}]/二娘[ɛ^{51} iɑ̃^{13}]按排行
舅父	舅舅[tɕiəu^{22} tɕiəu^{22}]	舅爷[tɕiu^{33} ia^{12}]	舅公[tɕʰiou^{11} kuəŋ^{33}]	起$^{=}$起$^{=}$[tɕʰi^{41} tɕʰi^{0}]统称/大起$^{=}$[ta^{13} tɕʰi^{0}]比母大/满起$^{=}$[mɛ^{41} tɕʰi^{0}]比母小	舅爷[tɕʰiəu^{312} ia^{13}]
舅母	舅妈[tɕiəu^{22} ma^{44}]	舅娘[tɕiu^{33} niɔ̃^{12}]	舅婆[tɕʰiou^{11} pʰo^{13}]	大起$^{=}$母[ta^{13} tɕʰi^{41} mən^{0}]/细起$^{=}$母[se^{13} tɕʰi^{41} mən^{0}]	舅母[tɕʰiəu^{312} mɤŋ^{312}]
姑妈	姑妈[ku^{44} ma^{44}]	姑娘[ku^{45} niɔ̃^{0}]	姑姑[ku^{33} ku^{0}]面称/姑娘[ku^{33} nioŋ^{13}]	姑娘[kv̩^{44} iɔ^{0}]	姑娘[ku^{33} iɑ̃^{13}]

续 表

词 条	岳阳市	临 湘	醴 陵	永 兴	隆 回
姨妈	姨妈[i^{13}ma^{44}]	姨娘[i^{12}niɔ̃^{12}]	姨唧[i^{13}tɕi^{0}]面称/姨娘[i^{13}nioŋ^{13}]	大娘[ta^{13}iɔ^{0}]比母大/姨娘[i^{35}iɔ^{0}]比母小	姨娘[i^{13}iɑ̃^{13}]
姑夫	姑爷[ku^{44}ie^{13}]	姑爷[ku^{45}ia^{0}]	姑爷[ku^{33}ia^{13}]	姑爷[kɣ̩^{44}io^{0}]	姑爷[ku^{33}ia^{13}]
姨夫	姨爹[i^{13}tie^{44}]	姨爷[i^{12}ia^{12}]	姨爷[i^{13}ia^{13}]	大爷[ta^{13}io^{0}]比母大的姨妈之夫/姨爷[i^{35}io^{0}]比母小的姨妈之夫	姨爷[i^{13}ia^{13}]
姻伯			亲家公[tɕ^{h}iŋ^{11}ka^{33}kuəŋ^{33}]/亲家母[tɕ^{h}iŋ^{11}ka^{33}mu^{31}]亲家太太，姻伯母	伯伯[pa^{21}pa^{0}]比父大，男女姻伯同 满满[mɛ^{35}mɛ^{0}]比父小/婶唧[sən^{21}tɕi^{0}]	亲家老子[ts^{h}ẽ^{51}ka^{33}lʌu^{312}tsɿ^{0}]/亲家母[ts^{h}ẽ^{51}ka^{33}mɤŋ^{312}]
姑奶奶	姨爹爹[i^{13}tia^{44}tia^{44}]	姑妈[ku^{45}ma^{45}]	老姑娘[lao^{31}ku^{33}nioŋ^{13}]	(姑娘)婆婆[(kɣ̩^{44}iɔ^{0})pʊ^{35}pʊ^{0}]	姑奶奶[ku^{33}lĩɪ^{33}lĩɪ^{0}]
姨奶奶	姑爹爹[ku^{44}tia^{44}tia^{44}]	姨妈[i^{12}ma^{45}]	姨婆婆[i^{13}po^{31}po^{33}]	(姨娘)婆婆[(i^{35}iɔ^{0})pʊ^{35}pʊ^{0}]	姨奶奶[i^{13}lĩɪ^{33}lĩɪ^{0}]
平辈	平辈[bin^{13}pei^{24}]	同辈[den^{12}pai^{24}]	平辈[p^{h}iŋ^{13}pei^{11}]/同辈[t^{h}əŋ^{13}pei^{11}]	平辈[pən^{35}pɪ^{13}]/一只字辈箇[i^{21}tso^{21}ts^{h}ɿ^{13}pɪ^{0}kɤ^{0}]	平哒辈[p^{h}iɑ̃^{13}ta^{0}pei^{51}]
夫妻	夫妻[fu^{44}dʑi^{44}]	两个人[liɔ̃^{21}ko^{33}en^{12}]/两夫妇[liɔ̃^{21}fu^{45}fu^{0}]	公婆[kuəŋ^{33}p^{h}o^{13}]	两口人[liɔ^{41}k^{h}e^{41}ən^{0}]	两口人[liɑ̃^{312}k^{h}iə^{312}n̩^{13}]

续 表

词条	岳阳市	临湘	醴陵	永兴	隆回
夫	丈夫[tsaŋ^{22} fu^{44}]	丈夫[tsɔ̃^{33} fu^{45}]/屋里箇人[u^{5} li^{0} kə^{0} en^{21}]	男子[lan^{13} tsɿ^{31}]	老公[lɤ^{41} koŋ^{0}]	男人家[lã^{13} n̩^{13} ka^{33}]
妻	堂客[daŋ^{13} gə^{45}]	屋里箇人[u^{5} li^{0} kə^{0} en^{21}]	堂客[t^{h}oŋ^{13} kɛ^{35}]/婆娘[p^{h}o^{13} nioŋ^{13}]	妇娘[fy̩^{44} iɔ^{0}]	婆娘[ho^{13} iɑ̃^{13}]/老婆子[lʌu^{312} ho^{13} tsɿ^{0}]背称
小老婆	小堂客[ɕiau^{31} daŋ^{13} gə^{45}]	小妻[ɕiau^{21} dʑie^{33}]	小婆子[ɕiu^{31} p^{h}o^{13} tsɿ^{0}]	细妇娘[se^{13} fy̩^{44} iɔ^{0}]	细婆娘[sei^{51} ho^{13} iɑ̃^{13}]
大伯子	哥哥[ko^{44} ko^{44}]	他的伯爷[da^{45} di^{0} pa^{5} ia^{0}]随小孩	伯唧[pa^{35} tɕi^{0}]	老大[lɤ^{41} ta^{13}]/哥哥[ko^{44} ko^{0}]	
小叔子	弟弟[di^{22} di^{22}]	他的细爷[da^{45} di^{0} ɕi^{24} ia^{0}]随小孩	叔唧[sou^{35} tɕi^{0}]	渠隻佬弟[tɕi^{21} tso^{0} lɤ^{41} te^{0}]	
大姑子		他的大姑娘[da^{45} di^{0} tai^{21} ku^{45} niɔ̃^{0}]	姑唧[ku^{33} tɕi^{0}]夫之姐妹	渠隻姐姐[tɕi^{21} tso^{0} tɕia^{35} tɕia^{35}]	
小姑子		他的细姑娘[da^{45} di^{0} ɕi^{24} ku^{45} niɔ̃^{0}]	姑唧[ku^{33} tɕi^{0}]夫之姐妹	渠隻妹妹[tɕi^{21} tso^{0} mɪ^{13} mɪ^{0}]	
内兄弟	舅子[tɕiəu^{22} tsɿ^{0}]	他的舅爷[da^{45} di^{0} tɕiu^{33} ia^{0}]	舅唧[tɕ^{h}iou^{11} tɕi^{0}]	妻兄弟[tɕ^{h}i^{41} ɕioŋ^{44} ti^{0}]	
内兄	大舅子[ta^{22} tɕiəu^{22} tsɿ^{0}]		大舅唧[t^{h}ai^{11} tɕ^{h}iou^{11} tɕi^{0}]	妻兄[tɕ^{h}i^{41} ɕioŋ^{44}]	大舅子[hai^{51} tɕiəu^{51} tsɿ^{0}]
内弟	小舅子[ɕiau^{31} tɕiəu^{22} tsɿ^{0}]		细舅唧[ɕi^{11} tɕ^{h}iou^{11} tɕi^{0}]	妻弟[tɕ^{h}i^{41} ti^{13}]	小舅子[siə^{312} tɕiəu^{51} tsɿ^{0}]

续 表

词 条	岳阳市	临 湘	醴 陵	永 兴	隆 回
大姨子	姨姐子[i^{13} tɕia^{31} tsɿ^{0}]	他的大姨娘[da^{45} di^{0} tai^{21} i^{12} niɔ̃^{12}]	大姨唧[tʰai^{11} i^{13} tɕi^{0}]	妻姐姐[tɕʰi^{44} tɕia^{35} tɕia^{0}]	姨姐[i^{13} tsiɛ^{312}]
小姨子	姨妹子[i^{13} mei^{22} tsɿ^{0}]	他的细姨娘[da^{45} di^{0} ɕi^{24} i^{12} niɔ̃^{12}]	细姨唧[ɕi^{11} i^{13} tɕi^{0}]	妻妹[tɕʰi^{44} mɪ^{13}]	姨妹[i^{13} mie^{51}]/姨妹子[i^{13} mei^{51} tsɿ^{0}]爱称
弟兄	兄弟[ɕiəŋ^{44} di^{22}]	哥哥佬弟[ko^{45} ko^{0} lau^{21} di^{0}]	兄弟[ɕyŋ^{33} tʰi^{11}]1 弟兄；2 哥们儿	兄佬[ɕioŋ^{44} lɤ^{41}]	弟兄家[hi^{51} ɕiɤŋ^{33} ka^{0}]
姊妹	姐妹[tɕie^{44} mi^{22}]	姊妹[tsɿ^{21} mi^{33}]/姊姊佬妹[tsɿ^{21} tsɿ^{0} lau^{21} mi^{33}]	姊妹[tsɿ^{31} moi^{11}]	姊妹[tsɿ^{41} mɪ^{13}]包括兄弟	姊妹家[tsɿ^{312} mei^{51} ka^{0}]
哥哥	哥哥[ko^{44} ko^{44}]	哥哥[ko^{45} ko^{0}]/老兄[lau^{21} xin^{45}]	老兄[lao^{31} ɕyŋ^{33}]背称	哥哥[ko^{44} ko^{0}]	哥哥[ko^{33} ko^{0}]
嫂子	嫂子[sau^{31} tsɿ^{0}]	嫂子[sau^{21} tsɿ^{0}]	嫂唧[sao^{31} tɕi^{0}]	嫂唧[sɤ^{41} tɕi^{0}]	嫂嫂[sʌu^{312} sʌu^{0}]
弟弟	弟弟[di^{22} di^{22}]	佬弟[lau^{21} di^{21}]	佬弟[lao^{31} tʰi^{11}]背称	佬弟[lɤ^{41} te^{0}]	老弟[lʌu^{312} hi^{312}]
弟媳	佬弟媳妇[lau^{22} di^{22} ɕi^{45} fu^{22}]	佬弟媳妇[lau^{21} di^{0} ɕi^{5} fu^{0}]	佬弟嫂[lao^{31} tʰi^{11} sao^{31}]	佬弟嫂[lɤ^{41} te^{0} sɤ^{41}]	老弟嫂[lʌu^{312} hi^{51} sʌu^{312}]
姐姐	姐姐[tɕie^{44} tɕie^{44}]	姐姐[tɕie^{21} tɕie^{0}]	姐唧[tɕia^{31} tɕi^{0}]	姐姐[tɕia^{35} tɕia^{0}]	姐姐[tsiɛ^{312} tsiɛ^{0}]
姐夫	姐夫哥[tɕie^{44} fu^{44} ko^{44}]	姐夫[tɕie^{21} fu^{45}]	姐夫[tɕia^{31} fu^{33}]	姐夫[tɕio^{41} fv̩^{0}]	姐夫[tsiɛ^{312} fu^{33}]
妹妹	妹妹[mi^{22} mi^{22}]	佬妹[lau^{21} mi^{33}]	佬妹[lao^{31} moi^{11}]/妹佬子[moi^{11} lao^{31} tsɿ^{0}]	妹妹[mɪ^{13} mɪ^{0}]	妹妹[mei^{51} mei^{0}]

续　表

词　条	岳阳市	临　湘	醴　陵	永　兴	隆　回
妹夫	妹郎子[mi^{22} laŋ^{13} tsɿ^{0}]	妹夫[mi^{33} fu^{45}]	妹夫[moi^{11} fu^{33}]	妹郎[mɪ^{13} lɔ^{0}]	妹郎[mei^{51} lõ^{13}]
堂兄弟	堂兄[daŋ^{13} ɕioŋ^{44} di^{22}]/叔伯兄弟[səu^{13} pə^{45} ɕioŋ^{44} di^{22}]	叔伯兄弟[səu^{5} pa^{0} xin^{45} di^{0}]	叔伯兄弟[sou^{35} pa^{35} ɕyŋ^{33} tʰi^{11}]	堂兄弟[tʰɔ^{21} ɕioŋ^{44} ti^{0}]	堂弟兄[hõ^{13} hi^{51} ɕiɤŋ^{33}]
堂兄	叔伯哥哥[səu^{13} pə^{45} ko^{44} ko^{44}]	堂兄[dɔ̃^{12} xin^{45}]/堂哥[dɔ̃^{12} ko^{45}]	堂老兄[tʰoŋ^{13} lao^{31} ɕiaŋ^{33}]/嫡堂箇老兄[tʰi^{13} tʰoŋ^{13} ko^{0} lao^{31} ɕiaŋ^{33}]	哥哥[ko^{44} ko^{0}]	堂兄[hõ^{13} ɕiɤŋ^{33}]
堂弟	叔伯弟弟[səu^{13} pə^{45} di^{22} di^{22}]	堂弟[dɔ̃^{12} di^{33}]		佬弟[lɤ^{41} te^{0}]	堂弟[hõ^{13} hi^{51}]
堂姊妹	叔伯姊妹[səu^{13} pə^{45} tsɿ^{31} mi^{22}]	堂姊妹[dɔ̃^{12} tsɿ^{21} mi^{33}]	叔伯姊妹[sou^{35} pa^{35} tsɿ^{31} moi^{11}]	堂姊妹[tʰɔ^{21} tsɿ^{41} mɪ^{13}]	堂姊妹[hõ^{13} tsɿ^{312} mei^{51}]
堂姐	叔伯姐姐[səu^{13} pə^{45} tɕie^{44} tɕie^{44}]	堂姐[dɔ̃^{12} tɕie^{21}]	嫡堂箇姐唧[tʰi^{13} tʰoŋ^{13} ko^{0} tɕia^{31} tɕi^{0}]	姐姐[tɕia^{35} tɕia^{0}]	堂姐[hõ^{13} tsiɛ^{312}]
堂妹	叔伯妹妹[səu^{13} pə^{45} mi^{22} mi^{22}]	佬妹[lau^{12} mi^{33}]	嫡堂箇妹[tʰi^{13} tʰoŋ^{13} ko^{0} moi^{11}]	妹妹[mɪ^{13} mɪ^{0}]	堂妹[hõ^{13} mei^{51}]
表兄弟	老表[lau^{31} piau^{31}]	表兄弟[piau^{21} xin^{45} di^{33}]	老表[lao^{31} piu^{31}]表兄妹	老表[lɤ^{41} piɤ^{41}]	表兄表弟[piə^{312} ɕiɤŋ^{33} piə^{312} hi^{51}]
表兄	表哥[piau^{31} ko^{44}]	表哥[piau^{21} ko^{45}]	表哥哥[piu^{31} ko^{33} ko^{0}]	大老表[ta^{13} lɤ^{41} piɤ^{41}]	表兄[piə^{312} ɕiɤŋ^{33}]
表嫂	表嫂[piau^{31} sau^{31}]	表嫂[piau^{21} sau^{21}]	表嫂[piu^{31} sao^{31}]	表嫂[piɤ^{41} sɤ^{41}]/老表[lɤ^{41} piɤ^{41}]	表嫂[piə^{312} sʌu^{312}]表兄表弟的妻

续表

词条	岳阳市	临湘	醴陵	永兴	隆回
表弟	表弟[piau^{31} di^{22}]	表弟[piau^{21} di^{33}]		细老表[se^{13} lɤ^{41} piɤ^{41}]	表弟[piə^{312} hi^{51}]
表姊妹	表姊妹[piau^{31} tsɿ^{31} mi^{22}]	表姊妹[piau^{21} tsɿ^{21} mi^{33}]	表姊妹[piu^{31} tsɿ^{31} moi^{11}]	老表[lɤ^{41} piɤ^{41}]/表姊妹[piɤ^{41} tsɿ^{0} mɪ^{13}]	表姊表妹[piə^{312} tsɿ^{312} piə^{312} mei^{51}]
表姐	表姐[piau^{31} tɕie^{44}]		表姐唧[piu^{31} tɕia^{31} tɕi^{0}]	表姐姐[piɤ^{41} tɕia^{35} tɕia^{0}]/老表[lɤ^{41} piɤ^{41}]	表姐[piə^{312} tsiɛ^{312}]
表妹	表妹[piau^{31} mi^{22}]		表佬妹[piu^{31} lao^{31} moi^{11}]	表妹[piɤ^{41} mɪ^{0}]/老表[lɤ^{41} piɤ^{41}]	表妹[piə^{312} mei^{51}]
晚辈	晚辈[uan^{31} pei^{24}]	低辈[ti^{45} pai^{24}]		做细箇[tsv̩^{13} se^{13} kɤ^{0}]	
子女	崽女[tsai^{31} y^{31}]	崽女[tsai^{21} ny^{21}]	崽女[tsai^{31} ny^{31}]	崽女[tse^{41} ŋ̍^{41}]	崽女[tsei^{312} yn^{312}]/细人崽[sei^{51} n̩^{13} tsei^{312}]
儿子	崽[tsai^{31}]	崽[tsai^{21}]	崽[tsai^{31}]	崽[tse^{41}]	崽[tsei^{312}]
大儿子	大的[ta^{22} ti^{0}]	大崽[da^{33} tsai^{21}]	大崽[t^{h}ai^{11} tsai^{31}]	大崽[ta^{13} tse^{41}]	大崽[hai^{51} tsei^{312}]
小儿子	小的[ɕiau^{31} ti^{0}]	细崽[ɕi^{24} tsai^{21}]最小的/小崽[ɕiau^{21} tsai^{21}]三个中的老二儿子	满崽[man^{31} tsai^{31}]	细崽[se^{13} tse^{41}]/满崽[mɛ^{41} tse^{41}]最小的	细崽[sei^{51} tsei^{312}]
养子		养崽[iɔ̃^{21} tsai^{21}]/继崽哩[tɕi^{24} tsai^{21} ni^{0}]	带箇崽[tai^{11} ko^{0} tsai^{31}] 1 养子；2 继崽	接子[tɕie^{21} tsɿ^{0}]	带到的崽[tai^{51} dʌu^{51} kei^{0} tsei^{312}]
儿媳妇	媳妇[ɕi^{45} fu^{22}]	媳妇[ɕi^{5} fu^{0}]	媳妇[ɕi^{13} fu^{11}]	新妇[sən^{44} fv̩^{0}]	新妇娘[sẽ^{33} fu^{51} iɑ̃^{13}]

续　表

词　条	岳阳市	临　湘	醴　陵	永　兴	隆　回
女儿	女[y^{31}]	女[ny^{21}]	女[ny^{31}]	女[ŋ̍^{41}]	女[yn^{312}]/妹唧[mei^{51} tsɿ^{0}]
女婿	女婿[y^{31} ɕi^{24}]	女婿[ny^{21} ɕi^{45}]	郎[loŋ^{13}]	郎[lɔ^{35}]	郎把⁼公[lō^{13} pa^{51} kɤŋ^{33}]
孙子	孙子[sən^{44} tsɿ^{0}]	孙子[sen^{45} tsɿ^{21}]	孙[səŋ^{33}]	孙[suən^{44}]/孙崽[suən^{44} tse^{41}]	孙子[suən^{33} tsɿ^{0}]
孙媳妇	孙媳妇[sən^{44} ɕi^{45} fu^{22}]	孙媳妇[sen^{45} ɕi^{5} fu^{0}]	孙媳妇[səŋ^{33} ɕi^{13} fu^{11}]	孙新妇[suən^{44} sən^{44} fv̩^{0}]	孙媳妇[suən^{33} si^{24} fu^{51}]
孙女	孙女[sən^{44} y^{31}]	孙女[sen^{45} ny^{21}]	孙女子[səŋ^{33} ny^{31} tsɿ^{0}]	孙女[suən^{44} ŋ̍^{41}]	孙女[suən^{33} yn^{312}]
孙女婿	孙女婿[sən^{44} y^{31} ɕi^{24}]	孙女婿[sen^{45} ny^{21} ɕi^{45}]	孙郎子[səŋ^{33} loŋ^{13} tsɿ^{0}]	孙郎[suən^{44} lɔ^{35}]	孙郎[suən^{33} lō^{13}]
重孙	重孙子[dzoŋ^{13} sən^{44} tsɿ^{0}]	再孙[tsai^{24} sen^{45}]/重孙[dzen^{12} sen^{45}]第五代	曾孙[tsʰɛn^{13} səŋ^{33}]	息孙[ɕi^{21} suən^{44}]	玄孙[ɕĩɪ^{13} suən^{33}]
重孙女	重孙女[dzoŋ^{13} sən^{44} y^{31}]	重孙女[dzen^{12} sen^{45} ny^{21}]	曾孙女子[tsʰɛn^{13} səŋ^{33} ny^{31} tsɿ^{0}]	息孙女[ɕi^{21} suən^{44} ŋ̍^{41}]	玄孙女[ɕĩɪ^{13} suən^{33} yn^{312}]
外孙	外孙[uai^{22} sən^{44}]	外孙[uai^{33} sen^{45}]	外孙[ŋoi^{11} səŋ^{33}]	外甥[uɪ^{13} sɛ^{0}]	外孙[ui^{51} suən^{33}]
外孙女	外孙女[uai^{22} sən^{44} y^{31}]	外孙女[uai^{33} sen^{45} ny^{21}]	外孙女[ŋoi^{11} səŋ^{33} ny^{31}]	外甥女[uɪ^{13} sɛ^{0} ŋ̍^{41}]	外孙女[ui^{51} suən^{33} yn^{312}]
外甥	外甥[uai^{22} sən^{44}]	外甥[uai^{33} sɛ^{45}]	外甥[ŋoi^{11} sɛn^{33}]	外甥[uɪ^{13} sɛ^{0}]	外甥[ui^{51} sē^{33}]
外甥女	外甥女[uai^{22} sən^{44} y^{31}]	外甥女[uai^{33} sɛ^{45} ny^{21}]	外甥女[ŋoi^{11} sɛn^{33} ny^{31}]	外甥女[uɪ^{13} sɛ^{0} ŋ̍^{41}]	外甥女[ui^{51} sē^{33} yn^{312}]

续 表

词 条	岳阳市	临 湘	醴 陵	永 兴	隆 回
侄子	侄子[tsɿ^{45} tsɿ^{0}]	侄儿子[tsɿ^{5} ə^{21} tsɿ^{0}]/侄子[tsɿ^{5} tsɿ^{0}]	侄子[ts^{h}ɿ^{13} tsɿ^{0}]	侄儿子[tsɿ^{21} e^{0} tsɿ^{0}]	侄儿子[tɕ^{h}i^{51} ɛ^{13} tsɿ^{0}]
侄女	侄女[tsɿ^{45} y^{31}]	侄女[tsɿ^{5} ny^{21}]	侄女[ts^{h}ɿ^{13} ny^{31}]	侄女[tsɿ^{21} ŋ̍^{41}]	侄女[tɕ^{h}i^{51} yn^{312}]
连襟	姨夫[i^{13} fu^{44}]	两姨父[liɔ̃^{21} i^{12} fu^{0}]	姨夫[i^{13} fu^{33}]	老姨[lɤ^{41} i^{35}]	老姨[lʌu^{312} i^{13}]
妯娌	妯娌[dzəu^{45} li^{31}]	妯娌[dzəu^{12} ni^{21}]		长幼[tsɔ^{41} i^{0}]	
亲家	亲家[dʑin^{24} ka^{44}]	亲家[dʑin^{24} ka^{45}]		亲家[tɕ^{h}iən^{44} ko^{0}]	亲家[ts^{h}ẽ^{51} ka^{33}]
亲家母	亲家母 [dʑin^{24} ka^{44} mo^{31}]	亲家母 [dʑin^{24} ka^{45} mo^{21}]/细亲家[ɕi^{24} dʑin^{45} ka]		亲家母 [tɕ^{h}iən^{44} ko^{0} mʊ^{0}]	亲家奶奶 [ts^{h}ẽ^{51} ka^{33} lĩɪ^{33} lĩɪ^{0}]
亲家翁	亲家[dʑin^{24} ka^{44}]	亲家公 [dʑin^{24} ka^{45} ken^{45}]/大亲家[da^{33} dʑin^{45} ka^{45}]		亲家(老倌) [tɕ^{h}iən^{44} ko^{0}(lɤ^{41} kuɛ^{0})]	亲家爹爹 [ts^{h}ẽ^{51} ka^{33} tiɛ^{33} tiɛ^{0}]
亲戚	亲戚[dʑin^{44} dʑi^{24}]	亲戚[dʑin^{45} dʑi^{33}]	亲戚[tɕ^{h}iŋ^{33} tɕ^{h}i^{35}]	亲戚[tɕ^{h}iən^{44} tɕ^{h}i^{0}]	亲戚[tsẽ^{33} tɕ^{h}i^{51}]
走亲戚	走亲戚 [tsəu^{31} dʑin^{44} dʑi^{24}]	走人家[tse^{21} en^{12} ka^{45}]	走人家 [tseu^{31} niŋ^{13} ka^{33}]	走人家[tse^{41} ən^{35} ko^{0}]/ 走垱垧[tse^{41} tɔ^{13} xɔ^{0}]	行人家[hõ^{13} n̩^{13} ka^{33}]
带犊儿		(继崽女 [tɕi^{24} tsai^{21} ny^{21}])	跟脚[kɛn^{33} tɕio^{35}]带犊儿	随母下堂 [suɪ^{35} mʊ^{41} ɕia^{13} t^{h}ɔ^{21}]	催宝出堂 [ts^{h}ui^{33} pʌu^{312} tɕu^{33} hõ^{13}]
爷儿们	男人家[lan^{13} zən^{13} ka^{44}]	丈夫[dɔ̃^{33} fu^{45}]	男子人[lan^{13} tsɿ^{0} niŋ^{13}]	男人家[lɛ^{35} ən^{0} ko^{0}]	男家人[lã^{13} ka^{33} n̩^{13}]

续表

词条	岳阳市	临湘	醴陵	永兴	隆回
娘儿们	女人家[ly^{31} zən^{13} ka^{44}]	堂客[dɔ̃^{12} ge^{5}]	女子人[ny^{31} tsɿ^{0} niŋ^{13}]	妇人家[fy̩^{44} ən^{0} ko^{0}]	阿嫂家人[a^{33} sʌu^{312} ka^{33} n̩^{13}]
娘家	娘屋里[niaŋ^{13} u^{45} li^{31}]	娘屋里[niɔ̃^{12} u^{5} li^{0}]	娘屋里[nioŋ^{13} u^{35} li^{0}]	外氏屋底[ue^{13} sɿ^{0} əɯ^{21} te^{0}]/娘屋底[iɔ^{35} əɯ^{21} te^{0}]	娘爷屋底[iɑ̃^{13} ia^{13} u^{33} tei^{0}]
婆家	婆屋里[bo^{13} u^{45} li^{31}]	婆家[bo^{13} tɕia^{45}]	家娘屋里[ka^{33} nioŋ^{13} u^{35} li^{0}]	家娘屋底[ko^{44} iɔ^{0} əɯ^{21} te^{0}]	男家屋底[lã^{13} ka^{33} u^{33} tei^{0}]
男家	男家[lan^{13} tɕia^{44}]	男箇屋里[lan^{12} kə^{0} u^{5} li^{0}]	男家头[lan^{13} ka^{33} tʰ eu^{13}]	男箇屋底[lɛ^{35} kɤ^{0} əɯ^{21} te^{0}]	男方[lã^{13} fõ^{33}]
女家	女家[y^{31} tɕia^{44}]		女家头[ny^{31} ka^{33} tʰ eu^{13}]说媒时称女方家里	女箇屋底[y^{41} kɤ^{0} əɯ^{21} te^{0}]	女方[yn^{13} fõ^{33}]
姥姥家	外婆屋里[uai^{22} bo^{13} u^{45} li^{31}]	嘎嘎屋里[ka^{45} ka^{45} u^{5} li^{0}]	外婆屋里[ŋoi^{11} pʰ o^{13} u^{35} li^{0}]	外婆屋底[ue^{13} pʊ^{0} əɯ^{21} te^{0}]	外婆奶奶屋底[ui^{51} ho^{13} lĩɪ^{33} lĩɪ^{0} u^{33} tei^{0}]
丈人家	岳父老子家[io^{13} fu^{22} lau^{31} tsɿ^{0} ka^{44}]	干娘屋里[kø^{33} niɔ̃^{12} u^{5} li^{0}]	丈人公屋里[tʰ oŋ^{11} niŋ^{13} kuəŋ^{33} u^{35} li^{0}]/岳佬子屋里[io^{35} lao^{31} tsɿ^{0} u^{35} li^{0}]	丈人屋底[tsɔ^{13} ən^{0} əɯ^{21} te^{0}]	亲爷屋底[tsẽ^{33} ia^{13} u^{30} tei]
拾壹　身体					
身体	身体[sən^{44} di^{31}]		身体[səŋ^{33} tʰ i^{31}]	身体[sən^{44} tʰ i^{41}]	身体[ɕiẽ^{33} hi^{312}]

续 表

词 条	岳阳市	临 湘	醴 陵	永 兴	隆 回
身材	戊子[u^{22} tsɿ^{0}]	条子[tiau^{12} tsɿ^{0}]	身材[səŋ^{33} tsʰai^{13}]/衣架子[i^{33} ka^{11} tsɿ^{0}]	横身[uɛ^{35} sən^{0}]	
头	脑壳[lau^{31} go^{45}]	脑壳[lau^{21} guo^{5}]	脑壳[lao^{31} kʰo^{35}]	脑壳[lɤ^{41} xʊ^{0}]	脑壳[lʌu^{312} kʰo^{33}]
奔儿头		胀额公[dzɔ̃^{24} a^{5} ken^{0}]	啄脑壳[tsa^{35} lao^{31} kʰo^{35}]	根⁼眉心[xən^{13} mən^{0} sən^{0}]	笮笮脑壳[tsua^{51} tsua^{0} lʌu^{312} kʰo^{33}]
秃头	光脑壳[kuaŋ^{13} lau^{31} go^{45}]	和尚头[o^{12} saŋ^{0} de^{12}]		光脑壳[kuɔ^{44} lɤ^{41} xʊ^{0}]	光脑壳[kuɑ̃^{33} lʌu^{312} kʰo^{33}]
秃顶	空了顶[goŋ^{44} liau^{31} tin^{31}]		光咖顶[kuoŋ^{33} ka^{0} tiŋ^{31}]		谢顶[siɛ^{51} tẽ^{312}]
头顶	脑壳顶上[lau^{31} go^{45} tin^{31} saŋ^{22}]	脑壳顶哩[lau^{21} guo^{5} tin^{21} ni^{0}]	脑壳顶上[lao^{31} kʰo^{35} tiŋ^{31} soŋ^{11}]	脑壳顶[lɤ^{41} xʊ^{21} tən^{41}]	脑顶上[lʌu^{312} tẽ^{312} ɕiõ^{312}]
后脑勺子	后脑壳[xəu^{22} lau^{31} go^{45}]	后脑壳[xe^{33} lau^{21} guo^{5}]	后脑壳[xeu^{11} lao^{31} kʰo^{35}]	后脑[xe^{13} lɤ^{41}]	后脑壳[hiə^{51} lʌu^{312} kʰo^{33}]
颈	颈仿⁼[tɕin^{31} faŋ^{31}]	颈梗[tɕiɔ̃^{21} tɕin^{0}]	颈箍子[tɕiaŋ^{31} ku^{33} tsɿ^{0}]	颈牯[tɕiən^{41} kv̩^{0}]	颈牯[tɕiõ^{312} ku^{33}]
后脑窝子	后颈仿⁼[xən^{31} tɕin^{31} faŋ^{31}]	后颈梗窝[xe^{33} tɕiɔ̃^{21} tɕin^{0} o^{45}]	后颈箍子[xeu^{11} tɕiaŋ^{31} ku^{33} tsɿ^{0}]	后脑窝[xe^{13} lɤ^{41} ʊ^{44}]	后颈窝[hiə^{51} tɕiõ^{312} o^{33}]
头发	头发[dəu^{13} fa^{0}]	头发[de^{12} fa^{5}]	头发[tʰeu^{13} fa^{35}]	头发[te^{35} fv̩^{0}]	毛[mʌu^{13}]/头发[hiə^{13} fa^{51}]

续 表

词 条	岳阳市	临 湘	醴 陵	永 兴	隆 回
少白发	少来白头 [sau^{31} lai^{13} pə^{45} dəu^{13}]	少年白 [sau^{24} nian^{12} pa^{5}]	少白头 [sao^{11} pʰɛ^{35} tʰeu^{13}]	少年白[sɤ^{13} iɛ^{0} pe^{44}]	
掉头发	落头发[lo^{45} dəu^{13} fa^{0}]	落头发[nuo^{33} de^{12} fa^{0}]	跌头发 [tʰiɛ^{35} tʰeu^{13} fa^{35}]	脱头发[tʰʊ^{21} te^{35} fy̩^{0}]	落头发[lo^{51} hiə^{13} fa^{51}]
额	额角[ŋe^{45} ko^{0}]	额公[ŋa^{5} ken^{45}]	额壳子[ŋa^{35} kʰo^{35} tsɿ^{0}]	啄门[tsua^{21} mən^{0}]	额头[a^{33} hiə^{13}]
囟门	囟门[ɕin^{24} mən^{13}]	囟门哩[ɕin^{24} men^{12} ni^{0}]	气门子 [tɕʰi^{11} məŋ^{13} tsɿ^{0}]	气门[ɕi^{13} mən^{0}]	气冒[tɕʰi^{51} mʌu^{51}]
鬓角	太阳窝[dai^{24} ian^{13} ŋo^{44}]	圳$^{=}$角[tɕyn^{24} ko^{5}]	鬓角[piŋ^{11} ko^{35}]		
辫子	辫子[bian^{22} tsɿ^{0}]	辫哩[bian^{45} ni^{0}]	辫子[pin^{11} tsɿ^{0}]	辫子[piɛ^{44} tsɿ^{0}]	辫子[pĩɪ^{51} tsɿ^{0}]
髻	粑粑脑 [pa^{44} pa^{44} lau^{51}]/巴巴头[pa^{44} pa^{44} dəu^{13}]	盘头发[ban^{12} de^{0} fa^{5}]/髻[tɕi^{12}]	巴巴脑[pa^{33} pa^{0} lao^{31}]	粑粑坨[pa^{35} pa^{0} tʊ^{35}]	圞球牯 [luã^{13} tɕiəu^{13} ku^{33}]
刘海儿	荷花须子 [xo^{13} fa^{44} ɕi^{44} tsɿ^{0}]小孩的/齐眉须子 [dʑi^{13} mei^{13} ɕi^{44} tsɿ^{0}]妇女的	帘子须哩 [ian^{12} tsɿ^{21} ɕi^{33} ni^{0}]	刘海须[liou^{13} xoi^{31} ɕi^{33}]	抓毛[tsua^{44} mɤ^{0}]	搭搭毛[ta^{24} ta^{24} mʌu^{13}]
脸	脸[lin^{31}]	脸[lian^{21}]	面[min^{11}]/面牯子 [min^{11} ku^{31} tsɿ^{0}]	面肚[miɛ^{13} ty̩^{41}]	面[mĩɪ^{51}]
颧骨	颧骨[ɕyan^{13} ku^{45}]	进$^{=}$骨[pen^{24} ku^{5}]	颧骨[tɕʰyɛn^{13} ku^{35}]/苦嘴子[kʰu^{31} tɕi^{33} tsɿ^{0}]	鼓骨头[ky̩^{41} kuɪ^{21} te^{0}]	面花子骨头[mĩɪ^{51} xua^{33} tsɿ^{0} kuɛ^{33} hiə^{13}]

续 表

词 条	岳阳市	临 湘	醴 陵	永 兴	隆 回
酒窝	酒窝[tɕiəu^{31} ŋo^{44}]	酒窝[tɕiu^{21} o^{45}]	酒凼子 [tɕiou^{31} tʰoŋ^{11} tsɿ^{0}]	酒叶[tɕiəu^{41} ie^{0}]	
人中	人中[ʐən^{13} tsoŋ^{44}]	人中哩[en$^{1?}$ dzen^{45} ni^{0}]	人中[iŋ^{13} təŋ^{33}]	人中[ən^{21} tsoŋ^{44}]	人中[n̩^{13} tɕiẽ^{33}]
腮帮子	腮[sai^{44}]	腮[sai^{45}]	腮巴子[sai^{33} pa^{33} tsɿ^{0}]	口水袋[kʰe^{41} ɕy^{0} ta^{13}]	
眼	眼睛[ŋan^{31} tɕin^{44}]	眼睛[an^{21} tɕiɔ̃^{45}]	眼睛[ŋan^{31} tɕiaŋ^{33}]/眼珠[ŋan^{31} ky^{33}]	眼珠[ɛ^{41} tɕy^{0}]	眼珠[ā^{312} tɕy^{33}]
眼眶	眼眶[ŋan^{31} guan^{44}]	眼睛眶子 [an^{21} tɕiɔ̃^{45} guɔ̃^{45} tsɿ^{0}]	眼珠括子 [ŋan^{31} ky^{33} kua^{35} tsɿ^{0}]	眼圈[ɛ^{41} kʰua^{44}]	眼珠沿沿 [ā^{312} tɕy^{33} ɕĩɪ^{13} ɕĩɪ^{0}]
眼珠儿	眼睛珠子 [ŋan^{31} tɕin^{44} tɕy^{44} tsɿ^{31}]	眼珠[an^{21} tɕy^{45}]	眼珠子[ŋan^{31} ky^{33} tsɿ^{0}]	眼珠子[ɛ^{41} tɕy^{44} tsɿ^{0}]	眼珠子子 [ā^{312} tɕy^{33} tsɿ^{312} tsɿ^{0}]
白眼珠儿	白眼睛珠子[pə^{45} ŋan^{31} tɕin^{44} tɕy^{44} tsɿ^{31}]	白眼珠哩 [pa^{5} an^{21} tɕy^{45} ni^{0}]	白眼珠子 [pʰa^{35} ŋan^{31} ky^{33} tsɿ^{0}]	白仁[pe^{44} ən^{35}]	白眼珠[pa^{51} ā^{312} tɕy^{33}]
黑眼珠儿	黑眼睛珠子[xə^{45} ŋan^{31} tɕin^{44} tɕy^{44} tsɿ^{31}]	黑眼珠哩 [xe^{5} an^{21} tɕy^{45} ni^{0}]	黑眼珠子 [xɛ^{35} ŋan^{31} ky^{33} tsɿ^{0}]	黑仁[xe^{21} ən^{35}]	黑眼珠[hiɛ^{33} ā^{312} tɕy^{33}]
瞳人儿	瞳人[toŋ^{13} zən^{13}]		瞳孔[tʰəŋ^{13} kʰuəŋ^{31}]	瞳仁[toŋ^{35} ən^{0}]	
眼角儿	眼角[ŋan^{31} ko^{45}]	眼珠角哩 [an^{21} tɕy^{45} ko^{5} ni^{0}]		眼珠角[ɛ^{41} tɕy^{0} kʊ^{21}]	眼珠角落 [ā^{312} tɕy^{33} ko^{33} lo^{33}]
眼圈儿	眼圈圈 [ŋan^{31} guan^{44} guan^{44}]		眼睛圈子 [ŋan^{31} tɕiaŋ^{33} kʰyen^{33} tsɿ^{0}]	眼圈[ɛ^{41} tɕʰye^{44}]	

续　表

词　条	岳 阳 市	临　湘	醴　陵	永　兴	隆　回
眼泪	眼泪[ŋan^{31} li^{22}]	眼泪[an^{21} lie^{33}]	眼泪[ŋan^{31} li^{11}]	眼泪[ɛ^{41} ly^{0}]	眼泪[ã^{312} li^{51}]
眼眵	眼屎[ŋan^{31} sɿ^{31}]	眼屎[an^{21} sɿ^{21}]	眼眵[ŋan^{31} sɿ^{31}]	眼屎[ɛ^{41} sɿ^{0}]	眼粪[ã^{312} fẽ^{51}]
眼皮儿	眼睛皮子 [ŋan^{31} tɕin^{44} bi^{13} tsɿ^{31}]	眼皮[an^{21} bi^{12}]	眼皮子[ŋan^{31} pʰi^{31} tsɿ^{0}]	眼皮[ɛ^{41} pi^{35}]	眼皮[ã^{312} pʰi^{13}]
单眼皮儿	单眼皮[tan^{44} ŋan^{31} bi^{13}]	单眼皮[tan^{45} an^{21} bi^{12}]	单眼皮 [tan^{33} ŋan^{31} pʰi^{13}]	单眼皮[tɛ^{44} ɛ^{41} pi^{0}]	单眼皮[tã^{33} ã^{312} pʰi^{13}]
双眼皮儿	双眼皮 [suaŋ^{44} ŋan^{31} bi^{13}]	双眼皮[suɔ̃^{45} an^{21} bi^{12}]	双眼皮 [soŋ^{33} ŋan^{31} pʰi^{13}]	双眼皮[sɔ^{44} ɛ^{41} pi^{0}]	双眼皮[sõ^{33} ã^{312} pʰi^{13}]
眼睫毛	眼毛[ŋan^{31} mau^{13}]	眼眨毛 [an^{21} tsa^{5} mau^{21}]	眼眨毛 [ŋan^{31} tsa^{35} mao^{13}]	眼毛[ɛ^{41} mɤ^{35}]	眼皮毛[ã^{312} pʰi^{13} mʌu^{13}]
眉毛	眉毛[mei^{13} mau^{13}]	眉毛[mi^{21} mau^{12}]	眉毛[mi^{13} mao^{13}]	眉毛[mən^{35} mɤ^{0}]	眉毛[mẽ^{13} mʌu^{13}]
皱眉头（动）	皱眉头 [tsəu^{24} mei^{13} dəu^{13}]	综⁼眉毛 [dzen^{24} mi^{12} mau^{12}]	皱眉毛 [tseu^{11} mi^{13} mao^{13}]	眉毛下枯起 [mən^{35} mɤ^{0} xo^{0} fv̩^{44} ɕi^{41}]	皱眉毛 [tsiə^{51} mẽ^{13} mʌu^{13}]
鼻子	鼻子[bi^{24} tsɿ^{0}]	鼻子[pi^{5} tsɿ^{21}]	鼻子[pʰi^{35} tsɿ^{0}]	鼻子[pi^{13} tsɿ^{0}]	鼻子[pʰi^{51} tsɿ^{0}]
鼻涕	鼻挺⁼[bi^{24} di^{31}]	鼻涕[pi^{5} die^{45}]	鼻浓[pʰi^{35} ləŋ^{13}]	鼻浓[pi^{13} loŋ^{41}]	鼻脓[pʰi^{51} lɤŋ^{13}]/狗鼻子[tɕiə^{312} pʰi^{51} tsɿ^{0}]
干鼻涕	鼻屎[bi^{24} sɿ^{31}]	鼻屎[pi^{5} sɿ^{21}]	鼻屎痂子 [pi^{35} sɿ^{31} ka^{33} tsɿ^{0}]	鼻屎[pi^{13} sɿ^{41}]	干鼻脓[kuɑ̃^{33} pʰi^{51} lɤŋ^{13}]

续 表

词 条	岳阳市	临 湘	醴 陵	永 兴	隆 回
鼻孔	鼻眼[bi^{24} ŋan^{31}]	鼻眼[pi^{5} an^{21}]	鼻子眼[p^{h}i^{35} tsɿ^{0} ŋan^{31}]	鼻子眼[pi^{13} tsɿ^{0} ɛ^{41}]	鼻子眼牯 [p^{h}i^{51} tsɿ^{0} ã^{312} ku^{33}]
鼻毛	鼻须[bi^{24} ɕi^{13}]	鼻毛[pi^{5} mau^{12}]	鼻毛[p^{h}i^{35} mao^{13}]	鼻子毛[pi^{13} tsɿ^{0} mɤ^{35}]	鼻毛[p^{h}i^{51} mʌu^{13}]
鼻子尖儿	鼻子尖尖 [bi^{24} tsɿ^{0} tɕian^{44} tɕian^{44}]	鼻子尖[pi^{5} tsɿ^{21} tɕian^{45}]	鼻尖子[p^{h}i^{35} tɕin^{33} tsɿ^{0}]	鼻子尖[pi^{13} tsɿ^{0} tɕiɛ^{44}]	鼻子尖尖 [p^{h}i^{51} tsɿ^{0} tsĩɪ^{33} tsĩɪ^{33}]
鼻子尖嗅觉灵敏	鼻子好尖 [bi^{24} tsɿ^{0} xau^{31} tɕian^{44}]	灵[lin^{45}]/鼻子尖 [pi^{5} tsɿ^{21} tɕian^{45}]	鼻子尖[p^{h}i^{35} tsɿ^{0} tɕin^{33}] 1 鼻尖儿;2 嗅觉灵敏	鼻子尖[pi^{13} tsɿ^{0} tɕiɛ^{44}]/ 蛮打臊[mɛ^{35} ta^{41} lɤ^{44}]	鼻子打臊 [p^{h}i^{51} tsɿ^{0} ta^{312} lʌu^{33}]
鼻梁儿	鼻梁[bi^{24} liaŋ^{13}]	鼻梁[pi^{24} liɔ̃^{12}]	鼻间子[p^{h}i^{35} kan^{11} tsɿ^{0}]	鼻子间[pi^{13} tsɿ^{0} kɛ^{13}]	鼻子间间 [p^{h}i^{51} tsɿ^{0} kā^{51} kā^{51}]
酒糟鼻子	红鼻子[xoŋ^{13} bi^{24} tsɿ^{0}]	酒糟鼻 [tɕiu^{21} tsau^{45} pi^{5}]	酒糟鼻子 [tɕiou^{31} ts^{h}ao^{13} p^{h}i^{35} tsɿ^{0}]	红鼻子[xoŋ^{35} pi^{0} tsɿ^{0}]	沙鼻子[sa^{33} p^{h}i^{51} tsɿ^{0}]
嘴	嘴壳[tɕi^{31} go^{45}]	嘴巴[tɕi^{21} pa^{45}]	嘴巴[tɕi^{31} pa^{33}]	嘴巴[tɕy^{41} po^{0}]	嘴巴[tsui^{33} pa^{33}]
嘴唇儿	嘴唇[tɕi^{31} sən^{13}]	嘴巴皮哩 [tɕi^{21} pa^{45} bi^{12} ni^{0}]	嘴巴唇子 [tɕi^{31} pa^{33} ɕin^{13} tsɿ^{0}]	唇皮[ɕyɛ^{35} pi^{0}]	嘴巴皮[tsu^{33} pa^{33} p^{h}i^{13}]
唾沫	口水[gəu^{31} suei^{31}]	涎[dzan^{12}]/口水 [ge^{21} ɕy^{21}]	涎水[ts^{h}an^{13} ɕy^{31}]	口水[k^{h}e^{41} ɕy^{0}]	口水[k^{h}iə^{312} ɕu^{312}]
涎水	涎[tsan^{13}]	涎[dzan^{12}]		喇$^{=}$[la^{41}]	口水[k^{h}iə^{312} ɕu^{312}]
舌头	舌头[se^{45} dəu^{0}]	舌哩[sə^{5} ni^{0}]	舌子[sɛ^{35} tsɿ^{0}]	舌头[ɕie^{44} te^{0}]	舌子[ɕiɛ^{51} tsɿ^{0}]

续　表

词　条	岳阳市	临　湘	醴　陵	永　兴	隆　回
大舌头口齿不清	夹舌头[tɕia^{45} se^{45} dəu^{0}]	舌哩短哒[sə^{5} ni^{0} tø^{21} ta^{0}]	大舌子[tʰai^{11} sɛ^{35} tsɿ^{0}]	大舌头[ta^{13} ɕie^{44} te^{0}]	大舌子[hai^{51} ɕiɛ^{51} tsɿ^{0}]
牙	牙齿[ŋa^{13} dzɿ^{31}]	牙子[ŋa^{12} tsɿ^{21}]	牙齿[ŋa^{13} tsʰɿ^{31}]	牙齿[o^{35} tsɿ^{0}]	牙子[ā^{13} tsɿ^{0}]
门牙	当门牙[tan^{44} mən^{13} ŋa^{13}]	门牙[men^{12} ŋa^{12}]	门牙[məŋ^{13} ŋa^{13}]	排门牙齿[pa^{35} mən^{0} o^{35} tsɿ^{0}]	当面牙子[tõ^{33} mĩɪ^{51} ā^{13} tsɿ^{0}]
大牙	大牙[ta^{22} ŋa^{13}]	板牙[pan^{21} ŋa^{12}]	板牙[pan^{31} ŋa^{13}]	钉牙[tən^{44} o^{0}]	坐牙[tsʰo^{312} ā^{13}]
虎牙	虎牙[fu^{31} ŋa^{13}]	当门牙[tɔ̃^{45} men^{21} ŋa^{12}]		虎牙[fv̩^{41} o^{35}]	
牙垢	牙垢[ia^{31} kəu^{24}]	牙黄[ŋa^{12} uɔ̃^{12}]	牙墁子[ŋa^{13} man^{11} tsɿ^{0}]	牙垠屎[o^{35} ən^{35} sɿ^{41}]	牙子屎[ā^{13} tsɿ^{0} si^{312}]
牙床	牙唇[ŋa^{13} sən^{13}]	牙龈[ŋa^{12} in^{12}]	牙龈子[ŋa^{13} iŋ^{13} tsɿ^{0}]	牙垠肉[o^{35} ən^{35} iəɯ^{44}]	牙肉[ā^{13} iɤŋ^{33}]
虫牙	虫牙[dzoŋ^{13} ŋa^{13}]	虫牙[dzen^{12} ŋa^{12}]	虫牙[tʰəŋ^{13} ŋa^{13}]	虫牙[tsʰoŋ^{35} o^{35}]	虫牙[tɕʰɤŋ^{13} ā^{13}]
耳朵	耳朵[ə^{31} to^{31}]	耳朵[ə^{21} to^{0}]	耳朵[ɛ^{31} to^{33}]	耳朵[e^{41} tʊ^{0}]	耳朵[ɛ^{312} to^{312}]
耳朵眼儿	耳朵眼[ə^{31} to^{31} ŋa^{31}]	耳朵眼[ə^{21} to^{0} an^{21}]	耳朵眼[ɛ^{31} to^{33} ŋan^{31}]	耳朵空⁼[e^{41} tʊ^{0} kʰoŋ^{44}]	耳朵眼窟[ɛ^{312} to^{312} ā^{312} ku^{33}]
耳屎	耳屎[ə^{31} sɿ^{31}]	耳屎[ə^{21} sɿ^{21}]	耳屎[ɛ^{31} sɿ^{31}]	耳屎[e^{41} sɿ^{41}]	耳朵屎[ɛ^{312} to^{312} si^{312}]
耳背(听不清)	耳朵背[ə^{31} to^{44} pei^{22}]	聋子[len^{45} tsɿ^{0}]/瞎聋子[ɕia^{5} len^{45} tsɿ^{0}]一点也听不见的人	耳朵聋[ɛ^{31} to^{33} ləŋ^{33}]	耳朵聋[e^{41} tʊ^{0} loŋ^{44}]	耳朵聋[ɛ^{312} to^{312} lɤŋ^{33}]
下巴	下巴[xa^{22} pa^{44}]	下角[xa^{33} ko^{5}]	下巴[xa^{11} pa^{33}]	下窾⁼[xo^{41} kʰuɛ^{0}]	下下巴[ɕia^{51} ha^{312} pa^{33}]

续表

词条	岳阳市	临湘	醴陵	永兴	隆回
喉咙	喉咙[xəu^{13} loŋ^{13}]	喉咙[xe^{12} len^{45}]	喉咙[xeu^{13} ləŋ^{33}]	喉咙管[xe^{35} loŋ^{0} kuɛ^{41}]	喉咙窟[hiə^{13} lɤŋ^{13} ku^{33}]
喉结	送食坨[soŋ^{24} sɿ^{45} to^{13}]	喉结[xe^{12} tɕie^{5}]	喉结[xeu^{13} tɕie^{35}]	算盘子[suɛ^{13} pɛ^{0} tsɿ^{0}]	
胡子	胡子[fu^{13} tsɿ^{0}]	胡子[u^{12} tsɿ^{0}]	胡子[fu^{13} tsɿ^{0}]	胡子[v̩^{35} tsɿ^{0}]	胡子[xu^{13} tsɿ^{0}]
络腮胡子	兜腮胡[təu^{44} sai^{44} fu^{13}]	挂须胡[kua^{24} ɕi^{45} xu^{12}]	挂面胡子 [kua^{11} min^{11} fu^{13} tsɿ^{0}]	连口胡[liɛ^{35} kʰe^{41} v̩^{35}]	连八胡子 [lĩɪ^{13} pa^{33} u^{13} tsɿ^{0}]
八字胡子	八字胡[pa^{45} tsɿ^{31} fu^{13}]	八字胡[pa^{5} tsɿ^{21} xu^{12}]	八字胡子 [pa^{35} tsʰɿ^{11} fu^{13} tsɿ^{0}]	八口胡[po^{21} kʰe^{41} v̩^{35}]	八字胡子 [pa^{33} tsɿ^{51} u^{13} tsɿ^{0}]
肩膀	肩膀[tɕian^{44} paŋ^{31}]	肩膀[tɕian^{45} pɔ̃^{21}]	肩架[tɕin^{33} ka^{11}]	肩膊[kɛ^{44} pv̩^{0}]/抬肩 [ta^{35} kɛ^{0}]	肩膀[kã^{33} pɔ̃^{312}]
溜肩膀儿	美人肩 [mei^{31} zən^{13} tɕian^{44}]	俩⁼肩膀 [lia^{21} tɕian^{45} pɔ̃^{21}]	俩⁼肩架 [lia^{31} tɕin^{33} ka^{11}]	落肩膊[la^{35} kɛ^{44} pv̩^{0}]	
胳膊	胳膊[kə^{45} po^{45}]	手臂[səu^{21} pi^{5}]/胳膊 [ko^{5} po^{21}]	胳膊子[ka^{35} po^{35} tsɿ^{0}]	手杆[səɯ^{41} kɛ^{41}]	手把子[ɕiəu^{312} pa^{51} tsɿ^{0}]
胳膊肘儿	倒骨头[tau^{31} ku^{45} dəu^{0}]	倒骨哩[tau^{24} kua^{5} ni^{0}]	手肘子[sou^{31} tou^{31} tsɿ^{0}]	弯子[uɛ^{44} tsɿ^{0}]	
胳肢窝	胳肢窝里 [ka^{45} tɕi^{44} ŋo^{44} li^{31}]	胳肢窝哩 [ka^{5} tɕi^{0} o^{33} ni^{0}]	腋旯里[ɕiɛ^{35} la^{35} li^{0}]	胁旯下[ɕia^{21} loŋ^{0} xo^{41}]	胛胳底下 [tɕia^{312} kiɛ^{33} ti^{312} ha^{312}]
手腕子	手腕[səu^{31} uan^{31}]	手腕[səu^{21} ø^{21}]	手腕[sou^{31} uan^{31}]	手腕[səɯ^{41} uɛ^{41}]	手螺⁼骨 [ɕiəu^{312} lo^{33} ku^{31}]

续 表

词 条	岳阳市	临 湘	醴 陵	永 兴	隆 回
左手	左手[tsuo^{31} səu^{31}]	左手[tsuo^{12} səu^{21}]	左手[tso^{31} sou^{31}]/反手[fan^{33} sou^{31}]	左手[tso^{41} səɯ^{41}]	左手[tso^{312} ɕiəu^{312}]
右手	右手[iəu^{24} səu^{31}]	右手[iəu^{24} səu^{21}]	右手[iou^{11} sou^{31}]/顺手[ɕyŋ^{11} sou^{31}]	右手[iəɯ^{13} səɯ^{41}]	右手[iəu^{51} ɕiəu^{312}]
手指	指甲[tsɿ^{31} ka^{45}]	指甲哩[tsɿ^{5} ka^{5} ni^{0}]	手指脑[sou^{31} tsɿ^{35} lao^{31}]	手指脑[səɯ^{41} tsɿ^{0} lɤ^{41}]	手指[ɕiəu^{312} tsɿ^{312}]
手指缝儿	指甲缝[tsɿ^{31} ka^{45} xəŋ^{22}]	指甲桠哩[tsɿ^{5} ka^{0} ŋa^{45} ni^{0}]	手指㧋里[sou^{31} tsɿ^{35} ŋa^{33} li^{0}]	手指脑桠[səɯ^{41} tsɿ^{0} lɤ^{41} o^{44}]	手指弄弄[ɕiəu^{312} tsɿ^{312} lɤŋ^{51} lɤŋ^{0}]
手趼子		茧[tɕian^{21}]	趼[tɕin^{31}]		手茧子[ɕiəu^{312} tsĩɪ^{312} tsɿ^{0}]
大拇指	大指甲[ta^{22} tsɿ^{31} ka^{45}]	大指甲哩[dai^{21} tsɿ^{5} ka^{0} ni^{0}]	大手指脑[t^{h}ai^{11} sou^{31} tsɿ^{35} lao^{31}]	鸡公手指脑[tɕi^{44} koŋ^{44} səɯ^{41} tsɿ^{0} lɤ^{41}]/大手指脑[ta^{13} səɯ^{41} tsɿ^{0} lɤ^{41}]	娘手指[iɑ̃^{13} ɕiəu^{312} tsɿ^{312}]
食指	二指甲[ə^{22} tsɿ^{31} ka^{45}]	食指[sɿ^{5} tsɿ^{0}]	食指[sɿ^{35} tsɿ^{35}]/二手指脑[ɛ^{11} sou^{31} tsɿ^{35} lao^{31}]	二手指脑[e^{13} səɯ^{41} tsɿ^{0} lɤ^{41}]	
中指	中指甲[tsən^{44} tsɿ^{31} ka^{45}]	中指甲哩[dzen^{45} tsɿ^{5} ka^{0} ni^{0}]	中手指[təŋ^{33} sou^{31} tsɿ^{35}]	中手指脑[tsoŋ^{44} səɯ^{41} tsɿ^{0} lɤ^{41}]	
无名指	四指甲[sɿ^{24} tsɿ^{31} ka^{45}]	边指甲哩[pian^{45} tsɿ^{5} ka^{0} ni^{0}]	无名指[u^{13} miŋ^{13} tsɿ^{35}]		

续 表

词 条	岳阳市	临 湘	醴 陵	永 兴	隆 回
小指	小指甲[ɕiau^{31} tsɿ^{31} ka^{45}]	小指甲哩[ɕiau^{21} tsɿ^{5} ka^{0} ni^{0}]	细手指脑[ɕi^{11} sou^{31} tsɿ^{35} lao^{31}]	满手指脑[mɛ^{41} səɯ^{41} tsɿ^{0} lɤ^{41}]	满手指[mã^{312} ɕiəu^{312} tsɿ^{312}]
指甲	指甲壳[tsɿ^{31} ka^{45} go^{45}]	指甲壳哩[tsɿ^{5} ka^{0} go^{5} ni^{0}]/手指哩[səu^{21} tsɿ^{5} ni^{0}]	指甲子[tsɿ^{35} ka^{11} tsɿ^{0}]	手指甲[səm^{41} tsɿ^{0} ko^{21}]	手指甲[ɕiəu^{312} tsɿ^{312} kiɛ^{33}]
指甲心儿	指甲缝[tsɿ^{31} ka^{45} xən^{22}]		指甲阨哩[tsɿ^{35} ka^{11} ŋa^{33} li^{0}]		
拳头	坨子[to^{13} tsɿ^{0}]	坨牯哩[duo^{12} ku^{21} ni^{0}]	捶头牯[k^{h}y^{13} t^{h}eu^{13} ku^{0}]	拳碌牯[tɕ^{h}yɛ^{35} l$\underset{\prime}{v}^{0}$ k$\underset{\prime}{v}^{0}$]	锤巴子[tɕu^{13} pa^{33} tsɿ^{0}]/锤头公[tɕu^{13} hiə^{13} kɤŋ^{33}]
手掌	巴掌[pa^{44} tsaŋ^{31}]	巴掌[pa^{45} dʑɔ̃^{21}]	手板[sou^{31} pan^{31}]	手掌[səɯ^{41} tsɔ^{41}]	手板[ɕiəu^{312} pã^{312}]
巴掌(打一~)	巴掌[pa^{44} tsaŋ^{31}]/耳巴子[ə^{31} pa^{44} tsɿ^{0}]		耳巴[ɛ^{31} pa^{33}]	巴掌[po^{44} tsɔ^{41}]/耳巴子[e^{41} po^{0} tsɿ^{0}]	耳巴子[ɛ^{312} pa^{33} tsɿ^{0}]
手心	手心[sən^{31} ɕin^{44}]	巴掌心[pa^{45} dzɔ̃^{21} ɕin^{45}]	手板心[sou^{31} pan^{31} ɕin^{33}]	手板窝[səɯ^{41} pɛ^{41} ʊ^{44}]	手板心[ɕiəu^{312} pã^{312} sẽ^{33}]
手背	手背[sən^{31} pi^{24}]	手背[səu^{21} pi^{24}]	手背[sou^{31} pei^{11}]	手背[səɯ^{41} pɪ^{13}]	手背背[ɕiəu^{312} pei^{51} pei^{0}]
腿整条腿	腿[ti^{31}]	脚[tɕio^{5}]	脚[tɕio^{35}]	脚[tɕiʊ^{21}]	脚[tɕyo^{33}]
大腿	大腿[ta^{22} ti^{31}]	大胱[da^{24} kuɔ̃^{21}]/大胱把哩[da^{24} kuɔ̃^{21} pa^{45} ni^{0}]	大脚把子[t^{h}ai^{11} tɕio^{35} pa^{11} tɕɿ^{0}]	大腿[ta^{13} t^{h}uɪ^{41}]	大脚巴子[hai^{51} tɕyo^{33} pa^{33} tsɿ^{0}]

续 表

词 条	岳阳市	临 湘	醴 陵	永 兴	隆 回
大腿根儿			脚腋旮里[tɕio^{35} ɕiɛ^{35} la^{35} li^{0}]		旮窝里[kʌu^{312} o^{33} li^{312}]
小腿	小腿[ɕiau^{31} ti^{31}]	直脚胱哩[tsɿ^{5} tɕio^{5} kuɔ̃^{21} ni^{0}]小腿前面/年⁼巴肚哩[nian^{12} pa^{33} dəu^{33} ni^{0}]小腿后背	细脚把子[ɕi^{11} tɕio^{35} pa^{11} tsɿ^{0}]	脚肚[tɕiʊ^{21} tv^{41}]	细脚巴子[sei^{51} tɕyo^{33} pa^{33} tsɿ^{0}]/黄鳝肚子[ō^{13} ɕĩɪ^{51} tu^{312} tsɿ^{0}]小腿后背
膝盖	磕膝脑壳[gə^{44} ɕi^{44} lau^{31} go^{45}]	磕膝牯[ge^{5} ɕi^{45} ku^{0}]/磕膝坨哩[ge^{5} ɕi^{45} duo^{12} ni^{0}]	膝头牯[tɕ^{h}i^{35} t^{h}eu^{13} ku^{0}]	膝碌牯[tɕ^{h}i^{21} lv^{0} kv^{0}]	膝头骨[tɕ^{h}i^{33} hiə^{13} kuɛ^{33}]
胯骨	胯骨[ga^{31} ku^{45}]	坐骨板哩[dzuo^{5} ku^{45} pan^{21} ni^{0}]		胯骨[k^{h}ua^{13} kv^{21}]	
裆	骨下[ku^{45} ɕia^{22}]	胯[ga^{24}]/胯哩[ga^{24} ni^{0}]	胯裆[k^{h}a^{11} toŋ^{33}]	裆[tɔ^{44}]	裤裆[k^{h}u^{51} tõ^{33}]
屁股	屁股[bi^{24} ku^{31}]	屁股[bi^{24} ku^{21}]	屁股[p^{h}i^{11} ku^{31}]	屁股[p^{h}i^{13} kv^{41}]	屁股[p^{h}i^{51} ku^{312}]
肛门	屁眼[bi^{24} ŋan^{31}]	屁眼[bi^{24} ŋan^{21}]	屁眼[p^{h}i^{11} ŋan^{31}]	屁眼[p^{h}i^{13} ɛ^{41}]	屁眼[p^{h}i^{51} ã^{312}]
屁股沟儿	屁沟[bi^{24} kəu^{44}]		屁股丫哩[p^{h}i^{11} ku^{31} ŋa^{33} li^{0}]		
尾骨		王⁼脊⁼蔸⁼哩[uɔ̃^{12} tɕi^{0} te^{5} ni^{0}]	尾椎骨[uei^{31} kuei^{33} ku^{35}]		屁股骨头[p^{h}i^{51} ku^{312} kuɛ^{33} hiə^{13}]

续 表

词条	岳阳市	临湘	醴陵	永兴	隆回
男阴	鸡巴[tɕi^{44} pa^{44}]	鸡巴(哩)[tɕi^{45} pa^{45} (ni^{0})]	卵[loŋ^{31}]	卵(子)[luɛ^{41} (tsɿ^{0})]	卵[luɑ̃^{312}]/鸟[tiə^{51}]
赤子阴	鸡鸡[tɕi^{44} tɕi^{44}]	小鸡巴(哩)[ɕiau^{21} tɕi^{45} pa^{45} (ni^{0})]	卵鸡鸡[loŋ^{31} tɕi^{33} tɕi^{0}]/鸡鸡[tɕi^{33} tɕi^{0}]	纠⁼朵[tɕiəɯ^{35} tʊ^{0}]/纠⁼纠⁼[tɕiəɯ^{35} tɕiəɯ^{0}]	细鸟子[sei^{51} tiə^{51} tse^{0} i]
女阴	屄[bi^{44}]/麻屄[ma^{13} bi^{44}]	麻屄[ma^{12} bi^{33}]	屄[piɛ^{35}]	娲[kua^{41}]	麻屄[mã^{13} p^{h} i^{51}]
交合	日[zɿ^{45}]	俩⁼滋⁼[nia^{31} tsɿ^{45}]	俩⁼屄[nia^{11} piɛ^{35}]	鸟娲[tiɤ^{41} kua^{41}]	㑳麻屄[ia^{51} mã^{13} p^{h} i^{51}]
精液	精子[tɕin^{44} tsɿ^{31}]	精子[tɕin^{45} tsɿ^{0}]	精水[tɕiŋ^{33} ɕy^{31}]	精子水[tɕiən^{44} tsɿ^{0} ɕy^{41}]	卵浆[luɑ̃^{312} tɕ^{h} iɑ̃^{33}]
脚腕子	脚腕子[tɕio^{45} uan^{44} tsɿ^{31}]	后张⁼[xe^{33} dzɔ̃^{45}]			脚螺⁼骨[tɕyo^{33} lo^{33} ku^{31}]
踝子骨	螺爪骨[lo^{13} tsau^{31} ku^{45}]	螺丝拐哩[luo^{12} sɿ^{45} kuai^{21} ni^{0}]	螺拐骨[lo^{13} kuai^{31} ku^{35}]	螺子骨[ly̩^{35} tsɿ^{0} kuɪ^{21}]	螺眼珠[lo^{13} ã^{312} tɕu^{33}]
脚	脚[tɕio^{45}]	脚[tɕio^{5}]	脚[tɕio^{35}]	脚[tɕiʊ^{21}]	脚[tɕyo^{33}]
赤脚	赤脚[dzɿ^{45} tɕio^{45}]	赤脚[dza^{5} tɕio^{0}]	赤脚[t^{h} a^{35} tɕio^{35}]	赤脚[ts^{h} o^{1} tɕiʊ^{21}]	赤脚[tɕ^{h} ia^{33} tɕyo^{33}]
脚背	脚背[tɕio^{45} pi^{24}]	脚背[tɕio^{5} bi^{24}]	脚背子[tɕio^{35} pei^{11} tsɿ^{0}]	脚背[tɕiʊ^{21} pɪ^{13}]	脚背[tɕyo^{33} pei^{51}]
脚掌	脚掌[tɕio^{45} tsaŋ^{31}]	脚掌[tɕio^{5} dzɔ̃^{21}]	脚掌[tɕio^{35} toŋ^{31}]	脚板[tɕiʊ^{21} pɛ^{41}]	脚板[tɕyo^{33} pã^{312}]

续　表

词　条	岳阳市	临　湘	醴　陵	永　兴	隆　回
脚心	脚心[tɕio^{45} ɕin^{44}]	脚板心 [tɕio^{5} pan^{21} ɕin^{45}]	脚板[tɕio^{35} pan^{31}]/脚板心[tɕio^{35} pan^{31} ɕiŋ^{33}]		脚板心[tɕyo^{33} pã^{312} sẽ^{33}]
脚尖			脚尖子 [tɕio^{35} tɕin^{33} tsɿ^{0}]		
脚趾头	脚趾甲 [tɕio^{45} tsɿ^{31} ka^{0}]/脚趾 [tɕio^{45} tsɿ^{31}]	脚趾哩[tɕio^{5} tsɿ^{21} ni^{0}]	脚趾脑 [tɕio^{35} tsɿ^{35} lao^{31}]	脚趾脑[tɕiʊ^{21} tsɿ^{0} lɤ^{41}]	脚趾[tɕyo^{33} tsɿ^{312}]
脚趾甲	脚趾甲壳 [tɕio^{45} tsɿ^{31} ka^{45} go^{45}]	脚趾壳哩 [tɕio^{5} tsɿ^{21} ko^{5} ni^{0}]	脚趾甲[tɕio^{35} tsɿ^{35} ka^{11}]	脚趾甲[tɕiʊ^{21} tsɿ^{41} ko^{21}]	脚趾甲 [tɕyo^{33} tsɿ^{312} kiɛ^{33}]
脚跟	脚跟[tɕio^{45} kən^{44}]	脚兜里[tɕio^{5} dəu^{5} li^{0}]/ 后跟[xe^{33} ken^{45}]	后脚跟 [xeu^{11} tɕio^{35} kɛn^{33}]	脚后跟 [tɕiʊ^{21} xe^{13} kən^{44}]	脚浪⁼浪⁼ [tɕyo^{33} lõ^{51} lõ^{0}]
脚印儿	脚印[tɕio^{45} in^{24}]	脚板印[tɕio^{5} pan^{21} in^{24}]	脚印子[tɕio^{35} iŋ^{11} tsɿ^{0}]/ 脚板印子 [tɕio^{35} pan^{31} iŋ^{11} tsɿ^{0}]	脚印子[tɕiʊ^{21} ən^{13} tsɿ^{0}]	脚印[tɕyo^{33} iẽ^{51}]
鸡眼(脚病)	鸡眼[tɕi^{44} ŋan^{31}]	鸡眼脚[tɕi^{45} an^{21} tɕio^{5}]	鸡眼珠[tɕi^{33} ŋan^{31} ky^{31}]	鸡眼脚[tɕi^{44} ɛ^{41} tɕiʊ^{21}]	鸡眼[tɕi^{33} ã^{312}]
心口	胸口[ɕioŋ^{44} gəu^{31}]	胸窝哩[ɕin^{45} o^{45} ni^{0}]	心口[ɕiŋ^{33} k^{h}eu^{31}]	胸口[ɕioŋ^{44} k^{h}e^{41}]	
胸脯	胸部[ɕioŋ^{44} pu^{22}]	胸[ɕin^{45}]	胸脯[ɕiŋ^{33} p^{h}u^{13}]	胸门口 [ɕioŋ^{44} mən^{0} k^{h}e^{41}]	胸脯[ɕɤŋ^{33} ho^{51}]/心口堂[sẽ^{33} k^{h}iə^{312} hõ^{13}]
肋骨	排骨[bai^{13} ku^{45}]	肚皮煞⁼哩 [dəu^{21} bi^{0} sa^{5} ni^{0}]	肋□骨[lɛ^{35} sɛ^{35} ku^{35}]	排肋骨[pa^{35} la^{0} kuɪ^{21}]	肋胁骨[liɛ^{51} ɕiɛ^{51} kuɛ^{33}]

续 表

词 条	岳阳市	临 湘	醴 陵	永 兴	隆 回
乳房	奶子[lai^{31} tsɿ^{0}]	汁⁼[tɕi^{5}]	奶子[lai^{33} tsɿ^{0}]	奶脯[le^{21} pv̩^{0}]	奶[lai^{24}]
奶汁	汁⁼[tɕi^{45}]/妈妈[ma^{44} ma^{0}]	汁⁼[tɕi^{5}]	奶[lai^{33}]	奶脯(水)[le^{21} pv̩^{0}(ɕy^{41})]	奶[lai^{24}]
肚子(腹)	肚子[təu^{31} tsɿ^{0}]	肚子[dəu^{21} ts^{0}]	肚子[tou^{11} tsɿ^{0}]	肚子[tv̩^{41} tsɿ^{0}]	肚子[tu^{312} tsɿ^{0}]
小肚子	小肚子[ɕiau^{31} təu^{31} tsɿ^{0}]	小肚子[ɕiau^{21} dəu^{21} tsɿ^{0}]	小肚子[ɕiu^{31} tou^{11} tsɿ^{0}]		
肚脐眼	肚脐眼[təu^{31} tɕi^{13} ŋan^{31}]	肚脐眼[dəu^{21} tɕi^{0} an^{21}]	肚稀⁼子[tʰou^{11} ɕi^{33} tsɿ^{0}]	肚子眼[tv̩^{41} tsɿ^{0} ɛ^{41}]	瘪脐[piɛ^{312} tsɿ^{51}]
腰	腰[iau^{44}]	腰[iau^{45}]	腰箍子[iu^{33} ku^{33} tsɿ^{0}]	腰头[iɤ^{44} te^{0}]	腰子[iʌu^{33} tsɿ^{0}]
脊背	脊梁[tɕi^{45} liaŋ^{13}]	背[pei^{24}]	背[pei^{11}]	背筋[pɪ^{13} tɕiən^{44}]	背[pei^{51}]
脊梁骨	脊骨[tɕi^{45} ku^{45}]		背梁骨[pei^{11} lioŋ^{13} ku^{35}]		背脊骨[pei^{51} tsi^{24} kuɛ^{33}]
头发旋儿	旋[tɕian^{22}]	旋[dʑian^{33}]	旋[tɕʰin^{11}]	旋[tɕʰyɛ^{13}]	旋[tɕʰyɛ̃^{51}]
双旋儿	旋[tɕian^{22}]	双旋[suɔ̃^{45} dʑian^{33}]	双旋[soŋ^{33} tɕʰin^{11}]	两隻旋[liɔ^{41} tso^{0} tɕʰyɛ^{13}]	
指纹			指纹[tsɿ^{35} uəŋ^{13}]		纹路[un^{13} lu^{51}]
斗圆形的指纹	腡[lo^{13}]	腡[lo^{12}]	腡[lo^{13}]	腡[lʊ^{35}]	腡[lo^{13}]

续表

词　条	岳阳市	临　湘	醴　陵	永　兴	隆　回
箕簸箕形的指纹	筲箕[sau^{44} tɕi^{44}]	筲箕[dzau^{45} tɕi^{21}]	撮箕[tsʰo^{35} tɕi^{33}]	筲[tsʰɤ^{44}]	筲[sʌu^{33}]
寒毛	寒毛[xan^{13} mau^{13}]	体毛[di^{21} mau^{12}]/寒毛哩[xø^{33} mau^{0} ni^{0}]	寒毛子[xoŋ^{13} mao^{13} tsɿ^{0}]	茸毛[ioŋ^{35} mɤ^{0}]	毛[mʌu^{13}]
痣	痣[tsɿ^{24}]	痣[tsɿ^{24}]	痣[tsɿ^{11}]	痣[tsɿ^{13}]	痣[tsɿ^{51}]
骨	骨头[ku^{45} dəu^{13}]	骨哩[ku^{5} ni^{0}]	骨头[ku^{35} tʰeu^{13}]	骨头[kuɪ^{21} te^{41}]	骨头[kuɛ^{33} hiə^{13}]
筋	筋[tɕin^{44}]	筋[tɕin^{45}]		筋[tɕiən^{44}]	
血	血[ɕie^{45}]	血[ɕie^{5}]	血[ɕyɛ^{35}]	血[ɕye^{21}]	血[ɕyɛ^{33}]
血管	血管[ɕie^{45} kuan^{31}]	血管[ɕie^{5} kuan^{21}]	血管[ɕyɛ^{35} koŋ^{31}]/青筋[tɕʰiaŋ^{33} tɕiŋ^{33}]	血管[ɕye^{21} kuɛ^{41}]	血管[ɕyɛ^{33} kuɑ̃^{312}]
脉	脉[mə^{45}]	脉[mai^{33}]	脉[mɛ^{35}]	脉[me^{44}]	脉[miɛ^{33}]
心	心[ɕin^{44}]	环$^{=}$心[uɔ̃^{24} ɕin^{45}]	圞心[loŋ^{13} ɕiŋ^{33}]	环心[xua^{35} sən^{0}]	环心[hõ^{13} sẽ^{33}]
肝	肝[kan^{44}]	肝[kø^{45}]	肝[koŋ^{33}]	肝花[kɛ^{44} xo^{0}]	肝[kuɑ̃^{33}]
肺	肺[fei^{24}]	肺[fe^{24}]	肺[fei^{11}]	肺[fɪ^{13}]	肺[fi^{51}]
胆	胆[tan^{31}]	胆[tan^{21}]	胆[tan^{31}]	胆[tɛ^{41}]	胆[tã^{312}]
脾	脾[bi^{13}]	脾[bi^{24}]/连$^{=}$贴$^{=}$[ian^{21} die^{33}]脾脏(猪的)	脾[pʰi^{13}]	连$^{=}$体$^{=}$[liɛ^{35} tʰi^{41}]	脾[pʰi^{13}]

续 表

词 条	岳阳市	临 湘	醴 陵	永 兴	隆 回
胃	胃[uei^{22}]	胃[uei^{33}]/肚哩[dəu^{21} ni^{0}]	胃[uei^{11}]	肚子[tɿ^{41} tsɿ^{0}]	
肾	肾[sən^{24}]	腰子[iau^{45} tsɿ^{0}]	肾[səŋ^{11}]/腰子[iu^{33} tsɿ^{0}]	腰子[ɪɤ^{44} tsɿ^{0}]	肾[ɕiẽ^{51}]
肠	肠[dzaŋ^{13}]	肠哩[dzɔ̃^{12} ni^{0}]	肠子[t^{h}oŋ^{13} tsɿ^{0}]	肠子[ts^{h}ɔ^{21} tsɿ^{0}]	
大肠	大肠[ta^{22} dzaŋ^{13}]	大肠哩[dai^{33} dzɔ̃^{12} ni^{0}]	大肠[t^{h}ai^{11} t^{h}oŋ^{13}]	大肠[ta^{13} ts^{h}ɔ^{21}]	大肠[ha^{51} tɕiõ^{13}]
小肠	小肠[ɕiau^{31} dzaŋ^{13}]	细肠哩[ɕi^{24} dzɔ̃^{12} ni^{0}]		小肠[ɕiɤ^{41} ts^{h}ɔ^{21}]	细肠[sei^{51} tɕiõ^{13}]
拾贰 疾病、医疗					
病了	生了病[sən^{44} liau^{33} pin^{22}]	病哒[piɔ̃^{24} ta^{21}]	病咖哒[p^{h}iaŋ^{11} ka^{33} tao^{0}]/人不好[niŋ^{13} p^{h}u^{13} xao^{31}]	人不舒服[ən^{35} pɿ^{21} ɕy^{44} fɿ^{0}]/得病[te^{21} pən^{13}]	发病哩[fa^{33} p^{h}iɑ̃^{51} li^{0}]
小病		小病[ɕiau^{21} piɔ̃^{24}]	细病唧[ɕi^{11} p^{h}iaŋ^{11} tɕi^{0}]	细病[se^{13} pən^{13}]	小病[sei^{51} p^{h}iɑ̃^{51}]
重病	急病[tɕi^{45} bin^{22}]/病厉害了[bin^{22} li^{24} xai^{22} liau^{0}]	大病[ta^{21} piɔ̃^{24}]	大病[t^{h}ai^{11} p^{h}iaŋ^{11}]/病得蛮狠[p^{h}iaŋ^{11} tɛ^{35} man^{13} xɛn^{31}]	大病[ta^{13} pən^{13}]	大病[hai^{51} p^{h}iɑ̃^{51}]
病轻了	病轻了[bin^{22} tɕin^{44} liau^{0}]/好些了[xau^{31} ɕie^{44} liau^{0}]	好哒一点[xau^{21} ta^{0} i^{5} tian^{21}]	病好些唧哒[p^{h}iaŋ^{11} xao^{31} ɕiɛ^{33} tɕi^{0} ta^{0}]	得唧点唧[te^{21} tɕi^{0} tia^{35} tɕi^{0}]	
病好了	病好了[bin^{22} xau^{31} liau^{0}]	好哒[xau^{33} ta^{21}]		好唧[xɤ^{41} tɕi^{0}]	病好咕哩[p^{h}iɑ̃^{51} xʌu^{312} ku^{0} li^{0}]

续　表

词　条	岳阳市	临　湘	醴　陵	永　兴	隆　回
请医生	请医生[dʑin^{31} i^{44} sen^{44}]	请郎中[dʑin^{21} lɔ̃^{12} dzen^{45}]	请医师[tɕʰiaŋ^{31} i^{33} sɿ^{33}]/接郎中[tɕiɛ^{35} loŋ^{13} təŋ^{33}]	请郎中[tɕʰiən^{41} lɔ^{35} tsoŋ^{0}]	请医生[tsʰiɑ̃^{312} i^{33} sẽ^{33}]
医(病)	诊[tsən^{31}]	整病[tsɔ̃^{21} piɔ̃^{33}]	整病[taŋ^{31} pʰiaŋ^{11}]	整[tɕiɔ^{41}]	看病[kʰã^{51} pʰiɑ̃^{51}]医病
看病	看病[gan^{24} bin^{22}]	整病[tsɔ̃^{21} piɔ̃^{33}]	看病[kʰoŋ^{11} pʰiaŋ^{11}]	整病[tɕiɔ^{41} pən^{13}]	
号脉	看脉[gan^{24} mən^{45}]	搭脉[ta^{5} me^{5}]/号脉[xau^{33} me^{5}]	看脉[kʰoŋ^{11} mɛ^{35}]	把脉[pa^{41} me^{44}]	打脉[ta^{312} miɛ^{33}]
开药方子	开药单子[gai^{44} io^{45} tan^{44} tsɿ^{0}]	开药单子[gai^{45} io^{5} tan^{45} tsɿ^{0}]	开单子[kʰoi^{33} tan^{33} tsɿ^{0}]	开单子[kʰe^{44} tɛ^{44} tsɿ^{0}]	开单子[kʰiɛ^{33} tã^{33} tsɿ^{0}]
偏方儿	单方[tan^{44} fan^{44}]		单方[tan^{33} foŋ^{33}]	单子[tɛ^{44} tsɿ^{0}]	
抓药(中药)	拣药[tɕian^{31} io^{45}]	抓中药[tsa^{5} dzen^{45} io^{5}]	拣药[tɕin^{31} io^{35}]	抓药[tso^{44} io^{44}]	抓药[tsua^{33} yo^{51}]/抓茶[tsua^{33} tsʰa^{13}]
买药(西药)	配药[bei^{24} io^{45}]	买丸哩[mai^{21} yan^{12} ni^{0}]	买西药丸子[mai^{31} ɕi^{33} io^{35} yen^{13} tsɿ^{0}]	买药[ma^{41} io^{44}]	担药[tã^{33} yo^{51}]买药(西药)
(中)药铺	药铺[io^{45} bu^{24}]	药铺[io^{5} bu^{0}]	药铺[io^{35} pʰu^{11}]	药铺底[io^{44} pʰv̩^{0} te^{0}]	药铺[yo^{51} pʰu^{51}]
药房(西药)	药房[io^{45} faŋ^{13}]	药铺[io^{5} bu^{0}]	药店[io^{35} tin^{11}]	药铺底[io^{44} pʰv̩^{0} te^{0}]	药铺[yo^{51} pʰu^{51}]
药引子	药引子[io^{45} in^{31} tsɿ^{0}]	药引子[io^{5} in^{21} tsɿ^{0}]	药引子[io^{35} iŋ^{31} tsɿ^{0}]	汤引[tʰɔ^{44} ən^{41}]	
药罐子	药罐子[io^{45} kuan^{24} tsɿ^{0}]	药罐哩[io^{5} kuɔ̃^{33} ni^{0}]	药罐子[io^{35} koŋ^{11} tsɿ^{0}]	药罐子[io^{44} kuɛ^{0} tsɿ^{0}]	沙罐[sa^{33} kuɑ̃^{51}]/药罐子[yo^{51} kuɑ̃^{51} tsɿ^{0}]

续 表

词 条	岳阳市	临 湘	醴 陵	永 兴	隆 回
煎药	煎药[tɕian^{44} io^{45}]	煎药[tɕian^{45} io^{5}]	煎药[tɕin^{33} io^{35}]	熬药[ɤ^{35} io^{44}]	煎药[tsĩɪ^{33} yo^{51}]
药膏(西药)	药膏[io^{45} kau^{44}]	药膏[io^{5} kau^{45}]			膏药[kʌu^{33} yo^{51}]
膏药(中药)	膏药[kau^{44} io^{45}]	膏药[kau^{45} io^{5}]	膏药[kao^{33} io^{35}]	膏药[kɤ^{44} io^{44}]	膏药[kʌu^{33} yo^{51}]
药面儿(药粉)	药粉[io^{45} fən^{31}]	药粉哩[io^{5} fen^{21} ni^{0}]		药粉子[io^{44} fən^{41} tsɿ^{0}]	药粉[yo^{51} fẽ^{312}]
搽药膏	搽药膏[dza^{13} io^{45} kau^{44}]	抹药[mo^{45} io^{5}]	搽药[ts^{h}a^{13} io^{35}]	涂[tɣ̩^{35}]/搽[ts^{h}o^{35}]	涂药[hu^{13} yo^{51}]
上药(动宾)	敷药[fu^{44} io^{45}]	上药[sɔ̃^{33} io^{5}]	上药[soŋ^{11} io^{35}]	贴药[t^{h}ie^{21} io^{44}]	上药[ɕiō^{312} yo^{51}]
发汗	发汗[fa^{45} xaŋ^{22}]	出汗[dʑy^{5} xø̃^{33}]	发汗[fa^{35} xoŋ^{11}]	发汗[fo^{21} xɛ^{13}]	出汗[tɕ^{h}u^{33} huɑ̃^{51}]
去火	去火[tɕy^{24} xo^{31}]	下火[ɕia^{33} xo^{21}]	去火[k^{h}y^{11} fo^{31}]/清热[tɕ^{h}iŋ^{33} niɛ^{35}]	下火[ɕia^{13} xo^{41}]	去火[tɕ^{h}y^{51} xo^{312}]
去湿	去湿[tɕy^{24} sɿ^{45}]		去湿[k^{h}y^{11} sɿ^{35}]		
去毒	排毒[bai^{22} təu^{45}]	排毒[bai^{12} təu^{5}]	解毒[kai^{31} tou^{35}]/败毒[p^{h}ai^{11} tou^{13}]/排毒[p^{h}ai^{13} tou^{13}]	解毒[ke^{41} tɣ̩^{21}]	败毒[p^{h}ai^{51} tu^{13}]
消食	消食[ɕiau^{44} sɿ^{45}]	消食[ɕiau^{45} sɿ^{5}]	化食[fa^{11} sɿ^{35}]	化食[xua^{13} sɿ^{21}]	
扎针	扎针[tsa^{45} tsən^{44}]	扎银针[tsa^{5} nin^{12} tsen^{45}]	扎银针[tsa^{35} niŋ^{13} təŋ^{33}]	镶针[ts^{h}ɛ^{35} tɕiən^{44}]	扎银针[tsa^{33} iẽ^{13} tɕiẽ^{33}]

续 表

词 条	岳阳市	临 湘	醴 陵	永 兴	隆 回
拔火罐子	拔火罐[ba^{45} xo^{31} kuan^{24}]	拔火罐[pa^{5} xo^{21} kuɔ̃^{33}]/拔提罐[pa^{5} di^{12} kuɔ̃^{33}]	打火罐[ta^{31} fo^{31} koŋ^{11}]	打火罐[ta^{41} xo^{41} kuɛ^{13}]	打火罐[ta^{312} xo^{312} kuɑ̃^{51}]
泻肚	屙肚子[ŋo^{44} təu^{24} tsɿ^{33}]	拉肚(子)[la^{45} dəu^{33}(tsɿ^{21})]/打标枪[ta^{21} piau^{45} dʑiɔ̃^{45}]	肚子泄[tou^{31} tsɿ^{0} ɕiɛ^{35}]/打标枪[ta^{31} piu^{33} tɕ^{h}ioŋ^{33}]	泻肚[ɕio^{13} tv̩^{41}]	走肚子[tsiə^{312} tu^{312} tsɿ^{0}]/泻肚子[siɛ^{51} tu^{312} tsɿ^{0}]/泻痢[siɛ^{51} li^{51}]骂人的话
发烧	发烧[fa^{44} sau^{44}]	发烧[fa^{5} sau^{45}]	发烧[fa^{35} seu^{33}]	发臊$^{=}$[fo^{21} lɤ^{13}]	发烧[fa^{33} ɕiə^{33}]
发冷	发冷[fa^{44} lən^{31}]	打半$^{=}$落$^{=}$哩[ta^{21} pø^{24} lo^{5} ni^{0}]	怕冷[p^{h}a^{11} lan^{31}]/畏寒[uei^{11} xoŋ^{13}]	起冷汗[ɕi^{41} lɛ^{41} xɛ^{13}]	发冷[fa^{3} lẽ^{312}]/发寒[fa^{3} xɑ̃^{13}]
起鸡皮疙瘩	起鸡皮疙瘩[dʑi^{31} tɕi^{44} bi^{13} ko^{45} ta^{0}]	起鸡皮哩[dʑi^{21} tɕi^{45} bi^{12} ni^{0}]	起鸡皮疹子[tɕ^{h}i^{31} tɕi^{33} p^{h}i^{13} tɕ^{h}in^{11} tsɿ^{0}]	起麻鸡婆肉[ɕi^{41} mo^{35} tɕi^{0} pʊ^{0} iəɯ^{44}]	起皱皱[tɕ^{h}i^{312} tsiə^{51} tsiə^{0}]
伤风	着凉[tso^{45} liaŋ^{13}]	伤哒风[sɔ̃^{45} ta^{0} xen^{45}]/冻凉哒[ten^{24} liɔ̃^{13} ta^{0}]	感冒[koŋ^{31} mao^{11}]/冻哒[təŋ^{11} ta^{0}]/沾哒寒[tɛn^{33} ta^{0} xoŋ^{13}]	冻得唧[toŋ^{13} te^{0} tɕi^{0}]	伤风[ɕiõ^{33} fɤŋ^{33}]
咳嗽	咳嗽[gə^{45} səu^{24}]	咳嗽[ge^{33} səu^{24}]	咳[k^{h}an^{31}]	咳嗽[k^{h}e^{21} se^{13}]	咳[k^{h}õ^{312}]
气喘	气喘[dʑi^{24} dzuan^{31}]	发齁[fa^{5} xe^{45}]	齁[xeu^{33}]	扯齁[ts^{h}o^{41} xo^{44}]	出气唔赢[tɕ^{h}u^{33} tɕ^{h}i^{51} n̩^{33} iɑ̃^{13}]
气管炎		气管炎[dʑi^{24} kuɔ̃^{21} ian^{12}]	气管炎[tɕ^{h}i^{11} kuoŋ^{31} ie^{13}]		气管炎[tɕ^{h}i^{51} kuɑ̃^{312} ĩɪ^{13}]

续 表

词 条	岳阳市	临 湘	醴 陵	永 兴	隆 回
中暑	中暑[tsoŋ^{24} ɕy^{31}]	中暑[dzen^{24} ɕy^{21}]	发痧[fa^{35} sa^{33}]	痹痧[pi^{13} so^{44}]	起痧[tɕʰi^{312} sa^{33}]
上火	上火[saŋ^{22} xo^{31}]	上火[sɔ̃^{33} xo^{21}]	上火[soŋ^{11} fo^{31}]/火气重[fo^{31} tɕʰɿ^{11} təŋ^{11}]	有火气[iəɯ^{41} xo^{41} ɕi^{0}]	上火[ɕiõ^{312} ɹo^{312}]
积滞		吃隔哒食[dʑia^{5} ke^{5} ta^{0} sɿ^{5}]	隔食[kɛ^{35} sɿ^{35}]/疳积[koŋ^{33} tɕi^{35}]小儿食积	胀紧唧[tsɔ^{13} tɕiən^{41} tɕi^{0}]/疳[ko^{44}]小儿食积	
肚子疼	肚子疼[təu^{31} tsɿ^{0} doŋ^{24}]	肚子疼[dəu^{21} tsɿ^{0} den^{24}]	肚子疼[tou^{31} tsɿ^{0} tʰən^{11}]	肚子疼[tɣ̩^{41} tsɿ^{0} tʰoŋ^{13}]	肚子痛[tu^{312} tsɿ^{0} hɤŋ^{51}]
胸口疼	胸口疼[ɕioŋ^{44} gəu^{31} doŋ^{24}]	胸门口疼[ɕin^{45} men^{12} gəu^{21} den^{33}]		胸门口疼[ɕioŋ^{44} mən^{0} kʰe^{41} tʰoŋ^{13}]	心口痛[sẽ^{33} kʰiə^{312} hɤŋ^{51}]
头晕	头发昏[dəu^{13} fa^{44} fən^{44}]	脑壳发昏[lau^{21} go^{5} xua^{5} xen^{45}]/脑壳痛[lau^{21} go^{5} den^{24}]	脑壳昏[lao^{31} kʰo^{35} yŋ^{33}] 脑壳疼[lao^{31} kʰo^{35} tʰəŋ^{11}]1 头痛;2 事情为难而伤脑筋	脑壳昏[lɤ^{41} xʊ^{0} xuən^{44}]/脑壳疼[lɤ^{41} xʊ^{0} tʰoŋ^{13}]	脑壳晕[lʌu^{312} kʰo^{33} yn^{33}]
恶心(要呕吐)	想呕[ɕiaŋ^{31} ŋəu^{31}]	闷车[men^{21} dze^{45}]/闷船[men^{21} dʑyan^{12}]/想呕[ʑiɔ̃^{24} ŋe^{21}]	作呕[tso^{35} ŋeu^{31}]	腥⁼鱼⁼[sən^{44} y^{35}]	
吐了(呕吐)	呕了[ŋəu^{31} liau^{31}]	呕哒[ŋe^{21} ta^{0}]/(小孩)哕奶[fei^{21} lai^{21}]	呕咖哒[ŋeu^{31} ka^{33} ta^{0}]	呕唧[e^{41} tɕi^{0}]	呕哩[iə^{312} li^{0}]
干哕	干呕[kan^{44} ŋəu^{31}]	干呕[kø^{45} ŋe^{21}]	反胃[fan^{31} uei^{11}]	干呕[kɛ^{44} e^{41}]	作干呕[tso^{33} kã^{33} iə^{312}]

续 表

词 条	岳阳市	临 湘	醴 陵	永 兴	隆 回
疝气	疝气[sən^{44} dʑi^{24}]		疝气[san^{11} tɕʰi^{11}]		疝气[sã^{51} tɕʰi^{51}]
脱肛		落肛[lo^{5} kɔ̃^{45}]	脱肛[tʰo^{35} koŋ^{33}]	起胪⁼头[ɕi^{41} lʏ^{35} te^{0}]	
子宫脱垂			子宫下垂 [tsɿ^{31} kuəŋ^{33} xa^{11} kʰuei^{11}]		
发疟子(疟疾发作)	打摆子[ta^{31} pai^{31} tsɿ^{0}]	打半⁼落⁼哩 [ta^{21} pø^{24} lo^{5} ni^{0}]	打摆子[ta^{31} pai^{31} tsɿ^{0}]	打摆子[ta^{41} pe^{41} tsɿ^{0}]	打摆子[ta^{312} pai^{312} tsɿ^{0}]
霍乱	霍乱症 [xo^{45} luan^{22} tsən^{24}]	霍乱症 [xo^{5} luan^{21} tsen^{24}]	霍乱[xo^{35} loŋ^{11}]	发瘟灾[fo^{21} uən^{44} tsa^{44}]	霍乱症[xo^{51} luɑ̃^{51} tsẽ^{51}]
(出)麻疹	出麻子[dʑy^{45} ma^{13} tsɿ^{0}]	吃麻哩[dʑia^{12} ma^{12} le^{0}]	发生芽[fa^{35} sɛn^{33} ŋa^{35}]	吃麻[tɕʰio^{21} mo^{35}]	出油麻 [tɕʰu^{33} iəu^{13} mã^{13}]
(出)水痘	水痘[suei^{31} təu^{22}]	水哩[ɕy^{21} le^{0}]	生水痘子 [san^{33} ɕy^{31} tʰeu^{11} tsɿ^{0}]		出痘子 [tɕʰu^{33} hiə^{312} tsei^{0}]
种痘	种牛痘 [tsoŋ^{31} niəu^{13} dəu^{22}]	打预防针 [ta^{21} y^{33} xɔ̃^{12} tsen^{45}]	种牛痘 [təŋ^{11} niou^{13} tʰeu^{11}]		
伤寒	伤寒病 [saŋ^{44} xan^{13} bin^{22}]	伤寒[sɔ̃^{45} xan^{12}]	伤寒[soŋ^{33} xoŋ^{13}]	有寒气[iəu^{41} xɛ^{35} ɕi^{0}]	
黄疸	黄疸病 [faŋ^{13} dan^{31} bin^{22}]	黄疸[uɔ̃^{12} tan^{21}]	黄疸 [foŋ^{13} tan^{31} pʰiaŋ^{11}]		
肝炎	肝炎[kan^{44} ian^{13}]	肝炎[kan^{45} ian^{12}]	肝炎[koŋ^{33} in^{13}]	肝炎[kɛ^{44} iɛ^{21}]	

续 表

词 条	岳阳市	临 湘	醴 陵	永 兴	隆 回
胃病	胃病[uei^{22} bin^{22}]	胃病[uei^{33} pin^{33}]	胃病[uei^{11} p^{h}iaŋ^{11}]	胃病[ur^{13} pən^{13}]	
痨病(结核)	痨病[lau^{13} bin^{22}]	痨病[lau^{12} pin^{33}]/结核病[tɕie^{5} xe^{0} pin^{33}]	痨病[lao^{13} p^{h}iaŋ^{11}]	痨病[lɤ^{35} pən^{0}]	痨病[lʌn^{13} p^{h}iɑ̃^{51}]
跌伤	跶伤了[ta^{45} saŋ^{44} liau^{0}]	板⁼伤哒[pan^{24} sɔ̃^{45} ta^{0}]	板⁼伤[pan^{11} soŋ^{33}]	板⁼得唧[pɛ^{41} te^{0} tɕi^{0}]	板⁼哩[pɑ̃^{51} li^{0}]
碰伤	碰伤[boŋ^{24} saŋ^{44}]	碰伤[ben^{24} sɔ̃^{45}]	碰伤[p^{h}əŋ^{11} soŋ^{33}]	撞得唧[k^{h}uɔ^{41} te^{0} tɕi^{0}]	刮哩[kua^{33} li^{0}]
蹭破皮儿	擦破了皮[dza^{45} bo^{24} liau^{0} bi^{13}]	搭⁼破哒皮[ta^{5} bo^{24} ta^{0} bi^{12}]	去咖皮哒[tɕ^{h}iɛ^{11} ka^{33} p^{h}i^{13} ta^{0}]	刮烂块皮[kua^{21} lɛ^{13} k^{h}ua^{0} pi^{35}]	板⁼脱皮[pɑ̃^{51} ho^{33} p^{h}i^{13}]
刺个口子	划个口子[fa^{45} ko^{24} gəu^{31} tsɿ^{0}]	搭⁼嘀条口[ta^{5} ti^{0} diau^{12} ge^{21}]	锯只口子[kɛ^{11} ta^{35} k^{h}eu^{31} tsɿ^{0}]	刺隻口子[la^{35} tso^{0} k^{h}e^{41} tsɿ^{0}]	刮条口口[kua^{33} hiə^{13} tɕ^{h}iə^{312} tɕ^{h}iə^{0}]
出血	出血[dʑy^{44} ɕie^{45}]	流血哒[liu^{12} ɕye^{5} ta^{0}]	出血[k^{h35} ɕye^{35}]	出唧血[tɕ^{h}i^{21} tɕi^{0} ɕye^{21}]	
淤血	淤血[y^{44} ɕie^{45}]	瘀血[y^{45} ɕye^{5}]	淤血[y^{33} ɕyɛ^{35}]/紫咖血[tsɿ^{31} ka^{0} ɕyɛ^{35}]	淤血[y^{44} ɕye^{21}]	灌血[kuɑ̃^{51} ɕyɛ^{33}]
红肿	红肿[xoŋ^{13} tsoŋ^{31}]	(蚊子)咬嘀个坨[ŋa^{5} ti^{0} kə^{0} do^{12}]	肿[təŋ^{31}]	肿起唧[tsoŋ^{41} ɕi^{0} tɕi^{0}]	肿[tɕɤŋ^{312}]
溃脓	灌了脓[kuan^{24} liau^{0} loŋ^{13}]	灌脓哒[kø^{24} len^{12} ta^{0}]	灌脓[kuoŋ^{11} ləŋ^{13}]	胀脓[tsə^{13} loŋ^{35}]	起痂痂[tɕ^{h}i^{312} kiɛ^{33} kiɛ^{0}]
结痂	结壳壳[tɕie^{45} go^{45} go^{45}]	结痂哩[tɕie^{5} ko^{45} ni^{0}]	结痂子[tɕiɛ^{35} ka^{33} tsɿ^{0}]	结痂[tɕie^{21} ko^{44}]	灌痂哩[kuɑ̃^{51} ka^{0} li^{0}]
疤	疤[pa^{44}]	疤[pa^{45}]	疤[pa^{33}]/烂疤子[lan^{11} pa^{33} tsɿ^{0}]	疤[po^{44}]	疤子[pa^{33} tsɿ^{0}]

续　表

词　条	岳阳市	临　湘	醴　陵	永　兴	隆　回
腮腺炎			腮腺炎[sai^{33} ɕin^{11} in^{13}]	雪风[ɕye^{21} foŋ^{0}]	掌头风 [tsʰuɑ̃^{51} hiə^{13} fɤŋ^{33}]
长疮(动宾)	生疮[sən^{44} dzan^{44}]	生疮哒[sen^{45} dʑɔ̃^{45} ta^{0}]		逗疮[te^{44} tsʰɔ^{44}]	生疮子[sẽ^{33} tsʰõ^{33} tsei^{0}]
长疔(动宾)	长疔[tsaŋ^{31} tin^{44}]		长疖子 [toŋ^{31} tɕiɛ^{35} tsɿ^{0}]/生疔子[san^{33} tiaŋ^{33} tsɿ^{0}]	长疖子[tsɔ^{41} tɕie^{44} tsɿ^{0}]	
痔疮	痔疮[dzɿ^{22} dzaŋ^{44}]	痔疮[tsɿ^{33} dʑɔ̃^{45}]	痔疮[tsʰɿ^{11} tsʰoŋ^{33}]	痔疮[tsɿ^{13} tsʰɔ^{44}]	痔疮[tsɿ^{51} tsʰõ^{33}]
疥疮	疥疮[kai^{24} dzaŋ^{44}]	疥疮[kai^{24} dzɔ̃^{45}]		疥疮[ke^{13} tsʰɔ^{44}]	疥疮[kai^{513} tsʰõ^{33}]
癣	癣[ɕian^{31}]	癣[ɕian^{21}]	癣[ɕin^{31}]	癣[ɕyɛ^{41}]	癣[ɕyɛ̃^{312}]
痱子	痱子[fei^{24} tsɿ^{0}]	痱哩[fei^{24} ni^{0}]	沙皮子[sa^{33} pʰi^{13} tsɿ^{0}]	沙痱子[so^{44} fɪ^{44} tsɿ^{0}]	沙皮子[sa^{33} pʰi^{13} tsɿ^{0}]
汗斑	汗斑[xan^{22} pan^{44}]	汗斑[xø^{33} pan^{45}]	汗斑[xoŋ^{11} pan^{33}]		
痦子		肉痣[ləu^{5} tsɿ^{24}]	肉痣[niou^{35} tsɿ^{11}]	肉痣[iəɯ^{44} tsɿ^{13}]	
雀斑	雀斑[tɕio^{45} pan^{44}]	麻斑[ma^{12} pan^{45}]/雀斑[dʑio^{5} pan^{45}]	斑[pan^{33}]	麻子[mo^{35} tsɿ^{0}]	
粉刺	粉刺[fən^{31} tsɿ^{24}]	青春痘 [dʑin^{45} dʑyn^{0} təu^{24}]	酒机子 [tɕiou^{31} tɕi^{33} tsɿ^{0}]	色子[se^{21} tsɿ^{0}]	
狐臭	狐臭[fu^{13} dzəu^{24}]	狐臭[u^{12} dzəu^{24}]	狐皮臊[fu^{13} pʰi^{13} lao^{33}]	狐臭[fy̩^{35} tsʰəɯ^{13}]	狐臊臭 [xu^{13} lʌu^{33} tɕʰiəu^{51}]

续 表

词 条	岳阳市	临 湘	醴 陵	永 兴	隆 回
口臭	口臭[gəu^{31} dzən^{24}]	口臭[ge^{21} dzəu^{24}]	口臭[kʰeu^{31} tʰeu^{11}]	口臭[kʰe^{41} tsʰəɯ^{13}]	口臭[tɕʰiə^{312} tɕiəu^{51}]
大脖子(甲状腺肿大)	大颈板 [ta^{22} tɕin^{31} pan^{31}]	甲亢病[tɕia^{5} gɔ̃^{33} piɔ̃^{0}]	气颈牯 [tɕʰi^{11} tɕiaŋ^{31} ku^{0}]	甲亢[tɕia^{21} kʰɔ^{13}]	泡娘⁼[pʰʌu^{13} iɑ̃^{13}]
鼻子不灵(嗅觉不灵)		鼻子不灵达 [pi^{5} tsɿ^{21} pu^{5} lin^{12} ta^{0}]	齉鼻子[ləŋ^{33} pʰi^{35} tsɿ^{0}]	鼻子死[pi^{13} tsɿ^{0} sɿ^{41}]	鼻子唔打朦 [pʰi^{51} tsɿ^{0} n̩^{33} ta^{312} lʌu^{33}]
齉鼻儿(鼻不通气，发音不清)		鼻炎[pi^{5} ian^{12}]		鼻炎[pi^{13} iɛ^{21}]	鼻子实起哩 [pʰi^{51} tsɿ^{0} ɕi^{51} tɕʰi^{312} li^{0}]
公鸭嗓儿(嗓音沙哑)	哑嗓子[ŋa^{31} saŋ^{31} tsɿ^{0}]		鸭公子声音 [ŋa^{35} kuəŋ^{33} tsɿ^{0} san^{33} iŋ^{33}]	喉咙㸗粗 [xe^{35} loŋ^{0} le^{44} tsʰy̩^{44}]	鸭公声音 [iɛ^{33} kɤŋ^{33} ɕiẽ^{33} iẽ^{33}]
一只眼儿(一只眼睛是瞎的)	一只眼[i^{45} tsɿ^{44} ŋan^{31}]		隻眼子[ta^{35} ŋan^{31} tsɿ^{0}]	一隻眼珠 [i^{21} tso^{21} ɛ^{41} tɕy^{0}]	隻把眼[tɕiã^{33} pa^{312} ã^{312}]/ 独眼龙[tu^{13} ĩɪ^{312} lɤŋ^{13}]
近视眼	近视眼 [tɕin^{22} sɿ^{22} ŋan^{31}]	睁光瞎[tɕiɔ̃^{45} kuɔ̃^{0} xa^{5}]	近觑子 [tɕʰiŋ^{11} tɕʰi^{11} tsɿ^{0}]	近视眼[tɕʰiən^{13} sɿ^{0} ɛ^{41}]	鸡婆眼[tɕi^{33} ho^{13} ã^{312}]/ 近视眼[tɕʰiẽ^{51} si^{51} ã^{312}]
远视眼	远视眼 [yan^{31} sɿ^{22} ŋan^{31}]		远视眼[yɛn^{31} sɿ^{11} ŋan^{31}]		远视眼[mĩɪ^{312} si^{51} ã^{312}]
老花眼	老花眼[lau^{31} fa^{44} ŋan^{31}]	老花眼 [lau^{21} xua^{45} ian^{21}]	老花眼[lao^{31} fa^{33} ŋan^{31}]	老花眼[lɤ^{41} xo^{0} ɛ^{41}]	老花眼[lʌu^{312} xua^{33} ã^{312}]
鼓眼泡儿	鱼泡眼睛 [y^{13} bau^{44} ŋan^{31} tɕin^{44}]		灯笼眼 [tɛn^{33} ləŋ^{13} ŋan^{13}]	眼珠若泡起 [ɛ^{41} tɕy^{0} iɔ^{44} pʰɤ^{13} ɕi^{0}]	鼓眼珠[ku^{312} ã^{312} tɕu^{33}]

续 表

词 条	岳阳市	临 湘	醴 陵	永 兴	隆 回
斗鸡眼儿（内斜视）	对子眼睛[tei^{24} tsɿ^{31} ŋan^{31} tɕin^{44}]		对子眼[tei^{11} tsɿ^{0} ŋan^{31}]	斜眼[tɕʰiɔ^{13} ɛ^{41}]	罗花眼[lo^{13} xua^{33} ã^{312}]
羞明	怕亮[ba^{24} liaŋ^{22}]			青光眼[tɕʰiən^{44} kuɔ^{44} ɛ^{41}]	
癫痫	羊角风[iaŋ^{13} ko^{45} xoŋ^{44}]	发猪婆疯[fa^{5} tɕy^{45} bo^{12} xen^{45}]大人的/癫风[tian^{45} xen^{45}]小孩的	猪婆疯[ky^{33} pʰo^{13} fəŋ^{33}]	羊癫疯[iɔ^{35} tiɛ^{0} foŋ^{44}]	懵风病[mrŋ^{312} fɤŋ^{33} pʰiɑ̃^{51}]/扯懵风[tɕʰia^{312} mɤŋ^{312} fɤŋ^{33}]
惊风（小儿病）	抽风[dzəu^{44} xoŋ^{44}]	惊哒风[tɕin^{24} ta^{0} xen^{45}]	吓哒[xa^{35} ta^{0}]	吓得唧[xe^{21} te^{0} tɕi^{0}]	转根[tɕyɛ̃^{51} kẽ^{33}]
抽风	抽筋[dzəu^{44} tɕin^{44}]		抽筋[tʰou^{33} tɕiŋ^{33}]	抽筋[tsʰəɯ^{44} tɕiən^{44}]	扯风[tɕʰia^{312} fɤŋ^{33}]
中风	中风[tsoŋ^{24} xoŋ^{44}]	半边风[pø^{24} pian^{45} xen^{45}]	中风[təŋ^{11} fəŋ^{33}]	风[foŋ^{44}]	中风[tsɤŋ^{51} fɤŋ^{33}]
瘫痪	半边瘫痪[pan^{24} pian^{44} dan^{44} fan^{24}]	瘫子[dan^{45} tsɿ^{0}]	瘫咖[tʰan^{33} ka^{33}]/瘫子[tʰan^{33} tsɿ^{0}]	风过唧[foŋ^{44} ko^{0} tɕi^{0}]	瘫嘎⁼哩[hã^{33} ka^{0} li^{0}]
瘸子	拜⁼子[pai^{44} tsɿ^{0}]	拜⁼子[pai^{45} tsɿ^{0}]	拜⁼子[pai^{33} tsɿ^{0}]/瘸子[kʰyɛ^{35} tsɿ^{0}]	拜⁼子[pa^{44} tsɿ^{0}]	拜⁼子[pai^{33} tsɿ^{0}]
罗锅儿	驼子[do^{24} tsɿ^{0}]		驼子[tʰo^{13} tsɿ^{0}]	驼子[tʊ^{35} tsɿ^{0}]	驼子[ho^{13} tsɿ^{0}]
聋子	聋子[loŋ^{44} tsɿ^{31}]	聋子[len^{45} tsɿ^{0}]/瞎聋子[xa^{5} len^{45} tsɿ^{0}]一点都听不见	聋子[ləŋ^{33} tsɿ^{0}]	聋子[loŋ^{44} tsɿ^{0}]	聋子[lɤŋ^{33} tsɿ^{0}]

续 表

词 条	岳阳市	临 湘	醴 陵	永 兴	隆 回
哑巴	哑巴[ŋa^{31} pa^{44}]	哑巴[ŋa^{21} pa^{45}]	哑巴[ŋa^{31} pa^{0}]	哑子[o^{41} tsɿ^{0}]	哑巴[a^{312} pa^{33}]
结巴		结巴[tɕie^{5} pa^{45}]	结巴子[tɕiɛ^{35} pa^{33} tsɿ^{0}]	切⁼子[tɕʰie^{44} tsɿ^{0}]	打转[ta^{312} tɕyẽ^{312}]
瞎子	瞎子[xa^{45} tsɿ^{0}]	瞎子[xa^{5} tsɿ^{0}]	瞎子[xa^{35} tsɿ^{0}]	眼子[ɛ^{41} tsɿ^{0}]	眼子[ā^{312} tsɿ^{0}]/眯子[mē^{33} tsɿ^{0}]
傻子	呆子[tai^{44} tsɿ^{0}]	索⁼巴[so^{21} pa^{0}]/憨巴[xø̃^{45} pa^{0}]	(宝[pao^{31}])	蠢子[tɕʰyən^{41} tsɿ^{0}]	哈宝[xa^{312} pʌu^{312}]
拽[阴平]子(腿残者叫瘸子,手残者叫～)	断手[dan^{22} səu^{31}]		□子[kyɛ^{11} tsɿ^{0}]	(手败唧残[səɯ^{41} pa^{13} tɕi^{0} tsʰɛ^{35}])	
秃子(头发脱光的人)	光皮[kuaŋ^{44} bi^{13}]	光脑壳[kuɔ̃^{45} lau^{21} go^{0}]		光脑壳[kuɔ^{44} lɤ^{41} xʊ^{0}]	
麻子(人出天花后留下的疤痕)	麻子[ma^{13} tsɿ^{0}]	麻子[ma^{12} tsɿ^{0}]		麻子[mo^{35} tsɿ^{0}]/麻婆[mo^{35} pʊ^{41}]	麻子[mā^{13} tsɿ^{0}]
豁唇子	缺子[dʑye^{45} tsɿ^{0}]	缺子[dʑye^{5} tsɿ^{0}]	缺子[kʰyɛ^{35} tsɿ^{0}]	缺子[ye^{44} tsɿ^{0}]男/缺婆[ye^{44} pʊ^{0}]女	兔子嘴巴[hu^{51} tsɿ^{0} tsui^{312} pa^{33}]
豁牙子	缺牙子[dʑye^{45} ŋa^{13} tsɿ^{31}]	牙齿隙⁼[ŋa^{12} tsɿ^{0} ɕie^{45}]/牙齿长哒隙⁼[ŋa^{12} tsɿ^{0} tsɔ̃^{21} ta^{0} ɕie^{45}]			

续表

词条	岳阳市	临湘	醴陵	永兴	隆回
老公嘴儿（成人不生鬚的）	光板[kuaŋ^{44} pan^{31}]			相公[ɕiɔ^{13} koŋ^{0}]	
六指儿	六指甲[ləu^{45} tsɿ^{31} ka^{45}]	六指甲哩[ləu^{5} tsɿ^{0} ka^{5} ni^{0}]	六指子[lou^{35} tsɿ^{35} tsɿ^{0}]	六粒手指脑[liəɯ^{44} le^{0} səɯ^{41} tsɿ^{0} lɤ^{41}]	六指公[liəu^{51} tsɿ^{312} kɤŋ^{33}]
左撇子	左爪⁼子[tso^{31} dzua^{13} tsɿ^{0}]	左撇子[dzo^{12} bie^{5} tsɿ^{0}]	左撇子[tso^{31} pʰiɛ^{35} tsɿ^{0}]	左拐子[tsʊ^{41} kue^{41} tsɿ^{0}]	左撇子[tso^{51} pʰiɛ^{312} tsɿ^{0}]
头上长黄癣的人	癞子[lai^{22} tsɿ^{0}]	癞子[lai^{33} tsɿ^{0}]	癞子[lai^{11} tsɿ^{0}]	癞子[le^{13} tsɿ^{0}]	癞子[lai^{51} tsɿ^{0}]
拾叁　衣服穿戴					
穿戴	穿戴[dzuan^{44} tai^{24}]	穿的戴的[dʑyan^{45} ti^{0} tai^{24} ti^{0}]	穿戴[kʰyɛn^{33} tai^{11}]	穿箇戴箇[tɕʰyɛ^{44} kɤ^{0} ta^{13} kɤ^{0}]	
打扮	打扮[ta^{31} pan^{24}]	打扮[ta^{21} pan^{33}]	打扮[ta^{31} pan^{11}]	讲扮[tɕiɔ^{41} pɛ^{0}]	打扮[ta^{312} pã^{51}]
衣服（总称内外衣内外裤）	衣裳[i^{44} saŋ^{31}]	衣服[i^{45} fu^{0}]	衣裳[i^{33} tʰoŋ^{13}]衣服的总称/衣裤[i^{33} ku^{11}]/行头[ɕiŋ^{13} tʰeu^{13}]传统戏剧中的服饰，也指普通的衣服/衣[i^{33}]	衣衫[i^{44} sɛ^{0}]	衣衫[i^{33} sã^{33}]
制服	制服[tsɿ^{24} fu^{45}]		制服[tsɿ^{11} fu^{13}]	制服[tsɿ^{13} fv̩^{21}]	制服[tsɿ^{51} fu^{13}]
中装		中山装[dzen^{45} san^{45} tsuɔ̃^{45}]	中山装[təŋ^{33} san^{33} tsoŋ^{33}]	中山装[tsoŋ^{44} sɛ^{0} tsɔ^{44}]	中山装[tɕɤŋ^{33} sã^{33} tsõ^{33}]

续表

词条	岳阳市	临湘	醴陵	永兴	隆回
西装	西装[ɕi^{44} tsaŋ^{44}]	西装[ɕi^{45} tsɔ̃^{45}]	西服[ɕi^{33} fu^{13}]	西装[ɕi^{44} tsɔ^{44}]	西服[si^{33} fu^{13}]
长衫	长袍子[dzaŋ^{13} bau^{13} tsɿ^{0}]	长袍[dzɔ̃^{12} bau^{12}]	袍子[pʰao^{13} tsɿ^{0}]	长衣衫[tsʰɔ^{35} i^{0} sɛ^{41}]/大襟[ta^{13} tɕiən^{44}]	长单衣[tɕʰiō^{13} tā^{33} i^{33}]
马褂儿	马褂子[ma^{31} kua^{24} tsɿ^{0}]	马褂[ma^{21} kua^{33}]	马褂子[ma^{31} kua^{11} tsɿ^{0}]	马褂[ma^{41} kua^{0}]	马褂[ma^{312} kua^{51}]
旗袍(女装)	旗袍[dʑi^{13} bau^{13}]	旗袍[dʑi^{12} bau^{12}]	旗袍[tɕʰi^{13} pʰao^{13}]	旗袍[tɕʰi^{35} pʰɤ^{13}]	旗袍[tɕʰi^{13} pʰʌu^{13}]
棉衣	棉袍子[min^{13} bau^{13} tsɿ^{31}]	棉袄[mian^{12} ŋau^{21}]	袄子[ŋao^{31} tsɿ^{0}]/夹衣[ka^{35} i^{33}]	棉花夹[miɛ^{35} xo^{0} ko^{21}]/棉花衣衫[miɛ^{35} xo^{0} i^{44} sɛ^{0}]	夹衣[kiɛ^{33} i^{33}]
棉袄	棉袄[min^{13} ŋau^{31}]		棉袄[min^{13} ŋao^{31}]	巴$^{=}$衫古[po^{44} sɛ^{44} kv̩^{0}]	
皮袄	皮袍子[bi^{13} bau^{13} tsɿ^{0}]/皮袄[bi^{13} ŋau^{13}]	皮衣[bi^{12} i^{45}]	皮袄[pʰi^{13} ŋao^{31}]	巴$^{=}$衫古[po^{44} sɛ^{44} kv̩^{0}]	皮衣衫[pʰi^{13} i^{33} sā^{33}]
大衣		大衣[ta^{33} i^{45}]	大衣[tʰai^{11} i^{33}]	长大衣[tsʰɔ^{35} ta^{13} i^{44}]	长大衣[tɕʰiō^{13} hai^{51} i^{33}]
短大衣				短大衣[tuɛ^{41} ta^{13} i^{44}]	短大衣[tuɑ̃^{312} hai^{51} i^{33}]
衬衫	衬衫[dzən^{24} san^{44}]		衬衣子[tsʰɛn^{11} i^{33} tsɿ^{0}]	里衣[li^{41} i^{44}]	衬衣[tsʰē^{51} i^{33}]
外衣	外套[uai^{22} dau^{24}]	罩褂哩[tsau^{24} kua^{24} ni^{0}]	罩衣[tsao^{11} i^{33}]	罩皮衣[tsɤ^{13} pi^{0} i^{44}]	罩衣衫[tsʌu^{51} i^{33} sā^{33}]

续　表

词　条	岳阳市	临　湘	醴　陵	永　兴	隆　回
内衣	汗衫[xan^{22} san^{44}]	褂哩[kua^{24} ni^{0}]	汗褂子[xoŋ^{11} kua^{11} tsɿ^{0}]1 内衣；2 夏天换洗的上衣	里衣[li^{41} i^{0}]	里衣衫[li^{312} i^{33} sã^{33}]
领子	领子[lin^{31} tsɿ^{0}]	领[liɔ̃^{21}]/衣领[i^{45} liɔ̃^{21}]	领子[liaŋ^{31} tsɿ^{0}]	衣领[i^{44} lən^{41}]	衣领[i^{33} liɑ̃^{312}]
坎肩		落⁼肩[lo^{5} tɕian^{45}]		巴⁼衫古[po^{44} sɛ^{44} kɣ̩^{0}]	
针织圆领衫	毛衣[mau^{13} i^{44}]	毛衣[mau^{12} i^{45}]	纱汗褂子[sa^{33} xoŋ^{11} kua^{11} tsɿ^{0}]针织圆领衫/绳子衣[səŋ^{13} tsɿ^{0} i^{33}]毛线衣	洋红衣衫[iɔ^{35} xoŋ^{0} i^{44} sɛ^{0}]	毛线牯衣衫[mʌu^{13} sĩɪ^{51} ku^{33} i^{33} sã^{33}]
汗背心	背心[pei^{24} ɕin^{44}]	背心[pi^{24} ɕin^{45}]	背心[pei^{11} ɕiŋ^{33}]/背褡子[pei^{11} ta^{35} tsɿ^{0}]无袖衣	背褡子[pe^{13} tɛ^{0} tsɿ^{0}]	背心[pei^{51} sẽ^{33}]
大襟	大襟[ta^{22} tɕin^{44}]	大襟衣[ta^{33} tɕin^{45} i^{45}]	大衣襟[tʰai^{11} i^{33} tɕiŋ^{33}]老式左衽女上衣	老婆婆衣衫[lɤ^{41} pʊ^{35} pʊ^{0} i^{44} sɛ^{0}]	
小襟	小襟[ɕiau^{31} tɕin^{44}]	小襟[ɕiau^{21} tɕin^{45}]			
对襟儿	对襟[tei^{22} tɕin^{44}]	对襟衣[ti^{24} tɕin^{45} i^{45}]/汉装[xø^{24} tsɔ̃^{45}]		破胸衣衫[pʰʊ^{13} ɕioŋ^{44} i^{44} sɛ^{0}]	
下摆	下摆[ɕia^{22} pai^{31}]/底摆[ti^{31} pai^{31}]	下摆[ɕia^{33} pai^{21}]	摆[pai^{31}]	吊边[tiɤ^{13} piɛ^{0}]	

续 表

词 条	岳阳市	临 湘	醴 陵	永 兴	隆 回
袖子	袖子[ɕiəu^{22} tsɿ^{0}]	衫袖[san^{45} dʑiəu^{24}]	袖子[ɕiou^{11} tsɿ^{0}]/衫袖[san^{33} ɕiou^{11}]	袖子[tɕ^{h}iəɯ^{13} tsɿ^{0}]	衣袖筒[i^{33} siəu^{51} hɤŋ^{13}]
长袖	长袖子[dzaŋ^{13} ɕiəu^{22} tsɿ^{0}]	长衫袖[dzɔ̃^{12} san^{45} dʑiəu^{24}]		长袖子[ts^{h}ɔ^{13} tɕ^{h}iəɯ^{13} tsɿ^{0}]	长袖[tɕ^{h}iõ^{13} siəu^{51}]
短袖	短袖子[tan^{31} ɕiəu^{22} tsɿ^{0}]	短衫袖[tuan^{21} san^{45} dʑiəu^{24}]		短袖子[tuɛ^{41} tɕ^{h}iəɯ^{13} tsɿ^{0}]	短袖[tuɑ̃^{312} siəu^{51}]
裙子	裙子[dʑyn^{13} tsɿ^{0}]	裙[dʑyn^{12}]	裙[k^{h}yŋ^{13}]	裙[tɕ^{h}yən^{35}]	裙[tɕ^{h}yn^{13}]
衬裙		衬裙[dzen^{24} dʑyn^{12}]布的叫衬裙		内裙[luɪ^{13} tɕ^{h}yən^{0}]	
裤子	裤子[gu^{24} tsɿ^{0}]/小衣[ɕiau^{31} i^{44}]	裤哩[gu^{24} ni^{0}]/小衣[ɕiau^{21} i^{45}]	裤子[k^{h}u^{11} tsɿ^{0}]	裤子[k^{h}v̩^{13} tsɿ^{0}]	裤[k^{h}u^{51}]
单裤	单裤[tan^{44} gu^{24}]		单裤[tan^{33} k^{h}u^{11}]	单裤[tɛ^{44} k^{h}v̩^{13}]	
裤衩儿(贴身穿的)	短裤[tan^{31} gu^{24}]/闷=裤[mən^{22} gu^{24}]	里裤[li^{45} gu^{24}]/短裤[tuan^{21} gu^{24}]	内裤[lei^{11} k^{h}u^{11}]/底裤[ti^{31} k^{h}u^{11}]/短裤[toŋ^{31} k^{h}u^{11}]	短裤子[tuɛ^{41} k^{h}v̩^{13} tsɿ^{0}]/三角裤子[sɛ^{44} kʊ^{21} k^{h}v̩^{13} tsɿ^{0}]	短裤[tuɑ̃^{312} k^{h}u^{51}]
短裤(穿在外面的)	短裤[tan^{31} gu^{24}]		罩短裤[tsao^{11} toŋ^{31} k^{h}u^{11}]	西装短裤[ɕi^{44} tsɔ^{44} tuɛ^{41} k^{h}v̩^{0}]	中长裤[tsɤŋ^{33} tɕ^{h}iõ^{13} k^{h}u^{51}]
连脚裤	连脚裤[lian^{13} tɕio^{45} gu^{24}]	踩脚裤[dzai^{21} tɕio^{5} gu^{24}]	踩脚裤[ts^{h}ai^{31} tɕio^{35} k^{h}u^{11}]	裤子连袜子[k^{h}v̩^{13} tsɿ^{0} liɛ^{35} ua^{21} tsɿ^{0}]	踩脚裤[ts^{h}ai^{312} tɕyo^{33} k^{h}u^{51}]

续 表

词　条	岳阳市	临　湘	醴　陵	永　兴	隆　回
开裆裤	开裆裤[gai^{44} taŋ^{44} gu^{24}]	丫开裤[ŋa^{45} ge^{21} gu^{24}]	丫裆裤 [ŋa^{33} toŋ^{33} kʰu^{11}]	丫裆裤[o^{44} tɔ^{44} kʰy̩^{13}]	衩裤[tsʰa^{51} kʰu^{51}]
死裆裤(相对开裆裤而言)	连裆裤 [lian^{13} taŋ^{44} gu^{24}]	各⁼裆裤[ko^{5} tɔ̃^{45} gu^{24}]	圈裆裤 [loŋ^{13} toŋ^{33} kʰu^{11}]	圈裆裤[luɛ^{35} tɔ^{0} kʰy̩^{13}]	圈裤子[luɑ̃^{13} kʰu^{51} tsɿ^{0}]
裤裆	裤裆[gu^{24} taŋ^{44}]	裤裆[gu^{24} tɔ̃^{45}]	裤裆[kʰu^{11} toŋ^{33}]	裤裆[kʰy̩^{13} tɔ^{44}]	裤裆[kʰu^{51} tõ^{33}]
裤腰	裤腰[gu^{24} iau^{44}]	裤腰[gu^{24} iau^{45}]	裤头[kʰu^{11} tʰeu^{13}]	裤头[kʰy̩^{13} te^{35}]	裤头[kʰu^{51} hiə^{13}]
裤腰带	裤带[gu^{24} tai^{24}]	裤腰带[gu^{24} iau^{45} tai^{24}]	裤腰带[kʰu^{11} iu^{33} tai^{11}]	裤带绳[kʰy̩^{13} ta^{0} sən^{35}]	裤带[kʰu^{51} tai^{51}]
裤腿儿	裤腿[gu^{24} ti^{31}]	裤脚[gu^{24} tɕio^{5}]	裤脚[kʰu^{11} tɕio^{35}]	裤脚[kʰy̩^{13} tɕiʊ^{0}]	裤脚[kʰu^{51} tɕyo^{33}]
兜儿(衣服上的口袋)	荷包[xo^{13} pau44]	荷包[xo^{12} pau^{45}]	袋子[tʰoi^{11} tsɿ^{0}]	袄袋[ɤ^{41} ta^{0}]	衣袋窟[i^{33} hai^{51} ku^{33}]
纽扣(中式的)	纽扣[niəu^{31} gəu^{24}]	布扣[bu^{24} gəu^{33}]	扣子[kʰeu^{11} tsɿ^{0}]	布扣[py̩^{13} kʰe^{0}]	布扣子[pu^{51} tɕʰiə^{51} tsɿ^{0}]
扣襻(中式的)	纽襟子 [ȵiəu^{31} ban^{24} tsɿ^{0}]	扣襻[ge^{24} ban^{24}]	扣襻子 [kʰeu^{11} pʰan^{11} tsɿ^{0}]	扣襻子 [kʰe^{13} pʰan^{13} tsɿ^{0}]	布襻襻[pu^{51} pʰɑ̃^{51} pʰɑ̃^{0}]
扣儿(西式的)	扣子[gəu^{24} tsɿ^{0}]	扣哩[ge^{24} ni^{0}]		扣子[kʰe^{13} tsɿ^{0}]	
扣眼儿(西式的)	扣眼[gəu^{24} ŋan^{31}]	扣哩眼[ge^{24} ni^{0} ŋan^{21}]	扣眼[kʰeu^{11} ŋan^{31}]	扣子眼[kʰe^{13} tsɿ^{0} ɛ^{41}]	扣眼窟[tɕʰiə^{51} ɑ̃^{312} ku^{33}]

续 表

词条	岳阳市	临湘	醴陵	永兴	隆回
鞋	鞋子[xai^{13} tsɿ^{0}]	鞋哩[xai^{12} ni^{0}]	鞋子[xai^{13} tsɿ^{0}]	鞋[xa^{35}]	鞋[hai^{13}]
拖鞋	拖鞋[do^{44} xai^{13}]	拖鞋[duo^{45} xai^{12}]	拖鞋[tʰo^{33} xai^{13}]	踢鞋[tʰia^{21} xa^{0}]	
棉鞋	棉鞋[min^{13} xai^{13}]	棉拖鞋 [mian^{12} dụo^{45} xai^{12}]	棉鞋[min^{13} xai^{13}]	棉花鞋[miɛ^{35} xo^{0} xa^{35}]	棉鞋[mĩɪ^{13} hai^{13}]
皮鞋	皮鞋[bi^{13} xai^{13}]	皮鞋[bi^{12} xai^{12}]	皮鞋[pʰi^{13} xai^{13}]	皮鞋[pi^{35} xa^{0}]	皮鞋[pʰi^{13} hai^{13}]
毡鞋				毛鞋[mɤ^{35} xa^{0}]	毛皮鞋 [mʌu^{13} pʰi^{13} hai^{13}]
布鞋	布鞋[pu^{24} xai^{13}]	布鞋[pu^{24} xai^{0}]		布鞋[pv̩^{13} xa^{35}]	布鞋[pu^{51} hai^{13}]
鞋底儿	鞋底[xai^{13} ti^{31}]	鞋底[xai^{12} ti^{21}]	鞋底[xai^{13} ti^{31}]	鞋底[xa^{35} ti^{41}]	鞋底公[hai^{13} ti^{312} kɤŋ^{33}]
鞋帮儿	鞋帮子[xai^{13} paŋ^{44} tsɿ^{0}]	鞋抓哩[xai^{12} tɕya^{5} ni^{0}]	鞋帮子[xai^{13} poŋ^{33} tsɿ^{0}]	鞋面子[xa^{35} miɛ^{13} tsɿ^{0}]	鞋的两边 [hai^{13} kei^{0} liɑ̃^{312} pĩɪ^{33}]
鞋楦子	楦头[ɕyan^{24} dəu^{13}]		鞋楦子 [xai^{13} kʰyɛn^{33} tsɿ^{0}]		
鞋拔子	鞋拔子[xai^{13} ba^{13} tsɿ^{0}]	鞋拔[xai^{12} pa^{5}]	鞋拔子[xai^{13} pʰa^{13} tsɿ^{0}]	鞋拔[xa^{35} po^{35}]	
雨鞋(橡胶做的)	套鞋[dau^{13} xai^{0}]	套鞋[dau^{24} xai^{0}]	套鞋[tʰao^{11} xai^{13}]	套鞋[tʰɤ^{13} xa^{0}]	深筒子[ɕiẽ^{33} hɤŋ^{312} tsɿ^{0}]
木屐	木屐[mo^{45} tɕi^{45}]	木屐[mu^{5} tɕi^{45}]	木屐[mu^{35} tɕi^{33}]	踢板鞋[tʰia^{21} pɛ^{0} xa^{35}]	
鞋带儿	鞋带子[xai^{13} tai^{24} tsɿ^{0}]	鞋带哩[xai^{12} tai^{24} ni^{0}]	鞋带子[xai^{13} tai^{11} tsɿ^{0}]	鞋带绳[xa^{35} ta^{0} sən^{35}]	鞋带绳[hai^{13} tai^{51} ɕiẽ^{13}]

续 表

词 条	岳阳市	临 湘	醴 陵	永 兴	隆 回
袜子	袜子[ua^{45} tsɿ^{0}]	袜哩[ua^{5} ni^{0}]	袜子[ua^{35} tsɿ^{0}]	袜子[ua^{21} tsɿ^{0}]	袜子[ua^{51} tsɿ^{0}]
线袜	棉袜[mian^{13} ua^{45}]	棉袜哩[mian^{12} ua^{5} ni^{0}]	纱袜子[sa^{33} ua^{35} tsɿ^{0}]		线袜[si^{33} ua^{51}]毛线织的袜子
丝袜	丝袜[sɿ^{44} ua^{45}]	丝袜哩[sɿ^{45} ua^{5} ni^{0}]/丝光袜哩[sɿ^{45} kuɔ̃^{45} ua^{5} ni^{0}]	丝袜子[sɿ^{33} ua^{35} tsɿ^{0}]	尼龙袜[li^{21} loŋ^{0} ua^{21}]	丝袜[sĩɪ^{51} ua^{51}]
长袜		长筒袜哩[dzɔ̃^{12} den^{0} ua^{5} ni^{0}]	长袜子[t^{h}oŋ^{13} ua^{35} tsɿ^{0}]	长袜子[ts^{h}ɔ^{35} ua^{21} tsɿ^{0}]	
短袜		短筒袜哩[tø^{21} den^{0} ua^{5} ni^{0}]	短袜子[toŋ^{31} ua^{35} tsɿ^{0}]	短袜子[tuɛ^{41} ua^{21} tsɿ^{0}]	
弓鞋(旧时裹脚妇女穿的鞋)				尖嘴巴鞋[tɕiɛ^{44} tɕy^{41} po^{0} xa^{35}]	
裹脚(旧时妇女裹脚的布)	包脚布[pau^{44} tɕio^{45} pu^{24}]	绞脚布[tɕiau^{21} tɕio^{5} pu^{33}]	包脚布[pao^{33} tɕio^{35} pu^{11}]	绞脚帕[kɤ^{41} tɕiʊ^{0} p^{h}a^{44}]	包脚布[pʌu^{33} tɕyo^{33} pu^{51}]
帽子	帽子[mau^{22} tsɿ^{0}]	帽哩[mau^{33} ni^{0}]	帽子[mao^{11} tsɿ^{0}]	帽子[mɤ^{13} tsɿ^{0}]	帽子[mʌu^{51} tsɿ^{0}]
皮帽		皮帽哩[bi^{12} mau^{33} ni^{0}]	皮帽子[p^{h}i^{13} mao^{11} tsɿ^{0}]		
礼帽	礼帽[li^{31} mau^{22}]	广播帽哩[kuɔ̃^{21} po^{45} mau^{33} ni^{0}]	礼帽[li^{31} mao^{11}]	泼$^{=}$弦帽子[p^{h}ʊ^{21} ɕyɛ^{0} mɤ^{13} tsɿ^{0}]	

续 表

词 条	岳阳市	临 湘	醴 陵	永 兴	隆 回
瓜皮帽	瓜皮帽[kua^{44} bi^{13} mau^{22}]	瓜皮帽哩[kua^{45} bi^{0} mau^{33} ni^{0}]		顶子帽子[tən^{41} tsɿ^{0} mɤ^{13} tsɿ^{0}]/碗口帽[uɛ^{41} k^{h}e^{0} mɤ^{13}]	
军帽	军帽[tɕyn^{44} mau^{22}]	军帽[tɕyn^{45} mau^{33}]	军帽[tɕyŋ^{33} mao^{11}]	啄帽子[tso^{21} mɤ^{13} tsɿ^{0}]	
草帽	草帽[dzau^{31} mau^{22}]	麻草帽哩[ma^{12} dzau^{21} mau^{33} ni^{0}]	草帽子[ts^{h}ao^{31} mao^{11} tsɿ^{0}]	草帽檐[ts^{h}ɤ^{41} mɤ^{13} iɛ^{41}]	草帽[ts^{h}ʌu^{312} mʌu^{51}]
斗笠	斗笠[təu^{31} li^{45}]	斗壳哩[te^{21} ko^{5} ni^{0}]	斗笠[teu^{31} li^{11}]	帽檐[mɤ^{13} iɛ^{41}]/广东锣[kuɔ^{41} toŋ^{44} lʊ^{35}]	斗笠[tiə^{312} li^{51}]
帽檐儿	帽檐[mau^{22} lin^{13}]	帽檐哩[mau^{33} ian^{0} ni^{0}]	帽舌子[mao^{11} sɛ^{35} tsɿ^{0}]	泼$^{=}$弦[p^{h}ʊ^{21} ɕyɛ^{0}]/帽檐铲[mɤ^{13} iɛ^{0} ts^{h}ɛ^{41}]	帽子边边[ŋʌu^{51} tsɿ^{0} pĩɪ^{33} pĩɪ^{33}]
首饰	首饰[səu^{31} sɿ^{45}]	首饰[səu^{21} sɿ^{33}]/装饰品[tsɔ̃^{45} sɿ^{33} bin^{21}]	金银首饰[tɕiŋ^{33} niŋ^{13} sou^{31} sɿ^{11}]		首饰[ɕiəu^{312} ɕi^{51}]
镯子	手圈[səu^{31} dʑyan^{44}]	手圈[səu^{21} dʑyan^{45}]	手圈子[sou^{31} k^{h}yɛn^{33} tsɿ^{0}]	手圈[səɯ^{41} k^{h}ua^{44}]	手镯[ɕiəu^{31} tso^{33}]
戒指	箍子[ku^{44} tsɿ^{0}]	戒指[kai^{24} tsɿ^{21}]	戒指[kai^{11} tsɿ^{0}]	戒指[ke^{13} tsɿ^{0}]	戒指[kai^{51} tsɿ^{312}]
项链	项链[xaŋ^{22} lian^{22}]	项链[xɔ̃^{33} lian^{33}]	项链[xoŋ^{11} lin^{11}]	项链[ɕiɔ^{13} liɛ^{0}]	项链[hõ^{51} lĩɪ^{51}]
项圈	项圈[xaŋ^{22} dʑyan^{44}]	颈圈哩[tɕiɔ̃^{21} dʑyan^{45} li^{0}]	颈圈[tɕiaŋ^{31} k^{h}yɛn^{33}]	颈圈[tɕiən^{41} k^{h}ua^{44}]	颈圈[tɕiõ^{312} tɕ^{h}yɛ̃^{33}]
百家锁(小儿佩戴的)	百家锁[pə^{45} tɕia^{44} so^{31}]		百家锁[p^{h}a^{35} ka^{33} so^{31}]	锁[sʊ^{41}]	

续 表

词 条	岳 阳 市	临 湘	醴 陵	永 兴	隆 回
别针儿	绷针[poŋ^{44} tsən^{44}]	绷$^{=}$针[pen^{45} tsen^{0}]		抵针[ti^{41} tɕiən^{44}]	绷$^{=}$针[pē^{51} tɕiē^{33}]
簪子	簪子[tsan^{44} tsɿ^{0}]	发簪哩[xua^{5} tsan^{45} ni^{0}]	簪子[tsan^{33} tsɿ^{0}]	簪[tsɛ^{44}]	簪子[tsā^{33} tsɿ^{0}]
耳环	环子[fan^{13} tsɿ^{0}]	耳环[ə^{21} xuan^{12}]	耳环[ɛ^{31} fan^{13}]/环子[fan^{13} tsɿ^{0}]	耳环[e^{41} xuɛ^{21}]	耳环[ɛ^{312} xuɑ̃^{13}]
胭脂	胭脂[ian^{44} tsɿ^{31}]	胭脂[ian^{45} tsɿ^{21}]	胭脂[in^{33} tsɿ^{31}]	胭脂[iɛ^{44} tsɿ^{0}]	胭角[ĩɪ^{33} tɕyo^{24}]
粉	粉[fən^{31}]/水粉[suei^{31} fən^{31}]	水粉[ɕy^{21} fen^{21}]/白粉[pe^{5} fen^{21}]	水粉[ɕy^{31} fəŋ^{31}]	水粉[ɕy^{41} fən^{41}]	
围裙	围腰带[uei^{13} iau^{44} tai^{24}]	抹胸[ma^{5} ɕin^{45}]	围裙[uei^{13} k^{h}yŋ^{13}]	围裙[uɪ^{35} tɕ^{h}yən^{0}]	襦裙[u^{13} tʃ^{h}yn^{13}]
围嘴儿	兜兜[təu^{44} təu^{44}]	兜漏[te^{5} ləu^{0}]	涎夹子[ts^{h}an^{13} ka^{35} tsɿ^{0}]	口水挂[k^{h}e^{41} ɕy^{0} kua^{13}]	
尿布	尿布[niau^{22} pu^{24}]	尿布[niau^{33} pu^{24}]	片子[p^{h}in^{11} tsɿ^{0}]	尿片[iɤ^{13} p^{h}iɛ^{0}]	尿布[iə^{51} pu^{51}]
手绢儿	手巾[səu^{31} tɕin^{44}]	手巾[səu^{21} tɕin^{45}]包括手绢、洗脸巾、擦脚巾	手巾崽唧[sou^{31} tɕiŋ^{33} tsai^{31} tɕi^{0}]	手巾帕[səɯ^{41} tɕiən^{0} p^{h}a^{0}]大人用/鼻脓帕[pi^{13} loŋ^{0} p^{h}a^{0}]小孩用	手巾子[ɕiə^{31} tɕiē^{33} tsei^{0}]
围巾(长条的)	围巾[uei^{13} tɕin^{44}]	围巾[uei^{12} tɕin^{45}]	围巾[uei^{13} tɕiŋ^{33}]	围巾[uɪ^{35} tɕiən^{0}]	围巾[ui^{13} tɕiē^{33}]
手套	手套[səu^{31} dau^{24}]	手罩哩[səu^{21} tsau^{24} ni^{0}]	手套子[sou^{31} t^{h}ao^{11} tsɿ^{0}]	手套[səɯ^{41} t^{h}ɤ^{13}]	手套[ɕiə^{31} hʌu^{51}]

续　表

词　条	岳阳市	临　湘	醴　陵	永　兴	隆　回
眼镜	眼镜[ŋan^{31} tɕin^{24}]	眼镜[ŋan^{21} tɕiɔ̃^{33}]	眼镜[ŋan^{31} tɕiŋ^{11}]	眼镜[ɛ^{41} tɕiən^{13}]	眼镜[ã^{312} tɕĩĩ^{51}]
伞	伞[san^{31}]/雨伞[y^{31} san^{31}]	伞[san^{21}]	伞[san^{31}]	伞[sɛ̃^{41}]	伞[sã^{312}]
蓑衣	蓑衣[so^{44} i^{44}]	蓑衣[so^{45} i^{45}]	蓑衣[so^{33} i^{33}]	蓑衣[sʊ^{44} i^{0}]	蓑衣[so^{33} i^{55}]
雨衣(新式)	雨衣[y^{31} i^{44}]	雨衣[y^{21} i^{45}]	雨衣[y^{31} i^{33}]	雨衣[y^{41} i^{44}]	雨衣[y^{312} i^{33}]
手表	手表[səu^{31} piau^{31}]	手表[səu^{21} piau^{21}]	手表[sou^{31} piu^{31}]	手表[səɯ^{41} piɤ^{41}]	手表[ɕiə^{31} piə^{312}]
拾肆　饮食					
吃饭	喫饭[dʑi^{45} fan^{22}]	喫饭[dʑia^{5} fan^{33}]	喫饭[tɕ^{h}ia^{35} fan^{11}]	喫饭[tɕ^{h}io^{21} fɛ^{13}]	喫饭[tɕ^{h}ia^{33} fã^{51}]
早饭	早饭[tsau^{31} fan^{22}]	早饭[dzau^{21} fan^{33}]	早饭[tsao^{31} fan^{11}]	早伙[tsɤ^{41} xʊ^{0}]/早饭[tsɤ^{41} fɛ^{0}]	早饭[tsʌu^{312} fã^{51}]
午饭	中饭[tsoŋ^{44} fan^{22}]	中饭[tsen^{45} fan^{33}]	中饭[təŋ^{33} fan^{11}]	中伙[tsoŋ^{44} xʊ^{0}]/中饭[tsoŋ^{44} fɛ^{0}]	晌饭[ɕiõ^{312} fã^{51}]
晚饭	夜饭[ie^{22} fan^{22}]	夜饭[ia^{33} fan^{33}]/晚饭[uan^{21} fan^{33}]	夜饭[ia^{11} fan^{11}]	夜伙[io^{13} xʊ^{0}]/夜饭[io^{13} fɛ^{0}]	夜饭[ia^{51} fã^{51}]
打尖(途中吃点东西)			打点[ta^{31} tin^{31}]		歇干[ɕiɛ^{33} kã^{33}]
食物	食品[sɿ^{45} pin^{31}]	喫箇东西[dʑia^{5} kə^{0} ten^{45} ɕi^{45}]	喫箇东西[tɕ^{h}ia^{35} ko^{0} təŋ^{33} ɕi^{33}]	喫箇[tɕ^{h}io^{21} kɤ^{0}]	

续 表

词 条	岳阳市	临 湘	醴 陵	永 兴	隆 回
零食	零食[lin^{13} sɿ^{45}]/零细[lin^{13} ɕi^{24}]	零食[liɔ̃^{12} ɕi^{0}]	零星[liaŋ^{13} ɕiŋ^{33}]	零碎[lən^{35} suɪ^{0}]	零星东西[liɑ̃^{13} siɑ̃^{33} tɤŋ^{33} si^{0}]
点心(糕饼之类食品)	点心[tian^{31} ɕin^{44}]	茶封哩[dza^{12} xen^{45} ni^{0}]	果子[ko^{31} tsɿ^{0}]/点心[tin^{31} ɕiŋ^{33}]	零碎[lən^{35} suɪ^{0}]/换茶[xuɛ^{13} ts^{h}o^{0}]	
茶点	茶点[dza^{13} tian^{31}]	干茶[kø^{45} dza^{12}]			
夜宵	宵夜[ɕiau^{44} ie^{22}]	夜宵[ia^{33} ɕiau^{45}]	夜宵[iɛ^{11} ɕiu^{33}]		半夜饭[põ^{51} ia^{51} fã^{51}]白喜事时深夜吃的饭
米饭	饭[fan^{22}]	饭[fan^{33}]	饭[fan^{11}]	饭[fɛ^{13}]	饭[fã^{51}]
剩饭(吃剩下的饭)	现饭[ɕian^{22} fan^{22}]	老饭哩[lau^{21} uan^{33} ni^{0}]	现饭[ɕin^{11} fan^{11}]	冷饭[lɛ^{41} fɛ^{13}]	
现饭(不是本餐新做的饭)	现饭[ɕian^{22} fan^{22}]	老饭哩[lau^{21} uan^{33} ni^{0}]		现饭[ɕiɛ^{13} fɛ^{13}]	现饭[ɕĩɪ^{51} fã^{51}]
(饭)糊了	糊了[fu^{13} liau^{0}]	糊[xu^{12}]	烧咯哒[seu^{33} ka^{11} ta^{0}]	烧过唧[sɤ^{44} ko^{0} tɕi^{0}]	烧嘎哩[ɕiə^{33} fa^{0} li^{0}]
(饭)馊了	馊了[səu^{44} liau^{0}]	馊[se^{45}]	馊咯哒[seu^{33} ka^{33} ta^{0}]	馊过唧[se^{44} ko^{0} tɕi^{0}]	馊嘎哩[siə^{33} ka^{0} li^{0}]
锅巴	锅巴[ko^{44} pa^{44}]	粑粑[po^{45} po^{0}]/糊粑粑[xu^{12} po^{45} po^{0}]	锅痂[uo^{33} ka^{33}]	燥粑[lɤ^{44} po^{0}]	燥皮[lʌu^{33} p^{h}i^{13}]
粥	稀饭[ɕi^{44} fan^{22}]	粥[tsəu^{5}]/稀饭[ɕi^{45} fan^{33}]	粥[tou^{35}]	粥[tsəɯ^{21}]	粥[tɕiəu^{33}]

续 表

词 条	岳阳市	临 湘	醴 陵	永 兴	隆 回
米汤(煮饭滗出来的)	米汤[mi^{31} daŋ^{44}]	米汤[mi^{21} dɔ̃^{45}]	米汤[mi^{31} tʰoŋ^{33}]	米糊[mən^{41} v̩^{35}]	米汤[mẽ^{312} hõ^{33}]
米糊(用米磨成的粉做的糊状食物)	米糊糊[mi^{31} xu^{13} xu^{0}]	米糊头[mi^{21} xu^{12} dəu^{0}]	羹[kan^{33}]	米浆[mən^{41} tɕiɔ^{44}]	
粽子	粽子[tsoŋ^{24} tsɿ^{0}]	粽[tsen^{24}]	粽子[tsəŋ^{11} tsɿ^{0}]	粽[tsoŋ^{13}]	粽子[tsɤŋ^{51} tsɿ^{0}]
面粉	灰面[fei^{44} min^{22}]	灰面[fei^{45} mian^{0}]	面粉[min^{11} fəŋ^{31}]/灰面[fei^{33} min^{11}]	面灰[miɛ^{13} xuɪ^{44}]	面粉[mĩɪ^{51} fẽ^{312}]
面条儿	面[min^{22}]	面[mian^{33}]	面[min^{11}]	面[miɛ^{13}]	
臊子(肉末)	码子[ma^{31} tsɿ^{0}]	码子[ma^{21} tsɿ^{0}]	臊子[sao^{11} tsɿ^{0}]	臊子[sɤ^{13} tsɿ^{0}]	臊子[sʌu^{51} tsɿ^{0}]
馒头(没馅的)	馍馍[mo^{44} mo^{44}]	馒头[man^{24} dəu^{0}]	馒头[man^{13} tʰeu^{13}]	馒头[mɛ^{13} tʰəɯ^{21}]	馍馍[mo^{13} mo^{13}]
包子(有馅的)	包子[pau^{44} tsɿ^{0}]	包子[pau^{45} tsɿ^{21}]	包子[pao^{33} tsɿ^{0}]	包子[pɤ^{44} tsɿ^{0}]	包子[pʌu^{33} tsɿ^{0}]
油条	油条[iəu^{13} diau^{13}]	油条[iəu^{12} diau^{12}]	油条[iou^{13} tʰiu^{13}]	油条[iəɯ^{35} tiɤ^{0}]	油条[iəu^{13} hiə^{13}]
烧饼	烧饼[sau^{44} pin^{31}]	烧饼[sau^{45} pin^{21}]	烧饼[seu^{33} piŋ^{31}]	油糍粑[iəɯ^{35} tsʰɿ^{0} po^{0}]	烤饼[kʰʌu^{312} pẽ^{312}]
花卷儿	花卷[fa^{44} tɕyan^{31}]	花卷[ua^{45} tɕyan^{21}]	卷子[kyɛn^{31} tsɿ^{0}]	卷子[tɕyɛ^{41} tsɿ^{0}]	花卷[xua^{33} tɕyɛ̃^{312}]

续 表

词 条	岳阳市	临 湘	醴 陵	永 兴	隆 回
饺子(饺子的总称)	饺子[tɕiau^{31} tsɿ^{0}]	饺子[tɕiau^{21} tsɿ^{21}]	饺子[tɕiu^{31} tsɿ^{0}]	饺子[tɕiɤ^{41} tsɿ^{0}]	水饺[sui^{312} tɕiə^{312}]
(饺子)馅儿	馅子[ɕian^{22} tsɿ^{0}]		心子[ɕiŋ^{33} tsɿ^{0}]		
馄饨	包面[pau^{44} mian^{22}]		馄饨[fəŋ^{13} təŋ^{33}]	汤饺[tʰɔ^{44} tɕiɤ^{41}]	
烧卖	烧卖[sau^{44} mai^{22}]		烧卖[seu^{33} mɛ^{35}]		
蛋糕(老式小圆形的)	鸡蛋糕[tɕi^{44} daŋ^{22} kau^{44}]	蛋糕[tan^{24} kau^{45}]	蛋糕[tʰan^{11} kao^{33}]	蛋糕[tɛ^{13} kɤ^{0}]	蛋糕[tã^{51} kʌu^{33}]
元宵(用干粉淋水反复多次摇成,有馅)	元宵[yan^{13} ɕiau^{44}]	元宵[yan^{12} ɕiau^{45}]	元宵[yɛn^{13} ɕiu^{33}]/元宵坨[yɛn^{13} ɕiu^{33} tʰo^{13}]	元宵[yɛ^{35} ɕiɤ^{0}]	元宵[mĩɪ^{13} siə^{33}]
汤圆(用湿粉团搓成的,有的有馅,有的无馅)	汤圆[daŋ^{44} yan^{13}]		汤圆[tʰoŋ^{33} yɛn^{13}]		汤圆[hõ^{33} mĩɪ^{13}]
月饼	月饼[ye^{45} pin^{31}]	月饼[ye^{5} pin^{21}]	月饼[nyɛ^{35} piaŋ^{31}]	月饼[ye^{44} pən^{41}]	月饼[mei^{51} pẽ^{312}]
饼干	饼干[pin^{31} kan^{44}]	饼干[pin^{21} kø^{45}]	饼干[piaŋ^{31} koŋ^{33}]	饼子[pən^{41} tsɿ^{0}]	饼子[pẽ^{312} tsɿ^{0}]
酵子(发酵用的面团)	曲子[dʑiəu^{45} tsɿ^{0}]	老面[lau^{21} mian^{33}]		老料[lɤ^{41} liɤ^{13}]	老面[lʌu^{312} mĩɪ^{51}]

续 表

词 条	岳阳市	临 湘	醴 陵	永 兴	隆 回
(以下调查的动物身体部位的条目,都是从食物角度而言的)					
肉	肉[zəu^{45}]	猪肉[tɕy^{45} ləu^{5}]/肉[ləu^{5}]/扒肉[pa^{24} ləu^{5}]	肉[niou^{35}]/巴巴[pa^{11} pa^{0}](小儿语)	肉[iəɯ^{44}]/膏膏[kɤ^{44} kɤ^{0}](小儿语)	肉[iɤŋ^{33}]
肉丁	肉丁[zəu^{45} tin^{44}]		肉丁[niou^{35} tiŋ^{33}]	碎肉[suɪ^{13} iəɯ^{44}]	
肉片	肉片[zəu^{45} bian^{24}]		肉片[niou^{35} pʰin^{11}]	片子肉[pʰiɛ^{13} tsɿ^{0} iəɯ^{44}]	
肉丝	肉丝[zəu^{45} sɿ^{44}]		肉丝[niou^{35} sɿ^{33}]	条子肉[tiɤ^{35} tsɿ^{0} iəɯ^{44}]	
肉末	肉末[zəu^{45} mo^{45}]		肉末子[niou^{35} mo^{35} tsɿ^{0}]	碎肉[suɪ^{13} iəɯ^{44}]	
肉皮	肉皮[zəu^{45} bi^{13}]	肉皮[ləu^{5} bi^{12}]		肉皮[iəɯ^{44} pi^{35}]	
肘子(猪腿靠近身体的部位)	膀子[baŋ^{31} tsɿ^{0}]	猪脚[tɕy^{45} tɕio^{5}]	肘子[tou^{31} tsɿ^{0}]	猪脚[tɕy^{44} tɕio^{21}]	肘子[tɕiəu^{312} tsɿ^{0}]
猪蹄儿	蹄花[di^{13} fa^{44}]	猪爪哩[tɕy^{45} tsau^{21} ni^{0}]	猪脚[ky^{33} tɕio^{35}]	猪脚爪[tɕy^{44} tɕio^{21} tsɤ^{41}]	猪脚爪爪[tɕu^{33} tɕyo^{33} tsʌu^{312} tsʌu^{312}]
里脊			里脊[li^{31} tɕi^{35}]		背里肉[pei^{51} li^{312} iɤŋ^{33}]
蹄筋		脚筋[tɕio^{5} tɕin^{45}]	蹄筋[tʰi^{13} tɕiŋ^{33}]		
牛舌头	猪舌子[liəu^{13} sə^{45} tsɿ^{0}]	牛舌脷[liu^{12} se^{5} li^{0}]	牛舌子[niou^{13} sɛ^{35} tsɿ^{0}]	牛舌头[iəɯ^{35} ɕie^{44} te^{0}]	牛舌子[iɤŋ^{13} ɕiɛ^{51} tsɿ^{0}]

续 表

词条	岳阳市	临湘	醴陵	永兴	隆回
猪舌头	牛舌子[tɕy^{44} sə^{45} tsɿ^{0}]	猪舌脷[tɕy^{45} se^{5} li^{0}]/舌脷头[se^{5} li^{54} dəu^{0}]	猪舌子[ky^{33} sɛ^{35} tsɿ^{0}]	猪舌头[tɕy^{44} ɕie^{44} te^{0}]/猪脷子[tɕy^{44} li^{13} tsɿ^{0}]	猪舌子[tɕu^{33} ɕiɛ^{51} tsɿ^{0}]
下水(猪牛羊的内脏)	下水[ɕia^{22} suei^{31}]	心肺[ɕin^{45} fei^{12}]猪心猪肺猪舌等杂物统称"心肺"/下水[ɕia^{33} ɕy^{21}]指大肠、小肠	下脚[xa^{11} tɕio^{35}]	猪杂[tɕy^{44} tso^{21}]	杂水[tsa^{13} ɕu^{312}]
肺(猪的)	心肺[ɕin^{44} fei^{24}]	肺[fei^{24}]	猪肺[ky^{33} fei^{11}]	猪肺[tɕy^{44} fɪ^{13}]	猪肺[tɕu^{33} fi^{51}]
肠子(猪的)	肠子[dzaŋ^{13} tsɿ^{0}]	下水[ɕia^{33} ɕy^{21}]指大肠、小肠	肠子[t^{h}oŋ^{13} tsɿ^{0}]	大肠[ta^{13} ts^{h}ɔ^{0}]/小肠[ɕiɤ^{41} ts^{h}ɔ^{0}]	猪肠[tɕu^{33} tɕ^{h}iõ^{13}]
腔骨(猪的)		筒子骨[den^{12} tsɿ^{21} ku^{5}]/骨头[ku^{5} dəu^{0}]		筒子骨[toŋ^{35} tsɿ^{0} kur^{21}]	死腔骨[si^{312} tɕiõ^{33} kuɛ^{33}]
排骨(猪的)	排骨[bai^{13} ku^{45}]	排骨[bai^{12} ku^{5}]	排骨[p^{h}ai^{13} ku^{35}]	排肋骨[pa^{35} la^{0} kur^{21}]	肋胁骨[liɛ^{51} ɕiɛ^{51} kuɛ^{33}]
牛肚儿(带毛状物的那种)	毛肚[mau^{13} təu^{31}]	封$^{=}$箇百叶[xen^{45} kə^{21} pa^{5} ie^{0}]	牛百叶[niou^{13} pa^{35} iɛ^{35}]	牛百肚[iəu^{35} pe^{21} tv̩^{41}]	毛肚子[mau^{13} tu^{312} tsɿ^{0}]
牛肚儿(光滑的那种)		牛肚哩[liu^{12} dəu^{21} ni^{0}]	牛肚子[niou^{13} tou^{31} tsɿ^{0}]	牛水肚[iəu^{35} ɕy^{41} tv̩^{41}]	牛肚子[iɤŋ^{13} tu^{312} tsɿ^{0}]
肝(猪的)	肝[kan^{44}]	猪肝[tɕy^{45} kø^{45}]	猪肝[ky^{33} koŋ^{33}]	肝花[kɛ^{44} xo^{0}]	猪肝[tɕu^{33} kuɑ̃^{33}]
腰子(猪的)	腰子[iau^{44} tsɿ^{0}]	腰子[iau^{45} tsɿ^{21}]	猪腰子[ky^{33} iu^{33} tsɿ^{0}]	猪腰子[tɕy^{44} iɤ^{44} tsɿ^{0}]	猪腰子[tɕu^{33} iə^{33} tsɿ^{0}]
鸡杂儿	鸡杂[tɕi^{44} tsa^{45}]	鸡杂[tɕi^{45} tsa^{5}]	鸡杂[tɕi^{33} ts^{h}a^{35}]	鸡杂[tɕi^{44} tso^{21}]	鸡□子[tɕi^{33} tɕ^{h}iẽ^{312} tsɿ^{0}]

续 表

词 条	岳阳市	临 湘	醴 陵	永 兴	隆 回
鸡肫	鸡胗子[tɕi^{44} tɕyn^{44} tsɿ^{0}]	化谷胆[fa^{24} ku^{5} tan^{21}]	鸡菌子[tɕi^{33} tɕʰiŋ^{11} tsɿ^{0}]	鸡胗[tɕi^{44} tɕʰiən^{41}]	
猪血	猪血[tɕy^{44} ɕie^{45}]	猪血[tɕy^{45} ɕye^{5}]	猪血[ky^{33} ɕyɛ^{35}]/红[fəŋ^{13}]	旺子[uɔ^{13} tsɿ^{0}]养牲的血，在热水里焯一下，叫“旺子”	猪血[tɕu^{33} ɕyɛ^{33}]
鸡血	鸡血[tɕi^{44} ɕie^{45}]	鸡血[tɕi^{45} ɕye^{5}]	鸡血[tɕi^{33} ɕyɛ^{35}]	旺子[uɔ^{13} tsɿ^{0}]	
炒鸡蛋	炒鸡蛋[dzau^{31} tɕi^{44} dan^{22}]	炒鸡蛋[dzau^{21} tɕi^{45} tan^{33}]		煎泡蛋[tɕiɛ^{44} pʰɤ^{13} tɛ^{0}]	炒果[tsʰʌu^{312} ko^{13}]
荷包蛋(油炸的)	荷包蛋[xo^{13} pau^{44} dan^{22}]	蛤蟆蛋[ka^{12} ma^{45} dan^{33}]	荷包蛋[xo^{13} pao^{33} tʰan^{11}]	荷包蛋[xo^{35} pɤ^{0} tɛ^{13}]	煎果[tsĩɪ^{33} ko^{13}]
卧鸡子儿(水煮的鸡蛋，不带壳)	水煮蛋[suei^{31} tɕy^{31} dan^{22}]	荷包蛋[xo^{12} pau^{45} tan^{33}]		活水蛋[xue^{44} ɕy^{0} tɛ^{13}]	荷包蛋[xo^{13} pʌu^{33} tã^{51}]
煮鸡子儿(连壳煮的鸡蛋)	亘$^{=}$蛋[kən^{31} dan^{22}]	炆蛋[un^{12} dan^{33}]	炆剥剥[uəŋ^{13} po^{35} po^{0}]/煮剥剥[ky^{31} po^{35} po^{0}]	圞蛋[luɛ^{35} tɛ^{0}]	圞鸡果[luɑ̃^{13} tɕi^{33} ko^{13}]
蛋羹(加水调匀蒸的)	蒸蛋[tsən^{44} dan^{22}]	蒸蛋[tsen^{45} dan^{33}]	蒸剥剥[təŋ^{33} po^{35} po^{0}]	泡蛋[pʰɤ^{13} tɛ^{0}]/炖蛋[tuən^{13} tɛ^{0}]	米汤果[mẽ^{312} hõ^{33} ko^{13}]
松花蛋	松花皮蛋[soŋ^{44} fa^{44} bi^{13} dan^{22}]	皮蛋[bi^{12} dan^{33}]剥皮无松花印/松花蛋[sen^{45} xua^{0} dan^{33}]剥皮后有松花印	皮剥剥[pi^{13} po^{35} po^{0}]	皮蛋[pi^{35} tɛ^{0}]	皮果[pʰi^{13} ko^{13}]

续 表

词 条	岳阳市	临 湘	醴 陵	永 兴	隆 回
咸鸡蛋	盐蛋[ian^{13} tan^{44}]	咸蛋[xan^{12} dan^{33}]包括咸鸡蛋咸鸭蛋,但一般用鸭蛋做咸蛋			盐果[ĩɪ^{13} ko^{13}]
咸鸭蛋	盐蛋[ian^{13} tan^{44}]	咸鸭蛋[xan^{12} ia^{5} tan^{33}]	盐鸭蛋[in^{13} ŋa^{35} t^{h}an^{11}]	盐鸭子[iɛ^{35} o^{0} tsɿ^{0}]	香肠[ɕiõ^{33} tɕ^{h}iõ^{13}]
香肠	香肠[ɕiaŋ^{44} dzaŋ^{13}]	香肠[ɕiɔ̃^{45} dzɔ̃^{12}]	香肠[ɕioŋ^{33} t^{h}oŋ^{13}]	香肠[ɕiɔ^{44} ts^{h}ɔ^{21}]	
(下饭的)菜	菜[dzai^{24}]	菜[dzai^{24}]	菜[ts^{h}oi^{11}]	菜[ts^{h}a^{13}]	菜[ts^{h}ui^{51}]
素菜	小菜[ɕiau^{31} dzai^{24}]	小菜[ɕiau^{21} dzai^{24}]	蔬菜[sou^{33} ts^{h}oi^{11}]/小菜[ɕiu^{31} ts^{h}oi^{11}]	小菜[ɕiɤ^{41} ts^{h}a^{0}]	小菜[siə^{312} ts^{h}ui^{51}]
荤菜	大菜[ta^{22} dzai^{24}]	大菜[da^{33} dzai^{24}]	荤菜[fəŋ^{33} ts^{h}oi^{11}]/荤腥[fəŋ^{33} ɕiaŋ^{33}]	荤菜[k^{h}uən^{44} ts^{h}a^{0}]	荤菜[xuəu^{33} ts^{h}ui^{51}]
咸菜	咸菜[xan^{13} dzai^{24}]	咸菜[xan^{12} dzai^{24}]	盐菜[in^{13} ts^{h}oi^{11}]青菜切碎晒干而成的菜。/伏菜[fu^{13} ts^{h}oi^{11}]青菜切碎后半干而入坛的酸菜。	换茶[xuɛ^{13} ts^{h}o^{0}]/酸菜[suɛ^{44} ts^{h}a^{0}]/咸菜[xɛ^{35} ts^{h}ɛ^{0}]	榨菜[tsa^{51} ts^{h}ui^{51}]
豆腐	豆腐[dəu^{22} fu^{22}]	豆腐[təu^{33} fu^{0}]	豆腐[t^{h}eu^{11} fu^{0}]	豆腐[te^{13} fv̩^{0}]	豆腐[hiə^{51} fu^{312}]
豆腐皮(可以用来做腐竹的)	千张皮[dʑian^{44} tsaŋ^{44} bi^{13}]	豆崽$^{=}$[de^{33} tse^{5}]一块块的		豆腐皮子[te^{13} fv̩^{0} pi^{35} tsɿ^{0}]	豆腐皮子[hiə^{51} fu^{312} p^{h}i^{13}]
腐竹	豆腐筋[dəu^{22} fu^{22} tɕin^{44}]	豆笋[de^{33} sen^{21}]	豆笋[t^{h}eu^{11} səŋ^{31}]	腐竹[fv̩^{13} tsv̩^{0}]	

续表

词条	岳阳市	临湘	醴陵	永兴	隆回
豆腐干儿	香干子[ɕiaŋ^{44} kan^{44} tsɿ^{0}]	干豆腐[kø^{45} de^{33} fu^{21}]	豆腐干[tʰeu^{11} fu^{0} koŋ^{33}]	干子豆腐[kɛ^{44} tsɿ^{0} te^{13} fv̩^{0}]	干豆腐[kuɑ̃^{33} hiə^{51} fu^{312}]
豆腐泡儿	油豆腐[ɪəu^{13} dəu^{22} fu^{22}]	泡豆腐[bau^{12} de^{33} fu^{21}]		煎豆腐[tɕiɛ^{44} te^{0} fv̩^{0}]	
豆腐脑儿	酵子豆腐[kau^{24} tsɿ^{31} dəu^{22} fu^{22}]	酵哩[kau^{24} ni^{0}]	豆腐崽唧[tʰeu^{11} fu^{0} tsai^{31} tɕi^{0}]/水豆腐[ɕy^{31} tʰeu^{11} fu^{0}]	豆腐脑[te^{13} fv̩^{0} lɤ^{41}]	懒豆腐[lɑ̃^{312} hiə^{51} fu^{312}]
豆浆	豆浆[dəu^{22} tɕiaŋ^{44}]	豆浆[de^{33} tɕiɔ^{45}]	豆浆[tʰeu^{11} tɕioŋ^{33}]	豆浆[te^{13} tɕiɔ^{44}]	
豆腐乳	猫乳豆腐[mau^{44} y^{31} dəu^{22} fu^{22}]	糜豆腐[mi^{12} de^{33} fu^{21}]/臭豆腐[dzeu^{24} de^{33} fu^{0}]	霉豆腐[mei^{13} tʰeu^{11} fu^{0}]	豆腐乳[te^{13} fv̩^{0} li^{0}]/霉豆腐[mɪ^{35} te^{0} fv̩^{0}]	霉豆腐[mei^{13} hiə^{51} fu^{312}]/豆腐乳[hiə^{51} fu^{312} y^{312}]
粉丝(绿豆做的、细条的)	粉丝[fən^{31} sɿ^{44}]	粉[fen^{21}]/绿豆粉[ləu^{5} dəu^{0} fen^{21}]/粉丝[fen^{21} sɿ^{45}]/米粉[mi^{21} fen^{21}]	南粉[lan^{13} fəŋ^{31}]/粉丝[fəŋ^{31} sɿ^{33}]	粉条[fən^{41} tiɤ^{0}]	线粉[sĩɪ^{51} fẽ^{312}]
粉条(白薯做的,粗条的)	粉条[fən^{31} diau^{13}]	茴粉[fei^{12} fen^{21}]/红薯粉[xen^{12} ɕy^{0} fen^{21}]/苕粉[sau^{12} fen^{21}]	粉皮[fəŋ^{31} pʰi^{13}]	和条[xʊ^{21} tiɤ^{0}]	线粉[sĩɪ^{51} fẽ^{312}]
凉粉(绿豆做、凝冻状的)	凉粉[liaŋ^{13} fən^{31}]	凉粉[liɔ̃^{12} fen^{21}]	凉粉[lioŋ^{13} fəŋ^{31}]	蕨根粉[tɕye^{21} kən^{0} fən^{41}]/凉粉[liɔ^{35} fən^{41}]	

续 表

词 条	岳阳市	临 湘	醴 陵	永 兴	隆 回
藕粉	藕粉[ŋəu^{31} fən^{31}]	藕粉[əu^{21} fen^{21}]	藕粉[ŋeu^{31} fəŋ^{31}]		
豆豉	豆豉[dəu^{22} sɿ^{22}]	酱[tɕiɔ̃^{24}]/黄豆酱[uɔ̃^{12} de^{33} tɕiɔ̃^{24}]	豆豉[tʰeu^{11} sɿ^{11}]	豆酱[te^{13} tɕiɔ^{44}]	豆豉子[hiə^{51} sɿ^{51} tsei^{0}]
芡粉	芡粉[tɕʰian^{24} fən^{31}]	生粉[sen^{45} fen^{21}]	芡粉[tɕʰin^{11} fəŋ^{31}]	小粉[ɕiɤ^{41} fən^{41}]	芡粉[tɕʰĩɪ^{51} fẽ^{312}]
木耳	木耳[mo^{45} ə^{31}]	木耳[mu^{5} ə^{21}]	耳子[ɛ^{31} tsɿ^{0}]/木耳[mu^{35} ɛ^{31}]	木耳[moŋ^{44} e^{41}]	木耳[mɤŋ^{33} ɛ^{312}]
银耳	银耳[in^{13} ə^{31}]	白木耳[pe^{5} mu^{5} ə^{21}]	白木耳[pʰa^{35} mu^{35} ɛ^{31}]	银耳[ən^{35} e^{41}]	银耳子[iẽ^{13} ɛ^{312} tsɿ^{0}]
金针	金针菇[tɕin^{44} tsən^{44} ku^{44}]	金针菇[tɕin^{45} tsen^{45} ku^{45}]		金针[tɕiən^{44} tɕiən^{0}]	
海参	海参[xai^{31} sən^{44}]		海参[xoi^{31} sɛn^{33}]	海参[xe^{41} sən^{44}]	海参[hai^{312} sẽ^{33}]
海带	海带[xai^{31} tai^{24}]	海带[xai^{21} tai^{33}]	海带[xoi^{31} tʰai^{11}]	海带[xe^{41} te^{13}]	海带[hai^{312} tai^{51}]
滋味(吃的滋味)	味道[uei^{22} dau^{22}]	味道[uei^{24} tau^{24}]	味[uei^{11}]	味道[uɪ^{13} tɤ^{0}]	味道[ui^{51} hʌu^{51}]/口味[tɕʰiə^{312} ui^{5}]
气味(闻的气味)	气色[dʑi^{24} se^{45}]	气味[dʑi^{24} uei^{24}]	气色[tɕʰi^{11} sɛ^{35}]/气味[tɕʰi^{11} uei^{11}]	气[ɕi^{13}]	
颜色	颜色[in^{13} se^{45}]	颜色[ŋan^{12} se^{5}]	色气[sɛ^{35} tɕʰi^{11}]/颜色[ŋan^{13} sɛ^{35}]	色片[se^{21} pʰiɛ^{0}]	颜色[ā^{13} siɛ^{51}]
荤油	猪油[tɕy^{44} iəu^{13}]	猪油[tɕy^{45} iəu^{12}]	猪油[ky^{33} iou^{13}]	膏油[kɤ^{44} iəɯ^{0}]	猪油[tɕu^{33} iəu^{13}]

续 表

词 条	岳 阳 市	临 湘	醴 陵	永 兴	隆 回
素油	清油[dʑin^{44} iəu^{13}]/菜油[dzai^{24} iəu^{13}]	清油[dʑin^{45} iəu^{12}]/水油[ɕy^{21} iəu^{12}]/植物油[tsɿ^{5} u^{0} iəu^{12}]	清油[tɕʰiaŋ^{33} iou^{13}]	茶油[tsʰo^{35} iəɯ^{0}]/菜籽油[tsʰa^{13} tsɿ^{0} iəɯ^{35}]	
花生油	花生油[fa^{44} sən^{44} iəu^{13}]	花生油[fa^{45} sen^{0} iəu^{12}]		花生油[xua^{44} sən^{0} iəɯ^{35}]	香油[ɕiõ^{33} iəu^{13}]花生油
茶油	茶油[dza^{13} iəu^{13}]	茶油[dza^{12} iəu^{12}]	茶油[tsʰa^{13} iou^{13}]	茶油[tsʰo^{35} iəɯ^{0}]	茶油[tsʰa^{13} iəu^{13}]
菜子油		菜油[dzai^{24} iəu^{12}]	菜油[tsʰoi^{13} iou^{13}]	菜子油[tsʰa^{13} tsɿ^{0} iəɯ^{35}]	香油[ɕiõ^{33} iəu^{13}]菜子油
脂麻油(可以拌凉菜的那种)	芝麻油[tsɿ^{44} ma^{13} iəu^{13}]	香油[ɕiɔ̃^{45} iəu^{12}]	麻油[ma^{13} iou^{13}]	麻油[ma^{35} iəɯ^{0}]	麻油[mā^{13} iəu^{13}]
盐	盐[ian^{13}]	盐[ian^{12}]	盐[in^{13}]	盐[iɛ^{35}]	盐[ĩɪ^{13}]
粗盐	粗盐[dzəu^{44} ian^{13}]	粗盐[dzəu^{45} ian^{12}]	粗盐[tsʰou^{33} in^{13}]	粗盐[tsʰv̩^{44} iɛ^{0}]	砂子盐[sa^{33} tsɿ^{0}ĩɪ^{13}]
精盐	细盐[ɕi^{24} ian^{13}]	细盐[ɕi^{24} ian^{12}]	细盐[ɕi^{11} in^{13}]	细盐[ɕi^{13} iɛ^{0}]	细盐[si^{51}ĩɪ^{13}]
酱油	酱油[tɕiaŋ^{24} iəu^{13}]	酱油[tɕiɔ̃^{24} iəu^{12}]	酱油[tɕioŋ^{11} iou^{13}]	酱油[tɕiɔ^{13} iəɯ^{0}]/豆豉油[te^{13} sɿ^{0} iəɯ^{0}]本地产一种膏状豆油	豆油[hiə^{51} iəu^{13}]
脂麻酱	麻酱[ma^{13} tɕiaŋ^{24}]/芝麻酱[tsɿ^{44} ma^{13} tɕiaŋ^{24}]				

续　表

词　条	岳 阳 市	临　湘	醴　陵	永　兴	隆　回
甜面酱	甜面酱[dian^{13} mian^{22} tɕiaŋ^{24}]				
豆瓣儿酱	豆瓣酱[dəu^{22} ban^{22} tɕiaŋ^{24}]	豆瓣酱[dəu^{33} pan^{33} tɕiɔ̃^{24}]	豆酱[t^{h}eu^{11} tɕioŋ^{11}]		
辣酱	辣酱[la^{45} tɕiaŋ^{24}]	辣椒酱[la^{5} tɕiau^{45} tɕiɔ̃^{24}]	辣椒酱[la^{35} tɕiu^{33} tɕioŋ^{11}]	辣酱[lo^{44} tɕiɔ^{0}]	辣酱[liɛ^{51} tsiɑ̃^{51}]
醋	醋[dzəu^{24}]	醋[dzəu^{24}]	醋[ts^{h}ou^{11}]	醋[ts^{h}ɣ̩^{13}]	醋[ts^{h}u^{51}]
料酒	料酒[liau^{24} dʑiəu^{31}]	料酒[liau^{33} tɕiəu^{21}]		烧酒[sɤ^{44} tɕiəɯ^{41}]	
红糖	红糖[xoŋ^{13} daŋ^{13}]	红糖[xen^{12} dɔ̃^{12}]/甘蔗糖[kø^{45} tse^{5} dɔ̃^{12}]/黑糖[xe^{5} dɔ̃^{12}]	红糖[fəŋ^{13} t^{h}oŋ^{13}]	黄糖[uɔ^{35} tɔ^{0}]薄/砂糖[so^{44} tɔ^{0}]厚/红糖[xoŋ^{35} tɔ^{0}]	蔗糖[tɕia^{51} hõ^{13}]/百里糖[piɛ^{33} li^{312} hõ^{13}]
白糖	白糖[pə^{45} daŋ^{13}]	白糖[pe^{5} dɔ̃^{12}]	白糖[p^{h}a^{35} t^{h}oŋ^{13}]	白糖[pe^{44} tɔ^{0}]	雪糖[ɕyɛ^{33} hõ^{13}]
冰糖	冰糖[pin^{44} daŋ^{13}]	冰糖[pin^{45} dɔ̃^{12}]	冰糖[piŋ^{33} t^{h}oŋ^{13}]	冰糖[pən^{44} tɔ^{0}]	冰糖[pẽ^{33} hõ^{13}]
糖块(一块块用纸包装好的)	硬糖[ən^{22} daŋ^{13}]/水果糖[suei^{31} ko^{31} daŋ^{13}]	冰糖[pin^{45} dɔ̃^{12}]纸包糖块也叫"冰糖"。	糖粒子[t^{h}oŋ^{13} li^{11} tsɿ^{0}]	糖粒子[tɔ^{35} li^{0} tsɿ^{0}]	纸包糖[tsɿ^{312} pʌu^{33} hõ^{13}]
花生糖			花生糖[fa^{33} sɛn^{33} t^{h}oŋ^{13}]	花生糖[xua^{44} sən^{0} tɔ^{0}]	
麦芽糖	麦芽糖[mai^{45} ia^{13} daŋ^{13}]	谷糖[ku^{5} dɔ̃^{12}]/米糖[mi^{21} dɔ̃^{12}]	麦芽糖[mɛ^{35} ŋa^{35} t^{h}oŋ^{13}]	洞米糖[toŋ^{13} mən^{41} tɔ^{0}]	

续表

词条	岳阳市	临湘	醴陵	永兴	隆回
作料	萫料[ɕiaŋ^{44} liau^{24}]	萫料[ɕiɔ̃^{33} liau^{0}]	佐料[tso^{31} liu^{11}]	萫料[ɕiɔ^{13} liɤ^{0}]	萫料[ɕiõ^{51} liə^{51}]
八角	八角茴[pa^{45} ko^{45} fei^{13}]	八角[pa^{5} ko^{5}]	八角茴[pa^{35} ko^{35} fei^{13}]	八角荷$^{=}$[po^{21} kʊ^{0} xʊ^{35}]	八角[pa^{33} ko^{33}]
桂皮	桂皮[kui^{24} bi^{0}]	桂皮[kui^{24} bi^{0}]	桂皮[kuei^{11} pʰi^{13}]	桂皮[kuɪ^{13} pi^{35}]	桂皮[kui^{51} pʰi^{13}]
花椒	椒子[tɕiau^{44} tsɿ^{0}]	花椒[fa^{45} tɕiau^{45}]			麻椒[mā^{13} tsiə^{33}]
胡椒粉	胡椒粉 [fu^{13} tɕiau^{44} fən^{31}]	胡椒粉 [xu^{12} tɕiau^{45} fen^{21}]	胡椒粉[fu^{13} tɕiu^{33} fəŋ^{31}]	胡椒粉[fv̩^{35} tɕiɤ^{0} fən^{41}]	胡椒粉[xu^{13} tsiə^{33} fẽ^{312}]
烟	烟[ian^{44}]	烟[ian^{45}]	烟[in^{33}]	烟[iɛ^{44}]	烟[ĩɪ^{33}]
烟叶	烟叶子[ian^{44} ie^{45} tsɿ^{0}]	烟叶哩[ian^{45} ie^{5} ni^{0}]	烟叶子[in^{33} iɛ^{35} tsɿ^{0}]	烟叶[iɛ^{44} ie^{44}]	
烟丝	烟丝[ian^{44} sɿ^{44}]	烟丝[ian^{45} sɿ^{45}]	烟丝[in^{33} sɿ^{33}]	烟[iɛ^{44}]	烟丝[ĩɪ^{33} sɿ^{33}]
香烟	纸烟[tsɿ^{31} ian^{44}]/烟卷 [ian^{44} tɕyan^{31}]	香烟[ɕiɔ̃^{45} ian^{45}]	香烟[ɕioŋ^{33} in^{33}]/纸烟 [tsɿ^{31} in^{33}]	纸烟[tsɿ^{41} iɛ^{44}]	烟[ĩɪ^{33}]
旱烟	旱烟[xan^{22} ian^{44}]		旱烟[xoŋ^{11} in^{33}]	旱烟[xɛ^{13} iɛ^{44}]	旱烟[hã^{51}ĩɪ^{33}]
黄烟				烤烟[kʰɤ^{41} iɛ^{44}]	
水烟袋(铜制的)	水烟袋 [suei^{31} ian^{44} tai^{22}]	水烟袋[ɕy^{21} ian^{45} tai^{0}]	水烟袋[ɕy^{31} in^{33} tʰai^{11}]	福烟筒管 [fv̩^{21} iɛ^{44} toŋ^{35} kuɛ^{41}]	水烟筒[ɕu^{312}ĩɪ^{33} hɤŋ^{13}]
旱烟袋(细竹竿儿做的烟具)	旱烟袋 [xan^{22} ian^{44} tai^{22}]	旱烟袋[xø^{33} ian^{45} tai^{0}]	旱烟袋 [xoŋ^{11} in^{33} tʰai^{11}]	烟筒[iɛ^{44} toŋ^{0}]	竹烟筒[tiəu^{33}ĩɪ^{33} hɤŋ^{13}]

续 表

词 条	岳阳市	临 湘	醴 陵	永 兴	隆 回
烟盒(装香烟的金属盒,有的还带打火机)			烟盒子[in^{33} xo^{35} tsɿ^{0}]		烟盒子[ĩɪ^{33} xo^{13} tsɿ^{0}]
烟油子	烟油[ian^{44} iəu^{13}]		烟油子[in^{33} iou^{13} tsɿ^{0}]/烟屎[in^{33} sɿ^{31}]	烟屎[iɛ^{44} sɿ^{41}]	
烟灰		烟灰[ian^{45} fei^{45}]	烟灰[in^{33} fei^{33}]	烟灰[iɛ^{44} xuɪ^{44}]	烟灰[ĩɪ^{33} xui^{33}]
火镰(旧时取火用具)					火石[xo^{312} ɕia^{51}]
火石(用火镰打的那种石头)					煤纸筒牯[mei^{13} tsɿ^{312} hɤŋ^{13} ku^{33}]
纸媒儿	火纸[xo^{31} tsɿ^{31}]/媒纸[mi^{13} tsɿ^{31}]		纸煤子[tsɿ^{31} mei^{13} tsɿ^{0}]	纸媒[tsɿ^{41} mɪ^{35}]	
(沏好的)茶	茶[dza^{13}]	茶水[dza^{12} ɕy^{21}]	茶[ts^{h}a^{13}]	茶叶开水[ts^{h}o^{35} ie^{0} k^{h}e^{44} ɕy^{41}]	
茶叶	茶叶[dza^{13} ie^{45}]	茶叶[dza^{12} ie^{5}]	茶叶子[ts^{h}a^{13} iɛ^{35} tsɿ^{0}]	茶叶[ts^{h}o^{35} ie^{0}]	茶叶[ts^{h}a^{13} iɛ^{51}]
开水	开水[gai^{44} suei^{31}]	白开水[pe^{5} gai^{45} ɕy^{21}]	滚水[kuəŋ^{31} ɕy^{31}]	白开水[pe^{44} k^{h}e^{0} ɕy^{41}]	开水[k^{h}ei^{33} ɕu^{312}]
沏茶(动宾)	泡茶[bau^{24} dza^{13}]	泡茶[bau^{24} dza^{12}]	泡茶[p^{h}ao^{11} ts^{h}oi^{13}]	嬾茶叶开水[la^{13} ts^{h}o^{35} ie^{0} k^{h}e^{44} ɕy^{41}]	嬾杯茶[lai^{51} pei^{33} ts^{h}a^{13}]

续　表

词　条	岳阳市	临　湘	醴　陵	永　兴	隆　回
倒茶	倒茶[tau^{24} dza^{13}]	倒茶[tau^{24} dza^{12}]/釃开水[sai^{45} gai^{45} ɕy^{21}]	釃茶[sai^{33} ts^{h}a^{13}]	釃茶叶开水[sa^{44} ts^{h}o^{35} ie^{0} k^{h}e^{44} ɕy^{41}]	釃茶[sai^{33} ts^{h}a^{13}]
白酒	烧酒[sau^{44} tɕiəu^{31}]	烧酒[sau^{45} tɕiəu^{21}]买的白酒/水酒[ɕy^{21} tɕiəu^{21}]自家酿的酒	酒[tɕiou^{31}]白酒/烧酒[seu^{33} tɕiou^{31}]/白酒[p^{h}a^{35} tɕiou^{31}]	烧酒[sɤ^{44} tɕiəɯ^{41}]	白酒[p^{h}iɛ^{51} tɕiəu^{312}]/米酒[mẽ^{312} tɕiəu^{312}]
江米酒	甜酒[dian^{13} tɕiəu^{31}]/酒糟[tɕiəu^{31} tsau^{44}]	糯米酒[luo^{33} mi^{0} tɕiəu^{21}]	甜酒[t^{h}in^{13} tɕiou^{31}]	糯米酒[lʊ^{13} mən^{0} tɕiəɯ^{41}]	甜酒[hĩɪ^{13} tɕiəu^{312}]
拾伍　红白大事					
亲事	亲事[dʑin^{44} sɿ^{22}]	亲事[dʑin^{45} sɿ^{24}]	亲事[tɕ^{h}iŋ^{33} sɿ^{11}]		亲事[ts^{h}ẽ^{33} sɿ^{51}]
做媒	说媒[sue^{45} mi^{13}]	做媒[tsəu^{24} me^{12}]	话媒[ua^{11} mei^{13}]	做介绍[tsy̩^{13} ke^{21} sɤ^{0}]	
媒人	媒人[mi^{13} zən^{13}]男/媒婆[mi^{13} bo^{13}]女/说媒的[sue^{45} mi^{13} ti^{0}]统称	媒婆[me^{12} bo^{12}]	媒人[mei^{13} niŋ^{13}]/媒白子[mei^{13} pa^{35} tsɿ^{0}](詈语)/月佬[nyɛ^{35} lao^{31}]/介绍人[kai^{11} sao^{11} niŋ^{13}]/媒人公[mei^{13} niŋ^{13}]/媒人婆[mei^{13} niŋ^{13} p^{h}o^{13}]	介绍人[ke^{21} sɤ^{0} ən^{35}]/媒人[mɪ^{35} ən^{0}]	媒人[mei^{13} n̩^{13}]
相亲(男女双方见面、看是否合意)	看媳妇[gan^{24} ɕi^{45} fu^{22}]/看女婿[gan^{24} y^{31} ɕi^{45}]	见面[tɕian^{24} mian^{12}]	看亲[k^{h}oŋ^{11} tɕ^{h}iŋ^{33}]/佮妹唧[koi^{11} moi^{11} tɕi^{0}]男到女方相亲/踏垱[t^{h}a^{35} toŋ^{11}]女方到男方相亲	见面[tɕiɛ^{13} miɛ^{13}]	看亲[kã^{51} tsẽ^{33}]

续 表

词 条	岳 阳 市	临 湘	醴 陵	永 兴	隆 回
相貌	样子[iaŋ^{22} tsɿ^{0}]/样范[iaŋ^{22} fan^{24}]	样子[iɔ̃^{33} tsɿ^{21}]	样子[ioŋ^{11} tsɿ^{0}]/长相[toŋ^{31} ɕioŋ^{11}]	样子[iɔ^{13} tsɿ^{0}]	长相[tɕiō^{312} siɑ̃^{33}]
年龄	年纪[lian^{13} tɕi^{31}]	年纪[lian^{12} tɕi^{0}]	年纪[nin^{13} tɕi^{31}]/年龄[nin^{13} liŋ^{13}]	年纪[iɛ^{35} tɕi^{0}]	年纪[ĩɪ^{13} tɕi^{51}]
定婚	定婚[diŋ^{22} fən^{44}]	定婚[tin^{24} fen^{45}]	定婚[tiŋ^{11} fəŋ^{3}]	定婚[tən^{13} xuən^{44}]	定式[hē^{51} sɿ^{51}]
定礼	喜礼[ɕi^{31} li^{31}]	礼[li^{21}]	开容礼[k^{h}oi^{33} iŋ^{13} li^{31}]	礼[li^{41}]/水礼[ɕy^{41} li^{41}]	彩礼[ts^{h}ai^{312} li^{312}]
喜期(结婚的日子)	喜期[ɕi^{31} dʑi^{13}]			日子[i^{44} tsɿ^{41}]	好日子[xʌu^{312} n̩^{33} tsɿ^{0}]
喜酒	喜酒[ɕi^{31} tɕiəu^{31}]	喜酒[ɕi^{21} tɕiu^{21}]	结婚酒[tɕiɛ^{35} fəŋ^{33} tɕiou^{31}]/收亲酒[sou^{33} tɕ^{h}iŋ^{33} tɕiou^{31}]男方/嫁女酒[ka^{11} ny^{31} tɕiou^{31}]女方	酒[tɕiəu^{41}]	喜酒[ɕi^{312} tɕiəu^{312}]
过嫁妆	过礼[ko^{24} li^{31}]	抬嫁妆[dai^{12} ka^{33} tsɔ̃^{45}]	盘东西[p^{h}oŋ^{13} təŋ^{33} ɕi^{33}]/过礼[ku^{11} li^{31}]婚前男方给女方下的聘礼	抬抬箕[ta^{35} ta^{33} xʊ^{0}]	过嫁梁[ko^{51} ka^{51} liɑ̃^{13}]
(男子)娶亲	娶妇[dʑi^{31} fu^{22}]/娶亲[dʑi^{31} dʑin^{44}]/接老婆[dʑie^{45} lau^{31} bo^{13}]/讨老婆[dau^{31} lau^{31} bo^{13}]/讨堂客[dau^{31} daŋ^{13} gə^{45}]	接媳妇[tɕie^{5} ɕi^{5} fu^{21}]	娶亲[tɕ^{h}i^{31} tɕ^{h}iŋ^{33}]/收亲[sou^{33} tɕ^{h}iŋ^{33}]/讨亲[t^{h}ao^{31} tɕ^{h}iŋ^{33}]/收媳妇[sou^{33} ɕi^{13} fu^{11}]	讨妇娘[t^{h}ɤ^{41} fy̩^{44} iɔ^{0}]	讨婆娘[hʌu^{312} ho^{13} iɑ̃^{13}]

续 表

词条	岳阳市	临湘	醴陵	永兴	隆回
(女子)出嫁	出嫁[dʑy^{45} tɕia^{24}]/出阁[dʑy^{45} ko^{45}]/嫁人[tɕia^{24} zən^{13}]		出嫁[tɕʰy^{35} ka^{11}]/出阁[tɕʰy^{35} ko^{35}]	嫁老公[ko^{13} lɤ^{41} koŋ^{0}]	
嫁闺女	嫁女[tɕia^{24} y^{31}]	嫁女[ka^{24} ny^{21}]	嫁女[ka^{11} ny^{31}]	嫁女[ko^{13} ŋ̍^{41}]	嫁女[ka^{51} yn^{312}]
结婚	结婚[tɕie^{45} fən^{44}]/成亲[dʑin^{13} dʑin^{44}]/完婚[uan^{13} fən^{44}]	结婚[tɕie^{5} fen^{45}]	结婚[tɕiɛ^{35} fəŋ^{33}]	结婚[tɕie^{21} xuən^{44}]	办喜事[pʰã^{51} ɕi^{312} sɿ^{51}]/结婚[tɕiɛ^{33} xuən^{33}]
花轿	花轿[fa^{44} tɕiau^{22}]	轿子[tɕiau^{33} tsɿ^{21}]	红轿子[fəŋ^{13} tɕʰiu^{11} tsɿ^{0}]	花轿[xo^{44} tɕiɤ^{0}]	
拜堂	拜堂[pai^{24} daŋ^{13}]	拜堂[pai^{24} dɔ̃^{12}]		拜堂[pa^{13} tʰɔ^{21}]	
新郎	新郎[ɕin^{44} laŋ^{13}]/新女婿[ɕin^{44} y^{31} ɕi^{45}]/新姑爷[ɕin^{44} ku^{44} ie^{13}]	新郎公[ɕin^{45} lɔ̃^{12} ken^{45}]	新郎倌[ɕiŋ^{33} loŋ^{13} koŋ^{33}]	新郎公[sən^{44} lɔ^{0} koŋ^{44}]	新郎把⁼公[sẽ^{33} lõ^{13} pa^{51} kɤŋ^{33}]
新娘	新姑娘[ɕin^{44} ku^{44} niaŋ^{13}]/新娘[ɕin^{44} niaŋ^{13}]/新娘子[ɕin^{44} niaŋ^{13} tsɿ^{0}]	新姑娘[ɕin^{45} ku^{45} niɔ̃^{21}]	新姑娘[ɕiŋ^{33} ku^{11} nioŋ^{13}]/新娘子[ɕiŋ^{33} nioŋ^{13} tsɿ^{0}]	新妇娘[sən^{44} fv̩^{44} iɔ^{0}]	新娘子[sẽ^{33} iɑ̃^{13} tsɿ^{0}]
新房	新房[ɕin^{44} faŋ^{13}]/洞房[toŋ^{22} faŋ^{13}]	洞房[ten^{33} xɔ̃^{12}]	新房[ɕiŋ^{33} foŋ^{13}]	洞房[toŋ^{13} fɔ^{0}]	
交杯酒	交杯酒[tɕiau^{44} pei^{44} tɕiəu^{31}]	交杯酒[tɕiau^{45} pei^{45} tɕiəu^{21}]		交杯酒[kɤ^{44} pɪ^{0} tɕiəɯ^{41}]	交杯酒[tɕiə^{33} pei^{33} tɕiəu^{312}]

续表

词 条	岳阳市	临 湘	醴 陵	永 兴	隆 回
回门	回门[fei^{13} mən^{13}]	回门[xuei^{12} men^{12}]	回门[fei^{13} məŋ^{13}]女子出嫁三日后回娘家	回门[xuɪ^{35} mən^{35}]一七之后，一般七的整数日	回门[xui^{13} mẽ^{13}]
再醮(寡妇再嫁)	再嫁[tsai^{24} tɕia^{24}]			嫁二嫁[ko^{13} e^{13} ko^{13}]/摇步脚[iɤ^{35} pɣ̩^{0} tɕiʊ^{21}]	嫁二嫁[ka^{51} ɛ^{51} ka^{51}]/
续弦(从男方说)	续弦[səu^{45} ɕian^{13}]/续娶[səu^{45} dʑi^{31}]			讨后道老娘[tʰɤ^{41} xe^{13} tɤ^{0} lɤ^{41} iɔ^{0}]	二行亲[ɛ^{51} hõ^{13} tsʰẽ^{33}]娶寡妇为妻
填房(从女方说)	填房[dian^{13} faŋ^{13}]			填房[tiɛ^{35} fɔ^{35}]女的之前从来没嫁过，嫁给死了或离了妻子的男人	
怀孕了	有喜了[iəu^{31} ɕi^{31} liau^{0}]/有孕了[iəu^{31} yn^{22} liau^{0}]/怀孕了[fai^{13} yn^{22} liau^{0}]/有了[iəu^{31} liau^{0}]/怀孩子了[fai^{13} xai^{13} tsɿ^{0} liau^{0}]	驮哒肚[do^{12} ta^{0} dəu^{33}]怀哒孕[xuai^{12} ta^{0} yen^{33}]	有毛毛[iou^{31} mao^{33} mao^{33}]/驮肚[tʰo^{13} tʰou^{11}]	荷唧肚[xa^{13} tɕi^{0} tɣ̩^{41}]	怀崽[xuai^{13} tsei^{312}]
孕妇	孕妇[yn^{22} fu^{22}]/大肚子[ta^{22} təu^{24} tsɿ^{0}]戏谑/四眼人[sɿ^{24} ŋan^{31} zən^{13}]戏谑	驮肚婆[do^{12} dəu^{33} bo^{12}]	驮肚婆[tʰo^{13} tʰou^{11} pʰo^{13}]/大肚子[tʰai^{11} tʰou^{11} tsɿ^{0}]	荷肚妇人家[xa^{13} tɣ̩^{41} fɣ̩^{44} ən^{0} ko^{0}]	有崽婆[iəu^{312} tsei^{312} ho^{13}]
小产	小产[ɕiau^{31} dzan^{31}]/流产[liəu^{13} dzan^{31}]	闪落哒[sen^{21} lo^{33} ta^{0}]/小产哒[ɕiau^{21} dzan^{21} ta^{0}]	跌咖毛毛[tiɛ^{35} ka^{33} mao^{33} mao^{33}]/小产[ɕiu^{31} tsʰan^{31}]	嬎$^{=}$过唧[fɛ^{13} ko^{0} tɕi^{0}]	流产[liəu^{13} tsʰã^{312}]

续 表

词 条	岳阳市	临 湘	醴 陵	永 兴	隆 回
生孩子	生伢儿[sən^{44} ŋa^{13} ə^{0}]	生伢子咧[san^{45} a^{12} tsɿ^{0} lie^{21}]	养崽[ioŋ^{31} tsai^{31}]/生毛毛[sɛn^{33} mao^{33} mao^{33}]/生细人唧[sɛn^{33} ɕi^{11} niŋ^{13} tɕi^{0}]	养细把戏[iɔ^{41} se^{13} pa^{41} tɕ^{h}i^{0}]	养崽[iɑ̃^{312} tsei^{312}]
接生	接生[tɕie^{45} sən^{44}]	接生[tɕie^{5} sen^{45}]	接生[tɕiɛ^{35} sɛn^{33}]	接养[tɕie^{21} iɔ^{41}]/接生[tɕie^{21} sən^{44}]	接生[tsiɛ^{33} sẽ^{33}]
胎盘	胎盘[dai^{44} baŋ^{13}]	衣胞[i^{45} pau^{45}]	胞衣[pao^{33} i^{33}]	胞衣[pɤ^{44} i^{44}]	胞引[pʌu^{33} iẽ^{312}]
坐月子	在月里[tsai^{22} ye^{45} li^{31}]	做月母[tso^{33} ye^{5} mo^{21}]	守月[sou^{31} nyɛ^{35}]	做月婆[tsɿ^{13} ye^{44} pʊ^{0}]	做月婆[tsɿ^{51} mĩɪ^{51} ho^{51}]
满月	满月[man^{31} ye^{45}]	满月[mø^{21} ye^{5}]	满月[moŋ^{31} nyɛ^{35}]	满月[mɛ^{41} ye^{44}]	满月[mõ^{312} mĩɪ^{51}]
头胎	头胎[dəu^{13} dai^{44}]	头胎[dəu^{12} dai^{45}]	头胎[t^{h}eu^{13} t^{h}oi^{33}]	头胎[te^{35} t^{h}e^{0}]	头胎[hiə^{13} hai^{33}]
双胞胎	双胎[suaŋ^{44} dai^{44}]	双胞胎[suɔ̃^{45} pau^{45} dai^{45}]	双胞胎[soŋ^{33} pao^{33} t^{h}oi^{33}]	一对双双[i^{21} tuɪ^{13} sɔ^{44} sɔ^{44}]	双胞胎[sõ^{33} pʌu^{33} hai^{33}]/一对双双[i^{33} tui^{51} sõ^{33} sõ^{33}]
打胎		刮胎[kua^{5} dai^{45}]	刮毛毛[kua^{35} mao^{33} mao^{33}]/打胎[ta^{31} t^{h}oi^{33}]	打胎[ta^{41} t^{h}e^{44}]	引产[iẽ^{312} ts^{h}ɑ̃^{312}]
遗腹子(父亲死后才出生的)	遗生[i^{13} sən^{44}]生时父亲不在世		遗腹子[i^{13} fu^{35} tsɿ^{0}]	背生子[pɪ^{13} sən^{0} tsɿ^{41}]	背爷崽[p^{h}ei^{312} ia^{13} tsei^{312}]

续表

词 条	岳阳市	临 湘	醴 陵	永 兴	隆 回
吃奶	喫奶[dʑi^{45} lai^{31}]/吃妈妈[dʑi^{45} ma^{44} ma^{0}]	喫吸[tɕia^{5} tɕi^{5}]喂奶[uei^{24} lai^{21}]	喫奶[tɕʰia^{35} lai^{33}]	喫奶脯[tɕʰio^{21} le^{21} pv̩^{0}]	喫奶[tɕʰia^{33} lai^{24}]
奶头	奶头[lai^{31} dəu^{13}]/妈妈[ma^{44} ma^{0}]	奶吸哩[lai^{21} tɕi^{24} ni^{0}]	奶子[lai^{33} tsɿ^{0}]	奶脯嘴[le^{21} pv̩^{0} tɕy^{41}]	奶嘴嘴[lai^{24} tsui^{312} tsui^{312}]
(小孩子)尿床	尿床[niau^{22} dzuaŋ^{13}]	落尿[lai^{21} liau^{33}]	屙湿铺[uo^{33} sɿ^{35} pʰu^{33}]/落尿[lai^{13} niu^{11}]	落尿[la^{35} iɤ^{13}]	下梦尿[ɕia^{51} mɤŋ^{51} iə^{51}]
生日	生日[sən^{44} zɿ^{45}]	生日[sɔ̃^{45} ə^{5}]	生日[sɛn^{33} ni^{35}]	生日[sɛ^{44} i^{0}]	生日[sõ^{33} n̩^{33}]/对生[tui^{51} sõ^{33}]/寿诞[ɕiəu^{51} tã^{51}]从四十岁开始,十年一次
做生日	做寿[tsəu^{24} səu^{22}]/做生[tsəu^{24} sən^{44}]	过生日[kø^{21} sɔ̃^{45} ə^{5}]	做生[tsou^{11} sɛn^{33}]/过亘=生[ku^{11} kɛn^{31} sɛn^{33}]多指中老年人过整十的生日/做寿酒[tsou^{11} sou^{11} tɕiou^{31}]	做酒[tsv̩^{13} tɕiəɯ^{41}]	
祝寿	庆寿[dʑin^{24} səu^{22}]/拜寿[pai^{24} səu^{22}]/祝寿[tsəu^{45} səu^{22}]	祝寿[tsə^{24} səu^{33}]	做寿[tsou^{11} sou^{11}]多指为年长者/祝寿[tou^{35} sou^{11}]	做生日[tsv̩^{13} sɛ^{44} i^{0}]	拜寿[pai^{51} ɕiəu^{51}]
寿星	寿星[sən^{24} sin^{44}]/寿星老儿[sən^{24} sin^{44} lau^{31} ə^{13}]				寿星[ɕiəu^{51} sẽ^{33}]

续 表

词条	岳阳市	临湘	醴陵	永兴	隆回
丧事	丧事[saŋ^{44} sɿ^{22}]/白事[bə^{45} sɿ^{22}]	老哒人[lau^{21} ta^{0} en^{45}]/白喜事[pe^{5} ɕi^{21} sɿ^{33}]	丧事[soŋ^{11} sɿ^{11}]/白事[p^{h}a^{35} sɿ^{11}]/埋人[mai^{13} niŋ^{13}]	白喜事[pe^{44} tɕ^{h}i^{41} sɿ^{0}]	白喜事[p^{h}iɛ^{51} ɕi^{312} sɿ^{51}]
奔丧	吊孝[tiau^{24} ɕiau^{24}]	看老[gan^{24} lau^{21}]	喫埋人酒[tɕ^{h}ia^{35} mai^{13} niŋ^{13} tɕiou^{31}]/烧香[seu^{33} ɕioŋ^{33}]奔丧	喫酒[tɕ^{h}io^{21} tɕiəɯ^{41}]/打包$^{=}$利$^{=}$[ta^{41} pɤ^{44} li^{0}]	喫豆腐[tɕ^{h}ia^{33} hiə^{51} fu^{312}]
死了	死[sɿ^{31}]/死了[sɿ^{31} liau^{0}]/过了[ko^{24} liau^{0}]/老了[lau^{31} liau^{0}]/去世了[dʑy^{24} sɿ^{22} liau^{0}]	登仙哒[ten^{45} ɕian^{45} ta^{0}]/老哒[lau^{21} ta^{0}]/死哒人[sɿ^{21} ta^{0} en^{12}]	落气[lo^{35} tɕ^{h}i^{11}]/落枕[lo^{35} təŋ^{31}]/死[sɿ^{31}]/老[lao^{31}]/去咖哒[tɕ^{h}iɛ^{11} ka^{33} ta^{0}]/归西[kuei^{33} ɕi^{33}]/辞世[ts^{h}ɿ^{13} sɿ^{11}]/烧稿荐[seu^{33} kao^{31} tɕin^{11}]人死后随即烧掉其床铺的席草等	老唧[lɤ^{41} tɕi^{0}]/走过唧[tse^{41} ko^{0} tɕi^{0}]/死过唧[sɿ^{41} ko^{0} tɕi^{0}]	死嘎哩[sɿ^{312} ka^{0} li^{0}]/过嘎身哩[ko^{51} ka^{0} ɕiẽ^{33} li^{0}]/行嘎哩[hõ^{13} ka^{0} li^{0}]/回老家哩[xui^{13} lʌu^{312} tɕia^{33} li^{0}]
灵床	灵床[lin^{13} dzuaŋ^{13}]				灵床[lẽ^{13} ts^{h}õ^{13}]
棺材	棺材[kuan^{44} dzai^{13}]/棺木[kuan^{44} mo^{45}]/千年屋[dʑian^{44} nian^{13} u^{45}]	寿方[səu^{33} xɔ̃^{45}]	长生[t^{h}oŋ^{13} sen^{33}]棺材[koŋ^{33} ts^{h}oi^{13}]/柩[tɕ^{h}iou^{11}]已装了尸体的棺材/料[liu^{11}]	木头[moŋ^{44} te^{0}]/柜[k^{h}uɪ^{13}]	木[mɤŋ^{33}]/寿料[ɕiəu^{51} liə^{51}]
寿材(生前预制的棺材)	寿方[səu^{22} faŋ^{44}]	白棺材[pa^{5} kuan^{45} dzai^{12}]/千年屋[dʑian^{45} nian^{12} u^{5}]	千年屋[tɕ^{h}in^{33} nin^{13} u^{35}]	白木头[pe^{44} moŋ^{44} te^{0}]	寿材[ɕiəu^{51} ts^{h}ai^{13}]/寿料[ɕiəu^{51} liə^{51}]

续 表

词 条	岳阳市	临 湘	醴 陵	永 兴	隆 回
入殓	入殓[y^{45} lian^{22}]	进材[tɕin^{24} dzai^{12}]	入棺[y^{35} koŋ^{33}]	进柜[tɕiən^{13} kʰuɪ^{13}]/进材[tɕiən^{13} tsʰa^{35}]	入柩[y^{51} tɕʰiə^{312}]
灵堂	灵堂[lin^{13} daŋ^{13}]	灵堂[lin^{12} dɔ̃^{12}]敬灵的地方	灵堂[liŋ^{13} tʰoŋ^{13}]/孝堂[ɕiu^{11} tʰoŋ^{13}]	孝堂[ɕiɤ^{13} tʰɔ^{21}]	孝堂[ɕiə^{51} hō^{13}]
佛堂		孝堂[ɕiau^{24} dɔ̃^{12}]行礼仪的地方,准备菜酒等			
守灵	守五七[səu^{31} u^{31} dʑi^{45}]	守孝[səu^{21} ɕiau^{24}]	守灵[sou^{31} liŋ^{13}]		守夜[ɕiəu^{312} ia^{51}]
做七		唱夜歌哩 [dzɔ̃^{33} ia^{33} ko^{45} ni^{0}]只做三天	烧七包 [seu^{33} tɕʰi^{35} pao^{33}]做七/做道场 [tsou^{11} tao^{11} tʰoŋ^{13}]	做道场[tsɿ̩^{13} tɤ^{13} tsʰɔ^{0}]	总七[tsɤŋ^{312} tɕʰi^{33}]
守孝	坐夜[dzo^{22} ie^{22}]/坐伴棺材 [dzo^{22} ban^{22} kuan^{44} dzai^{13}]		守孝[sou^{31} ɕiu^{11}]	守孝[səɯ^{41} ɕiɤ^{13}]	带孝[tai^{51} xʌu^{51}]
带孝	带孝[tai^{24} ɕiau^{24}]	带孝[tai^{24} ɕiau^{24}]	戴孝[tai^{11} ɕiu^{11}]	戴白[ta^{13} pe^{44}]	
除孝	满孝[man^{31} ɕiau^{24}]/脱孝[do^{45} ɕiau^{24}]	衣服不要哒 [i^{45} fu^{21} pu^{5} iau^{24} ta^{0}]		脱孝[tʰʊ^{21} ɕiɤ^{13}]	
孝子	孝子[ɕiau^{24} tsɿ^{31}]	孝子[ɕiau^{24} tsɿ^{21}]		孝子[ɕiɤ^{13} tsɿ^{41}]	孝子[ɕiə^{51} tsɿ^{312}]
孝孙	孝孙[ɕiau^{24} sən^{44}]	孝孙[ɕiau^{24} sen^{45}]		孝孙[ɕiɤ^{13} suən^{44}]	孝孙[ɕiə^{51} suən^{33}]

续 表

词 条	岳阳市	临 湘	醴 陵	永 兴	隆 回
出殡	发丧[fa^{45} saŋ^{44}]	出丧[dʑy^{5} sɔ̃^{45}]	出柩[kʰy^{35} tɕiou^{11}]	出门[tɕʰi^{21} mən^{35}]	出门[tɕu^{33} mē^{13}]
送葬	送葬[soŋ^{24} tsaŋ^{24}]/送殡[soŋ^{24} pin^{24}]/执拂[tsɿ^{45} fu^{45}]	送葬[sen^{24} tsɔ̃^{24}]	送葬[səŋ^{11} tsoŋ^{11}]	拜路[pa^{13} ly̩^{13}]	送葬[sɤŋ^{51} tsõ^{51}]
哭丧棒	哭丧棍[gu^{45} saŋ^{44} kuan^{24}]	孝杖[ɕiau^{24} dzɔ̃^{24}]	孝棍[xao^{11} kuəŋ^{11}]	哭吊棍[kʰəɯ^{21} tiɤ^{0} kuən^{13}]	哭丧棒[kʰu^{33} sõ^{51} pʰõ^{51}]分男女，男主外，以桐树为主，女主内，以竹子为主。
纸扎(用纸扎的人、马、房子等)	纸扎[tsɿ^{31} tsa^{45}]/灵屋[lin^{13} u^{45}]	灵屋哩[lin^{12} u^{5} ni^{0}]/金山银山[tɕin^{45} san^{45} in^{12} san^{45}]	纸扎[tsɿ^{31} tsa^{35}]	灵屋[lən^{35} əɯ^{0}]	纸扎[tsɿ^{312} tsa^{33}]/灵屋[lē^{13} u^{33}]
纸钱	纸锞[tsɿ^{31} go^{13}]/神钱[sən^{13} dʑian^{13}]	钱纸[dʑian^{12} tsɿ^{21}]	钱纸[tɕʰin^{13} tsɿ^{31}]		钱纸[tsʰĩɪ^{13} tsɿ^{312}]
坟地(坟墓所在的地方)	坟地[fən^{13} di^{22}]	墓地[mo^{33} di^{33}]	坟地[fəŋ^{13} tʰi^{11}]/坟山[fəŋ^{13} san^{33}]	坟山[fən^{35} sɛ^{0}]	坟山[fē^{13} sā^{33}]
坟墓	坟[fən^{13}]	坟[fen^{12}]	坟[fəŋ^{13}]/井[tɕiaŋ^{31}]	坟[fən^{35}]	坟[fē^{13}]
碑(不单指墓碑)	碑石[pei^{44} sɿ^{45}]	碑石[pei^{45} sa^{5}]	碑[pei^{33}]	石碑[so^{44} pɪ^{0}]	
墓碑	碑石[pei^{44} sɿ^{45}]		碑[pei^{33}]	碑[pɪ^{44}]	碑[pei^{33}]
上坟	上坟[saŋ^{22} fən^{13}]	复土[fu^{5} dəu^{21}]/挂山[kua^{24} san^{45}]/挂清明[kua^{24} dʑin^{45} min^{45}]	复土[fu^{35} tʰou^{31}]安葬三天后上坟/挂山[kua^{11} san^{33}]/扫墓[sao^{31} mu^{11}]	挂坟[kua^{21} fən^{13}]	上坟[ɕiõ^{312} fē^{13}]

续　表

词　条	岳阳市	临　湘	醴　陵	永　兴	隆　回
自杀	行短见[ɕin^{13} tan^{31} tɕian^{24}]	自杀[tsɿ^{24} sa^{5}]	寻短路[tɕʰiŋ^{13} toŋ^{31} lou^{11}]	寻短路[tɕʰiən^{35} tuɛ^{41} ly̩^{13}]	寻死路[tsʰẽ^{13} sɿ^{312} lu^{51}]
投水(自尽)	投河[dəu^{13} xo^{13}]	蹦水[pen^{12} ɕy^{21}]	氽水[tsʰoŋ^{33} ɕy^{31}]投水	投水[te^{35} ɕy^{41}]	跳河[hiə^{51} xo^{13}]
上吊	上吊[saŋ^{22} tiau^{24}]/吊颈[tiau^{24} tɕin^{31}]	吊颈[tiau^{24} tɕiɔ̃^{21}]	缔颈[tia^{35} tɕiaŋ^{31}]	吊颈[tiɤ^{13} tɕiən^{41}]	噢颈[tɕʰia^{33} tɕiõ^{312}]
尸骨	尸骨[sɿ^{44} ku^{45}]	骨灰[ku^{5} fei^{45}]	筋骨[tɕiŋ^{33} ku^{35}]	骨头[kuɪ^{21} te^{0}]	死人骨头[sɿ^{312} n̩^{13} kuɛ^{33} hiə^{13}]
骨灰坛子	骨灰罐子[ku^{45} fei^{44} kuan^{24} tsɿ^{0}]		骨灰坛子[ku^{35} fei^{33} tʰan^{13} tsɿ^{0}]	陶[tɤ^{13}]	
老天爷	老天爷[lau^{31} dian^{44} ie^{13}]	老天爷[lau^{21} dian^{45} ie^{0}]	天老爷[tʰin^{33} lao^{31} iɛ^{13}]	天老儒⁼[tʰiɛ^{44} lɤ^{41} y^{0}]	老天爷[lʌu^{312} hĩɪ^{33} iɛ^{13}]/天老人家[hĩɪ^{33} lʌu^{312} n̩^{13} ka^{33}]
灶王爷	灶王爷[tsau^{24} uaŋ^{13} ie^{13}]	灶神[tsau^{24} sen^{12}]/司命[sɿ^{45} min^{33}]/家神[tɕia^{45} sen^{12}]	灶王司命[tsao^{11} uoŋ^{13} sɿ^{33} miŋ^{11}]/灶王菩萨[tsao^{11} uoŋ^{13} pʰu^{13} sa^{35}]	灶王府君[tsɤ^{13} uɔ^{0} fy̩^{41} tɕyən^{44}]	灶王菩萨[tsʌu^{51} õ^{13} pʰu^{13} sa^{312}]
佛	佛[fu^{45}]/佛爷[fu^{45} ie^{13}]	佛[fu^{5}]	佛[fu^{13}]	佛[fo^{21}]	菩萨[pʰu^{13} sa^{312}]
菩萨	菩萨[bu^{13} sa^{45}]	菩萨[bu^{12} sa^{5}]	菩萨[pʰu^{13} sa^{35}]	菩萨[py̩^{35} sa^{0}]	菩萨[pʰu^{13} sa^{312}]

续 表

词 条	岳阳市	临 湘	醴 陵	永 兴	隆 回
观世音	观音[kuan^{44} in^{44}]/观音菩萨[kuan^{44} in^{44} bu^{13} sa^{45}]	观音老母[kuan^{45} in^{45} lau^{21} mo^{21}]/观音娘娘[kuan^{45} in^{45} liɔ̃^{45} liɔ̃^{45}]	观音菩萨[koŋ^{33} iŋ^{33} p^{h}u^{13} sa^{35}]/观音老母[koŋ^{33} iŋ^{33} lao^{31} mu^{31}]	观音菩萨[kuɛ^{44} ən^{44} pɣ̩^{35} sa^{0}]	观世音菩萨[kuɑ̃^{33} sɿ^{51} iẽ^{33} p^{h}u^{13} sa^{312}]/观音娘娘[kuɑ̃^{33} iẽ^{33} liɑ̃^{33} liɑ̃^{33}]
土地庙	土地庙[dəu^{31} ti^{22} miau^{22}]	土地庙[du^{21} ti^{33} miau^{33}]	土地庙[t^{h}ou^{31} t^{h}i^{11} miu^{11}]	土地庙[t^{h}v^{41} ti^{0} miɤ^{13}]	庙堂[miə^{51} hõ^{13}]
关帝庙	关帝庙[kuan^{44} ti^{24} miau^{22}]		关帝庙[kuan^{33} t^{h}i^{11} miu^{11}]/大王庙[t^{h}ai^{11} uoŋ^{13} miu^{11}]	关夫子庙[kuɛ^{44} fɣ̩^{44} tsɿ^{0} miɤ^{13}]	
城隍庙	城隍庙[dzən^{13} faŋ^{13} miau^{22}]		城隍庙[t^{h}əŋ^{13} foŋ^{13} miu^{11}]	城隍庙[tɕ^{h}iən^{35} xuɔ^{0} miɤ^{13}]	
阎王	阎王[ȵi^{13} uaŋ^{13}]	阎王老子[lian^{12} uɔ̃^{12} lau^{21} tsɿ^{21}]	阎王[in^{13} uoŋ^{13}]/阎王老子[in^{13} uoŋ^{13} lao^{31} tsɿ^{0}]	阎王[iɛ^{35} uɔ^{0}]	阎王老子[ĩɪ^{13} õ^{13} lʌu^{312} tsɿ^{0}]
祠堂	祠堂[dzɿ^{13} daŋ^{13}]	祠堂[dzɿ^{12} dɔ̃^{12}]	祠堂[ts^{h}ɿ^{13} t^{h}oŋ^{13}]	祠堂[ts^{h}ɿ^{35} tɔ^{0}]	祠堂[ts^{h}ɿ^{13} hõ^{13}]
佛龛	佛龛[fu^{45} gan^{44}]	灵位[lin^{12} uei^{33}]	神案子[səŋ^{13} ŋoŋ^{11} tsɿ^{0}]	佛垫[fo^{21} t^{h}iɛ^{13}]/神垱垧[sən^{35} tɔ^{0} xɔ^{0}]	神龛[ɕiẽ^{13} kã^{33}]
香案	香桌[ɕiaŋ^{44} tso^{13}]/香案[ɕiaŋ^{44} ŋan^{24}]		香案[ɕioŋ^{33} ŋoŋ^{11}]	供桌[tɕioŋ^{13} tsʊ^{21}]	香案[ɕiõ^{33} ã^{51}]
上供	上供[saŋ^{22} kəŋ^{24}]	供[ken^{24}]/供三牲[ken^{24} san^{45} sen^{45}]	上供[soŋ^{11} kuəŋ^{11}]/下饭[xa^{11} fan^{11}]	供老儒⁼[tɕioŋ^{13} lɤ^{41} y^{0}]	下饭[ha^{51} fã^{51}]

续 表

词 条	岳阳市	临 湘	醴 陵	永 兴	隆 回
烛台	烛台[tsəu^{45} dai^{13}]	蜡台[la^{5} dai^{12}]	烛台[tou^{35} t^{h}oi^{13}]	烛台[tsəɯ^{21} ta^{35}]	烛台[tsu^{51} hai^{13}]
蜡烛(敬神的那种)	蜡烛[la^{45} tsəu^{45}]	蜡烛[la^{5} tsəu^{5}]	烛[tou^{35}]	红蜡烛[xoŋ^{35} lo^{44} tsəɯ^{0}]	红蜡烛[hɤŋ^{13} la^{51} tsu^{51}]
线香(敬神的那种)	线香[ɕian^{24} ɕiaŋ^{44}]	香[ɕiɔ̃^{45}]	香[ɕioŋ^{33}]/盘香[p^{h}oŋ^{13} ɕioŋ^{33}]	香[ɕiɔ^{44}]	线香[sĩɪ^{51} ɕiõ^{33}]
香炉	香炉[ɕiaŋ^{44} ləu^{13}]	香炉[ɕiɔ̃^{45} ləu^{12}]	香炉[ɕioŋ^{33} lou^{13}]	香炉[ɕiɔ^{44} lv̩^{35}]	香炉[ɕiõ^{33} lu^{13}]
烧香(动宾)	烧香[sau^{44} ɕiaŋ^{44}]	烧香[sau^{45} ɕiɔ̃^{45}]	烧香[seu^{33} ɕioŋ^{33}]	烧香[sɤ^{44} ɕiɔ^{44}]	烧香[ɕiə^{33} ɕiõ^{33}]
签诗(印有谈吉凶的诗文的纸条)		签纸[dʑian^{45} tsɿ^{21}]	签[tɕ^{h}in^{33}]	签诗[tɕ^{h}iɛ^{44} sɿ^{44}]	
求签	求签[dʑiəu^{13} dʑian^{44}]	求签[dʑiu^{12} dʑian^{45}]	求签[tɕ^{h}iou^{13} tɕ^{h}in^{33}]	打签[ta^{41} tɕ^{h}iɛ^{44}]	求签[tɕ^{h}iəu^{13} ts^{h}ĩɪ^{33}]
打卦	打卦[ta^{31} kua^{24}]		打卦[ta^{31} kua^{11}]	打角[ta^{41} kʊ^{21}]	打卦[ta^{312} kua^{51}]
珓(占卜用，通常用一正一反两片竹片制成)	卦[kua^{24}]		卦[kua^{11}]	角[kʊ^{21}]	卦[kua^{51}]
阴珓(两面都朝下)			阴卦[iŋ^{33} kua^{11}]	阴角[ən^{44} kʊ^{21}]	阴卦[iẽ^{33} kua^{51}]
阳珓(两面都朝上)			阳卦[ioŋ^{13} kua^{11}]	阳角[iɔ^{35} kʊ^{21}]	阳卦[iɑ̃^{13} kua^{51}]

续 表

词 条	岳阳市	临 湘	醴 陵	永 兴	隆 回
圣珓(一正一反)			顺卦[ɕyŋ^{11} kua^{11}]	顺角[suən^{13} kʊ^{21}]	圣卦[ɕiẽ^{51} kua^{51}]
庙会	庙会[miau^{22} fei^{22}]	庙会[miau^{33} xuei^{33}]		庙会[miɤ^{13} xuɪ^{13}]	
做道场	打醮[ta^{31} tɕiau^{24}]	驱菩萨[dʑy^{45} bu^{12} sa^{5}] 请神[dʑin^{21} sen^{12}]/赶鬼[kan^{21} kuei^{21}]		做功古 [tsv̩^{13} koŋ^{44} kv̩^{41}]	做道场 [tsɿ^{51} hʌu^{51} tɕʰiõ^{13}]
念经	念经[nian^{22} tɕin^{44}]	念经[lian^{24} tɕin^{45}]	念经[nin^{11} tɕiŋ^{33}]	念经[iɛ^{13} tɕiən^{44}]	念经[ĩɪ^{51} tɕiẽ^{33}]
测字	测字[dzə^{45} dzɿ^{22}]	测字[dze^{5} tsɿ^{21}]	测字[tsʰɛ^{35} tsʰɿ^{11}]	测字[tsʰe^{21} tsʰɿ^{13}]	测字[tsʰiɛ^{51} tsɿ^{51}]
看风水	看风水 [gan^{24} foŋ^{44} suei^{31}]	看风水 [gan^{12} xen^{45} ɕy^{21}]	堪地[koŋ^{33} tʰi^{11}]	看地方[kʰɛ^{13} ti^{13} fɔ^{0}]	看地[kã^{51} hi^{51}]
算命	算八字[san^{24} pa^{45} dzɿ^{22}]	算命[sø^{24} min^{33}]	算八字 [soŋ^{11} pa^{35} tsʰɿ^{11}]	看八字[kʰɛ^{13} po^{21} tsʰɿ^{0}]	看八字[kã^{51} pa^{33} tsɿ^{51}]
算命先生	算命的[san^{24} min^{22} ti^{0}]	算命先生 [sø^{24} min^{33} ɕian^{45} sen^{45}]	算八字箇 [soŋ^{11} pa^{35} tsʰɿ^{11} ko^{0}]	看八字箇 [kʰɛ^{13} po^{21} tsʰɿ^{0} kɤ^{0}]	八字先生 [pa^{33} tsɿ^{51} sĩɪ^{33} sẽ^{33}]
看相的	看相的[gan^{24} ɕiaŋ^{24} ti^{0}]	看相箇[gan^{24} ɕiɔ̃^{24} kə^{0}]	看相箇 [kʰoŋ^{11} ɕioŋ^{11} ko^{0}]	看相箇[kʰɛ^{13} ɕiɔ^{13} kɤ^{0}]	
巫婆	巫婆[u^{44} bo^{13}]	灵姑[lin^{12} ku^{45}]/巫婆[u^{45} bo^{12}]/马脚师傅[ma^{21} tɕio^{5} sɿ^{45} fu^{0}]	巫婆[u^{33} pʰo^{13}]/发降箇[fa^{35} koŋ^{33} ko^{0}]	仙娘[ɕiɛ^{44} iɔ^{0}]/降婆[kɔ^{13} pʊ^{0}]	降娘婆[kõ^{51} iɑ̃^{13} ho^{13}]

续　表

词　条	岳阳市	临　湘	醴　陵	永　兴	隆　回
跳神	下神[ɕia^{22} sən^{13}]	问灵姑[un^{33} lin^{12} gu^{45}]	发弟子[fa^{35} tʰi^{11} tsɿ^{0}]	问亡[uən^{13} uɔ^{35}]	打福惊骇 [ta^{312} fu^{13} tɕiẽ^{33} xai^{51}]
许愿	许愿[ɕy^{31} yan^{22}]	许愿[ɕy^{21} yan^{33}]	许愿[ɕy^{31} nyɛn^{11}]	赌愿[tv^{41} yɛ^{13}]	许愿性[ɕu^{312} mĩɪ^{51} sẽ^{51}]
还愿	还愿[fan^{13} yan^{22}]	还愿[xuan^{12} yan^{33}]	还愿[fan^{13} nyɛn^{11}]	还愿[uɛ^{35} yɛ^{13}]	还愿性[xuɑ̃^{13} mĩɪ^{51} sẽ^{51}]
拾陆　日常生活					
穿衣服	穿衣服[dzuan^{44} i^{44} fu^{45}]	穿衣[dzyan^{45} i^{45}]	穿衣裳 [kʰyɛn^{33} i^{33} tʰoŋ^{13}]	穿衣衫[tɕʰyɛ^{44} i^{44} sɛ^{0}]	穿衣衫[tɕyɛ̃^{33} i^{33} sã^{33}]
脱衣服	脱衣服[do^{45} i^{44} fu^{45}]	脱衣[do^{5} i^{45}]	脱衣裳[tʰo^{35} i^{33} tʰoŋ^{13}]	脱衣衫[tʰʊ^{21} i^{44} sɛ^{0}]	□衣衫[xua^{33} i^{33} sã^{33}]
脱鞋	脱鞋子[do^{45} xai^{13} tsɿ^{0}]	脱鞋[do^{5} xe^{12}]	脱鞋子[tʰo^{35} xai^{13} tsɿ^{0}]	脱鞋[tʰʊ^{21} xa^{35}]	脱鞋[ho^{33} hai^{13}]
量衣服	量衣服[liaŋ^{13} i^{44} fu^{45}]	量衣服[liɔ̃^{12} i^{45} fu^{12}]	打测[ta^{31} tsɛ^{35}]	打测[ta^{41} tse^{21}]	抚衣衫[ʌu^{51} i^{33} sã^{33}]
做衣服	做衣服[tsəu^{24} i^{44} fu^{45}]	做衣服[tso^{24} i^{45} fu^{12}]	连衣裳[lin^{13} i^{33} tʰoŋ^{13}]/做衣裳 [tsou^{11} i^{33} tʰoŋ^{13}]	打衣裳[ta^{41} i^{44} sɛ^{0}]/连衣裳[luɛ^{35} i^{44} sɛ^{0}]	打衣衫[ta^{312} i^{33} sã^{33}]
贴边(缝在衣服里子边上的窄条)	組边[tsan^{44} pian^{44}]	垫边[die^{5} pian^{45}]	贴边[tʰiɛ^{35} pin^{33}]/扎边 [tsa^{35} pin^{33}]		
绲边(在衣服、布鞋等的边缘特别缝制的一种圆棱的边儿)		包边[pau^{45} pian^{45}]	绲边[kuəŋ^{31} pin^{33}]		绲边[kuən^{312} pĩɪ^{33}]

续 表

词 条	岳阳市	临 湘	醴 陵	永 兴	隆 回
缲边儿	缲边[tɕiau^{31} pian^{44}]		绞边[tɕiu^{31} pin^{33}]/缲边[tɕ^{h}iu^{31} pin^{33}]	缲边[tsɤ^{41} piɛ^{44}]	索边[so^{312} pĩɪ^{33}]
鞔鞋帮儿		做鞋沿哩[tso^{24} xe^{12} ya^{5} ni^{21}]	鞔鞋帮子[uan^{31} xai^{33} poŋ^{33} tsɿ^{0}]	上鞋[sɔ^{41} xa^{35}]	
纳鞋底儿	纳鞋底[la^{45} xai^{13} ti^{31}]	打鞋底[ta^{21} xe^{12} ti^{21}]	打鞋底[ta^{31} xai^{13} ti^{31}]	打鞋底[ta^{41} xa^{35} ti^{41}]	打鞋底公[ta^{312} hai^{13} ti^{312} kɤŋ^{33}]
钉扣子	钉扣子[tin^{24} gəu^{24} tsɿ^{0}]	組扣哩[tsan^{24} ge^{24} ni^{0}]	組扣子[tsan^{11} k^{h}eu^{11} tsɿ^{0}]	組扣子[tse^{13} k^{h}e^{13} tsɿ^{0}]	組扣子[tsã^{51} tɕ^{h}iə^{51} tsɿ^{0}]
锈花儿	绣花[ɕiəu^{24} fa^{44}]	绣花[ɕiəu^{24} xua^{45}]	绣花[ɕiou^{11} fa^{33}]	绣花[ɕiəɯ^{13} xo^{44}]	绣花[ɕiəu^{51} xua^{33}]
打补丁	打补丁[ta^{31} pu^{31} tin^{44}]	补衣服[pu^{21} i^{45} fu^{12}]	打补子[ta^{31} pu^{31} tsɿ^{0}]/打补丁[ta^{31} pu^{31} tiŋ^{33}]	打补丁[ta^{41} pv̩^{41} tən^{44}]	打补丁[ta^{312} pu^{312} tẽ^{33}]
做被卧	組被窝[tsan^{24} pi^{24} ŋo^{24}]				組被[tsã^{51} p^{h}i^{312}]
洗衣服	洗衣服[ɕi^{31} i^{44} fu^{45}]	洗衣服[ɕi^{21} i^{45} fu^{12}]	洗衣裳[ɕi^{31} i^{33} t^{h}oŋ^{13}]	洗衣衫[se^{41} i^{44} sɛ^{0}]	洗衣衫[si^{312} i^{33} sã^{33}]
洗一水(一次)	洗一道[ɕi^{31} i^{45} dau^{22}]	洗一道[ɕi^{21} i^{5} tau^{24}]	洗一出水[ɕi^{31} i^{35} k^{h}y^{35} ɕy^{31}]/洗一道[ɕi^{31} i^{35} tao^{11}]	洗一道[se^{41} i^{21} tɤ^{13}]	洗一道[si^{312} i^{33} tʌu^{51}]/趙一道[iəu^{51} i^{33} tʌu^{51}]
投(用清水漂洗)	吐$^{=}$[dəu^{31}]	摆$^{=}$[pai^{21}]	散[san^{11}]	净$^{=}$[tɕ^{h}iən^{13}]/摆[pa^{41}]	趙[iəu^{51}]
晒衣服	晒衣服[sai^{24} i^{44} fu^{45}]	晒衣服[sai^{24} i^{45} fu^{12}]	晒衣裳[sai^{11} i^{33} t^{h}oŋ^{13}]/晾衣裳[loŋ^{11} i^{33} t^{h}oŋ^{13}]	晒衣衫[sa^{13} i^{44} sɛ^{0}]	晾衣衫[lõ^{51} i^{33} sã^{33}]

续 表

词 条	岳阳市	临 湘	醴 陵	永 兴	隆 回
晾衣服	晾衣服[liaŋ^{22} i^{44} fu^{45}]			摊衣裳[tʰɛ^{44} i^{44} sɛ^{0}]	晒衣衫[sai^{51} i^{33} sã^{33}]
浆衣服	浆衣服[tɕiaŋ^{44} i^{44} fu^{45}]	浆衣服[tɕiɔ̃^{45} i^{45} fu^{21}]	浆衣裳[tɕioŋ^{33} i^{33} tʰoŋ^{13}]	浆衣衫[tɕiɔ^{13} i^{44} sɛ^{0}]	浆衣衫[tsiɑ̃^{33} i^{33} sã^{33}]
熨衣服	熨衣服[yn^{24} i^{44} fu^{45}]	熨衣服[yn^{24} i^{45} fu^{12}]	烫衣裳[tʰoŋ^{11} i^{33} tʰoŋ^{13}]	烫衣衫[tʰɔ^{13} i^{44} sɛ^{0}]	熨衣衫[y^{51} i^{33} sã^{33}]
生火	烧火[sau^{44} xo^{31}]	烧火[sau^{45} xo^{21}]	发火[fa^{35} fo^{31}]	烧火[sɤ^{44} xʊ^{41}]/漏⁼火[le^{13} xʊ^{41}]	烧水[ɕiə^{33} xo^{312}]
做饭(总称)	煮饭[tɕy^{31} fan^{22}]	煮饭[tɕy^{21} fan^{33}]	搞饭[kao^{31} fan^{11}]/舞饭[u^{31} fan^{11}]/办饭[pʰan^{11} fan^{11}]/煮饭[tɕy^{31} fan^{11}]	煮饭[tɕy^{41} fɛ^{13}]	煮饭[tɕu^{312} fã^{51}]
淘米	淘米[dau^{13} mi^{31}]	淘米[dau^{12} mi^{21}]	淘米[tʰao^{13} mi^{31}]/洗米[ɕi^{31} mi^{31}]	淘米[tɤ^{35} mən^{41}]	淘米[hʌu^{13} mẽ^{312}]
发面		发面[fa^{5} mian^{12}]	发灰面[fa^{35} fei^{33} min^{11}]	发面灰[fa^{21} miɛ^{13} xuɪ^{44}]	发面[fa^{33} mĩɪ^{51}]
和面	和面[xo^{13} mian^{22}]	揉面[zəu^{12} mian^{12}]	和面[xo^{13} min^{11}]	和面[xʊ^{44} miɛ^{13}]	和面[xo^{51} mĩɪ^{51}]
揉面	揉面[zəu^{13} mian^{22}]		揉面[iou^{13} min^{11}]	赛⁼面[se^{13} miɛ^{13}]	
择菜	择菜[dze^{45} dzai^{24}]	拣菜[kan^{21} dzai^{24}]	拣菜[kan^{31} tsʰoi^{11}]	拣菜[kɛ^{41} tsʰa^{13}]	择菜[tsʰa^{13} tsʰui^{51}]
做菜(总称)	炒菜[dzau^{31} dzai^{24}]	炒菜[dzau^{21} dzai^{12}]	熝菜[ŋao^{33} tsʰoi^{11}]/哄⁼菜[xoŋ^{11} tsʰoi^{11}]	煮菜[tɕy^{41} tsʰa^{13}]	炒菜[tsʰʌu^{312} tsʰui^{51}]/弄菜[lɤŋ^{51} tsʰui^{51}]

续 表

词　条	岳阳市	临　湘	醴　陵	永　兴	隆　回
做汤	打汤[ta^{31} daŋ^{44}]	煮汤[tɕy^{21} dɔ̃^{45}]	打汤[ta^{31} t^{h}oŋ^{33}]/氽汤[ts^{h}oŋ^{33} t^{h}oŋ^{33}]	开汤[k^{h}e^{44} t^{h}ɔ^{44}]/打汤[ta^{41} t^{h}ɔ^{44}]	打汤[ta^{312} hõ^{33}]
饭好了(包括饭菜)	饭好了[fan^{22} xau^{31} liau^{0}]	饭熟哒[fan^{33} səu^{5} ta^{0}]	饭熟咖哒[fan^{11} sou^{35} ka^{33} ta^{0}]	饭熟唧[fɛ^{13} səu^{44} tɕi^{0}]	饭要的哩[fã^{51} iə^{51} ti^{0} li^{0}]
(饭)生	生[sən^{44}]/夹生[tɕia^{45} sən^{44}]	碴牙[tsa^{5} ŋa^{12}]	夹生[ka^{35} sɛn^{33}]	有炸$^{=}$[mɤ^{13} tso^{13}]	生的[sõ^{33} kei^{0}]
开饭	开饭[gai^{44} fan^{22}]	喫饭哒[dʑia^{5} fan^{33} ta^{0}]	喫饭哒[tɕ^{h}ia^{35} fan^{11} ta^{0}]	喫饭唧[tɕ^{h}io^{21} fɛ^{13} tɕi^{0}]	喫饭哩[tɕ^{h}ia^{33} fã^{51} li^{0}]
盛饭	装饭[tsuaŋ^{44} fan^{22}]/添饭[dian^{44} fan^{22}]	上饭[sɔ̃^{24} fan^{33}]	张饭[toŋ^{33} fan^{11}]	张饭[tsɔ^{44} fɛ^{13}]	张饭[tiɑ̃^{33} fã^{51}]
吃饭	喫饭[dʑi^{45} fan^{22}]	喫饭[dʑia^{5} fan^{33}]	喫饭[tɕ^{h}ia^{35} fan^{11}]	喫饭[tɕ^{h}io^{21} fɛ^{13}]	喫饭[tɕ^{h}ia^{33} fã^{51}]
搛菜	搛菜[nian^{13} dzai^{24}]	夹菜[tɕia^{5} dzai^{24}]/搛菜[lian^{45} dzai^{24}]	夹菜[ka^{35} ts^{h}oi^{11}]	夹菜[ko^{21} ts^{h}a^{13}]	夹菜[kiɛ^{33} ts^{h}ui^{51}]
舀汤	舀汤[iau^{31} daŋ^{44}]	㪺汤[ua^{21} dɔ̃^{45}]	㪺汤[ua^{31} t^{h}oŋ^{33}]	调汤[tiɤ^{35} t^{h}ɔ^{44}]/淘汤[tɤ^{35} t^{h}ɔ^{44}]	舀汤[iə^{312} hõ^{33}]
吃早饭	喫早点[dʑi^{45} tsau^{31} tian^{31}]/喫点心[dʑi^{45} tian^{31} ɕin^{44}]/喫早饭[dʑi^{45} tsau^{31} fan^{22}]	喫早饭[dʑia^{5} tsau^{21} fan^{33}]	喫早饭[tɕ^{h}ia^{35} tsao^{31} fan^{11}]	喫早饭[tɕ^{h}io^{21} tsɤ^{41} fɛ^{13}]/打早伙[ta^{41} tsɤ^{41} xʊ^{0}]	喫早饭[tɕ^{h}ia^{33} tsʌu^{312} fã^{51}]

续　表

词　条	岳　阳　市	临　　湘	醴　　陵	永　　兴	隆　　回
吃午饭	喫午饭[dʑi^{45} u^{31} fan^{22}]/喫中饭[dʑi^{45} tsoŋ^{44} fan^{22}]	喫中饭[dʑia^{5} dzen^{45} fan^{33}]	喫中饭[tɕʰia^{35} təŋ^{33} fan^{11}]	喫中饭[tɕʰio^{21} tsoŋ^{44} fɛ^{13}]/打中伙[ta^{41} tsoŋ^{44} xʊ^{0}]	喫晌饭[tɕʰia^{33} ɕiõ^{312} fã^{51}]
吃晚饭	喫晚饭[dʑi^{45} uan^{31} fan^{22}]/喫夜饭[dʑi^{45} ie^{22} fan^{22}]	喫夜饭[dʑia^{5} ia^{33} fan^{33}]	喫夜饭[tɕʰia^{35} ia^{11} fan^{11}]	喫夜饭[tɕʰio^{21} io^{13} fɛ^{0}]/打夜伙[ta^{41} io^{13} xʊ^{0}]	喫夜饭[tɕʰia^{33} ia^{51} fã^{51}]
吃零食	喫零食[dʑi^{45} lin^{13} sɿ^{45}]/喫零细[dʑi^{45} lin^{13} ɕi^{24}]	喫零食[dʑia^{5} liɔ̃^{12} sɿ^{5}]	喫零星[tɕʰia^{13} liaŋ^{13} ɕiaŋ^{33}]	喫零碎[tɕʰio^{21} lən^{35} sui^{0}]	喫零星东西[tɕʰia^{33} liɑ^{33} siɑ̃^{33} tɤŋ^{33} sɿ^{0}]
使筷子	用筷子[ioŋ^{22} guai^{24} tsɿ^{0}]/拿筷子[la^{13} guai^{24} tsɿ^{0}]	拿筷子[la^{45} guai^{24} tsɿ^{21}]	用筷子[iŋ^{11} kʰuai^{11} tsɿ^{0}]	拿筷子夹[lɛ^{44} kʰue^{13} tsɿ^{0} ko^{21}]	拿筷子[la^{13} kʰuai^{51} tsɿ^{0}]
肉不烂	肉不烂[zəu^{45} pu^{45} lan^{22}]	肉不烂[ləu^{5} pu^{5} lan^{33}]	肉冇炆烂[niou^{35} mao^{11} uəŋ^{13} lan^{11}]	肉冇熟[iəɯ^{44} mɤ^{13} səɯ^{44}]	
嚼不动	嚼不动[tɕio^{45} pu^{45} toŋ^{22}]/咬不动[ŋau^{31} pu^{45} toŋ^{22}]	砑⁼不动[ŋa^{5} bu^{33} den^{33}]	咬不烂[ŋao^{11} pu^{35} lan^{11}]	咬唔烂[ɤ^{41} ən^{21} lɛ^{13}]	喫唔烂[tɕʰia^{33} n̩^{33} lã^{51}]
(吃饭)噎住了	噎住了[ni^{45} dʑy^{22} liau^{0}]/哽住了[kən^{31} dʑy^{22} liau^{0}]	挡⁼倒[tɔ̃^{21} tau^{33}]	哽哒[kan^{31} ta^{0}]	噎得唧[ie^{21} te^{0} tɕi^{0}]	哽到哩[kẽ^{312} tə^{0} li^{0}]
打嗝儿(吃饭后)	打嗝[ta^{31} kə^{45}]	食噎[sɿ^{5} nie^{5}]	打嗝哒[ta^{31} kɛ^{35} ta^{0}]/打核⁼古[ta^{31} xɛ^{35} ku^{31}]	打饱嚇⁼[ta^{41} pɤ^{41} iɛ^{0}]	悔⁼饱气[xui^{312} pʌu^{312} tɕʰi^{51}]

续 表

词 条	岳阳市	临 湘	醴 陵	永 兴	隆 回
(吃得太多了)撑着了	胀了[tsaŋ^{24} liau^{0}]	喫胀哒[dʑia^{5} dzɔ̃^{12} ta^{21}]	胀哒[toŋ^{11} ta^{0}]	胀得唧[tsɔ^{13} te^{0} tɕi^{0}]	胀到哩[tiɑ̃^{51} tə^{0} li^{0}]/胀饱箇[tiɑ̃^{51} pʌu^{312} kei^{0}]
嘴没味儿	喫的有味[dʑi^{45} ti^{44} mau^{22} uei^{31}]/喫着不香[dʑi^{45} tso^{45} pu^{45} ɕiaŋ^{44}]		失口[sɛ^{35} k^{h}eu^{31}]/嘴巴冇味[tɕi^{31} pa^{0} mao^{11} uei^{11}]	嘴巴冇味道[tɕy^{41} po^{0} mɤ^{13} uɪ^{13} tɤ^{0}]	嘴巴没点味[tsui^{312} pa^{33} mei^{13} tiɛ^{312} ui^{53}]
喝茶	喝茶[xo^{45} tsa^{13}]/喫茶[dʑi^{45} tsa^{13}]/饮茶[in^{31} tsa^{13}]	喫茶[dʑia^{5} dza^{12}]/喝茶[xo^{45} dza^{12}]	喫茶[tɕ^{h}ia^{35} ts^{h}a^{13}]	喫茶[tɕ^{h}io^{21} ts^{h}o^{35}]	喫茶[tɕ^{h}ia^{33} ts^{h}a^{13}]
喝酒	喝酒[xo^{45} tɕiəu^{31}]/喫酒[dʑi^{45} tɕiəu^{31}]	喫酒[dʑia^{5} tɕiu^{21}]/喝酒[xo^{45} tɕiəu^{21}]	喫酒[tɕ^{h}ia^{35} tɕiou^{31}]	喫酒[tɕ^{h}io^{21} tɕiəɯ^{41}]	喫酒[tɕ^{h}ia^{33} tɕiəu^{312}]
抽烟	抽烟[dzəu^{44} ian^{44}]/吸烟[tɕi^{45} ian^{44}]	喫烟[dʑia^{5} ian^{45}]	喫烟[tɕ^{h}ia^{35} in^{33}]	喫烟[tɕ^{h}io^{21} iɛ^{44}]	喫烟[tɕ^{h}ia^{33} ĩɪ^{33}]
饿了	饿了[ŋo^{22} liau^{0}]/肚子饿了[təu^{31} tsɿ^{31} ŋo^{22} liau^{0}]/饥了[tɕi^{44} liau^{0}]	饿哒[o^{33} ta^{0}]	肚子饥[tou^{11} tsɿ^{0} tɕi^{33}]	朵$^{=}$荒[tʊ^{41} xuɔ^{44}]	肚膪[tu^{312} ts^{h}ʌu^{13}]/饿的哩[o^{51} tə^{0} li^{0}]
起床	起床[dʑi^{31} dzuaŋ^{13}]/起身[dʑi^{31} sən^{44}]	起床[dʑi^{21} dzɔ̃^{12}]	起头[tɕ^{h}i^{31} t^{h}eu^{13}]	起头[ɕi^{41} te^{35}]	起来[tɕ^{h}i^{312} lɛ^{13}]
洗手	洗手[ɕi^{31} səu^{31}]	洗手[ɕi^{21} səu^{21}]	洗手[ɕi^{31} sou^{31}]	洗手[se^{41} səɯ^{41}]	洗手[sĩɪ^{312} ɕiəu^{312}]

续 表

词 条	岳 阳 市	临 湘	醴 陵	永 兴	隆 回
洗脸	洗脸[ɕi^{31} lian^{31}]/洗面[ɕi^{31} mian^{22}]	洗脸[ɕi^{21} lian^{21}]	洗面[ɕi^{31} min^{11}]	洗面[se^{41} miɛ^{13}]	洗面[si^{312} mĩɪ^{51}]
漱口	漱口[səu^{24} gəu^{31}]	漱口[səu^{24} ge^{21}]	淌口[t^{h}oŋ^{31} k^{h}eu^{31}]	漱口[sv̩^{13} k^{h}e^{41}]	漱口[su^{51} tɕ^{h}iə^{312}]
刷牙	刷牙[sua^{45} ia^{13}]	洗口[ɕi^{21} ge^{21}]	刷牙齿[sa^{35} ŋa^{35} ts^{h}ʅ^{31}]	漱口[sv̩^{13} k^{h}e^{41}]	刷牙子[sua^{33} ã^{13} tsɿ^{0}]
梳头	梳头[səu^{44} dəu^{13}]/梳头发[səu^{44} dəu^{13} fa^{45}]	梳头发[səu^{45} dəu^{12} fa^{5}]	梳头发[sou^{33} t^{h}eu^{13} fa^{35}]	梳头发[sv̩^{44} te^{35} fv̩^{0}]	梳脑壳[su^{33} lʌu^{312} ko^{33}]
梳辫子	梳辫子[səu^{44} pian^{22} tsɿ^{0}]	梳辫子[səu^{45} pian^{33} tsɿ^{0}]	扎辫子[tsa^{35} pin^{11} tsɿ^{0}]	扎辫子[tso^{41} piɛ^{44} tsɿ^{0}]	织辫子[tɕi^{33} pĩɪ^{51} tsɿ^{0}]
梳髻	挽簪[uan^{31} tsan^{22}]	盘头发[bø^{12} dəu^{12} fa^{5}]	梳巴巴脑[sou^{33} pa^{33} pa^{0} lao^{31}]	梳粑粑脑[sv̩^{44} pa^{35} pa^{0} lɤ^{41}]	
剪指甲	剪指甲[tɕian^{31} tsɿ^{31} tɕia^{45}]	剪指甲壳哩[tɕian^{21} tsɿ^{45} ka^{0} ko^{45} ni^{0}]	剪指甲子[tɕin^{31} tsɿ^{35} ka^{35} tsɿ^{0}]	剪手指甲[tɕiɛ^{41} səu^{41} tsɿ^{0} ko^{21}]	剪手指甲[tsĩɪ^{312} ɕiəu^{312} tsɿ^{312} kiɛ^{33}]
掏耳朵	挖耳朵[ua^{45} ə^{31} to^{31}]	挖耳朵[ua^{45} ə^{21} to^{45}]	挖耳朵[ua^{33} ɛ^{31} to^{33}]	挖耳屎[ua^{44} e^{41} sɿ^{0}]	挖耳朵[yɛ^{33} ɛ^{312} to^{312}]
洗澡	洗澡[ɕi^{31} tsau^{31}]/洗身[ɕi^{31} sən^{44}]	洗汗[ɕi^{21} xø^{33}]	洗澡[ɕi^{31} tsao^{31}]	洗澡[se^{41} tsɤ^{41}]	洗澡[sĩɪ^{312} tsʌu^{312}]
擦澡	抹澡[ma^{22} tsau^{31}]/擦身[dza^{13} sən^{44}]	抹汗[ma^{5} xø̃^{33}]	擦澡[ts^{h}a^{35} tsao^{31}]/擦熳[ts^{h}a^{35} man^{11}]	抹澡[ma^{21} tsɤ^{41}]	擦澡[ts^{h}iɛ^{33} tsʌu^{312}]

续表

词条	岳阳市	临湘	醴陵	永兴	隆回
小便(动词)	小便[ɕiau^{31} pian^{22}]/小解[ɕiau^{31} kai^{31}]/屙尿[ŋo^{45} niau^{22}]/解小手[kai^{31} ɕiau^{31} səu^{31}]	屙尿[o^{45} niau^{33}]	屙尿[uo^{33} niu^{11}]/解小手[kai^{31} ɕiu^{31} sou^{31}]	解小手[ke^{41} ɕiɤ^{41} səɯ^{41}]/屙尿[ʊ^{44} iɤ^{13}]	射尿[ɕia^{51} iə^{51}]/解小手[kai^{312} siə^{312} ɕiəu^{312}]
大便(动词)	大便[ta^{22} pian^{22}]/出恭[dʑy^{45} kən^{44}]/[解大手 kai^{31} ta^{22} səu^{31}]/屙屎[ŋo^{45} sɿ^{31}]	屙屎[o^{45} sɿ^{21}]	屙屎[uo^{33} sɿ^{31}]/屙屉屉[uo^{33} pa^{31} pa^{33}]/解大手[kai^{31} t^{h}ai^{11} sou^{31}]	解大手[ke^{41} ta^{13} səɯ^{41}]/屙屎[ʊ^{44} sɿ^{41}]	屙屎[o^{33} sɿ^{312}]/解大手[kai^{312} ha^{51} ɕiəu^{312}]
乘凉	乘凉[sən^{13} liaŋ^{13}]	乘凉[sen^{12} liɔ̃^{12}]	歇凉[ɕiɛ^{35} lioŋ^{13}]/躲阴[to^{31} iŋ^{33}]	歇凉[ɕie^{21} liɔ^{35}]	歇凉[ɕiɛ^{33} liɑ̃^{13}]/躲阴[to^{312} iẽ^{33}]
晒太阳	晒太阳[sai^{24} dai^{24} iaŋ^{13}]	晒太阳[sai^{24} dai^{24} iɔ̃^{21}]	晒太阳[sai^{11} t^{h}ai^{11} ioŋ^{13}]	晒太阳[sa^{13} t^{h}e^{13} iɔ^{0}]	晒日头[sai^{51} n̩^{33} hiə^{13}]
烤火(取暖)	烤火[gau^{31} xo^{31}]/向火[ɕiaŋ^{24} xo^{31}]	炙火[tsa^{5} xo^{21}]	炙火[t^{h}a^{35} fo^{31}]	炙火[tso^{21} xʊ^{41}]	炙火[tɕia^{33} xo^{312}]
点灯	点灯[tian^{31} tən^{44}]	点灯[tian^{21} ten^{45}]	点灯[tin^{31} tɛn^{33}]	点灯[tiɛ^{41} tən^{44}]	点灯盏[tĩɪ^{312} tẽ^{33} tsã^{312}]
熄灯	吹灯[dzuei^{44} tən^{44}]/熄灯[ɕi^{45} tən^{44}]/灭灯[mie^{45} tən^{44}]	吹灯[dʑy^{45} ten^{45}]	吹灯[tɕ^{h}y^{33} tɛn^{33}]/关电亮[kuan^{33} t^{h}in^{11} lioŋ^{11}]	熄灭坨火[ɕi^{21} mie^{44} tʊ^{0} xʊ^{41}]/吹灭坨火[tɕ^{h}y^{44} mie^{44} tʊ^{0} xʊ^{41}]	关灯[kuɑ̃^{33} tẽ^{33}]
歇歇(休息一会儿)	休息休息[ɕiəu^{44} ɕi^{45} ɕiəu^{44} ɕi^{45}]/歇歇[ɕie^{45} ɕie^{0}]	歇一下[ɕie^{5} i^{0} xa^{21}]	歇下唧气[ɕiɛ^{35} xa^{11} tɕi^{0} tɕ^{h}i^{11}]	歇气[ɕie^{21} ɕi^{13}]	歇肩$^{=}$[ɕie^{33} kã^{33}]

续表

词条	岳阳市	临湘	醴陵	永兴	隆回
打盹儿	打瞌睡[ta^{31} go^{45} suei^{22}]/栽瞌睡[tsai^{44} go^{45} suei^{22}]	打瞌睡[ta^{21} go^{5} ɕy^{21}]	射下眼[sa^{11} xa^{11} ŋan^{31}]	睟睏[tsʰur^{21} xuən^{13}]	啄⁼眼闭[tso^{51} ã^{312} pi^{51}]
打哈欠	打哈欠[ta^{31} xa^{44} ɕian^{44}]	打哈咽[ta^{21} xa^{45} in^{45}]	打哈咽[ta^{31} xa^{33} iŋ^{11}]	打啊欠[ta^{41} a^{0} tɕʰiɛ^{0}]	打哈扇[ta^{312} xua^{33} sĩɪ^{51}]
困了	困了[guən^{24} liau^{31}]/想睡觉[ɕiaŋ^{31} suei^{22} tɕiau^{24}]	吃不消哒[dʑia^{5} pu^{5} ɕiau^{45} ta^{0}]	打瞌哒[ta^{31} kʰo^{35} ta^{0}]/累哒[lei^{11} ta^{0}]	想睏唧[ɕiɔ^{41} xuən^{13} tɕi^{0}]	聊⁼得死[liə^{13} tə^{0} sɿ^{312}]
铺床	铺床[bu^{44} dzuaŋ^{13}]	铺床[bu^{45} dzɔ̃^{12}]	摊铺[tʰan^{33} pʰu^{33}]	开床[kʰe^{44} tsʰɔ^{35}]	铺被[pʰu^{33} pʰi^{312}]
躺下	躺下[daŋ^{31} ɕia^{22}]/睡下[suei^{22} ɕia^{22}]	睏下来[gun^{24} xa^{33} lai^{0}]	睏下去[kʰuəŋ^{11} xa^{11} tɕʰiɛ^{11}]	睏下[xuən^{13} xo^{41}]	睏倒[kʰuən^{51} tʌu^{312}]
睡着了	睡着了[suei^{22} tso^{45} liau^{0}]	睏着哒[gun^{24} tso^{5} ta^{0}]	睏着哒[kʰuəŋ^{11} tʰo^{35} ta^{0}]	睏着唧[xuən^{13} tsʰʊ^{44} tɕi^{0}]/睏眼眯唧[xuən^{13} ɛ^{41} mən^{44} tɕi^{0}]	睏敞嘎哩[kʰuən^{51} tɕʰiõ^{312} ka^{0} li^{0}]/落心眼闭[lo^{51} sẽ^{33} ã^{312} pi^{51}]安稳觉
打呼	打鼾[ta^{31} xan^{44}]/打噗⁼鼾[ta^{31} bu^{44} xan^{44}]	打鼾[ta^{21} xø^{45}]	打鼾呼[ta^{31} xoŋ^{33} fu^{33}]	鼓屁[kɣ̩^{41} pʰi^{13}]	打鼾[ta^{32} hã^{33}]
睡不着	睡不着觉[suei^{22} pu^{45} tso^{45} tɕiau^{24}]/睡不着[suei^{22} pu^{45} tso^{45}]	睏不着[gun^{24} pu^{5} tso^{5}]	睏不着[kʰuəŋ^{11} pu^{35} tʰoŋ^{35}]	睏不着[xuən^{13} pɣ̩^{0} tsʰʊ^{44}]	唔睏敞[n̩^{33} kʰuən^{51} tɕʰiõ^{312}]

续 表

词 条	岳阳市	临 湘	醴 陵	永 兴	隆 回
睡午觉	睡午觉 [suei^{22} u^{31} tɕiau^{24}]/午睡 [u^{31} suei^{22}]	睏中觉 [gun^{24} tsen^{45} kau^{33}]	睏觉[kʰuəŋ^{11} kao^{11}]	午睡[v̩^{41} suɪ^{13}]	睏眼闭[kʰuən^{51} ã^{312} pi^{51}]
仰面睡	仰倒睡 [iaŋ^{31} tau^{31} suei^{22}]	仰到睏到 [iɔ̃^{21} tau^{0} gun^{24} tau^{21}]	仰起睏 [nioŋ^{31} tɕʰi^{31} kʰuəŋ^{11}]	睏仰箇[xuən^{13} iɔ^{35} kɤ^{0}]	向天睏 [ɕiõ^{51} hĩɪ^{33} kʰuən^{51}]
侧着睡	侧倒睡 [dze^{45} tau^{1} suei^{22}]/侧身子睡 [dze^{45} sən^{44} tsɿ^{0} suei^{22}]	侧到睏到 [tse^{5} tau^{21} gun^{24} tau^{0}]	侧哒睏 [tsɛ^{35} ta^{0} kʰuəŋ^{11}]	睏侧箇 [xuən^{13} tse^{21} kɤ^{0}]	捩起睏 [tɕiəu^{33} tɕʰi^{312} kʰuən^{51}]
趴着睡	趴倒睡 [pa^{45} tau^{31} suei^{22}]	伏到睏到 [bu^{5} tau^{21} gun^{24} tau^{0}]	伏哒睏 [pʰu^{35} ta^{0} kʰuəŋ^{11}]	睏伏箇 [xuən^{13} pʰʊ^{21} kɤ^{0}]	趴起(哒)睏 [pʰa^{312} tɕʰi^{312} (ta^{0}) kʰuən^{51}]
落枕	失枕了 [se^{45} tsən^{31} liau^{0}]	失枕[sɿ^{5} tsen^{21}]	捩哒颈[liɛ^{11} ta^{0} tɕiaŋ^{31}]	失唧枕[sɿ^{21} tɕi^{0} tɕiən^{41}]	颈牯迂起哩 [tɕiõ^{312} ku^{33} u^{33} tɕʰi^{312} li^{0}]
抽筋了	抽筋[dzəu^{44} tɕin^{44}]/脚转筋 [tɕio^{45} tsuan^{13} tɕin^{44}]	抽筋[dzəu^{45} tɕin^{45}]	转筋[kyɛn^{31} tɕiŋ^{33}]	抽筋[tsʰəu^{44} tɕiən^{44}]	发鸡扯[fa^{33} tɕi^{33} tɕʰia^{312}] 指手脚指头/转筋 [tɕyẽ^{51} kẽ^{33}]指小腿
做梦	做梦[tsəu^{24} mən^{22}]	做梦[tsəu^{24} men^{24}]/心想梦[ɕin^{45} ɕiɔ̃^{21} men^{33}] 日有所思夜有所梦	做梦[tsou^{11} məŋ^{11}]	得梦[te^{21} moŋ^{13}]	做梦[tsɿ^{51} mɤŋ^{51}]/发梦冲[fa^{33} mɤŋ^{51} tɕʰɤŋ^{33}]

续　表

词　条	岳阳市	临　湘	醴　陵	永　兴	隆　回
说梦话	说梦话[ɕye^{45} mən^{22} fa^{22}]	说梦话[ɕye^{5} men^{33} xua^{33}]	讲梦话[koŋ^{31} məŋ^{11} ua^{11}]/打梦讲[ta^{31} məŋ^{11} koŋ^{31}]	冲梦冲[ts^{h}oŋ^{44} moŋ^{13} ts^{h}oŋ^{0}]/发梦冲[fo^{21} moŋ^{13} ts^{h}oŋ^{0}]/讲梦话[kɔ^{21} moŋ^{13} xua^{0}]	讲梦话[kõ^{312} mɤŋ^{51} ua^{33}]
魇住了	压到了[ia^{45} tau^{31} liau^{0}]		鬼浅$^{=}$哒[kuei^{31} tɕ^{h}in^{31} ta^{0}]	梦魇鬼浅$^{=}$得唧[moŋ^{13} iɛ^{41} kuɪ^{41} tɕ^{h}iɛ^{41} te^{0} tɕi^{0}]	
熬夜	熬夜[ŋau^{13} ie^{22}]/坐夜[dzo^{22} ie^{22}]		熬夜[ŋao^{13} ia^{11}]	加夜班[tɕia^{44} io^{13} pɛ^{0}]	
开夜车	开夜车[gai^{44} ie^{22} dzə^{44}]/赶夜工[kan^{31} ie^{22} koŋ^{44}]	打夜工[ta^{21} ia^{33} ken^{45}]	打夜庄[ta^{31} ia^{11} tsoŋ^{33}]/开夜车[k^{h}oi^{33} ia^{11} t^{h}a^{33}]		打个圞夜[ta^{312} kə^{51} lɤŋ^{13} ia^{51}]/打夜班[ta^{312} ia^{51} pã^{312}]
下地(去地里干活)	下地[ɕia^{22} di^{22}]		下田[xa^{11} t^{h}in^{13}]	下田[xo^{41} tiɛ^{35}]	做功夫[tsɿ^{51} kɤŋ^{33} fu^{33}]
上工	上工[saŋ^{22} koŋ^{44}]	出工[dʑy^{5} ken^{45}]	出工[k^{h}y^{35} kuəŋ^{33}]	开工[k^{h}e^{44} koŋ^{44}]	出工[tɕ^{h}u^{33} kɤŋ^{33}]
收工	歇工[ɕie^{45} koŋ^{44}]/收工[səu^{44} koŋ^{44}]	收工[səu^{45} ken^{45}]	收工[sou^{33} kuəŋ^{33}]	收工[səɯ^{44} koŋ^{44}]	散工[sã^{51} kɤŋ^{33}]
出去了	出去了[dʑy^{45} dʑy^{24} liau^{0}]	出去哒[dʑy^{5} dʑi^{0} ta^{0}]	出去哒[k^{h}y^{35} tɕ^{h}iɛ^{11} ta^{0}]	出逅唧[tɕ^{h}i^{21} xəɯ^{0} tɕi^{0}]	
回家了	回家了[fei^{13} tɕia^{44} liau^{0}]/回来了[fei^{13} lai^{13} liau^{0}]	回来哒[fe^{12} lai^{12} ta^{0}]	回来哒[fei^{13} lai^{13} ta^{0}]	逅屋底逅唧[xəɯ^{13} əɯ^{21} te^{0} xəɯ^{13} tɕi^{0}]	回来哩[xui^{13} lɛ^{13} li^{0}]

续 表

词 条	岳阳市	临 湘	醴 陵	永 兴	隆 回
逛街	散散步[san^{24} san^{24} pu^{22}]/走走[tsəu^{31} tsəu^{31}]	上街[sɔ^{21} tɕiɛ^{45}]/到街上去玩[tau^{21} kai^{45} sɔ̃^{33} dʑi^{33} uan^{12}]	上街[soŋ^{11} kai^{11}]/到街上耍[tao^{11} kai^{33} soŋ^{11} sa^{31}]	出街[tɕʰi^{21} ka^{44}]	
拾柒 讼事					
打官司	打官司[ta^{31} kuan^{44} sɿ^{22}]		打官司[ta^{31} koŋ^{33} sɿ^{33}]	打官司[ta^{41} kuɛ^{44} sɿ^{44}]	打官司[ta^{312} kuɑ̃^{33} sɿ^{33}]
告状(动宾)	告状[kau^{24} tsuaŋ^{22}]	告状[kau^{24} tsɔ̃^{33}]	告状[kao^{11} tsoŋ^{11}]	告状[kɤ^{13} tsɔ^{13}]	告状[kʌu^{51} tsʰõ^{51}]
原告	原告[yan^{13} kau^{24}]	告状箇人[kau^{24} tsɔ̃^{33} kə^{0} en^{12}]	原告[yɛn^{13} kao^{11}]	原告[yɛ^{13} kɤ^{13}]	
被告	被告[bi^{22} kau^{24}]	告状箇人[kau^{24} tsɔ̃^{33} kə^{0} en^{12}]	被告[pei^{11} kao^{11}]		
状子	状子[tsuaŋ^{22} tsɿ^{0}]	状子[tsɔ̃^{33} tsɿ^{21}]	状子[tsʰoŋ^{11} tsɿ^{0}]	状子[tsɔ^{13} tsɿ^{0}]	状纸[tsʰõ^{51} tsɿ^{312}]
坐堂	升堂[sən^{44} daŋ^{13}]		坐堂[tsʰo^{11} tʰoŋ^{13}]	升堂[sən^{44} tʰɔ^{21}]	
退堂	退堂[dei^{24} daŋ^{13}]		退堂[tʰei^{11} tʰoŋ^{13}]	退堂[tʰuɪ^{13} tʰɔ^{21}]	
问案	问案[uən^{22} ŋan^{24}]		审案[səŋ^{31} ŋoŋ^{11}]	问案[uən^{13} ɛ^{13}]	
过堂	过堂[ko^{24} daŋ^{13}]		过堂[ku^{11} tʰoŋ^{13}]	过堂[kʊ^{13} tʰɔ^{21}]	
证人	证人[tsən^{24} zən^{13}]	证人[tsen^{24} en^{12}]	证人[təŋ^{11} niŋ^{13}]	证明人[tɕiən^{13} mən^{0} ən^{35}]	证人[tɕiẽ^{51} iẽ^{13}]
人证	人证[zən^{13} tsən^{24}]		人证[niŋ^{13} təŋ^{11}]	人证[ən^{35} tɕiən^{13}]	

续　表

词　条	岳阳市	临　湘	醴　陵	永　兴	隆　回
物证	物证[u^{45} tsən^{24}]		物证[u^{35} təŋ^{11}]	物证[v̩^{21} tɕiən^{13}]	
对质	对质[tei^{24} tsɿ^{45}]		对质[tei^{11} tsɿ^{35}]	质证[tsɿ^{21} tɕiən^{13}]	对话[tui^{51} ua^{51}]
刑事	刑事[ɕin^{13} sɿ^{22}]		刑事[ɕiŋ^{13} sɿ^{11}]	刑事[sən^{35} sɿ^{0}]	
民事	民事[min^{13} sɿ^{22}]		民事[miŋ^{13} sɿ^{11}]	民事[mən^{21} sɿ^{13}]	
家务事(清官难断～)	家务事[tɕia^{22} u^{22} sɿ^{22}]		家务事[tɕia^{33} u^{11} sɿ^{11}]	家务事[tɕia^{44} v̩^{0} sɿ^{13}]	家务事[tɕia^{33} u^{51} sɿ^{51}]
律师	律师[li^{45} sɿ^{44}]		律师[li^{35} sɿ^{33}]	律师[ly^{21} sɿ^{0}]	律师[ly^{51} sɿ^{33}]
代书(代人写状子的)	代写状子的[dai^{22} ɕie^{31} tsuaŋ^{22} tsɿ^{31} ti^{45}]			执笔[tsɿ^{21} pi^{21}]	
服	服[fu^{45}]		服[fu^{35}]	服[fv̩^{21}]	
不服	不服[pu^{45} fu^{45}]		不服[pu^{35} fu^{35}]	不服[pv̩^{21} fv̩^{21}]	
上诉	上诉[saŋ^{22} səu^{24}]		上诉[soŋ^{11} sou^{11}]	上诉[sɔ^{13} sv̩^{13}]	
宣判	宣判[ɕian^{44} ban^{24}]		宣判[ɕioŋ^{33} p^{h}oŋ^{11}]	宣判[ɕyɛ^{44} p^{h}ɛ^{13}]	
招认	招认[tsau^{44} zən^{22}]		招供[teu^{33} kuəŋ^{11}]	招供[tsɤ^{44} koŋ^{13}]	认嘎哩[iẽ^{51} ka^{0} li^{0}]
口供	口供[gəu^{31} koŋ^{24}]		口供[k^{h}eu^{31} kuəŋ^{11}]	供[koŋ^{13}]	
供(～出同谋)	供[koŋ^{24}]			点出来[tiɛ^{41} tɕ^{h}i^{21} le^{0}]	讲[kõ^{312}]

续 表

词 条	岳 阳 市	临 湘	醴 陵	永 兴	隆 回
同谋	同谋[doŋ^{13} məu^{13}]		同谋[t^{h}əŋ^{13} meu^{13}]	同犯[toŋ^{35} fɛ^{13}]	
故犯	故犯[ku^{24} fan^{22}]			故犯[kv̩^{13} fɛ^{13}]	
误犯				失错[sɿ^{21} ts^{h}ʊ^{13}]	
犯法			犯法[fan^{11} fa^{35}]/犯事[fan^{11} sɿ^{11}]	犯法[fɛ^{13} fo^{21}]	犯法[fã^{51} fa^{312}]
犯罪	犯罪[fan^{22} dzei^{22}]		犯罪[fan^{11} ts^{h}ei^{11}]	犯罪[fɛ^{13} tsuɪ^{13}]	
诬告	诬告[u^{44} kau^{24}]		诬告[u^{33} kao^{11}]/冤枉[yɛn^{33} uoŋ^{33}]	诬告[v̩^{44} kɤ^{13}]	
连坐	连坐[lian^{13} dzo^{22}]			灭九族[mie^{21} tɕiəɯ^{41} ts^{h}o^{21}]	
保释	开释[gai^{44} sɿ^{45}]		保释[pao^{31} sɿ^{11}]		
取保	取保[dʑi^{31} pau^{31}]		取保[tɕ^{h}i^{31} pao^{31}]		
逮捕	押起来[ia^{45} dʑi^{31} lai^{13}]		捉哒[tso^{35} ta^{0}]/抓起来[kyɛ^{33} tɕ^{h}i^{31} lai^{13}]	捉起唧[tsʊ^{21} ɕi^{21} tɕi^{0}]	捉起嘎哩[tso^{33} tɕ^{h}i^{310} ka^{0} li^{0}]
押解	押解[ia^{45} kai^{31}]		解犯人[kai^{11} fan^{11} niŋ^{13}]	押[ia^{21}]	
囚车	囚车[dʑiəu^{13} dzə^{44}]		囚车[tɕ^{h}iou^{13} t^{h}a^{33}]	囚笼[tɕ^{h}iəɯ^{35} loŋ^{0}]	
青天老爷	青天老爷[dʑin^{44} dian^{44} lau^{31} ie^{13}]		青天老爷[tɕ^{h}iŋ^{33} t^{h}in^{33} lao^{31} ie^{13}]	青天大老爷[tɕ^{h}iən^{44} t^{h}iɛ^{0} ta^{13} lɤ^{41} ie^{0}]	

续 表

词 条	岳阳市	临 湘	醴 陵	永 兴	隆 回
赃官	赃官[tsuan^{44} kuan^{44}]		贪官[t^{h}an^{33} koŋ^{33}]	贪官[t^{h}ɛ^{44} kuɛ^{44}]	
受贿	受贿[səu^{22} fei^{31}]		受贿[sou^{11} fei^{11}]/吃冤枉[tɕ^{h}ia^{35} yɛn^{33} uoŋ^{33}]		受贿[ɕiəu^{51} xui^{51}]
行贿	贿赂[fei^{31} ləu^{22}]		行贿[ɕiŋ^{13} fei^{11}]/塞东西[sɛ^{35} təŋ^{33} ɕi^{33}]		送钱[sɤŋ^{51} ts^{h}ĩɪ^{13}]
罚款	罚款[fa^{45} guan^{31}]		罚钱[fa^{35} tɕ^{h}in^{13}]		罚钱[fa^{13} ts^{h}ĩɪ^{13}]
斩首		砍脑壳[gan^{21} lau^{21} go^{5}]	杀头[sa^{35} t^{h}eu^{13}]	砍脑壳[k^{h}ɛ^{41} lɤ^{41} xʊ^{0}]	剁脑壳[to^{51} lʌu^{312} ko^{33}]
枪毙	枪毙[dʑiaŋ^{44} pi^{31}]	枪毙[dʑiõ^{45} pi^{33}]	枪毙[tɕ^{h}ioŋ^{33} pi^{11}]	打靶[ta^{41} pa^{41}]	枪毙[ts^{h}iɑ̃^{33} pi^{51}]
拷打	拷打[gau^{31} ta^{31}]		拷打[k^{h}ao^{31} ta^{31}]	拷打[k^{h}ɤ^{41} ta^{41}]	
打屁股(旧时刑罚)	打屁股[ta^{31} bi^{22} gu^{31}]		打屁股[ta^{31} p^{h}i^{11} ku^{31}]	打屁股[ta^{41} p^{h}i^{13} kv̩^{41}]	
上枷	上枷[saŋ^{22} tɕia^{44}]	枷[ka^{45}]	上枷[soŋ^{11} ka^{33}]	上枷[sɔ^{41} ko^{44}]	
手铐	手铐[səu^{31} gau^{24}]		手铐[sou^{31} k^{h}ao^{11}]	铐子[k^{h}ɤ^{13} tsɿ^{0}]	
脚镣	脚镣[tɕio^{45} liau^{24}]		脚铐子[tɕio^{35} k^{h}ao^{11} tsɿ^{0}]	链子[liɛ^{13} tsɿ^{0}]	
绑起来	绑起来[paŋ^{31} dʑi^{31} lai^{13}]		捆[k^{h}uəŋ^{31}]/缔[t^{h}ia^{35}]/缔起来[t^{h}ia^{35} tɕ^{h}i^{31} lai^{33}]	绑起[pɔ^{41} ɕi^{0}]	绚起来[hʌu^{13} tɕ^{h}i^{312} lɛ^{13}]

续 表

词 条	岳 阳 市	临 湘	醴 陵	永 兴	隆 回
囚禁起来	押起来[ia^{45} dʑi^{31} lai^{13}]		关班房[kuan^{33} pan^{33} foŋ^{13}]/关黑屋[kuan^{33} xɛ^{35} u^{35}]	关得牢底[kuɛ^{44} te^{0} lɤ^{35} te^{0}]	
坐牢	坐监[dzo^{22} tɕian^{44}]/坐监狱[dzo^{22} tɕian^{44} io^{45}]/坐牢[dzo^{22} lau^{13}]/坐班房[dzo^{22} pan^{44} faŋ^{13}]		坐牢[tsʰo^{11} lao^{13}]/坐班房[tsʰo^{11} pan^{33} foŋ^{13}]	坐牢[tsʰʊ^{41} lɤ^{35}]	坐牢[tsʰo^{312} lʌu^{13}]
探监	探监[dan^{24} tɕian^{44}]		送牢饭[səŋ^{11} lao^{13} fan^{11}]/探监[tʰan^{11} kan^{33}]	看[kʰɛ^{13}]	
越狱	越狱[ye^{22} io^{45}]		越狱[yɛ^{35} y^{11}]/跑出来[pʰəŋ^{13} kʰy^{35} lai^{13}]	越牢[ye^{21} lɤ^{35}]	
立字据	立字据[li^{45} dzɿ^{22} tɕy^{24}]		立字据[li^{35} tsʰɿ^{11} tɕy^{11}]	写纸[ɕio^{41} tsɿ^{41}]	写证据[siɛ^{312} tɕiẽ^{51} tɕy^{51}]
画押	画押[fa^{22} ia^{45}]		画押[fa^{11} ŋa^{35}]		
按手印	按指纹[ŋan^{24} tsɿ^{31} uən^{13}]		按手模[ŋoŋ^{11} sou^{31} mo^{13}]	打指模[ta^{41} tsɿ^{41} mo^{21}]/潜⁼手印[tɕʰiɛ^{41} səɯ^{41} ən^{13}]	拓手印[ho^{51} ɕiəu^{312} iẽ^{51}]
捐税			交税[tɕiu^{33} fei^{11}]/完税[uoŋ^{13} fei^{11}]	还公粮[uɛ^{35} koŋ^{44} liɔ^{0}]	
地租	地租[di^{22} tsəu^{44}]			田租[tiɛ^{35} tsv̩^{44}]	

续 表

词 条	岳阳市	临 湘	醴 陵	永 兴	隆 回
地契	地契[di^{22} dʑi^{24}]		地契[tʰi^{11} tɕʰi^{11}]	地契[ti^{13} tɕʰi^{0}]	
税契(持契交税盖印，使契有效)	税契[suei^{24} dʑi^{24}]			收据[səɯ^{44} tɕy^{0}]	
纳税	纳税[la^{45} suei^{24}]			交税[tɕiɤ^{44} suɪ^{13}]	
执照	执照[tsɿ^{45} tsau^{24}]		执照[tsɿ^{35} tseu^{11}]	执照[tsɿ^{21} tsɤ^{13}]	
告示	告示[kau^{24} sɿ^{22}]		告示[kao^{11} sɿ^{11}]	告示[kɤ^{13} sɿ^{0}]	
通知	通知[dəŋ^{44} tsɿ^{44}]		通知[tʰəŋ^{33} tsɿ^{33}]	通知[tʰoŋ^{44} tsɿ^{44}]	
路条	路条子[ləu^{22} diau^{13} tsɿ^{0}]/路单[ləu^{24} tan^{44}]			良民证[liɔ^{35} mən^{21} tɕiən^{13}]/路条[lɣ̩^{13} tiɤ^{0}]	
命令	命令[min^{22} lin^{22}]		命令[miŋ^{11} liŋ^{11}]	命令[mən^{13} lən^{0}]	
印(官方图章)	印[in^{24}]/印把子[in^{24} pa^{24} tsɿ^{0}]		印[iŋ^{11}]/公章[kuəŋ^{33} toŋ^{33}]	印[ən^{13}]	
私访	私访[sɿ^{44} faŋ^{31}]		私访[sɿ^{33} foŋ^{31}]	暗访[ɛ^{13} fɔ^{41}]	
交代(把今后的事务移交给接替的人)	交代[tɕiau^{44} dai^{22}]		办移交[pʰan^{11} i^{13} tɕiu^{33}]	打移交[ta^{41} i^{35} tɕiɤ^{0}]	

续 表

词 条	岳阳市	临 湘	醴 陵	永 兴	隆 回
上任	上任[saŋ^{22} zən^{22}]		上任[soŋ^{11} iŋ^{11}]	上任[sɔ^{13} ən^{13}]	上台[ɕo^{312} hai^{13}]
卸任	卸任[ɕie^{24} zən^{22}]			卸任[ɕie^{13} ən^{13}]	垮台[k^{h}ua^{312} hai^{13}]
罢免	免职[mian^{31} tsɿ^{45}]/罢免[pa^{22} mian^{31}]		罢免[p^{h}a^{11} min^{31}]/撤职[t^{h}ɛ^{35} tsɿ^{35}]	罢免[pa^{13} miɛ^{41}]	
案卷	案卷[ŋan^{24} tɕyan^{31}]		案宗[ŋoŋ^{11} tsəŋ^{33}]	案卷[ɛ^{13} tɕyɛ^{41}]	
传票	传票[tsuan^{13} biau^{24}]		传票[k^{h}yɛn^{13} p^{h}iu^{11}]	传票[tɕ^{h}yɛ^{35} p^{h}iɤ^{13}]	
拾捌 交际					
应酬	交际[tɕiau^{44} tɕi^{24}]/应酬[in^{24} dzəu^{13}]		应酬[iŋ^{11} t^{h}ou^{13}]		
来往	来往[lai^{13} uaŋ^{31}]/往来[uaŋ^{31} lai^{13}]	走朋友[tsəu^{21} pen^{12} iəu^{21}]	来往[lai^{13} uoŋ^{31}]/打交道[ta^{31} tɕiu^{33} tao^{11}]	走[tse^{41}]	打交道[ta^{312} tɕiə^{33} hiə^{51}]
看人(去看望人)	看人[gan^{24} zən^{13}]/瞧人[dʑiau^{13} zən^{13}]/访人[faŋ^{31} zən^{13}]/走人家[tsəu^{31} zən^{13} ka^{44}]	看人[gan^{24} nin^{12}]	走人家[tseu^{31} niŋ^{13} ka^{33}]	看[k^{h}ɛ^{13}]	看人[kā^{51} n̩^{13}]
拜访	拜望[pai^{24} uaŋ^{22}]/拜访[pai^{24} faŋ^{31}]/看望[gan^{24} uaŋ^{22}]	看人[gan^{24} nin^{12}]	拜访[pai^{11} foŋ^{31}]	看[k^{h}ɛ^{13}]	看人[kā^{51} n̩^{13}]
回拜	回拜[fei^{13} pai^{24}]		回拜[fei^{13} pai^{11}]	看[k^{h}ɛ^{13}]	

续表

词条	岳阳市	临湘	醴陵	永兴	隆回
客人	客[gə^{45}]/客人[gə^{45} zən^{13}]	客人[ge^{5} en^{21}]	客[k^{h}ɛ^{35}]/人客[niŋ^{13} k^{h}ɛ^{35}]	客[k^{h}e^{21}]	客[k^{h}a^{33}]
请客	请客[dʑin^{31} gə^{45}]	请客[dʑiɔ̃^{21} ge^{5}]	请客[tɕ^{h}iaŋ^{31} k^{h}ɛ^{35}]	请客[tɕ^{h}iən^{41} k^{h}e^{21}]	请客[tsiɑ̃^{312} k^{h}a^{33}]
招待	款待[guan^{31} dai^{22}]/招待[tsau^{44} dai^{22}]	招待[tsau^{45} tai^{24}]	招待[teu^{33} t^{h}oi^{11}]	歇客[se^{21} k^{h}e^{21}]	招呼[tɕiə^{33} xu^{33}]
男客	男客[lan^{13} gə^{45}]	男客[lan^{12} ge^{5}]	男客[lan^{13} k^{h}ɛ^{35}]	男人家[lɛ^{35} ən^{0} ko^{0}]	男客[lā^{13} k^{h}a^{33}]
女客	女客[y^{31} gə^{45}]	女客[ly^{21} ge^{5}]	女客[ny^{31} k^{h}ɛ^{35}]	妇人家[fy̩^{44} ən^{0} ko^{0}]	女客[yn^{312} k^{h}a^{33}]
送礼	送礼[soŋ^{24} li^{31}]	写礼[ɕie^{24} li^{21}]/送人情[sen^{33} en^{12} dʑin^{12}]/搭情[ta^{5} dʑin^{12}]	送人情[səŋ^{11} iŋ^{13} tɕ^{h}iŋ^{33}]/打包封[ta^{31} pao^{33} fəŋ^{33}]用纸把银钱包起来，封好，做礼金应酬等。	做情[tsy̩^{13} tɕ^{h}iən^{35}]/送情[soŋ^{13} tɕ^{h}iən^{35}]/搭情[to^{21} tɕ^{h}iən^{35}]	送人情[sō^{13} iē^{14} ts^{h}ē^{13}]
礼物	礼物[li^{31} u^{45}]	礼物[li^{21} u^{5}]		东西[toŋ^{44} ɕi^{0}]	人情[iē^{14} ts^{h}ē^{13}]
人情	人情[zən^{13} dʑin^{13}]		人情[iŋ^{13} tɕ^{h}iŋ^{13}]	情[tɕ^{h}iən^{35}]	人情[iē^{14} ts^{h}ē^{13}]/包牯[pʌu^{33} ku^{33}]$^{=}$/包公[pʌu^{33} kɤŋ^{33}]红包
做客	做客[tsəu^{22} gə^{45}]	做客[tso^{33} ge^{5}]	做客[tsou^{11} k^{h}ɛ^{35}]	做客[tsy̩^{13} k^{h}e^{21}]	做客[tsɿ^{51} k^{h}a^{33}]去别人家做客/做客[tsɿ^{51} k^{h}iɛ^{33}]讲客气

续 表

词 条	岳阳市	临 湘	醴 陵	永 兴	隆 回
待客	待客[dai^{22} gə^{45}]/招待客人[tsau^{44} dai^{22} gə^{45} zən^{13}]		待客[tʰoi^{11} kʰε^{35}]	歇客[se^{21} kʰe^{21}]	
陪客(动宾)	待客[dai^{22} gə^{45}]	陪客[bi^{12} ge^{5}]	陪客[pʰei^{13} kʰε^{35}]	陪客[pɪ^{35} kʰe^{21}]	陪客[pʰei^{13} kʰa^{33}]
送客	送客[səŋ^{24} gə^{45}]	送客[sen^{24} ge^{5}]	送客[səŋ^{11} kʰε^{35}]	送客[soŋ^{13} kʰe^{21}]	送客[sɤŋ^{51} kʰa^{33}]
不送了(主人说的客气话)	不送了[pu^{45} səŋ^{24} liau^{0}]/慢慢走吧[man^{22} man^{22} tsəu^{31} pa^{0}]	慢点走[man^{33} ti^{33} tsəu^{21}]	好生唧走[xa^{31} sɛn^{33} tɕi^{0} tseu^{31}]	慢行[mε^{13} xε^{35}]/好走[xɤ^{41} tse^{41}]	没送哩[mʌu^{33} sõ^{51} li^{0}]
谢谢	谢谢[ɕie^{22} ɕie^{22}]/多谢多谢[to^{44} ɕie^{22} to^{44} ɕie^{22}]	多谢了/你[to^{45} ɕi^{45} liau^{21} /en^{21}]	劳慰你[lao^{13} uei^{11} ni^{31}]/受哒[sou^{11} ta^{0}]接受礼物,你哩咯是客气,我就～。	难还[lε^{35} uε^{0}]	多谢[to^{33} siε^{51}]/吵烦哩[tsʰʌu^{312} fã^{13} li^{0}]
不客气	不客气[pu^{45} gə^{45} dʑi^{24}]	不客气[pu^{5} ge^{0} dʑi^{33}]	不要客气[pu^{35} iu^{11} kʰε^{35} tɕʰi^{11}]	还么箇[xa^{35} ma^{44} kɤ^{0}]意为说什么见外话。	
摆酒席	置酒席[tsɿ^{24} tɕiəu^{31} ɕi^{45}]/摆酒席[pai^{31} tɕiəu^{31} ɕi^{45}]/摆席[pai^{31} ɕi^{45}]	做酒[tsəu^{33} tɕiu^{21}]	摆酒席[pai^{31} tɕiou^{31} ɕi^{13}]/做酒[tsou^{11} tɕiou^{31}]	摆酒[pa^{41} tɕiəɯ^{41}]	摆酒席[pai^{312} tɕiəu^{312} si^{24}]
一桌酒席	一桌酒席[i^{45} tso^{45} tɕiəu^{31} ɕi^{45}]	一桌酒[i^{5} tso^{5} tɕiu^{21}]	一桌酒席[i^{35} tso^{35} tɕiou^{31} ɕi^{13}]	一桌酒[i^{21} tsʊ^{21} tɕiəɯ^{41}]	

续表

词条	岳阳市	临湘	醴陵	永兴	隆回
请帖	知单[tsɿ^{44} tan^{44}]/请帖[dʑin^{31} die^{45}]/帖子[die^{45} tsɿ^{31}]	请帖[dʑin^{21} die^{5}]	请帖[tɕʰiaŋ^{31} tʰiɛ^{35}]	请帖[tɕʰiən^{41} tʰie^{21}]	请帖[tsʰẽ^{312} hiɛ^{33}]
下请帖	下请帖[ɕia^{22} dʑin^{31} die^{45}]/发请帖[fa^{45} dʑin^{31} die^{45}]/下帖子[ɕia^{22} die^{45} tsɿ^{0}]		送请帖[səŋ^{11} tɕʰiaŋ^{31} tʰiɛ^{35}]	送请帖[soŋ^{13} tɕʰiən^{41} tʰie^{0}]	
入席	入席[y^{45} ɕi^{45}]/入座[y^{45} dzo^{31}]/就座[dʑiəu^{24} dzo^{31}]	上席[sɔ̃^{33} ɕi^{5}]/开饭[gai^{45} fan^{33}]	入席[y^{35} ɕi^{35}]	上席[sɔ^{41} ɕi^{21}]	坐席[tsʰo^{312} si^{24}]
上菜	上菜[saŋ^{22} dzai^{24}]/端菜[tan^{44} dzai^{24}]		上菜[soŋ^{11} tsʰoi^{11}]	上菜[sɔ^{41} tsʰa^{13}]	
斟酒	斟酒[tsən^{44} tɕiəu^{31}]/倒酒[tau^{24} tɕiəu^{31}]	酾酒[sa^{45} tɕiu^{21}]	酾酒[sai^{33} tɕiou^{31}]	酾酒[sa^{44} tɕiəɯ^{41}]	酾酒[sai^{33} tɕiəu^{312}]
劝酒	敬酒[tɕin^{24} tɕiəu^{31}]/劝酒[dʑyan^{24} tɕiəu^{31}]	劝酒[dʑyan^{12} tɕiu^{21}]	敬酒[tɕiŋ^{11} tɕiou^{31}]	劝酒[tɕʰyɛ^{13} tɕiəɯ^{41}]	敬酒[tɕiẽ^{51} tɕiəu^{312}]
干杯	干杯[kan^{44} pei^{44}]	碰杯[ben^{24} pei^{45}]	干杯[koŋ^{33} pei^{33}]	碰杯[pʰoŋ^{13} pɪ^{44}]	
行酒令	划拳[xua^{13} dʑyan^{13}]		划拳[fa^{13} kʰyɛn^{13}]	猜拳[tsʰa^{44} tɕʰyɛ^{35}]	
(他们俩人)不和	不对[pu^{45} tei^{24}]/不和[pu^{45} xo^{13}]	合不来[xo^{5} pu^{5} lai^{12}]	不佮[pu^{35} ko^{35}]	结仇[ke^{21} tsʰəɯ^{35}]	合唔来[xo^{13} n̩^{33} lɛ^{13}]

续 表

词 条	岳 阳 市	临 湘	醴 陵	永 兴	隆 回
冤家	冤家[yan^{44} tɕia^{44}]/对头[tei^{24} dəu^{13}]	有仇[iəu^{21} dzəu^{12}]	对头[tei^{11} tʰeu^{13}]		仇家[tɕʰiəu^{13} tɕia^{33}]
不平(路见～)	不平[pu^{45} bin^{13}]			不平[pv̩^{21} pən^{35}]	
冤枉	受屈[səu^{22} dʑy^{45}]/被冤枉[pei^{22} yan^{44} uaŋ^{31}]	冤枉[yan^{45} uɔ̃^{21}]	冤枉[yɛn^{33} uoŋ^{33}]	冤枉[yɛ^{44} uɔ^{0}]	
插嘴	插嘴[dza^{45} tɕi^{31}]/打岔[ta^{31} dza^{24}]	嘴多[tɕi^{21} to^{45}]/插嘴[dza^{5} tɕi^{21}]	插嘴[tsʰa^{35} tɕi^{31}]/答野嘴子[ta^{35} ia^{31} tɕi^{31} tsɿ^{0}]两人说话第三者搭腔。	插话[tsʰo^{44} xua^{13}]	插话[tsʰa^{33} ua^{51}]
吹毛求疵				找碴子[tsɤ^{41} tsʰo^{13} tsɿ^{0}]	
做作	做作[tsəu^{24} tso^{45}]/拿糖[la^{13} daŋ^{13}]	骄傲[tɕiau^{45} ŋau^{21}]	做作[tsou^{11} tso^{35}]	耍花样[sua^{41} xua^{44} iɔ^{0}]	
摆架子	摆架子[pai^{31} tɕia^{24} tsɿ^{0}]/甩牌子[suai^{31} bai^{13} tsɿ^{0}]	装大[tsɔ̃^{45} dai^{33}]	摆架子[pai^{31} ka^{11} tsɿ^{0}]/摆格[pai^{31} kɛ^{35}]	装桥[tsɔ^{44} tɕʰiɤ^{35}]	摆架子[pai^{312} tɕia^{51} tsɿ^{0}]
装傻	装傻[tsuaŋ^{44} sa^{31}]/装疯[tsuaŋ^{44} xoŋ^{44}]/装哈性[tsuaŋ^{44} xa^{44} ɕin^{24}]	装聋买哑[tsuɔ̃^{45} len^{45} mai^{33} ŋa^{21}]	装宝[tsoŋ^{33} pao^{31}]	装聋卖瞎[tsɔ^{44} loŋ^{44} ma^{13} xo^{21}]	装聋作哑[tsɔ̄^{33} lɤŋ^{13} tso^{51} a^{312}]
出洋相	出洋相[dʑy^{45} iaŋ^{13} ɕiaŋ^{24}]		失格[sɛ^{35} kɛ^{35}]/出洋相[kʰy^{35} ioŋ^{13} ɕioŋ^{11}]	倒丑[tɤ^{41} tsʰəɯ^{41}]	出洋相[tɕu^{33} iɑ̃^{13} siɑ^{51}]

续 表

词 条	岳阳市	临 湘	醴 陵	永 兴	隆 回
丢人	丢人[tiəu^{44} zən^{13}]/丢脸[tiəu^{44} lian^{31}]/丢面子[tiəu^{44} mian^{22} tsɿ^{0}]	不要脸[pu^{5} iau^{33} lian^{21}]		倒馊[tɤ^{41} se^{44}]	丢丑[tiəu^{33} tɕʰiəu^{312}]
巴结	打巴结[ta^{31} pa^{44} tɕi^{45}]	捧热卵子 [ben^{21} ye^{5} luan^{21} tsɿ^{0}]	巴结[pa^{33} tɕiɛ^{35}]/奉承[fəŋ^{11} tʰəŋ^{13}]/摸踝拐[mo^{33} lo^{13} kuai^{31}]/呵卵泡[xo^{11} loŋ^{31} pʰao^{33}]	捧卵泡 [pʰoŋ^{41} luɛ^{41} pʰɤ^{44}]	巴结[pa^{33} tɕie^{33}]
串门儿	坐人家 [dzo^{22} zən^{13} ka^{44}]	坐人家 [tso^{21} en^{12} tɕia^{45}]		坐下唧[tsʰʊ^{41} xo^{0} tɕi^{0}]	
拉近乎		拉关系[la^{45} kuan^{45} ɕi^{0}]	攀熟人 [pʰan^{33} sou^{13} niŋ^{13}]	凭$^{=}$得别箇 [pʰən^{13} te^{0} pie^{44} kʊ^{0}]靠着他人	
看得起	看得起[gan^{24} tə^{45} dʑi^{31}]	看得起[gan^{24} te^{0} dʑi^{21}]	看得起 [kʰoŋ^{11} tiɛ^{35} tɕʰi^{31}]	看得起[kʰɛ^{13} te^{0} ɕi^{41}]	看得起[kā^{51} tə^{0} tɕʰi^{312}]
看不起	看不出 [gan^{24} pu^{45} dʑi^{31}]	看不起 [gan^{24} pu^{5} dʑi^{21}]/不睬你[pu^{5} dzai^{21} en^{21}]	看不起 [kʰoŋ^{11} pu^{35} tɕʰi^{31}]	看不起[kʰɛ^{13} pɣ̩^{21} ɕi^{41}]	看唔起[kā^{51} n̩^{33} tɕʰi^{312}]
合伙儿	合伙[xo^{45} xo^{31}]	合伙[xo^{5} xo^{21}]	合伙[xo^{35} fo^{31}]/交伙[tɕiu^{31} fo^{31}]	挑伙计 [tɕʰiɤ^{44} xʊ^{41} tɕi^{0}]	合伙[xo^{13} xo^{312}]
答应	答应[ta^{45} in^{24}]	搭白[ta^{5} pai^{5}]	答应[ta^{35} iŋ^{11}]/接白[tɕiɛ^{35} pa^{35}]/答白[ta^{35} pa^{35}]	答[to^{21}]/答白 [to^{21} pe^{21}]	

续 表

词 条	岳阳市	临 湘	醴 陵	永 兴	隆 回
不答应	不答应[pu^{45} ta^{45} in^{24}]	不搭白[pu^{5} ta^{5} pai^{5}]/不齿[pu^{5} dzɿ^{21}]	不答应[pu^{35} ta^{35} iŋ^{11}]/不接白[pu^{35} tɕiɛ^{35} pa^{35}]	不答[pv̩^{21} to^{21}]/不回[pv̩^{21} xuɪ^{35}]	
撵出去	赶出去[kan^{31} tɕy^{44} ge^{24}]	赶出去[kø^{21} dʑy^{5} dʑy^{33}]	赶出去[koŋ^{31} k^{h}y^{35} tɕ^{h}iɛ^{11}]	虐$^{=}$出逅[lye^{44} tɕ^{h}i^{21} xəɯ^{0}]	赶出去[kai^{51} tɕ^{h}u^{33} tɕ^{h}i^{51}]
拾玖 商业、交通					
字号	字号[dzɿ^{22} xau^{22}]	老牌子[lau^{21} bai^{12} tsɿ^{0}]/老招牌[lau^{21} tsau^{45} bai^{21}]	字号[ts^{h}ɿ^{11} xao^{11}]		
招牌	招牌[tsau^{44} bai^{13}]		招牌[teu^{33} p^{h}ai^{13}]	招牌[tsɤ^{44} pa^{35}]	
广告			广告[kuoŋ^{31} kao^{11}]	广告[kuɔ^{41} kɤ^{13}]	广告[kuɑ̃^{312} kʌu^{51}]
开铺子	开铺子[gai^{44} bu^{24} tsɿ^{0}]	开铺子[gai^{45} bu^{12} tsɿ^{0}]	开铺子[k^{h}oi^{33} p^{h}u^{11} tsɿ^{0}]/开店子[k^{h}oi^{13} t^{h}in^{11} tsɿ^{0}]	开铺子[k^{h}e^{44} p^{h}v̩^{13} tsɿ^{0}]	开店子[k^{h}ei^{33} tĩɪ^{51} tsɿ^{0}]
铺面(商店的门面)	铺面[bu^{24} mian^{22}]/门面[mən^{13} mian^{22}]	铺子[bu^{12} tsɿ^{0}]	铺面[p^{h}u^{11} min^{11}]/门面[məŋ^{13} min^{11}]	铺子[p^{h}v̩^{13} tsɿ^{0}]/柜场[k^{h}uɪ^{13} ts^{h}ɔ^{21}]	
摆摊子	摆摊子[pai^{31} dan^{44} tsɿ^{0}]	摆地摊[pai^{21} di^{33} dan^{45}]	摆摊子[pai^{31} t^{h}an^{33} tsɿ^{0}]	摆摊子[pa^{41} t^{h}ɛ^{44} tsɿ^{0}]	摆摊子[pai^{312} hã^{33} tsɿ^{0}]
做生意	做买卖[tsəu^{24} mai^{31} mai^{22}]/做生意[tsəu^{24} sən^{44} i^{24}]	做生意[tsəu^{21} sen^{45} i^{33}]	做生意[tsou^{11} sɛn^{33} ni^{11}]	做生意[tsv̩^{13} sən^{44} i^{0}]/卖东西[ma^{13} toŋ^{44} ɕi^{0}]	做生意[tsɿ^{51} sẽ^{33} i^{51}]

续　表

词　条	岳阳市	临　湘	醴　陵	永　兴	隆　回
旅店	旅馆[li^{31} kuan^{31}]/客栈[gə^{45} tsan^{24}]	旅店[ly^{21} tian^{33}]	旅馆[li^{31} koŋ^{31}]	伙铺[xʊ^{41} p^{h}ɣ̩^{0}]	饭店[fã^{51} tĩɪ^{51}]
饭馆	饭馆[fan^{22} kuan^{31}]/馆子[kuan^{31} tsɿ^{0}]	饭馆[fan^{33} kuan^{21}]	饭铺[fan^{11} p^{h}u^{11}]	茶铺[ts^{h}o^{35} p^{h}ɣ̩^{0}]	
下馆子	上馆子[saŋ^{22} kuan^{31} tsɿ^{0}]	到馆子喫饭[tau^{24} kuan^{21} tsɿ^{0} dʑia^{5} fan^{33}]/下馆子[ɕia^{33} kuan^{21} tsɿ^{0}]	下馆子[xa^{11} koŋ^{31} tsɿ^{0}]	落茶铺[lʊ^{44} ts^{h}o^{35} p^{h}ɣ̩^{0}]	
堂倌儿	堂倌[daŋ^{13} kuan^{31}]/跑堂的[bau^{31} daŋ^{13} ti^{0}]		跑堂箇[p^{h}ao^{31} t^{h}oŋ^{13} ko^{0}]	伙计[xʊ^{41} tɕi^{0}]	
布店	布铺[pu^{24} bu^{24}]/绸缎铺[dzəu^{13} tan^{22} bu^{24}]	布店[pu^{24} tian^{33}]	布店[pu^{11} tin^{11}]	买布箇铺子[ma^{41} pɣ̩^{13} kɤ^{0} p^{h}ɣ̩^{13} tsɿ^{0}]	
百货店	南货店[lan^{13} xo^{24} tian^{24}]/百货店[pə^{45} xo^{24} tian^{24}]	杂货店[tsa^{5} xo^{24} tian^{33}]	百货店[p^{h}ɛ^{35} xo^{11} tin^{11}]	杂货铺[tsa^{21} xo^{0} p^{h}ɣ̩^{13}]	
杂货店	杂货铺[dza^{45} xo^{24} bu^{24}]		南杂铺[lan^{13} tsa^{13} p^{h}u^{11}]	杂货铺[tsa^{21} xo^{0} p^{h}ɣ̩^{13}]	杂货铺[tsa^{13} xo^{51} p^{h}u^{51}]
油盐店	油盐店[iəu^{13} ian^{13} tian^{24}]				
粮店	粮食店[liaŋ^{13} sɿ^{45} tian^{24}]	粮店[liɔ̃^{12} tian^{33}]	粮店[lioŋ^{13} tin^{11}]	米铺[mən^{41} p^{h}ɣ̩^{13}]	粮站[liɑ̃^{13} tsã^{51}]

续 表

词条	岳阳市	临湘	醴陵	永兴	隆回
瓷器店	瓷器铺[dzɿ13 dʑi24 bu24]		瓷器店[tsʰɿ13 tɕʰi11 tin11]	碗铺[uɛ41 pʰv̩13]	
文具店	文具店[uən13 dʑy22 tian24]		文具店[uəŋ13 ky11 tin11]	卖书箇地方[ma13 ɕy44 kɤ0 ti13 fɔ0]	文具店[uən13 tɕʰy51 tĩɪ51]
茶馆儿	茶馆[dza13 kuan31]	茶馆[dza12 kø21]	茶馆[tsʰa13 koŋ31]	茶铺[tsʰo35 pʰv̩0]	
理发店	理发馆[li31 fa45 kuan31]/理发店[li31 fa45 tian24]	理发店[li21 fa5 tian24]	剃脑铺[tʰi11 lao31 pʰu11]	剪脑箇垱垧[tɕiɛ41 lɤ41 kɤ0 tɔ13 xɔ0]	理发店[li312 fa51 tĩɪ51]
理发	剃头[di24 dəu13]/理发[li31 fa45]	剃脑壳[di24 lau21 go0]/剃头发[di24 dəu12 fa5]	剃脑[tʰi11 lao31]	剪脑[tɕiɛ41 lɤ41]	剪头发[tsĩɪ312 hiə13 fa51]指女性/剃脑壳[hi51 lʌu312 ko33]指男性
刮脸	刮脸[kua45 lian31]		修面[ɕiou33 min11]		剃黄毛[hi51 õ13 mʌu13]
刮胡子	剃胡子[di24 fu13 tsɿ0]	刮胡子[kua5 xu12 tsɿ0]	削胡子[ɕio35 fu13 tsɿ0]	刮胡子[kua21 v̩35 tsɿ0]	剃胡子[hi51 u13 tsɿ0]
肉铺	肉铺[zəu45 bu24]	屠店[dəu24 tian33]	肉丁铺[niou35 tiŋ33 pʰu11]	案板上[ɛ13 pɛ41 sɔ0]	肉铺[iɤŋ33 pʰu51]
杀猪	杀猪[sa45 tɕy44]	杀猪[sa5 tɕy45]	杀猪[sa35 ky33]	杀猪[so21 tɕy44]	杀猪[siɛ33 tɕu33]
油坊	油坊[iəu13 faŋ13]	油榨[iəu12 tsa24]	油铺[iou13 pʰu11]	油榨底[iəɯ35 tso0 te0]	
当铺	当铺[taŋ24 bu24]	当铺[tɔ̃24 bu24]/铺[bu24]	当铺[toŋ11 pʰu11]	当铺[tɔ13 pʰv̩0]	

续表

词　条	岳阳市	临　湘	醴　陵	永　兴	隆　回
租房子	租房子[tsəu^{44} faŋ^{13} tsɿ^{0}]	租房子[tsəu^{45} xɔ̃^{12} tsɿ^{0}]	租屋[tsou^{33} u^{35}]	租房子[tsɿ̩^{44} fɔ^{35} tsɿ^{0}]	租房子[tsu^{33} fõ^{13} tsɿ^{0}]
典房子	典房子[dian^{22} faŋ^{13} tsɿ^{0}]			典房子[tən^{41} fɔ^{35} tsɿ^{0}]	
煤铺	煤店[mei^{13} tian^{24}]	煤店[me^{12} tian^{33}]	煤炭铺[mei^{13} tʰan^{11} pʰu^{11}]	炭坪底[tʰɛ^{13} pən^{0} te^{0}]	
煤球	煤球[mei^{13} dʑiəu^{13}]		煤球[mei^{13} tɕʰiou^{13}]		煤球[mei^{13} tɕʰiəu^{13}]
蜂窝煤	蜂窝煤[xoŋ^{44} o^{44} mei^{13}]	蜂窝煤[fen^{45} o^{45} me^{12}]	藕煤[ŋeu^{31} mei^{13}]	藕煤[e^{41} mɪ^{0}]	煤球[mei^{13} tɕʰiəu^{13}]
开业	开张[gai^{44} tsaŋ^{44}]/开市[gai^{44} sɿ^{22}]/开门[gai^{44} mən^{13}]/开业[gai^{44} nie^{45}]	开业[gai^{45} lie^{5}]	开张[kʰoi^{33} toŋ^{33}]	开张[kʰɛ^{44} tsɔ^{44}]	开张[kʰei^{33} tɕiõ^{33}]
停业	歇业[ɕie^{45} nie^{45}]/关门[kuan^{44} mən^{13}]	关门哒[kuan^{45} men^{12} ta^{0}]	关门[kuan^{33} məŋ^{13}]/收场[sou^{33} tʰoŋ^{13}]	停店子[tən^{35} tiɛ^{13} tsɿ^{0}]	关门[kuɑ̃^{33} mẽ^{13}]
盘点	盘点[ban^{13} tian^{31}]/点货[tian^{31} xo^{24}]	盘点[bø^{12} tian^{21}]/清货[dʑin^{45} xo^{12}]	盘底[pʰoŋ^{13} ti^{31}]	盘点[pɛ^{35} tiɛ^{41}]	
柜台	柜台[guei^{22} dai^{13}]	柜台[kui^{33} dai^{12}]	柜台[kʰuei^{11} tʰoi^{13}]	柜场[kʰuɪ^{13} tsʰɔ^{21}]	
开价	讨价[dau^{31} tɕia^{24}]	讨价[dau^{21} tɕia^{24}]		喊价[xɛ^{41} tɕia^{13}]/讨价[tʰɤ^{41} tɕia^{13}]	喊价[hã^{312} tɕia^{51}]

续 表

词 条	岳阳市	临 湘	醴 陵	永 兴	隆 回
还价	还价[fan^{13} tɕia^{24}]	讲价[tɕiɔ̃^{21} tɕia^{24}]	还价[uan^{13} tɕia^{11}]	还价[uɛ^{35} tɕia^{13}]	讲价[kõ^{312} tɕia^{51}]
(价钱)便宜	便宜[bian^{13} ni^{13}]	便宜[bian^{12} li^{33}]	便宜[pʰin^{13} ni^{13}]	便宜[piɛ^{35} ən^{0}]	烂便宜[lã^{51} pʰɪ̃^{13} ŋ̍^{13}]
(价钱)贵	贵[kuei^{24}]	杀黑[sa^{5} xe^{5}]	贵[kuei^{11}]	贵[kuɪ^{13}]	贵得死[kui^{51} tə^{0} sɿ^{312}]
(价钱)公道	合适[xo^{45} sɿ^{45}]/公道[koŋ^{44} dau^{22}]	划得来[xua^{24} te^{0} lai^{12}]	公道[kuəŋ^{33} tʰao^{11}]	凭良心[pən^{35} liɔ^{35} sən^{0}]	
包圆儿(剩下的全部买了)	剩下的全部买了[sən^{22} ɕia^{22} ti^{31} dʑyan^{13} pu^{22} mai^{31} liau^{31}]	全包了[dʑyan^{12} pau^{45} liau^{0}]	包圞[pao^{33} loŋ^{13}]	捡摊子[tɕiɛ^{41} tʰɛ^{44} tsɿ^{0}]	
买卖好	买卖好[mai^{31} mai^{22} xau^{31}]/买卖顺当[mai^{31} mai^{22} suən^{22} tan^{24}]/买卖旺[mai^{31} mai^{22} uaŋ^{22}]	生意好[sen^{45} i^{33} xau^{21}]	生意好[sɛn^{33} i^{11} xao^{31}]	生意好[sən^{44} i^{0} xɤ^{41}]	生意好[sẽ^{33} i^{51} xʌu^{312}]
买卖清淡	生意不好[sən^{44} i^{22} pu^{24} xau^{31}]	生意差[sen^{45} i^{33} dza^{45}]	生意不好[sɛn^{33} i^{11} pu^{35} xao^{31}]	生意不好[sən^{44} i^{0} pɣ̩^{21} xɤ^{41}]	冇得生意[mʌu^{312} tə^{0} sẽ^{33} i^{51}]
工钱	工钱[koŋ^{44} dʑian^{13}]	工钱[ken^{45} dʑian^{12}]	工钱[kuəŋ^{33} tɕʰin^{13}]	工钱[koŋ^{44} tɕʰiɛ^{0}]	
本钱	本钱[pən^{31} dʑian^{13}]	本钱[pen^{21} dʑian^{12}]/进货箇钱[tɕin^{24} xo^{24} kə^{0} dʑian^{12}]	本钱[pəŋ^{31} tɕʰin^{13}]	本钱[pən^{41} tɕʰiɛ^{0}]	

续　表

词　条	岳阳市	临　湘	醴　陵	永　兴	隆　回
保本		保本[pau^{21} pen^{21}]	保本[pao^{31} pəŋ^{31}]	保本[pɤ^{41} pən^{41}]	
赚钱	赚钱[dzan^{22} dʑian^{13}]	赚钱[tsan^{33} dʑian^{12}]	赚钱[ts^{h}an^{31} tɕ^{h}in^{13}]	赚钱[ts^{h}uɛ^{13} tɕ^{h}iɛ^{35}]	赚钱[ts^{h}o^{51} ts^{h}ĩɪ^{13}]
亏本	赔钱[bei^{13} dʑian^{13}]	赊哒本[se^{5} ta^{0} pen^{21}]	亏本[k^{h}uei^{33} pəŋ^{31}]/贴本[t^{h}iɛ^{35} pəŋ^{31}]	蚀本[ɕie^{44} pən^{41}]	折本[ɕiɛ^{24} pẽ^{312}]
路费	路费[ləu^{24} fei^{24}]/盘缠[ban^{13} dzan^{13}]/盘费[ban^{13} fei^{22}]	车钱[dze^{45} dʑian^{12}]	路费[lou^{11} fei^{11}]/盘缠[p^{h}oŋ^{13} t^{h}ɛn^{13}]	盘费[pɛ^{35} fɪ^{0}]包括本钱和路费/路费[l̩v^{13} fɪ^{0}]	
利息	利息[li^{22} ɕi^{45}]	息钱[ɕi^{5} dʑian^{12}]/利息[li^{33} ɕi^{5}]	息钱[ɕi^{35} tɕ^{h}in^{13}]	利钱[li^{13} tɕ^{h}iɛ^{0}]	
运气好	运气好[yn^{22} dʑi^{24} xau^{31}]	运气好[yn^{33} dʑi^{33} xau^{21}]/走时[tsəu^{21} sɿ^{12}]	运气好[yŋ^{11} tɕ^{h}i^{11} xao^{31}]/走运[tseu^{31} yŋ^{11}]	财气好[ts^{h}a^{35} tɕ^{h}i^{0} xɤ^{41}]/走运[tse^{41} yən^{13}]	运气好[yn^{51} tɕ^{h}i^{51} xʌu^{312}]
欠(～他三元钱)	欠[dʑian^{24}]/该[kai^{44}]	欠[dʑian^{24}]/该[kai^{45}]	欠[tɕ^{h}in^{11}]/该[koi^{33}]	欠[tɕ^{h}iɛ^{13}]	欠[tɕ^{h}ĩɪ^{51}]/该[kai^{51}]
差(～五角十元,即九元五角)		差[dza^{45}]		差[ts^{h}a^{44}]/少[sɤ^{41}]	少[ɕiə^{312}]/该[kiɛ^{33}]
押金		押金钱[ia^{5} tɕin^{45} dʑian^{12}]	押金[ŋa^{35} tɕiŋ^{33}]	订钱[tən^{13} tɕ^{h}iɛ^{0}]	押金[ia^{33} tɕiẽ^{33}]
帐房		帐房[tsɔ̃^{24} fɔ̃^{12}]	柜房[k^{h}y^{11} foŋ^{13}]		

续 表

词 条	岳阳市	临 湘	醴 陵	永 兴	隆 回
开销	开支[gai^{44} tsɿ^{44}]/开销[gai^{44} ɕiau^{44}]	开支[gai^{45} tsɿ^{0}]	开销[k^{h}oi^{33} ɕiu^{33}]/用头[iŋ^{11} t^{h}eu^{13}]	开销[k^{h}e^{44} ɕiɤ^{44}]	
收账(记收入的账)	收账[səu^{44} tsaŋ^{24}]	收入[səu^{45} y^{5}]	进账[tɕiŋ^{11} toŋ^{11}]		收账[ɕiəu^{33} tɕiõ^{51}]
出账(记付出的账)	出账[dʑy^{45} tsaŋ^{24}]		欠账[tɕ^{h}in^{11} toŋ^{11}]		支出账[tsɿ^{33} tɕ^{h}u^{33} tɕiõ^{51}]
欠账	欠账[dʑian^{24} tsaŋ^{24}]/赊账[sə^{44} tsaŋ^{24}]	该钱[kai^{45} dʑian^{12}]/赊账[sa^{45} tsɔ̃^{24}]		欠账[tɕ^{h}iɛ^{13} tsɔ^{13}]	欠账[tɕ^{h}ĩɪ^{51} tɕiõ^{51}]/背账[p^{h}ei^{312} tɕiõ^{51}]
要账	要账[iau^{24} tsaŋ^{24}]/讨账[dau^{31} tsaŋ^{24}]	讨钱[dau^{21} dʑian^{12}]	讨账[t^{h}ao^{31} toŋ^{11}]/问账[uəŋ^{11} toŋ^{11}]	讨账[t^{h}ɤ^{41} tsɔ^{13}]	问账[uən^{51} tɕiõ^{51}]
烂账(要不来的账)	烂账[lan^{22} tsaŋ^{24}]	烂账[lan^{33} tsɔ̃^{24}]/老账[lau^{21} tsɔ̃^{24}]	烂账[lan^{11} toŋ^{11}]	烂账[lɛ^{13} tsɔ^{13}]	死账[sɿ^{312} tɕiõ^{51}]
水牌(临时记账用的木牌或铁牌)	粉牌[fən^{31} bai^{13}]				
发票	发票[fa^{45} biau^{24}]/单据[tan^{44} tɕy^{24}]	发票[fa^{5} biau^{0}]	发票[fa^{35} p^{h}iu^{11}]		
收据	收条[səu^{44} diau^{13}]/收据[səu^{44} tɕy^{24}]	条子[diau^{12} tsɿ^{0}]	收条[sou^{33} t^{h}iu^{13}]		收据[ɕiəu^{33} tɕy^{51}]/收条[ɕiəu^{33} hiə^{13}]
存款(存下的钱)	存款[dzən^{13} guan^{31}]	存钱[dzen^{12} dʑian^{12}]	存款[ts^{h}əŋ^{13} k^{h}oŋ^{31}]/存钱[ts^{h}əŋ^{13} tɕ^{h}in^{13}]/聚[tɕi^{11}]	存款[ts^{h}uən^{35} k^{h}uɛ^{0}]	

续　表

词　条	岳阳市	临　湘	醴　陵	永　兴	隆　回
整钱(如十元、百元的钱)	亘⁼钱[kən^{31} dʑian^{13}]	大票子[dai^{33} biau^{24} tsɿ^{0}]	趸钱[tei^{31} tɕ^{h}in^{13}]	亘⁼钱[kən^{41} tɕ^{h}iɛ^{0}]	一张大票子[i^{33} tɕiõ^{33} hai^{51} p^{h}iə^{51} tsɿ^{0}]
零钱	零钱[lin^{13} dʑian^{13}]	散钱[san^{21} dʑian^{12}]	零钱[liaŋ^{13} tɕ^{h}in^{13}]	零钱[lən^{35} tɕ^{h}iɛ^{35}]	零钱[lẽ^{13} ts^{h}ĩɪ^{13}]/零星钱[lẽ^{13} siɑ̃^{33} ts^{h}ĩɪ^{13}]
钞票(纸币)	票子[biau^{24} tsɿ^{0}]/钞票[dzau^{44} biau^{24}]	票子[biau^{24} tsɿ^{0}]	票子[p^{h}iu^{11} tsɿ^{0}]/钱[tɕ^{h}in^{13}]	票子[p^{h}iɤ^{13} tsɿ^{0}]/纸钱[tsɿ^{41} tɕ^{h}iɛ^{35}]	钱[ts^{h}ĩɪ^{13}]
硬币	铜子[doŋ^{13} tsɿ^{0}]	分子[fen^{45} tsɿ^{0}]		毫子[xɤ^{35} tsɿ^{0}]	银壳子[iẽ^{13} k^{h}o^{55} tsɿ^{0}]
铜板儿	铜板[doŋ^{13} pan^{31}]	缗钱[min^{12} dʑian^{12}]	铜壳子[t^{h}əŋ^{13} k^{h}o^{35} tsɿ^{0}]实心的铜钱/缗钱[miŋ^{13} tɕ^{h}in^{13}]圆形方孔的铜钱	零钱[lən^{35} tɕ^{h}iɛ^{35}]有孔/铜角子[toŋ^{35} kʊ^{21} tsɿ^{0}]无孔	锑壳子[hi^{51} k^{h}o^{13} tsɿ^{0}]
银元	银元[in^{13} yan^{13}]/洋钱[iaŋ^{13} dʑian^{13}]/大头的[ta^{22} dəu^{13} ti^{0}]	现洋[ɕian^{33} iɔ̃^{0}]	银花边[niŋ^{13} fa^{33} pin^{33}]	光洋[kuɔ^{44} iɔ^{0}]	
一分钱	一个钱[i^{45} ko^{24} dʑian^{13}]	一分钱[i^{5} fen^{45} dʑian^{12}]	一分钱[i^{35} fəŋ^{33} tɕ^{h}in^{13}]	一分钱[i^{21} fən^{44} tɕ^{h}iɛ^{35}]	
一角钱	一毛钱[i^{45} mau^{13} dʑian^{13}]/一角钱[i^{45} tɕio^{45} dʑian^{13}]	一角钱[i^{5} tɕio^{5} dʑian^{12}]	一角钱[i^{35} tɕio^{35} tɕ^{h}in^{13}]	一角钱[i^{21} tɕiʊ^{21} tɕ^{h}iɛ^{35}]	

续 表

词 条	岳阳市	临 湘	醴 陵	永 兴	隆 回
一块钱	一块钱 [i^{45} guai^{31} dʑian^{13}]/一元钱[i^{45} yan^{13} dʑian^{13}]	一块钱 [i^{5} guai^{21} dʑian^{12}]	一块钱 [i^{35} kuai^{11} tɕ^{h}in^{13}]	一块钱 [i^{21} k^{h}ue^{41} tɕ^{h}iɛ^{35}]	
十块钱	十块钱 [sɿ^{45} guai^{31} dʑian^{13}]	十块钱 [sɿ^{5} guai^{21} dʑian^{12}]		十块钱 [sɿ^{44} k^{h}ue^{41} tɕ^{h}iɛ^{35}]	
一百块钱	一百块钱 [i^{45} pə^{45} guai^{31} dʑian^{13}]	一百块钱 [i^{5} pe^{5} guai^{21} dʑian^{12}]		一百块钱 [i^{21} pe^{21} k^{h}ue^{41} tɕ^{h}iɛ^{35}]	
一张票子（钞票）	一张票子 [i^{45} tsaŋ^{44} biau^{24} tsɿ^{0}]	一张票子 [i^{5} tsɔ̃^{45} biau^{24} tsɿ^{0}]	一张票子 [i^{35} toŋ^{33} p^{h}iu^{11} tsɿ^{0}]	一张票子 [i^{21} tsɔ^{44} p^{h}iɤ^{13} tsɿ^{0}]	
一个铜子儿	一个铜子 [i^{45} ko^{24} doŋ^{13} tsɿ^{0}]	一个毫子 [i^{5} ko^{0} xau^{12} tsɿ^{0}]	一隻铜壳子 [i^{35} ta^{35} t^{h}əŋ^{13} k^{h}o^{35} tsɿ^{0}]	一隻零钱 [i^{21} tso^{0} lən^{35} tɕ^{h}iɛ^{0}]	
算盘	算盘[san^{24} ban^{13}]	算盘[sø^{24} pø^{0}]	算盘[soŋ^{11} p^{h}oŋ^{13}]	算盘[suɛ^{13} pɛ^{0}]	算盘[suɑ̃^{51} p^{h}ō^{13}]
天平	天平[dian^{44} bin^{13}]	天平秤 [dian^{45} bin^{12} dzen^{24}]	天平[t^{h}in^{33} p^{h}iŋ^{13}]	盘秤[pɛ^{35} tɕ^{h}iən^{0}]/戥子秤[tən^{41} tsɿ^{0} tɕ^{h}iən^{13}]	
戥子（等子）	戥子[tən^{22} tsɿ^{0}]	砝码[fa^{5} ma^{21}]	戥子[təŋ^{31} tsɿ^{0}]	戥子[tən^{41} tsɿ^{0}]	戥子[tē^{312} tsɿ^{0}]
秤	盘秤[ban^{13} dzən^{24}]	杆秤[kø^{21} dzen^{24}]/盘秤[pø^{12} dzen^{24}]	秤[t^{h}əŋ^{11}]	秤[tɕ^{h}iən^{13}]	秤[tɕ^{h}iē^{51}]
磅秤		磅秤[pɔ̃^{24} dzen^{24}]	磅秤[poŋ^{11} t^{h}əŋ^{11}]	磅秤[pɔ^{13} tɕ^{h}iən^{13}]	

续　表

词　条	岳阳市	临　湘	醴　陵	永　兴	隆　回
秤盘	秤盘子 [dzən^{24} ban^{13} tsɿ^{0}]	秤盘[dzen^{24} pø^{12}]	秤盘[t^{h}əŋ^{11} p^{h}oŋ^{13}]	秤盘[tɕ^{h}iən^{13} pɛ^{35}]	
秤星儿	定盘星 [din^{22} ban^{13} ɕin^{44}]	秤星[dzen^{24} ɕin^{45}]	秤星子 [t^{h}əŋ^{11} ɕiaŋ^{33} tsɿ^{0}]	秤星[tɕ^{h}iən^{13} sən^{44}]	秤星子[tɕiẽ^{51} siɑ̃^{33} tsɿ^{0}]
秤杆儿	秤杆[dzən^{24} kan^{31}]	秤杆[dzen^{24} kø^{21}]	秤杆子 [t^{h}əŋ^{11} kuan^{31} tsɿ^{0}]	秤杆[tɕ^{h}iən^{13} kɛ^{41}]	秤杆[tɕiẽ^{51} kã^{312}]
秤钩子	秤钩子 [dzən^{24} kəu^{44} tsɿ^{0}]	秤钩唧哩 [dzen^{24} ke^{45} tɕi^{0} ni^{0}]	钩子[keu^{33} tsɿ^{0}]	秤钩子 [tɕ^{h}iən^{13} ke^{44} tsɿ^{0}]	秤钩公 [tɕiẽ^{51} tɕiə^{33} kɤŋ^{33}]
秤锤	秤砣[dzən^{24} do^{13}]	秤砣[dzen^{24} to^{12}]	秤砣[t^{h}əŋ^{11} t^{h}o^{13}]	秤砣[tɕ^{h}iən^{13} tʊ^{35}]	秤砣[tɕiẽ^{51} ho^{13}]
秤毫		秤毫[dzen^{24} xau^{12}]	毫子[xao^{13} tsɿ^{0}]	秤毫[tɕ^{h}iən^{13} xɤ^{35}]	秤绳牯[tɕiẽ^{51} ɕiẽ^{13} kõ^{33}]
(称物时)秤尾高	起[tɕi^{31}]	秤洪哒 [dzen^{24} xen^{12} ta^{0}]	鸿秤[fəŋ^{13} t^{h}əŋ^{11}]	起[ɕi^{41}]	平秤[p^{h}iɑ^{13} tɕiẽ^{51}]
(称物时)秤尾低	绵[mian^{13}]		绵秤[min^{13} t^{h}əŋ^{11}]	绵[miɛ^{35}]	阴秤[iẽ^{33} tɕiẽ^{51}]/笮称 [tsɑ^{51} tɕiẽ^{51}]压称
铁路	铁路[die^{45} ləu^{22}]	铁路[die^{5} ləu^{33}]	铁路[t^{h}iɛ^{35} lou^{11}]	铁路[t^{h}ie^{41} l$\underset{̩}{v}$^{0}]	铁路[hiɛ^{33} lu^{51}]
铁轨		铁轨[die^{5} kui^{21}]	钢条[koŋ^{33} t^{h}iu^{13}]	轨道[kuɪ^{41} tɤ^{13}]	铁轨[hiɛ^{33} kui^{312}]
火车	火车[xo^{31} dzə^{44}]	火车[xo^{21} dze^{45}/dza^{45}]	火车[fo^{31} t^{h}a^{33}]	火车[xʊ^{41} tɕ^{h}ie^{0}]	火车[xo^{312} tɕ^{h}iɛ^{33}]
火车站	火车站 [xo^{31} dzə^{44} tsan^{22}]	火车站 [xo^{21} dza^{45} tsan^{33}]	火车站 [fo^{31} t^{h}a^{33} tsan^{11}]	火车站 [xʊ^{41} tɕ^{h}ie^{0} tsɛ^{13}]	

续 表

词 条	岳 阳 市	临 湘	醴 陵	永 兴	隆 回
公路	公路[koŋ^{44} ləu^{22}]	公路[ken^{45} ləu^{33}]	马路[ma^{31} lou^{11}]	公路[koŋ^{44} l̩y^{0}]	马路[mā^{312} lu^{51}]
汽车	汽车[dʑi^{24} dzə^{44}]	汽车[dʑi^{24} dza^{45}]	汽车[tɕʰi^{11} tʰa^{33}]	汽车[tɕʰi^{13} tɕʰie^{0}]	汽车[tɕʰi^{51} tɕʰiɛ^{33}]
客车(指汽车的)	客车[gə^{45} dzə^{44}]	客车[ge^{5} dza^{45}]	客车[kʰɛ^{35} tʰa^{33}]	客车[kʰe^{21} tɕʰie^{0}]	班车[pā^{33} tɕʰiɛ^{33}]
货车(指汽车的)	货车[xo^{24} dzə^{44}]	货车[xo^{24} dze^{45}/dza^{45}]	货车子[xo^{11} tʰa^{33} tsɿ^{0}]	货车[kʰʊ^{13} tɕʰie^{0}]	货车[xo^{51} tɕʰiɛ^{33}]
公共汽车	公交车 [koŋ^{44} tɕiau^{44} dzə^{44}]	公共车 [ken^{45} ken^{33} dze^{45}/dza^{45}]	公共汽车 [kuəŋ^{33} kʰuəŋ^{11} tɕʰi^{11} tʰa^{33}]	公共车 [koŋ^{44} koŋ^{44} tɕʰie^{44}]	公共车 [kɤŋ^{33} kɤŋ^{51} tɕʰiɛ^{33}]
小轿车	小轿车 [ɕiau^{31} tɕiau^{22} dzə^{44}]	轿车 [tɕiau^{33} dze^{45}/dza^{45}]	乌龟车唧 [u^{33} kuei^{33} tʰa^{33} tɕi^{0}]/小车子[ɕiu^{31} tʰa^{33} tsɿ^{0}]	王八车[uɔ^{35} pa^{0} tɕʰie^{44}]	小车[siə^{312} tɕʰiɛ^{33}]
摩托车	摩托车[mo^{13} do^{0} dzə^{44}]	摩托车[mo^{12} do^{0} dza^{45}]	摩托[mo^{13} tʰo^{35}]	摩托车 [mo^{44} tʰo^{21} tɕʰie^{44}]	摩托(车) [mo^{13} xo^{33}(tɕʰiɛ^{33})]
三轮车(载人的)	三轮车 [san^{44} lən^{13} dzə^{44}]	三轮车 [san^{45} lun^{12} dza^{45}]		三轮车 [sɛ^{44} luən^{0} tɕʰie^{44}]	三轮车 [sā^{33} luən^{13} tɕʰiɛ^{33}]
平板三轮车(拉货的)	板车[pan^{31} dzə^{44}]	板车哩[pan^{21} dza^{45} ni^{0}]	三轮车 [san^{33} ləŋ^{13} tʰa^{33}]		平板车[pē^{13} pā^{312} tɕʰiɛ^{33}] 平板两轮车
自行车	线车[ɕian^{24} dzə^{44}]	线车哩 [ɕian^{24} dza^{45} ni^{0}]/单车[tan^{45} dze^{45}]	单车[tan^{33} tʰa^{33}]	单车[tɛ^{44} tɕʰie^{0}]	单车[tā^{33} tɕʰiɛ^{33}]/线车[sĩɪ^{51} tɕʰiɛ^{33}]

续 表

词　条	岳 阳 市	临　湘	醴　陵	永　兴	隆　回
大车(骡马拉的运货的车，北方多用。注意车的各部位名称)	马车[ma^{31} dzə^{44}]	马车[ma^{21} dza^{45}]		马车[ma^{41} tɕ^{h}ie^{0}]	
鸡公车(多用于南方)	独轮车 [dəu^{45} lən^{13} dzə^{44}]	土车子 [dəu^{21} dze^{45} tsɿ^{0}]	土车子 [t^{h}ou^{31} t^{h}a^{33} tsɿ^{0}]		
船(总称)	船[dʑyan^{13}]	船[dʑyan^{12}]	船[k^{h}yeń^{13}]	船[ɕyɛ^{35}]	
帆	帆[fan^{44}]	帆[fan^{45}]			船[tɕ^{h}yɛ̃^{13}]
篷(织竹夹箬覆舟)	篷[boŋ^{13}]	弓篷[ken^{45} pen^{12}]	风篷[fəŋ^{33} p^{h}əŋ^{13}]	风篷[foŋ^{44} poŋ^{0}]/篷子[poŋ^{35} tsɿ^{0}]	篷子[p^{h}ɤŋ^{13} tsɿ^{0}]
桅杆	桅杆[uei^{13} kan^{44}]	船竿[dʑyan^{12} kø^{21}]	桅杆[uei^{13} koŋ^{31}]	桅子[uɪ^{35} tsɿ^{0}]	
舵	舵[do^{22}]	舵[to^{24}]	舵[t^{h}o^{11}]	舵[tʊ^{13}]	
橹				橹[lɣ̩^{41}]	
桨	桨[tɕiaŋ^{31}]	桨[tɕiɔ̃^{21}]	桨叶子[tɕioŋ^{31} iɛ^{35} tsɿ^{0}]	摇片[iɤ^{13} p^{h}iɛ^{0}]	
篙	竹篙[tsəu^{45} kau^{44}]	撑竿[dzen^{45} kan^{21}]	撑篙[ts^{h}an^{33} kao^{33}]	篙子[xɤ^{44} tsɿ^{0}]	
跳板(上下船用的)		跳板[diau^{24} pan^{21}]	跳板[t^{h}iu^{11} pan^{31}]	跳板[t^{h}iɤ^{13} pɛ^{41}]	踏板[t^{h}a^{51} pā^{312}]

续 表

词 条	岳阳市	临 湘	醴 陵	永 兴	隆 回
帆船		帆船[fan^{45} dʑyan^{12}]/弓船[ken^{45} dʑyan^{12}]有弓篷的船	帆船[fan^{33} k^{h}yɛn^{13}]	风篷船[foŋ^{44} poŋ^{0} ɕyɛ^{35}]	
舢舨			划子[fa^{13} tsɿ^{0}]	划子[xua^{21} tsɿ^{0}]	
竹筏	竹簰[tsəu^{45} bai^{13}]	簰[bai^{12}]/竹簰[tsəu^{5} bai^{12}]	木簰[mu^{35} p^{h}ai^{13}]/竹簰[tou^{35} p^{h}ai^{13}]	簰[pa^{35}]	
渔船	渔船[y^{13} dʑyan^{13}]	渔船[y^{12} dʑyan^{12}]	渔船[ny^{13} k^{h}yɛn^{13}]	渔船[y^{35} ɕyɛ^{0}]	
渡船	渡船[təu^{22} dʑyan^{13}]	渡船[təu^{33} dʑyan^{12}]	渡船[t^{h}ou^{11} k^{h}yɛn^{13}]	渡船[tv̩^{13} ɕyɛ^{35}]	渡船子[hu^{51} tɕ^{h}yɛ̃^{13} tsei^{0}]
轮船	轮船[lən^{13} dʑyan^{13}]	轮船[lun^{12} dʑyan^{12}]/铁舶筏哩[die^{5} po^{0} fa^{45} ni^{0}]/铁舶子[die^{5} po^{0} tsɿ^{0}]	轮船[ləŋ^{13} k^{h}yɛn^{13}]/汽划子[tɕ^{h}i^{11} fa^{13} tsɿ^{0}]小汽艇	大莽船[ta^{13} mɔ^{41} ɕyɛ^{35}]	船[tɕ^{h}yɛ̃^{13}]轮船
过摆渡(坐船过河)	过渡[ko^{24} təu^{22}]	过河[ko^{24} xo^{12}]/过江[ko^{24} tɕiɔ̃^{45}]/摆渡[pai^{21} təu^{24}]	摆渡[pai^{31} t^{h}ou^{11}]/过渡[ku^{11} t^{h}ou^{11}]	过江[kʊ^{13} kɔ^{44}]	
渡口	渡口[təu^{22} gəu^{33}]	船码头[dʑyan^{12} ma^{21} dəu^{12}]	码头[ma^{31} t^{h}eu^{13}]/渡口[t^{h}eu^{11} k^{h}eu^{31}]	渡口[tv̩^{13} k^{h}e^{41}]	
贰拾 文化教育					
学校	学堂[ɕio^{45} daŋ^{13}]/学校[ɕio^{45} ɕiau^{22}]	学堂里[xo^{5} dɔ̃^{0} li^{0}]	学校[ɕio^{35} ɕiu^{11}]/学堂[xo^{35} t^{h}oŋ^{13}]	学堂[ɕio^{21} t^{h}ɔ^{0}]	学堂[ɕyo^{24} hõ^{13}]/学校[ɕyo^{24} ɕiə^{51}]

续表

词条	岳阳市	临湘	醴陵	永兴	隆回
上学(开始上小学)	上学堂[saŋ^{22} ɕio^{45} daŋ^{13}]/上学校[saŋ^{22} ɕio^{45} ɕiau^{22}]/启蒙[dʑi^{31} mən^{13}]	发蒙[fa^{5} mo^{12}]/到学堂里[tau^{24} xo^{5} dɔ̃^{0} li^{0}]	上学[soŋ^{11} ɕio^{35}]/发蒙[fa^{13} məŋ^{13}]/读书[t^{h}ou^{13} ɕy^{33}]	开蒙[k^{h}e^{44} moŋ^{35}]	开蒙[k^{h}ei^{33} mɤŋ^{13}]
上学(去学校上课)	上学堂[saŋ^{22} ɕio^{45} daŋ^{13}]/上学校[saŋ^{22} ɕio^{45} ɕiau^{22}]/上学[saŋ^{22} ɕio^{45}]	到学堂里读书[tau^{24} xo^{5} dɔ̃^{0} li^{0} təu^{12} ɕy^{45}]/上学[sɔ̃^{33} ɕio^{5}]	读书[t^{h}ou^{13} ɕy^{33}]	读书近[tʊ^{44} ɕy^{44} xəɯ^{0}]	散学[sã^{51} xo^{51}]
放学(上完课回家)	放学[faŋ^{24} ɕio^{45}]	放学[xɔ̃^{33} ɕio^{5}]	散学[san^{11} xo^{35}]	散学[sɛ^{13} ɕio^{21}]	
逃学	逃学[dau^{13} ɕio^{45}]	逃学[dau^{12} ɕio^{5}]	赖学[lai^{11} xo^{35}]	逃学[tɤ^{35} ɕio^{21}]/逃课[tɤ^{35} k^{h}o^{13}]	
幼儿园(年龄较大)	幼儿园[iəu^{24} ə^{13} yan^{13}]	幼儿园[iəu^{24} ə^{12} yan^{12}]	幼儿园[iou^{11} ɛ^{13} yɛn^{13}]	幼儿园[iəɯ^{13} e^{21} ye^{13}]	幼儿园[iəu^{51} ɛ^{13} mĩɪ^{13}]
托儿所(年龄较小)			托儿所[t^{h}o^{35} ɛ^{13} so^{31}]	幼儿班[iɤ^{21} iɤ^{21} pɛ^{44}]念成“摇摇班”	
私塾	私学[sɿ^{44} ɕio^{45}]/私塾[sɿ^{44} səu^{45}]	私塾[sɿ^{45} səu^{5}]	私塾[sɿ^{33} sou^{35}]	旧学[tɕiəɯ^{13} ɕio^{21}]	
学费	学费[ɕio^{45} fei^{22}]	学费[ɕio^{5} fei^{33}]	学费[xo^{35} fei^{11}]/学籍钱[ɕy^{33} tɕ^{h}i^{13} tɕ^{h}in^{13}]	学费[ɕio^{21} fɪ^{0}]	
放假	放假[faŋ^{24} tɕia^{31}]	放假[xɔ̃^{24} tɕia^{21}]	放假[xo^{11} tɕia^{31}]	放假[fɔ^{13} tɕia^{41}]	放假[fõ^{51} tɕia^{312}]

续 表

词 条	岳阳市	临 湘	醴 陵	永 兴	隆 回
暑假	暑假[ɕi^{31} tɕia^{31}]	暑假[ɕy^{21} tɕia^{21}]	暑假[ɕy^{31} tɕia^{31}]/散大学[san^{11} tʰai^{11} xo^{35}]	暑假[ɕy^{41} tɕia^{41}]	
寒假	年假[nian^{13} tɕia^{31}]	寒假[xø^{12} tɕia^{21}]	寒假[xoŋ^{13} tɕia^{31}]/散大学[san^{11} tʰai^{11} xo^{35}]	寒假[xɛ^{21} tɕia^{41}]	
请假	请假[dʑin^{31} tɕia^{31}]/告假[kau^{24} tɕia^{31}]	请假[dʑin^{21} tɕia^{21}]	请假[tɕʰiŋ^{31} tɕia^{31}]	请假[tɕʰiən^{41} tɕia^{41}]	
教室	教室[tɕiau^{24} sɿ^{45}]	教室[tɕiau^{24} sɿ^{33}]	教室[tɕiu^{11} sɿ^{35}]	教室[tɕiɤ^{13} sɿ^{0}]	教室[tɕiəu^{51} ɕi^{51}]
上课	上课[saŋ^{22} go^{24}]/上堂[saŋ^{22} daŋ^{13}]	上课[sɔ̃^{33} go^{24}]	上课[soŋ^{11} kʰo^{11}]	上课[sɔ^{13} kʰo^{13}]	
下课	下课[ɕia^{22} go^{24}]/下堂[ɕia^{22} daŋ^{13}]	下课[ɕia^{24} go^{24}]		下课[ɕia^{13} kʰo^{13}]	
讲台	讲台[tɕiaŋ^{31} dai^{13}]	讲台[tɕiɔ̃^{21} dai^{12}]	讲桌[tɕioŋ^{31} tso^{35}]	讲台[tɕiɔ^{41} ta^{35}]	讲台[tɕiõ^{312} hai^{51}]
黑板	黑板[xə^{45} pan^{31}]	黑板[xe^{5} pan^{21}]	黑板[xɛ^{35} pan^{31}]	黑板[xe^{21} pɛ^{41}]	黑板[hiɛ^{33} pã^{312}]
粉笔	粉笔[fən^{31} pi^{45}]/粉条[fən^{31} diau^{13}]	粉笔[fen^{21} pi^{5}]	粉笔[fəŋ^{31} pi^{35}]	粉笔[fən^{41} pi^{21}]	粉笔[fẽ^{312} pi^{24}]
板擦儿	黑板刷子[xə^{45} pan^{31} sua^{45} tsɿ^{0}]	擦哩[dza^{5} ni^{0}]	黑板擦子[xɛ^{35} pan^{31} tsʰa^{35} tsɿ^{0}]	粉笔擦[fən^{41} pi^{21} tsʰo^{21}]	黑板刷子[hiɛ^{33} pã^{312} sua^{33} tsɿ^{0}]
点名册	点名册[tian^{31} min^{13} dze^{45}]/名册[min^{13} dze^{45}]	花名册[fa^{45} min^{12} dze^{5}]	点名册[tin^{31} miŋ^{13} tsʰɛ^{35}]	花名册[xua^{44} mən^{35} tsʰe^{21}]	点名册[tĩɪ^{312} mẽ^{13} tsʰiɛ^{51}]

续 表

词 条	岳 阳 市	临 湘	醴 陵	永 兴	隆 回
戒尺	戒尺[kai^{24} dzɿ^{45}]/板子[pan^{31} tsɿ^{0}]/戒方[kai^{24} faŋ^{44}]	戒尺[kai^{24} dza^{5}]	篾片子[miɛ^{35} p^{h}in^{11} tsɿ^{0}]	篾片[mie^{44} p^{h}ia^{41}]	
笔记本	笔记本[pi^{45} tɕi^{24} pən^{31}]	笔记本[pi^{5} tɕi^{33} pen^{21}]	笔记本[pi^{35} tɕi^{11} pəŋ^{31}]	作业本[tso^{21} ie^{21} pən^{41}]	笔记本[pi^{312} tɕi^{51} pẽ^{312}]
课本	课本[go^{24} pən^{31}]	书[ɕy^{45}]/课本[go^{24} pen^{21}]做作业的本子	书[ɕy^{33}]/课本[k^{h}o^{11} pəŋ^{31}]	书[ɕy^{44}]	书本[ɕu^{33} pẽ^{312}]
铅笔	铅笔[yan^{13} pi^{45}]	铅笔[yan^{12} pi^{5}]/铅珠笔[yan^{12} tɕy^{45} pi^{5}]	铅笔[yɛn^{13} pi^{35}]	木笔[moŋ^{44} pi^{21}]/铅子笔[yɛ^{35} tsɿ^{0} pi^{21}]	铅笔[ts^{h}ĩɪ^{33} pi^{24}]
橡皮	橡皮擦[ɕiaŋ^{22} bi^{13} dza^{45}]	涂皮[dəu^{12} bi^{12}]	擦子[ts^{h}a^{35} tsɿ^{0}]	橡皮[ɕiɔ^{13} p^{h}i^{0}]	橡皮[siɑ̃^{51} p^{h}i^{13}]/擦笔[ts^{h}a^{33} pi^{24}]
铅笔刀(指旋着削的那种)	转笔刀[tɕyan^{24} pi^{31} tau^{44}]	铡刀哩[dza^{5} tau^{45} ni^{0}]	戗笔刀子[tɕiou^{11} pi^{35} tao^{33} tsɿ^{0}]	转转[tɕyɛ^{13} tɕye^{0}]	卷笔刀[tɕyɛ̃^{312} pi^{24} tʌu^{33}]
圆规		圆规[yan^{12} kui^{45}]	圆规[yɛn^{13} kuei^{33}]/两脚规[lioŋ^{31} tɕio^{35} kuei^{33}]	圆规[yɛ^{35} kuɪ^{44}]	
三角板		三角板[san^{45} ko^{5} pan^{21}]	三角板[san^{33} ko^{35} pan^{31}]		
镇纸				定尺[tən^{13} ts^{h}o^{21}]	
作文本		作文本[tso^{5} un^{12} pen^{21}]	作文本[tso^{35} uəŋ^{13} pəŋ^{31}]		

续 表

词条	岳阳市	临湘	醴陵	永兴	隆回
大字本		大字本[ta^{33} tsɿ^{33} pen^{21}]	大字本[t^{h}ai^{11} ts^{h}ɿ^{11} pəŋ^{31}]	大字本[ta^{13} ts^{h}ɿ^{0} pən^{41}]	
红模子			描红本子[miu^{31} fəŋ^{13} pəŋ^{31} tsɿ^{0}]		
钢笔	自来水笔[tsɿ^{22} lai^{13} suei^{31} pi^{45}]/水笔[suei^{31} pi^{45}]/钢笔[kaŋ^{44} pi^{45}]	钢笔[kɔ̃^{45} pi^{5}]	钢笔[koŋ^{33} pi^{35}]	钢笔[kɔ^{44} pi^{21}]	钢笔[kõ^{33} pi^{24}]
毛笔	毛笔[mau^{13} pi^{45}]	毛笔[mau^{12} pi^{5}]	毛笔[mao^{13} pi^{35}]/墨笔[mɛ^{35} pi^{35}]	毛笔[mɤ^{35} pi^{21}]	毛笔[mʌu^{13} pi^{24}]
笔帽(保护毛笔头的)		盖哩[kai^{24} ni^{0}]	笔筒子[pi^{35} t^{h}əŋ^{13} tsɿ^{0}]	笔筒[pi^{21} toŋ^{35}]	笔筒[pi^{24} hɤŋ^{13}]
笔筒	笔筒[pi^{45} doŋ^{13}]	笔筒[pi^{5} den^{12}]	笔筒子[pi^{35} t^{h}əŋ^{13} tsɿ^{0}]	笔桶[pi^{21} t^{h}oŋ^{41}]	笔筒[pi^{24} hɤŋ^{13}]
砚台	砚台[nian^{22} dai^{13}]/砚瓦[nian^{22} ua^{31}]/砚池[nian^{22} dzɿ^{13}]	砚子[lian^{33} dzɿ^{12}]/磨墨箇[mo^{12} mo^{5} kə^{0}]	墨盘[mɛ^{35} p^{h}o^{13}]	砚碗[iɛ^{13} uɔ^{41}]	砚碗[iə^{13} uɑ̃^{312}]
研墨(动宾)	研墨[ŋai^{13} mə^{45}]/磨墨[mo^{13} mə^{45}]	研墨[ŋai^{24} me^{5}]	磨墨[mo^{13} mɛ^{35}]	磨墨[mʊ^{35} me^{44}]	磨墨[mo^{13} miɛ^{51}]
墨盒儿	墨盒子[mə^{45} xə^{45} tsɿ^{0}]				墨盒[miɛ^{51} xo^{13}]
墨汁(毛笔用的)	墨汁[mə^{45} tsɿ^{45}]	墨水[me^{5} ɕy^{21}]	墨汁[mɛ^{35} tsɿ^{35}]	墨汁[me^{44} tsɿ^{21}]	墨汁[miɛ^{51} tɕi^{51}]

续表

词条	岳阳市	临湘	醴陵	永兴	隆回
掭笔(动宾)	掭笔[dian^{22} pi^{45}]/掭墨[dian^{22} mə^{45}]	搭笔[ta^{5} pi^{5}]	掸笔[tan^{31} pi^{35}]/敲⁼笔[tɕ^{h}iu^{35} pi^{35}]	刮笔[kua^{21} pi^{21}]	
墨水儿(钢笔用的)	墨水[mə^{45} suei^{31}]	蓝靛水[lan^{12} tian^{33} ɕy^{21}]/红靛水[xen^{12} tian^{33} ɕy^{21}]	墨水[mɛ^{35} ɕy^{31}]	英文水[ən^{44} uən^{21} ɕy^{41}]	墨水[miɛ^{51} ɕu^{312}]
书包	书包[ɕy^{44} pau^{44}]	书包[ɕy^{45} pau^{45}]	书包[ɕy^{33} pao^{33}]/书袋子[ɕy^{33} t^{h}ai^{11} tsɿ^{0}]	书袥[ɕy^{44} mo^{44}]	书包[ɕu^{33} pʌu^{33}]
读书人	读书人[dəu^{13} ɕy^{44} zən^{13}]	读书人[tu^{12} ɕy^{45} en^{12}]	读书人[t^{h}ou^{13} ɕy^{33} niŋ^{13}]	读书箇人[tʊ^{44} ɕy^{44} kɤ^{0} ən^{35}]	读书人[hu^{13} ɕu^{33} n̩^{13}]
识字的	认字的[zən^{22} dzɿ^{22} ti^{0}]/识字的[sɿ^{45} dzɿ^{22} ti^{0}]	识字的[sɿ^{5} dzɿ^{33} ti^{0}]	认得字箇[niŋ^{11} tɛ^{35} ts^{h}ɿ^{11} ko^{0}]	认得字箇[ən^{13} te^{0} ts^{h}ɿ^{13} kɤ^{0}]	
不识字的	不识字的[pu^{45} sɿ^{45} dzɿ^{22} ti^{0}]/文盲[uən^{13} maŋ^{13}]/睁眼瞎子[tsən^{44} ŋan^{31} xa^{45} tsɿ^{0}]		不认得字箇[pu^{35} niŋ^{11} tɛ^{35} ts^{h}ɿ^{11} ko^{0}]/光眼瞎子[kuoŋ^{33} ŋan^{31} xa^{35} tsɿ^{0}]	认不得字箇[ən^{21} pv̩^{0} te^{0} ts^{h}ɿ^{13} kɤ^{0}]	唔识字[n̩^{33} ɕi^{13} ts^{h}ɿ^{51}]
读书	读书[dəu^{45} ɕy^{44}]	读书[tu^{24} ɕy^{45}]	读书[t^{h}ou^{13} ɕy^{33}]	读书[tʊ^{44} ɕy^{44}]	读书[hu^{13} ɕu^{33}]
温书	温书[uən^{44} ɕy^{44}]/温习[uən^{44} ɕi^{45}]	复习[fu^{5} ɕi^{5}]	复习[fu^{35} ɕi^{35}]	复习[fv̩^{21} ɕi^{21}]	
背书	背书[pi^{24} ɕy^{44}]	背书[pi^{33} ɕy^{45}]	背书[p^{h}ei^{11} ɕy^{33}]	背书[pɪ^{13} ɕy^{44}]	
报考	报名[pau^{24} min^{13}]	报考[pau^{24} gau^{21}]	报考[pao^{11} k^{h}ao^{31}]	报考[pɤ^{13} k^{h}ɤ^{41}]	

续 表

词 条	岳 阳 市	临 湘	醴 陵	永 兴	隆 回
考场	考场[gau^{31} dzaŋ^{13}]	考场[gau^{21} dzɔ̃^{12}]	考场[kʰao^{31} tʰoŋ^{13}]	考场[kʰɤ^{41} tsʰɔ^{21}]	
入场(进考场)	入场[y^{45} dzaŋ^{13}]/进场[tɕin^{24} dzaŋ^{13}]	进考场[tɕin^{33} gau^{21} dzɔ̃^{12}]	进考场[tɕiŋ^{11} kʰao^{31} tʰoŋ^{13}]	进考场[tɕiən^{13} kʰɤ^{41} tsʰɔ^{21}]	
考试	考试[gau^{31} sɿ^{24}]	考试[gau^{21} sɿ^{24}]	考试[kʰao^{31} sɿ^{11}]	考试[kʰɤ^{41} sɿ^{13}]	
考卷	考卷[gau^{31} tsuan^{24}]/卷子[tsuan^{24} tsɿ^{0}]/考卷子[gau^{31} tsuan^{24} tsɿ^{0}]	考卷[gau^{21} tɕyan^{24}]	考试卷子[kao^{31} sɿ^{11} kyɛn^{11} tsɿ^{0}]/卷子[kyɛn^{11} tsɿ^{0}]	卷子[tɕyɛ^{13} tsɿ^{41}]	考试卷子[kʰʌu^{312} sɿ^{51} tɕyɛ̃^{51} tsɿ^{0}]
满分	满分子[man^{31} fən^{44} tsɿ^{0}]/一百分[i^{45} po^{45} fən^{44}]/五分[u^{31} fən^{44}]	满分[mø^{21} fen^{45}]	一百分[i^{35} pɛ^{35} fəŋ^{33}]	一百分[i^{21} pe^{21} fən^{44}]	满分[mõ^{312} fẽ^{33}]/百分[piɛ^{33} fẽ^{33}]
零分	零分[lin^{13} fən^{44}]	零鸭蛋[lin^{12} ŋa^{5} tan^{0}]	吃零[tɕʰia^{35} liŋ^{13}]	零分[lən^{35} fən^{0}]	零分[lẽ^{13} fẽ^{33}]/鹅果[o^{13} ko^{51}]
发榜	发榜[fa^{45} paŋ^{31}]	发榜[fa^{5} pɔ̃^{21}]/公榜文[ken^{45} pɔ̃^{21} un^{12}]	出榜[kʰy^{35} poŋ^{31}]/张榜[toŋ^{33} poŋ^{31}]/挂榜[kua^{11} poŋ^{31}]	出榜[tɕʰi^{21} pɔ^{41}]	
头名	头名[dəu^{13} min^{13}]/第一名[di^{22} i^{45} min^{13}]	头名[dəu^{12} min^{12}]	头名[tʰeu^{13} miaŋ^{13}]/一名[i^{35} miaŋ^{13}]	头名[te^{35} mən^{0}]	一名[i^{33} mẽ^{13}]/头名[hiə^{13} mẽ^{13}]
末名	末名[mə^{45} min^{13}]/背榜[pei^{24} paŋ^{31}]	落名[lo^{5} min^{12}]	末名[mo^{11} miaŋ^{13}]	末名[mʊ^{44} mən^{0}]	满屁股[mã^{312} pʰi^{51} ku^{312}]

续　表

词　条	岳阳市	临　湘	醴　陵	永　兴	隆　回
毕业	毕业[pi^{45} nie^{45}]	毕业[pi^{5} lie^{5}]	毕业[pi^{35} niɛ^{35}]	毕业[pi^{21} ie^{0}]	毕业[pi^{51}ĩɪ^{51}]
肄业			肄业[ni^{11} niɛ^{35}]		没读完[mʌu^{33} hu^{13} uɑ̃^{13}]
文凭	文凭[uən^{13} bin^{13}]/证书[tsən^{24} ɕy^{44}]	毕业证[pi^{5} lie^{5} tsen^{24}]/文凭[un^{12} bin^{12}]	毕业证[pi^{35} niɛ^{35} təŋ^{11}]/文凭[uəŋ^{13} p^{h}iŋ^{13}]	毕业证[pi^{21} ie^{0} tɕiən^{13}]/文凭[uən^{35} p^{h}ən^{0}]	
字帖	帖[die^{45}]		帖[t^{h}iɛ^{35}]		字帖[ts^{h}ɿ^{51} hiɛ^{33}]
临帖	临帖[lin^{13} die^{45}]/写帖[ɕie^{31} die^{45}]		习帖[ɕi^{13} t^{h}iɛ^{35}]		
写白字	写白字[ɕie^{31} pə^{45} dzɿ^{22}]	写白字[ɕie^{21} pa^{5} tsɿ^{33}]/落哒一撇[lo^{5} ta^{0} i^{5} bie^{5}]	写白字[ɕia^{31} p^{h}a^{13} ts^{h}ɿ^{11}]	写白字[ɕie^{41} pe^{44} ts^{h}ɿ^{13}]	写白眼字[siɛ^{312} p^{h}a^{51} ã^{312} ts^{h}ɿ^{51}]
写鬥字(笔顺不对)	写鬥笔字[ɕie^{31} təu^{24} pi^{31} tsɿ^{22}]	写鬥笔哩字[ɕie^{21} təu^{24} pi^{5} ni^{0} tsɿ^{24}]	写鬥字[ɕia^{31} t^{h}ou^{11} ts^{h}ɿ^{11}]	写鬥笔字[ɕie^{41} te^{13} pi^{21} ts^{h}ɿ^{13}]	
掉字	掉了字[tiau^{22} liau^{31} dzɿ^{22}]/落了字[lo^{45} liau^{31} dzɿ]^{22}		跌咖字[tiɛ^{35} ka^{33} ts^{h}ɿ^{11}]	跌唧字[tie^{21} tɕi^{0} ts^{h}ɿ^{13}]	落嘎字哩[la^{5} ka^{0} ts^{h}ɿ^{51} li^{0}]
草稿	稿子[kau^{31} tsɿ^{0}]	草稿[dzau^{21} kau^{21}]	草稿[ts^{h}ao^{31} kao^{31}]	草稿[ts^{h}ɤ^{41} kɤ^{41}]	底稿[ti^{312} kʌu^{312}]/草稿[ts^{h}ʌu^{312} kʌu^{312}]

续表

词条	岳阳市	临湘	醴陵	永兴	隆回
起稿子	打一个稿子[ta^{31} i^{45} ko^{24} kau^{31} tsɿ^{0}]/起一个稿子[dʑi^{31} i^{45} ko^{24} kau^{31} tsɿ^{0}]		打草稿[ta^{31} ts^{h}ao^{31} kao^{31}]	打草稿[ta^{41} ts^{h}ɤ^{41} kɤ^{41}]	打草稿[ta^{321} ts^{h}ʌu^{312} kʌu^{312}]
誊清	誊清[dən^{13} dʑin^{44}]/誊正[dən^{13} tsən^{24}]/抄清[dzau^{44} dʑin^{44}]		誊写[t^{h}ɛn^{13} ɕia^{31}]/抄[ts^{h}ao^{33}]	抄[ts^{h}ɤ^{44}]	抄一遍[ts^{h}ʌu^{33} i^{33} pĩɪ^{51}]
贰拾壹　文体活动					
风筝	风筝[xoŋ^{44} tsən^{44}]/纸鹞子[tsɿ^{31} iau^{24} tsɿ^{0}]	风筝[xen^{45} tsen^{45}]	风筝[fəŋ^{33} tsɛn^{33}]	风筝[foŋ^{44} tɕiən^{44}]	风筝[fɤŋ^{33} tsẽ^{33}]
捉迷藏	捉迷藏[tso^{45} mi^{13} dzaŋ^{13}]/躲蒙儿[to^{31} moŋ^{22} ə^{13}]	躲麻唧[to^{21} ma^{12} tɕi^{24}]/躲加$^{=}$[to^{21} dʑia^{45}]	捉蒙蒙[tso^{35} məŋ^{33} məŋ^{33}]/躲摒[to^{31} pan^{11}]	寻躲[tɕ^{h}iən^{35} tʊ^{41}]	
踢毽儿	打毽子[ta^{31} tɕian^{24} tsɿ^{0}]/踢毽子[di^{45} tɕian^{24} tsɿ^{0}]	打毽哩[ta^{21} tɕian^{24} ni^{0}]	踢燕子[t^{h}i^{35} in^{11} tsɿ^{0}]	打毽子[ta^{41} tɕiɛ^{13} tsɿ^{0}]	踢毽子[hiɛ^{33} tɕĩɪ^{51} tsɿ^{0}]
抓子儿(用几个小沙包或石子儿，扔起其一，做规定动作后再接住)	抓子[tsua^{44} tsɿ^{0}]	滴石子哩[ti^{5} sa^{5} tsɿ^{21} ni^{0}]	打石子唧[ta^{31} sa^{35} tsɿ^{31} tɕi^{0}]	捡五子[tɕiɛ^{41}ṿ^{41} tsɿ^{0}]	打石骨子[ta^{312} ɕia^{51} ku^{33} tsei^{0}]

续　表

词　条	岳阳市	临　湘	醴　陵	永　兴	隆　回
弹球儿		打珠子[ta^{21} tɕy^{45} tsɿ^{0}]	打弹子唧 [ta^{31} t^{h}an^{11} tsɿ^{0} tɕi^{0}]	打弹子[ta^{41} tɛ^{13} tsɿ^{0}]	打弹子(子) [ta^{312} hã^{13} tsɿ^{0} (tsei^{0})]
打水飘儿（在水面上掷瓦片）	打飘飘 [ta^{31} biau^{44} biau^{44}]	打飘飘 [ta^{21} biau^{45} biau^{0}]	打水飘[ta^{31} ɕy^{31} p^{h}iu^{33}]	吃饭[tɕ^{h}io^{21} fɛ^{13}]在水面飘一下叫“吃一碗饭”	打瓦皮[ta^{312} ua^{312} p^{h}i^{13}]/ 漂水[p^{h}iə^{33} ɕu^{312}]
跳房子	跳房子 [diau^{24} faŋ^{13} tsɿ^{31}]	跳房子[diau^{24} xɔ̃^{12} tsɿ^{0}]	踢盘子 [t^{h}i^{35} p^{h}oŋ^{31} tsɿ^{0}]	拜$^{=}$屋[pa^{44} əu^{21}]	踢田[hiɛ^{33} hĩɪ^{13}]
翻绳（两人轮换翻动手指头上的细绳，变出各种花样）	翻茶盘 [fan^{44} dza^{13} ban^{13}]	翻茶盘[fan^{45} dza^{12} bø^{12}]	翻茶盘 [fan^{33} ts^{h}a^{13} p^{h}oŋ^{13}]	翻花[fɛ^{44} xo^{44}]	拨花[po^{33} xua^{33}]
划拳（喝酒时）	划拳[xua^{13} dʑyan^{13}]	划拳[xua^{12} dʑyan^{12}]	划拳[fa^{13} k^{h}yɛn^{13}]	猜拳[ts^{h}a^{44} tɕ^{h}yɛ^{35}]	
出谜语	打个谜子 [ta^{31} ko^{0} mei^{22} tsɿ^{0}]	出谜哩[dʑy^{5} mi^{12} ni^{0}]/ 制谜子[tsɿ^{24} mi^{12} tsɿ^{0}]	猜谜子 [ts^{h}ai^{33} mi^{13} tsɿ^{0}]	讲隻估卦 [kɔ^{41} tso^{21} kɣ̩^{41} kua^{13}]	打谜结[ta^{312} mē^{51} tɕiɛ^{33}]
猜谜儿	破谜子[bo^{24} mei^{22} tsɿ^{0}]	猜谜哩[dzai^{45} mi^{12} ni^{0}]		打估卦 [ta^{41} kɣ̩^{41} kua^{13}]/打估冲[ta^{41} kɣ̩^{41} ts^{h}oŋ^{44}]	猜谜结 [ts^{h}ai^{33} mē^{51} tɕiɛ^{33}]
牌九	骨牌[ku^{45} bai^{13}]				字牌[ts^{h}ɿ^{51} p^{h}ai^{13}]

续 表

词条	岳阳市	临湘	醴陵	永兴	隆回
麻将	麻将[ma^{13} tɕiaŋ^{24}]	麻将[ma^{12} tɕiɔ̃^{33}]	麻将[ma^{13} tɕioŋ^{11}]	麻将[mo^{35} tɕiɔ^{13}]	
掷色子	打色子[ta^{31} se^{45} tsɿ^{31}]	打色子[ta^{21} ɕie^{5} tsɿ^{0}]	丢色子[tiou^{33} sɛ^{35} tsɿ^{0}]	打色子[ta^{41} se^{21} tsɿ^{0}]	打色子[ta^{312} sɛ^{51} tsɿ^{0}]
压宝	压宝[ia^{45} pau^{31}]	押宝[ia^{5} pau^{21}]	压宝[ŋa^{35} pao^{31}]	赌宝[tɣ̩^{41} pɤ^{41}]	压宝[ia^{33} pʌu^{312}]
爆竹	鞭炮[pian^{44} bau^{24}]/爆竹[bau^{24} tsəu^{45}]	鞭炮[pian^{45} bau^{24}]	爆竹[pao^{11} teu^{35}]	炮冲[pʰɤ^{13} tsʰoŋ^{0}]	炮仗[pʰʌu^{51} tɕiõ^{33}]
放鞭炮	放鞭[faŋ^{24} pian^{44}]/放爆竹[faŋ^{24} bau^{24} tsəu^{45}]	放鞭炮[fɔ̃^{24} pian^{45} bau^{24}]	放爆竹[foŋ^{11} pao^{11} teu^{35}]	打炮冲[ta^{41} pʰɤ^{13} tsʰoŋ^{0}]	
烟火	花炮[fa^{44} bau^{24}]	花炮[fa^{45} bau^{24}]		花炮[xo^{44} pʰɤ^{0}]	烟花[ĩɪ^{33} xua^{33}]/花炮[xua^{33} pʰʌu^{51}]
放花炮	放花炮[faŋ^{24} fa^{44} bau^{24}]	放花炮[fɔ̃^{24} fa^{45} bau^{24}]/放礼花[fɔ̃^{24} li^{21} fa^{45}]	放花爆竹[foŋ^{11} fa^{33} pao^{11} teu^{35}]	放花炮[fɔ^{13} xo^{44} pʰɤ^{0}]	
象棋	象棋[ɕiaŋ^{22} dʑi^{13}]	象棋[ɕiɔ̃^{33} dʑi^{12}]	象棋[ɕioŋ^{11} tɕʰi^{13}]	象棋[ɕiɔ^{13} tɕʰi^{0}]	
下棋	下棋[ɕia^{22} dʑi^{13}]/走棋[tsəu^{31} dʑi^{13}]	下棋[ɕia^{33} dʑi^{12}]	下棋[xa^{11} tɕʰi^{13}]/动棋[tʰəŋ^{11} tɕʰi^{13}]	下棋[xo^{41} tɕʰi^{35}]	下棋[ɕia^{51} tɕʰi^{13}]
将，帅(分别说音)	将军[tɕiaŋ^{44} tɕyn^{44}]/帅[suai^{24}]	将/帅[tɕiɔ̃^{24}/sei^{24}]	将/帅[tɕioŋ^{11}/sai^{11}]	将/帅[tɕiɔ^{13}/sue^{13}]	老将[lʌu^{312} tsiɑ̃^{51}]/帅[sui]
士	士[sɿ^{22}]	士[sɿ^{24}]	士[sɿ^{11}]	士[sɿ^{13}]	士[sɿ^{51}]
象，相(是否同音)	象，相[ɕiaŋ^{22}]	象，相[ɕiɔ̃^{33}]	象，相[ɕioŋ^{11}]	象，相[ɕiɔ^{13}]	象[siɑ̃^{51}]

续 表

词 条	岳 阳 市	临 湘	醴 陵	永 兴	隆 回
车	车[tɕy^{44}]	车[tɕy^{45}]	车[ky^{33}]	车[tɕy^{44}]	车[tɕu^{33}]
马	马[ma^{31}]	马[ma^{21}]	马[ma^{31}]	马[mo^{41}]	
炮	炮[bau^{24}]	炮[bau^{24}]	炮[p^{h}ao^{11}]	炮[p^{h}ɤ^{13}]	
兵，卒(分别说音)	卒[tsəu^{45}]/卒子[tsəu^{45} tsɿ^{0}]	兵[pin^{45}]/卒子[tsɿ^{5} tsɿ^{0}]	兵卒[piŋ^{33} tsou^{35}]	卒子[tsur^{21} tsɿ^{0}]	兵牯子[pẽ^{33} ku^{33} tsɿ^{0}]/卒子[ts^{h}u^{13} tsɿ^{0}]
拱卒	拱卒[koŋ^{31} tsəu^{45}]	拱卒[ken^{21} tsɿ^{5}]	拱卒[kuəŋ^{31} tsou^{35}]		
上士(士走上去)	上士[saŋ^{22} sɿ^{22}]	上士[sɔ̃^{33} sɿ^{33}]	上士[soŋ^{11} sɿ^{11}]	叉士[ts^{h}o^{44} sɿ^{13}]	上士[ɕiõ^{51} sɿ^{51}]
落士(士走下来)	下士[ɕia^{22} sɿ^{22}]		落士[lo^{35} sɿ^{11}]		下士[ɕia^{51} sɿ^{51}]
飞象	飞象[fei^{44} ɕiaŋ^{22}]/上象[saŋ^{22} ɕiaŋ^{22}]	飞象[fei^{45} ɕiɔ̃^{33}]	飞象[fei^{33} ɕioŋ^{11}]	飞象[fɪ^{44} ɕiɔ^{13}]	飞象[fi^{33} siɑ̃^{51}]
落象	落象[lo^{45} ɕiaŋ^{22}]		落象[lo^{35} ɕioŋ^{11}]		下象[ɕia^{51} siɑ̃^{51}]
将军	将[tɕiaŋ^{44}]/将军[tɕiaŋ^{44} tɕyn^{44}]	将军[tɕiɔ̃^{45} tɕyn^{45}]	将军[tɕioŋ^{33} tɕyŋ^{33}]	将军[tɕiɔ^{44} tɕyən^{44}]	将军[tsiɑ̃^{33} tɕyn^{33}]
围棋	围棋[uei^{13} dʑi^{13}]	围棋[uei^{12} dʑi^{12}]	围棋[uei^{13} tɕ^{h}i^{13}]	围棋[uɪ^{35} tɕ^{h}i^{0}]	
黑子	黑子[xə^{45} tsɿ^{31}]		黑子[xɛ^{35} tsɿ^{31}]		
白子	白子[bə^{45} tsɿ^{31}]		白子[p^{h}ɛ^{35} tsɿ^{31}]		

续表

词条	岳阳市	临湘	醴陵	永兴	隆回
和棋	和了[xo^{13} liau^{31}]/和棋[xo^{13} dʑi^{13}]	和棋[xo^{12} dʑi^{12}]	和棋[xo^{13} tɕ^{h}i^{13}]	和棋[xʊ^{35} tɕ^{h}i^{35}]	
拔河	拔河[ba^{45} xo^{0}]/扪绳子[mən^{44} sən^{13} tsɿ^{0}]	拔河[ba^{5} xo^{12}]	拔河[p^{h}a^{13} xo^{13}]		
游泳	打浮泅[ta^{31} bao^{13} dʑiəu^{0}]	打浮冲[ta^{21} pu^{12} dzen^{0}]	洗冷水澡[ɕi^{31} lan^{31} ɕy^{31} tsao^{31}]	打浮冲[ta^{41} pɤ^{35} ts^{h}oŋ^{0}]	洗澡[si^{312} tsʌu^{312}]
仰泳		打仰浮冲[ta^{21} iɔ̃^{21} pu^{12} dzen^{0}]	睏仰水[k^{h}uəŋ^{11} nioŋ^{31} ɕy^{31}]	打仰浮冲[ta^{41} iɔ^{35} pɤ^{35} ts^{h}oŋ^{0}]	打上游浮冲[ta^{312} ɕiõ^{51} iəu^{13} p^{h}ʌu^{13} tɕ^{h}yɛ̃^{13}]
蛙泳		蛙浮冲[ua^{45} pu^{12} dzen^{0}]			打趴游浮冲[ta^{312} p^{h}a^{312} iəu^{13} hu^{51} tɕ^{h}yɛ̃^{13}]
潜水	扎沕子[tsa^{44} mi^{22} tsɿ^{0}]	扎沕子哩[tsa^{5} mi^{45} tɕi^{45} ni^{0}]	射沕咕[sa^{11} mi^{11} ku^{33}]	吃沕[tɕ^{h}io^{21} mən^{13}]	射沕[ɕia^{51} miɛ^{51}]
打球	打球[ta^{31} dʑiəu^{13}]	打球[ta^{21} dʑiu^{12}]	打球[ta^{31} tɕ^{h}iou^{13}]	打球[ta^{41} tɕ^{h}iəɯ^{35}]	
翻跟斗(翻一个跟头)	翻交[fan^{44} tɕiau^{45}]/翻跟斗[fa^{31} kən^{44} təu^{31}]	打仰扎[ta^{21} iɔ̃^{21} tsa^{5}]	打筋头[ta^{31} tɕiŋ^{33} t^{h}eu^{13}]	打垒$^{=}$筋[ta^{41} luɪ^{44} tɕiən^{0}]/打翻筋[ta^{41} fɛ^{44} tɕiən^{0}]	打钉地[ta^{312} tiɑ̃^{33} hi^{51}]
打车轮子(连续翻好几个跟头)		打鹞子翻身[ta^{21} iau^{12} tsɿ^{0} fan^{45} sen^{45}]	打车盘筋头[ta^{31} t^{h}a^{33} p^{h}oŋ^{13} tɕiŋ^{33} t^{h}eu^{13}]	打连头翻筋[ta^{41} liɛ^{35} te^{0} fɛ^{44} tɕiən^{0}]	
倒立	倒立[tau^{24} li^{45}]	倒立[tau^{24} li^{0}]	倒立[tao^{11} li^{35}]		行倒路[hõ^{13} tʌu^{31} lu^{51}]

续　表

词　条	岳 阳 市	临　湘	醴　陵	永　兴	隆　回
舞狮子	玩狮子[uan^{13} sɿ^{44} tsɿ^{0}]	玩狮子[uan^{12} sɿ^{45} tsɿ^{0}]	耍狮子[sa^{31} sɿ^{33} tsɿ^{0}]	打狮子[ta^{41} sɿ^{44} tsɿ^{0}]	舞狮子[u^{312} sɿ^{33} tsɿ^{0}]
跑旱船	玩旱船 [uan^{13} xan^{22} dzuən^{13}]	玩踩龙船 [uan^{12} dzai^{21} len^{12} dʑyan^{12}]			
高跷	高跷[kau^{44} dʑiau^{24}]	踩高跷 [dzai^{21} kau^{45} dʑiau^{45}]	高脚[kao^{33} tɕio^{35}]	踩高跷 [tsʰa^{41} kɤ^{44} tɕʰiɤ^{0}]	踩高脚马 [tsʰai^{312} kʌu^{33} tɕyo^{33} mã^{312}]
对刀	对刀[tei^{24} tau^{44}]				
耍刀			耍刀[sa^{31} tao^{33}]	武打[v̩^{41} ta^{41}]耍狮子后的武术表演统称“武打”	舞刀[u^{312} tʌu^{33}]
对枪	对枪[tei^{24} dʑiaŋ^{44}]				
耍枪			耍枪[sa^{31} tɕʰioŋ^{33}]		
耍流星	摔流星 [suai^{31} liəu^{44} ɕin^{44}]		耍流星[sa^{31} liou^{13} ɕiŋ^{33}]		
扭秧歌儿	扭秧歌 [niəu^{31} iaŋ^{44} ko^{44}]	扭秧歌[liu^{21} iɔ̃^{45} ko^{45}]	扭秧歌 [niou^{31} ioŋ^{33} ko^{33}]	扭秧歌[liəɯ^{41} iɔ^{44} kʊ^{0}]	
打腰鼓	打花鼓[ta^{31} fa^{44} ku^{31}]	打腰鼓[ta^{21} iau^{45} ku^{21}]	打腰鼓[ta^{31} iu^{33} ku^{31}]	打腰鼓[ta^{41} iɤ^{44} kv̩^{41}]	
跳舞	跳舞[diau^{24} u^{31}]	跳舞[diau^{24} u^{21}]	跳舞[tʰiu^{11} u^{31}]	跳舞[tʰiɤ^{13}v̩^{41}]	跳舞[hiə^{51} u^{312}]
木偶戏	木偶戏[mo^{45} ŋəu^{31} ɕi^{24}]	木偶戏[mu^{5} əu^{21} ɕi^{33}]	木偶子戏 [mu^{35} ŋeu^{31} tsɿ^{0} tɕʰi^{11}]	木脑戏 [moŋ^{44} lɤ^{0} tɕʰi^{13}]	木偶戏[mɤŋ^{33} iə^{312} ɕi^{51}]

续 表

词 条	岳阳市	临 湘	醴 陵	永 兴	隆 回
皮影戏		皮影戏[bi^{12} in^{21} ɕi^{33}]	影子戏[iaŋ^{31} tsɿ^{0} tɕʰi^{11}]	格子戏[ke^{21} tsɿ^{0} tɕʰi^{13}]	
大戏(大型戏曲,角色多、乐器多、演唱内容复杂)	大戏[ta^{22} ɕi^{24}]	大戏[ta^{33} ɕi^{33}]/地方戏[ti^{33} xɔ̃^{45} ɕi^{33}]	大戏[tʰai^{11} tɕʰi^{11}]	人戏[ən^{35} tɕʰi^{0}]	大戏[hai^{51} ɕi^{51}]
戏院	戏院[ɕi^{24} yan^{24} tsɿ^{0}]	戏院[ɕi^{33} yan^{33}]		戏院子[tɕʰi^{13} yɛ^{0} tsɿ^{0}]	戏院子[ɕi^{51} mĩɪ^{51} tsɿ^{0}]
戏台	戏台[ɕi^{24} dai^{13}]	戏台[ɕi^{24} dai^{12}]	戏台[tɕʰi^{11} tʰoi^{13}]	戏台[tɕʰi^{13} ta^{0}]	戏台子[ɕi^{51} hai^{13} tsɿ^{0}]
演员	戏子[ɕi^{24} tsɿ^{31}]/演员[ian^{31} yan^{13}]	戏子[ɕi^{24} tsɿ^{0}]	演员[in^{31} yɛn^{13}]/戏子[tɕʰi^{11} tsɿ^{31}]	演戏箇[iɛ^{41} tɕʰi^{13} kɤ^{0}]	
变戏法(魔术)	变戏法[pian^{24} ɕi^{24} fa^{45}]	变魔术[pian^{33} mo^{12} ɕy^{0}]	要魔术[sa^{31} mo^{13} ɕy^{11}] 变戏法/要把戏[sa^{31} pa^{31} tɕʰi^{11}]玩杂技	要魔术[sua^{41} mʊ^{44} ɕy^{0}]/要法[sua^{41} fo^{21}]	要魔术[sua^{312} mo^{13} sui^{51}]
说书	说书[ɕye^{45} ɕy^{44}]	讲书[tɕiɔ̃^{21} ɕy^{45}]		讲古[kɔ^{41} kv̩^{41}]	讲书[ko^{312} ɕu^{33}]
花脸	花脸[fa^{44} lian^{31}]	花脸[fa^{45} lian^{21}]	花脸[fa^{33} lin^{31}]	花脸[xua^{44} liɛ^{41}]	大花脸[ha^{51} xua^{33} lĩɪ^{312}]
小丑	丑角[dzəu^{31} tɕio^{45}]/小丑[ɕiau^{31} dzəu^{31}]	丑角[dzəu^{21} tɕio^{5}]	小丑[ɕiu^{31} tʰou^{31}]	三瓜脸[sɛ^{44} ko^{0} liɛ^{41}]	小花脸[siə^{312} xua^{33} lĩɪ^{312}]
老生	老生[lau^{31} sən^{44}]	老生[lau^{21} sen^{45}]	老生[lao^{31} sɛn^{33}]		
小生	小生[ɕiau^{31} sən^{44}]	小生[ɕiau^{21} sen^{45}]		小生[ɕiɤ^{41} sən^{0}]	

词 条	岳阳市	临 湘	醴 陵	永 兴	隆 回
武生	武生[u^{31} sən^{44}]	武生[u^{21} sen^{45}]	武生[u^{31} sɛn^{33}]		
老旦	老旦[lau^{31} tan^{24}]	老旦[lau^{21} tan^{24}]	男搭⁼子[lan^{13} ta^{35} tsɿ^{0}]		老旦[lʌu^{312} tʌu^{51}]
青衣	正旦[tsən^{24} tan^{24}]/青衣[dʑin^{44} i^{44}]	青衣[dʑin^{45} i^{45}]	青衣[tɕ^{h}iaŋ^{33} i^{33}]		旦角[tʌu^{51} tɕyo^{33}]
花旦	花旦[fa^{44} tan^{24}]	花旦[xua^{45} tan^{24}]	花旦[fa^{33} tan^{11}]		
小旦	小旦[ɕiau^{31} tan^{24}]		小旦[ɕiu^{31} tan^{11}]		
跑龙套的	打旗的[ta^{31} dʑi^{13} ti^{0}]	兵[pin^{45}]	跑龙套箇[p^{h}ao^{31} ləŋ^{13} t^{h}ao^{11} ko^{0}]	打噢嗬箇[ta^{41} ʊ^{35} xʊ^{0} kɤ^{0}]/打旗子箇[ta^{41} tɕ^{h}i^{35} tsɿ^{0} kɤ^{0}]	
贰拾贰 动作					
站	站[tsan^{24}]	站[tsan^{24}]	站[tsan^{11}]	徛[tɕ^{h}i^{41}]	徛哒[tɕ^{h}i^{312} ta^{0}]
蹲	跍[ku^{13}]	蹲[ten^{45}]	蹲[tsəŋ^{33}]	斋⁼[tse^{44}]	跍哒[ku^{13} ta^{0}]
跌倒了	跶到了[ta^{45} tau^{31} liau^{0}]	板⁼到[pan^{24} tau^{0}]	板⁼[pan^{11}]	板⁼得[pɛ^{41} te^{0}]	绊倒哩[pō^{51} tʌu^{312} li^{0}]
爬起来	爬起来[ba^{13} dʑi^{31} lai^{13}]	爬起来哒[pa^{12} dʑi^{0} lai^{12} ta^{0}]	挪⁼起来[la^{13} tɕ^{h}i^{31} lai^{13}]	挪⁼起徛起[lo^{35} ɕi^{0} tɕ^{h}i^{41} ɕ^{0}]	挪⁼起来[la^{13} tɕ^{h}i^{312} lɛ^{13}]
摇头	摇头[iau^{13} dəu^{13}]	掉头[tiau^{33} dəu^{12}]	掉脑壳[t^{h}iu^{11} lao^{31} k^{h}o^{35}]	掉脑壳[tiɤ^{13} lɤ^{41} xʊ^{0}]	摺脑壳[liə^{51} lʌu^{312} k^{h}o^{33}]
点头	点头[tian^{31} dəu^{13}]	点头[tian^{21} dəu^{12}]	请⁼脑壳[t^{h}iŋ^{31} lao^{31} k^{h}o^{35}]	点脑壳[tiɛ^{41} lɤ^{41} xʊ^{0}]	笮脑壳[tsa^{51} lʌu^{312} k^{h}o^{33}]

续表

词条	岳阳市	临湘	醴陵	永兴	隆回
抬头	抬头[dai^{13} dəu^{13}]	仰头[liɔ̃^{21} dəu^{12}]		茫$^{=}$脑壳[mɔ^{44} lɤ^{41} xʊ^{0}]	茫$^{=}$起脑壳 [mõ^{33} tɕʰi^{312} lʌu^{312} kʰo^{33}]
低头	低头[ti^{44} dəu^{13}]	栽头[tsai^{45} dəu^{12}]	勾哒脑壳 [keu^{33} ta^{0} lao^{31} kʰo^{35}]	勾脑壳[ke^{44} lɤ^{41} xʊ^{0}]	栽哒脑壳 [tsai^{33} ta^{0} lʌu^{312} kʰo^{33}]
回头	回头[fei^{13} dəu^{13}]	偏头[bian^{45} dəu^{12}]	反转脑壳 [fan^{31} kyɛn^{31} lao^{31} kʰo^{35}]	骰脑壳 [tɕiəɯ^{13} lɤ^{41} xʊ^{0}]/反脑壳[fɛ^{41} lɤ^{41} xʊ^{0}]	茫$^{=}$背□ [mõ^{33} pei^{51} tei^{51}]
脸转过去	脸转过去 [lian^{31} tsuan^{31} ko^{24} gə^{24}]	偏脸[bian^{45} lian^{21}]	侧转面牯子 [tsɛ^{35} kyɛn^{31} min^{11} ku^{33} tsɿ^{0}]	转脑壳[tɕyɛ^{13} lɤ^{41} xʊ^{0}]	面转过去 [mĩ^{51} tɕyɛ̃^{312} ko^{51} tɕʰi^{51}]
睁眼	睁眼睛 [tsən^{44} ŋan^{31} tɕin^{44}]	睁开[tsɔ̃^{45} gai^{45}]		光开眼珠 [kuɔ^{44} kʰe^{0} ɛ^{41} tɕy^{0}]	开眼珠[kʰei^{33} ā^{312} tɕu^{33}]
瞪眼	瞪眼睛 [tən^{24} ŋan^{31} tɕin^{44}]	豌人[uan^{12} en^{12}]看不惯，嫌弃地看着	鼓眼睛 [ku^{31} ŋan^{31} tɕiaŋ^{33}]	鼓起眼珠 [kv̩^{41} ɕi^{0} ɛ^{41} tɕy^{0}]	鼓起眼珠 [ku^{312} tɕʰi^{312} ā^{312} tɕu^{33}]
闭眼	闭眼睛 [pei^{24} ŋan^{31} tɕin^{44}]	闭眼睛[pi^{24} ŋan^{21} tɕiɔ̃^{0}]	眯眼睛 [mi^{11} ŋan^{31} tɕiaŋ^{33}]	眯得眼珠 [mən^{44} te^{0} ɛ^{41} tɕy^{0}]	闭哒眼珠 [pi^{51} ta^{0} ā^{312} tɕu^{33}]
挤眼儿	挤眼睛 [tɕi^{24} ŋan^{31} tɕin^{44}]	睃使[so^{45} sɿ^{21}]	挤眼睛 [tɕi^{31} ŋan^{31} tɕiaŋ^{33}]		扯淫眼[tɕʰia^{312} iẽ^{13} ā^{312}]
眨眼	眨眼睛 [tsa^{45} ŋan^{31} tɕin^{44}]	眨眼[tsa^{5} ŋan^{21}]	眨眼睛 [tsa^{35} ŋan^{31} tɕiaŋ^{33}]	眨眼睛[tsuo^{21} ɛ^{41} tɕy^{0}]	
遇见	碰到[boŋ^{24} tau^{22}]	碰到哒[ben^{24} tau^{33} ta^{0}]	碰哒[pʰəŋ^{11} ta^{0}]	撞得[tsʰɔ^{41} te^{0}]/碰得 [pʰoŋ^{13} te^{0}]	会起[xui^{51} tɕʰi^{312}]

续表

词条	岳阳市	临湘	醴陵	永兴	隆回
看	看[gan^{24}]	看[gan^{24}]/望[uɔ^{33}]	看[k^{h}oŋ^{11}]/望[moŋ^{11}]	看[k^{h}ɛ^{13}]/望[mɔ^{13}]	
眼睛乱转	转眼[tsuan^{31} ŋan^{31}]	睃来睃去 [so^{45} lai^{12} so^{45} dʑy^{0}]	眼睛梭罗子一样[ŋan^{31} tɕiaŋ^{33} so^{33} lo^{13} tsɿ^{0} i^{35} ioŋ^{11}]	眼珠打圈= [ɛ^{41} tɕy^{0} ta^{41} k^{h} ua^{44}]	眼珠划流星[ã^{312} tɕu^{33} xua^{13} liəu^{13} sẽ^{33}]
流眼泪	流眼泪[liəu^{13} ŋan^{31} li^{22}]	流眼泪[liu^{12} ŋan^{21} lei^{0}]	流眼泪[liou^{13} ŋan^{31} li^{11}]	点眼泪[tiɛ^{41} ɛ^{41} ly^{0}]/出眼泪[tɕ^{h} i^{21} ɛ^{41} ly^{0}]	流眼泪[liəu^{13} ã^{312} li^{51}]
张嘴	张嘴[taŋ^{44} tɕi^{31}]	丫口[ŋa^{45} gəu^{21}]	丫开嘴巴 [ŋa^{33} k^{h} oi^{33} tɕi^{31} pa^{33}]	丫开嘴巴 [a^{44} k^{h} e^{0} tɕy^{41} po^{0}]	丫起嘴巴 [ia^{33} tɕ^{h} i^{312} ts^{h} ui^{312} pa^{33}]
闭嘴	闭住嘴 [pei^{24} dʑy^{22} tɕi^{31}]	闭嘴巴[pi^{24} tɕi^{21} pa^{45}]	抿哒嘴巴 [mi^{11} ta^{0} tɕi^{31} pa^{33}]	抿得嘴巴 [mən^{41} te^{0} tɕy^{41} po^{0}]	闭哒嘴巴 [pi^{51} ta^{0} ts^{h} ui^{33} pa^{33}]
努嘴	努嘴[ləu^{31} tɕi^{31}]	溜嘴巴[liu^{45} tɕi^{21} pa^{45}]		嘴巴殴若殴[tɕy^{41} po^{0} tɕiəɯ^{13} iɔ^{0} tɕiəɯ^{13}]	
噘嘴	翘嘴[dʑiau^{24} tɕi^{31}]	嘟嘴巴[təu^{45} tɕi^{21} pa^{45}]	嘴巴一瘪 [tɕi^{31} pa^{33} i^{35} piɛ^{31}]/杵起嘴巴 [tɕ^{h} y^{31} tɕ^{h} i^{31} tɕi^{31} pa^{33}]	嘴巴钻=起 [tɕy^{41} po^{0} tsuɛ^{41} ɕi^{0}]	翘起嘴巴 [tɕ^{h} iə^{51} tɕ^{h} i^{312} ts^{h} ui^{33} pa^{33}]
举手	举手[tɕy^{31} səu^{31}]	举手[tɕy^{21} səu^{21}]	举手[tɕy^{31} sou^{31}]	举手[tɕy^{41} səɯ^{41}]	
摆手	摆手[pai^{31} səu^{31}]	摇手[iau^{12} səu^{21}]	掉手[t^{h} iu^{11} sou^{31}]	摇手[iɤ^{35} səɯ^{41}]	撂手[liə^{51} ɕiə^{312}]
撒手	松手[soŋ^{44} səu^{31}]		松手[səŋ^{33} sou^{31}]	甩手[sue^{41} səɯ^{41}]	放手[fõ^{51} ɕiə^{312}]
伸手	伸手[sən^{44} səu^{31}]	伸手[sen^{45} səu^{21}]	抻手[t^{h} əŋ^{33} sou^{31}]/伸手[səŋ^{33} sou^{31}]	伸手[sən^{44} səɯ^{41}]	伸手[tɕ^{h} iẽ^{33} ɕiə^{312}]

续 表

词 条	岳阳市	临 湘	醴 陵	永 兴	隆 回
动手(只许动口,不许~)	动手[toŋ^{22} səu^{31}]	动手[ten^{33} səu^{21}]	动手[tʰəŋ^{11} sou^{31}]	动手[toŋ^{13} səɯ^{41}]	动手[hɤŋ^{312} ɕiə^{312}]
拍手	拍手[be^{45} səu^{31}]	拍巴掌[ba^{5} pa^{45} tsɔ̃^{21}]	拍手[pʰa^{35} sou^{31}]	拍手[pʰe^{21} səɯ^{41}]	打手板[ta^{312} ɕiə^{312} pã^{312}]
背着手儿	背着手 [pei^{24} tso^{45} səu^{31}]	背手[pi^{33} səu^{21}]	背哒手[pei^{11} ta^{0} sou^{31}]	手背起[səɯ^{41} pɪ^{13} ɕi^{0}]	
叉着手儿(两手交叉在胸前)	叉手[dza^{44} səu^{31}]		叉哒手[tsʰa^{33} ta^{0} sou^{31}]	操得雙手 [tsʰɤ^{44} te^{0} tso^{0} səɯ^{41}]	叉起手 [tsʰa^{33} tɕʰi^{312} ɕiə^{312}]
笼着手(双手交叉伸到袖筒里)	拢到手 [loŋ^{31} tau^{0} səu^{31}]	笼手[len^{12} səu^{21}]	笼哒手[ləŋ^{13} ta^{0} sou^{31}]	笼手[loŋ^{35} səɯ^{41}]	笼起手 [lɤŋ^{13} tɕʰi^{312} ɕiə^{312}]
拨拉		拨[po^{5}]	扒[pʰa^{13}]	拨[po^{35}]/选[ɕyɛ^{41}]	
捂住	蒙到[moŋ^{13} tau^{31}]	盖到[kai^{24} tau^{21}]	停⁼哒[tʰɛn^{11} ta^{0}]	盖得[ke^{13} te^{0}]/挡得 [tɔ^{41} te^{0}]	捂哒[u^{312} ta^{0}]
摩挲(用手~猫背)	摸[mo^{44}]	摩[mo^{12}]	摸[mo^{33}]	扫[sɤ^{41}]	
两手捧物向上,~饭甑搊(用手托着向上)	端[tan^{44}]	端到[tø^{45} tau^{21}]	搊[tsʰeu^{33}]	搊[tsʰe^{44}]	搊[tsʰɤŋ^{312}]
把屎(抱持小儿双腿、哄他大便)	端屎[tan^{44} sɿ^{31}]	西⁼屎[ɕi^{45} sɿ^{21}]	搊屎[tsʰeu^{33} sɿ^{31}]	搊屉屉[tsʰe^{44} pa^{41} pa^{0}]	搊屎[tɕiə^{312} sɿ^{312}]

续表

词条	岳阳市	临湘	醴陵	永兴	隆回
把尿	端尿[tan^{44} liau^{22}]/搊尿[dzəu^{44} liau^{22}]	西⁼尿[ɕi^{45} liau^{33}]	搊尿[tsʰeu^{33} niu^{11}]	搊尿[tsʰe^{44} iɤ^{13}]	搊尿[tɕiə^{312} iə^{51}]
扶着	扶到[fu^{44} tau^{31}]	巴⁼到[pa^{45} tau^{0}]/扶到[fu^{12} tau^{0}]	扶[fu^{13}]	攩⁼得[tɔ^{13} te^{0}]	
弹指头	弹指甲[dan^{13} tsɿ^{31} ka^{45}]		弹手指脑[tʰan^{13} sou^{31} tsɿ^{35} lao^{31}]	钉⁼阳牯子[tiɔ^{44} iɔ^{35} kv̩^{0} tsɿ^{0}]	弹手指[hã^{13} ɕiə^{312} tsɿ^{312}]
攥起拳头	捏起坨子[nie^{45} dʑi^{31} to^{22} tsɿ^{0}]	捏个坨牯哩[nie^{5} ko^{0} to^{12} ku^{0} ni^{0}]	撚⁼捶头牯[nin^{31} kʰy^{13} tʰeu^{13} ku^{0}]	撚⁼起隻拳碌牯[iɛ^{41} ɕi^{0} tso^{0} tɕʰyɛ^{35} lv̩^{0} kv̩^{0}]	撚⁼锤头公[ĩɪ^{312} tɕu^{13} hiə^{13} kɤŋ^{33}]
跺脚	顿脚[tən^{22} tɕio^{45}]	抖⁼脚[dəu^{33} tɕio^{5}]	顿脚[təŋ^{11} tɕio^{35}]	抖⁼脚[te^{41} tɕiʊ^{21}]	顿脚[tuən^{51} tɕyo^{33}]
踮脚	踮脚[tian^{22} tɕio^{45}]	踮脚[tian^{24} tɕio^{5}]	踮脚尖子[tin^{33} tɕio^{35} tɕin^{33} tsɿ^{0}]	抵起脚[ti^{41} ɕi^{0} tɕiʊ^{21}]	抵脚[ti^{312} tɕyo^{33}]
跷二郎腿	架腿[ko^{22} dei^{31}]	打高脚牯哩[ta^{21} kau^{45} tɕio^{5} ku^{0} ni^{0}]		脚架起[tɕiʊ^{21} ko^{13} ɕi^{0}]	架二郎子脚[ka^{51} ɛ^{51} lõ^{13} tsɿ^{0} tɕyo^{33}]
蜷腿	弯腿[uan^{44} dei^{31}]	收脚[səu^{45} tɕio^{5}]	捂哒脚[ou^{11} ta^{0} tɕio^{35}]	脚弯起[tɕiʊ^{21} uɛ^{44} ɕi^{0}]	
抖腿	荡腿[daŋ^{13} dei^{31}]	闪脚[sai^{21} tɕio^{5}]/脚发弹[tɕio^{5} fa^{5} dan^{12}]	脚发请⁼[tɕio^{35} fa^{35} tɕʰiŋ^{31}]	脚叼⁼起[tɕiʊ^{21} tiɤ^{44} ɕi^{0}]	
踢腿	踢腿[di^{45} dei^{31}]	踢[di^{5}]	踢脚[tʰi^{35} tɕio^{35}]	踢脚[tʰia^{21} tɕiʊ^{21}]	
弯腰	猫着腰[mau^{44} tso^{45} iau^{44}]	弯腰[uan^{45} iau^{45}]		勾腰[ke^{44} iɤ^{44}]/弯腰[uɛ^{44} iɤ^{44}]	弯起腰[uã^{33} tɕʰi^{312} iə^{33}]

续 表

词 条	岳阳市	临 湘	醴 陵	永 兴	隆 回
伸腰	直腰[tsɿ^{45} iau^{44}]	抻懒腰[dzen^{45} lan^{21} iau^{45}]	伸腰[səŋ^{33} iu^{33}]/抻懒腰[tʰəŋ^{33} lan^{31} iu^{33}]	直腰[tɕʰi^{44} iɤ^{44}]/直懒腰[tɕʰi^{44} lɛ^{41} iɤ^{44}]	抻起腰[tɕiē^{33} tɕʰi^{312} iə^{33}]
撑腰(支持)	撑腰[tsən^{44} iau^{44}]	搭腰[ga^{45} iau^{45}]	撑腰[tsʰan^{31} iu^{33}]	撑得隻腰[tsʰɛ^{13} te^{0} tso^{0} iɤ^{44}]	
撅屁股	翘屁股[dʑiau^{24} bi^{24} ku^{31}]	翘屁股[dʑiau^{24} bi^{24} ku^{21}]	拐屁股[kuai^{31} pʰi^{11} ku^{31}]	翘屁股[ɕiɤ^{35} pʰi^{13} kv̩^{41}]/簸$^{=}$屁股[pʊ^{41} pʰi^{13} kv̩^{41}]	翘屁股[tɕʰiə^{51} pʰi^{51} ku^{312}]
捶背	捶背[tsuei^{22} pei^{24}]	捶背[dʑui^{12} pi^{24}]	捶背[kʰy^{13} pei^{11}]	捶背[tɕʰy^{35} pɪ^{13}]	捶背[tɕu^{13} pei^{51}]
擤(鼻涕)	擤[ɕin^{31}]	擤[ɕin^{21}]	送$^{=}$[səŋ^{31}]	送$^{=}$[soŋ^{13}]	擤[sē^{51}]
吸溜鼻涕	吸鼻涕[ɕi^{44} bi^{45} di^{0}]	□鼻涕[len^{33} pi^{5} di^{0}]	缩鼻浓[sou^{35} pʰi^{35} ləŋ^{13}]	吊鼻龙[tiɤ^{13} pi^{13} loŋ^{0}]	
打喷嚏	打喷嚏[ta^{31} fən^{24} dʑio^{45}]	打哈雀[ta^{21} xa^{5} dʑyo^{21}]	打哈雀[ta^{31} xa^{33} tɕʰio^{35}]	打哈雀[ta^{41} xa^{0} tɕʰiɤ^{41}]	打喷雀[ta^{312} fē^{51} tɕiə^{312}]
闻(用鼻子～)	嗅[ɕioŋ^{24}]	闻[un^{12}]	嗅[ɕiŋ^{11}]	听[tʰən^{13}]/嗅[ɕioŋ^{13}]	嗅[ɕɤŋ^{51}]/听[hiã^{33}]
嫌弃	嫌弃[ɕian^{13} dʑi^{22}]	嫌[ɕian^{12}]	嫌弃[ɕin^{13} tɕʰi^{11}]	嫌[ɕiɛ^{35}]	嫌[ɕĩɪ^{13}]
哭	哭[gu^{45}]	哭[gu^{5}]	哭[kʰu^{35}]/丫[ŋa^{33}]詈词	哭[kʰəɯ^{21}]	哭[kʰu^{33}]
扔(把没用东西～了)	钉$^{=}$[tin^{44}]	钉$^{=}$[diɔ̃^{45}]	丢[tiu^{33}]	丢[tiəɯ^{44}]	钉$^{=}$[tiã^{51}]

续　表

词　条	岳阳市	临　湘	醴　陵	永　兴	隆　回
说	说[ɕye^{45}]	话[ua^{33}]/说[ɕye^{24}]	话[ua^{11}]/讲[koŋ^{31}]	讲[kɔ^{41}]/话[o^{13}]	讲[kõ^{312}]
跑	跑[bau^{31}]	跑[bau^{21}]	跑[p^{h}ao^{31}]/打飞脚[ta^{31} fei^{33} tɕio^{35}]	冲[ts^{h}oŋ^{44}]/打飞脚[ta^{41} fɪ^{44} tɕiʊ^{21}]	走[tsiə^{312}]
走	走[tsəu^{31}]	走[tsəu^{21}]	走[tseu^{31}]	行[xɛ^{35}]/走[tse^{41}]	行[hõ^{13}]
放(～在桌上)	搁到[ko^{45} tau^{24}]	放[xɔ̃^{24}]	放[foŋ^{11}]	放[foŋ^{13}]	放[fõ^{51}]
搀(酒里～水)	兑[tei^{24}]	搀[dzan^{45}]	搀[t^{h}an^{33}]	搀[ts^{h}ɛ^{44}]	搀[ts^{h}ã^{33}]
收拾(东西)	收拾[səu^{44} sɿ^{45}]	摆桩[pai^{21} tsɔ̃^{24}]	捡拾[tɕin^{31} sɿ^{35}]	色$^{=}$东西[se^{21} toŋ^{44} ɕi^{0}]	清[ts^{h}ẽ^{33}]/收拾[ɕi^{33} ɕi^{51}]
选择	选择[ɕian^{31} dzə^{45}]	选[ɕyan^{21}]/拿[la^{5}]	拣[kan^{31}]	选[ɕyɛ^{41}]	择[ts^{h}a^{51}]
提起(东西)	提起[tia^{13} dʑi^{31}]	提[di^{12}]	提起[t^{h}ia^{13}]	提起[tio^{35} ɕi^{0}]	提起[hiɛ^{13} tɕ^{h}i^{312}]
捡起来	捡起来[tɕian^{31} dʑi^{31} lai^{0}]	捡起来[tɕian^{21} dʑi^{0} lai^{0}]	捡起来[tɕin^{31} tɕ^{h}i^{31} lai^{13}]	捡起[tɕiɛ^{41} ɕi^{0}]	捡起来[tɕĩɪ^{312} tɕ^{h}i^{312} lɛ^{13}]
擦掉	擦落[dza^{45} lo^{45}]	抹干净[ma^{5} kø^{45} tɕin^{33}]	擦咖[ts^{h}a^{35} ka^{0}]	擦过[ts^{h}o^{21} ko^{0}]	擦[tɕ^{h}ɛ^{33}]
丢失	落落了[lo^{45} lo^{45} liau^{0}]	丢哒[tiu^{45} ta^{0}]	失[sɛ^{35}]/跌[t^{h}iɛ^{35}]	乭[ts^{h}ʊ^{44}]/跌[tie^{21}]/落[la^{35}]	乭咖哩[tɕ^{h}o^{51} ka^{0} li^{0}]
落(因忘而把东西遗放在某处)		丢[tiu^{45}]/忘记拿东西[uɔ̃^{33} tɕi^{33} la^{5} ten^{45} ɕi^{0}]		落[la^{35}]	落咖哩[la^{51} ka^{0} li^{0}]

续 表

词 条	岳阳市	临 湘	醴 陵	永 兴	隆 回
找着了	找到了[tsau^{31} tau^{24} liau^{0}]	寻到哒[dʑin^{12} tau^{33} ta^{0}]	寻到哒[tɕʰiŋ^{13} tao^{11} ta^{0}]	寻得唧[tɕʰiən^{35} te^{0} tɕi^{0}]/找得唧[tsɤ^{41} te^{0} tɕi^{0}]	寻到哩[tsʰẽ^{13} tʌu^{312} li^{0}]
(把东西)藏(起来)	收[səu^{44}]	收到哒[səu^{45} tau^{0} ta^{0}]	摒[pan^{11}]	偷沙⁼[tʰe^{44} so^{0}]/捡起[tɕiɛ^{41} ɕi^{0}]	屏哒[pō^{13} ta^{0}]
(人)藏(起)	躲[to^{31}]	躲起来哒[to^{21} dʑi^{21} lai^{12} ta^{0}]	躲[to^{31}]		
码起来	码起来[ma^{31} dʑi^{31} lai^{24}]	吨⁼起来[den^{12} dʑi^{0} lai^{12}]	码[ma^{31}]/垛[tʰo^{11}]	码起[mo^{41} ɕi^{0}]	堆起来[tui^{33} tɕʰi^{312} lɛ^{13}]/码起来[mā^{312} tɕʰi^{312} lɛ^{13}]
知道	晓得[ɕiau^{31} tə^{45}]	晓得[ɕiau^{21} te^{0}]	晓得[ɕiu^{31} tɛ^{35}]	晓得[ɕiɤ^{41} te^{0}]	晓得[ɕiə^{312} tə^{0}]
懂了	明白了[min^{13} bə^{45} liau^{0}]	晓得[ɕiau^{21} te^{0}]	懂哒[təŋ^{31} ta^{0}]	懂唧[toŋ^{41} tɕi^{0}]	
会了	学会了[ɕio^{45} fei^{22} liau^{0}]	晓得[ɕiau^{21} te^{0}]	会[fei^{11}]	晓得唧[ɕiɤ^{41} te^{0} tɕi^{0}]	晓得哩[ɕiə^{312} tə^{0} li^{0}]
认得	认得了[zən^{22} tə^{45} liau^{0}]	认得[en^{33} te^{0}]	认得[niŋ^{11} tɛ^{35}]	认得[ən^{13} te^{0}]	认得[iē^{51} tə^{0}]
不认得	不认得[pu^{45} zən^{22} tə^{45}]	认不得[en^{33} pu^{5} te^{0}]/不认得[pu^{5} en^{33} te^{0}]	不认得[pu^{35} niŋ^{11} tɛ^{35}]	认不得[ən^{13} pv̩^{0} te^{0}]	
识字	识字[sɿ^{45} dzɿ^{22}]/认字[zən^{22} dzɿ^{22}]	认字[en^{33} tsɿ^{33}]	认字[niŋ^{11} tsʰɿ^{11}]	认字[ən^{13} tsʰɿ^{13}]	识字[ɕi^{51} tsɿ^{51}]
想想	想一想[ɕiaŋ^{31} i^{45} ɕiaŋ^{31}]		想下唧[ɕioŋ^{31} xa^{11} tɕi^{0}]	默下[me^{44} xo^{0}]	想下唧[siɑ̃^{312} ha^{51} tsi^{33}]

续　表

词　条	岳 阳 市	临　湘	醴　陵	永　兴	隆　回
估量	估计[ku^{44} tɕi^{24}]		估计[ku^{33} tɕi^{11}]/揣摩[tsʰai^{31} mo^{13}]/疑起[ni^{13} tɕʰi^{31}]	估得[kv̩^{41} te^{0}]/量得[liɔ^{13} te^{0}]	
想主意	想主意[ɕiaŋ^{31} tɕy^{31} i^{24}]	打主意[ta^{21} tɕy^{21} i^{33}]	想主意[ɕioŋ^{31} ky^{31} i^{11}]	打主意[ta^{41} tɕy^{41} i^{0}]	悟主意[u^{51} tɕu^{312} i^{51}]
猜想	猜想[dzai^{44} ɕiaŋ^{31}]	□一下[dzɿ^{12} i^{45} ɕia^{33}]	猜[tsʰai^{33}]	估[kv̩^{41}]	
料定	看准[gan^{24} tɕyn^{31}]	算[sø^{33}]		算得[suɛ^{13} te^{0}]	量哒[liɑ̃^{51} ta^{0}]
主张	主张[tɕy^{31} tsaŋ^{44}]		主张[ky^{31} toŋ^{33}]	要我话[iɤ^{13} ŋ̍^{44} o^{13}]	
相信	相信[ɕiaŋ^{44} ɕin^{24}]	相信[ɕiɔ̃^{45} ɕin^{0}]/信[ɕin^{24}]	相信[ɕioŋ^{33} ɕiŋ^{11}]	信[sən^{13}]	
怀疑	疑心[ni^{13} ɕin^{44}]	不相信[pu^{5} ɕiɔ̃^{45} ɕin^{0}]		不信[pv̩^{21} sən^{13}]	怀疑[xuai^{13} ŋ̍^{13}]
沉思	动脑筋[doŋ^{22} lau^{31} tɕin^{44}]	想事[ɕiɔ̃^{21} sɿ^{33}]	默神[mɛ^{35} səŋ^{13}]	默神[me^{44} sən^{35}]	
犹疑	犹豫[iəu^{13} y^{22}]	五心不宁[u^{21} ɕin^{45} pu^{5} lin^{12}]	打主意不定[ta^{31} ky^{31} i^{11} pu^{35} tʰiŋ^{11}]		
留神	留神[liəu^{13} sən^{13}]	小心[ɕiau^{21} ɕin^{45}]	当心[toŋ^{33} ɕiŋ^{33}]/留意[liou^{13} i^{11}]	招呼[tsɤ^{44} fv̩^{0}]	
害怕	怕[ba^{24}]	怕[ba^{24}]	怕[pʰa^{11}]	怕[pʰạ^{13}]	
吓着了	吓到了[xa^{45} tau^{22} liau^{0}]	吓到哒啦[xa^{5} tau^{33} ta^{0} la^{0}]	吓哒[xa^{35} ta^{33}]/吓心吓胆[xa^{35} ɕiŋ^{33} xa^{35} tan^{31}]	嚇得唧[xe^{21} te^{0} tɕi^{0}]	

续 表

词 条	岳阳市	临 湘	醴 陵	永 兴	隆 回
着急	着急[tso^{45} tɕi^{45}]	着急[tsau^{45} tɕi^{5}]	急[tɕi^{35}]	着急[tsʰʊ^{44} tɕi^{0}]	着急[tsʌu^{51} tɕi^{13}]
挂念	牵记[dʑian^{44} tɕi^{24}]	老想着[lau^{21} ɕiɔ̃^{21} tso^{0}]	挂念[kua^{11} nin^{11}]	默得[me^{44} te^{0}]	
放心	放心[faŋ^{24} ɕin^{44}]	放心[xɔ̃^{24} ɕin^{45}]	放心[foŋ^{11} ɕiŋ^{33}]	放心[foŋ^{13} sən^{44}]	
盼望	想[ɕiaŋ^{31}]	望[uɔ̃^{33}]	望[moŋ^{11}]	想得[ɕiɔ^{41} te^{0}]	望哒[mõ^{33} ta^{0}]
巴不得	巴不得[pa^{44} pu^{45} tə^{45}]	巴不得[pa^{45} pu^{5} te^{5}]	恨不得[xɛn^{11} pu^{35} tɛ^{35}]	巴不令得 [po^{44} pv̩^{0} lən^{0} te^{0}]	
记着(不要忘)	记住了 [tɕi^{24} dʑy^{22} liau^{31}]	记得[tɕi^{24} te^{5}]	记哒[tɕi^{11} ta^{0}]	记得[tɕi^{13} te^{0}]	
忘记了	忘记了 [uaŋ^{24} tɕi^{24} liau^{0}]	不记得啦 [pu^{5} tɕi^{24} te^{5} la^{0}]/忘了 [uɔ̃^{33} lə^{0}]	不记得哒 [pu^{35} tɕi^{11} tɛ^{35} ta^{0}]	记唔得[tɕi^{13} n̩^{0} te^{0}]	
想起来了	想起来了 [ɕiaŋ^{31} dʑi^{31} lai^{13} liau^{0}]	记起哒[tɕi^{24} dʑi^{21} ta^{0}]	想起来哒 [ɕioŋ^{31} tɕʰi^{31} lai^{13} ta^{0}]	默起唧[me^{44} ɕi^{0} tɕi^{0}]	
眼红(嫉妒)	眼红[ŋan^{31} xoŋ^{13}]	眼红[ŋan^{21} xen^{12}]	眼热[ŋan^{31} niɛ^{35}]	耐唔得[le^{13} n̩^{0} te^{0}]/眼热[ɛ^{41} ie^{44}]	红眼病[hɤŋ^{13} ã^{312} piɑ̃^{51}]/眼厌[ã^{312} ĩɪ^{51}]
讨厌	讨嫌[dau^{31} ɕian^{13}]	讨嫌[dau^{21} ɕian^{12}]/讨厌[dau^{21} ian^{24}]	讨嫌[tʰao^{31} ɕin^{13}]	讨嫌[tʰɤ^{41} ɕiɛ^{35}]	讨嫌[hʌu^{312} ɕĩɪ^{13}]
恨	恨[xən^{22}]	恨[xen^{33}]	怄[ŋeu^{11}]	恨[xən^{13}]	

续　表

词　条	岳阳市	临　湘	醴　陵	永　兴	隆　回
偏心	偏心[bian^{44} ɕin^{44}]	一碗水冇端平[i^{5} uan^{21} ɕy^{21} mau^{33} tuan^{45} pin^{12}]/偏心[bian^{45} ɕin^{45}]	偏心[p^{h}in^{33} ɕiŋ^{33}]	偏心[p^{h}iɛ^{44} sən^{44}]	
忌妒	眼红[ŋan^{31} xoŋ^{13}]	妒忌[təu^{24} tɕi^{24}]	眼浅[ŋan^{31} tɕ^{h}in^{31}]	眼热[ɛ^{41} ie^{44}]	
怄气	怄气[ŋəu^{24} dʑi^{13}]	怄气[əu^{33} dʑi^{24}]/气愤[dʑi^{24} xen^{24}]	烦躁[fan^{13} ts^{h}ao^{11}]	怄[əu^{13}]	
抱怨	埋怨[mai^{13} yan^{24}]	气愤[dʑi^{24} xen^{24}]/怨[yan^{33}]		怨[yɛ^{13}]	
憋气		胀气[tsɔ̃^{24} dʑi^{24}]		越$^{=}$得赶气[ye^{21} te^{0} kɛ^{41} tɕ^{h}i^{13}]	
生气	生气[sən^{44} dʑi^{24}]	生气[sen^{45} dʑi^{24}]/赌气[təu^{21} dʑi^{24}]	发气[fa^{35} tɕ^{h}i^{11}]	见气[tɕiɛ^{13} tɕ^{h}i^{13}]/发气[fo^{21} tɕ^{h}i^{13}]	
(对物)爱惜	爱惜[ŋai^{24} ɕi^{45}]	爱惜[ŋai^{33} ɕi^{0}]	看得重[k^{h}oi^{11} tɛ^{35} təŋ^{11}]	净$^{=}$[tɕ^{h}iən^{13}]	探味[hã^{51} ui^{51}]
(对人)疼爱	疼[doŋ^{24}]	疼爱[den^{33} ŋai^{24}]		疼[t^{h}oŋ^{13}]	探味[hã^{51} ui^{51}]
喜欢	喜欢[ɕi^{31} fan^{44}]	喜欢[ɕi^{21} xuan^{45}]	欢喜[foŋ^{33} ɕi^{31}]	喜欢[tɕ^{h}i^{41} xuɛ^{0}]	探味[hã^{51} ui^{51}]
感谢	感谢[kaŋ^{31} ɕie^{22}]	多谢[to^{45} ɕi^{33}]	劳慰你[lao^{13} uei^{11} ni^{31}]	多谢[tʊ^{44} ɕie^{0}]/难还你[lɛ^{35} uɛ^{0} lɪ^{44}]	
娇惯	娇惯[tɕiau^{44} kuan^{24}]	宠养[dzen^{21} iɔ̃^{21}]	看重哒[k^{h}oŋ^{11} təŋ^{11} ta^{0}]	娇[tɕiɤ^{44}]	纵[tsɤŋ^{51}]纵容、放纵

续 表

词 条	岳阳市	临 湘	醴 陵	永 兴	隆 回
宠爱	疼[doŋ^{24}]	宠爱[dzen^{21} ŋai^{24}]	特看重哒 [tʰɛ^{35} kʰoŋ^{11} təŋ^{11} ta^{0}]	得意[te^{21} i^{13}]	看得重[kã^{51} tə^{0} tɕʰɤŋ^{312}]
迁就	迁就[dʑian^{44} dʑiəu^{22}]/ 依到[i^{44} tau^{31}]	依到[i^{45} tau^{0}]	迁就[tɕʰin^{33} tɕʰiu^{11}]	依[i^{44}]	就哒[tɕʰiəu^{51} ta^{0}]
说话	说话[ɕye^{45} xua^{24}]	话[ua^{33}]/说话 [ɕye^{5} xua^{24}]	讲话[koŋ^{31} fa^{11}]	讲话[kɔ^{41} xua^{13}]	讲话[kõ^{312} ua^{51}]
聊天	扯卵谈 [dzə^{31} lan^{31} dan^{13}]	聊天[liau^{12} dian^{45}]	打讲[ta^{31} koŋ^{31}]	打讲[ta^{41} kɔ^{41}]	
搭茬儿	打岔[ta^{31} dza^{24}]	接嘴[tɕie^{5} tɕi^{21}]/插嘴 [dza^{5} tɕi^{21}]	接下舌 [tɕiɛ^{35} xa^{11} sɛ^{35}]/插嘴 [tsʰa^{35} tɕi^{31}]	搭话[to^{21} xua^{13}]	搭腔[ta^{33} tɕʰiõ^{33}]
不做声	不做声 [pu^{45} tsəu^{24} sən^{44}]	不说话[pu^{5} ɕye^{5} xua^{24}]	不做声 [pu^{35} tsou^{11} san^{33}]	冇做声 [mɤ^{13} tsɿ̩^{13} sən^{44}]	
骗(我～你玩的,不是真的)	骗[pian^{24}]	骗[bian^{24}]	白[pɛ^{35}]	哄[kʰoŋ^{41}]/打白话 [ta^{41} pe^{44} o^{0}]	捏$^{=}$[liɛ^{13}]
告诉	告诉[kau^{24} səu^{24}]	告诉[kau^{24} səu^{33}]	告起[kao^{11} tɕʰi^{31}]	告上[kɤ^{13} sɔ^{0}]	告示[kʌu^{51} sɿ^{51}]
抬杠	抬杠[da^{13} kaŋ^{24}]		抬横箇 [tʰai^{13} uan^{13} ko^{33}]	抬杠子[ta^{35} kɔ^{13} tsɿ^{0}]	
顶嘴	顶嘴[tin^{31} tɕi^{31}]	顶嘴[tin^{21} tɕi^{24}]	撑颈[tsʰan^{33} tɕiaŋ^{31}]/ 咬颈[ŋa^{11} tɕiaŋ^{31}]	回嘴[xuɪ^{35} tɕy^{41}]	回嘴[xui^{13} tsui^{312}]

续　表

词　条	岳阳市	临　湘	醴　陵	永　兴	隆　回
吵架	吵架[dzau^{31} tɕia^{24}]	吵架[dzau^{21} tɕia^{24}]	讲桥[koŋ^{31} tɕ^{h}iu^{13}]/相骂[ɕioŋ^{33} ma^{11}]/讲经[koŋ^{31} tɕiŋ^{33}]	轧$^{=}$气[ka^{44} ɕi^{13}]	吵死$^{=}$[ts^{h}ʌu^{312} sɿ^{312}]
打架	打架[ta^{31} tɕia^{24}]	打架[ta^{21} tɕia^{24}]		打交[ta^{41} kɤ^{44}]	打架[ta^{312} tɕia^{51}]
骂(破口骂)	骂人[ma^{22} zən^{13}]	骂[ma^{24}]	咒[tou^{11}]	骂[mo^{13}]	
挨骂	挨骂[ŋai^{13} ma^{22}]	挨骂[ŋai^{45} ma^{24}]/讨骂[dau^{21} ma^{24}]	赚骂[ts^{h}an^{11} ma^{11}]	讨骂[t^{h}ɤ^{41} mo^{13}]	挨骂[ai^{33} mã^{51}]
嘱咐	吩咐[fən^{44} fu^{24}]	叮咐[tin^{45} xu^{0}]	安置[ŋoŋ^{33} tsɿ^{11}]嘱咐/托付[t^{h}o^{35} fu^{11}]/喊应[xan^{31} iŋ^{11}]	打招呼[ta^{41} tsɤ^{44} fv̩^{0}]	托付[ho^{33} fu^{51}]
挨说(挨批评)	挨骂[ŋai^{44} ma^{24}]		赚梗受[ts^{h}an^{11} ŋɛn^{31} sou^{11}]/话一餐[ua^{11} i^{35} ts^{h}an^{33}]	讨数[t^{h}ɤ^{41} sv̩^{41}]	
唠叨	啰嗦[lo^{44} so^{44}]	嘴巴多[tɕi^{21} pa^{45} to^{45}]/唠叨[lau^{45} tau^{45}]	啰嗦[lo^{33} so^{33}]/零嘴巴多[liaŋ^{13} tɕi^{31} pa^{33} to^{33}]	嘴巴多[tɕy^{41} po^{0} tʊ^{44}]/唠里唠叨[lɤ^{21} li^{0} lɤ^{21} tɤ^{0}]	
喊(～他起来)	喊[xan^{31}]	□[tɕya^{24}]/喊[xan^{21}]	喊[xan^{31}]	喊[xɛ^{41}]	喊[hã^{312}]
贰拾叁　位置					
上面	高头[kau^{44} təu^{13}]	高颠[kau^{45} tian^{0}]	上哩[soŋ^{11} li^{0}]	上头[sɔ^{41} te^{0}]	高头[kʌu^{33} hiə^{13}]

续 表

词 条	岳 阳 市	临 湘	醴 陵	永 兴	隆 回
下面	下头[ɕia^{22} təu^{13}]	脚颠[tɕio^{5} tian^{0}]/地一颠[ti^{33} i^{5} tian^{0}]	下哩[xa^{11} li^{0}]	下头[xo^{41} te^{0}]	
地下(当心!别掉~了)	地下[di^{22} xa^{22}]	脚颠[tɕio^{5} tian^{0}]	地下哩[tʰi^{11} xa^{11} li^{0}]	地下头[ti^{13} xo^{41} te^{0}]	地下[hi^{51} ha^{312}]
地上(~脏极了)	地下[di^{22} xa^{22}]	地一颠[ti^{33} i^{5} tian^{0}]	地[tʰi^{11}]	地板上[ti^{13} pɛ^{41} sɔ^{0}]	
天上	天上[tian^{44} saŋ^{22}]	天上[dian^{45} sɔ̃^{21}]	天上[tʰin^{33} soŋ^{11}]	天上[tʰiɛ^{44} sɔ^{0}]	天上[hĩɪ^{33} ɕiõ^{312}]
山上	山上[san^{44} saŋ^{22}]	山颠颠箇里[san^{45} tian^{45} tian^{45} ko^{0} li^{0}]/山顶上[san^{45} tin^{12} sɔ̃^{0}]	岭上[liaŋ^{31} soŋ^{11}]	山上[sɛ^{44} sɔ^{0}]/岭上[lən^{41} sɔ^{0}]	山上[sã^{33} ɕiõ^{312}]
路上	路上[ləu^{22} saŋ^{22}]	路上[ləu^{21} sɔ̃^{33}]	路上[lou^{11} soŋ^{11}]	路上[lɣ̩^{13} sɔ^{0}]	路上[lu^{51} ɕiõ^{312}]
街上	街上[kai^{44} saŋ^{22}]	街上[kai^{45} sɔ̃^{33}]	街上[kai^{33} soŋ^{11}]	街上[ka^{44} sɔ^{0}]	街上[kai^{33} ɕiõ^{312}]
墙上	墙上[dʑiaŋ^{13} saŋ^{22}]	壁上[pia^{5} sɔ̃^{33}]/墙上[dʑiɔ̃^{12} sɔ̃^{33}]	墙上哩[tɕʰioŋ^{13} soŋ^{11} li^{0}]	壁头上[pia^{21} te^{0} sɔ^{0}]	墙高头[tsiɑ̃^{13} kʌu^{33} hiə^{13}]
门上	门上[mən^{13} saŋ^{22}]	门上[men^{12} sɔ̃^{33}]	门上[məŋ^{13} soŋ^{11}]	门上[mən^{35} sɔ^{0}]	门高头[mẽ^{13} kʌu^{33} hiə^{13}]
桌上	桌子高头[tso^{45} tsɿ^{0} kau^{44} təu^{13}]	桌上[tso^{5} sɔ̃^{33}]		桌子上[tsʊ^{21} tsɿ^{0} sɔ^{0}]	桌子高头[tso^{33} tsɿ^{0} kʌu^{33} hiə^{13}]

续 表

词 条	岳阳市	临 湘	醴 陵	永 兴	隆 回
椅子上	椅子高头 [i^{31} tsɿ^{31} kau^{44} təu^{13}]	椅子上[i^{21} tsɿ^{0} sɔ̃^{33}]	椅子上[i^{31} tsɿ^{0} soŋ^{11}]	椅子上[i^{41} tsɿ^{0} sɔ^{0}]	
边儿上	边上[pian^{44} saŋ^{22}]	边上[pian^{45} xen^{33}]/边上[pian^{45} sɔ̃^{33}]	边上[pin^{33} soŋ^{11}]	边上[piɛ^{44} sɔ^{0}]	边上[pĩɪ^{33} ɕiõ^{312}]
里面	里头[li^{31} dəu^{13}]	兜里[dəu^{5} li^{0}]	里头[li^{31} t^{h}eu^{13}]	底下[te^{41} xo^{0}]	内底[lui^{51} tei^{33}]
外面	外头[uai^{22} dəu^{13}]	外头[ŋai^{33} te^{0}]	外前[uai^{11} tɕ^{h}in^{13}]	外头[ue^{13} te^{0}]	门前[mẽ^{13} ts^{h}ĩɪ^{13}]
手里	手里[səu^{31} li^{31}]	坨牯里[do^{12} ku^{0} li^{0}]	手里[sou^{31} li^{31}]	手底下[səu^{41} te^{41} xo^{0}]	手板高头 [ɕiə^{312} pã^{312} kʌu^{33} hiə^{13}]
心里	心里[ɕin^{44} li^{31}]	心兜里[ɕin^{45} dəu^{5} li^{0}]	心里[ɕiŋ^{33} li^{31}]	心底[sən^{44} te^{41}]	
大门外	大门外 [ta^{22} mən^{13} uai^{22}]			大门外头 [ta^{13} mən^{35} ue^{13} te^{0}]	大门门前 [hai^{51} mẽ^{13} mẽ^{13} ts^{h}ĩɪ^{13}]
门儿外	门外头 [mən^{13} uai^{22} dəu^{0}]	门外头[men^{12} ŋai^{33} te^{0}]	门外前 [məŋ^{13} uai^{11} tɕ^{h}in^{13}]	门外头[mən^{35} ue^{13} te^{0}]	
墙外	墙外头 [dʑiaŋ^{13} uai^{22} dəu^{0}]	墙外头[dʑiɔ̃^{12} ŋai^{33} te^{0}]	墙外前 [tɕ^{h}ioŋ^{13} uai^{11} tɕ^{h}in^{13}]	包墙外头 [pɤ^{44} tɕ^{h}iɔ^{0} ue^{13} te^{0}]	
窗户外头	窗户外头 [dzuaŋ^{44} fu^{24} uai^{22} təu^{13}]	纱窗外头 [sa^{45} dzɔ̃^{45} ŋai^{21} te^{0}]	床子外前 [kan^{31} tsɿ^{0} uai^{11} tɕ^{h}in^{13}]	窗帆$^{=}$外头 [ts^{h}ɔ^{44} fɛ^{0} ue^{13} te^{0}]	窗子门前 [ts^{h}o^{33} tsɿ^{0} mẽ^{13} ts^{h}ĩɪ^{13}]
车上(～坐着人)	车里头[dzə^{44} li^{31} təu^{13}]	车高头[dza^{45} kə^{45} te^{0}]	车上[t^{h}a^{33} soŋ^{11}]	车子底[ts^{h}e^{44} tsɿ^{0} te^{41}]	车高头 [tɕiɛ^{33} kʌu^{33} hiə^{13}]

续表

词条	岳阳市	临湘	醴陵	永兴	隆回
车外(～下着雪)	车外头[dzə^{44} uai^{22} təu^{13}]	车外头[dza^{45} ŋai^{33} te^{0}]	车子外前[tʰa^{33} tsɿ^{0} uai^{11} tɕʰin^{13}]	车子外头[tsʰe^{44} tsɿ^{0} ue^{13} te^{0}]	车子门前[tɕiɛ^{33} tsɿ^{0} mẽ^{13} tsʰĩɪ^{13}]
车前	车前头[dzə^{44} tɕian^{13} təu^{13}]	车前头[dza^{45} tɕian^{12} te^{0}]	车子头前[tʰa^{33} tsɿ^{0} tʰeu^{13} tɕʰin^{13}]	车子当门[tsʰe^{44} tsɿ^{0} tɔ^{44} mən^{0}]	车子头前[tɕiɛ^{33} tsɿ^{0} hiə^{13} tsʰĩɪ^{13}]
车后	车后头[dzə^{44} xəu^{22} təu^{13}]	车后头[dza^{45} xe^{33} te^{0}]	车子后背[tʰa^{33} tsɿ^{0} xeu^{11} pei^{11}]	车子后背[tsʰe^{44} tsɿ^{0} xe^{13} pɪ^{0}]	车子背底[tɕiɛ^{33} tsɿ^{0} pei^{51} tei^{33}]
前边	前头[dʑian^{13} təu^{13}]	前颠[dʑian^{12} tian^{0}]/当门[tɔ̃^{45} men^{12}]	头前[tʰeu^{13} tɕʰin^{13}]	当门[tɔ^{44} mən^{0}]	
后边	后头[xəu^{22} təu^{13}]	后颠[xe^{33} tian^{0}]	后背[xeu^{11} pei^{11}]	后背[xe^{13} pɪ^{0}]	背底[pei^{51} tei^{33}]
山前	山前头[san^{44} dʑian^{13} təu^{13}]	山前颠[san^{45} dʑian^{12} tian^{0}]		山当门[sɛ^{44} tɔ^{44} mən^{0}]	
山后	山后头[san^{44} xəu^{22} təu^{13}]	山后颠[san^{45} xe^{33} tian^{0}]		山后背[sɛ^{44} xe^{13} pɪ^{0}]	
房后	屋后[u^{45} xəu^{22}]	屋后颠[u^{5} xe^{33} tian^{0}]	屋后背[u^{35} xeu^{11} pei^{11}]	屋后背[əɯ^{21} xe^{13} pɪ^{0}]	
背后	背后[pei^{24} xəu^{22}]			后背[xe^{13} pɪ^{0}]	背底[pei^{51} tei^{33}]
以前	以前[i^{31} dʑian^{13}]	从前[dzen^{12} dʑian^{45}]/原先[yan^{12} ɕian^{45}]	先唧[ɕin^{33} tɕi^{0}]	先头[ɕiɛ^{44} te^{35}]	

续　表

词　条	岳阳市	临　湘	醴　陵	永　兴	隆　回
以后	以后[i^{31} xəu^{22}]	后头[xe^{33} te^{0}]	后来[xeu^{11} lai^{13}]/后时[xeu^{11} sɿ^{13}]	后背[xe^{13} pɪ^{0}]/今后[tɕiən^{44} xe^{13}]/以后[i^{41} xe^{13}]	
以上	以上[i^{31} saŋ^{22}]	高颠[kau^{45} tian^{0}]	以上[i^{31} soŋ^{11}]		
以下	以下[i^{31} ɕia^{22}]	脚颠[tɕio^{5} tian^{0}]	以下[i^{31} xa^{11}]		
后来(指过去某事之后)	后来[xəu^{22} lai^{13}]	后来[xe^{33} le^{0}]	背后唧[pei^{11} xeu^{11} tɕi^{0}]	后背[xe^{13} pɪ^{0}]	
从今以后(将来)	从今以后[dzoŋ^{13} tɕin^{44} i^{31} xəu^{22}]		从今以后[ts^{h}əŋ^{13} tɕiŋ^{33} i^{31} xeu^{11}]/箇今后唧[ko^{35} tɕiŋ^{33} xeu^{11} tɕi^{0}]		
从此以后(不拘过去将来)	从那以后[dzoŋ^{13} lo^{44} i^{31} xəu^{22}]			后背[xe^{13} pɪ^{0}]	
东	东边[toŋ^{44} pian^{44}]/东头[toŋ^{44} təu^{13}]	东[ten^{45}]	东边[təŋ^{33} pin^{33}]	东[toŋ^{44}]	
西	西边[ɕi^{44} pian^{44}]/西头[ɕi^{44} təu^{13}]	西[ɕi^{45}]	西边[ɕi^{33} pin^{33}]	西[ɕi^{44}]	
南	南边[lan^{13} pian^{44}]/南头[lan^{13} təu^{13}]	南[lan^{12}]	南边[lan^{13} pin^{33}]	南[lɛ^{35}]	

续 表

词 条	岳阳市	临 湘	醴 陵	永 兴	隆 回
北	北边[bə^{45} pian^{44}]/北头[bə^{45} təu^{13}]	北[pe^{5}]	北边[pɛ^{35} pin^{33}]	北[pɪ^{21}]	
东南		东南[ten^{45} lan^{12}]	东南角上[təŋ^{33} lan^{13} ko^{35} soŋ^{11}]		
东北		东北[ten^{45} pe^{5}]	东北角上[təŋ^{33} pɛ^{35} ko^{35} soŋ^{11}]		
西南		西南[ɕi^{45} lan^{12}]	西南角上[ɕi^{33} lan^{13} ko^{35} soŋ^{11}]		
西北		西北[ɕi^{45} pe^{5}]	西北角上[ɕi^{33} pɛ^{35} ko^{35} soŋ^{11}]		
路边儿	路边上[ləu^{22} pian^{44} saŋ^{22}]	路边上[ləu^{33} pian^{45} xen^{33}]		路边上[lɣ̩^{13} piɛ^{0} sɔ^{0}]	
当间(儿)	中间[tsoŋ^{44} kan^{44}]	中间[tsen^{45} kan^{45}]			
床底下	床底下[dzuaŋ^{13} ti^{31} xa^{22}]	床底脚颠[dzɔ̃^{12} ti^{21} tɕio^{5} tian^{0}]	床下哩[ts^{h}oŋ^{13} xa^{11} li^{0}]	床下头[ts^{h}ɔ^{35} xo^{41} te^{0}]	床底下[ts^{h}ō^{13} ti^{312} ha^{312}]
楼底下	楼底下[ləu^{13} ti^{31} xa^{22}]	楼底脚颠[ləu^{12} ti^{21} tɕio^{5} tian^{0}]	楼下哩[leu^{13} xa^{11} li^{0}]	楼下头[le^{35} xo^{41} te^{0}]	楼底下[liə^{13} ti^{312} ha^{312}]
脚底下	脚底下[tɕio^{45} ti^{31} xa^{22}]	脚板脚颠[tɕio^{5} pan^{21} tɕio^{45} tian^{0}]	脚下哩[tɕio^{35} xa^{11} li^{0}]	脚下头[tɕiʊ^{21} xo^{41} te^{0}]	

续表

词条	岳阳市	临湘	醴陵	永兴	隆回
（以下三条指器物底部）					
碗底儿	碗兜[uan^{31} təu^{44}]	碗兜里[uø^{21} dəu^{5} li^{0}]/ 碗脚颠[uø^{21} tɕio^{5} tian^{0}]	碗兜[uoŋ^{31} tou^{35}]	碗底下[uɛ^{41} te^{41} xo^{0}]	碗底公[uɑ̃^{312} ti^{312} kɤŋ^{33}]
锅底儿	锅兜[ko^{44} təu^{44}]	锅兜里[ko^{45} dəu^{5} li^{0}]/ 锅脚颠 [ko^{45} tɕio^{5} tian^{12}]	锅兜[uo^{33} tou^{35}]	锅头底下 [ʊ^{44} te^{0} te^{41} xo^{0}]	锅底公[o^{51} ti^{312} kɤŋ^{33}]
缸底儿	水缸兜 [suei^{31} kaŋ^{44} təu^{44}]	缸兜里[kɔ̃^{45} dəu^{5} li^{0}]/ 缸脚颠 [kɔ̃^{45} tɕio^{5} tian^{12}]	缸底[koŋ^{33} ti^{31}]	缸笼底下 [kɔ^{44} loŋ^{0} te^{41} xo^{0}]	缸底下[kõ^{33} ti^{312} ha^{312}]
旁边	旁边[baŋ^{13} pian^{44}]	旁边[bɔ̃^{12} pian^{45}]	侧边[tsɛ^{35} pin^{33}]	边上[piɛ^{44} sɔ^{0}]	边上[pĩɪ^{33} ɕiõ^{312}]
附近	侧边[tse^{45} pian^{44}]		侧边[tsɛ^{35} pin^{33}]	有好远唧 [mɤ^{13} xɤ^{41} yɛ^{41} tɕi^{0}]	
跟前儿	跟前[kən^{44} dʑian^{13}]		门前唧 [məŋ^{13} tɕ^{h}in^{13} tɕi^{0}]	当门[tɔ^{44} mən^{0}]/边上 [piɛ^{44} sɔ^{0}]	
什么地方	么哩地方 [mo^{45} li^{44} di^{22} faŋ^{44}]	么哩位置 [mo^{24} ni^{0} uei^{33} tsɿ^{0}]	啥哩垱垧 [sa^{31} li^{0} toŋ^{11} sa^{35}]	么箇垱垧 [ma^{44} kɤ^{0} tɔ^{13} xɔ^{0}]	么箇落垱 [mo^{312} kə^{51} lo^{51} tõ^{51}]
左边	左边[tso^{31} pian^{44}]	左边[tsuo^{21} pian^{45}]	左边[tso^{31} pin^{33}]	左手边 [tso^{41} səɯ^{0} piɛ^{44}]	
右边	右边[iəu^{22} pian^{44}]	右边[iəu^{33} pian^{33}]	右边[iou^{11} pin^{33}]	右手边 [iəɯ^{13} səɯ^{0} piɛ^{44}]	

续 表

词 条	岳阳市	临 湘	醴 陵	永 兴	隆 回
望里走	往里走 [uaŋ^{31} li^{31} tsəu^{31}]	往兜里走 [uɔ̃^{21} dəu^{5} li^{0} tse^{21}]	往里头走 [uoŋ^{31} li^{33} t^{h}eu^{13} tseu^{31}]	往底下走 [uɔ^{41} te^{41} xo^{0} tse^{41}]	
望外走	往外走 [uaŋ^{31} uai^{22} tsəu^{31}]	往外头走 [uɔ̃^{21} ŋai^{33} te^{0} tse^{21}]	往外前走 [uoŋ^{31} uai^{11} tɕ^{h}in^{13} tsou^{31}]	往外头走 [uɔ^{41} ue^{13} te^{0} tse^{41}]	
望东走	往东走 [uaŋ^{31} toŋ^{44} tsəu^{31}]	往东走 [uɔ̃^{21} ten^{45} tse^{21}]	往东走 [uoŋ^{31} təŋ^{33} tseu^{31}]	往东边走 [uɔ^{41} toŋ^{44} piɛ^{0} tse^{41}]	
望西走	往西走 [uaŋ^{31} ɕi^{44} tsəu^{31}]	往西走 [uɔ̃^{21} ɕi^{45} tse^{21}]	往西走 [uoŋ^{31} ɕi^{33} tseu^{31}]		
望回走	往回走 [uaŋ^{31} fei^{13} tsəu^{31}]	打转身 [ta^{21} dʑyan^{21} sen^{45}]	打转身 [ta^{31} kyɛn^{31} səŋ^{33}]	打倒 [ta^{41} tɤ^{13}]	
望前走	往前走 [uaŋ^{31} dʑian^{13} tsəu^{31}]	往前走 [uɔ̃^{21} dʑian^{12} tse^{21}]	往前头走 [uoŋ^{31} tɕ^{h}in^{13} t^{h}eu^{13} tseu^{31}]	往当门走 [uɔ^{41} tɔ^{44} mən^{0} tse^{41}]	
……以东	以东 [i^{31} toŋ^{44}]		以东 [i^{31} təŋ^{33}]		
……以西	以西 [i^{31} ɕi^{44}]		以西 [i^{31} ɕi^{33}]		
……以南	以南 [i^{31} lan^{13}]		以南 [i^{31} lan^{13}]		
……以北	以北 [i^{31} bə^{45}]		以北 [i^{31} pɛ^{35}]		
……以内	以内 [i^{31} lei^{22}]		以内 [i^{31} lei^{11}]		
……以外	以外 [i^{31} uai^{22}]		之外 [tsɿ^{33} ŋoi^{11}]		
……以来	以来 [i^{31} lai^{13}]		以来 [i^{31} lai^{13}]		

续　表

词　条	岳阳市	临　湘	醴　陵	永　兴	隆　回
……之后	之后[tsɿ44 xəu22]		之后[tsɿ33 xeu11]		
……之前	之前[tsɿ44 dʑian13]		之前[tsɿ33 tɕʰin13]		
……之外	之外[tsɿ44 uai22]		之外[tsɿ33 ŋoi11]		
……之内	之内[tsɿ44 lei22]		之内[tsɿ33 lei11]		
……之间	之间[tsɿ44 kan44]		之间[tsɿ33 kan33]		
……之上	之上[tsɿ44 saŋ22]		之上[tsɿ33 soŋ11]		
……之下	之下[tsɿ44 ɕia22]		之下[tsɿ33 xa11]		
贰拾肆　代词等					
我	我[ŋo31]	我[ŋo21]	我[ŋo31]文/[ŋo11]白	我[ŋ̍44/ʊ44]	我[o312]
你	你[li31/ŋ̍31]	你[ni21/ŋ̍33]	你[ni31]文/[ni11]白	你[lɪ44]	
他	他[da44]	他[da45]	他[tʰa33]文/[xa33]白	渠[tɕi21]	渠[tɕi312]
我们	我们[ŋo31 mən13]/我哩[ŋo31 li0]	我哩[ŋo21 ni0]/我们[ŋo21 men0]	我们[ŋo31 məŋ13]文/我哩[ŋo11 li0]白	我们[ŋ̍44 mən0]	我子[o312 tsei0]
你们	你们[li31 mən13]/你哩[li31 li0]	你哩[ŋ̍33 ni0]/你们[ni21 men0]	你们[ni31 məŋ13]文/你哩[ni11 li0]白	你们[lɪ44 mən0]	你子[n̩312 tsei0]
他们	他们[da44 mən13]/他哩[da44 li0]	他哩[da45 ni0]/他们[da45 men0]	他们[tʰa33 məŋ13]文/他哩[xa33 li0]白	渠们[tɕi21 mən0]	渠子[tɕi312 tsei0]

续表

词条	岳阳市	临湘	醴陵	永兴	隆回
您(尊称"你")	你老人家 [li^{31}(ŋ̍^{31})lau^{31} zən^{13} ka^{44}]				你那[n̍^{312} la^{51}]
您(尊称"他")	他老人家 [da^{44} lau^{31} zən^{13} ka^{44}]				渠那[tɕi^{312} la^{51}]
我的	我的[ŋo^{31} ti^{0}]	我箇[ŋo^{21} ko^{0}]	我箇[ŋo^{31} ko^{0}]	我箇[ŋ̍^{44} kɤ^{0}]	我箇[o^{312} kei^{0}]
人家	别个[pie^{45} ko^{24}]	别个[pie^{5} ko^{0}]	别人[pʰiɛ^{35} niŋ^{13}]	别个[pie^{44} kʊ^{0}]	别个[pʰiɛ^{51} kə^{51}]
大家	大家[ta^{22} tɕia^{44}]	一伙人[i^{5} xo^{21} en^{12}]	大家[tʰai^{11} ka^{33}]	大齐个[ta^{13} tɕʰi^{0} kɤ^{0}]	大势[hai^{51} sɿ^{51}]
谁?	哪个[la^{31} ko^{24}]	瞒$^{=}$[man^{12}]	哪个唧[la^{31} ko^{11} tɕi^{0}] 1 谁;2 哪个/哪唧 [la^{31} tɕi^{0}]	哪个[la^{41} kʊ^{0}]	哪个[la^{312} kə^{51}]
这个	这个[tsə^{24} ko^{24}]	箇个[ke^{24} ko^{0}]	箇隻[ko^{35} ta^{35}]	箇隻[kʊ^{44} tso^{0}]	
那个	那个[lo^{13} ko^{24}]	那个[la^{24} ko^{0}]	另$^{=}$个隻 [niŋ^{33} ko^{11} ta^{35}]	那隻[lo^{13} tso^{0}]	
哪个?	哪个[la^{31} ko^{24}]	哪个[la^{21} ko^{0}]		哪个[la^{41} kʊ^{0}]	
这些	这些[tsə^{24} ɕie^{44}]	箇个[ke^{24} ko^{0}]/箇坨 [ke^{24} to^{45}]	箇些[kei^{35} ɕiɛ^{33}]	箇些[kʊ^{44} ɕi^{0}]	箇滴[ko^{312} ti^{33}]
那些	那些[lo^{13} ɕie^{44}]	那个[la^{24} ko^{0}]	另$^{=}$个些 [niŋ^{33} ko^{11} ɕiɛ^{33}]	那些[lo^{13} ɕi^{0}]	□滴[mē^{51} ti^{33}]

续 表

词 条	岳阳市	临 湘	醴 陵	永 兴	隆 回
哪些?	哪些[la^{31} ɕie^{44}]	哪个[la^{21} ko^{0}]	哪个些[la^{31} ko^{11} ɕiɛ^{33}]	哪些[la^{41} ɕi^{0}]	哪滴[la^{312} ti^{33}]
这里	这里[tsə^{24} li^{0}]	箇里[ke^{24} li^{0}]	箇哩[ko^{35} li^{0}](近指)	箇里[kʊ^{44} li^{0}]/箇坨唧[kʊ^{44} tʊ^{0} tɕi^{0}]	箇头[ko^{312} hiə^{13}]
那里	那里[la^{24} li^{0}]	那里[la^{24} li^{0}]	另$^{=}$哩[liŋ^{33} li^{0}]/[niŋ^{33} li^{0}](远指)	那里[lo^{13} li^{0}]/那坨唧[lo^{13} tʊ^{0} tɕi^{0}]	□头[mẽ^{51} hiə^{13}]
哪里?	哪里[la^{31} li^{0}]	哪里[la^{21} li^{0}]	哪里[lai^{31} li^{0}]	哪里[la^{41} li^{0}]	哪头[la^{312} hiə^{13}]
这么(高)	这么[tsə^{24} mo^{0}]	箇么[ke^{24} mo^{0}]	箇式(高)[ko^{35} sɿ^{11}]这么/那么高	若[iɔ^{44}]	箇咖高[ko^{312} ka^{0} kʌu^{33}]
这么(做)	这么[tsə^{24} mo^{0}]	箇样[ke^{24} iɔ̃^{33}]	箇式(做)[ko^{35} sɿ^{11}]这么/那么做	若个[iɔ^{44} kɤ^{0}]	
那么(高)	那么[la^{24} mo^{0}]	那么[la^{24} mo^{0}]		若[iɔ^{44}]	□咖高[mẽ^{51} ka^{0} kʌu^{33}]
那么(做)	那么[la^{24} mo^{0}]			那若[lo^{13} iɔ^{44}]	
怎么(做)?	怎么[tsən^{31} mo^{0}]/何哩[xo^{13} li^{0}]	哟$^{=}$哩[io^{13} ni^{0}]	何哩(做)[o^{13} li^{0}]	夷$^{=}$三$^{=}$[i^{35} sɛ^{0}]	哟$^{=}$咖做[iəu^{13} ka^{0} tsɿ^{51}]
怎么办?	怎么办[tsən^{31} mo^{31} ban^{22}]	哟$^{=}$哩搞[io^{24} ni^{0} kau^{21}]	何哩搞[o^{13} li^{0} kao^{31}]	夷$^{=}$三$^{=}$搞[i^{35} sɛ^{0} kɤ^{41}]/怎么办[tsən^{41} mo^{0} pɛ^{13}]	哟$^{=}$咖搞[iəu^{13} ka^{0} kʌu^{312}]
为什么?	做么哩[tsəu^{24} mo^{31} li^{0}]	为么哩[ui^{45} mo^{24} li^{0}]	为啥哩[uei^{11} sa^{31} li^{0}]	夷$^{=}$三$^{=}$[i^{35} sɛ^{0}]/为么箇[uɪ^{13} ma^{44} kɤ^{13}]	

续表

词条	岳阳市	临湘	醴陵	永兴	隆回
什么?	么哩[mo^{31} li^{0}]	么哩[mo^{24} li^{0}]	啥哩[sa^{31} li^{0}]	么箇[ma^{44} kɤ^{13}]	么箇[mo^{312} kə^{51}]
多少(钱)?	好多[xau^{31} to^{44}]	好多[xau^{21} to^{45}]	几多唧[tɕi^{31} to^{33} tɕi^{0}]	好多[xɤ^{41} tʊ^{44}]	好多[xʌu^{312} to^{33}]
多(久、高、大、厚、重)?	好[xau^{31}]	好[xau^{21}]	几[tɕi^{31}]	好[xɤ^{41}]	好[xʌu^{312}]
我们俩	我两个[ŋo^{31} liaŋ^{31} ko^{24}]	我两个人 [o^{45} liɔ̃^{21} kə^{0} en^{12}]	我哩两个人 [ŋo^{11} li^{0} lioŋ^{31} ko^{11} niŋ^{13}]	我两个人 [ŋ̍^{44}/ʊ^{44} liɔ^{41} kʊ^{0} ən^{35}]	我子两个人 [o^{312} tsei^{0} liɑ̃^{312} kə^{51} n̩^{13}]
你们俩	你两个[li^{31} liaŋ^{31} ko^{24}]	你两个人 [ni^{22} liɔ̃^{21} kə^{0} en^{12}]	你哩两个人 [ni^{11} li^{0} lioŋ^{31} ko^{11} niŋ^{13}]	你两个人 [lɪ^{44} liɔ^{41} kʊ^{0} ən^{35}]	你子两个人 [n̩^{312} tsei^{0} liɑ̃^{312} kə^{51} n̩^{13}]
他们俩	他两个[da^{44} liaŋ^{31} ko^{24}]	他两个人 [da^{45} liɔ̃^{21} ko^{0} en^{12}]		渠两个人 [tɕi^{21} liɔ^{41} kʊ^{0} ən^{35}]	渠子两个人 [tɕi^{312} tsei^{0} liɑ̃^{312} kə^{51} n̩^{13}]
夫妻俩	两夫妻[liaŋ^{31} fu^{44} dʑi^{44}]	两老儿[liɔ̃^{21} lau^{21} ə^{0}]	两公婆 [lioŋ^{31} kuəŋ^{33} p^{h}o^{13}]	两口人[liɔ^{41} k^{h}e^{41} ən^{0}]	两口人[liɑ̃^{312} tɕiə^{312} n̩^{13}]
娘儿俩(母亲和子女)	两娘崽 [liaŋ^{31} liaŋ^{13} tsai^{31}]	两娘崽[liɔ̃^{21} liɔ̃^{12} tsai^{0}]	娘崽两个 [nioŋ^{13} tsai^{31} lioŋ^{31} ko^{11}]	两娘崽[liɔ^{41} iɔ^{35} tse^{0}]	两娘崽 [liɑ̃^{312} iɑ̃^{13} tsei^{312}]/两娘女[liɑ̃^{312} iɑ̃^{13} yn^{312}]
爷儿俩(父亲和子女)	两爷崽[liaŋ^{31} ia^{13} tsai^{31}]	两爷崽[liɔ̃^{21} ia^{12} tsai^{0}]	两爷崽 [lioŋ^{31} ia^{13} tsai^{31}]/爷崽[ia^{13} tsai^{31}]	两爷崽[liɔ^{41} io^{35} tse^{0}]	两爷崽[liɑ̃^{312} ia^{13} tsei^{31}]/两爷女[liɑ̃^{312} ia^{13} yn^{312}]

续　表

词　条	岳阳市	临　湘	醴　陵	永　兴	隆　回
爷孙俩	两爹孙[liaŋ^{31} tia^{4} sən^{44}]	两爹孙[liɔ̃^{21} tia^{45} sen^{0}]	两公孙 [lioŋ^{31} kuəŋ^{33} səŋ^{33}]	两祖孙 [liɔ^{41} tsɿ̩^{41} suən^{0}]	两□孙 [liɑ̃^{312} mō^{51} suən^{33}]爷孙俩/两婆孙 [liɑ̃^{312} ho^{13} suən^{33}]奶奶和孙子
妯娌俩	两妯娌 [liaŋ^{31} dzəu^{45} li^{31}]	两妯娌[liɔ̃^{21} tsəu^{12} li^{0}]	两叔伯母 [lioŋ^{31} sou^{35} pa^{35} mo^{31}]	两长幼[liɔ^{41} tsɔ^{41} i^{0}]	两代媳[liɑ̃^{312} hai^{33} ɕi^{33}]
姑嫂俩	两姑嫂 [liaŋ^{31} ku^{44} sau^{31}]		两姑嫂 [lioŋ^{31} ku^{33} sao^{31}]	两姑嫂[liɔ^{41} kv̩^{44} sɤ^{41}]	两姑嫂 [liɑ̃^{312} ku^{33} sʌu^{312}]
婆媳俩	两婆媳[liaŋ^{31} bo^{13} ɕi^{45}]	两娘崽 [liɔ̃^{21} iɔ̃^{12} tsai^{21}]/两婆媳[liɔ̃^{21} bo^{12} ɕi^{5}]	两家娘媳妇 [lioŋ^{31} ka^{33} nioŋ^{13} ɕi^{13} fu^{11}]	两娘崽[liɔ^{41} iɔ^{35} tse^{0}]	两家娘新妇 [liɑ̃^{312} ka^{33} iɑ̃^{13} sẽ^{33} fu^{51}]
兄弟俩	两兄弟 [liaŋ^{31} ɕioŋ^{44} ti^{22}]	两弟兄[liɔ̃^{21} ti^{33} ɕin^{45}]	两兄弟 [lioŋ^{31} ɕyŋ^{33} tʰi^{11}]	两兄佬[liɔ^{41} ɕioŋ^{44} lɤ^{41}]	两弟兄[liɑ̃^{312} hi^{51} ɕɤŋ^{33}]
姐妹俩	两姊妹 [liaŋ^{31} tsɿ^{31} mei^{22}]	两姊妹[liɔ̃^{21} tsɿ^{21} mi^{33}]	两姊妹 [lioŋ^{31} tsɿ^{31} moi^{11}]	两姊妹[liɔ^{41} tsɿ^{41} mɪ^{13}]	两姊妹 [liɑ̃^{312} tsɿ^{312} mei^{51}]
姐儿俩					两姊妹 [liɑ̃^{312} tsɿ^{312} mei^{51}]
兄妹俩	两兄妹 [liaŋ^{31} ɕioŋ^{44} mei^{22}]	两姊妹[liɔ̃^{21} tsɿ^{21} mi^{33}]	两兄妹 [lioŋ^{31} ɕyŋ^{33} moi^{11}]	两姊妹[liɔ^{41} tsɿ^{41} mɪ^{13}]	两姊妹 [liɑ̃^{312} tsɿ^{312} mei^{51}]

续 表

词 条	岳 阳 市	临 湘	醴 陵	永 兴	隆 回
姐弟俩	两姊妹 [liaŋ^{31} tsɿ^{31} mei^{22}]	两姊妹[liɔ̃^{21} tsɿ^{21} mi^{33}]	两姐弟 [lioŋ^{31} tɕia^{31} t^{h}i^{11}]		两姊妹 [liɑ̃^{312} tsɿ^{312} mei^{51}]
舅甥俩		两爷崽[liɔ̃^{21} ia^{12} tsai^{21}]			两舅爷外甥[liɑ̃^{312} tɕ^{h}iəu^{312} ia^{13} ui^{51} sẽ^{33}]
姑侄俩		两娘崽[liɔ̃^{21} liɔ̃^{12} tsai^{21}]			两姑娘侄儿子 [liɑ̃^{312} ku^{33} iɑ̃^{13} tɕ^{h}i^{51} ɛ^{13} tsɿ^{0}]
叔侄俩		两爷崽[liɔ̃^{21} ia^{12} tsai^{21}]	两叔侄 [lioŋ^{31} sou^{35} ts^{h}ɿ^{35}]	两叔侄[liɔ^{41} sy̩^{21} tsɿ^{21}]	两叔甥[liɑ̃^{312} su^{33} sẽ^{33}]
师徒俩	师徒两个 [sɿ^{44} dəu^{13} liaŋ^{31} ko^{0}]	师徒两个 [sɿ^{45} dəu^{12} liɔ̃^{21} kə^{0}]	两师徒 [lioŋ^{31} sɿ^{33} t^{h}ou^{13}]	两师徒[liɔ^{41} sɿ^{44} ty̩^{35}]	两师徒[liɑ̃^{312} sɿ^{33} hu^{13}]
谁们			哪个唧[la^{31} ko^{11} tɕi^{0}]	哪些人[la^{41} ɕi^{0} ən^{35}]	
妯娌们	妯娌们 [dzəu^{45} li^{31} mən^{13}]			几长幼[tɕi^{41} tsɔ^{41} i^{0}]	代媳家[hai^{33} ɕi^{33} ka^{0}]
姑嫂们	姑嫂们 [ku^{44} sau^{31} mən^{13}]			几姑嫂[tɕi^{41} ky̩^{44} sɤ^{41}]	姑嫂家[ku^{33} sʌu^{312} ka^{0}]
师徒们	师徒们 [sɿ^{44} təu^{13} mən^{13}]				
先生学生们	老师学生们[lau^{31} sɿ^{44} ɕio^{45} sən^{44} mən^{13}]				

续 表

词 条	岳阳市	临 湘	醴 陵	永 兴	隆 回
贰拾伍 形容词					
好(这个比那个～些)	好[xau^{31}]/强[dʑiaŋ^{13}]	要得[iau^{24} te^{5}]	好[xao^{13}]	好[xɤ^{41}]	好[xʌu^{312}]
不错(颇好之意)	不错[pu^{45} dzo^{24}]/不坏[pu^{45} fai^{22}]	也要得[ie^{21} iau^{24} te^{0}]	不错[pu^{35} ts^{h}o^{11}]	蛮好[mɛ^{35} xɤ^{41}]	
差不多	差不多[dza^{44} pu^{45} to^{44}]		差不多[ts^{h}a^{33} pu^{35} to^{33}]	差唔多[ts^{h}a^{44} n̩^{0} tʊ^{44}]	差不多[ts^{h}a^{51} n̩^{33} to^{33}]
不怎么样	不怎么样[pu^{45} tsən^{31} mo^{45} iaŋ^{22}]/不算什么[pu^{45} suan^{24} sən^{22} mo^{45}]	不俩$^{=}$色[pu^{5} lia^{33} se^{5}]	不何解唧[pu^{35} o^{13} koi^{31} tɕi^{0}]	一般唧[i^{21} pɛ^{44} tɕi^{0}]	没见得[mʌu^{312} tɕĩɪ^{51} tə^{0}]
不顶事	不济事[pu^{45} tɕi^{24} sɿ^{22}]	冇用哒[mau^{24} in^{33} ta^{0}]	要不得[iu^{11} pu^{35} tɛ^{35}]		没得用[mʌu^{312} tə^{0} iɤŋ^{33}]
坏(不好)	坏[fai^{22}]/不好[pu^{45} xau^{31}]	烂哒[lan^{33} ta^{0}]	坏[fai^{11}]/拐[kuai^{31}]/差[ts^{h}a^{33}]	丑[ts^{h}əɯ^{41}]人坏	差[ts^{h}a^{33}]
次(人头儿很～|东西很～)	次[dzɿ^{24}]/差[dza^{44}]	不俩$^{=}$毛[pu^{5} lia^{33} mau^{12}]	琐$^{=}$[so^{11}]	差[ts^{h}a^{44}]	差[ts^{h}a^{33}]
凑合	凑合[dzəu^{24} xo^{45}]/对付[tei^{24} fu^{31}]/强求[tɕiaŋ^{44} dʑiəu^{22}]		不琐$^{=}$[pu^{35} so^{11}]	还可以[xa^{35} k^{h}o^{21} i^{0}]	要得[iə^{51} tə^{0}]/马马虎虎[mã^{312} mã^{312} xu^{0} xu^{0}]

续 表

词 条	岳阳市	临 湘	醴 陵	永 兴	隆 回
美(注意形容男女有无不同说法)	美[mi^{31}]/好看[xau^{31} gan^{24}]/漂亮[biau^{24} liaŋ^{22}]/标致[piau^{44} tsɿ^{24}]	索利[so^{5} li^{0}]/撑汰[dzen^{45} de^{24}]	客气[kʰɛ^{35} tɕʰi^{11}]漂亮(男女均可)/蛮好唧[man^{13} xao^{31} tɕi^{0}]长得好看(男女均可)/漂亮[pʰiu^{11} lioŋ^{11}]美,指女性	好看[xɤ^{41} kʰɛ^{13}]/标致[piɤ^{44} tsɿ^{0}]/好赖子[xɤ^{41} la^{41} tɕi^{0}]长得好的小伙/好女子[xɤ^{41} ŋ̍^{41} tɕi^{0}]长得好的姑娘	乖呔[kʰuai^{33} hai^{51}]/好看[xʌu^{312} kã^{51}]形容女/标致[piə^{33} tsɿ^{51}]形容男
丑(难看)	丑[dzəu^{31}]/难看[lan^{13} gan^{24}]	丑[dzəu^{21}]	丑[tʰou^{31}]	㞞$^{=}$[soŋ^{35}]	丑[tɕʰiəu^{312}]
要紧	要紧[iau^{24} tɕin^{31}]/紧要[tɕin^{31} iau^{24}]	急[tɕi^{5}]	要紧[iu^{11} tɕiŋ^{31}]	要紧[iɤ^{13} tɕiən^{41}]	当紧[tõ^{33} tɕiẽ^{312}]
热闹	热闹[zə^{45} lau^{22}]	热闹[ye^{5} lau^{0}]	热闹[niɛ^{35} lao^{11}]	热闹[ie^{44} lɤ^{0}]	闹热[lʌu^{51}ɪ̃^{51}]
坚固	坚固[tɕian^{44} ku^{24}]/结实[tɕie^{45} sɿ^{45}]	扎实[tsa^{5} sɿ^{0}]	富实[fu^{11} sɿ^{13}]/经事[tɕiŋ^{33} sɿ^{11}]	牢[lɤ^{35}]	牢靠[lʌu^{13} kʰʌu^{51}]
硬	硬[ŋən^{22}]	硬[ŋan^{33}]	硬[ŋan^{11}]	硬[ən^{13}]	梆硬箇[põ^{33} ẽ^{51} kei^{0}]
软	软[yan^{31}]	软[yan^{21}]	软[nyɛn^{31}]/枯$^{=}$软[fu^{11} nyɛn^{31}]	软[yɛ^{41}]	撩和箇[liə^{13} xo^{13} kei^{0}]
干净	干净[kan^{44} tɕin^{22}]	干净[kø^{45} tɕin^{0}]	简洁[kan^{31} tɕiɛ^{35}]/简简洁洁[kan^{31} kan^{31} tɕiɛ^{35} tɕiɛ^{35}]	干净[kɛ^{44} tɕʰiən^{0}]	干净[kã^{33} tɕiẽ^{51}]
脏(不干净)	肮脏[ŋaŋ^{44} tsaŋ^{44}]/龌龊[ŋo^{44} dzo^{45}]/邋遢[la^{45} da^{45}]	渥浊[o^{45} dzo^{0}]/垃沙$^{=}$[la^{5} sa^{0}]	浰赖[li^{13} lai^{11}]/旯沓[la^{35} tʰa^{35}]	污邋[v̩^{35} la^{41}]	浰赖[li^{13} lai^{51}]

续　表

词　条	岳阳市	临　湘	醴　陵	永　兴	隆　回
咸	咸[xan^{13}]	咸[xan^{12}]	咸[xan^{13}]	咸[xɛ^{35}]	咸[xã^{13}]
淡(不咸)	淡[dan^{22}]	淡[tan^{33}]	淡[t^{h}an^{11}]	淡[tɛ^{41}]	淡[hã^{312}]
香	香[ɕiaŋ^{44}]	香[ɕiɔ̃^{45}]	香[ɕioŋ^{33}]	香[ɕiɔ^{44}]	香[ɕiõ^{33}]
臭	臭[ts^{h}əu^{24}]	臭[dzəu^{24}]	臭[t^{h}ou^{11}]	臭[ts^{h}əɯ^{13}]	臭[tɕ^{h}iəu^{13}]
酸	酸[suan^{44}]	酸[sø^{45}]	酸[soŋ^{33}]	酸[suɛ^{44}]	酸[sõ^{33}]
甜	甜[dian^{13}]	甜[dian^{12}]	甜[t^{h}in^{13}]	甜[tiɛ^{35}]	甜[hĩɪ^{13}]
苦	苦[gu^{31}]	苦[gu^{21}]	苦[k^{h}u^{31}]	苦[fv̩^{41}]	苦[k^{h}u^{312}]
辣	辣[la^{45}]	辣[la^{5}]	辣[la^{35}]	辣[lo^{44}]	麻[mã^{13}]
稀(粥太～了)	稀[ɕi^{44}]	清[dʑiɔ̃^{45}]/稀[ɕi^{45}]	薄[p^{h}o^{13}]	清[tɕ^{h}iən^{44}]	稀[ɕi^{33}]
稠(粥太～了)	稠[dʑəu^{13}]/釅[nian^{13}]	釅[lian^{12}]/稠[dzəu^{12}]	釅[nin^{31}]	浓[ioŋ^{35}]	硬[ẽ^{51}]稠
稀(不密)	稀少[ɕi^{44} sau^{31}]	稀[ɕi^{45}]	稀[ɕi^{33}]	埌$^{=}$[lɔ^{44}]	稀[ɕi^{33}]
密	稠密[dʑəu^{13} mi^{45}]	密[mi^{5}]	密[mi^{11}]	密[mi^{44}]	密[mẽ^{51}]
肥(指动物：鸡很～)	肥[fei^{13}]	壮[tsɔ̃^{24}]	壮[ts^{h}oŋ^{11}]	壮[tsɔ^{13}]	壮[tsõ^{51}]
胖(指人)	肉[iəu^{13}]/胖[baŋ^{24}]/肥胖[fei^{13} baŋ^{24}]/壮[tsuaŋ^{24}]	壮[tsɔ̃^{24}]	壮[ts^{h}oŋ^{11}]	壮[tsɔ^{13}]	壮[tsõ^{51}]

续 表

词 条	岳阳市	临 湘	醴 陵	永 兴	隆 回
瘦(不肥,不胖)	瘦[səu^{24}]	瘦[se^{24}]	瘦[seu^{11}]	干[kɛ^{44}]	
瘦(指肉)	(瘦肉[səu^{24} zəu^{45}])	(腈肉[tɕiɔ̃^{45} zəu^{5}])		(腈肉[tɕiən^{44} iəɯ^{44}])	(腈肉[tsiɑ̃^{33} iɤŋ^{33}])
舒服	舒服[ɕy^{44} fu^{45}]/安逸[ŋan^{44} i^{45}]/适意[sɿ^{45} i^{24}]	好过[xau^{21} ko^{24}]	舒服[ɕy^{33} fu^{13}]/好过活[xao^{31} ku^{11} xo^{35}]	舒服[ɕy^{44} fv̩^{0}]	舒服[ɕu^{33} fu^{51}]
难受	难过[lan^{13} ko^{24}]/难受[lan^{13} səu^{22}]/不好过[pu^{45} xau^{31} ko^{24}]	不好过[pu^{5} xau^{21} ko^{24}]/作孽[tso^{5} lie^{5}]1 难受;2 穷	难过[lan^{13} ku^{11}]/不得活[pu^{35} tɛ^{35} xo^{35}]	吃亏[tɕʰio^{21} kʰuɪ^{44}]	唔舒服[n̩^{33} ɕu^{33} fu^{51}]
腼腆	害羞[xai^{22} ɕiəu^{44}]/怕丑[ba^{24} dzəu^{31}]	俩⁼咖俩⁼咖[nia^{24} ka^{0} nia^{24} ka^{0}]	怕丑[pʰa^{11} tʰou^{31}]	怕丑[pʰo^{3} tsʰəɯ^{41}]	怕丑[pʰa^{51} tɕʰiəu^{312}]
乖(小孩儿真～)	乖[kuai^{44}]/听话[din^{44} fa^{22}]	聪明[dzen^{45} min^{12}]	听话[tʰiaŋ^{33} ua^{11}]	在行[tse^{13} xɔ^{35}]	听话[tiɑ̃^{33} ua^{51}]
皮	顽皮[uan^{13} bi^{13}]/调皮[diau^{24} bi^{13}]/不乖[pu^{45} kuai^{44}]	调皮[diau^{12} bi^{12}]	不肖[pu^{35} ɕiu^{11}]/调皮[tʰiu^{11} pʰi^{13}]	孽⁼[ie^{21}]	
(这小伙子)真行	真行[tsən^{44} ɕin^{13}]			要得[iɤ^{13} te^{0}]	
(那个家伙)不行	不行[pu^{45} ɕin^{13}]/不成人[pu^{45} dzən^{13} zən^{13}]/不中用[pu^{45} tsoŋ^{24} ioŋ^{22}]			差火[tsʰa^{44} xʊ^{41}]	

续表

词条	岳阳市	临湘	醴陵	永兴	隆回
缺德	缺德[dʑye^{45} tə^{45}]	坏[fai^{33}]/不俩⁼毛[pu^{5} lia^{33} mau^{12}]		挖⁼斋⁼[ua^{44} tsa^{44}]	没良心[mʌu^{312} liɑ̃^{13} sẽ^{33}]
机灵	乖[kuai^{44}]/灵机[lin^{13} tɕi^{44}]/灵变[lin^{13} pian^{24}]/灵泛[lin^{24} fan^{24}]	乖[kuai^{45}]	拐⁼[kuai^{31}]/灵范[liŋ^{13} fan^{11}]	脑壳尖[lɤ^{41} xʊ^{0} tɕiɛ^{44}]	
灵巧(她有一双～的手)	巧[dʑiau^{31}]/圆范[yan^{13} fan^{22}]	乖[kuai^{45}]/手巧[səu^{21} dʑiau^{21}]/手乖[səu^{21} kuai^{45}]	麻溜[ma^{13} liou^{11}]	手拎⁼尖[sɤ^{41} lən^{44} tɕiɛ^{44}]	
糊涂	糊涂[fu^{13} dəu^{13}]/心里笨[ɕin^{44} li^{31} pən^{22}]/心里呆[ɕin^{44} li^{31} ŋai^{13}]	糊涂[xu^{12} dəu^{0}]	糊涂[fu^{13} t^{h}eu^{13}]/不清白[pu^{35} tɕ^{h}iŋ^{11} pɛ^{35}]/不通皮[pu^{35} t^{h}əŋ^{33} p^{h}i^{13}]	懵[moŋ^{13}]	懵懵懂懂[mɤŋ^{312} mɤŋ^{0} tɤŋ^{312} tɤŋ^{0}]
死心眼儿	死心[sɿ^{31} ɕin^{44}]	犟脾气[tɕiɔ̃^{24} bi^{12} dʑi^{33}]	板咖心[pan^{31} ka^{33} ɕiŋ^{33}]	甲⁼[tɕia^{21}]	古板[ku^{312} pã^{312}]
脓包(无用的人)		有用箇人[mau^{24} in^{24} kə^{0} en^{12}]	饭包[fan^{11} pao^{33}]/配相[p^{h}ei^{11} ɕioŋ^{11}]	肿肚子箇[tsoŋ^{41} tɣ̩^{41} tsɿ^{0} kɤ^{0}]	
吝啬鬼	吝啬[nin^{22} se^{45}]/		猴卵鬼[xeu^{13} loŋ^{31} kuei^{31}]/小气鬼[ɕiu^{31} tɕ^{h}i^{11} kuei^{31}]	小气鬼[ɕiɤ^{41} tɕ^{h}i^{0} kuɪ^{41}]	
小气	小气[ɕiau^{31} dʑi^{24}]	小气[ɕiau^{21} dʑi^{33}]/奸[tɕian^{45}]	小气[ɕiu^{31} tɕ^{h}i^{11}]	小气[ɕiɤ^{41} tɕ^{h}i^{0}]	小气[siə^{312} tɕ^{h}i^{51}]

续 表

词条	岳阳市	临湘	醴陵	永兴	隆回
大方	大方[ta^{22} faŋ^{44}]	舍得[sa^{21} te^{5}]	大方[tʰai^{11} foŋ^{33}]	大方[ta^{13} fɔ^{44}]	大方[ha^{51} fõ^{33}]
整(鸡蛋吃～的)	亘⁼[kən^{31}]	(文蛋[wen^{12} tan^{0}])	圞[loŋ^{13}]	圞[luɛ^{35}]	圞[luɑ̃^{13}]
浑(～身是汗)	浑[fən^{22}]/满[man^{31}]/全[dʑian^{13}]	满[man^{21}]	一身[i^{35} səŋ^{33}]/全身[tɕʰin^{13} səŋ^{33}]/满身[moŋ^{31} səŋ^{33}]	一身[i^{21} sən^{44}]	全[tɕʰyɛ̃^{13}]
凸	凸[də^{45}]	崩⁼[pen^{21}]	鼓[ku^{31}]	鼓[kv̩^{41}]	腆⁼[tiɑ̃^{13}]
凉快	凉快[liaŋ^{13} guai^{24}]/凉爽[liaŋ^{13} saŋ^{31}]	凉快[liɔ̃^{12} guai^{33}]	凉快[lioŋ^{13} kʰuai^{11}]/清凉[tɕʰiŋ^{33} lioŋ^{13}]	凉休⁼[liɔ^{13} ɕiəɯ^{0}]	
背静	背静[bi^{22} tɕin^{22}]	静办⁼[tɕin^{21} pan^{33}]	肃静[sou^{35} tɕʰiŋ^{11}]/清静[tɕʰiŋ^{33} tɕʰiŋ^{11}]		
活络(活动的、不稳固/麻溜：利索，动作快)	不稳当[pu^{45} uən^{31} taŋ^{44}]/活动[xo^{45} toŋ^{22}]		赖⁼活[lai^{11} xo^{35}]/活活对[xo^{35} xo^{35} tei^{11}]	摇[iən^{35}]物件松动/活[xue^{44}]人灵活	捞松[lʌu^{33} sɤŋ^{33}]
地道(～四川风味)	地道[ti^{22} tau^{22}]/道地[tau^{22} ti^{22}]/地地道道[ti^{22} ti^{22} tau^{22} tau^{22}]	正宗[tsen^{24} tsen^{45}]	正古正经[təŋ^{11} ku^{31} təŋ^{11} tɕiŋ^{33}]	甲⁼色箇[tɕia^{21} se^{21} kɤ^{0}]	
整齐	整齐[tsən^{31} dʑi^{13}]	置⁼[tsɿ^{5}]	齐整[tɕʰi^{13} təŋ^{31}]/齐扎[tɕʰi^{13} tsa^{35}]/扎齐[tsa^{35} tɕʰi^{13}]	整齐[tɕiən^{41} tɕʰi^{0}]	展齐箇[tsã^{312} tɕʰi^{13} kei^{0}]/齐楚箇[tɕʰi^{13} tsʰu^{312} kei^{0}]

续　表

词　条	岳阳市	临　湘	醴　陵	永　兴	隆　回
称心	称心[dzən^{44} ɕin^{44}]/随心[sei^{13} ɕin^{44}]/满意[man^{31} i^{24}]/如意[y^{13} i^{24}]	要得[iau^{24} te^{5}]	如意[y^{13} i^{11}]/合意[xo^{35} i^{11}]	满意[mɛ^{41} i^{13}]	心甘[sẽ^{33} kuɑ̃^{33}]
晚(来～了)	晚[uan^{31}]/迟[dzʅ^{13}]/晏[ŋan^{24}]	晏哒[ŋan^{24} ta^{0}]	晏[ŋan^{11}]	迟[ts^{h}ʅ^{35}]	晏[ã^{51}]
多	多[to^{44}]	多[to^{45}]	多[to^{33}]	多[tʊ^{44}]	多[to^{33}]
少	少[sau^{31}]	少[sau^{21}]	少[seu^{31}]	少[sɤ^{41}]	少[ɕiə^{312}]
大	大[ta^{22}]	大[dai^{33}]	大[t^{h}ai^{11}]	大[ta^{13}]	大[hai^{51}]/粗[ts^{h}u^{33}]
小	小[ɕiau^{31}]	细[ɕi^{24}]	细[ɕi^{11}]	细[se^{13}]	细[sei^{51}]
长	长[dzaŋ^{13}]	长[dzɔ̃^{12}]	长[t^{h}oŋ^{13}]/满[man^{31}]	长[ts^{h}ɔ^{35}]	长[tɕ^{h}iõ^{13}]
短	短[tan^{31}]	短[tø^{21}]	短[toŋ^{31}]	暂[tsɛ^{13}]	短[tuɑ̃^{312}]
宽	宽[guan^{44}]	宽[gø^{45}]	阔[k^{h}o^{35}]	宽[k^{h}uɛ^{44}]	宽[k^{h}uɑ̃^{33}]
窄	窄[tse^{45}]	窄[tse^{5}]	狭[xa^{35}]/窄[tsa^{35}]	隘[a^{13}]	狭[hiɛ^{33}]
厚	厚[xəu^{22}]	厚[xəu^{33}]	厚[xeu^{11}]	厚[xe^{41}]	厚[hiɛ^{51}]
薄	薄[bo^{45}]	薄[po^{5}]	薄[p^{h}o^{13}]	薄[pʊ^{44}]	薄[p^{h}o^{51}]
深	深[sən^{44}]	深[sen^{45}]	深[səŋ^{33}]	深[sən^{44}]	深[ɕiẽ^{33}]

续 表

词 条	岳阳市	临 湘	醴 陵	永 兴	隆 回
浅	浅[dʑian^{31}]	浅[dʑian^{21}]	浅[tɕʰin^{31}]	浅[tɕʰiɛ^{41}]	浅[tɕʰyɛ̃^{312}]
高	高[kau^{44}]	高[kau^{45}]	高[kao^{33}]	高[kɤ^{44}]	高[kʌu^{33}]
低	矮[ŋai^{31}]/低[ti^{44}]	低[ti^{45}]	低[ti^{33}]	低[ti^{44}]	
矮	矮[ŋai^{31}]	矮[ŋai^{21}]	矮[ŋai^{31}]	矮[a^{41}]	矮[ai^{312}]
正		正[tsen^{24}]	正[təŋ^{11}]	正向[tsən^{13} ɕiɔ^{0}]	正[tɕiẽ^{51}]/平[pʰiɑ̃^{13}]
歪	歪[uai^{44}]	歪[uai^{45}]	歪[uai^{33}]/捩[liɛ^{11}]	歪[ue^{41}]	敁[tɕiəu^{13}]/陡[tiə^{312}]
斜		歪[uai^{45}]	斜[ɕia^{35}]	戗=[tɕʰiɔ^{13}]	斜[tsʰiɛ^{13}]
红	红[xoŋ^{13}]	红[xen^{12}]	红[fəŋ^{13}]	红[xoŋ^{35}]	红[hɤŋ^{13}]
朱红		朱红[tɕy^{45} xen^{12}]	朱红[ky^{33} fəŋ^{13}]/大红[tʰa^{11} fəŋ^{13}]	老红[lɤ^{41} xoŋ^{35}]	
粉红		粉红[fen^{21} xen^{12}]	粉红[fəŋ^{31} fəŋ^{13}]/水红[ɕy^{31} fəŋ^{13}]	水红[ɕy^{41} xoŋ^{35}]	
深红		大红[da^{45} xen^{12}]			
浅红		浅红[dʑian^{21} xen^{12}]	浅红[tɕʰin^{31} fəŋ^{13}]/淡红[tʰan^{11} fəŋ^{13}]		
蓝	蓝[lan^{13}]	蓝[lan^{12}]	蓝[lan^{13}]	蓝[lɛ^{35}]	
浅蓝		浅蓝[dʑian^{21} lan^{12}]	浅蓝[tɕʰin^{31} lan^{13}]		

续 表

词 条	岳阳市	临 湘	醴 陵	永 兴	隆 回
深蓝		深蓝[sen^{45} lan^{12}]	深蓝[səŋ^{33} lan^{13}]		
天蓝		天蓝[dian^{45} lan^{12}]	天蓝[t^{h}in^{33} lan^{13}]	天蓝[t^{h}iɛ^{44} lɛ^{35}]	
绿	绿[ləu^{45}]	绿[ləu^{5}]	绿[lou^{35}]	绿[liəɯ^{44}]	青[tɕiəu^{33}]/绿[liəu^{33}]
草绿		草绿[dzau^{21} ləu^{5}]/油绿[iəu^{12} ləu^{5}]			
水绿		水绿[ɕy^{21} ləu^{5}]			
浅绿		浅绿[dʑian^{21} ləu^{5}]	浅绿[tɕ^{h}in^{31} lou^{35}]		
白	白[bə^{45}]	白[pe^{5}]	白[p^{h}a^{35}]	白[pe^{44}]	白[p^{h}a^{51}]
灰白		银白[in^{12} pe^{54}]	灰白[fei^{33} p^{h}a^{35}]		
苍白		刮⁼白[kua^{5} pe^{5}]	寡白[kua^{31} p^{h}a^{35}]		白泻⁼泻⁼里[p^{h}a^{51} ɕĩɪ^{51} ɕĩɪ^{51} li^{0}]
漂白			漂白[p^{h}iu^{31} p^{h}a^{35}]		
灰	灰[fei^{44}]	灰[fei^{45}]	灰[fei^{35}]	灰[xuɪ^{44}]	
深灰		瓦灰[ua^{21} fei^{45}]	深灰[sɛn^{33} fei^{33}]	铁灰[t^{h}ie^{21} xuɪ^{44}]	
浅灰			淡灰[t^{h}an^{11} fei^{33}]	瓦灰[o^{41} xuɪ^{44}]	
银灰		银灰[in^{12} fei^{45}]	银灰[niŋ^{13} fei^{33}]		

续 表

词 条	岳阳市	临 湘	醴 陵	永 兴	隆 回
黄	黄[faŋ^{13}]	黄[uɔ̃^{12}]	黄[uoŋ^{13}]	黄[uɔ^{35}]	黄[õ^{13}]
深黄			弄黄[ləŋ^{11} uoŋ^{13}]		
浅黄			淡黄[t^{h}an^{11} uoŋ^{13}]		
青	青[dʑin^{44}]		青[tɕ^{h}iaŋ^{33}]		
藏青			藏青[ts^{h}oŋ^{11} tɕ^{h}iaŋ^{33}]		
紫	紫[tsɿ^{31}]	紫[tsɿ^{21}]	紫[tsɿ^{31}]	紫[tsɿ^{41}]	
藕荷(色)			荷包色[xo^{13} pao^{33} sɛ^{35}]		
古铜(色)		古铜[ku^{21} ten^{12}]	古铜色[ku^{31} t^{h}əŋ^{13} sɛ^{35}]		
黑	黑[xai^{45}]	青[dʑiɔ̃^{45}]/黑[xe^{5}]	黑[xɛ^{35}]	黑[xe^{21}]	
贰拾陆　副词　介词等					
刚(我～来，没赶上)将将	将将[tɕiaŋ^{44} tɕiaŋ^{44}]	将将[tɕiɔ̃^{45} tɕiɔ̃^{45}]	当正[toŋ^{33} təŋ^{11}]	将将唧[tɕiɔ^{44} tɕiɔ^{44} tɕi^{0}]	刚[tɕiõ^{33}]
刚好(～十块钱)	刚好[kaŋ^{44} xau^{31}]/恰好[dʑia^{45} xau^{31}]/正好[tsən^{24} xau^{31}]	将将[tɕiɔ̃^{45} tɕiɔ̃^{45}]	确好[k^{h}o^{35} xao^{31}]/侃$^{=}$侃$^{=}$[k^{h}an^{11} k^{h}an^{0}]/侃$^{=}$好[k^{h}an^{11} xao^{31}]	将将唧[tɕiɔ^{44} tɕiɔ^{44} tɕi^{0}]/颜$^{=}$唧[ɛ^{35} tɕi^{0}]/恰好[tɕ^{h}ia^{21} xɤ^{41}]	恰好[k^{h}a^{33} xʌu^{312}]
刚(不大不小，～合适)	刚[kaŋ^{44}]/正[tsən^{24}]	将将[tɕiɔ̃^{45} tɕiɔ̃^{45}]		将将唧[tɕiɔ^{44} tɕiɔ^{44} tɕi^{0}]	

续 表

词 条	岳 阳 市	临 湘	醴 陵	永 兴	隆 回
刚巧(～我在那儿)	刚巧[kaŋ^{44} dʑiau^{31}]/凑巧[dzəu^{24} dʑiau^{31}]	将好[tɕiɔ̃^{45} xau^{21}]		将将唧[tɕiɔ^{44} tɕiɔ^{44} tɕi^{0}]/严正[ɛ^{35} tɕi^{0}]	恰好[k^{h}a^{33} xʌu^{312}]
净(～吃米，不吃面)	净[tɕin^{22}]/光[kuaŋ^{44}]/只[tsɿ^{31}]/就[dʑiəu^{22}]	净[dʑin^{21}]	净[tɕ^{h}iŋ^{11}]/只[tsɿ^{35}]	净[tɕ^{h}iən^{13}]	只[tsɿ^{33}]
有点儿(天～冷)	有点子[iəu^{31} tian^{31} tsɿ^{0}]	有点子[iəu^{21} tian^{21} tsɿ^{0}]	有滴唧[iou^{31} ti^{35} tɕi^{0}]	有点唧[iəɯ^{41} tia^{0} tɕi^{0}]	有滴滴唧[iu^{31} ti^{51} ti^{0} tɕi^{0}]
怕(也许：～要下雨)	怕[ba^{13}]/恐怕[goŋ^{31} ba^{13}]/兴有[ɕin^{44} iəu^{31}]/也兴有[ie^{31} ɕin^{44} iəu^{31}]	作怕[tso^{5} ba^{33}]	怕[p^{h}a^{11}]/只怕[tsɿ^{35} p^{h}a^{11}]/怕是[p^{h}a^{11} sɿ^{11}]	怕是[p^{h}o^{13} sɿ^{0}]	只怕[tsɿ^{33} p^{h}a^{51}]/可能[ko^{312} lē^{13}]
差点(～摔了)	险乎[ɕian^{31} fu^{13}]/惜乎[ɕi^{44} fu^{13}]	差点子[dza^{5} tian^{21} tsɿ^{21}]	差滴唧[ts^{h}a^{33} ti^{35} tɕi^{0}]	差点唧[ts^{h}a^{44} tia^{35} tɕi^{0}]/争点唧[tɕiən^{44} tia^{35} tɕi^{0}]	差滴滴唧[ts^{h}ɑ^{33} ti^{51} ti^{0} tɕi^{0}]
非……不(非到九点不开会)	不……不[pu^{45}…pu^{45}]/非……不[fei^{44}…pu^{45}]	硬要[ŋan^{33} iau^{33}]			硬到[ē^{51} tʌu^{51}]
马上(～就来)	马上[ma^{31} saŋ^{22}]/立刻[li^{45} gə^{45}]/一……就[i^{45}…dʑiəu^{22}]	马上[ma^{21} sɔ̃^{33}]	就[tɕ^{h}iou^{11}]/齐步[tɕ^{h}i^{13} p^{h}u^{11}]/俩$^{=}$身[nia^{13} sɛn^{33}]	就[tɕ^{h}iəɯ^{13}]	
趁早儿(～走吧)	趁早[dzən^{24} tsau^{31}]/赶早[kan^{31} tsau^{31}]	早一点[tsau^{21} i^{5} tian^{21}]	早滴唧[tsao^{31} ti^{35} tɕi^{0}]	早点唧[tsɤ^{41} tia^{0} tɕi^{0}]	

续 表

词 条	岳阳市	临 湘	醴 陵	永 兴	隆 回
早晚(随时：～来都行)	早晚[tsau^{31} uan^{31}]/早晏[tsau^{31} ŋan^{24}]			随么箇时候[sur^{35} ma^{44} kɤ^{0} sɿ^{35} xəɯ^{0}]/随好久[sur^{35} xɤ^{41} tɕiəɯ^{41}]	
眼看(～就到期了)	眼看[ian^{31} gan^{24}]/看看[gan^{24} gan^{24}]	看到[gan^{24} tau^{0}]		看得就[kʰɛ^{13} te^{0} tɕʰiəɯ^{13}]	
幸亏(～你来了，要不然我们就走错了)	幸亏[ɕin^{22} guei^{44}]/亏得[guei^{44} tə^{45}]	得喜[de^{5} ɕi^{21}]	搭帮[ta^{35} poŋ^{33}]	搭帮[to^{21} pɔ^{0}]	只得[tsɿ^{33} tiɛ^{33}]
当面(有话～说)	当面[taŋ^{44} mian^{22}]	当面[dɔ̃^{45} mian^{12}]	当面[toŋ^{31} min^{11}]	当得[tɔ^{44} te^{0}]	当哒面[tõ^{55} ta^{0} mĩɪ^{51}]
背地(不要～说)		背地[pi^{33} ti^{33}]	背背[pʰei^{11} pʰei^{11}]	呆⁼一边[te^{44} i^{21} piɛ^{44}]	背哒[pʰei^{312} ta^{0}]
一块儿(咱们～去)	一起[i^{45} dʑi^{31}]/一路[i^{45} ləu^{22}]	一伙[i^{5} xo^{21}]	一起[i^{35} tɕʰi^{31}]	一起[i^{21} tɕʰi^{41}]	一行⁼[i^{33} hõ^{13}]/一路[i^{33} lu^{51}]
一个人(自己：他～去)	一个人[i^{45} ko^{24} zən^{13}]/独个[dəu^{45} ko^{24}]/自己[tsɿ^{22} tɕi^{31}]	一个人[i^{5} ko^{24} en^{21}]		一个人[i^{21} kʊ^{13} ən^{0}]/自个[tsʰɿ^{13} kɛ^{0}]	自个[tsʰɿ^{51} kə^{51}]
顺便儿(请他～给我买本书)	顺便[ɕyn^{22} bian^{22}]/就便[dʑiəu^{22} bian^{22}]/顺手[ɕyn^{22} səu^{31}]		顺便[ɕyŋ^{11} pʰin^{11}]	搭得[to^{21} te^{0}]	顺路[ɕyn^{51} lu^{51}]

续　表

词　条	岳阳市	临　湘	醴　陵	永　兴	隆　回
故意(～捣乱)	条子[diau13tsɿ0]/故意[ku^{24} i^{24}]/成心[dzən^{13} ɕin^{44}]			登若个[tən^{44} iɔ^{44} kɤ^{0}]	自意[tsɿ^{51} i^{51}]
到了儿(他～走了没有，你要问清楚)	到底[tau^{24} ti^{31}]/究竟[tɕiəu^{24} tɕin^{31}]		到底[tao^{11} ti^{33}]	到底[tɤ^{13} ti^{41}]	
压根儿(他～不知道)	根本[kən^{44} pən^{31}]/根底[kən^{44} ti^{31}]	根本[ken^{45} pen^{21}]	一点都[i^{35} ti^{35} tou^{33}]/根本[ken^{33} pəŋ^{31}]	根本[kən^{44} pən^{41}]	根本上[kẽ^{33} pẽ^{312} ɕiõ^{312}]
实在(这人～好)	实在[sɿ^{45} dzai^{22}]/真[tsən^{44}]/的确[ti^{45} go^{45}]	实在[sɿ^{5} tsai^{33}]/真[tsen^{45}]	实在[sɿ^{35} ts^{h}ai^{11}]/确实[ko^{35} sɿ^{35}]	硬有若[ən^{13} iəɯ^{41} iɔ^{44}]	硬是[ẽ^{51} sɿ^{51}]
平四十(接近四十：这人已经～了)		快[guai^{24}]		就要[tɕ^{h}iəɯ^{13} iɤ^{0}]	
一共(～才十个人)	一共[i^{45} koŋ^{22}]/总共[tsoŋ^{31} koŋ^{22}]	一共[i^{5} ken^{33}]	总共[tsəŋ^{31} k^{h}uəŋ^{11}]	劳共[lɤ^{35} kɤ^{0}]	一下[i^{33} ha^{312}]
不要(慢慢儿走，～跑)	不要[pu^{44} iau^{24}]	不要[pu^{5} iau^{33}]/莫[mo^{5}]		冇要[mɤ^{13} iɤ^{0}]	冇[mʌu^{312}]
白(不要钱：～吃)	白[bə^{45}]	白[pa^{5}]	白[p^{h}ɛ^{35}]	白[pe^{44}]	白[piɛ^{13}]
白(空：～跑一趟)	空[goŋ^{44}]	白[pa^{5}]	空[k^{h}uəŋ^{33}]/白白哩[p^{h}ɛ^{35} p^{h}ɛ^{35} li^{0}]	白[pe^{44}]	空头[k^{h}ɤŋ^{51} hiə^{13}]

续 表

词 条	岳 阳 市	临 湘	醴 陵	永 兴	隆 回
偏(你不叫我去,我～去)	偏[bian^{44}]/偏要[bian^{44} iau^{24}]	硬[ŋan^{33}]	偏[p^{h}in^{33}]	就是要[tɕ^{h}iəu^{13} sɿ^{0} iɤ^{13}]/偏是[p^{h}iɛ^{44} sɿ^{0}]	硬[ẽ^{51}]
胡(～搞～说)	胡[fu^{13}]/瞎[xa^{45}]/乱[lan^{22}]	乱[luan^{33}]/瞎[ɕia^{5}]	乱[loŋ^{11}]	乱[luɛ^{13}]	
先(你～走,我随后就来)	先[ɕian^{44}]/先头[ɕian^{44} dəu^{13}]/起先[dʑi^{31} ɕian^{44}]/以先[i^{31} ɕian^{44}]	前头[dʑian^{12} de^{0}]	先[ɕin^{33}]	先[ɕiɛ^{44}]	
先(他～不知道,后来才听人说的)	先[ɕian^{44}]/先头[ɕian^{44} dəu^{13}]/起先[dʑi^{31} ɕian^{44}]/以先[i^{31} ɕian^{44}]	一开始[i^{5} ga^{24} sɿ^{21}]	先[ɕin^{33}]/开头[k^{h}oi^{33} t^{h}eu^{13}]/旦唧[tan^{11} tɕi^{0}]	当门[tɔ^{44} mən^{0}]	
另外(～还有一个人)	另外[lin^{22} uai^{22}]/格外[kə^{45} uai^{22}]	另外[lin^{33} uai^{33}]	另外[liŋ^{11} uai^{11}]	格外[ke^{21} ue^{0}]	
被(～狗咬了一口)	等[tən^{31}]/被[pi^{22}]	讨[dau^{21}]	合[xo^{35}]	得[te^{21}]	抢$^{=}$[tɕ^{h}iõ^{51}]
把(～门关上)	把[pa^{31}]	把[pa^{21}]	把[pa^{31}]	得[te^{21}]	
对(你～对他好,他就～你好)	对[tei^{24}]/跟[kən^{44}]/和[xo^{13}]	对[te^{24}]	对[tei^{11}]	对[tur^{13}]	对[tui^{13}]

续表

词　条	岳阳市	临　湘	醴　陵	永　兴	隆　回
对着(他～我直笑)	对到[tei^{24} tau^{31}]/向到[ɕiaŋ^{24} tau^{31}]	对[te^{24}]	对哒[tei^{11} ta^{0}]	对得[tɯ^{13} te^{0}]	对哒[tui^{13} ta^{0}]
到(～哪儿去?)	到[tau^{24}]/往[uaŋ^{22}]/上[saŋ^{22}]	到[tau^{24}]	到[tao^{11}]	逅[xəɯ^{13}]	从[ts^{h}ɤŋ^{13}]
到(～哪天为止?)	到[tau^{24}]	到[tau^{24}]	到[tao^{11}]	到[tɤ^{13}]	
到(扔～水里)	到[tau^{24}]	到[tau^{24}]	到[tao^{11}]	呆$^{=}$[te^{44}]	
在(～哪儿住家?)	在[tsai^{22}]	在[dzai^{33}]		呆$^{=}$[te^{44}]	
从(～哪儿走?)	从[dzoŋ^{13}]	从[dzen^{12}]	从[ts^{h}əŋ^{13}]	走[tse^{41}]	
自从(～他走后我一直不放心)	从[dzoŋ^{13}]	从[dzen^{12}]		走[tse^{41}]/从[ts^{h}oŋ^{21}]	自从[tsɿ^{51} ts^{h}ɤŋ^{13}]
照(～这样做就好)	照[tsau^{24}]/按照[ŋan^{24} tsau^{24}]	照[tsau^{24}]	照[tsao^{11}]	按[ɛ^{13}]/照[tsɤ^{13}]	
照(～我看不算错)		依[i^{45}]	依[i^{33}]	得[te^{21}]	
使(你～毛笔写)	搞[kau^{31}]/使[sɿ^{31}]/拿[la^{13}]/用[ioŋ^{22}]		用[iŋ^{11}]	用[ioŋ^{13}]	用[iɤŋ^{33}]/担[tã^{33}]

续 表

词 条	岳阳市	临 湘	醴 陵	永 兴	隆 回
顺着(～这条大路一直走)	遁到[dən^{31} tau^{31}]	遁得[dzen^{21} te^{0}]/照得[tsau^{24} te^{0}]	搭$^{=}$哒[ta^{33} ta^{0}]	跟得[kən^{44} te^{0}]	缘哒[yɛ̃^{13} ta^{0}]
顺着(沿着：～河边走)	遁到[dən^{31} tau^{31}]	遁得[dzen^{21} te^{0}]	沿着[yɛn^{13} ta^{0}]	跟得[kən^{44} te^{0}]	
朝(～后头看看)	往[uaŋ^{31}]	往[uɔ̃^{21}]	往[uoŋ^{31}]	往[uɔ^{41}]	
替(你～我写封信)	替[di^{24}]/代[tai^{22}]/帮[paŋ^{44}]	帮[pɔ̃^{45}]	跟[kɛn^{33}]	帮[pɔ^{44}]	
给(～大家办事)			跟[kɛn^{33}]	帮[pɔ^{44}]	
给(他把门～关上了)					
给我(虚用，加重语气：你～吃干净这碗饭!)		给我[ke^{21} ŋo^{21}]	跟我[kɛn^{33} ŋo^{31}]	跟我[kən^{44} ʊ^{0}]	把我[pa^{312} o^{312}]/担把我[tã^{33} pa^{312} o^{312}]
和(这个～那个一样)	跟[kən^{44}]	和[xo^{12}]	跟[kɛn^{33}]	跟[kən^{44}]	跟[kẽ^{33}]
向(～他打听一下)	跟[kən^{44}]		跟[kɛn^{33}]	跟[kən^{44}]	
问(～他借一本书)		问[uen^{33}]	同[t^{h}əŋ^{13}]	跟[kən^{44}]	

续　表

词　条	岳阳市	临　湘	醴　陵	永　兴	隆　回
管……叫（有些地方管白薯叫山药）		把……喊作[pa^{21}…xan^{21} tso^{0}]	把……喊做[pa^{31}…xan^{31} tsou^{11}]	得……喊[te^{21}…xɛ^{41}]	
拿……当（有些地方拿麦秸当柴烧）		把……当[pa^{21}…taŋ^{45}]	把……做[pa^{31}…tsou^{11}]	拿……做[lɛ^{44}…tsɣ̩^{13}]	担做[tã^{33}…tsɿ^{51}]
从小（他～就能吃苦）		从细[dzen^{12} ɕi^{12}]	从细[tsʰəŋ^{13} ɕi^{11}]/从细细唧起[tsʰəŋ^{13} ɕi^{11} ɕi^{11} tɕi^{0} tɕʰi^{31}]	从细[tsʰoŋ^{21} se^{13}]/走细下唧起[tse^{41} se^{13} xo^{0} tɕi^{0} ɕi^{41}]	
望外（老王钱多，不～拿）		往[uɔ̃^{21}]	往外前[uoŋ^{31} uai^{11} tɕʰin^{13}]		
赶（你得天黑以前～到）			赶[koŋ^{31}]	赶[kɛ^{41}]	
贰拾柒　量词					
一把（椅子）	一把[i^{45} pa^{31}]	一把[i^{5} pa^{21}]	一张[i^{35} toŋ^{33}]/一把[i^{35} pa^{31}]	一把[i^{21} po^{41}]	
一枚（奖章）	一块[i^{45} guai^{31}]	一块[i^{5} guai^{21}]	一块[i^{35} kʰuai^{11}]/一隻[i^{35} ta^{35}]	一块[i^{21} kʰua^{13}]	
一本（书）	一本[i^{45} pən^{31}]	一本[i^{5} pen^{21}]	一本[i^{35} pəŋ^{31}]	一本[i^{21} pən^{35}]	
一笔（款）	一笔[i^{45} pi^{45}]	一笔[i^{5} pi^{5}]	一笔[i^{35} pi^{35}]	一笔[i^{21} pi^{21}]	

续 表

词 条	岳阳市	临 湘	醴 陵	永 兴	隆 回
一匹(马)	一匹[i^{45} bi^{45}]	一匹[i^{5} bi^{21}]	一匹[i^{35} p^{h}i^{35}]	一条[i^{21} tiɤ^{35}]	一隻[i^{33} tɕia^{33}]
一头(牛)	一条[i^{45} diau^{13}]	一条[i^{5} diau^{12}]/一隻[i^{5} tsa^{5}]	一隻[i^{35} ta^{35}]	一条[i^{21} tiɤ^{35}]	一隻[i^{33} tɕia^{33}]
一封(信)	一封[i^{45} xoŋ^{44}]	一封[i^{5} xen^{45}]	一封[i^{35} fəŋ^{33}]	一封[i^{21} foŋ^{44}]	
一服(药)	一服[i^{45} fu^{45}]	一服[i^{5} fu^{5}]/一袋[i^{5} dai^{33}]	一服[i^{35} fu^{11}]	一服[i^{21} fv̩^{13}]	
一贴(药)		一块[i^{5} guai^{21}]	一帖[i^{35} t^{h}iɛ^{35}]	一块[i^{21} k^{h}ua^{13}]	
一味(药)			一味[i^{35} uei^{11}]	一种[i^{21} tsoŋ^{41}]	
一道(河)	一条[i^{45} diau^{13}]	一条[i^{5} diau^{12}]	一条[i^{35} t^{h}iu^{11}]	一条[i^{21} tiɤ^{35}]	一条[i^{33} hiə^{13}]
一顶(帽子)	一顶[i^{45} tin^{31}]	一顶[i^{5} tin^{21}]	一顶[i^{35} tiŋ^{31}]	一隻[i^{21} tso^{21}]	一个[i^{33} kə^{51}]
一锭(墨)			一块[i^{35} k^{h}uai^{11}]	一坨[i^{21} tʊ^{35}]	
一档子(事)	一件[i^{45} dʑian^{22}]	一件[i^{5} tɕian^{33}]	一堆[i^{35} tei^{33}]	一场[i^{21} ts^{h}ɔ^{35}]	
一朵(花儿)	一朵[i^{45} to^{31}]	一朵[i^{5} to^{21}]	一朵[i^{35} to^{31}]	一朵[i^{21} tʊ^{35}]	
一顿(饭)	一顿[i^{45} tən^{24}]	一餐[i^{5} dzan^{45}]	一餐[i^{35} ts^{h}an^{33}]	一餐[i^{21} ts^{h}ɛ^{44}]	一餐[i^{33} ts^{h}ã^{33}]
一条(手巾)	一条[i^{45} diau^{13}]	一条[i^{5} diau^{12}]	一条[i^{35} t^{h}iu^{13}]	一块[i^{21} k^{h}ua^{13}]	一块[i^{33} k^{h}uai^{51}]
一辆(车)	一辆(部)[i^{45} liaŋ^{31}(bu^{22})]	一张[i^{5} tsɔ̃^{45}]	一架[i^{35} ka^{11}]/一乘[i^{35} t^{h}əŋ^{13}]	一把[i^{21} po^{41}]	一隻[i^{33} tɕia^{33}]

续　表

词　条	岳 阳 市	临　湘	醴　陵	永　兴	隆　回
一子儿(香)	一子[i^{45} tsɿ^{31}]	一捆[i^{5} gun^{21}]/一根[i^{5} ken^{45}]	一柱[i^{35} ky^{11}]	一根[i^{21} kən^{44}]	
一枝(花儿)	一枝[i^{45} tsɿ^{44}]	一枝[i^{5} tsɿ^{45}]	一枝[i^{35} tsɿ^{33}]	一朵[i^{21} tʊ^{35}]	
一只(手)	一只[i^{45} tsɿ^{44}]	一隻[i^{5} tsa^{5}]	一隻[i^{35} ta^{35}]	一隻[i^{21} tso^{21}]	一隻[i^{33} tɕia^{33}]
一盏(灯)	一盏[i^{45} tsan^{31}]	一盏[i^{5} tsan^{21}]	一盏[i^{35} tsan^{31}]	一盏[i^{21} tsɛ^{41}]	一个[i^{33} kə^{51}]
一张(桌子)	一张[i^{45} tsaŋ^{44}]	一张[i^{5} tsɔ̃^{45}]	一张[i^{35} toŋ^{33}]	一隻[i^{21} tso^{21}]	一隻[i^{33} tɕia^{33}]
一桌(酒席)	一桌[i^{45} tso^{45}]	一桌[i^{5} tso^{5}]	一桌[i^{35} tso^{35}]	一桌[i^{21} tsʊ^{21}]/一台[i^{21} ta^{35}]	
一场(雨)	一场[i^{45} dzaŋ^{13}]	一场[i^{5} dzɔ̃^{12}]	一泻[i^{35} ɕia^{11}]	一场[i^{21} ts^{h}ɔ^{35}]	
一出(戏)	一出[i^{45} dʑy^{45}]	一场[i^{5} dzɔ̃^{12}]	一出[i^{35} k^{h}y^{35}]	一台[i^{21} ta^{35}]	
一床(被子)	一床[i^{45} dzuaŋ^{13}]	一床[i^{5} dzɔ̃^{12}]	一床[i^{35} ts^{h}oŋ^{13}]	一床[i^{21} ts^{h}ɔ^{35}]	
一身(棉衣)	一身[i^{45} sən^{44}]	一身[i^{5} sen^{45}]	一身[i^{35} səŋ^{33}]	一件[i^{21} tɕ^{h}iɛ^{13}](一身，包括衣裤鞋帽袜)	
一杆(枪)	一杆[i^{45} kan^{31}]	一把[i^{5} pa^{21}]	一把[i^{35} pa^{31}]	一把[i^{21} po^{41}]	一把[i^{33} pa^{312}]
一管(笔)	一枝[i^{45} tsɿ^{44}]	一支[i^{5} tsɿ^{45}]	一支[i^{35} tsɿ^{33}]	一支[i^{21} tsɿ^{41}]	
一根(头发)	一根[i^{45} kən^{44}]	一根[i^{5} ken^{45}]	一根[i^{35} kɛn^{33}]	一根[i^{21} kən^{44}]	一根[i^{33} kẽ^{33}]
一棵(树)	一棵[i^{45} go^{31}]	一根[i^{5} ken^{45}]	一隻[i^{35} ta^{35}]	一蔸[i^{21} te^{44}]	一隻[i^{33} tɕia^{33}]

续 表

词 条	岳阳市	临 湘	醴 陵	永 兴	隆 回
一颗(米)	一颗[i^{45} go^{31}]		一滴(米)[i^{35} ti^{35}]	一粒[i^{21} le^{21}]	
一粒(米)	一粒[i^{45} li^{45}]	一粒[i^{5} li^{5}]		一粒[i^{21} le^{21}]	一粒[i^{33} li^{51}]
一块(砖)	一块[i^{45} guai^{31}]	一口[i^{5} ge^{21}]	一隻[i^{35} ta^{35}]	一块[i^{21} k^{h}ua^{13}]	一块[i^{33} k^{h}uai^{51}]
一口(猪)	一只[i^{45} tsɿ^{44}]	一隻[i^{5} tsa^{5}]	一隻[i^{35} ta^{35}]	一隻[i^{21} tso^{21}]	一个[i^{33} kə^{51}]
一口儿(人)	一个[i^{45} ko^{24}]	一个[i^{5} ko^{24}]	一个[i^{35} ko^{11}]	一口[i^{21} k^{h}e^{41}]	一个[i^{33} kə^{51}]
两口子(夫妻俩)	两夫妻[liaŋ^{31} fu^{44} dʑi^{44}]	两老儿[liɔ̃^{21} lau^{21} ə^{0}]	两公婆[lioŋ^{31} kuəŋ^{33} p^{h}o^{13}]/两佬子[lioŋ^{31} lao^{31} tsɿ^{0}]	两口人[liɔ^{41} k^{h}e^{41} ən^{0}]	
一家(铺子)	一间[i^{45} kan^{44}]	一个[i^{5} ko^{24}]	一隻[i^{35} ta^{35}]	一间[i^{21} kɛ^{44}]	
一架(飞机)	一架[i^{45} tɕia^{24}]	一隻[i^{5} tsa^{5}]	一架[i^{35} ka^{11}]	一隻[i^{21} tso^{21}]	一架[i^{33} tɕia^{51}]
一间(屋子)	一间[i^{45} kan^{44}]	一间(房)[i^{5} kan^{45}(xɔ̃^{12})]	一间[i^{35} kan^{33}]	一间[i^{21} kɛ^{44}]	一间[i^{33} kā^{33}]
一所(房子)	一间[i^{45} kan^{44}]	一厢(屋)[i^{5} ɕiɔ̃^{45}(u^{5})]	一栋[i^{35} təŋ^{11}]	一间[i^{21} kɛ^{44}]	一隻[i^{33} tɕia^{33}]
一件儿(衣裳)	一件[i^{45} dʑian^{22}]	一件[i^{5} tɕian^{21}]		一件[i^{21} tɕ^{h}iɛ^{13}]	一个[i^{33} kə^{51}]
一行(字)	一行[i^{45} xaŋ^{13}]	一排[i^{5} bai^{12}]	一行[i^{35} xoŋ^{13}]	一条[i^{21} tiɤ^{35}]	一路[i^{33} lu^{51}]
一篇(文章)	一篇[i^{45} bian^{44}]	一章[i^{5} tsɔ̃^{45}]/一篇[i^{5} bian^{45}]	一篇[i^{35} p^{h}in^{33}]	一篇[i^{21} p^{h}iɛ^{44}]	一篇[i^{33} p^{h}ĩɪ^{33}]

续表

词　条	岳阳市	临　湘	醴　陵	永　兴	隆　回
一叶(书)	一页[i^{45} ie^{45}]	一页[i^{5} ie^{5}]	一页[i^{35} iɛ^{35}]	一页[i^{21} ie^{44}]	一面[i^{33} mĩɪ^{51}]
一节(文章)	一节[i^{45} tɕie^{45}]			一段[i^{21} tuɛ^{13}]	
一段(文章)	一段[i^{45} dan^{22}]		一段[i^{35} t^{h}oŋ^{11}]		
一片(好心)	一片[i^{45} bian^{24}]	一坨[i^{5} to^{12}]	一片[i^{35} p^{h}in^{11}]	一坨[i^{21} tʊ^{35}]	一片[i^{33} p^{h}ĩɪ^{51}]
一片儿(肉)	一片[i^{45} bian^{24}]	一块[i^{5} guai^{12}]	一片[i^{35} p^{h}in^{11}]	一块[i^{21} k^{h}ua^{13}]	
一面(旗)	一面[i^{45} mian^{22}]	一面[i^{5} mian^{33}]	一面[i^{35} min^{11}]	一块[i^{21} k^{h}ua^{13}]	一朵[i^{33} to^{312}]
一层(纸)	一层[i^{45} dzən^{13}]	一张[i^{5} tsɔ̃^{45}]	一层[i^{35} ts^{h}əŋ^{13}]	一张[i^{21} tsɔ^{44}]	
一股(香味儿)	一股[i^{45} ku^{31}]	一股[i^{5} ku^{21}]	一股[i^{35} ku^{31}]	一赶[i^{21} kɛ^{41}]	
一座(桥)	一座[i^{45} dzo^{22}]	一座[i^{5} tso^{33}]	一座[i^{35} ts^{h}o^{11}]	一隻[i^{21} tso^{21}]	一座[i^{33} ts^{h}o^{51}]
一盘(棋)	一盘[i^{45} baŋ^{13}]	一盘[i^{5} pø^{12}]	一盘[i^{35} p^{h}oŋ^{13}]	一盘[i^{21} pɛ^{35}]	
一门(亲事)	一门[i^{45} mən^{13}]	一门[i^{5} men^{12}]	一门[i^{35} məŋ^{13}]	一门[i^{21} mən^{35}]	
一刀(纸)	一刀[i^{45} tau^{44}]	一墩[i^{5} ten^{45}]	一刀[i^{35} tao^{33}]	一刀[i^{21} tɤ^{44}]	一坨[i^{33} ho^{13}]
一沓儿(纸)			一沓[i^{35} t^{h}a^{35}]	一叠[i^{21} tie^{21}]	一堆[i^{33} tui^{33}]
一桩(事情)	一桩[i^{45} tsuaŋ^{44}]	一件[i^{5} tɕian^{33}]	一件[i^{35} tɕ^{h}in^{11}]	一场[i^{21} ts^{h}ɔ^{35}]	一行[i^{33} hõ^{13}]
一缸(水)	一缸[i^{45} kaŋ^{44}]	一缸[i^{5} kɔ̃^{45}]	一缸[i^{35} koŋ^{33}]	一缸栊$^{=}$[i^{21} kɔ^{44} loŋ^{0}]	

续 表

词 条	岳阳市	临 湘	醴 陵	永 兴	隆 回
一碗(饭)	一碗[i^{45} uan^{31}]	一碗[i^{5} uan^{21}]	一碗[i^{35} uoŋ^{31}]	一碗[i^{21} uɛ^{41}]	
一杯(茶)	一杯[i^{45} pei^{44}]	一杯[i^{5} pei^{45}]	一杯[i^{35} pei^{33}]/一盅[i^{35} təŋ^{33}]	一杯[i^{21} pɪ^{44}]	
一把(米)	一把[i^{45} pa^{31}]	一把[i^{5} pa^{21}]	一抓[i^{35} kyɛ^{31}]	一抓[i^{21} tsua^{21}]/一把[i^{21} po^{41}]	一抓[i^{33} ia^{312}]
一把儿(萝卜)	一把[i^{45} pa^{31}]		一隻[i^{35} ta^{35}]	一隻[i^{21} tso^{21}]	
一包(花生)	一包[i^{45} pau^{44}]	一包[i^{5} pau^{45}]	一包[i^{35} pao^{33}]	一包[i^{21} pɤ^{44}]	
一卷儿(纸)	一卷[i^{45} tɕyan^{31}]	一卷[i^{5} tɕyan^{21}]	一筒[i^{35} tʰəŋ^{13}]	一坨[i^{21} tʊ^{35}]	
一捆(行李)	一捆[i^{45} guən^{31}]	一捆[i^{5} guen^{21}]	一捆[i^{35} kʰuəŋ^{31}]	一隻(包)[i^{21} tso^{21}(pɤ^{44})]	
一担(米)	一担[i^{45} tan^{24}]	一担[i^{5} tan^{24}]	一担[i^{35} tan^{11}]	一担[i^{21} tɛ^{13}]	
一挑(水)	一担[i^{45} tan^{24}]	一担[i^{5} tan^{24}]	一担[i^{35} tan^{11}]	一担[i^{21} tɛ^{13}]	
一排(桌子)	一排[i^{45} bai^{13}]	一排[i^{5} bai^{12}]	一排[i^{35} pʰai^{13}]	一排[i^{21} pa^{35}]	
一进(院子)	一排[i^{45} bai^{13}]	一个[i^{5} ko^{24}]	一隻[i^{35} ta^{35}]	一隻[i^{21} tso^{21}]	
一挂(鞭炮)	一挂[i^{45} kua^{24}]	一挂[i^{5} kua^{12}]	一挂[i^{35} kua^{11}]	一块[i^{21} kʰua^{13}]	一挂[i^{33} kua^{51}]
一句(话)	一句[i^{45} tɕy^{22}]	一句[i^{5} tɕy^{24}]	一句[i^{35} ky^{11}]	一句[i^{21} tɕy^{13}]	

续　表

词　条	岳阳市	临　湘	醴　陵	永　兴	隆　回
一位(客人)	一位[i^{45} uei^{22}]	一个[i^{5} ko^{24}]	一个[i^{35} ko^{11}]	一个[i^{21} kʊ^{13}]	
一双(鞋)	一双[i^{45} suaŋ^{44}]	一双[i^{5} suɔ̃^{45}]	一双[i^{35} soŋ^{33}]	一对[i^{21} tuɪ^{13}]/一双[i^{21} sɔ^{44}]	
一对(花瓶)	一对[i^{45} tei^{24}]	一对[i^{5} ti^{24}]	一对[i^{35} tei^{11}]	一对[i^{21} tuɪ^{13}]	
一副(眼镜)	一副[i^{45} fu^{24}]	一副[i^{5} fu^{24}]	一副[i^{35} fu^{11}]	一副[i^{21} fv̩^{13}]	一副[i^{33} fu^{51}]
一套(书)	一套[i^{45} dau^{24}]	一套[i^{5} dau^{24}]	一套[i^{35} t^{h}ao^{11}]	一套[i^{21} t^{h}ɤ^{13}]	
一种(虫子)			一种[i^{35} təŋ^{31}]	一号[i^{21} xɤ^{13}]	
一伙儿(人)	一起[i^{45} dʑi^{31}]		一蒲[i^{35} p^{h}u^{13}]	一抬$^{=}$[i^{21} ta^{35}]	
一帮(人)		一伙[i^{5} xo^{21}]	一盘$^{=}$[i^{35} p^{h}an^{13}]	一抬$^{=}$[i^{21} ta^{35}]	
一批(货)	一批[i^{45} bi^{44}]		一批[i^{35} p^{h}i^{33}]	一批[i^{21} p^{h}i^{44}]	
一拨儿(人)				一抬$^{=}$[i^{21} ta^{35}]	
一个	一个[i^{45} ko^{24}]	一个[i^{5} ko^{24}]		一隻[i^{21} tso^{21}]	
一窝(蜂)	一窝[i^{45} ŋo^{44}]	一窝[i^{5} uo^{45}]	一窝[i^{35} uo^{33}]	一窝[i^{21} xʊ^{44}]	
一嘟噜(葡萄)	一串[i^{45} dʑyan^{24}]	一串[i^{5} dʑyan^{24}]	一串[i^{35} k^{h}yɛn^{11}]	一子[i^{21} tsɿ^{41}]	
一扌乍(大拇指与中指张开的长度)			一码$^{=}$[i^{35} ma^{31}]		

续表

词条	岳阳市	临湘	醴陵	永兴	隆回
一虎口(大拇指与食指张开的长度)			一拣⁼[i^{35} lan^{11}]	一拣[i^{21} la^{21}]	
一庹(两臂平伸两手伸直的长度)			一庹[i^{35} t^{h}o^{35}]	一啪⁼[i^{21} p^{h}a^{41}]	
一指(长)	一指[i^{45} tsɿ^{31}]		一指[i^{35} tsɿ^{31}]		
一脸(土)	一脸[i^{45} lian^{31}]		一面[i^{35} min^{11}]	一面肚[i^{21} miɛ^{13} ty̩^{41}]	
一身(土)	一身[i^{45} sən^{44}]		一身[i^{35} səŋ^{33}]	一身[i^{21} sən^{44}]	
一肚子(气)	一肚子[i^{45} təu^{31} tsɿ^{0}]		一肚子[i^{35} tou^{11} tsɿ^{0}]	一肚子[i^{21} ty̩^{41} tsɿ^{0}]	
(吃)一顿	一顿[i^{45} tən^{24}]		一餐[i^{35} ts^{h}an^{33}]	一餐[i^{21} ts^{h}ɛ^{44}]	
(走)一趟	一趟[i^{45} daŋ^{31}]		一转[i^{35} kyɛn^{31}]	一转[i^{21} tɕyɛ^{41}]/一盘[i^{21} pɛ^{44}]	
(打)一下	一下[i^{45} xa^{22}]	一下[i^{5} xa^{33}]	一下[i^{35} xa^{11}]	一下[i^{21} xo^{13}]	
(看)一眼	一眼[i^{45} ŋaŋ^{31}]	一眼[i^{5} an^{21}]	一眼[i^{35} ŋan^{31}]	一下[i^{21} xo^{13}]	
(吃)一口	一口[i^{45} gəu^{31}]	一口[i^{5} ge^{21}]	一口[i^{35} k^{h}eu^{31}]	一口[i^{21} k^{h}e^{41}]	
(谈)一会儿	一会[i^{45} fei^{22}]	一下[i^{5} xa^{33}]	一刻唧[i^{35} k^{h}ɛ^{35} tɕi^{0}]	一下[i^{21} xo^{13}]	

续　表

词　条	岳阳市	临　湘	醴　陵	永　兴	隆　回
(下)一阵(雨)	一阵[i^{45} tsən^{22}]	一阵[i^{5} dzen^{33}]	一泻[i^{35} ɕia^{11}]	一赶$^{=}$[i^{21} kɛ^{41}]	
(闹)一场	一场[i^{45} dzaŋ^{13}]		一场[i^{35} tʰoŋ^{13}]	一盘[i^{21} pɛ^{35}]/一场[i^{21} tsʰɔ^{35}]	
(见)一面	一面[i^{45} mian^{22}]		一面[i^{35} min^{11}]	一面[i^{21} miɛ^{13}]/一盘[i^{21} pɛ^{35}]	
一尊(佛像)			一个[i^{35} ko^{11}]	一隻[i^{21} tso^{21}]	
一扇(门)		一栓[i^{5} suan^{45}]	一扇[i^{35} sɛn^{11}]	一条[i^{21} tiɤ^{35}]	
一幅(画儿)	一幅[i^{45} fu^{24}]		一副[i^{35} fu^{11}]	一幅[i^{21} fv̩^{13}]	
一堵(墙)		一板[i^{5} pan^{21}]	一拱[i^{35} kuəŋ^{31}]	一块[i^{21} kʰua^{13}]	一扇[i^{33} ɕĩɪ^{51}]
一瓣(花瓣)			一片[i^{35} pʰin^{11}]	一块[i^{21} kʰua^{13}]	
一处(地方)		一个[i^{5} ko^{24}]	一隻[i^{35} ta^{35}]	一块[i^{21} kʰua^{13}]	一个[i^{33} kə^{51}]
一部(书)	一套[i^{45} dau^{24}]		一部[i^{35} pʰu^{11}]	一本[i^{21} pən^{35}]	
一班(车)			一班[i^{35} pan^{33}]	一趟[i^{21} tʰɔ^{13}]	
(洗)一水(衣裳)			一道[i^{35} tao^{11}]	一盆(水)[i^{21} pən^{35}(ɕy^{41})]	
(烧)一炉(陶器)			一个[i^{35} ko^{11}]	一窑窠[i^{21} iɤ^{35} xʊ^{0}]	

续 表

词 条	岳阳市	临 湘	醴 陵	永 兴	隆 回
一团(泥)			一坨[i^{35} t^{h}o^{13}]	一坨[i^{21} tʊ^{35}]	
一堆(雪)			一堆[i^{35} tei^{33}]	一堆[i^{21} tuɪ^{44}]	
一槽(牙)			一口[i^{35} k^{h}eu^{31}]	一排[i^{21} pa^{35}]	
一列(火车)		一个[i^{5} ko^{24}]/一趟[i^{5} dɔ̃^{24}]	一架[i^{35} ka^{11}]	一隻[i^{21} tso^{21}]	
一路(公共汽车)				一趟[i^{21} t^{h}ɔ^{13}]	
一撮(毛)		一指$^{=}$[i^{5} tsɿ^{21}]/一把[i^{5} pa^{21}]		一全$^{=}$[i^{21} tɕ^{h}yɛ^{35}]	
一轴儿(线)				一子[i^{21} tsɿ^{41}]/一坨[i^{21} tʊ^{35}]	
一绺(头发)			一蒲[i^{35} p^{h}u^{13}]	一条[i^{21} tiɤ^{35}]	
(写)一手(好字)			一手[i^{35} sou^{31}]		
(做)一任(官)			一任[i^{35} iŋ^{11}]		
(下)一盘(棋)	一盘[i^{45} baŋ^{13}]	一盘[i^{5} pø^{12}]	一盘[i^{35} p^{h}oŋ^{13}]	一盘[i^{21} pɛ^{35}]	
(请)一桌(客)	一桌[i^{45} tso^{45}]	一桌[i^{5} tso^{5}]	一桌[i^{35} tso^{35}]	一席[i^{21} ɕi^{21}]	
(打)一圈(麻将)			一回[i^{35} fei^{13}]	一盘[i^{21} pɛ^{35}]	

续表

词条	岳阳市	临湘	醴陵	永兴	隆回
(唱)一台(戏)			一场[i^{35} tʰoŋ^{13}]	一台[i^{21} ta^{35}]	
一丝儿(肉)			一丝唧[i^{35} sɿ^{33} tɕi^{0}]	一点唧[i^{21} tia^{35} tɕi^{0}]	
一点儿(面粉)			一滴唧[i^{35} ti^{35} tɕi^{0}]	一点唧[i^{21} tia^{35} tɕi^{0}]	
一滴(雨)			一滴[i^{35} ti^{35}]	一滴[i^{21} tia^{21}]	
一盒儿(火柴)			一盒[i^{35} xo^{35}]	一盒[i^{21} xʊ^{21}]	
一匣子(手饰)				一箱子[i^{21} ɕiɔ^{44} tsɿ^{0}]	
一箱子(衣裳)			一箱子[i^{35} ɕioŋ^{33} tsɿ^{0}]	一箱子[i^{21} ɕiɔ^{44} tsɿ^{0}]	
一架子(小说)				一架子[i^{21} ko^{13} tsɿ^{0}]	
一橱(书)			一橱[i^{35} kʰy^{11}]	一柜子[i^{21} kʰuɪ^{13} tsɿ^{41}]	一橱[i^{33} tɕu^{13}]
一抽屉(文件)			一抽屉[i^{35} tʰou^{33} tʰi^{11}]	一抽屉[i^{21} tsʰo^{41} tɕʰi^{0}]	
一筐子(菠菜)			一篓子[i^{35} leu^{31} tsɿ^{0}]	一篓[i^{21} luɪ^{41}]	
一篮子(梨)			一篮子[i^{35} lan^{13} tsɿ^{0}]	一篮[i^{21} lɛ^{35}]	
一篓子(炭)				一篓[i^{21} luɪ^{41}]	

续 表

词 条	岳阳市	临 湘	醴 陵	永 兴	隆 回
一炉子(灰)			一炉子[i^{35} lou^{35} tsɿ^{0}]	一炉子[i^{21} lv̩^{35} tsɿ^{41}]	
一包(书)			一包[i^{35} pao^{33}]	一包[i^{21} pɤ^{44}]	
一口袋(干粮)			一袋[i^{35} tʰoi^{11}]	一咬⁼袋[i^{21} ɤ^{41} ta^{0}]	
一池子(水)			一池子[i^{35} tsʰɿ^{13} tsɿ^{0}]	一塘[i^{21} tɔ^{35}]	
一缸(金鱼)	一缸[i^{45} kaŋ^{44}]		一缸[i^{35} koŋ^{33}]	一缸栊[i^{21} kɔ^{44} loŋ^{0}]	
一瓶子(醋)			一瓶子[i^{35} pʰiŋ^{13} tsɿ^{0}]	一瓶[i^{21} pən^{35}]	
一罐子(荔枝)			一罐子[i^{35} koŋ^{11} tsɿ^{0}]	一瓶[i^{21} pən^{35}]	
一坛子(酒)			一坛子[i^{35} tʰan^{13} tsɿ^{0}]	一陶[i^{21} tɤ^{35}]	
一桶(汽油)			一桶[i^{35} tʰəŋ^{31}]	一桶[i^{21} tʰoŋ^{41}]	
一吊子(开水)				一罐子[i^{21} kuɛ^{13} tsɿ^{0}]	
一盆(洗澡水)			一盆[i^{35} pʰəŋ^{13}]	一脚盆[i^{21} tɕiʊ^{21} pən^{0}]	
一壶(茶)			一壶[i^{35} fu^{13}]	一壶[i^{21} fv̩^{35}]	
一锅(饭)			一锅[i^{35} uo^{33}]	一甑[i^{21} tɕiən^{13}]	

续　表

词　条	岳阳市	临　湘	醴　陵	永　兴	隆　回
一笼(包子)			一笼[i^{35} ləŋ^{13}]	一锅[i^{21} ʊ^{44}]	
一盘(水果)			一盘[i^{35} p^{h}oŋ^{13}]	一盘[i^{21} pɛ^{35}]	
一碟儿(小菜)		一盘[i^{5} pø^{12}]	一碟[i^{35} t^{h}iɛ^{35}]	一碗[i^{21} uɛ^{41}]	
一碗(饭)				一碗[i^{21} uɛ^{41}]	
一杯(茶)				一杯[i^{21} pɪ^{44}]	
一盅(烧酒)			一杯[i^{35} pei^{35}]/一盅[i^{35} təŋ^{33}]/一古⁼子[i^{35} ku^{31} tsɿ^{0}]	一杯[i^{21} pɪ^{44}]	
一瓢(汤)			一瓢[i^{35} p^{h}iu^{13}]	一勺[i^{21} sʊ^{44}]	
一勺子(汤)			一勺子[i^{35} so^{11} tsɿ^{0}]	一调羹[i^{21} tiɤ^{35} kən^{0}]	
一勺儿(酱油)			一调羹[i^{35} t^{h}iu^{13} kɛn^{33}]	一调羹[i^{21} tiɤ^{35} kən^{0}]	
个把两个	个把两个[ko^{45} pa^{31} niaŋ^{31} ko^{0}]	个把两个[ko^{24} pa^{0} liɔ̃^{21} ko^{0}]	个把两个[ko^{11} pa^{31} lioŋ^{31} ko^{11}]	隻把两隻唧[tso^{21} pa^{0} liɔ^{41} tso^{0} tɕi^{0}]	
百把来个			百把个[p^{h}a^{35} pa^{31} ko^{11}]	百把个唧[pe^{21} pa^{0} kʊ^{0} tɕi^{0}]	
千把人	千把人[dʑian^{44} pa^{31} zən^{13}]	千把人[dʑian^{45} pa^{21} en^{12}]	千把人[tɕ^{h}in^{35} pa^{31} niŋ^{13}]	千把个唧[tɕ^{h}iɛ^{44} pa^{0} kʊ^{0} tɕi^{0}]	

续 表

词　条	岳阳市	临　湘	醴　陵	永　兴	隆　回
万把块钱	万把块钱[uan^{22} pa^{31} guai^{31} dʑian^{13}]		万把块钱[uan^{11} pa^{31} k^{h}uai^{11} tɕ^{h}in^{13}]	万把块钱唧[uɛ^{13} pa^{0} k^{h}ue^{41} tɕ^{h}iɛ^{35} tɕi^{0}]	
里把路	里把路[li^{31} pa^{31} ləu^{22}]		里把路[li^{31} pa^{31} lou^{11}]	里把路唧[li^{41} pa^{0} lv̩^{13} tɕi^{0}]	
里把二里路	里把两里路[li^{31} pa^{31} niaŋ^{31} li^{31} ləu^{22}]		里把两里路[li^{31} pa^{31} lioŋ^{31} li^{31} lou^{11}]	里把两里路唧[li^{41} pa^{0} liɔ^{41} li^{41} lv̩^{13} tɕi^{0}]	
亩把二亩	亩把两亩[məu^{31} pa^{31} niaŋ^{31} məu^{31}]			亩把两亩唧[mʊ^{41} pa^{0} liɔ^{41} mʊ^{41} tɕi^{0}]	
贰拾捌　附加成分等					
-极了				-死唧[sɿ^{41} tɕi^{0}]	
-得很(得太得极 之极)	-得很[tə^{45} xən^{31}]	-歹⁼哒[de^{24} ta^{0}]	-绝哒[tɕ^{h}iɛ^{35} ta^{0}]	-死唧[sɿ^{41} tɕi^{0}]	
-要命(要死)			-死人[sɿ^{31} niŋ^{13}]吓～，气～/-要死[iu^{11} sɿ^{31}]懒得～/-要命[iu^{11} miaŋ^{11}]痒得～	-死唧[sɿ^{41} tɕi^{0}]	
-不行			-不得了[pu^{35} tɛ^{35} liu^{31}]气得～，臭得～/-不要命[pu^{35} iu^{11} miaŋ^{11}]哭得～	-不得了[pv̩^{21} te^{0} liɤ^{41}]	

续表

词条	岳阳市	临湘	醴陵	永兴	隆回
-死了(死人坏了)			-死哒[sɿ^{31} ta^{0}]气～,饿～	-死唧[sɿ^{41} tɕi^{0}]	
-得慌(亨穷)			-得很[tɛ^{35} xɛn^{31}]好～,长～/-得多[tɛ^{35} to^{33}]长～,粗～	-煞唧[so^{21} tɕi^{0}]	
-拉瓜(巴)哼得					
-不楞登的				-杆古气[kɛ^{41} kɣ̩^{41} ɕi^{13}]神～,阴～	
-不哼的(不哼哼的)					
吃头儿(这个菜没～)			喫手[tɕ^{h}ia^{35} sou^{0}]	喫手[tɕ^{h}io^{21} səɯ^{0}]	
喝头儿(这个酒没～)				喫手[tɕ^{h}io^{21} səɯ^{0}]	
看头儿(这出戏有个～)			看手[k^{h}oŋ^{11} sou^{0}]	看手[k^{h}ɛ^{13} səɯ^{0}]	
干头儿			搞手[kao^{31} sou^{11}]1 干头儿(这事没～);2 奔头儿(这件事没～)	做手[tsɣ̩^{13} səɯ^{0}]/搞手[kɤ^{41} səɯ^{0}]	

续 表

词 条	岳阳市	临 湘	醴 陵	永 兴	隆 回
奔头儿	奔头[pən^{24} dəu^{13}]			搞手[kɤ^{41} səɯ^{0}]	
苦头儿	苦头[gu^{31} dəu^{13}]				
甜头儿	甜头[dian^{13} dəu^{13}]				
帮-				梆(老)[pɔ^{44}]	
胖(阴平)-				捧(臭)[p^{h}oŋ^{44}]	
飘-					
溜-				溜(滑)[liəɯ^{35}/liəɯ^{44}]	
锃-				曲(光)[tɕ^{h}y^{35}]	
死-				死(蠢)[sɿ^{41}]	
崭-				崭(新)[tsɛ^{41}]	
齁[hou 阴平]-					
焦-				焦(干)[tɕiɤ^{44}]	
精-					
黢-				墨(黑)[me^{44}]	
稀-				稀(烂)[ɕi^{44}]	

续　表

词　条	岳阳市	临　湘	醴　陵	永　兴	隆　回
倍儿-				更/更加[kən^{13}/kən^{13} tɕia^{44}]	
怪-					
老-	赫⁼[xə^{44}]			蛮[mɛ^{35}]	
了	了[liau^{31}]			唧[tɕi^{21}]	
着	倒[tau^{31}]			得[te^{21}]吃～呆箇里/起[ɕi^{41}]做～呆箇里	
得	得[tə^{45}]			起[ɕi^{41}]走～飞快	
的	的[ti^{0}]			箇[kɤ^{13}]	
贰拾玖　数字等					
一号(指日期,下同)	一号[i^{45} xau^{22}]	一号[i^{5} xau^{33}]	一号[i^{35} xao^{11}]		
二号	二号[ə^{22} xau^{22}]	二号[ə^{33} xau^{33}]	二号[ɛ^{11} xao^{11}]		
三号	三号[san^{44} xau^{22}]		三号[san^{33} xao^{11}]		
四号	四号[sɿ^{24} xau^{22}]		四号[sɿ^{11} xao^{11}]		
五号	五号[u^{31} xau^{22}]		五号[ŋ̍^{31} xao^{11}]		
六号	六号[ləu^{45} xau^{22}]		六号[lou^{35} xao^{11}]		

续表

词条	岳阳市	临湘	醴陵	永兴	隆回
七号	七号[dʑi^{45} xau^{22}]		七号[tɕʰi^{35} xao^{11}]		
八号	八号[pa^{45} xau^{22}]		八号[pa^{35} xao^{11}]		
九号	九号[tɕiəu^{31} xau^{22}]		九号[tɕiou^{31} xao^{11}]		
十号	十号[sɿ^{45} xau^{22}]		十号[sɿ^{35} xao^{11}]		
初一	初一[dzəu^{44} i^{45}]	初一[dzəu^{45} i^{5}]	初一[tsʰou^{33} i^{35}]		
初二	初二[dzəu^{44} ə^{22}]	初二[dzəu^{45} ə^{33}]	初二[tsʰou^{33} ɛ^{11}]		
初三	初三[dzəu^{44} san^{44}]		初三[tsʰou^{33} san^{33}]		
初四	初四[dzəu^{44} sɿ^{24}]		初四[tsʰou^{33} sɿ^{11}]		
初五	初五[dzəu^{44} u^{31}]		初五[tsʰou^{33} ŋ̍^{31}]		
初六	初六[dzəu^{44} ləu^{45}]		初六[tsʰou^{33} lou^{35}]		
初七	初七[dzəu^{44} dʑi^{45}]		初七[tsʰou^{33} tɕʰi^{35}]		
初八	初八[dzəu^{44} pa^{45}]		初八[tsʰou^{33} pa^{35}]		
初九	初九[dzəu^{44} tɕiəu^{31}]		初九[tsʰou^{33} tɕiou^{31}]		
初十	初十[dzəu^{44} sɿ^{45}]		初十[tsʰou^{33} sɿ^{35}]		
老大	老大[lau^{31} ta^{22}]	老大[lau^{21} dai^{24}]	老大[lao^{31} tʰai^{11}]		

续表

词条	岳阳市	临湘	醴陵	永兴	隆回
老二	老二[lau^{31} ə^{22}]		老二[lao^{31} ɛ^{11}]		
老三	老三[lau^{31} san^{44}]		老三[lao^{31} san^{33}]		
老四	老四[lau^{31} sɿ^{24}]		老四[lao^{31} sɿ^{11}]		
老五	老五[lau^{31} u^{31}]		老五[lao^{31} ŋ̍^{31}]		
老六	老六[lau^{31} ləu^{45}]		老六[lao^{31} lou^{35}]		
老七	老七[lau^{31} dʑi^{45}]		老七[lao^{31} tɕʰi^{35}]		
老八	老八[lau^{31} pa^{45}]		老八[lao^{31} pa^{35}]		
老九	老九[lau^{31} tɕiəu^{31}]		老九[lao^{31} tɕiou^{31}]		
老十	老十[lau^{31} sɿ^{45}]		老十[lao^{31} sɿ^{35}]		
老幺		老幺[lau^{21} iau^{45}]	老满[lao^{31} man^{31}]		
大哥			大哥哥[tʰai^{11} ko^{33} ko^{0}]/大老兄[tʰai^{11} lao^{31} ɕyŋ^{33}]		
二哥			二哥哥[ɛ^{11} ko^{33} ko^{0}]/二老兄[ɛ^{11} lao^{31} ɕyŋ^{33}]		
老末儿			满哥哥[man^{31} ko^{33} ko^{0}]		
一个	一个[i^{45} ko^{24}]		一个[i^{35} ko^{11}]		

续 表

词条	岳阳市	临湘	醴陵	永兴	隆回
两个	两个[liaŋ^{31} ko^{24}]		两个[lioŋ^{31} ko^{11}]		
三个	三个[san^{44} ko^{24}]		三个[san^{33} ko^{11}]		
四个	四个[sɿ^{24} ko^{24}]		四个[sɿ^{11} ko^{11}]		
五个	五个[u^{31} ko^{24}]		五个[ŋ̍^{31} ko^{11}]		
六个	六个[ləu^{45} ko^{24}]		六个[lou^{35} ko^{11}]		
七个	七个[dʑi^{45} ko^{24}]		七个[tɕʰi^{35} ko^{11}]		
八个	八个[pa^{45} ko^{24}]		八个[pa^{35} ko^{11}]		
九个	九个[tɕiəu^{31} ko^{24}]		九个[tɕiou^{31} ko^{11}]		
十个	十个[sɿ^{45} ko^{24}]		十个[sɿ^{35} ko^{11}]		
第一	第一[di^{22} i^{45}]		第一[tʰi^{11} i^{35}]		
第二	第二[di^{22} ə^{22}]		第二[tʰi^{11} ɛ^{11}]		
第三	第三[di^{22} san^{44}]		第三[tʰi^{11} san^{33}]		
第四	第四[di^{22} sɿ^{24}]		第四[tʰi^{11} sɿ^{11}]		
第五	第五[di^{22} u^{31}]		第五[tʰi^{11} ŋ̍^{31}]		
第六	第六[di^{45} ləu^{45}]		第六[tʰi^{11} lou^{35}]		

续 表

词 条	岳阳市	临 湘	醴 陵	永 兴	隆 回
第七	第七[di^{22} dʑi^{45}]		第七[tʰi^{11} tɕʰi^{35}]		
第八	第八[di^{22} pa^{45}]		第八[tʰi^{11} pa^{35}]		
第九	第九[di^{22} tɕiəu^{31}]		第九[tʰi^{11} tɕiou^{31}]		
第十	第十[di^{22} sɿ^{45}]		第十[tʰi^{11} sɿ^{35}]		
第一个	第一个[di^{22} i^{45} ko^{24}]		第一个[tʰi^{11} i^{35} ko^{11}]		
第二个	第二个[di^{22} ə^{22} ko^{24}]		第二个[tʰi^{11} ɛ^{11} ko^{11}]		
第三个	第三个[di^{22} san^{44} ko^{24}]		第三个[tʰi^{11} san^{33} ko^{11}]		
第四个	第四个[di^{22} sɿ^{24} ko^{24}]		第四个[tʰi^{11} sɿ^{11} ko^{11}]		
第五个	第五个[di^{22} u^{31} ko^{24}]		第五个[tʰi^{11} ŋ̍^{31} ko^{11}]		
第六个	第六个[di^{22} ləu^{45} ko^{24}]		第六个[tʰi^{11} lou^{35} ko^{11}]		
第七个	第七个[di^{22} dʑi^{45} ko^{24}]		第七个[tʰi^{11} tɕʰi^{35} ko^{11}]		
第八个	第八个[di^{22} pa^{45} ko^{24}]		第八个[tʰi^{11} pa^{35} ko^{11}]		
第九个	第九人 [di^{22} tɕiəu^{31} ko^{24}]		第九个 [tʰi^{11} tɕiou^{31} ko^{11}]		
第十个	第十个[di^{22} sɿ^{45} ko^{24}]		第十个[tʰi^{11} sɿ^{35} ko^{11}]		
一	一[i^{45}]	一[i^{5}]	一[i^{35}]	一[i^{21}]	一[i^{33}]

续表

词条	岳阳市	临湘	醴陵	永兴	隆回
二	二[ə^{22}]	二[ə^{33}]	二[ɛ^{11}]	二[e^{13}]	二[ɛ^{51}]
三	三[san^{44}]	三[san^{45}]	三[san^{33}]	三[sɛ^{44}]	三[sã^{33}]
四	四[sɿ^{24}]	四[sɿ^{24}]	四[sɿ^{11}]	四[sɿ^{13}]	四[sɿ^{51}]
五	五[u^{31}]	五[u^{21}]	五[ŋ̍^{31}]	五[v̩^{41}]	五[u^{312}]
六	六[ləu^{45}]	六[ləu^{5}]	六[lou^{35}]	六[liəɯ^{44}]	六[liəu^{51}]
七	七[dʑi^{45}]	七[dʑi^{5}]	七[tɕʰi^{35}]	七[tɕʰi^{21}]	七[tsʰi^{33}]
八	八[pa^{45}]	八[pa^{5}]	八[pa^{35}]	八[po^{21}]	八[pa^{33}]
九	九[tɕiəu^{31}]	九[tɕiəu^{21}]	九[tɕiou^{31}]	九[tɕiəɯ^{41}]	九[tʃiu^{312}]
十	十[sɿ^{45}]	十[sɿ^{5}]	十[sɿ^{35}]	十[sɪ^{44}]	十[ʃi^{53}]/炮$^{=}$[pʰʌu^{51}]
十一			十一[sɿ^{35}i^{35}]		
二十			二十[ɛ^{11}sɿ^{35}]		
二十一			二十一[ɛ^{11}sɿ^{35}i^{35}]		
三十			三十[san^{33}sɿ^{35}]		
三十一			三十一[san^{33}sɿ^{35}i^{35}]		
四十			四十[sɿ^{11}sɿ^{35}]		

续表

词条	岳阳市	临湘	醴陵	永兴	隆回
四十一			四十一[sɿ^{11} sɿ^{35} i^{35}]		
五十			五十[ŋ̩^{31} sɿ^{35}]		
五十一			五十一[ŋ̩^{31} sɿ^{35} i^{35}]		
六十			六十[lou^{35} sɿ^{35}]		
六十一			六十一[lou^{35} sɿ^{35} i^{35}]		
七十			七十[tɕ^{h}i^{35} sɿ^{35}]		
七十一			七十一[tɕ^{h}i^{35} sɿ^{35} i^{35}]		
八十			八十[pa^{35} sɿ^{35}]		
八十一			八十一[pa^{35} sɿ^{35} i^{35}]		
九十			九十[tɕiou^{31} sɿ^{35}]		
九十一			九十一[tɕiou^{31} sɿ^{35} i^{35}]		
一百	一百[i^{45} pə^{45}]		一百[i^{35} pa^{35}]		
一千	一千[i^{45} dʑian^{44}]		一千[i^{35} tɕ^{h}in^{33}]		
一百一十			一百一[i^{35} pa^{35} i^{35}]		
一百一十个			一百一十个 [i^{35} pa^{35} i^{35} sɿ^{35} ko^{11}]		

续表

词条	岳阳市	临湘	醴陵	永兴	隆回
一百一十一(一百十一)			一百一十一[i^{35} pa^{35} i^{35} $sɿ^{35}$ i^{35}]		
一百一十二(一百十二)			一百一十二[i^{35} pa^{35} i^{35} $sɿ^{35}$ $ɛ^{11}$]		
一百二十(一百二)			一百二[i^{35} pa^{35} $ɛ^{11}$]		
一百三十(一百三)			一百三[i^{35} pa^{35} san^{33}]		
一百五十(一百五)			一百五[i^{35} pa^{35} $ŋ̍^{31}$]		
一百五十个			一百五十个[i^{35} pa^{35} $ŋ̍^{31}$ $sɿ^{35}$ ko^{11}]		
二百五十(二百五)			二百五[$ɛ^{11}$ pa^{35} $ŋ̍^{31}$]		
二百五(傻子)			二百五[$ɛ^{11}$ pa^{35} $ŋ̍^{31}$]		
二百五十个			二百五十个[$ɛ^{11}$ pa^{35} $ŋ̍^{31}$ $sɿ^{35}$ ko^{11}]		
三百一十(三百一)					

续　表

词　条	岳阳市	临　湘	醴　陵	永　兴	隆　回
三百三十（三百三）			三百三[san^{33} pa^{35} san^{33}]		
三百六十（三百六）			三百六[san^{33} pa^{35} lou^{35}]		
三百八十（三百八）			三百八[san^{33} pa^{35} pa^{35}]		
一千一百（一千一）			一千一[i^{35} tɕ^{h}in^{33} i^{35}]		
一千一百个			一千一百个[i^{35} tɕ^{h}in^{33} i^{35} pa^{35} ko^{11}]		
一千九百（一千九）			一千九[i^{35} tɕ^{h}in^{33} tɕiou^{31}]		
一千九百个					
三千			三千[san^{33} tɕ^{h}in^{33}]		
五千			五千[ŋ̩^{31} tɕ^{h}in^{33}]		
八千			八千[pa^{35} tɕ^{h}in^{33}]		
一万	一万[i^{45} uan^{22}]		一万[i^{35} uan^{11}]		
一万二千（一万二）			一万二[i^{35} uan^{11} ε^{11}]		

续 表

词 条	岳阳市	临 湘	醴 陵	永 兴	隆 回
一万二千个			一万二千个[i^{35} uan^{11} ε^{11} tɕ^{h}in^{33} ko^{11}]		
三万五千（三万五）			三万五[san^{33} uan^{11} ŋ̍^{31}]		
三万五千个			三万五千个[san^{33} uan^{11} ŋ̍^{31} tɕ^{h}in^{33} ko^{11}]		
零	零[lin^{13}]		零[liŋ^{13}]	零[lən^{35}]	
二斤（两斤）			两斤[lioŋ^{31} tɕiŋ^{33}]		
二两			二两[ε^{11} lioŋ^{31}]		
二钱（两钱）			两钱[lioŋ^{31} tɕ^{h}in^{13}]		
二分（两分）			两分[lioŋ^{31} fəŋ^{33}]		
二厘（两厘）			两厘[lioŋ^{31} li^{13}]		
两丈（二丈）			两丈[lioŋ^{31} toŋ^{11}]		
二尺（两尺）			两尺[lioŋ^{31} ts^{h}ɿ^{35}]		
二寸（两寸）			两寸[lioŋ^{31} ts^{h}əŋ^{33}]		
二分（两分）					
二里（两里）			两里[lioŋ^{31} li^{31}]		

续　表

词　条	岳 阳 市	临　湘	醴　陵	永　兴	隆　回
两担(二担)			两担[lioŋ^{31} tan^{11}]		
二斗(两斗)			两斗[lioŋ^{31} teu^{31}]		
二升(两升)			两升[lioŋ^{31} səŋ^{33}]		
二合(两合)			两合[lioŋ^{31} xo^{35}]		
两项(二项)					
二亩(两亩)			两亩[lioŋ^{31} meu^{31}]		
几个?			几个[tɕi^{31} ko^{11}]		
好多个?			几多唧个数 [tɕi^{31} to^{33} tɕi^{0} ko^{11} sou^{11}]		
好几个					
好些个			好些唧[xao^{31} ɕiɛ^{33} tɕi^{0}]		
一些些(两个些字有无语音上的区别)			一些唧[i^{35} ɕiɛ^{33} tɕi^{0}]	一点唧[i^{21} tia^{35} tɕi^{0}]	
好一些				好一点唧 [xɤ^{41} i^{21} tia^{35} tɕi^{0}]	
大一些			大些唧[t^{h}ai^{11} ɕiɛ^{33} tɕi^{0}]	大点唧[ta^{13} tia^{35} tɕi^{0}]	
一点儿			一点唧[i^{35} tin^{31} tɕi^{0}]	一点唧[i^{21} tia^{35} tɕi^{0}]	

续 表

词 条	岳阳市	临 湘	醴 陵	永 兴	隆 回
一点点			一滴唧[i^{35} ti^{35} $tɕi^{0}$]一点点儿	一点唧[i^{21} tia^{35} $tɕi^{0}$]	
大点儿			大滴唧[$t^{h}ai^{11}$ ti^{35} $tɕi^{0}$]	大点唧[ta^{13} tia^{35} $tɕi^{0}$]	
十多个(比十个多)			十多个[$sɿ^{35}$ to^{33} ko^{11}]	十多隻[$sɪ^{44}$ $tʊ^{0}$ tso^{21}]	
一百多个			一百多个[i^{35} pa^{35} to^{33} ko^{11}]	百多隻[pe^{21} $tʊ^{0}$ tso^{21}]	
十来个(不到十个)			十把个唧[$sɿ^{35}$ pa^{31} ko^{11} $tɕi^{0}$]十个左右	八九隻唧[po^{21} $tɕiəɯ^{41}$ tso^{21} $tɕi^{0}$]	
千数个			千把个[$tɕ^{h}in^{33}$ pa^{31} ko^{11}]	千把隻唧[$tɕ^{h}iɛ^{44}$ pa^{0} tso^{21} $tɕi^{0}$]	
百把个			百把个[pa^{35} pa^{31} ko^{11}]	百把隻唧[pe^{21} pa^{0} tso^{21} $tɕi^{0}$]	
半个			半个[$poŋ^{11}$ ko^{11}]	半隻[$pɛ^{13}$ tso^{0}]	
一半			一半[i^{35} $poŋ^{11}$]	一半[i^{21} $pɛ^{13}$]	
两半儿			两下$^{=}$[$lioŋ^{31}$ xa^{11}]	两半[$liɔ^{41}$ $pɛ^{13}$]	
多半儿				一半多[i^{21} $pɛ^{13}$ $tʊ^{44}$]	

续　表

词　条	岳阳市	临　湘	醴　陵	永　兴	隆　回
一大半儿			一大半[i^{35} $t^{h}ai^{11}$ $po\eta^{11}$]	一多半[i^{21} $t\upsilon^{44}$ $p\varepsilon^{13}$]	
一个半			一个半[i^{35} ko^{11} $po\eta^{11}$]	一只半[i^{21} tso^{21} $p\varepsilon^{13}$]	
……上下				……把唧[pa^{0} $t\varrho i^{0}$]	
……左右				……把唧[pa^{0} $t\varrho i^{0}$]	

参 考 文 献

安仁县地方志编纂委员会编.安仁县志.北京:中国社会出版社,1996.

鲍厚星,崔振华,沈若云,伍云姬.长沙方言研究.长沙:湖南教育出版社,1999.

鲍厚星.东安土话研究.长沙:湖南教育出版社,1998.

鲍厚星.方言词汇比较与湖南方言分区.湖南师范大学学报,1985(3).

鲍厚星.现代汉语方言音库·长沙话音档.上海:上海教育出版社,1997.

鲍厚星.湘方言概要.长沙:湖南师范大学出版社,2006.

鲍厚星,颜　森.湖南方言的分区.方言,1996(4).

北京大学中国语言文学系语言学教研室.汉语方言词汇.北京:文字改革出版社,1964.

北京大学中文系《语言学论丛》编辑委员会编.词汇学论文汇编.北京:商务印书馆,1989.

北京大学中文系《语言学论丛》编辑委员会编.语言学论丛(第二十辑).北京:商务印书馆,1998.

曹廷玉.赣方言特征词研究.暨南大学博士学位论文,2001.

曹树基.湖南人由来新考//历史地理第九辑.上海:上海人民出版社,1990.

曹　炜.现代汉语词汇研究.上海:上海教育出版社,1997.

湖南省茶陵县地方志编纂委员会编.茶陵县志.北京:中国文史出版社,1993.
昌梅香.江本吉安赣语"叽"后缀研究.广西社会科学,2007(10).
常宁县志编纂委员会编.常宁县志.北京:社会科学文献出版社,1993.
陈昌仪.赣方言概要.南昌:江西教育出版社,1991.
陈昌仪主编.江西省方言志.北京:方志出版社,2005.
陈　晖.涟源方言研究.长沙:湖南教育出版社,1999.
陈　晖.湘方言语音研究.长沙:湖南师范大学出版社,2006.
陈满华.湖南安仁方言的句段关连助词.中国语文,1993(3).
陈满华.安仁方言.北京:北京语言学院出版社,1995.
陈彭年(宋)等编.宋本广韵.南京:江苏教育出版社,2002.
陈山青.汨罗长乐方言研究.长沙:湖南教育出版社,2006.
陈章太,李行健.普通话基础方言基本词汇集.北京:语文出版社,1996.
储泽祥.邵阳方言研究.长沙:湖南教育出版社,1998.
崔振华.益阳方言研究.长沙:湖南教育出版社,1998.
邓　莉.攸县(新市)方言语音研究.广西师范大学硕士学位论文,2012.
丁邦新主编.历史层次与方言研究.上海:上海教育出版社,2007.
丁　度(宋)等编.集韵.上海:上海古籍出版社,1985.
丁加勇.湘方言动词句式的配价研究——以隆回方言为例.长沙:湖南师范大学出版社,2006.
丁加勇.隆回方言的代词系统.//伍云姬主编.湖南方言的代词.长沙:湖南师范大学出版社,2008.
丁声树.关于进一步开展汉语方言调查研究的一些意见.中国语文,1961(3).
丁声树.古今字音对照手册北京:中华书局,1981.
洞口县志编辑委员会编.洞口县志.北京:中国文史出版社,1992.
董绍克.汉语方言词汇差异比较研究.北京:民族出版社,2002.
董秀芳.汉语的句法演变与词汇化.中国语文,2009(5).

范俊军.桂阳方言词典.北京:民族出版社,2007.
方平权.岳阳方言研究.长沙:湖南教育出版社,1999.
方一新,刘　哲.近二十年的古汉语词汇研究.中国语文,2015(1).
樊腾凤(清).五方元音.上海:上海古籍出版社,1995.
贺凯林.溆浦方言研究.长沙:湖南教育出版社,1999.
黑维强.绥德方言"家"的用法、来源及语法化.陕西师范大学学报(哲学社会科学版),2015(2).
黄尚军.四川方言与民俗.成都:四川人民出版社,2002.
华容县志编撰委员会编.华容县志.北京:中国文史出版社,1992.
胡明扬.说"打"//胡明扬.胡明扬语言学论文集.北京:商务印书馆,2003.
胡明扬主编.汉语方言体貌论文集.南京:江苏教育出版社,1996.
胡斯可.湖南永兴方言中的"有".湘南学院学报,2009(6).
湖南省地方志编纂委员会编.湖南省志·方言志.长沙:湖南人民出版社,2001.
湖南省平江县志编纂委员会办公室编.平江县志.长沙:国防大学出版社,1994.
湖南省绥宁县地方志编纂会员会编.绥宁县志.北京:方志出版社,1997.
湖南省资兴市地方志编纂委员会编.资兴市志.长沙:湖南人民出版社,1997.
湖南师范大学学报编辑部.湖南方言专辑(增刊).长沙:湖南师范大学出版社,1985.
胡　萍.绥宁曾家话音韵考察——兼论湘语、赣语过渡地带的语音特征.湖南师范大学硕士学位论文,2002.
胡松柏等著.赣东北方言调查研究.南昌:江西人民出版社,2009.
江蓝生,曹广顺.唐五代语言词典.上海:上海教育出版社,1997.
江蓝生,侯精一主编.汉语现状与历史的研究——首届汉语语言学国际研讨会文集(上海 1998).北京:中国社会科学出版社,1999.
江蓝生.演绎法与近代汉语词语考释//北京大学中文系《语言学论丛》编辑委员会编.语言学论丛(第二十辑).北京:商务印书馆,1998(2).
江盈科(明).雪涛小说.上海:上海古籍出版社,2000.
蒋绍愚.古汉语词汇纲要.北京:北京大学出版社,1990.
耒阳市志编委会编.耒阳市志.北京:中国社会出版社,1993.
蒋绍愚.古汉语词汇和汉民族文化//北京大学中文系《语言学论丛》编辑委员会编.语言学论丛(第二十辑)北京:商务印书馆,1998(2).
醴陵市地方志编纂委员会编.醴陵市志.长沙:湖南出版社,1995.
李崇兴等.元语言词典.上海:上海教育出版社,1998.
李冬香.湖南赣语研究述评.株洲师范高等专科学校学报,2004(4).
李冬香.浏阳方言的"到".韶关大学学报,2000(5).
李冬香.湖南赣语语音研究.暨南大学博士学位论文,2005.
李冬香.岳阳柏祥方言研究.北京:文化艺术出版社,2007.
李民媛.湖南永兴毛家话词汇研究.湖南科技大学硕士学位论文,2011.
李方桂主编.庆祝李济先生七十岁论文集(下册).台北:清华学报社,1967.
李　蓝.湖南方言分区述评及再分区.语言研究,1994(2).
李　荣主编.现代汉语方言大词典(分卷本).南京:江苏教育出版社,1994—2002.
李如龙.汉语词汇衍生的方式及流变.河北师范大学学报,2002(2).
李如龙.汉语方言特征词研究.厦门:厦门大学出版社,2002.
李如龙.论汉语方言特征词.中国语言学报,2001(10).
李如龙,苏新春编.词汇学理论与实践.北京:商务印书馆,2001.
李如龙,周日健主编.客家方言研究——第二届客家方言研讨会论文集.广州:暨南大学出版社,1988.
李如龙,张双庆.客赣方言调查报告.厦门:厦门大学出版社,1992.
李　实(明)撰,罗元黼校.蜀语(函海本).民国四年成都存古书局印.

李思敬.汉语“儿”[ɚ]音史研究.北京:商务印书馆,1986.
李维琦.祁阳方言研究.长沙:湖南教育出版社,1998.
李新魁,黄家教,施其生,等.广州方言研究.广州:广东人民出版社,1995.
李新梯.“细前日”和“外后日”.语言教学与研究,1986(2).
李永明.衡阳方言.长沙:湖南人民出版社,1986.
李永明.临湘方言.湘潭:湘潭大学出版社,2016.
李永明.岳阳方言.湘潭:湘潭大学出版社,2016.
李志藩.资兴方言.海口:海南出版社,1996.
林立芳,庄初升.南雄珠玑方言志.广州:暨南大学出版社,1995.
林清书.湘方言的“娭毑”与客方言的“[女哀]姐”.龙岩学院学报,2006(2).
临湘市地方志编纂委员会编.临湘市志.长沙:湖南出版社,1996.
酃县县志编纂委员会编.酃县志.北京:中国社会出版社,1994.
刘　宏,赵祎缺.河南方言词语考释.郑州:河南人民出版社,2012.
刘道锋.湘语和赣语的混血儿隆回高坪话.邵阳学院学报,2003(4).
刘丽华.娄底方言研究.长沙:中南大学出版社,2001.
刘俐李.现代汉语核心词、特征词集.南京:凤凰出版社,2007.
刘纶鑫.客赣方言比较研究.北京:中国社会科学出版社,1999.
刘纶鑫.芦溪方言研究.北京:文化艺术出版社,2008.
刘叔新.汉语描写词汇学.北京:商务印书馆,2007.
刘婷婷.洞口县洞口镇话和黄桥镇话的实词比较研究.湖南师范大学硕士学位论文,2013.
刘唯力.平江话来母变读规律.云梦学刊,1986(2).
刘祥友.浏阳方言的“吖”.湖南师范大学学报,2001(1).
刘勋宁.现代汉语研究.北京:北京语言文化大学出版社,1998.
浏阳市地方志编纂委员会编.浏阳市志.北京:方志出版社,2007.
刘泽民.瑞金方言研究.北京:文化艺术出版社,2007.
隆回县志编纂委员会编.隆回县志.北京:中国城市出版社,1994.

罗昕如.湖南方言与地域文化研究.长沙:湖南师范大学出版社,2001.
罗昕如.湘方言词汇研究.长沙:湖南师范大学出版社,2006.
罗昕如.湘南土话词汇研究.北京:中国社会科学出版社,2004.
罗昕如.湘语与赣语比较研究.长沙:湖南师范大学出版社,2010.
罗昕如.湘语与赣语词汇异同研究.求索,2006(10).
罗昕如.新化方言研究.长沙:湖南教育出版社,1998.
罗昕如,曾达之.湘语与赣语的特殊名词后缀“首/场/头”.武陵学刊,2010(4).
卢小群.湘南土话代词研究.北京:中国社会科学出版社,2005.
吕叔湘.汉语语法分析问题.北京:商务印书馆,1979.
聂建民,李琦编.汉语方言研究文献目录.南京:江苏教育出版社,1993.
潘文国,叶步青,韩洋.汉语的构词法研究.上海:华东师范大学出版社,2004.
彭秀模,曾少达主编.湖南省汉语方言普查总结报告(石印本).湖南师范学院中文系汉语方言普查组,1960.
彭泽润.衡山方言研究.长沙:湖南教育出版社,1999.
彭志瑞.炎陵方言.西安:西安出版社,2010.
桥本万太郎.语言地理类型学.余志鸿译.上海:上海大学出版社,2003.
任学良.汉语造词法.北京:中国社会科学出版社,1981.
邵百鸣.南昌方言.南昌:江西人民出版社,2009.
沈若云.宜章土话研究.长沙:湖南教育出版社,1999.
沈家煊.不对称和标记论.南昌:江西教育出版社,1999.
史 惇(明).痛馀杂录.北京:中华书局,1991.
辻伸久.湖南诸方言的分类及分布——根据全浊声母变化的初步试验.中国语学,1979(226).
石毓智.肯定与否定的对称与不对称.北京:北京语言大学出版社,2001.
司马光(宋)编著,胡三省(元)音注.资治通鉴.北京:中华书局,2008.

孙常叙.汉语词汇.长春:吉林人民出版社,1956.
孙宜志.江西赣方言语音研究.北京: 语文出版社,2007.
孙叶林.湖南衡东高湖话语音系统及音韵特点——兼论湘语、赣语过渡地带的语音特征.衡阳师范学院学报,2007(4).
谭其骧.湖南人由来考·常水集.北京:人民出版社,1987.
唐作藩.湖南洞口县黄桥镇方言.语言学论丛,1960(4).
涂良军.云南方言词汇比较研究.昆明:云南大学出版社,2001.
伍云姬主编.湖南方言的代词.长沙:湖南师范大学出版社,2008.
王德春.词汇学研究.济南:山东教育出版社,1983.
王洪君,富　丽.试论现代汉语的类词缀.语言科学,2005(5).
王箕裘.耒阳方言的词汇特点.邵阳学院学报,2008(3).
王箕裘.钟隆林.耒阳方言研究.成都:巴蜀书社,2008.
王念孙(清)著,钟字讯整理.广雅疏证(附索引).北京:中华书局,2004.
王文虎,张一舟,周家筠.四川方言词典成都:四川人民出版社,1987.
温昌衍.客家方言特征词研究.暨南大学博士学位论文,2001.
温美姬.梅县方言古语词研究.华东师范大学博士学位论文,2006.
吴启主.常宁方言的语法特点.中国语言学报,1995(5).
吴启主.常宁方言研究.长沙:湖南教育出版社,1998.
伍　巍,吴　芳.亲属排行"满"、"晚"源流浅溯.暨南学报,2008(6).
伍　巍.浅析粤方言的"话"、"讲"、"倾".韶关学院学报,2003(2).
吴为民,毛远明.汉语词汇的对称分布系统——以性别词为例.四川师范大学学报,2011(3).
吴正东.明清时期湖南人口与社会变迁.华中师范大学博士学位论文,2012.
吴泽顺,张作贤.华容方言志.长沙:湖南人民出版社,1989.
夏剑钦.浏阳方言研究.长沙:湖南教育出版社,1997.
夏剑钦.浏阳南乡方言本字考.方言,1989(2).
夏剑钦.中古开口一等韵在浏阳方言在"i"介音.中国语文,1982(6).

项梦冰.试论汉语方言复合词的异序现象.语言研究,1988(2).
湘潭大学学报编辑部.湖南方言专辑(增刊).湘潭:湘潭大学出版社,1983.
邢向东,蔡文婷.合阳方言调查研究.北京:中华书局,2010.
邢向东.关于深化汉语方言词汇研究的思考.陕西师范大学学报,2007(2).
邢向东.关中方言例外字上声字探究.陕西师范大学学报,2011(2).
邢向东.论加强汉语方言语法的历时比较研究.陕西师范大学学报,2002(5).
邢向东.陕北晋语沿河方言的指示代词及其来源.陕西师范大学学报,2005(3).
邢向东.神木方言研究.北京:中华书局,2002.
徐　芳.湖南洞口赣方言词汇的初步研究.暨南大学硕士学位论文,2010.
徐　杰.词缀少但语缀多.华中师范大学学报,2012(2).
许宝华,宫田一郎.汉语方言大词典.北京:中华书局,1999.
许宝华.加强汉语方言词汇的研究.方言,1999(1).
许　慎(汉)著,段玉裁(清)校.说文解字注.上海:上海古籍出版社,2004.
言　岚.醴陵(板杉)方言研究.西安:西安地图出版社,2007.
颜艳莎.醴陵方言词汇研究.河北师范大学硕士学位论文,2012.
杨伯峻译注.论语译注.北京:中华书局,1980.
杨耐思.临湘方言里的动词补足语.中国语文,1957(9).
杨时逢.湖南方言调查报告.台北:历史语言研究所,1974.
杨时逢.湖南方言声调分布.中央研究院历史语言研究所集刊,1957(29上).
杨树达.积微居小学述林.北京:中华书局,1983.
杨炎华."词缀少、语缀多"的内涵及其理论意义.华中师范大学学报,2015(2).
杨　蔚.沅陵乡话研究.长沙:湖南教育出版社,1999.

扬　雄(汉)著,周祖谟校笺.方言校笺及通检.北京:科学出版社,1956.
杨锡彭.汉语外来词研究.上海:上海人民出版社,2007.
杨月蓉.重庆方言俚俗语研究.北京:中国文史出版社,2004.
岳阳县地方志编纂委员会办公室编.岳阳县方言志.1994.
永兴县地方志编纂委员会编.永兴县志.北京:中国城市出版社,1994.
攸县志编撰委员会编.攸县志.北京:中国文史出版社,1990.
袁　嘉.现代汉语词汇词义不对称与对外汉语教学.西南民族大学学报,2004(8).
岳阳市志.北京:中央文献出版社,2004.
曾常红.绥宁方言的代词.//伍云姬主编.湖南方言的代词.长沙:湖南师范大学出版社,2008.
赵红梅.汉语方言词义比较研究.北京:中国广播电视出版社,2011.
赵艳平.现代汉语词缀研究.河北大学博士学位论文,2014.
张盛开.汉语平江方言的语音及语法的系统性研究.东京外国语大学大学院地域文化研究科博士论文,2009.
张伟然.关于湖南安仁方言中句段关联助词的讨论.中国语文,1999(2).
张蔚波.隆回南北部方言的词汇比较研究.湖南师范大学硕士学位论文,2013.
张振兴.方言研究与社会应用.北京:商务印书馆,2013.
张志毅,张庆云.词汇学的现代化转向//张志毅,张庆云.词汇语义学与词典编纂.北京:外语教学与研究出版社,2007.
张志毅,张庆云.词汇语义学.北京:商务印书馆,2005.
郑庆君.常德方言研究.长沙:湖南教育出版社,1999.
中国社会科学院,澳大利亚人文科学院.中国语言地图集.香港:朗文出版(远东)有限公司,1987.
中国社会科学院语言研究所,中国社会科学院民族学与人类学研究所,香港城市大学语言资讯科学研究中心.中国语言地图集(第2版)·汉语方言卷.北京:商务印书馆,2012.

中国社会科学院语言研究所词典编辑室编.现代汉语词典(第6版).北京:商务印书馆,2012.

钟隆林.湖南耒阳方言中的三个古语词.中国语文,1993(6).

钟隆林.耒阳方言词本字考.语言研究,1989(1).

周　荐,杨世铁.汉语词汇研究百年史.北京:外语教学与研究出版社,1983.

周振鹤,游汝杰.湖南省方言区画及其历史背景.方言,1985(4).

周祖谟.汉语词汇讲话.北京:外语教学与研究出版社,2005.

朱道明.平江方言研究.武汉:华中师范大学出版社,2009.

朱德熙.语法讲义.北京:商务印书馆,1982.

邹嘉彦,游汝杰.当代汉语新词的多元化趋向和地区竞争.语言教学与研究,2003.

《古代汉语词典》编写组.古代汉语词典(大字本).北京:商务印书馆,2002.

《古汉语常用字字典》编写组.古汉语常用字字典.北京:商务印书馆,1998.

后　记

本书是在博士论文基础上调整、扩充的。因入选“清华语言学博士丛书”第八辑的机缘，才得以出版，所以要特别感谢丛书匿名专家评委对本书的青睐；匿名专家们并对书稿提出了极为中肯的修改意见，一并致以诚挚的谢意。

2013 年秋天，我拜入陕西师范大学邢向东先生门下攻读汉语方言学的博士学位，才算是真正进入了语言学瑰丽多彩的世界。天资驽钝的我，一开始并未能领略语言学的精彩，遑论做相关的学术研究。幸运的是，游子迷津，得遇明师。邢先生要求我沉下心来，戒急戒躁，从基础重新学起，夯实根基以后，再写文章。读博期间，一半时间在学校跟着老师学习，一半时间在做田野调查；而邢先生的语言调查课，就是带我们在青海的民和县进行方言调查。在邢先生的严格要求及严肃的学术训练下，我才渐渐有了自己的学术方向。博士论文《湖南赣语词汇研究》的题目，也是邢先生最后敲定的。所以，这本书的成型，首功要归于恩师邢向东先生。先生对我的培育与关怀，没齿难忘；先生身上显现出的方言学领域一脉相承的朴实学风，以及在学术追求上孜孜不倦的精神，将永远激励着我奋勇向前。

在为本书进行田野调查及本书的撰写过程中，我得到了许多人的帮助与支持。我硕士阶段的业师，青海民族大学终身教授贾晞儒、胡安良两位老先生，一直以来在生活上及学业上关心我、勉励我。两位老先生一生遭际坎坷，但他们始终以乐观的心态、善良的胸怀去对待生活，对待他人。老先生们这种积极向上的人格力量，常常成为我遭遇挫折时的精神动力。成书的过程中，还有许多的朋友，在我需要帮助的时候，都给予了无私的帮助与支持；这其中，有些甚至是素未谋面的。是你们的善意与成全，才有今天这本书的结果。衷心感谢你们！

最后要把我深深的谢意，送给我的家人。我年迈的双亲，在我求学的这几年，天可怜见，身体上没出现过什么大问题，这是我最大的福气；我的兄弟姐妹们，在我求学期间，帮我承担照顾父母的职责，让我没有后顾之忧顺利地完成了学业。这本书的成果有他们的功劳。

学无止境。这本书的出版只是一个起步，未来道阻且长。我唯有不忘初心，砥砺前行，方能不负亲友的关怀与期待。

代少若

2020 年 5 月 12 日

专家评审意见(一)

《湖南赣语词汇研究》系陕西师范大学2016届获得通过的博士学位论文。本书对汉语特定区域方言的词汇做了全面系统的专项研究,是汉语方言词汇研究的一项有分量的新成果。

方言是以地域分布形式表现出来的语言的分支。方言以空间和时间的状态而存在,其中按地域空间分布是其存在的最为人注目的突出特点。因而方言命名一般以地理方位和地理域名为主要理据。汉语大方言称名多以省域简称构成,表明汉语大方言的分布与省级政区地理密切关联。不过就细部而言,大方言分布也与省级政区划分并不完全契合。赣语形成并主要分布于江西省,同时在边邻湘、鄂、皖、闽四省也有成片区域的分布。赣省以外区域分布的"域外赣语"以湖南赣语分布区域为最广。

位于我国中部地区的江西,其省域周边邻接皖、浙、闽、粤、湘、鄂六省,主要分布于赣北、赣中的赣语区域,在汉语方言分布地理态势上也恰好处于"中枢"位置:北连官话,南接客家话,东临徽语、吴语、闽语,西毗湘语,与汉语中赣语以外的六大方言都有着地理分布上相交接的毗邻联系。考察现代共时层面上的"域外赣语",可以展示历时层面上赣地方言向周边区域扩展的汉语方言历史演进线索。湖南赣语是赣语"西扩"的结果,从湖南赣语的现状面貌可以窥见赣、湘两省在语言上以及语言所承载的文化上的密切联系。从这一点来说,

《湖南赣语词汇研究》在研究题材的选择上就有着重要的学术价值和理论价值。

对湖南赣语的调查研究,学术界已有较多的成果,只是这些成果多为对某单点方言或某若干处方言点(但还不是包括全部区域)所做的考察。把湖南赣语作为一个整体加以全面系统的专项调研,据笔者所知,到目前为止尚只有李冬香教授所撰《湖南赣语语音调查研究》(中国社会科学出版社,2015)一书,该书对湖南赣语 17 个县市的代表方言点的语音做了全面考察。《湖南赣语词汇研究》对湖南赣语的词汇做全面考察,在湖南赣语整体词汇研究上具有填补学术研究空白的积极意义。

《湖南赣语词汇研究》约 30 万字,分九章。第一章"导言"以外,第二章做词汇的计量统计和内部对比分析,第三、第四两章考察构词法和造词法,第五章从"共用词"角度做词汇的片内、片外联系考察,第六章对内部两个不相连部分的词汇做考察,第七章做湖南赣语与江西赣语、湖南湘语的比较,第八章考察词汇、词义的对称和不对称,第九章讨论民居词汇及其背后的文化历史信息。

该书选择湖南赣语词汇为研究对象,着眼于揭示位于赣语、湘语两大方言相交接地区 19 个湖南赣语方言点的方言词汇基本面貌和语言特征,是对一个大方言区域内异质方言的系统研究,具有较大发挥的空间,富有学术探讨价值。

湖南赣语所处的汉语方言环境,除了湘语外,还有西南官话、客家话、湘南土话以及"厂矿话(一种地方普通话)"等,湘西地区的赣语还与当地少数民族语言有一定程度的接触,其语言接触状态相当复杂多样。另外,湖南赣语所在部分区域,历史上曾经为少数民族聚居区(主要为瑶族,现仍有少数瑶族居民生活在这些山地中)。处在这种客观语言环境的湖南赣语,其发展过程中许多语言接触的历史势必会在语言本身留下痕迹,形成丰富的语言底层。而这在方言词汇方面表现尤为突出。再者,湖南赣语因为地域分布而呈现"一带一珠”型特点，各个方言点所处的方言环境都不尽相同，所以湖南赣语内部也表现出一定的区域内差异性特点。

在上述各方面，该书均做了较为深入的论析。其中着力最重的是将湖南赣语置于江西原生赣语与湘语的共时平面上，以“共用词”为参数指标，分别将湖南赣语与江西赣语、湘语的“特征词”进行了计量比较，从词汇角度得出了湖南赣语各点与江西赣语、湘语的亲疏度。又通过湖南赣语各点的“共用词”的比较，尝试进行湖南赣语内部分区，得出的结果与从语音角度对湖南赣语进行分区的结果较为接近，间接证实了这一分区方法的合理性。在分区的同时，该书稿还运用地理语言学的方法，将区域特征词用语言地图的形式进行地理分布展示，具有直观比较的效果。“大方言共用词”则是将湖南赣语置于整个汉语方言平面进行词汇比较，通过梳理湖南赣语与各大方言具有的共用词，在语义、文化内涵的异同方面凸显出湖南赣语在整个汉语方言版图上的独立属性。

该书在理论上也有一定建树，提出以“共用词”为主要分析讨论起点，以客观的数据为依据，比较客观地总结归纳方言词汇现状表象所蕴含的内在规律，不过多纠结于词汇的语义变异等微观层面。由此可见作者的用心在于试图就方言词汇研究的拓展上有所突破。

除了分析、讨论外，该书也有做方言词汇语料汇编之用的价值。该书附录汇集 1 248 条词语“湖南赣语方言词语”，集列出了相当批量的湖南赣语词汇的条目，并标明了词汇使用的方言点。这一汇总性的工作非常细致，用功颇深，为其他相关研究提供了珍贵的可供参考的第一手语料。

该书最大创新在于主要用计量的分析方法，对方言词汇做了宏观比较，得出了较为令人信服的结论，这应是该书的一大特色。作者希冀在既有的方言词汇研究方法基础之上，开创新的研究方法，并根据自己的研究模式建构得出一定的结论。这种探索、求新是值得鼓励和肯定的。

该书有所不足的地方是,数据分析的方法过于单一。建议增加应用现代统计学的一些方法,以展现更多方言词汇表现的倾向性或潜在规律。另外,书中部分表现地域文化的词语比较生动,惜在行文安排中稍嫌分散。这些词语似可以考虑集中起来成为一个专门部分加以论述。还有,在理论探讨方面似也可以有所加强,如湖南赣语因移民而形成,那么表现在词汇方面有无地理类型特征?这是可以做进一步探讨的。

汉语方言词汇研究往往容易流于程式化,而缺少创新和新的发现。该书在研究方法上有创新,如计量分析方法,研究内容也不落入俗套,如讨论了“一带一珠”地区的词汇特征,也讨论了构词法、修辞意义等方面的内容。只是这种研究方法与模式,相对于以往的词汇研究,是有益的补充?还是偏离了“正轨”?想来关注方言词汇问题的研究者也会有自己的看法。当然,有不同的看法,这应该属于正常的学术探讨范畴。

从整体上看,汉语各方言在与共同语以及其他方言拥有共同的词汇以外还有着与共同语以及其他方言所不同的方言词汇。只是从具体词语来看,确定某些词语究竟为什么方言所特有殊为不易。因此该书中某些词语的方言属性论定(即某词语属于某方言的特征词、特色词)也许会引起相关研究者的歧见,而据此得出的方言关系的某些具体论述也有可能会引起争鸣。

当然,《湖南赣语词汇研究》作为一篇博士学位论文,在广泛的田野调查基础之上,对汉语特定区域的方言做语言专项考察,调研方法科学,观点明确,论证周密,结论可信,而且语言表达也合乎规范,准确通畅,表明作者已经很好地掌握了汉语方言学的基础理论、基础知识和基本技能以及学术论著的写作方法,所完成的学位论文达到了优秀水平。

同时,该书作为一部汉语方言学的学术专著,也达到了较高水平。

有鉴于此，本评审人认为《湖南赣语词汇研究》已经达到出版水平。建议在作者对该书做一定完善和精细校核之后交付出版社予以正式出版。

胡松柏

2018 年 9 月 24 日

专家评审意见(二)

汉语方言词汇的研究一直是汉语方言学需要深化的领域。目前，对于汉语方言词汇的研究尚未形成范式,各位学者研究的内容并不统一,对汉语方言词汇的研究,有继续深化的必要。赣方言的研究,目前也主要集中在语音和语法方面,词汇方面尚有大力研究的必要。湖南赣方言是江西赣语区移民形成的,长期来受湖南湘语的影响,这一带赣方言的研究—尤其是词汇的研究有大力开展的价值。本书研究湖南赣语的词汇,对汉语方言词汇研究、对赣方言的词汇研究都有促进作用。

《湖南赣语词汇研究》一书对湖南赣语词汇的研究,利用统计分析的方法,指出其有江西赣语的特点又深受湖南湘语的影响并逐步湘语化,这一观点是作者首次提出,而且有论据支撑,可以成立。

全书的思路为:根据词汇进行分片——研究湖南赣语的造词法和构词法——归纳总结湖南赣语词汇与相邻方言的联系词——湖南赣语词汇与江西赣语、湘语的关系对比——湖南赣语词汇词义的对称与不对称——湖南赣语民居词汇。

建议:

(1) 第九章湖南赣语民居词汇是介绍词汇中的一个类,而前面的几章都是介绍整个湖南赣语词汇的有关方面的特点,这样不协调。建议改成:湖南赣语词汇反映的民俗文化——以民居词汇为例。

(2) 全书的思路可做以下调整:

先介绍湖南方言的词汇(也即原书第二章、第三章、第四章、第八章、第九章),后介绍湖南赣语与周边方言的关系(即原书的第五章、第六章、第七章)

(3)“一带”和“一珠”的提法没必要,表意不显豁。建议以每县县名的第一字合起来称呼某个方言片,或以更大的地理行政单位称呼某个方言片,与方言学界的通例一致。其余各章节也如此。

(4)论文第三章和第四章建议重新组织。可以第三章讲造词法,第四章讲构词法。也可以合成一章,然后分别介绍造词法和构词法。另外,造词法和构词法的有关概念和区别要介绍。

(5)关于该书语料使用方面的问题。论文语料有的注了音,有的没注音。所注的音,一会是这个地方,一会是那个地方,令人应接不暇。建议:需要注音时,选择一两个代表点。

(6)关于研究方法。论文用了计量分析的方法,这一方法通过数据统计各点词语的接近度和差别度,有一定的价值。但是也应该让读者对湖南赣语词汇哪些是与江西赣语相同、哪些不同,哪些与湖南湘语相同、哪些不同有鲜明的深刻的印象。建议作者加强这方面的表述。建议作者关注因为湘语影响而在湖南赣方言中形成的既有赣语特点又有湘语特点的词语,例如截取赣语语素和湘语语素融合而成的词语,解释这些词语的特点和结构方式。

(7)关于附录。附录提供了19个点的音系。因为本书并不是对湖南赣语语音的研究,而且书中并未讨论语音问题,这部分附录的存在无必要。建议:加强词汇的附录,可以根据作者分出的五大组每组选取一个点列表对比,该组与代表点不同的县市可以以备注的方式说明。对比表的词语需要注音,且提供这五个代表点的音系。

建议作者对该书进行修改后交付出版社正式出版。

孙宜志

2018年8月23日

《清华语言学博士丛书》章程

（一）《清华语言学博士丛书》是清华大学语言研究中心主持编辑的一套丛书，选择海峡两岸暨香港、澳门地区及国外语言学博士高质量的学术著作，经同行专家匿名评审和编委会审定后，由上海中西书局出版。每年出版1至5种。

（二）《清华语言学博士丛书》旨在使优秀的语言学博士的著作得以较快出版，并在学界传播，扩大影响。一方面帮助语言学领域的优秀青年学者迅速成长，另一方面也为语言学的发展注入新的活力。

（三）《清华语言学博士丛书》坚持学术的高标准。其学术定位是：

1. 以扎实的语言材料为基础，有较深入的分析和理论思考；

2. 具有学术前沿性和创新性；

3. 符合学术规范。

（四）《清华语言学博士丛书》编委会由海峡两岸暨香港、澳门地区的学者组成，名单如下。

《清华语言学博士丛书》编委会聘请丁邦新先生和陆俭明先生为顾问。

《清华语言学博士丛书》编委会负责邀请同行专家进行匿名评审，并召开编委会审阅和评定入选《清华语言学博士丛书》的著作。

（五）申报《清华语言学博士丛书》的著作必须具备如下条件：

1. 作者为海峡两岸暨香港、澳门地区已获得语言学博士学位的青年学者（年龄在45周岁以下），国外同等条件的青年学者撰写的中国语言学的著作亦可申报。

2. 著作可以在博士论文或博士后出站报告的基础上修改而成，已获得语言学博士学位的青年学者的其他著作也可以申报。著作用中、英文撰写均可。

3. 著作内容符合本章程第（三）条所规定的学术定位。

4. 作者从取得博士学位的次年起即可申报，申报者需填写《申报表》，并有两位专家（不包括《丛书》编委和顾问）推荐。

（六）申报时间为每年4月1日至5月31日。6至8月份由同行专家匿名评审。9、10月份编委会开会评定，10月31日前公布评定结果。申报和评审的具体办法另定。

（七）申报著作通过评定后，作者应根据编委会的意见进行修改，并在两年内将定稿送交上海中西书局，逾期视同放弃出版。

《清华语言学博士丛书申报表》可登录网站下载，网址：http://www.tsinghua.edu.cn/publish/cll/index.html

地　址：清华大学人文学院新斋332

联系人：赵晓英　电话：010－62773018

电子信箱：zwlxs@tsinghua.edu.cn

（2011年11月10日《丛书》第一次编委会讨论通过

2015年11月第五次编委会讨论修改

2017年11月第七次编委会讨论修改）